# DCG 9

# COMPTABILITÉ

# DCG 9

# COMPTABILITÉ

**3e édition**

**Charlotte Disle**
Agrégée d'économie et gestion
Docteur en sciences de gestion
Maître de conférences à Grenoble IAE

**Alexis Fargeix**
Expert-comptable
Commissaire aux comptes

**Audrey Meyer**
Agrégée et docteur en sciences de gestion
Enseignante en classe préparatoire au DCG
au lycée Les Eaux Claires de Grenoble

en partenariat avec

EDITIONS
FRANCIS LEFEBVRE

DUNOD
leader de l'expertise comptable

Crédits iconographiques

p. 91 : © Minus by ✦ Shmidt Sergey ✦ from the Noun Project ; © Plus by scott desmond from the Noun Project ; p. 92 : © europe by P Thanga Vignesh from the Noun Project ; © world by Serkan Doğan from the Noun Project ; p. 260 : © principles by Eucalyp from the Noun Project ; © asset by Alice Design from the Noun Project ; © accounts by Creative Stall from the Noun Project ; © inventory by Nhor from the Noun Project ; © Paper by Mochammad Kafi from the Noun Project ; p. 261 : © Plus Minus by Andrea Greco from the Noun Project ; p. 308 : © Magnifying Glass by Ahmad Arzaha from the Noun Project ; p. 328 : © nonmember by priyanka from the Noun Project ; © Out by Nicolas LEULIET from the Noun Project ; © absolute zero by Travis Avery from the Noun Project ; p. 358 : © currency by Becris from the Noun Project ; © debt by Made by Made from the Noun Project ; © rates exchange by Adi Kurniawan from the Noun Project ; © credit cards by jeff from the Noun Project ; p. 429 : © Files by Shocho from the Noun Project ; © Cloud by JunGSa from the Noun Project ; © confirmation by anna kang from the Noun Project ; © Stop by Alice Design from the Noun Project ; © File by Baboon designs from the Noun Project ; © documents by Icongeek26 from the Noun Project ; © Data by priyanka from the Noun Project ; © verified by Jugalbandi from the Noun Project ; © process by Becris from the Noun Project ; © website by Gregor Cresnar from the Noun Project.

Maquette de couverture :
Hokus Pokus

Maquette intérieure :
Yves Tremblay

Mise en pages : Nord Compo




*Les liens proposés tout au long de ce livre sont des compléments d'information. Vous pouvez soit flasher les QR-codes, soit copier-coller les URL raccourcies dans votre navigateur. Ces liens resteront valables durant toute la période de commercialisation de l'ouvrage. Toutefois, nous ne pouvons en garantir la pérennité dans la mesure où les pages auxquelles ils renvoient sont la propriété des sites qui les hébergent.*




11 rue Paul Bert, 92240 Malakoff
www.dunod.com

ISBN 978-2-10-082403-8

# SOMMAIRE

# TABLE DES SIGLES ET ABRÉVIATIONS

ABS : Autres biens et services
AFB : Association française des banques
AMF : Autorité des marchés financiers
ANC : Autorité des normes comptable
BOFiP : *Bulletin Officiel des Finances Publiques*
CAHT : Chiffre d'affaires hors taxes
C. com. : Code de commerce
CFCI : Contrôle fiscal des comptabilités informatisées
CFONB : Comité français d'organisation et de normalisation bancaire
CGI : Code général des impôts
CMUP : Coût unitaire moyen pondéré
CNCC : Compagnie nationale des commissaires aux comptes
CSOEC : Conseil supérieur de l'Ordre des experts-comptables
DAP : Dotations aux amortissements et aux provisions
DSN : Déclaration sociale nominative
EDI : Échange des données informatisé
EFI : Échange de formulaires informatisé
FEC : Fichier des écritures comptables
HT : Hors taxes
OEC : Ordre des experts-comptables
PCEAC : Produits des cessions d'éléments d'actif
PCG : Plan comptable général
PEPS : Premier entré – premier sorti (ou FIFO – *First In First Out*)
PGI : Progiciel de gestion intégré
PSS : Plafond de la Sécurité sociale
RAN : Report à nouveau
RGPD : Règlement général sur la protection des données
RNC : Recueil des normes comptables
RRR : Rabais, remises et ristournes
SAE : Système d'archivage électronique
SI : Système d'information
SIG : Soldes intermédiaires de gestion
TDFC : Transfert des données fiscales et comptables
TIAP : Titres immobilisés de l'activité de portefeuille
TTC : Toutes taxes comprises
TVA : Taxe sur la valeur ajoutée
VCEAC : Valeurs comptables des éléments d'actif cédés
VMP : Valeurs mobilières de placement
VNC : Valeur nette comptable

# Mode d'emploi

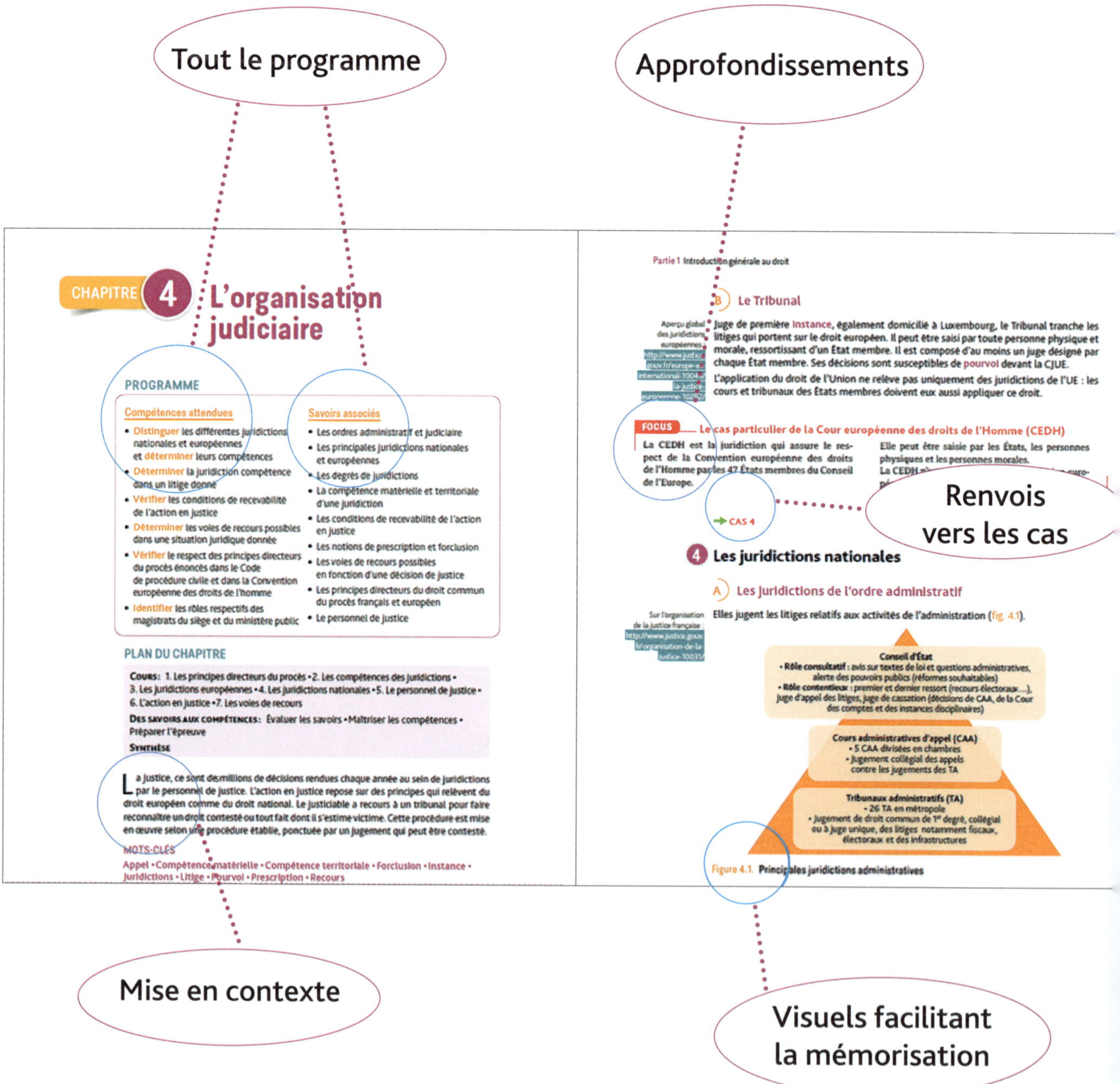


CHAPITRE 4 L'organisation judiciaire

PROGRAMME

**Compétences attendues**

- **Distinguer** les différentes juridictions nationales et européennes et **déterminer** leurs compétences
- **Déterminer** la juridiction compétence dans un litige donné
- **Vérifier** les conditions de recevabilité de l'action en justice
- **Déterminer** les voies de recours possibles dans une situation juridique donnée
- **Vérifier** le respect des principes directeurs du procès énoncés dans le Code de procédure civile et dans la Convention européenne des droits de l'homme
- **Identifier** les rôles respectifs des magistrats du siège et du ministère public

**Savoirs associés**

- Les ordres administratif et judiciaire
- Les principales juridictions nationales et européennes
- Les degrés de juridictions
- La compétence matérielle et territoriale d'une juridiction
- Les conditions de recevabilité de l'action en justice
- Les notions de prescription et forclusion
- Les voies de recours possibles en fonction d'une décision de justice
- Les principes directeurs du droit commun du procès français et européen
- Le personnel de justice

PLAN DU CHAPITRE

**Cours** : 1. Les principes directeurs du procès • 2. Les compétences des juridictions • 3. Les juridictions européennes • 4. Les juridictions nationales • 5. Le personnel de justice • 6. L'action en justice • 7. Les voies de recours

**Des savoirs aux compétences** : Évaluer les savoirs • Maîtriser les compétences • Préparer l'épreuve

**Synthèse**

La justice, ce sont des millions de décisions rendues chaque année au sein de juridictions par le personnel de justice. L'action en justice repose sur des principes qui relèvent du droit européen comme du droit national. Le justiciable a recours à un tribunal pour faire reconnaître un droit contesté ou tout fait dont il s'estime victime. Cette procédure est mise en œuvre selon une procédure établie, ponctuée par un jugement qui peut être contesté.

MOTS-CLÉS

Appel • Compétence matérielle • Compétence territoriale • Forclusion • Instance • Juridictions • Litige • Pourvoi • Prescription • Recours

Partie 1 Introduction générale au droit

B) Le Tribunal

Aperçu global des juridictions européennes : http://www.justice.gouv.fr/europe-et-international-10045/la-justice-europeenne-10282/

Juge de première instance, également domicilié à Luxembourg, le Tribunal tranche les litiges qui portent sur le droit européen. Il peut être saisi par toute personne physique et morale, ressortissant d'un État membre. Il est composé d'au moins un juge désigné par chaque État membre. Ses décisions sont susceptibles de pourvoi devant la CJUE.

L'application du droit de l'Union ne relève pas uniquement des juridictions de l'UE : les cours et tribunaux des États membres doivent eux aussi appliquer ce droit.

FOCUS — Le cas particulier de la Cour européenne des droits de l'Homme (CEDH)

La CEDH est la juridiction qui assure le respect de la Convention européenne des droits de l'Homme par les 47 États membres du Conseil de l'Europe.

Elle peut être saisie par les États, les personnes physiques et les personnes morales.

→ CAS 4

4 Les juridictions nationales

A) Les juridictions de l'ordre administratif

Sur l'organisation de la justice française : http://www.justice.gouv.fr/organisation-de-la-justice-10031/

Elles jugent les litiges relatifs aux activités de l'administration (fig. 4.1).

Conseil d'État
- Rôle consultatif : avis sur textes de loi et questions administratives, alerte des pouvoirs publics (réformes souhaitables)
- Rôle contentieux : premier et dernier ressort (recours électoraux...), juge d'appel des litiges, juge de cassation (décisions de CAA, de la Cour des comptes et des instances disciplinaires)

Cours administratives d'appel (CAA)
- 5 CAA divisées en chambres
- Jugement collégial des appels contre les jugements des TA

Tribunaux administratifs (TA)
- 26 TA en métropole
- Jugement de droit commun de 1er degré, collégial ou à juge unique, des litiges notamment fiscaux, électoraux et des infrastructures

Figure 4.1. Principales juridictions administratives

# DES SAVOIRS AUX COMPÉTENCES

Évaluer les savoirs — Maîtriser les compétences — Préparer l'épreuve

**1 QCM**

*Pour chaque proposition une ou plusieurs réponses sont possibles. Justifiez-les.*

1. Les contrats :
   a. n'ont d'effet qu'entre les parties contractantes. ☐
   b. profitent aux tiers. ☐
   c. profitent aux tiers dans les cas prévus par la loi. ☐
   d. ne nuisent pas aux tiers. ☐
2. Le paiement est :
   a. une somme d'argent. ☐
   b. toujours effectué par le débiteur. ☐
   c. prouvé par tout moyen. ☐
   d. l'exécution des obligations contractuelles. ☐
3. L'astreinte est :
   a. une somme d'argent forfaitaire. ☐
   b. une contrainte physique sur la personne du débiteur. ☐
   c. une somme d'argent par période de retard. ☐
   d. fixée par le créancier. ☐
   e. fixée par le juge. ☐
4. L'exécution forcée :
   a. est le recours à la force publique par le créancier. ☐
   b. est le recours aux tribunaux par le créancier. ☐
   c. suppose la mise en demeure du débiteur. ☐
   d. n'exige pas la mise en demeure du débiteur dans une première phase. ☐
   e. est une exécution en nature de l'obligation dans tous les cas. ☐
5. La résolution ... met fin au contrat pour l'avenir. ☐ ... active. ☐ ... pose : ☐ ... causalité les

**Exercices, applications et cas progressifs**



Évaluer les savoirs — Maîtriser les compétences — Préparer l'épreuve

**7 Situation pratique : Tif'Annie ★★★** — 20 min

Compétence attendue : **Identifier** les éléments constitutifs du fonds de commerce

La marque Tif'Annie a été déposée par Annie Letif à l'ouverture de son premier ... coiffure à Grenoble qu'elle exploite encore à ce jour. Elle a depuis créé ... salons sous cette marque dans la région.
Une jeune femme prénommée Tiffany installe un salon de coiffure dans ... de Grenoble à son prénom. Dans la même rue, une cave à vins vient d'ouvrir sous la marque Tiffanie, prénom de sa créatrice.

**Travail à faire**

*Quels conseils donneriez-vous à Annie Letif ?*

**Trois étapes**

**8 Commentaire de document/rédaction d'une note : Lefebure ★★★** — 30 min

Compétence attendue : **Étudier** le bail commercial, la protection du locataire-preneur et les obligations du propriétaire

Rendez-vous MÉTHODE 2

Par acte sous signature privée, la Société des Courses marseillaises a donné à bail à Paul Lefebure, pour une durée de 9 ans, la concession exclusive de l'installation d'un buffet-buvette sur le champ de courses marseillais. L'accord conclu prévoit que l'activité de Paul Lefebure doit être limitée à l'enceinte de l'hippodrome et réduite aux seules journées de réunions hippiques (10 à 20 réunions par an).
À l'expiration de la période fixée dans l'acte sous signature privée, M. Lefebure a reçu congé de la Société des Courses marseillaises au motif que le bail n'est pas commercial. S'estimant lésé, il envisage d'intenter une procédure contre la société de courses pour violation des dispositions relatives aux baux commerciaux.

**Travail à faire**

1. *Rappelez les conditions du droit au renouvellement ...*
2. *Quel est le problème juridique dans cette affaire ?*
*... les parties et les faits soulevés dans l'arrêt de ...*
*... blème de droit ?*
*... onse apportée par la Cour de cassation ?*
*... aisonnement au cas de M. Lefebure.*

**Compétences du programme**

**Progressivité et temps de réalisation**

SYNTHÈSE

**Le droit : finalités, règles et branches**

**Le droit objectif et les droits subjectifs**

- Droit objectif : ensemble des règles sociales gouvernant les rapports des hommes entre eux ou avec la puissance publique.
- Droits subjectifs : prérogatives reconnues par le droit objectif aux personnes et dont elles peuvent se prévaloir auprès de l'autorité publique.

| Règles de droit | appliquées à | Un individu | | Droits subjectifs |
|---|---|---|---|---|
| Loi de juillet 1974 fixant la majorité à 18 ans | → | Pierre, né le 21 septembre 2000 | → | Pierre est majeur le 22 septembre 2018. Il dispose de tous ses droits, notamment le droit de vote |

**Les caractères de la règle de droit**

La règle de droit est :

- Générale et abstraite. Elle s'applique indistinctement à toutes les personnes qui se trouvent dans la situation que la règle a voulu organiser.
- Coercitive. Elle s'impose sous peine de sanctions prononcées par les tribunaux.

**Le droit public et le droit privé**

| | Droit public | Droit privé |
|---|---|---|
| Objet | - Organisation et fonctionnement des pouvoirs publics. - Relations des pouvoirs publics avec les personnes privées. | Relations des personnes privées entre elles |
| But | Satisfaction de l'intérêt général | Satisfaction des intérêts privés |
| Caractère | Impératif | Souvent supplétif |
| | ... | Ordre judiciaire |

**Synthèse visuelle du chapitre**

# PARTIE 2 : CAS DE SYNTHÈSE

LES PERSONNES ET LES BIENS

**1 Situations pratiques ★★★**

Rendez-vous MÉTHODE 3

Rémi Lecompte, 26 ans, est comptable dans une entreprise de menuiserie de Compiègne (Oise). Il désire désormais travailler à son compte. Fort de ses compétences, il pense qu'il saura gérer un fonds de commerce. Une de ses connaissances, Jean, est commerçant-photographe et envisage de céder sa boutique. Passionné de photographie, Rémi envisage d'acquérir, moyennant un emprunt, le commerce de Jean. Son amie, Julie, est secrétaire dans une entreprise de transport. Elle pense démissionner et rejoindre Rémi dans l'aventure. Elle dispose déjà de quelques économies et l'appartement dans lequel le couple s'apprête à s'installer lui appartient.

**Travail à faire**

1. *Selon vous, est-il utile que Rémi signe un contrat de mariage chez le notaire.*

Rémi et Julie se sont mariés et le projet de Rémi s'est concrétisé. Il a acheté le fonds de commerce de photographie et devient commerçant. Julie rejoint son mari pour l'aider dans le magasin lorsqu'il part en reportage. Elle prend également en charge des travaux de gestion du fonds de commerce.

**Travail à faire**

2. *Quel statut conseillez-vous à Julie ?*

Dominique, le frère de Julie âgé de 32 ans, est passionné de moto et de vitesse. Il a été victime d'un accident de la route. Son casque s'est descellé et il a eu de graves blessures à la tête avec des séquelles irréversibles. Il présente de longs moments d'absence et manque de discernement dans certaines situations. Le diagnostic des médecins est très mauvais, ils doutent qu'il puisse guérir.

**Travail à faire**

3. *Quelle est la protection juridique la plus appropriée au cas de Dominique ?*
4. *Quelles sont les démarches à entreprendre ?*

**Cas transversaux**

**2 Question ★★★**

Rendez-vous MÉTHODE 1

Vous développerez une réponse argumentée et structurée sur le thème suivant :
*« La personne morale : définition et capacité. »*

**3 Commentaire de document ★★★**

Rendez-vous MÉTHODE 2

À l'aide de l'annexe, vous répondrez aux questions suivantes. Rédigez une introduction en situant la question dans le cours, développez vos connaissances de manière structurée. Veillez à soigner l'orthographe et la syntaxe.

**Méthode et conseils**

# PROGRAMME

## Axe 2. Gestion comptable et financière

Les unités d'enseignement (UE) de « comptabilité » (UE 9), de « comptabilité approfondie » (UE 10), de « contrôle de gestion » (UE 11) et de « finance d'entreprise » (UE 6) ont pour objet de permettre au titulaire du DCG de disposer d'une démarche et des outils nécessaires pour enregistrer l'information comptable et financière, pour réaliser une analyse de la situation d'une organisation et disposer d'éléments d'aide à la prise de décision.

Ces unités d'enseignement devront, notamment, permettre le développement de compétences spécifiques :

- rechercher, si besoin calculer et valider une information comptable ou financière ;
- exploiter une documentation (chiffrée ou non) ;
- identifier les outils d'analyse adaptés ;
- exploiter et commenter les résultats obtenus afin de proposer des décisions à court, moyen et long terme ;
- rédiger un argumentaire pour conseiller le décideur.

# UE 9. Comptabilité

## Niveau L – 170 heures – 14 ECTS

- Nature : épreuve écrite portant sur l'étude d'une ou de plusieurs situations pratiques et/ou un ou plusieurs exercices et/ou une ou plusieurs questions.
- Durée : 3 heures.
- Coefficient : 1.

L'UE « comptabilité » a pour objectif la maîtrise des bases de la comptabilité nécessaires à la tenue de la comptabilité d'une organisation.

L'analyse des différentes opérations et leurs enregistrements dans le système d'information comptable doivent permettre d'acquérir les notions et mécanismes fondamentaux.

### 1. Introduction (15 heures)

Présenter la comptabilité à travers son cadre normatif et juridique.

#### 1.1. Histoire, définition et rôle de la comptabilité

**Sens et portée de l'étude.** Définir la comptabilité et ses rôles dans une perspective historique ; préciser son rôle social.

| Compétences attendues | Savoirs associés |
| --- | --- |
| – Distinguer les différentes dimensions de la comptabilité et exposer leurs liens avec la gestion.<br>– Exposer les relations de la comptabilité avec l'économie et les branches du droit, dont le droit comptable. | – Approche historique de la comptabilité, et de ses relations avec l'économie et le droit.<br>– Définition de la comptabilité et de ses rôles pour les différents utilisateurs.<br>– Présentation et définition de la comptabilité budgétaire et de gestion ainsi que de la gestion financière. |

### 1.2. Normalisation et réglementation comptables

**Sens et portée de l'étude.** Apprécier l'intérêt de la normalisation comptable, ses contraintes et ses contingences.

| Compétences attendues | Savoirs associés |
|---|---|
| – Identifier et hiérarchiser les sources de la réglementation comptable.<br>– Justifier l'intérêt de la normalisation comptable.<br>– Expliquer le rôle du recueil des normes comptables. | – Normalisation : définition, acteurs, intérêts et limites.<br>– Sources du droit comptable : directives européennes, lois et règlements, recueil des normes comptables.<br>– Présentation du plan comptable général (PCG) : principes comptables, nomenclature et sa logique, systèmes de comptes (abrégé, de base, développé). |

## 2. Méthode comptable (20 heures)

Présenter les mécanismes et l'organisation comptable.

### 2.1. Mécanismes de la technique comptable

**Sens et portée de l'étude.** Identifier les flux et leur transcription dans la comptabilité.

| Compétences attendues | Savoirs associés |
|---|---|
| – Exposer et justifier les mécanismes constitutifs de la technique comptable. | – Flux et stocks.<br>– Distinction emplois et ressources.<br>– Principe de la partie double.<br>– Passage des flux aux comptes. |

### 2.2. Organisation comptable

**Sens et portée de l'étude.** Comprendre les mécanismes permettant de passer des écritures comptables à une première approche des documents de synthèse.

| Compétences attendues | Savoirs associés |
|---|---|
| – Décrire le processus d'enregistrement des opérations comptables, depuis le journal jusqu'aux documents de synthèse.<br>– Distinguer les opérations affectant le patrimoine (bilan) de celles affectant l'activité (compte de résultat).<br>– Analyser les impacts de la tenue d'une comptabilité d'engagement sur les enregistrements comptables.<br>– Passer de la balance aux documents de synthèse. | – Structure du système d'information comptable (journal, grand-livre, balance et documents de synthèse).<br>– Comptabilité d'engagement et comptabilité de trésorerie.<br>– Classification comptable et typologie des comptes.<br>– Inventaire permanent et inventaire intermittent. |

## 3. Analyse comptable des opérations courantes (50 heures)

Présenter les règles de comptabilisation des principales opérations courantes.

### 3.1. Opérations courantes réalisées avec les tiers

**Sens et portée de l'étude.** Comprendre les techniques comptables de base appliquées aux opérations économiques courantes.

| Compétences attendues | Savoirs associés |
|---|---|
| – Différencier les pièces justificatives comptables (factures…) des autres documents (devis, bons de commande, pro forma…).<br>– Citer les différentes modalités de règlement des dettes et créances, les comptabiliser.<br>– Expliquer le mécanisme de la TVA.<br>– Évaluer et comptabiliser le montant de la TVA due ou du crédit de TVA.<br>– Distinguer les emballages ayant la nature de charge et ceux ayant la nature d'immobilisation.<br>– Évaluer et comptabiliser les transactions courantes dans les comptes individuels.<br>– Évaluer et comptabiliser les opérations relatives au personnel et aux organismes sociaux.<br>– Justifier l'intérêt du rapprochement bancaire, l'établir puis comptabiliser les écritures nécessaires. | – Pièces justificatives comptables et autres documents.<br>– Taxe sur la valeur ajoutée (TVA).<br>– Achats et ventes de biens et services comportant :<br>• réductions ;<br>• frais accessoires ;<br>• crédits et les règlements ;<br>• avances et acomptes ;<br>• emballages.<br>– Achats et ventes en devises.<br>– TVA sur opérations internationales (avec l'Union européenne et le reste du monde).<br>– Opérations relatives au personnel et aux organismes sociaux.<br>– État de rapprochement bancaire. |

### 3.2. Opérations courantes d'investissement et de placement

**Sens et portée de l'étude.** Comprendre les opérations d'investissement et de placement et leur comptabilisation.

| Compétences attendues | Savoirs associés |
|---|---|
| – Distinguer les charges des immobilisations.<br>– Identifier la nature d'une immobilisation.<br>– Justifier les règles d'entrée des immobilisations et des valeurs mobilières de placement dans le patrimoine de l'entité.<br>– Évaluer et comptabiliser l'entrée des immobilisations incorporelles et corporelles dans le patrimoine de l'entité.<br>– Évaluer et comptabiliser l'entrée des immobilisations financières et des valeurs mobilières de placement dans le patrimoine de l'entité ainsi que les revenus associés. | – Définition et typologie des immobilisations.<br>– Modalités d'entrée des immobilisations dans le patrimoine de l'entité (à titre onéreux, produites par l'entité, par voie d'échange et à titre gratuit) et valeurs associées.<br>– Qualification des titres.<br>– Typologie et modalités d'entrée des valeurs mobilières de placement dans le patrimoine.<br>– Comptabilisation des revenus des immobilisations financières et des valeurs mobilières de placement. |

### 3.3. Opérations courantes liées aux cessions d'immobilisations et de valeurs mobilières de placement

**Sens et portée de l'étude.** Comprendre les opérations concernant les cessions d'immobilisations et de valeurs mobilières de placement dans les comptes individuels.

| Compétences attendues | Savoirs associés |
|---|---|
| – Analyser les règles spécifiques de comptabilisation applicables aux cessions d'immobilisations et de valeurs mobilières de placement.<br>– Évaluer et comptabiliser le prix de cession des immobilisations et des valeurs mobilières de placement cédées au cours de l'exercice. | – Cession des immobilisations non financières.<br>– Cession des immobilisations financières.<br>– Cession des valeurs mobilières de placement. |

### 3.4. Opérations courantes de financement

**Sens et portée de l'étude.** Connaître les sources de financement que peut mobiliser l'organisation.

| Compétences attendues | Savoirs associés |
|---|---|
| – Identifier les différents types de financement<br>– Élaborer les différents tableaux d'amortissement d'emprunts bancaires.<br>– Analyser pour une modalité de financement donnée ses caractéristiques et en déduire ses avantages et inconvénients.<br>– Comptabiliser les opérations de financement. | – Modes de financement :<br>• capitaux propres ;<br>• emprunt bancaire et modalités de remboursement ;<br>• crédit-bail ;<br>• subventions d'investissement. |

## 4. Travaux d'inventaire (50 heures)

Présenter les règles de comptabilisation des principales opérations d'inventaire (écritures de régularisation, écritures de regroupement).

### 4.1. Opérations d'inventaire

**Sens et portée de l'étude.** Comprendre la finalité et les enjeux des opérations d'inventaire et leurs spécificités par rapport aux opérations courantes.

| Compétences attendues | Savoirs associés |
|---|---|
| – Expliquer la finalité et les enjeux des opérations d'inventaire.<br>– Établir l'articulation entre les principes comptables et les opérations d'inventaire.<br>– Évaluer et comptabiliser les différentes opérations d'inventaire. | – Principes d'évaluation à l'inventaire.<br>– Inventaire intermittent et variation des stocks.<br>– Amortissements comptables des immobilisations.<br>– Dépréciation des actifs.<br>– Provisions.<br>– Ajustement et rattachement des charges et des produits au résultat de l'exercice.<br>– Sortie des immobilisations du patrimoine.<br>– Sortie des valeurs mobilières de placement du patrimoine.<br>– Évaluation et ajustement des actifs et des passifs en monnaie étrangère.<br>– Solde des comptes de gestion soustractifs. |

### 4.2. Détermination du résultat comptable

**Sens et portée de l'étude.** Comprendre les écritures de regroupement permettant la détermination du résultat.

| Compétences attendues | Savoirs associés |
|---|---|
| – Expliquer les mécanismes conduisant à solder les comptes de gestion et permettant la détermination du résultat.<br>– Calculer et qualifier le résultat de l'exercice.<br>– Comptabiliser les opérations de clôture des comptes de gestion. | – Solde des comptes de charges.<br>– Solde des comptes de produits.<br>– Résultat de l'exercice : bénéfice ou perte. |

### 4.3. Passage d'un exercice à l'autre

**Sens et portée de l'étude.** Comprendre la finalité des opérations d'inventaire par la mise en œuvre des procédures pour respecter la continuité entre exercices comptables ainsi que le principe d'intangibilité du bilan d'ouverture.

| Compétences attendues | Savoirs associés |
|---|---|
| – Expliquer les mécanismes de clôture et de réouverture des comptes de bilan.<br>– Comptabiliser les opérations de clôture et de réouverture des comptes de bilan. | – Formalités de clôture des comptes de bilan.<br>– Formalités de réouverture des comptes de bilan. |

## 5. Comptabilité et environnement numérique (20 heures)

**Sens et portée de l'étude.** Analyser les apports et les contraintes de la dématérialisation des pièces comptables et de la numérisation sur l'organisation et le traitement de la comptabilité.

| Compétences attendues | Savoirs associés |
|---|---|
| – Exposer la réglementation en matière d'établissement, de dématérialisation et de conservation des factures et autres pièces comptables.<br>– Expliquer les obligations légales relatives à l'établissement, la conservation et la transmission des fichiers informatisés obligatoires.<br>– Utiliser un logiciel comptable ou un module comptable d'un progiciel de gestion intégré.<br>– Identifier et analyser les impacts actuels de la dématérialisation et de la numérisation sur l'organisation comptable et l'évolution des pratiques comptables.<br>– Proposer des modalités adaptées de sauvegarde et de confidentialité des données comptables, dans une situation donnée. | – Informatisation de la comptabilité et droit comptable.<br>– Authentification des données comptables.<br>– Impact de la dématérialisation et de la numérisation sur l'organisation comptable et sur les contrôles à réaliser.<br>– Fichiers informatisés obligatoires (fichier des écritures comptables, déclaration sociale nominative…).<br>– Fonctions de base des logiciels comptables ou modules comptables d'un progiciel de gestion intégré.<br>– Modalités pratiques de validation puis de clôture des écritures comptables et de passage d'un exercice à l'autre.<br>– Sauvegarde et confidentialité des données comptables. |

## 6. Documents de synthèse (15 heures)

**Sens et portée de l'étude.** Comprendre les enjeux de l'établissement des documents de synthèse, en conformité avec les règles du PCG.

| Compétences attendues | Savoirs associés |
|---|---|
| – Établir et lire les documents de synthèse conformément aux dispositions du PCG.<br>– Élaborer les principaux tableaux de l'annexe (immobilisations, amortissements, dépréciations et provisions).<br>– Justifier l'utilisation des documents de synthèse dans le cadre de la communication financière et/ou de l'obtention d'un financement. | – Documents de synthèse :<br>bilan ;<br>compte de résultat ;<br>annexe<br>– Rôle des documents de synthèse<br>– Systèmes de présentation comptable des documents de synthèse. |

# AVANT-PROPOS

Rédigés par des équipes pluridisciplinaires comprenant notamment des enseignants des classes préparatoires, membres des commissions d'examen, et 100 % conformes aux nouveaux programmes et guides pédagogiques applicables depuis la rentrée 2019, les manuels Dunod constituent une **préparation complète** aux épreuves de DCG et DSCG.

## L'axe 2 « Gestion comptable et financière » et l'évaluation par les compétences

Les unités d'enseignement (UE) de « comptabilité » (UE 9), de « comptabilité approfondie » (UE 10), de « contrôle de gestion » (UE 11) et de « finance d'entreprise » (UE 6) ont pour objet de permettre au titulaire du DCG de disposer d'une démarche et des outils nécessaires pour enregistrer l'information comptable et financière, pour réaliser une analyse de la situation d'une organisation et disposer d'éléments d'aide à la prise de décision.

Ces unités d'enseignement devront, notamment, permettre le développement de compétences spécifiques :

- rechercher et, si besoin, calculer et valider une information comptable ou financière ;
- exploiter une documentation (chiffrée ou non) ;
- identifier les outils d'analyse adaptés ;
- exploiter et commenter les résultats obtenus afin de proposer des décisions à court, moyen et long terme ;
- rédiger un argumentaire pour conseiller le décideur.

**Les unités sont déclinées en compétences**. Ces compétences sont à la fois variées mais limitées par une liste donnée et clairement identifiée. Une compétence peut être définie comme la capacité à utiliser un savoir-faire dans une situation donnée pour produire un résultat requis. Elle s'acquiert dans une situation, d'où l'importance de la structuration et de l'entraînement à la pratique de la problématisation.

**Une compétence présente un caractère disciplinaire** ; elle vise à résoudre des problèmes liés à la discipline et repose nécessairement sur des connaissances inhérentes à cette même discipline. Mais, dans le même temps, une compétence s'appuie sur des savoir-faire généraux et transversaux (capacité à analyser, à rédiger de manière concise et précise, etc.).

**La compétence induit donc un rapport au savoir**, elle ne s'y oppose pas. Les savoirs sont les informations qu'il faut être en mesure de mobiliser à bon escient avec, pour finalité, l'élaboration d'un raisonnement structuré ou la résolution d'un problème lié à la pratique comptable.

**Le concept de situation est donc central** lorsque l'on évoque une compétence ; la mise en situation donne à l'étudiant l'occasion d'exercer la compétence visée. Une **situation** présente donc divers caractères, à la différence de la simple application de la règle :

- Elle mobilise un ensemble d'acquis et est orientée vers une tâche porteuse de sens.
- Elle fait référence à une catégorie de problèmes spécifiques à la discipline, elle est nouvelle.

**Une compétence est évaluable**. Elle peut se mesurer à la qualité de l'exécution de la tâche et à la qualité du résultat. Dès lors, une préparation efficace repose sur un équilibre judicieux entre l'acquisition de connaissances et un développement de compétences ciblées centré sur le réinvestissement en contexte. L'évaluation s'en trouve renouvelée ;

elle met l'accent sur le cheminement intellectuel et l'esprit critique du candidat et promeut une nouvelle quête de sens.

## Le parti pris de nos manuels

Le présent manuel vise à apporter l'**ensemble des savoirs disciplinaires associés à l'unité d'enseignement** « Comptabilité » à travers six parties, structurées en 23 chapitres, respectant scrupuleusement la progression logique du programme. Chaque chapitre propose une **synthèse synoptique** finale propice à la mémorisation.

La section « Des savoirs aux compétences » a été conçue comme une **passerelle** entre les deux éléments du programme :

- Dans un premier temps, le candidat est invité à s'autoévaluer à l'aide d'un **quiz/QCM** (réponses en fin d'ouvrage) et d'une **application directe des connaissances** (rubrique « Évaluer les savoirs »). En fonction de ses résultats, l'étudiant détermine les points du cours à revoir.
- Dans un deuxième temps, l'étudiant est placé en contexte afin de tester les compétences requises et évaluées à l'examen (rubrique « Maîtriser les compétences ») : **toutes les compétences du programme font l'objet d'une mise en situation**. Les exercices proposés sont progressifs (le niveau de difficulté est systématiquement indiqué). Les compétences les plus complexes sont traitées isolément.
- Enfin, une fois les compétences maîtrisées, l'étudiant est invité à se placer en condition d'examen, sans calculatrice (rubrique « Préparer l'épreuve ») au travers de **cas**. Ces pages sont émaillées de conseils méthodologiques et de rappels théoriques.

Chaque partie du programme est ponctuée d'un **cas de synthèse transversal** testant les principaux savoirs et compétences de la partie. L'ouvrage s'achève par **deux sujets types d'examen intégralement corrigés**.

## Un aller-retour constant entre savoirs et compétences

Deux parcours de préparation sont possibles grâce à ce manuel :

- Des savoirs disciplinaires étudiés aux compétences à mettre en œuvre en situation.
- L'acquisition de la compétence par la confrontation des situations aux savoirs.

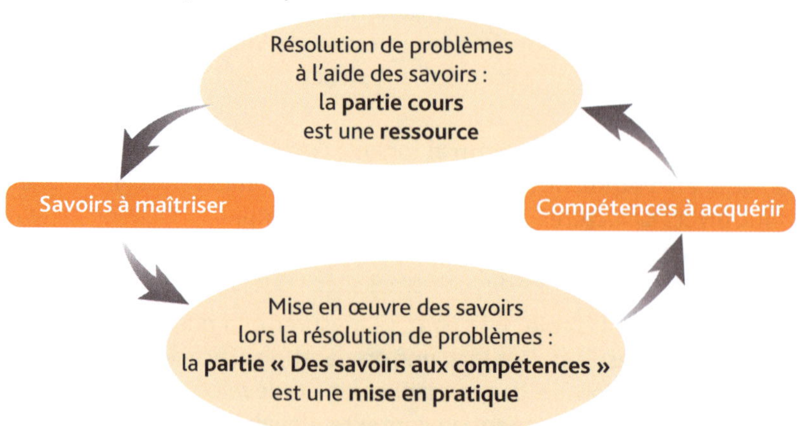

# CHAPITRE 1 Histoire, définition et rôle de la comptabilité

## PROGRAMME

| Compétences attendues | Savoirs associés |
|---|---|
| • **Distinguer** les différentes dimensions de la comptabilité et **exposer** leurs liens avec la gestion<br>• **Exposer** les relations de la comptabilité avec l'économie et les branches du droit, dont le droit comptable | • Approche historique de la comptabilité, et de ses relations avec l'économie et le droit<br>• Définition de la comptabilité et de ses rôles pour les différents utilisateurs<br>• Présentation et définition de la comptabilité budgétaire et de gestion ainsi que de la gestion financière |

## LIEN AVEC LE DCG 1

§1.1. Introduction générale au droit

## PLAN DU CHAPITRE

**Cours :** 1. Définition de la comptabilité financière • 2. Autres formes de comptabilités • 3. Rôles et utilisateurs de la comptabilité • 4. Relations de la comptabilité avec l'économie et le droit

**Des savoirs aux compétences :** Évaluer les savoirs • Maîtriser les compétences • Préparer l'épreuve

**Synthèse**

Quels sont les rôles et les utilisateurs de la comptabilité ? Quelles sont les formes revêtues par la comptabilité ? Comment la comptabilité et l'économie s'articulent-elles ? Comment la comptabilité s'articule-t-elle autour des différentes branches du droit ?

## MOTS-CLÉS

Aide à la décision • Comptabilité • Comptabilité budgétaire • Comptabilité d'engagement • Comptabilité de gestion • Contrôle externe • Contrôle interne • Partie double • Preuve • Système d'information comptable

# 1 Définition de la comptabilité financière

## A) Système d'organisation de l'information financière

La comptabilité est un langage normé traduisant, de façon quantitative, la situation et le résultat de l'entreprise.

La **comptabilité**, qualifiée de « financière » ou de « générale », est un système d'organisation de l'information financière permettant de saisir, classer, enregistrer des données de base chiffrées et présenter des états reflétant une image fidèle du patrimoine, de la situation financière et du résultat de l'entité à la date de clôture (fig. 1.1).

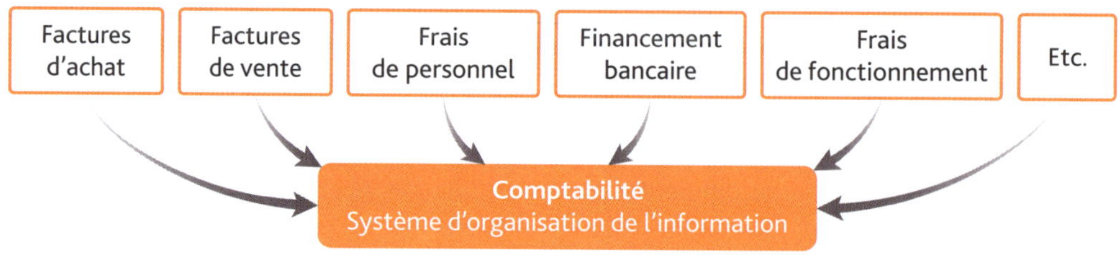


**Figure 1.1. Des informations brutes à des documents adaptés, récapitulatifs et normés**

Un système d'information est un ensemble organisé de ressources qui permet de collecter, stocker, traiter et distribuer de l'information.

La comptabilité financière se distingue d'autres systèmes d'information par quelques caractéristiques essentielles (tab. 1.1).

Article L. 123-12 du Code de commerce sur l'obligation de tenir une comptabilité pour toute personne physique ou morale ayant la qualité de commerçant : http://dunod.link/2cycrce

**Tableau 1.1. Caractéristiques de la comptabilité financière**

| | |
|---|---|
| **La comptabilité se situe en aval de la plupart des fonctions de l'entreprise** | Les données traitées par la comptabilité trouvent leur source dans les autres fonctions de l'entreprise (production, ressources humaines, financement, etc.). |
| **La comptabilité est uniquement traduite en termes monétaires** | Elle renseigne sur des données exprimées en euros, et non en termes physiques (quantités vendues ou produites, heures travaillées, etc.). Certaines informations comptables peuvent cependant être non financières. |
| **La comptabilité est obligatoire** | Tout commerçant a l'obligation de tenir une comptabilité. |
| **La comptabilité est définie selon des règles et des principes uniformes** | Elle permet ainsi la comparabilité des documents comptables, et rend possible leur lecture et analyse par des tiers (ex. : par un banquier). |

## B) Traitement de l'information

Le traitement comptable d'une donnée relative à une entreprise consiste en la saisie, le classement et l'enregistrement de l'information (tab. 1.2 et fig. 1.2).

Tableau 1.2. **Les étapes du traitement de l'information**

| | |
|---|---|
| **Saisie** | Il faut comprendre la nature de l'information, voire l'interpréter, afin de la traiter correctement. |
| **Classement** | Une fois l'information analysée, il convient de la classer (ex. : est-ce une recette ou une dépense ?) |
| **Enregistrement** | Il s'effectue selon des règles strictes, afin d'obtenir des documents de restitution synthétiques et homogènes |

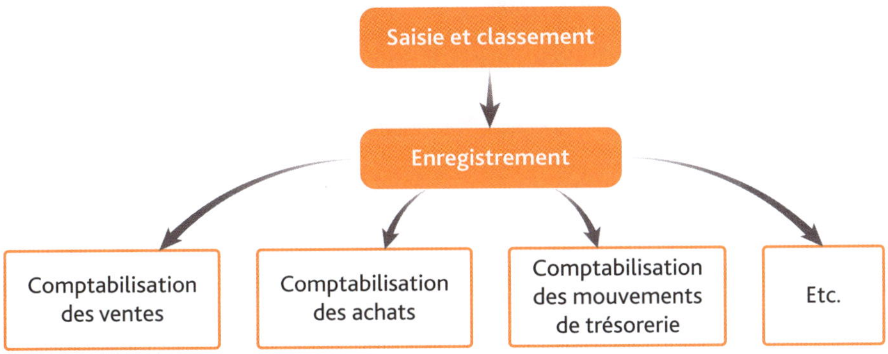


Figure 1.2. **Les étapes du traitement de l'information comptable**

Ces étapes constituent des enjeux clés au sein des services comptables des entreprises, comme en cabinet comptable. Les développements technologiques et logiciels aidant, elles tendent de plus en plus à s'automatiser (ex. : récupération informatique des flux bancaires, logiciels de reconnaissance de caractères des factures d'achats, transfert de factures de ventes depuis les logiciels de facturation vers les logiciels comptables) (↪chapitres 21 et 22).

## C) Représentation de la réalité

Le traitement de toutes ces informations aboutit à la production de documents de synthèse renseignant sur la réalité de l'entreprise (fig. 1.3), à savoir :

- Son patrimoine et sa situation financière : que possède-t-elle, que doit-elle ? Est-elle endettée, a-t-elle une situation de trésorerie satisfaisante ?
- Son résultat : est-ce que son activité est bénéficiaire ou déficitaire ?

L'établissement de ces documents de synthèse nécessite un traitement supplémentaire des différentes informations relatives aux opérations courantes : les travaux d'inventaire (↪chapitres 13 à 20).

Opérations courantes : ensemble des opérations liées à l'exploitation de l'entreprise.
Opérations d'inventaire : enregistrements complémentaires aux opérations courantes permettant de refléter au mieux la réalité de l'entreprise.

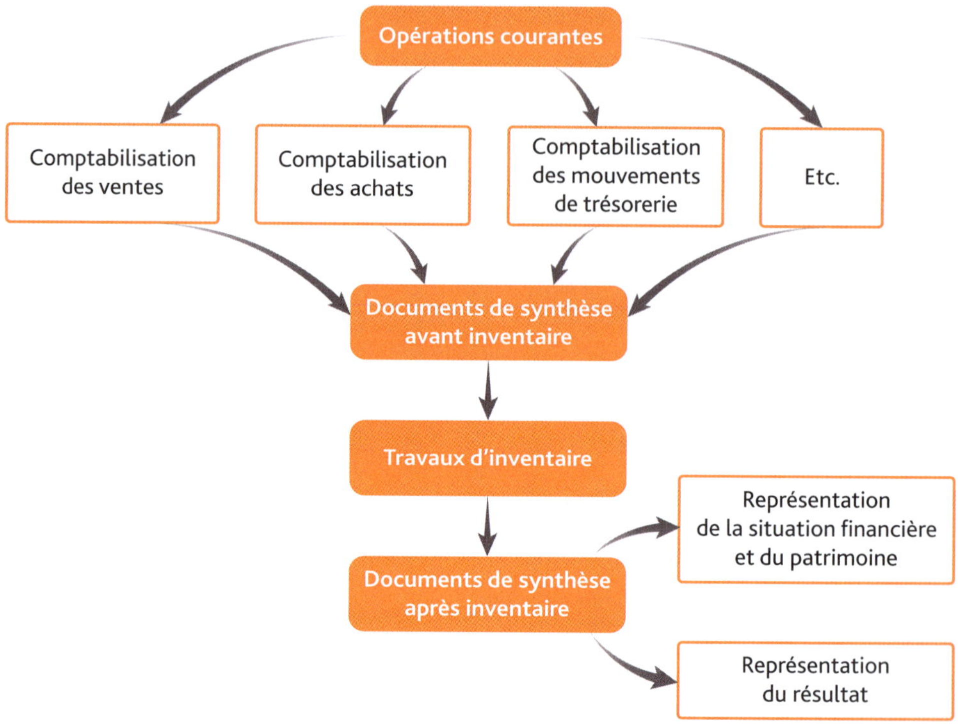


**Figure 1.3. De l'information comptable aux documents de synthèse**

L'objet de la comptabilité consiste donc à passer d'informations économiques diffuses à une information finale compréhensible par tous les acteurs de l'entreprise (y compris ses tiers, comme les banquiers, les fournisseurs, etc.).

Ce processus suit des procédures et des règles précises, bien qu'il comporte parfois une part d'interprétation et d'appréciation.

## FOCUS Les différents métiers comptables et missions associées

La comptabilité est un domaine qui regroupe divers métiers, dont voici les plus courants :

| Métiers | Missions |
|---|---|
| **Assistant comptable** | Saisie et classement des documents comptables, établissement des fiches de paie, réalisation des déclarations sociales et fiscales. |
| **Comptable** | Contrôle et analyse des flux financiers d'une entreprise, élaboration des documents de synthèse. |
| **Directeur comptable** | Mise en place du système d'information comptable, supervision des équipes comptables, validation des documents de synthèse, veille des évolutions du droit comptable. |
| **Expert-comptable** | Assistance et contrôle dans la réalisation de tous travaux comptables, conseil et assistance à chaque étape de la vie de l'entreprise. |
| **Commissaire aux comptes** | Mission légale de vérification de la sincérité et de la conformité des données financières de l'entreprise avec les normes en vigueur. |

➔ APPLICATION 2 • APPLICATION 3

# 2 Autres formes de comptabilités

La comptabilité financière définie précédemment se distingue d'autres formes de comptabilités, en fonction de leur nature et de leurs objectifs.

## A) Comptabilité de gestion

Parfois appelée « comptabilité analytique », la **comptabilité de gestion** est une méthode de traitement des informations quantitatives, qui permet d'analyser les différents coûts et produits de l'entreprise (par produit, par fonction, etc.).

Si l'origine des informations traitées en comptabilité financière et de gestion peut être commune, leurs emplois divergent fondamentalement (tab. 1.3).

**Tableau 1.3. Caractéristiques de la comptabilité de gestion**

| La comptabilité de gestion est… | |
|---|---|
| • À finalité interne, à vocation de gestion | Il s'agit d'un outil de pilotage à destination des dirigeants de l'entreprise, des décideurs, des responsables de site ou de production, etc. |
| • Traduite en termes monétaires ou physiques | Ce peut être une analyse de la rentabilité, des quantités, du temps passé, du nombre de kilomètres parcourus ou du temps de fonctionnement des machines, etc. |
| • Facultative | Elle est mise en place en fonction des besoins de pilotage et des ressources de l'entreprise et est donc moins normée, dans ses règles et principes, que la comptabilité financière. |
| • Historique et prévisionnelle | Elle se fonde sur des données antérieures et actuelles qu'elle analyse et extrapole sous la forme de prévisions. |

## B) Comptabilité budgétaire

La **comptabilité budgétaire** est un outil de vérification, de contrôle et de planification qui permet de faire face aux exigences des techniques de budgétisation. Elle concerne en général les grands groupes, mais aussi la gestion publique comme l'État et les collectivités. La méthode et la procédure budgétaire sont des outils participant aux tâches de prévision, de pilotage et de contrôle d'une entité.

La comptabilité budgétaire couvre un champ plus étroit que la comptabilité financière (tab. 1.4).

**Tableau 1.4. Caractéristiques de la comptabilité budgétaire**

| La comptabilité budgétaire… | |
|---|---|
| … porte essentiellement sur les recettes et les dépenses | Elle fait généralement abstraction des délais de règlement éventuels. |
| … se concentre sur les dépenses et recettes budgétaires | Elle néglige les opérations de financement et l'origine des emplois investis. |
| … vise à déterminer un solde budgétaire | Il s'agit de l'écart entre recettes et dépenses prévues et réalisées, ce qui ne renseigne pas sur le patrimoine de l'entreprise. |
| … n'est ni normalisée, ni obligatoire | L'entité décide d'une procédure et d'une méthode appropriées. |

### C) Gestion financière

Également appelée finance d'entreprise, la gestion financière représente l'ensemble des techniques relatives aux décisions financières d'une entreprise.

La gestion financière relève donc à la fois d'une vision interne (maximisation de la valeur financière de l'entreprise) et externe de l'entreprise (celle des prêteurs, des actionnaires, etc.) (tab. 1.5).

**Tableau 1.5. Principaux aspects traités par la gestion financière**

| La gestion financière participe à… | |
|---|---|
| … la décision d'investissement | La gestion financière examine cette décision en fonction du rendement et du risque prévisible liés aux sommes investies. |
| … la décision de financement | La gestion financière apprécie les sources, les échéances, les conditions et les impacts des financements sollicités. |
| … la politique de rémunération des apporteurs de capitaux | La gestion financière apprécie les éléments de rémunération à court terme (distribution de dividendes) et à long terme (valorisation de l'entreprise). |

→ APPLICATION 3

## 3 Rôles et utilisateurs de la comptabilité

La comptabilité financière est un système d'organisation de l'information financière aux rôles et objectifs multiples (fig. 1.4).

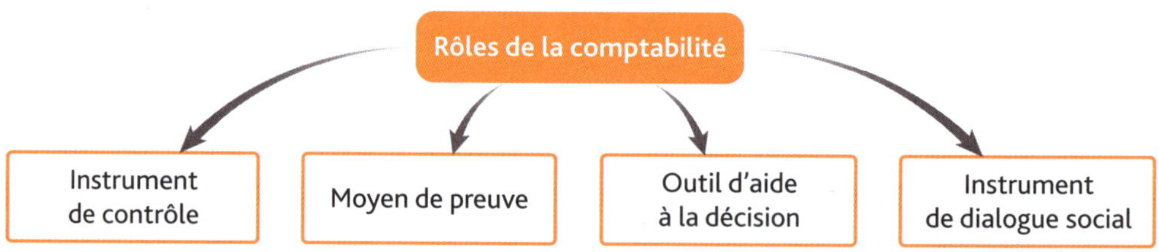


**Figure 1.4. Les rôles de la comptabilité**

### A) Instrument de contrôle

La comptabilité constitue un instrument de contrôle pour les différents acteurs et partenaires de l'entreprise (tab. 1.6).

**Définitions**

- Le **contrôle interne** est un ensemble de moyens mis en place dans une structure et faisant partie intégrante de son organisation, dans le but de contribuer à la maîtrise de ses activités, à l'efficacité de ses opérations et à l'utilisation efficiente de ses ressources.
- Le **contrôle externe** vise à valider la bonne application des normes en vigueur, en ayant recours à un intervenant extérieur. Ce contrôle peut être légal (il est alors effectué par un commissaire aux comptes) ou de nature contractuelle.

Tableau 1.6. **La comptabilité, un instrument de contrôle**

| | |
|---|---|
| **Contrôle interne** | • Exemple : à destination des actionnaires : les fonds investis sont-ils productifs ? L'entreprise est-elle rentable ? Les dirigeants agissent-ils dans l'intérêt des propriétaires ?<br>• Exemple : à destination des salariés : le comité social et économique, en sa qualité d'institution représentative du personnel, peut être éclairé sur le fonctionnement de l'entreprise et ainsi négocier des accords sociaux et salariaux grâce aux informations comptables. |
| **Contrôle externe** | • Exemple : à destination des banques : examen au travers des informations comptable de rentabilité et de viabilité permettant à l'entreprise d'assurer le remboursement périodique de sa dette.<br>• Exemple : à destination de l'administration fiscale : le résultat comptable sert de base au calcul du résultat fiscal, sur lequel est calculé l'impôt. De la même manière, la détermination de la TVA s'opère au travers des enregistrements comptables. |

## B) Moyen de preuve

Le Code de commerce indique qu'une comptabilité correctement tenue peut être admise en justice comme élément de **preuve** dans des litiges entre commerçants. Si elle a été irrégulièrement tenue, elle ne peut être invoquée par son auteur à son profit.

La communication des documents comptables ne peut être ordonnée en justice que dans certains cas (ex. : affaires de succession, de partage de société, de redressement ou de liquidation judiciaires).

## C) Outil d'aide à la décision

La comptabilité constitue un outil d'**aide à la décision** pour les différents acteurs et partenaires de l'entreprise (tab. 1.7).

Tableau 1.7. **La comptabilité, un outil d'aide à la décision**

| | |
|---|---|
| **Utilisateurs internes** | • Exemple : à destination des dirigeants : examen d'une décision d'investissement, développement de nouveaux marchés, recherche de gains de productivité.<br>• Exemple : à destination des responsables opérationnels : étude de la rentabilité d'un secteur géographique, d'une gamme de produits, recherche de gains de productivité sur une ligne de production. |
| **Utilisateurs externes** | • Exemple : à destination des banques : au regard de sa situation financière, un prêt peut-il être accordé à l'entreprise ?<br>• Exemple : à destination des investisseurs : la rentabilité des capitaux placés dans l'entreprise est-elle satisfaisante ?<br>• Exemple : à destination des fournisseurs : l'entreprise est-elle solvable ? Le fournisseur peut-il lui accorder un délai de paiement ?<br>• Exemple : à destination des clients : l'activité de l'entreprise est-elle pérenne ? Aura-t-elle la capacité à honorer le contrat du client jusqu'à son terme ? |

### D) Instrument de dialogue social

Le rôle social de la comptabilité est essentiel, puisque la comptabilité apparaît comme étant un instrument de communication (tab. 1.8).

**Tableau 1.8. La comptabilité, un instrument de dialogue social**

| | |
|---|---|
| **Élaboration de statistiques nationales** | • La comptabilité fournit les informations nécessaires à l'élaboration de statistiques macro-économiques :<br>– par secteur d'activité ;<br>– par typologie d'entreprises ;<br>– par nature de données (taux d'emploi, activité à l'export, investissements industriels, etc.).<br>• Ces statistiques permettent le calcul d'agrégats économiques tels que le produit intérieur brut (PIB), par exemple. |
| **Mesure et partage de la richesse** | La comptabilité sert d'instrument de mesure, de contrôle et de partage de la richesse (la valeur ajoutée) créée par l'entreprise :<br>– les dividendes, perçus par les actionnaires ;<br>– les impôts et taxes, collectés par l'État et les collectivités ;<br>– les salaires et la participation aux résultats, versés aux salariés ;<br>– les cotisations sociales, payées aux organismes sociaux ;<br>– les intérêts, payés aux prêteurs et organismes de crédit. |

→ MINI-CAS 4 • MINI-CAS 5 • SITUATION PRATIQUE 6 • SITUATION PRATIQUE 7

## 4 Relations de la comptabilité avec l'économie et le droit

La comptabilité nourrit et se nourrit d'autres disciplines de gestion, comme l'économie et le droit.

### A) Relations avec l'économie

La comptabilité traduit les incidences monétaires des opérations économiques effectuées par l'entreprise sur les différents marchés (tab. 1.9).

**Tableau 1.9. La comptabilité, un outil d'observation des faits économiques**

| Marchés analysés en économie | Données d'observation fournies par la comptabilité |
|---|---|
| **Marché des biens et des services** | Enregistrement des opérations d'approvisionnement, de production et de commercialisation |
| **Marché du travail** | Enregistrement des opérations de redistribution des revenus |
| **Marché financier** | Enregistrement des opérations portant sur les instruments de paiement, de placement et de financement |

Les évolutions économiques exercent par ailleurs une influence sur la comptabilité (tab. 1.10).

**Tableau 1.10. Les évolutions de la comptabilité liées aux évolutions économiques**

| Évolutions économiques contribuant… | … à influencer la comptabilité |
|---|---|
| Développement des échanges et de la pratique du crédit à la fin du Moyen Âge | Passage d'une comptabilité de caisse en partie simple à une comptabilité d'engagement en partie double (➥chapitre 3) |
| Apparition, à la fin du 19e siècle, de grandes sociétés anonymes faisant appel à l'épargne publique | Nécessité de rendre des comptes sur l'emploi des capitaux : obligation de présenter bilan et compte de résultat et émergence d'une réglementation et de normes visant à assurer la fiabilité des comptes et à protéger les investisseurs |
| Mondialisation des économies et internationalisation croissante des entreprises à la fin du 20e siècle | Nécessité de faciliter la comparabilité des états financiers produits par des entreprises de pays différents : harmonisation des règles et des pratiques comptables |
| Développement des marchés financiers avec un financement des entreprises par appel public à l'épargne | Nécessité pour l'entreprise de répondre à des exigences de transparence des comptes, de rentabilité et de valorisation de la société ; orientation de la présentation des comptes vers les besoins d'information des investisseurs |

## B) Relations avec le droit

La comptabilité forme à elle seule une partie du droit français : le droit comptable. Mais elle est également influencée par d'autres branches du droit (tab. 1.11).

**Tableau 1.11. Influences du droit sur la comptabilité**

| | |
|---|---|
| **Droit fiscal** | • En France, la connexion entre la comptabilité et la fiscalité est forte. Ainsi, le résultat comptable sert de base de calcul au résultat fiscal, sur lequel est assis l'impôt sur les sociétés.<br>• De même, certaines mesures fiscales particulières (modification de taux d'impôt ou de TVA) ont des répercussions comptables que l'entreprise doit enregistrer. |
| **Droit des sociétés** | • Le Code de commerce, à travers les lois sur les sociétés commerciales, a une forte influence sur la comptabilité. Ainsi, les sociétés ont l'obligation de déposer leurs comptes au greffe du tribunal de commerce.<br>• De plus, le droit des sociétés impose beaucoup d'autres obligations en matière de tenue de la comptabilité des opérations de la société. |
| **Droit social** | • Le droit comptable dépend également des évolutions, nombreuses, des dispositions sociales. Les taux de cotisations sociales changent régulièrement, et la comptabilité de la paie nécessite une mise à jour fréquente des logiciels de traitement des données sociales.<br>• De plus, les rémunérations comptabilisées servent de fondement au calcul des cotisations sociales : c'est pourquoi les organismes sociaux sont habilités à contrôler les informations figurant en comptabilité. |
| **Droit des marchés financiers** | • Ce droit réglemente les marchés, leurs acteurs (entreprises d'investissement ou de marché, AMF) et leurs activités (ex. : les opérations sur valeurs mobilières).<br>• La qualité de l'information financière issue de la comptabilité est essentielle au bon fonctionnement des marchés financiers. |

## FOCUS Quelques repères dans l'histoire de la comptabilité

Si les principes fondamentaux de la comptabilité sont apparus, selon certains, en 1494 sous la plume du moine franciscain Luca Pacioli, la réglementation comptable est néanmoins plus récente. En France, les événements clés de l'histoire comptable sont :

| Date | Événement |
|---|---|
| 1673 | Ordonnance de Colbert qui rend obligatoire la tenue de comptes et qui introduit des règles de forme à respecter |
| 15 septembre 1807 | Promulgation du Code de commerce |
| 24 juillet 1867 | Loi obligeant certaines sociétés cotées en bourse à diffuser des informations comptables |
| 19 septembre 1945 | Création de l'Ordre des experts-comptables (OEC) |
| 18 septembre 1947 | Arrêté créant le premier plan comptable |
| 12 août 1969 | Création de la Compagnie nationale des commissaires aux comptes |
| 30 avril 1983 | Loi comptable à l'origine d'un véritable droit comptable |
| 29 avril 1999 | Nouvelle version du plan comptable, codifié sous forme d'articles |
| 22 janvier 2009 | Création de l'Autorité des normes comptables (ANC) |
| 5 juin 2014 | Règlement relatif au nouveau plan comptable général (PCG) |

## FOCUS Les origines de la comptabilité

De l'Antiquité à nos jours, la technique comptable a évolué avec le développement des relations commerciales et la nécessité d'harmoniser les méthodes :

| Période | Évolution |
|---|---|
| Antiquité | • En ancienne Égypte, les scribes devaient connaître l'arithmétique et la comptabilité et tenaient leurs comptes sur du papyrus.<br>• En Grèce, les offrandes aux dieux étaient notées sur des tablettes de marbre ou de calcaire.<br>• À Rome, chaque famille était une entité économique avec son propre système de production et de commerce. |
| Moyen Âge | • La comptabilité s'est d'abord développée au sein des seigneuries, afin de gérer les grandes propriétés foncières.<br>• Puis, certaines grandes villes d'Italie du Nord connaissant une croissance commerciale, la comptabilité en partie double a vu le jour. |
| Époque contemporaine | • Au cours du 19e siècle, les grandes entreprises industrielles et commerciales vont prendre l'habitude d'analyser et de mesurer périodiquement leur patrimoine et leur revenu.<br>• Les normes comptables s'étendent peu à peu à l'ensemble des organismes et activités, qu'elles soient lucratives ou non.<br>• La vision économique d'ensemble des groupes apparaît avec la consolidation.<br>• La mondialisation des échanges et de l'information conduit à la mise en place de normes comptables internationales. |

→ MINI-CAS 4

## 1 QCM

*Pour chaque proposition, une ou plusieurs réponses sont possibles. Justifiez-les.*

1. La comptabilité est :
   a. une technique de collecte, de traitement et d'analyse de l'information. ☐
   b. un système d'information. ☐
   c. un ensemble de documents et de procédures. ☐
   d. un élément de preuve. ☐
   e. un outil de gestion de l'entreprise. ☐

2. L'information comptable est :
   a. une donnée quantitative et monétaire. ☐
   b. une donnée datée. ☐
   c. une donnée assortie d'un justificatif. ☐
   d. une donnée relative à une entreprise. ☐

3. La production des chiffres comptables doit permettre de fournir une information utile :
   a. aux propriétaires de l'entreprise. ☐
   b. aux dirigeants de l'entreprise. ☐
   c. aux fournisseurs. ☐
   d. aux clients. ☐
   e. aux salariés. ☐
   f. aux institutions financières. ☐
   g. à l'État. ☐

4. La comptabilité de gestion :
   a. est à finalité interne. ☐
   b. est obligatoire. ☐
   c. n'est pas normalisée. ☐
   d. aboutit à déterminer un solde budgétaire. ☐

5. Le contrôle de la comptabilité d'une entreprise peut être réalisé par :
   a. l'assistant comptable. ☐
   b. le responsable comptable. ☐
   c. l'expert-comptable. ☐
   d. le commissaire aux comptes. ☐

## 2 Définition de la comptabilité ★★★

- Dans l'édition du *Dictionnaire Larousse* de 1922, il y a près d'un siècle, la comptabilité était définie comme « l'art de tenir des comptes en règle, [...] la science qui a pour objet la conception et la coordination rationnelles des comptes. [...] Dans la comptabilité en partie simple, ou unigraphie, on ne tient que le compte du tiers à qui l'on vend ou à qui l'on achète ; dans la comptabilité en partie double ou digraphie, on tient à la fois le compte du tiers et un autre compte tel que caisse ou magasin ».
- En 1948, au sein de la collection « Que sais-je ? » des Presses universitaires de France (PUF), dans l'ouvrage intitulé *La comptabilité*, l'économiste Jean Fourastié définissait celle-ci comme « ayant pour but l'enregistrement en unités monétaires de mouvements de valeurs économiques, en vue de faciliter la conduite des affaires financières et commerciales ». De plus, il ajoutait qu'il était nécessaire de classer ces mouvements enregistrés en diverses rubriques et de les vérifier.

1. *Rappelez quel auteur italien a le premier évoqué le principe de la partie double dans un ouvrage publié à Venise à la fin du 15e siècle.*
2. *Précisez pourquoi, d'après ces définitions et celle donnée au début de ce chapitre, il est possible d'affirmer que la comptabilité peut être présentée comme un « savoir » et un « savoir-faire ».*

## 3 D'une réalité économique à une traduction comptable ★★★

L'entreprise Biofruits, installée en Ardèche, produit et vend des fruits (pommes, poires, fraises, etc.). Son comptable vous communique différentes opérations réalisées le mois dernier :

- Facturation d'une vente de palette de fruits à la coopérative voisine.
- Emprunt contracté auprès de la banque.
- Embauche d'un nouvel employé.
- Constatation et versement du salaire versé au nouvel employé.
- Détermination de la productivité des employés.
- Estimation de la part de marché de l'entreprise Biofruits et de ses concurrents.
- Réception d'un bon de commande pour une livraison d'engrais.
- Réception, quelques jours plus tard, de la facturation correspondant au bon de commande.
- Détermination du résultat généré par l'activité « fraises » sur le mois.
- Prévisions de chiffre d'affaires du mois à venir, en hausse de 7 %.

1. *Indiquez les opérations qui doivent faire l'objet d'une comptabilisation par l'entreprise Biofruits.*
2. *Pour les opérations ne faisant pas l'objet d'une comptabilisation en comptabilité financière, indiquez, en justifiant votre réponse, si elles servent la compatibilité de gestion ou la gestion financière de l'entreprise.*

## 4 Mini-cas : rôle de la comptabilité ★★★

**Compétences attendues**

- **Distinguer** les différentes dimensions de la comptabilité et **exposer** leurs liens avec la gestion
- **Exposer** les relations de la comptabilité avec l'économie et les branches du droit, dont le droit comptable

Parmi ses différents rôles, on attribue à la comptabilité la fonction d'instrument de contrôle.

1. *Expliquez en quoi consiste la fonction d'instrument de contrôle.*
2. *Définissez et distinguez le contrôle interne et le contrôle externe.*
3. *Dans le cadre de la mission de contrôle, en vous appuyant sur le document, expliquez en quoi la comptabilité permet plus particulièrement d'apprécier si les fonds investis sont productifs et si l'entreprise est rentable, et précisez au moyen de quels éléments ou calculs.*

Document

**Productivité et rentabilité, deux notions connexes**

La productivité désigne, selon le dictionnaire *Larousse*, le rapport entre le résultat d'une activité productive et les facteurs de production que l'on a utilisés pour parvenir à cette production.

La rentabilité désigne, selon le dictionnaire *Larousse*, la faculté d'un capital placé ou investi de dégager un résultat ou un gain exprimé en monnaie.

## 5 Mini-cas : rôle et utilisateurs de la comptabilité ★★★

**Compétences attendues**

- **Distinguer** les différentes dimensions de la comptabilité et **exposer** leurs liens avec la gestion
- **Exposer** les relations de la comptabilité avec l'économie et les branches du droit, dont le droit comptable

Le document ci-après présente un extrait d'entretien réalisé auprès du responsable d'un service de comptabilité.

1. *Présentez le rôle de la comptabilité, tel qu'il est envisagé par la personne interrogée, et précisez-en les dimensions omises dans le document.*
2. *Présentez les différents métiers comptables et les missions associées.*

Document

**Entretien avec un responsable de service de comptabilité (*verbatim*)**

« Pour moi, le comptable sert essentiellement au calcul des impôts des entreprises dont il réalise les comptabilités. La seule utilité légale de la comptabilité est bien de servir de base (on dit "assiette") au calcul des impôts.

Mon travail, en tant que responsable comptable, consiste à :

- surveiller que les comptables qui travaillent avec moi sachent se servir des ordinateurs. À défaut, il s'agit de les aider ;
- vérifier que les ordinateurs font bien le travail (c'est-à-dire qu'ils sont bien programmés) ;
- prévoir de changer d'ordinateur ou de programme quand les formules de calcul de la base fiscale ou des éléments liés à la paie changent (cela arrive souvent…) ;
- prévenir et détecter la fraude ;
- réaliser des *reporting* à destination de mon chef, le directeur financier. »

Évaluer les savoirs | Maîtriser les compétences | Préparer l'épreuve

## 6 Situation pratique : le *codex* romain ★★★

20 min

**Compétences attendues**

- **Distinguer** les différentes dimensions de la comptabilité et **exposer** leurs liens avec la gestion
- **Exposer** les relations de la comptabilité avec l'économie et les branches du droit, dont le droit comptable

Stagiaire chez Expert Partners, vous êtes chargé(e) de rédiger une note retraçant les fonctions historiques de la comptabilité. Une fois validée par les associés du cabinet, votre note de synthèse alimentera les supports de communication et le site Internet.

### Mission

*À partir du document ci-après, que vous avez repéré en ligne, et afin de préparer votre note de synthèse, recherchez les fonctions assurées par la comptabilité. Indiquez également les moyens permettant de rendre les enregistrements comptables plus sûrs.*

Document

**Le *codex* romain**

Le chef de la maison romaine (le *pater familias* – père de famille) notait toutes les opérations comptables sur une sorte de brouillon (appelé *adversaria*) qui permettait de suivre les mouvements de trésorerie au jour le jour. À la fin de chaque mois, les informations contenues dans les *adversaria* étaient recopiées, très soigneusement, sur le *codex* : véritable livre de comptes qui faisait foi en cas de litige, ce qui lui donnait une très grande force probante.

Le *codex* prenait la forme de tablettes de bois recouvertes de cire (appelées *tabulae*) sur lesquelles l'information comptable était gravée à l'aide d'un stylet.

Mais ces supports comptables étaient à la fois fragiles et falsifiables. Aussi, des diptyques ou des triptyques furent réalisés et réunis avec l'original à l'aide d'un fil scellé ; ce qui rendait la falsification beaucoup plus difficile. Par la suite, des témoins furent sollicités et leurs noms étaient inscrits sur les tablettes.

Les règles de rédaction du *codex* étaient très strictes, ce qui renforçait le gage de sérieux et de fiabilité. Ainsi, les noms des personnes avec qui le *pater familias* avait contracté devaient être mentionnés. Les sommes inscrites sur le *codex* devaient être exprimées en sesterces, et la nature du paiement devait être indiquée (au comptant ou par cession de créance par exemple). De même, la justification de l'opération devait apparaître : le motif de l'encaissement ou de la dépense figurant à côté de la somme.

Ainsi, la comptabilité privée du citoyen romain reflète son patrimoine. Elle peut alors servir de preuve pour démontrer la réalité d'une transaction, mais à l'inverse, elle peut aussi dévoiler des délits : tel ou tel élément de la fortune pourra se révéler douteux, si on ne retrouve pas sa trace dans le *codex*.

D'après R. Obert, *La construction du droit comptable*, édition en ligne, 2016

## 7 Situation pratique : l'information comptable vue par ses utilisateurs ★★★

60 min

**Compétence attendue** **Distinguer** les différentes dimensions de la comptabilité et **exposer** leurs liens avec la gestion

Dans une étude commandée par l'Institut canadien des comptables agréés reproduite dans le document annexé, un auteur canadien, Edward Stamp, a classé les utilisateurs de l'information comptable en quinze catégories mettant en avant leurs besoins.

### Missions

En vous appuyant sur le document :

1. *Précisez, pour les catégories d'utilisateurs mentionnées, les besoins particuliers qui peuvent être satisfaits par l'information comptable.*
2. *Indiquez ce qu'il faut entendre par membres de la catégorie « actuels, passés et éventuels ».*

Document

**Typologie des utilisateurs de l'information comptable selon E. Stamp**

| Catégories d'utilisateurs | Membres de la catégorie |
|---|---|
| 1) Actionnaires | Actuels et éventuels |
| 2) Créanciers à long terme | Actuels et éventuels |
| 3) Créanciers à court terme | Actuels et éventuels |
| 4) Analystes et conseillers au service des catégories 1, 2 et 3 : courtiers, analystes financiers, journalistes… | Actuels |
| 5) Salariés | Actuels, passés et éventuels |
| 6) Administrateurs externes | Actuels et éventuels |
| 7) Clients | Actuels, passés et éventuels |
| 8) Fournisseurs | Actuels et éventuels |
| 9) Associations patronales | Actuels |
| 10) Syndicats | Actuels |
| 11) Pouvoirs publics : ministères et agences aux niveaux fédéral, provincial et municipal, par exemple, dans le domaine de la fiscalité, des statistiques, de la consommation et des sociétés, de l'industrie et du commerce | Actuels |
| 12) Grand public : partis politiques, groupes d'affaires publiques, mouvements de consommateurs, écologistes | Actuels |
| 13) Organisations dotées du pouvoir réglementaire : par exemple, bourses et commissions des valeurs mobilières | Actuels |
| 14) Autres sociétés : nationales et étrangères | Actuels |
| 15) Normalisateurs et chercheurs | Actuels |

SYNTHÈSE

## Histoire, définition et rôle de la comptabilité

**1.** Il existe plusieurs comptabilités. L'UE 9 se concentre sur la **comptabilité financière**.

| | Comptabilité financière | Comptabilité de gestion | Comptabilité budgétaire | Gestion financière |
|---|---|---|---|---|
| **Objectif** | Fournir de l'information sur la situation de l'entreprise | Aider aux prises de décisions | Établir un comparatif prévisionnel *vs* réalisé | Aider aux prises de décisions |
| **Destinataires** | Externes | Internes | Internes | Internes et externes |
| **Force** | Obligatoire | Facultative | Facultative | Facultative |
| **Réglementation** | Forte | Absence | Absence | Absence |
| **Unité de mesure** | Monétaire | Monétaire et/ou physique | Monétaire et/ou physique | Monétaire |
| **Portée** | Historique | Historique et prévisionnelle | Historique et prévisionnelle | Historique et prévisionnelle |

**2.** La comptabilité financière est un système d'information permettant de refléter les opérations de l'entreprise :

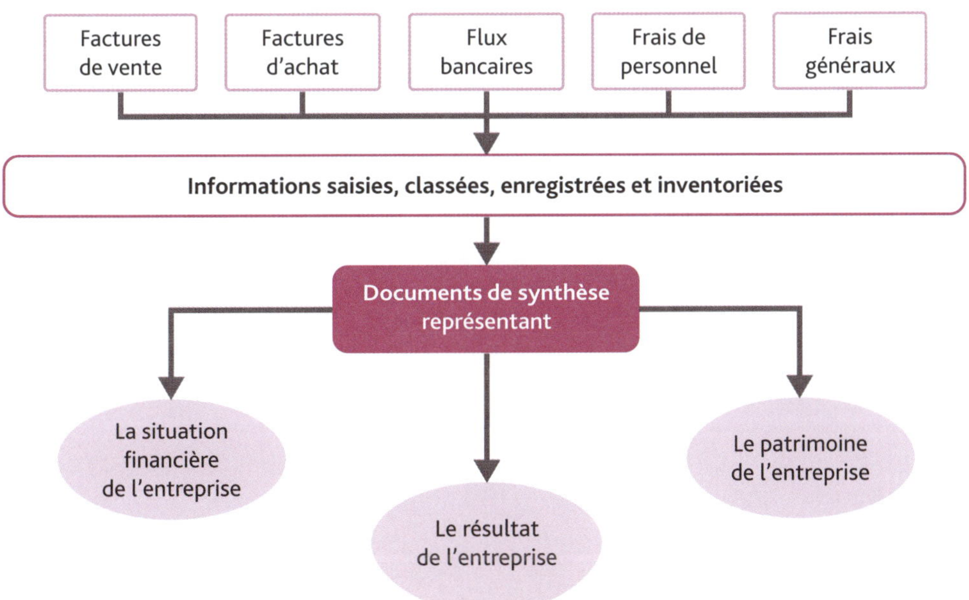

3. La comptabilité financière sert plusieurs utilisateurs, a divers rôles et est en lien avec l'économie et le droit :

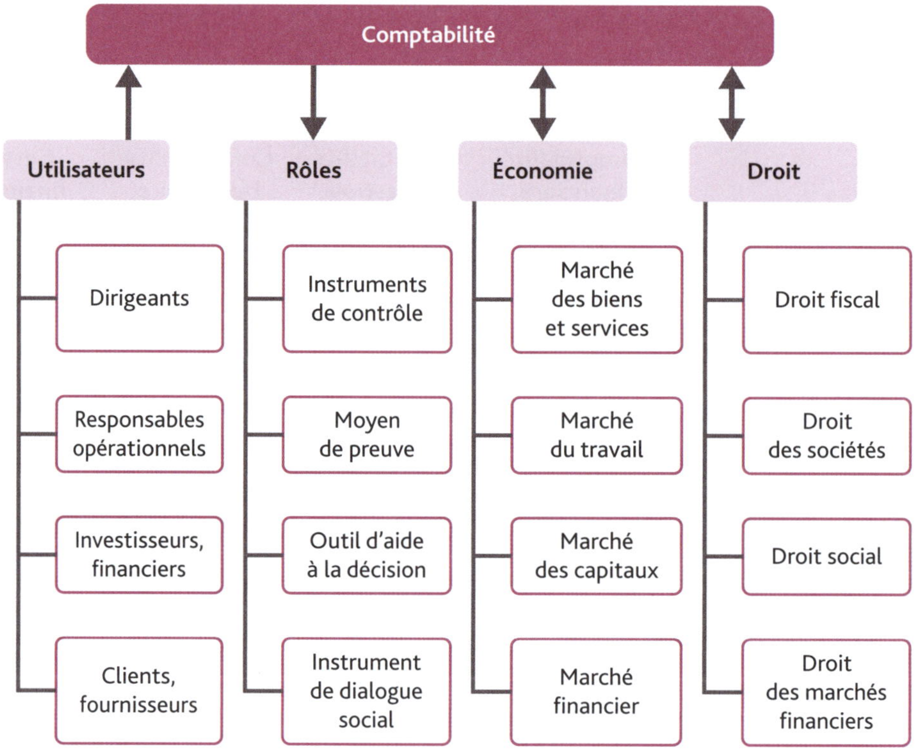

# CHAPITRE 2 Normalisation et réglementation comptables

## PROGRAMME

| Compétences attendues | Savoirs associés |
| --- | --- |
| • **Identifier** et **hiérarchiser** les sources de la réglementation comptable<br>• **Justifier** l'intérêt de la normalisation comptable<br>• **Expliquer** le rôle du recueil des normes comptables | • Normalisation : définition, acteurs, intérêts et limites<br>• Sources du droit comptable : directives européennes, lois et règlements, recueil des normes comptables<br>• Présentation du plan comptable général (PCG) : principes comptables, nomenclature et sa logique, systèmes de comptes (abrégé, de base, développé) |

## LIEN AVEC LE DCG 1

§1.2. Les sources du droit

## PLAN DU CHAPITRE

**Cours :** 1. Normalisation comptable • 2. Sources du droit comptable • 3. Recueil des normes comptables (RNC) et plan comptable général (PCG)

**Des savoirs aux compétences :** Évaluer les savoirs • Maîtriser les compétences • Préparer l'épreuve

**Synthèse**

L'information comptable est normalisée : pour quelles raisons ? Quels sont les avantages et les inconvénients de la normalisation comptable française ? À quels principes doit répondre la comptabilité ? Comment peut-on qualifier une information comptable de qualité ? Quelles sont les sources du droit comptable ? À quoi sert et comment est structuré le plan comptable général français ?

## MOTS-CLÉS

**Autorité des normes comptables • Droit comptable • Harmonisation comptable • Normalisation • Normes comptables • Plan comptable général • Principes comptables • Recueil des normes comptables**

# 1 Normalisation comptable

## A) Harmonisation et normalisation comptable

La comptabilité financière, qui a un caractère obligatoire pour un nombre important d'entreprises, est destinée aussi bien à des utilisateurs internes qu'à des utilisateurs externes à celles-ci. Cette diversité d'utilisateurs nécessite une harmonisation des pratiques, et explique le besoin d'une normalisation (fig. 2.1, tab. 2.1).

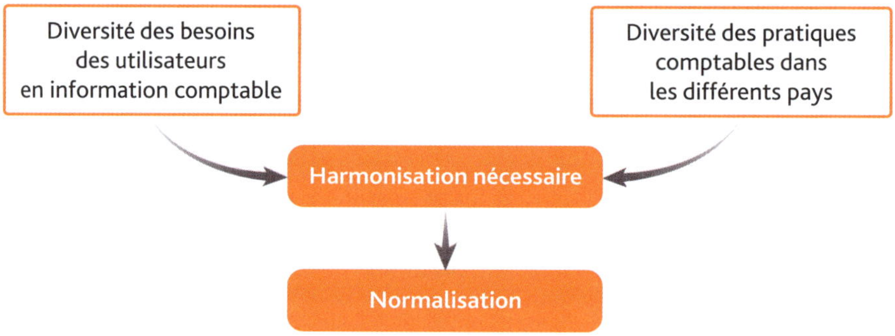


**Figure 2.1. De l'harmonisation à la normalisation**

**Définitions**

- L'**harmonisation comptable** vise à l'application de normes et de règles uniformes. La **normalisation comptable** désigne le processus de production de normes comptables dans un espace géographique déterminé.
- Les **normes comptables** représentent des obligations plus ou moins contraignantes imposées aux pratiques comptables.

**Tableau 2.1. Harmonisation et normalisation comptable**

| | |
|---|---|
| **Harmonisation** | Recherche de compatibilité entre les pratiques et les normes comptables, afin de faciliter :<br>– la compréhension des informations comptables produites ;<br>– la comparaison des états financiers fournis aux utilisateurs. |
| **Normalisation** | • Caractère plus directif<br>• Impose des pratiques et des règles comptables sur un territoire géographique déterminé en produisant des normes |

## B) Objectifs, intérêts et limites de la normalisation comptable

Les normes comptables ont pour objectif d'établir un cadre visant à la production et à la communication d'une information de qualité. Se distinguent différentes catégories de qualité de l'information comptable (tab. 2.2).

**Tableau 2.2. Les qualités de l'information comptable**

| Catégorie de qualités | L'information comptable doit être… |
|---|---|
| Qualités primaires | • Pertinente : elle permet à l'utilisateur de prendre une décision adaptée<br>• Fiable : l'utilisateur peut avoir confiance dans l'information comptable car elle est vérifiable, fidèle à la réalité et neutre |
| Qualités secondaires | • Comparable : ce qui suppose la permanence des méthodes utilisées, dans le temps et dans l'espace<br>• Significative : elle peut influencer le jugement de l'utilisateur |
| Autres qualités | • Intelligible : elle est formulée dans un langage compréhensible par tous les utilisateurs<br>• D'un bon rapport avantages/coûts : les avantages obtenus de l'information couvrent au moins le coût engagé pour l'obtenir |

Il convient de rechercher le compromis le plus équilibré possible entre toutes ces qualités. La France retient plutôt la fiabilité comme qualité première.

Gage de qualité de l'information financière, la normalisation présente des intérêts mais aussi des limites (tab. 2.3).

**Tableau 2.3. Intérêts et limites de la normalisation comptable**

| Intérêts | Limites |
|---|---|
| • Fournir un langage unique permettant une approche partagée de la réalité économique, financière et juridique d'une entité.<br>• Permettre la comparaison entre les entreprises et dans le temps.<br>• Produire un cadre de production de l'information financière fiable et compréhensible par tous les utilisateurs. | • Non exhaustive ou s'établissant sur des principes généraux, la comptabilité permet des options et choix, ce qui peut nuire à la comparabilité et fiabilité de l'information comptable.<br>• Définie pour un contexte, la normalisation est influencée par le droit, la fiscalité, la politique du territoire. Les normes comptables peuvent alors être sous influence et s'éloigner de l'objectif initial de la comptabilité sans refléter la réalité.<br>• Il est difficile de traiter des innovations et des problèmes nouveaux dans un cadre comptable préétabli. |

## C) Principes comptables

La comptabilité doit donner une image fidèle du patrimoine, de la situation financière et du résultat de l'entité à la date de clôture. Pour y parvenir, il faut respecter les **principes comptables** énoncés par le Code de commerce et repris par le PCG (tab. 2.4).

Tableau 2.4. **Les principes comptables**

| Principe comptable | | Définition |
|---|---|---|
| **Règles de comportement (permettant de fournir une « image fidèle » [PCG 121-1])** | Régularité | Conformité aux règles et procédures en vigueur. Les documents comptables doivent suivre les prescriptions du droit comptable (PCG 121-3). |
| | Sincérité | Application de bonne foi des règles et procédures en fonction de la connaissance que les responsables de comptes doivent normalement avoir de la réalité et de l'importance des opérations qu'ils sont appelés à traiter (PCG 121-3). |
| | Importance relative | Seules les informations pertinentes et utiles sont nécessaires à l'établissement des documents comptables. |
| **Hypothèses de construction des comptes** | Continuité d'activité | Hypothèse de poursuite des activités de l'entreprise (C. com. L. 123-20, PCG 121-2). Il s'agit d'évaluer les biens de l'entreprise à leur valeur d'utilité et non de liquidation. |
| | Indépendance des exercices | Rattachement des charges et des produits à l'exercice au cours duquel ils ont été engagés (C. com. L. 123-12). |
| | Non-compensation | Interdiction de compenser des comptes d'actif (éléments possédés par l'entreprise) et de passif (éléments dus par l'entreprise), ou de charges et de produits (C. com. L. 123-19). |
| | Permanence des méthodes | Il n'est pas possible de modifier les méthodes comptables en fonction du résultat que l'on veut obtenir [C. com. L. 123-17, PCG 121-5]. Seul un changement justifié par une meilleure information est autorisé à titre exceptionnel et justifié dans l'annexe. |
| | Intangibilité du bilan d'ouverture | Le bilan d'ouverture d'un exercice correspond au bilan de clôture de l'exercice précédent [C. Com L 123-19]. |
| **Principes d'évaluation** | Coûts historiques | Évaluation des éléments à la valeur d'entrée dans le patrimoine (coût d'acquisition ou de production) (C. com. L. 123-18, PCG 321-1). |
| | Prudence | En règle générale, il ne sera pas tenu compte des gains qui ne sont pas certains ; en revanche, les pertes probables devront être comptabilisées (C. com. L. 123-21, PCG 121-4). |

→ APPLICATION 2 • MINI-CAS 4 • SITUATION PRATIQUE 6

## 2 Sources du droit comptable

Les sources du **droit comptable** suivent la même hiérarchie que celles des autres branches du droit (tab. 2.5).

**Tableau 2.5. Les principales sources du droit comptable français**

| | |
|---|---|
| **Sources comptables internationales** | Normes IAS / IFRS (*International accounting standards / International financial reporting standards*) de l'IASB (*International accounting standards board*). |
| **Sources comptables européennes** | Directives et règlements, portant par exemple sur les comptes sociaux et consolidés, leur contrôle, les mesures de simplification pour les petites entreprises, etc. Les directives européennes sont ensuite transposées en droit national (généralement par des lois ou des règlements). |
| **Code de commerce** | Il impacte fortement les modalités d'établissement des comptes annuels. Les articles L. 123-12 à L. 123-28 du Code de commerce codifient les obligations comptables des commerçants. |
| **Autorité des normes comptables (ANC)** | L'ANC est un organisme de normalisation comptable français qui traduit les prescriptions sous forme de règlements. Elle émet des avis sur les lois et règlements comptables. |
| **Jurisprudence** | Elle résulte de décisions des tribunaux judiciaires et administratifs et éclaire sur les pratiques admises et sur l'impact des règles fiscales. |
| **Doctrine** | Elle est constituée d'interprétations, d'avis et de recommandations donnés par divers organismes (tels la Compagnie nationale des commissaires aux comptes [CNCC] ou l'Ordre des experts comptables [OEC]). |

Le droit comptable français s'établit à partir de l'ensemble de ces sources :

- Les sources internationales et européennes influencent le droit comptable français.
- Les directives, règlements, lois, décrets, arrêtés ministériels, avis, interprétations et recommandations des institutions et organismes français constituent le droit comptable français.

## A) Autorité des normes comptables (ANC)

L'**Autorité des normes comptables** :

- établit sous forme de règlements les prescriptions comptables générales et sectorielles que doivent respecter les personnes soumises à l'obligation légale d'établir des documents comptables conformes aux normes de la comptabilité privée ;
- donne un avis sur toute disposition législative ou réglementaire contenant des mesures de nature comptable ;
- émet des avis et prises de position dans le cadre de la procédure d'élaboration des normes comptables internationales ;
- veille à la coordination et à la synthèse des travaux théoriques et méthodologiques conduits en matière comptable et propose toute mesure dans ces domaines, notamment sous forme de recommandations.

## B) Ordre des experts comptables (OEC)

Le conseil supérieur de l'OEC représente la profession auprès des pouvoirs publics. Il influence sensiblement le processus de normalisation. Le comité professionnel de doctrine comptable émet des avis qui portent sur les principes comptables, les missions de l'expert-comptable et les règles de comportement professionnel. Les avis relatifs aux principes comptables conduisent à préciser les règles figurant dans les normes comptables ainsi que les usages.

### C) Compagnie nationale des commissaires aux comptes (CNCC)

La CNCC établit des normes et commentaires relatifs à la déontologie ou aux missions du commissaire aux comptes et diffuse des informations techniques. La commission des études comptables émet des avis qui précisent les difficultés d'application des normes comptables et propose des réponses aux questions posées par les commissaires aux comptes.

→ APPLICATION 3 • SITUATION PRATIQUE 5

## 3 Recueil des normes comptables (RNC) et plan comptable général (PCG)

### A) Recueil des normes comptables (RNC)

En 2014, l'ANC a établi le **recueil des normes comptables**. Ce document unique a pour objectif de rassembler l'ensemble des textes comptables émis par les institutions en charge de la normalisation comptable et qui régissent l'établissement des comptes annuels des entreprises industrielles et commerciales. La version du RNC en vigueur au 1er janvier 2019 est construite comme suit (tab. 2.6).

**Tableau 2.6. Contenu du recueil des normes comptables (RNC)**

| | | | |
|---|---|---|---|
| **LIVRE 1** | **Principes généraux applicables aux différents postes des documents de synthèse** | | |
| | TITRE 1 | **Objet et principes de la comptabilité** | |
| | | Chapitre 1 | Objet de la comptabilité |
| | | Chapitre 2 | Principes de la comptabilité |
| | TITRE 2 | **L'actif** | |
| | | Chapitre 1 | Actifs non financiers |
| | | Chapitre 2 | Actifs financiers |
| | TITRE 3 | **Le passif** | |
| | | Chapitre 1 | Capitaux propres |
| | | Chapitre 2 | Passifs |
| **LIVRE 1** | **Principes généraux applicables aux différents postes des documents de synthèse** | | |
| | TITRE 4 | **Actifs et passifs dont la valeur dépend des fluctuations des monnaies étrangères** | |
| | | Chapitre 1 | Règle générale |
| | | Chapitre 2 | Règles spécifiques |
| | TITRE 5 | **Charges et produits** | |
| | | Chapitre 1 | Définitions |

| | | | |
|---|---|---|---|
| **LIVRE 2** | **Modalités particulières d'application des principes généraux** | | |
| | TITRE 6 | **Dispositions et opérations de nature spécifique** | |
| | | Chapitre 1 | Dispositions de nature spécifique |
| | | Chapitre 2 | Opérations de nature spécifique |
| | | Chapitre 3 | Autres avis non repris dans un règlement |
| | TITRE 7 | **Comptabilisation et évaluation des opérations de fusions et opérations assimilées** | |
| | | Chapitre 1 | Champ d'application |
| | | Chapitre 2 | Principe d'inscription des apports dans les comptes de l'entité bénéficiaire |
| | | Chapitre 3 | Définitions |
| | | Chapitre 4 | Méthodologie d'évaluation des apports |
| | | Chapitre 5 | Événements de la période intercalaire |
| | | Chapitre 6 | Cas particulier de l'opération de confusion de patrimoine |
| | | Chapitre 7 | Informations devant figurer dans l'annexe |
| **LIVRE 3** | **Modèles de comptes annuels** | | |
| | TITRE 8 | **Documents de synthèse** | |
| | | Chapitre 1 | Règles d'établissement et de présentation des comptes annuels |
| | | Chapitre 2 | Modèles de comptes annuels : bilan et compte de résultat |
| | | Chapitre 3 | Contenu de l'annexe des comptes annuels |
| | | Chapitre 4 | Informations de l'annexe présentées sous forme de tableau |
| | | Chapitre 5 | Comptes intermédiaires |
| **LIVRE 4** | **Tenue, structure et fonctionnement des comptes** | | |
| | TITRE 9 | **Tenue, structure et fonctionnement des comptes** | |
| | | Chapitre 1 | Organisation de la comptabilité |
| | | Chapitre 2 | Enregistrement |
| | | Chapitre 3 | Plan de comptes |
| | | Chapitre 4 | Fonctionnement des comptes |
| **LIVRE 5** | **Adaptation du PCG** | | |
| | | Reprise des règlements de l'ANC, adaptés du PCG, pour des entités soumises à des contraintes réglementaires particulières | |

## B) Plan comptable général (PCG)

Le **plan comptable général** (PCG) est le document réglementaire qui constitue l'élément principal de la normalisation comptable française. Depuis sa création en 1947, il a connu différentes modifications traduisant la construction progressive du droit comptable français (tab. 2.7)

**Tableau 2.7. Les différentes étapes de l'évolution du droit comptable**

| Périodes | Versions | Caractéristiques du droit comptable |
|---|---|---|
| 1939/1947 | Premier plan comptable 1947 | Planification souple et indicative |
| 1947/1974 | Plan comptable 1957 | Généralisation de l'adoption des règles comptables dans les entreprises et adaptations sectorielles |
| 1974/1983 | PCG 1982 | • Intégration de la réglementation européenne (4e directive) de 1978<br>• Promulgation d'une loi comptable (loi n° 83-353 de 1983)<br>• Renforcement du caractère coercitif du droit comptable |
| 1983/1999 | PCG 1999 | Décalage entre les besoins des utilisateurs de l'information comptable qui ont davantage besoin d'éléments économiques et financiers (développement des marchés financiers et échanges internationaux) et de l'approche du droit comptable centrée sur des critères juridiques et patrimoniaux |
| Depuis 1999 | PCG 2014 évolutif | • Fin du droit constant<br>• Convergence des normes françaises vers les normes internationales tout en faisant le choix de conserver un cadre comptable français autonome<br>• Prise en compte des dispositions spécifiques aux associations, aux autres organismes non marchands et au secteur agricole |

Pour télécharger la dernière version du PCG : http://dunod.link/xitko2z

Le PCG est régulièrement mis à jour. Il n'est pas une simple liste de compte mais un ensemble de règles et principes à respecter pour tenir une comptabilité. Partie intégrante du RNC, il reprend sa structure (sauf le livre 5). Le PCG a vocation à s'appliquer aux entreprises industrielles et commerciales françaises.

## 1 QCM

*Pour chaque proposition, une ou plusieurs réponses sont possibles. Justifiez-les.*

1. En France, la normalisation comptable dépend :
   a. de l'ANC. ☐
   b. de l'OEC. ☐
   c. de l'AMF. ☐
   d. de la CNCC. ☐

2. La normalisation comptable française permet :
   a. aux entreprises d'un même territoire de disposer d'un même cadre comptable. ☐
   b. d'éliminer tout choix ou option comptable des entreprises. ☐
   c. la comparaison dans le temps et entre entreprises des informations comptables. ☐

3. Le recueil des normes comptables :
   a. est intégré dans le PCG. ☐
   b. rassemble l'ensemble des textes comptables constituant le droit comptable français. ☐
   c. est établi par l'ANC, l'OEC et le CNCC. ☐

4. Le PCG est :
   a. un document fournissant la liste des comptes d'une entreprise. ☐
   b. mis à jour tous les 1er janvier. ☐
   c. l'ensemble des règles et principes réglementant la comptabilité en France. ☐

5. Une information comptable est :
   a. significative si les avantages obtenus de l'information couvrent au moins le coût engagé pour l'obtenir. ☐
   b. fiable si elle est formulée dans un langage compréhensible par tous les utilisateurs. ☐
   c. pertinente si elle permet à l'utilisateur de l'information de prendre une décision adaptée. ☐

6. L'évaluation au coût historique :
   a. consiste à évaluer les éléments du patrimoine à leur valeur d'entrée. ☐
   b. est le principe applicable en France, de manière obligatoire. ☐
   c. est recommandée s'il y a de l'inflation. ☐

7. Le principe de prudence :
   a. consiste à ne considérer que les charges et produits rattachés au cours de l'exercice au cours duquel ils ont été engagés. ☐
   b. induit de prendre en compte les événements qui risquent de diminuer la valeur du patrimoine de l'entreprise. ☐
   c. consiste à comptabiliser à la valeur d'origine les actifs de l'entreprise. ☐

## 2 Normalisation comptable ★★★

M. Maire, expert-comptable, souhaite recruter un ou une assistant(e) comptable. Il décide de tester la curiosité et la connaissance du cadre comptable des candidat(e)s. À cet effet, il leur soumet les questions suivantes :

1. *Distinguez la normalisation et l'harmonisation comptables.*
2. *Définissez les normes comptables françaises.*
3. *Identifiez les principales raisons d'être de la normalisation comptable.*

## 3 ANC ★★★

Divers règlements de l'ANC ont été homologués par arrêté du 26 décembre 2016. À la suite de cet arrêté, l'ANC a publié une nouvelle version de son recueil de normes comptables le 16 février 2017.

1. *Rappelez qui préside l'Autorité des normes comptables.*
2. *Rappelez le contenu du recueil des normes comptables françaises publié par l'ANC et ses objectifs.*
3. *Indiquez par qui et pourquoi les règlements de l'ANC doivent être homologués.*

Évaluer les savoirs | Maîtriser les compétences | Préparer l'épreuve

## 4 Mini-cas : les principes comptables ★★★

**Compétence attendue** **Expliquer** le rôle du recueil des normes comptables

*Pour chaque élément de texte extrait des normes comptables nationales ou internationales et présenté ci-dessous, indiquez le principe comptable concerné.*

1. Le bilan d'ouverture d'un exercice doit correspondre au bilan de clôture de l'exercice précédent.
2. Les états financiers doivent être établis sur une base de continuité d'exploitation, sauf si la direction a l'intention, ou n'a pas d'autre solution réaliste, que de liquider l'entité ou de cesser son activité.
3. La comptabilité est conforme aux règles et procédures en vigueur qui sont appliquées avec sincérité afin de traduire la connaissance que les responsables de l'établissement des comptes ont de la réalité et de l'importance relative des événements enregistrés.
4. Les éléments d'actif et de passif doivent être évalués séparément. Aucune compensation ne peut être opérée entre les postes d'actif et de passif du bilan ou entre les postes de charges et de produits du compte de résultat.

5. À moins qu'un changement exceptionnel n'intervienne dans la situation du commerçant, personne physique ou morale, la présentation des comptes annuels comme les méthodes d'évaluation retenues ne peuvent être modifiées d'un exercice à l'autre. Si des modifications interviennent, elles sont décrites et justifiées dans l'annexe.
6. Il doit être tenu compte des risques et des pertes intervenus au cours de l'exercice ou d'un exercice antérieur, même s'ils sont connus entre la date de clôture de l'exercice et celle de l'établissement des comptes.
7. Les états financiers doivent être présentés au minimum une fois par an. L'entreprise doit contrôler par inventaire, au moins une fois tous les douze mois, l'existence et la valeur des éléments actifs et passifs du patrimoine de l'entreprise.



## 5 Situation pratique : Fiducio ★★★

20 min

**Compétences attendues**

- **Identifier** et **hiérarchiser** les sources de la réglementation comptable
- **Justifier** l'intérêt de la normalisation comptable

Vous êtes salarié, en tant qu'expert-comptable en entreprise, de la société Fiducio. Votre directeur vous demande de rédiger une note de synthèse sur le droit comptable français à l'attention de clients étrangers. Il vous remet un dossier documentaire à cet effet.

### Missions

1. *Rappelez les sources législatives et réglementaires du droit comptable français.*
2. *Indiquez les objectifs de la simplification des obligations comptables prévues par l'avis n° 2014-01 du 14 janvier 2014.*

Document

**Avis de l'Autorité des normes comptables n° 2014-01 du 14 janvier 2014**

En application de l'article 1-2° de l'ordonnance n° 2009-79 du 22 janvier 2009 créant l'Autorité des normes comptables, l'ANC a été saisie pour avis par le Ministre de l'Économie et des Finances d'un projet d'ordonnance allégeant les obligations comptables des micro-entreprises et petites entreprises.

Le projet d'ordonnance, modifiant le Code de commerce, a pour objet :

- de permettre aux micro-entreprises (hors holdings) de ne pas établir d'annexe à leurs comptes annuels ;
- de donner la possibilité aux micro-entreprises de demander lors du dépôt de leurs comptes annuels au Greffe que ces derniers ne soient pas communiqués aux tiers ;

•••

…

- de permettre à un plus grand nombre de petites entreprises de bénéficier d'une présentation simplifiée de leurs comptes en modifiant les seuils définissant cette catégorie. […]

Le collège de l'ANC, consulté le 14 janvier 2014, salue l'effort de simplification pour les micro-entreprises qui s'inscrit dans la ligne de son plan stratégique, dont un axe majeur est de concourir à la simplification en faveur des PME.

La suppression de l'annexe des comptes pour les micro-entreprises et le relèvement des seuils pour bénéficier de la présentation simplifiée des comptes s'inscrivent totalement dans la lignée des propositions de l'ANC pour les PME visant à simplifier les règles comptables en tenant compte de la taille et des besoins des entreprises : tout est affaire de proportion.

En matière de publicité des comptes, il est à souhaiter que le dispositif simple retenu pour les micro-entreprises permette d'améliorer le respect de l'obligation de dépôt de leurs comptes au greffe et de maintenir ainsi la sécurité juridique et économique.

En conséquence, le collège de l'ANC émet un avis favorable sur l'ensemble des dispositions contenues dans le projet d'ordonnance et dans le projet de décret.

www.anc.gouv.fr

## 6 Situation pratique : Icardo ★★★

25 min

**Compétences attendues**

- **Identifier** et **hiérarchiser** les sources de la réglementation comptable
- **Expliquer** le rôle du recueil des normes comptables

Vous êtes le responsable comptable de l'entreprise Icardo et son gérant, Fabrice Icard, vous interroge sur la situation de son entreprise :

1. Le local commercial, situé en plein centre-ville, a pris de la valeur depuis son acquisition, en 2004. Est-il possible de présenter, dans le prochain bilan de l'entreprise, la valeur réelle du local ?
2. Le résultat de l'exercice devrait être moins élevé qu'espéré, mais M. Icard a remarqué que certaines charges, engagées sur l'exercice comptable, concernent également l'exercice suivant. Que préconisent les principes comptables face à cette situation ?
3. Dans cette même optique de ne pas présenter un résultat trop faible pour l'exercice, M. Icard souhaite savoir s'il est possible de changer la méthode d'évaluation des stocks, afin d'en retenir une plus favorable.
4. D'une manière générale, il se questionne sur les normes à appliquer. Il a entendu parler des *normes IFRS*, et vous demande si elles ne seraient pas plus adaptées à son entreprise.

### Mission

*Préparez une note succincte et argumentée répondant aux interrogations de M. Icard.*

SYNTHÈSE

# Normalisation et réglementation comptables

## Normalisation et harmonisation

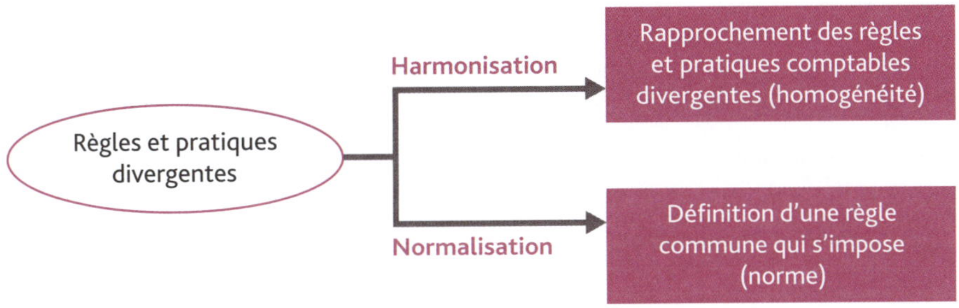


## Qualités de l'information comptable et principes comptables

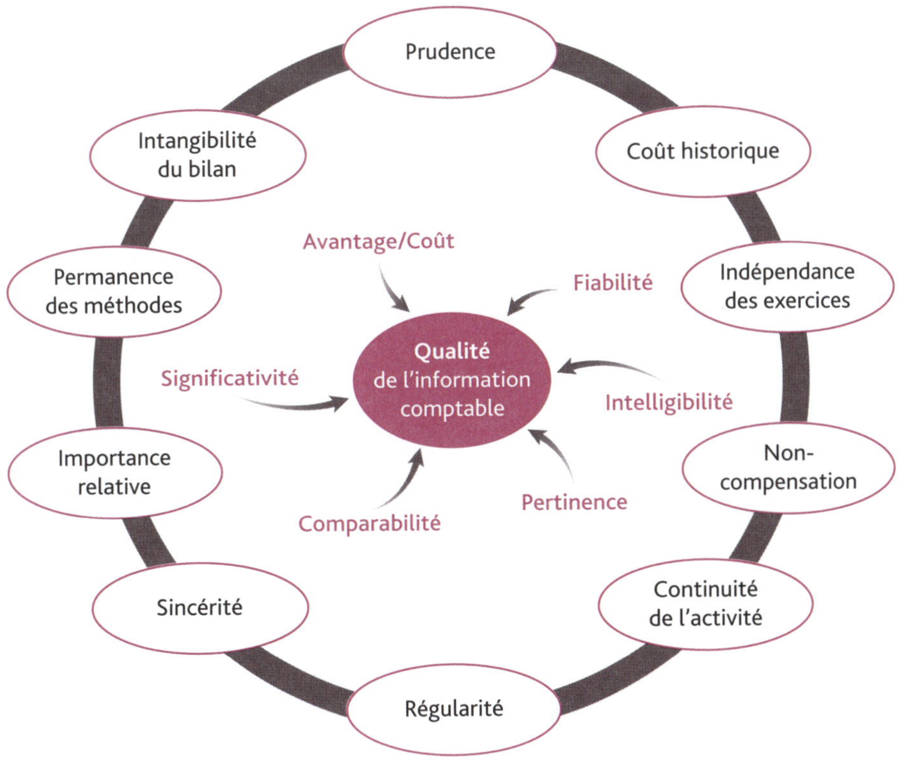

## Sources du droit comptable

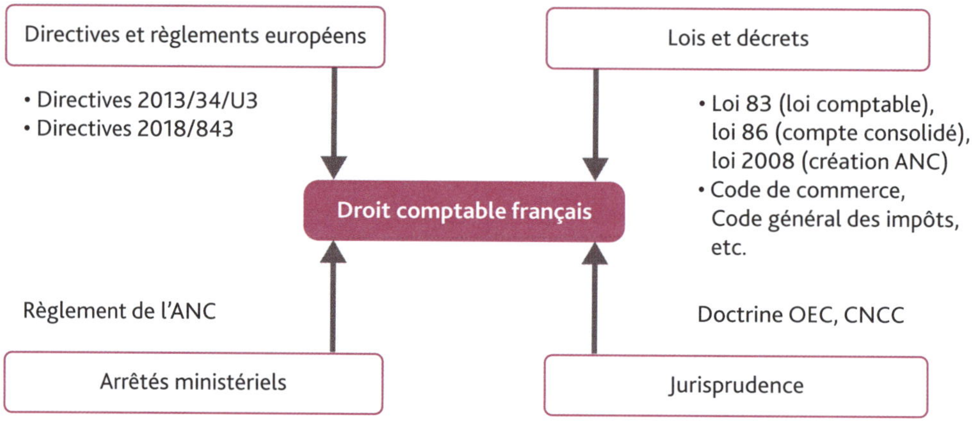


## Contenu du plan comptable général (PCG)

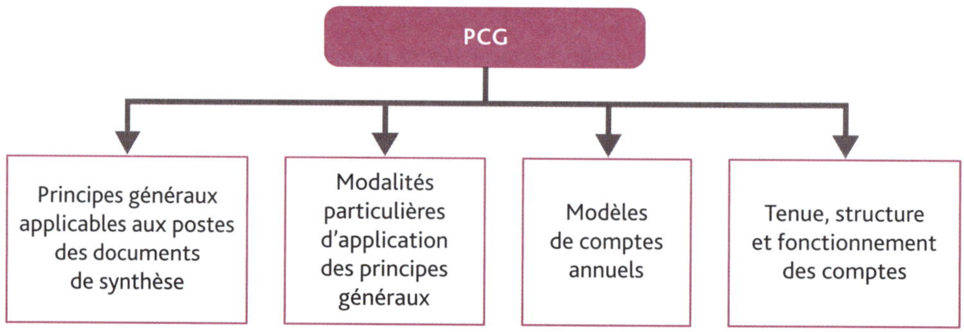

Vous venez d'être recruté(e) en tant que stagiaire comptable dans l'entreprise Juge.

## 1 Délimitation de la comptabilité

Le chef d'entreprise, Cédric Juge, qui n'a pas de formation comptable, est surpris d'apprendre que vous avez suivi des cours d'économie et de droit alors qu'il pensait que ces disciplines étaient sans lien avec la comptabilité. Par ailleurs, il s'interroge sur la liste intégrale (édition 2021-2022) des comptes du PCG que vous lui avez remise. Cédric Juge vous demande conseil et vous transmet, à cette fin, le document 1.

**Missions**

1. *Illustrez par des exemples concrets l'influence du droit fiscal et du droit du travail sur la comptabilité.*
2. *En vous appuyant sur le document 1, précisez les opérations économiques qui sont étudiées par la comptabilité.*
3. *Argumentez sur l'utilité que présente la comptabilité financière pour Cédric Juge.*
4. *Expliquez pourquoi le PCG ne se limite pas à cette liste de comptes et pourquoi il ne remonte pas seulement à 2021, date mentionnée dans la version remise à Cédric Juge.*
5. *Énoncez les missions de l'ANC dans le processus de normalisation comptable.*

## 2 Des opérations économiques à une traduction comptable

L'entreprise Juge, installée depuis une vingtaine d'années en Ardèche, produit et vend des framboises, des fraises, des poires, des pommes et des kiwis. Cédric Juge vous informe que l'entreprise clôture ses comptes le 31/12/N. Il vous demande conseil et vous remet, à cette fin, le document 2 qui récapitule les opérations des exercices antérieurs, en cours et à venir.

**Missions**

1. *À partir du document 2, identifiez et justifiez les opérations à comptabiliser par l'entreprise Juge au cours de l'exercice N.*
2. *Énumérez les principes comptables sous-jacents au choix des opérations à comptabiliser.*
3. *Présentez les avantages et les inconvénients de ces principes.*
4. *Précisez si des opérations non comptabilisées relèvent d'autres outils de gestion que la comptabilité financière.*
5. *Repérez les différents utilisateurs potentiels de la comptabilité mentionnés dans ces opérations.*

## DOSSIER DOCUMENTAIRE

Document 1

### Comptabilité et comptabilités

Il y a la comptabilité, méthode d'observation.

Il y a les phénomènes économiques, sujets d'observation.

Les faits observés (ici encore dénommés « faits comptables » dès leur saisie), ce sont les phénomènes économiques : production, distribution, consommation de richesses, et échange des services… Le fait doit être étudié de multiples points de vue. Si les effets sur le patrimoine, la détermination du résultat, l'analyse des causes de ce résultat, sont toujours recherchés, et indispensables, d'autres études doivent être entreprises, et c'est à cette fin, qu'une fois de plus, dans son histoire, la comptabilité s'est perfectionnée pour servir l'économie, devenant, de double, multiple, et permettant toutes les analyses souhaitables…

La comptabilité n'est qu'un instrument, une parfaite méthode d'observation scientifique. Encore faut-il que l'observateur ait daigné apprendre à en user, et qu'il ait une connaissance suffisante des lois régissant les phénomènes qu'il prétend observer, des lois positives (science juridique), des lois naturelles (science économique). Le télescope peut être parfait. Il n'apprend rien au profane qui se place à l'oculaire. Et pourquoi voudrait-on que ce même profane, ou son frère, puisse, sans plus d'efforts, comprendre et apprécier, par la lecture des comptes, la vie d'une entreprise ?

Extraits de *Pierre Garnier : la comptabilité approfondie et les comptabilités spéciales*, Dunod, 1978

Document 2

### Extrait des opérations réalisées par l'entreprise Juge en N–1/N et informations relatives à N+1

| Date | Opération |
|---|---|
| 15/12/N–1 | Facturation d'une vente d'une palette de fruits à la coopérative du village Poket |
| 20/12/N–1 | Emprunt contracté auprès de la Banque Populaire |
| 22/12/N–1 | Achat de cartons d'emballage, le fournisseur Alphonse communique la facture correspondante le 05/01/N |
| 15/01/N | Règlement de la palette de fruits vendue le 15/12/N–1 par la coopérative du village Poket |
| 20/01/N | Paiement de la mensualité de l'emprunt contracté auprès de la Banque Populaire |
| 12/02/N | Embauche d'un nouvel employé |
| 28/02/N | Versement du salaire du nouvel employé |

…

•••

| Date | Opération |
|---|---|
| 15/03/N | Modification de la valeur d'entrée d'un bâtiment pour tenir compte de l'augmentation de sa valeur depuis son achat, confirmée par un notaire |
| 21/03/N | Achèvement d'une machine agricole construite par les employés de l'entreprise Juge. Son coût de production a été calculé avec précision |
| 31/03/N | Détermination de la productivité des employés |
| 12/04/N | Réception d'une facture émise par l'entreprise Zenatti pour la fourniture d'engrais |
| 13/04/N | Prévision des dépenses et des recettes liées à la production d'un nouveau fruit, la cerise |
| 17/04/N | Règlement de l'entreprise Juge auprès de l'entreprise Zenatti |
| 05/05/N | Estimation de la part de marché de l'entreprise Juge et de ses concurrents |
| 18/12/N | Condamnation judiciaire à des dommages et intérêts après une plainte déposée par un voisin exploitant. L'entreprise Juge décide de faire appel |
| 20/12/N | Ouverture d'une nouvelle coopérative, nommée Bayard. L'entreprise Juge prévoit une hausse de 5 % de ses ventes |
| 21/12/N | Détermination du résultat généré par la vente des fraises |
| 28/12/N | Livraison, facturation et règlement de palettes de fruits et de conserves à la coopérative Bayard |
| 05/01/N+1 | Retour d'un lot de conserves vendues le 28/12/N à la coopérative Bayard (date de péremption : 28/11/N) |

# CHAPITRE 3 Technique comptable : mécanismes

## PROGRAMME

| Compétence attendue | Savoirs associés |
|---|---|
| **Exposer** et **justifier** les mécanismes constitutifs de la technique comptable | • Flux et stocks<br>• Distinction emplois et ressources<br>• Principe de la partie double<br>• Passage des flux aux comptes<br>• Présentation du plan comptable général (PCG) : principes comptables, nomenclature et sa logique, systèmes de comptes (abrégé, de base, développé) |

## PLAN DU CHAPITRE

**Cours :** 1. Flux de l'entreprise • 2. Enregistrement comptable • 3. Comptes

**Des savoirs aux compétences :** Évaluer les savoirs • Maîtriser les compétences • Préparer l'épreuve

**Synthèse**

Comment traduire les opérations réalisées par l'entreprise comptablement ? À quoi correspondent les emplois et les ressources ? Pourquoi faut-il comptabiliser pour chaque enregistrement comptable à la fois les emplois et les ressources ? Comment sont définis les comptes ? Comment les utiliser pour comptabiliser les flux de l'entreprise ?

### MOTS-CLÉS

**Classe • Clôture • Compte • Crédit • Débit • Emploi • Enregistrement comptable• Flux • Partie double • Plan comptable général • Réciprocité des comptes • Ressource • Solde • Solde à nouveau**

# 1 Flux de l'entreprise

## A) Concept

Pour réaliser son activité, l'entreprise effectue des échanges avec différents partenaires : associés, banques, fournisseurs, clients, salariés, État et administration... La comptabilité traduit l'ensemble des relations entre l'entreprise et ses partenaires. Ces relations se matérialisent par des flux.

**Définition**

Les **flux** sont les transferts de monnaie, de biens ou de services entre agents économiques, effectués au cours d'une période.

**Exemple**

- L'entreprise Packaging a vendu des marchandises pour 1 800 €. Le client paie à réception des marchandises (paiement comptant). L'échange de biens ainsi que son paiement constituent des flux entre l'entreprise et son client. La mesure des marchandises constitue le stock de marchandises ; les soldes des comptes bancaires du fournisseur et du client constituent les stocks de trésorerie.

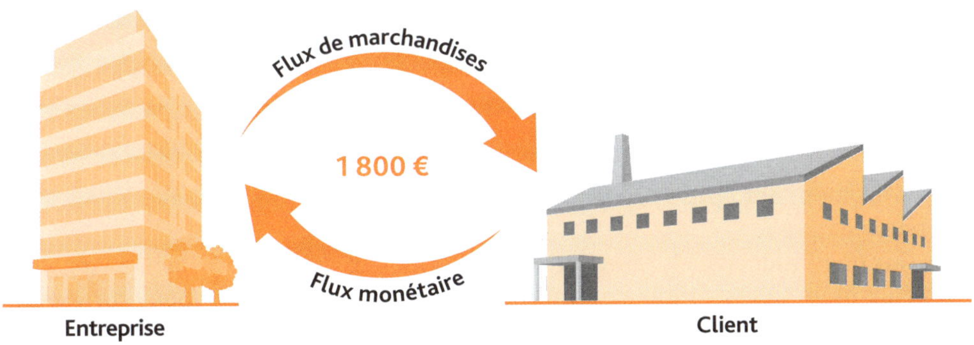


La tenue d'une comptabilité se focalise sur les flux affectant un partenaire. On ne considère donc qu'une extrémité de chacun des flux (tab. 3.1). Ainsi, le fournisseur et le client présentent deux comptabilités distinctes, lesquelles peuvent être mouvementées pour les mêmes montants mais de façon inverse : c'est la **réciprocité des comptes**.

**Tableau 3.1. Types de flux à enregistrer par une entreprise**

| Partenaires | Flux du point de vue de l'entreprise | Flux du point de vue du partenaire |
|---|---|---|
| Fournisseurs | • L'entreprise achète des marchandises | • Le fournisseur vend des marchandises |
| | • L'entreprise paie une facture d'achat aux fournisseurs | • Le fournisseur perçoit le versement du client |
| État et administration | • L'entreprise paie des charges sociales | • L'État perçoit des charges sociales |
| | • L'entreprise reçoit une subvention de l'État | • L'État verse une subvention à l'entreprise |

| Partenaires | Flux du point de vue de l'entreprise | Flux du point de vue du partenaire |
|---|---|---|
| Institutions financières | • L'entreprise contracte un emprunt | • La banque octroie un prêt à l'entreprise |
| | • L'entreprise rembourse une partie de son emprunt | • La banque perçoit une partie du remboursement de l'emprunt contracté par l'entreprise |
| Client | • L'entreprise vend des marchandises à un client | • Le client achète des marchandises à son fournisseur |
| | • L'entreprise perçoit le montant de la vente | • Le client paie ses achats au fournisseur |
| Salariés | • L'entreprise constate le travail d'un salarié et envoie sa fiche de paie | • Le salarié travaille pour l'entreprise et reçoit sa fiche de paie |
| | • L'entreprise rémunère le salarié | • Le salarié perçoit sa rémunération |
| Actionnaires | • L'entreprise reçoit des fonds d'un actionnaire | • L'actionnaire apporte des fonds à l'entreprise |
| | • L'entreprise choisit de distribuer une partie de son résultat sous forme de dividendes aux actionnaires | • Les actionnaires perçoivent des dividendes versés par l'entreprise |

## B) Typologie

Les flux affectant l'entreprise peuvent être classés (tab. 3.2) :

- Selon leur nature :
  - les **flux physiques** ou réels retranscrivent des échanges physiques de biens ou services,
  - les **flux monétaires** sont la contrepartie monétaire des flux physiques correspondant à leurs règlements,
  - les **flux financiers** correspondent à des entrées ou sorties d'argent qui ne sont pas la contrepartie d'un échange physique ;
- Selon leur origine :
  - **interne** à l'entreprise. Ce sont les flux de matières subissant des transformations au sein même de l'entreprise. Ils sont réalisés sans le concours de tiers, c'est-à-dire sans faire appel à des personnes extérieures à l'entreprise,
  - **externe** à l'entreprise. Ce sont les flux associés à l'approvisionnement des matières premières, de fournitures, de composants ou de services et à la livraison des produits et services aux clients. Ils sont réalisés avec le concours de tiers.

**Tableau 3.2. Nature des flux**

| Partenaires | Flux du point de vue de l'entreprise | Nature du flux |
|---|---|---|
| Fournisseurs | • L'entreprise achète des marchandises | Flux réel externe |
| | • L'entreprise paie une facture d'achat aux fournisseurs | Flux monétaire externe |
| État et APU | • L'entreprise paie des charges sociales | Flux financier externe |
| | • L'entreprise reçoit une subvention de l'État | Flux financier externe |
| Institutions financières | • L'entreprise contracte un emprunt | Flux financier externe |
| | • L'entreprise rembourse une partie de son emprunt | Flux financier externe |
| Client | • L'entreprise vend des marchandises à un client | Flux réel externe |
| | • L'entreprise perçoit le montant de la vente | Flux monétaire externe |
| Salariés | • L'entreprise constate le travail d'un salarié et envoie sa fiche de paie | Flux réel externe |
| | • L'entreprise rémunère le salarié | Flux monétaire externe |
| Actionnaires | • L'entreprise reçoit des fonds d'un actionnaire | Flux financier externe |
| | • L'entreprise choisit de distribuer une partie de son résultat sous forme de dividendes aux actionnaires | Flux financier externe |

APU : administrations publiques

→ APPLICATION 2 • MINI-CAS 4

# 2 Enregistrement comptable

## A) Concept

L'**enregistrement comptable** correspond à la retranscription d'un point de vue comptable des flux de l'entreprise. Chaque écriture comptable précise :
- les références de la pièce justificative, document qui permet de justifier les informations à enregistrer ;
- le montant du flux, c'est-à-dire la valeur en euros de l'opération ;
- l'origine du flux, c'est-à-dire ce qui permet la réalisation de l'opération ;
- la destination du flux, c'est-à-dire ce que procure la réalisation de l'opération.

**Exemple (suite)**

- La vente de marchandises de Packaging pour 1 800 € trouve son origine dans l'activité commerciale de l'entreprise et procure (destination) une entrée d'argent. Cette vente s'appuie sur une facture.

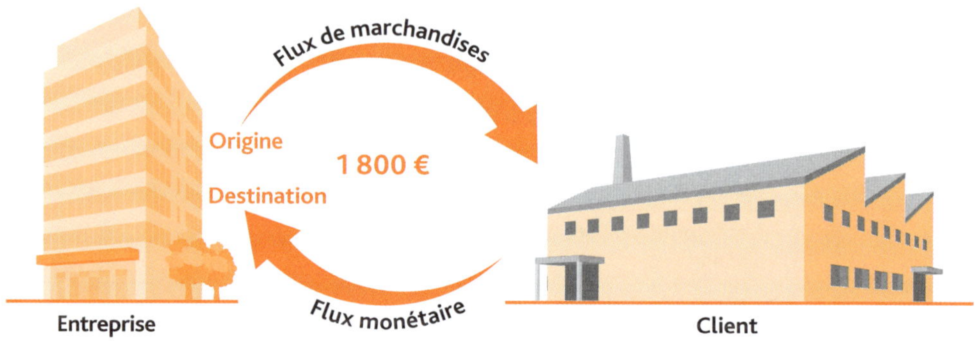


## B) Notions d'emploi et de ressource

Pour chaque opération, il convient d'enregistrer :

- l'origine du flux, ou **ressource** (ex. : vente de marchandises, emprunt contracté auprès d'une banque). La ressource est également désignée à travers la notion de **crédit**.
- la destination du flux, ou **emploi** (ex. : constatation d'un encaissement à la suite d'une prestation de services, disposition d'une nouvelle machine suite à une opération d'achat, constatation de charges sociales induites par la rémunération de salariés). L'emploi est également désigné à travers la notion de **débit**.

## C) Principe de la partie double

Dans des comptabilités simplifiées, l'enregistrement comptable se focalise sur les dépenses et recettes (comptabilité de caisse). Il peut néanmoins être intéressant de retracer à la fois :

– l'impact d'une opération sur la trésorerie de l'entreprise ;
– l'impact sur ses investissements, ses dettes, etc.

D'où le principe de la **partie double**.

**FOCUS** — **Principe de la partie double**

Le principe de la partie double consiste à enregistrer, pour chaque opération, à la fois l'emploi et la ressource associée :

- chaque flux donne lieu à un double enregistrement : tout emploi est financé par une ressource et, inversement, toute ressource finance un emploi ;
- pour chaque opération, les emplois sont égaux aux ressources.

Ce principe conduit à définir, pour chaque opération, les emplois et les ressources (tab. 3.3).

**Tableau 3.3. Distinction emplois / ressources**

| Partenaires | Flux du point de vue de l'entreprise | Emploi | Ressource |
|---|---|---|---|
| Fournisseurs | • L'entreprise achète des marchandises | Achat de marchandises | Dette fournisseur |
| | • L'entreprise paie une facture d'achat aux fournisseurs | Dette fournisseur | Banque |

| Partenaires | Flux du point de vue de l'entreprise | Emploi | Ressource |
|---|---|---|---|
| État et administration | • L'entreprise paie des charges sociales | Dettes fiscales et sociales | Banque |
| | • L'entreprise reçoit une subvention de l'État | Banque | Subvention |
| Institutions financières | • L'entreprise contracte un emprunt | Banque | Emprunt |
| | • L'entreprise rembourse une partie de son emprunt | Emprunt | Banque |
| Client | • L'entreprise vend des marchandises à un client | Créance client | Vente de marchandises |
| | • L'entreprise perçoit le montant de la vente | Banque | Créance client |
| Salariés | • L'entreprise constate le travail d'un salarié et envoie la fiche de paie | Charges de personnel | Personnel – Rémunérations dues |
| | • L'entreprise rémunère le salarié | Personnel – Rémunérations dues | Banque |
| Actionnaires | • L'entreprise reçoit des fonds d'un actionnaire | Banque | Capital |
| | • L'entreprise choisit de distribuer une partie de son résultat sous forme de dividendes aux actionnaires | Dettes envers les associés | Résultat |

Une opération peut avoir plusieurs emplois et plusieurs ressources (ex. : un achat réglé en partie comptant et en partie avec un délai de règlement).

→ APPLICATION 2 • APPLICATION 3 • MINI-CAS 4 • MINI-CAS 5

# 3 Comptes

## A) Concept

Le compte est un instrument permettant de spécifier de façon homogène les emplois et les ressources d'une opération. Le compte est un tableau synthétique caractérisé par :
- un numéro ;
- un intitulé ;
- la valeur de l'opération ;
- la date de l'opération ;
- le libellé de l'opération ;
- deux colonnes : à gauche, le débit (les emplois) ; à droite, le crédit (les ressources).

De manière générale et simplifiée, les comptes sont présentés en T :

| Numéro du compte – Intitulé du compte | |
|---|---|
| Débit | Crédit |

Même s'il n'existe pas de présentation normalisée des comptes, les entreprises utilisent des tableaux plus formalisés que les comptes en T.

**NOTRE CONSEIL**

Pour chaque enregistrement, il faut toujours déterminer *a minima* un emploi et une ressource. La phrase suivante peut vous aider à les repérer : « Grâce à… (ressource), l'entreprise a pu… (emploi). »

En vertu du principe de partie double, tout flux est traduit au minimum dans deux comptes :
- un ou plusieurs comptes débités qui traduisent l'emploi ;
- un ou plusieurs comptes crédités pour le même montant qui traduisent les ressources.

**Définition**

Le **compte** est un tableau récapitulant, pour un même élément comptable et au cours d'une période, tous les mouvements au débit (à gauche) qui correspondent aux emplois et tous les mouvements au crédit (à droite) qui correspondent aux ressources.

**Exemple (suite)**

- L'enregistrement comptable par Packaging de la vente de marchandises au comptant pour 1 800 € conduit à mouvementer les deux comptes, comme suit :

| 512 – Banque | |
|---|---|
| 1 800 | |

| 707 – Vente de marchandises | |
|---|---|
| | 1 800 |

**NOTRE CONSEIL**

Il faut connaître par cœur les classes de comptes et certains comptes souvent utilisés (achats, ventes, fournisseurs, clients, banques, TVA…). Pour les comptes peu usuels, pensez à toujours vérifier leur sous-classe dans le PCG, document autorisé à l'examen que vous devez vous approprier.

## B) Typologie des comptes

À chaque compte est attribué un numéro. Le **plan comptable général** (PCG) établit une classification générale. À partir de cette celle-ci, l'entreprise doit définir son plan de comptes. Les comptes sont regroupés en **classes** dont l'ordre correspond à la logique de création et de fonctionnement d'une entreprise (tab. 3.4). Conformément au PCG, les comptes sont toujours regroupés en sept classes, elles-mêmes subdivisées en comptes de niveaux successifs plus détaillés. Une huitième classe est dédiée aux comptes spéciaux.

**Tableau 3.4. Classes et sous-classes de comptes**

| Classe de comptes | Intitulé | Contenu |
|---|---|---|
| Classe 1 | Comptes de capitaux | À la création de l'entreprise, l'entrepreneur collecte des capitaux propres (101. Capital social) et souscrit des dettes financières (16. Dettes financières). |
| Classe 2 | Comptes d'immobilisation | L'entreprise développe des investissements, elle acquiert ses moyens d'exploitation (20. Immobilisations incorporelles, 21. Immobilisations corporelles, 26. et 27. Immobilisations financières). |
| Classe 3 | Comptes de stocks et encours | L'entreprise procède à l'achat des stocks de marchandises (37. Stocks de marchandises), de matières premières (31. Stocks de matières premières) ou d'approvisionnement (32. Stocks d'autres approvisionnements) nécessaires à son activité. Elle commence son activité de production et constitue ainsi des stocks de produits (35. Stocks de produits) ou d'encours pour les produits non finalisés (33. et 34. Stocks d'encours). |

| Classe de comptes | Intitulé | Contenu |
|---|---|---|
| **Classe 4** | **Comptes de tiers** | Son activité se réalise avec des tiers, avec lesquels elle enregistre des décalages de paiement entre les opérations réalisées et les règlements du fait de conditions commerciales ou contractuelles.<br>Ex. : L'entreprise ne règle pas au comptant ses achats (40. Dettes fournisseurs) et commence à facturer des livraisons ou des prestations à ses clients (41. Créances clients). De même, elle ne paie pas immédiatement mais périodiquement ses salariés et les organismes sociaux (42. Personnel, 43. Organismes sociaux). |
| **Classe 5** | **Comptes financiers** | L'entreprise enregistre des mouvements de trésorerie sur ses comptes bancaires (512. Banques) ou en liquide (53. Caisse) et choisit de faire des placements de court terme (50. Valeur mobilières de placement). |
| **Classe 6** | **Comptes de charges** | L'activité de l'entreprise conduit à des consommations du fait son exploitation (60. Achats, 64. Charges de personnel), de son activité et ses choix financiers (66. Charges financières) et de manière exceptionnelle (67. Charges exceptionnelles). |
| **Classe 7** | **Comptes de produits** | L'entreprise génère des richesses du fait de son activité d'exploitation (70. Ventes), de son activité financière (76. Produits financiers) et d'éléments exceptionnels (77. Produits exceptionnels). |

Chaque classe est subdivisée en comptes de niveaux successifs.

## Exemple

- 21. Immobilisations corporelles
    - 211. Terrains
        - 2114. Terrains de gisements
            - 21141. Carrières

Le niveau de détail des comptes dépend des besoins d'information de l'entreprise.

La liste des comptes est organisée en trois systèmes :
- le **système de base**, qui correspond aux dispositions minimales pour les entreprises moyennes et grandes ;
- le **système abrégé**, adapté aux entreprises de plus petite taille ;
- le **système développé**, facultatif, qui permet aux plus grandes entreprises d'affiner la présentation des documents comptables.

## C) Arrêté et ouverture des comptes

En comptabilité financière, le temps est découpé en exercices ou périodes comptables. L'exercice comptable, sauf cas particulier de la vie des entreprises, est égal à douze mois mais n'est pas nécessairement calqué sur l'année civile. Afin de dresser un état de l'entreprise et de ses performances, les comptes doivent être régulièrement arrêtés, notamment à la fin de l'exercice comptable. La **clôture** des comptes consiste à faire la différence entre l'ensemble des mouvements de débit et des mouvements de crédit affectant le compte :

- si les mouvements de débit sont supérieurs aux mouvements portés au crédit, le **solde** du compte est débiteur ;
- si les mouvements de crédit sont supérieurs aux mouvements portés au débit, le solde du compte est créditeur ;
- si le débit et le crédit sont égaux, le solde est nul et le compte est équilibré.

Par convention et pour présenter un document équilibré, dans un compte en T, on place le solde du côté opposé à sa nature.

**Exemple**

| 512 – Banque | |
|---|---|
| 1 800 | Solde débiteur :<br>1 800 |

| 707 – Vente de marchandises | |
|---|---|
| Solde créditeur :<br>1 800 | 1 800 |

À la réouverture des comptes du bilan, il faut reprendre le solde : c'est le **solde à nouveau**.

➜ SITUATION PRATIQUE 6 • SITUATION PRATIQUE 7

## 1 QCM

*Pour chaque proposition, une ou plusieurs réponses sont possibles. Justifiez-les.*

1. Un flux peut correspondre à :
   a. un échange de biens et services entre l'entreprise et l'un de ses partenaires. ☐
   b. un échange de monnaie entre l'entreprise et l'un de ses partenaires. ☐
   c. un mouvement interne à l'entreprise. ☐
   d. la quantité de monnaie ou de biens disponible et mesurée à un moment donné. ☐

2. La réciprocité des comptes induit que des flux :
   a. sont enregistrés en miroir dans deux comptabilités différentes. ☐
   b. sont enregistrés en miroir dans des comptes d'une même comptabilité. ☐
   c. positifs seront compensés par des flux négatifs. ☐
   d. inscrits en emploi sont compensés par des flux inscrits en ressources. ☐

3. Un enregistrement comptable se caractérise toujours par :
   a. au minimum deux montants. ☐
   b. une pièce justificative. ☐
   c. une date. ☐
   d. un décaissement ou un encaissement. ☐

4. L'emploi correspond :
   a. au débit. ☐
   b. à la destination du flux comptable. ☐
   c. au crédit. ☐
   d. à l'origine du flux comptable. ☐

5. Le principe de la partie double signifie que :
   a. toute opération comptable entraîne l'inscription d'un même total, au crédit d'un ou de plusieurs comptes, d'une part, et au débit d'un ou de plusieurs comptes, d'autre part. ☐
   b. les comptes sont vérifiés deux fois. ☐
   c. on enregistre une opération dans les comptabilités des deux entreprises concernées. ☐
   d. on enregistre dans différents documents comptables la même opération. ☐

6. Dans la comptabilité d'une entreprise, la réciprocité des comptes induit que :
   a. certains comptes fonctionnent en miroir avec d'autres. ☐
   b. certaines comptabilités fonctionnent en miroir pour certaines opérations. ☐
   c. toutes les opérations conduisent à un double enregistrement. ☐
   d. un débit d'un compte correspond à un crédit d'un ou plusieurs comptes. ☐

## 2 Un flux peut en cacher un autre ★★★

L'entreprise Josué est une entreprise de négoce.

- Elle a acheté au fournisseur Rémi des articles de sports. Le fournisseur Rémi lui accorde un délai de règlement ; l'achat n'est pas encore réglé.
- L'entreprise Josué a revendu certains de ces articles au client Camille à crédit.

1. *Pour chacun des flux schématisés, définissez sa nature (flux réel, monétaire ou financier), son origine (externe ou interne), son emploi et sa ressource.*
2. *Définissez les stocks impactés par ces échanges.*

## 3 Faites vos comptes ! ★★★

L'entreprise Clément a réalisé les trois opérations suivantes :
- achats de matières premières à crédit (5 000 €) ;
- ventes de produits finis au comptant (20 000 €) ;
- octroi d'un emprunt d'un établissement bancaire (10 000 €).

*Enregistrez ces opérations dans les comptes en T « 601 – Achats de matières premières », « 701 – Ventes de produits finis », « 512 – Banques », « 164 – Emprunt auprès des établissements de crédit », « 401 – Fournisseur ». Indiquez les soldes associés.*

Évaluer les savoirs | **Maîtriser les compétences** | Préparer l'épreuve

## 4 Mini-cas : Lariviero ★★★

**Compétence attendue** **Exposer** et **justifier** les mécanismes constitutifs de la technique comptable : **caractériser** un flux • **raisonner** en partie double

L'entreprise Lariviero exerce une activité de plomberie. Elle a conservé, pour les trois derniers jours, les documents ci-après :

- Talons de chèque :
  - chèque n° 1234567890, le 1er décembre, 1 200 € pour le loyer du magasin ;
  - chèque n° 1234567891, le 2 décembre, 18 000 € pour l'achat d'une camionnette ;
  - chèque n° 1234567892, le 2 décembre, 80 € pour le paiement d'un plein de carburant.
- Tickets de caisse, paiement avec une carte de paiement :
  - ticket de péage, le 2 décembre, 8 € ;
  - ticket de caisse, le 3 décembre, 200 € pour l'achat de tuyaux de cuivre.

- Factures

Le 3 décembre

Établissement DILA

Doit Société LARIVIERO

Facture n° 45678

| Désignation | Quantité | Prix unitaire | Montant |
|---|---|---|---|
| Chaudière | 1 | 800 | 800 |
| | | | |
| | | Total | 800 |

Crédit accordé 30 jours

Le 3 décembre

Société LARIVIERO

Doit DURINOI

Facture n° V-789

| Désignation | Quantité | Prix unitaire | Montant |
|---|---|---|---|
| Pose chauffage | 1 | 2 000 | 2 000 |
| Radiateurs | 4 | 300 | 1 200 |
| | | Total | 3 200 |

Règlement sous huitaine

1. *Pour chacun des documents, représentez graphiquement les flux associés pour l'entreprise Lariviero.*
2. *Précisez la nature de chaque flux.*
3. *Identifiez, pour chaque opération, la réciprocité des comptes en spécifiant le flux à considérer selon le point de vue des partenaires.*

La facture de doit est à payer par le client, contrairement à la facture d'avoir dont le montant est dû au client.

## 5 Mini-cas : Rémi Design ★★★

**Compétence attendue**

**Exposer** et **justifier** les mécanismes constitutifs de la technique comptable : **enregistrer** des opérations simples • **raisonner** en partie double

Le 29 octobre N, lors de la création de son entreprise Rémi Design, M. Rémi a, entre autres opérations, versé 10 000 € en espèces, somme prélevée sur ses fonds personnels et déposée dans la caisse de l'entreprise. Le 30 octobre, il a prélevé 7 000 € sur la caisse pour les déposer sur le compte de l'entreprise à la Banque Populaire. Le 4 novembre, il a acquis du matériel (montant 1 000 €) payé avec le carnet de chèque de l'entreprise. Le 5 novembre, la Banque Populaire effectue le virement correspondant à la Société Générale. Le 6 novembre, M. Rémi paie 50 € à la Banque Populaire au titre des frais de gestion de ses comptes.

1. *Définissez les différentes comptabilités impactées par les opérations.*
2. *Indiquez les enregistrements à réaliser pour chacune des comptabilités. Représentez-les graphiquement.*
3. *Mettez en évidence les opérations réciproques. Précisez les soldes des comptes.*
4. *Expliquez pourquoi on peut penser que la comptabilité des banques inverse les notions de débit et de crédit.*

## 6 Situation pratique : Romera ★★★

25 min

**Compétence attendue**

**Exposer** et **justifier** les mécanismes constitutifs de la technique comptable : **caractériser** un flux • **enregistrer** des opérations simples • **raisonner** en partie double • **établir** un solde

L'entreprise Romera vient d'être créée. Elle vous communique les informations suivantes :

1. Apport de matériels informatiques d'un associé (estimation : 10 000 €).
2. Emprunt auprès d'une banque (50 000 €, virement effectué).
3. Achat de marchandises (2 000 €, moitié au comptant, moitié à crédit).
4. Acquisition d'un progiciel (4 000 €, paiement au comptant).
5. Réception d'un avis d'imposition (500 €).
6. Paiement du fournisseur de marchandises par chèque.
7. Vente de marchandises (10 000 €, à crédit).
8. Encaissement du règlement par chèque du client.
9. Retrait d'espèces sur le compte bancaire pour disposer de liquidités (2 000 €).
10. Réception de la facture de téléphone (300 €), paiement par titre interbancaire de paiement (TIP).
11. Paiement par chèque d'une amende de stationnement (35 €).
12. Réception de la commande d'un client, la facture n'a pas été adressée.
13. Facture d'acquisition d'une camionnette (8 000 €), le paiement n'a pas été effectué.
14. Constatation et paiement des salaires du mois (12 000 €).
15. Constatation et paiement du remboursement d'une partie de l'emprunt (2 000 €).
16. Constatation et paiement des charges d'intérêts associées à l'emprunt (300 €).
17. Achat d'une photocopieuse à crédit (5 000 €).
18. Paiement en espèces d'un pourboire au livreur (50 €).
19. Avis de la banque pour l'envoi de nouveaux chéquiers.
20. Paiement en espèces d'un repas d'affaires (300 €).

### Missions

1. *À partir des informations fournies, complétez le tableau ci-après.*
2. *Présentez tous les comptes nécessaires à l'enregistrement des opérations de l'entreprise Romera. Détaillez, pour chacun d'entre eux, les mouvements au débit et au crédit et leurs soldes une fois ces opérations enregistrées. Vous supposerez que les soldes étaient nuls avant l'enregistrement des opérations.*

<table>
<tr><th rowspan="2">Données</th><th colspan="2">Emploi</th><th colspan="2">Ressources</th><th colspan="2">Enregistrement</th></tr>
<tr><th>Flux</th><th>Nature du flux</th><th>Flux</th><th>Nature du flux</th><th>Compte débité</th><th>Compte crédité</th></tr>
<tr><td>1.</td><td></td><td></td><td></td><td></td><td></td><td></td></tr>
<tr><td>...</td><td></td><td></td><td></td><td></td><td></td><td></td></tr>
<tr><td>20.</td><td></td><td></td><td></td><td></td><td></td><td></td></tr>
</table>

## 7 Situation pratique : Laborie & Co. ★★★

25 min

**Compétence attendue**

**Exposer** et **justifier** les mécanismes constitutifs de la technique comptable : **caractériser** un flux • **enregistrer** des opérations simples • **raisonner** en partie double • **établir** un solde

L'entreprise Laborie produit et vend des logiciels adaptés aux entreprises (progiciels). Pour ses propres besoins, elle a développé un progiciel qu'elle utilise dans la gestion de son activité dont le coût de réalisation est estimé à 25 200 €.

### Missions

1. *Expliquez pourquoi l'activité de l'entreprise peut constituer des flux comptables et identifiez-en la nature.*
2. *Précisez pourquoi il est intéressant de considérer cette activité dans la comptabilité de l'entreprise.*

L'entreprise Cindy fait partie des clients de l'entreprise Laborie. À l'aide de l'extrait des comptes de l'entreprise Laborie fourni dans le dossier documentaire, examinez la situation de ce client.

### Missions

3. *Précisez ce que recouvre un solde à nouveau inscrit au débit pour le compte client Cindy.*
4. *Définissez les opérations réalisées par l'entreprise Laborie avec le client Cindy au cours de la période.*
5. *Indiquez si l'entreprise Laborie doit de l'argent à son client Cindy ou si, inversement, le client Cindy doit de l'argent à l'entreprise Laborie.*

Document

**Extrait de compte de l'entreprise Laborie – Client Cindy**

| Dates | Libellés | Mouvements | |
|---|---|---|---|
| | | Débit | Crédit |
| 01/01/N | Solde à nouveau | 2 000,00 | |
| 10/01/N | Chèque n° 234 | | 1 500,00 |
| 12/01/N | Facture n° 426 | 4 500,00 | |
| 20/01/N | Facture n° 451 | 1 300,00 | |
| 21/01/N | Retour de marchandises | | 250,00 |
| 25/01/N | Pénalités de retard | 200,00 | |

SYNTHÈSE

# Technique comptable : mécanismes

## 1 Les flux de l'entreprise

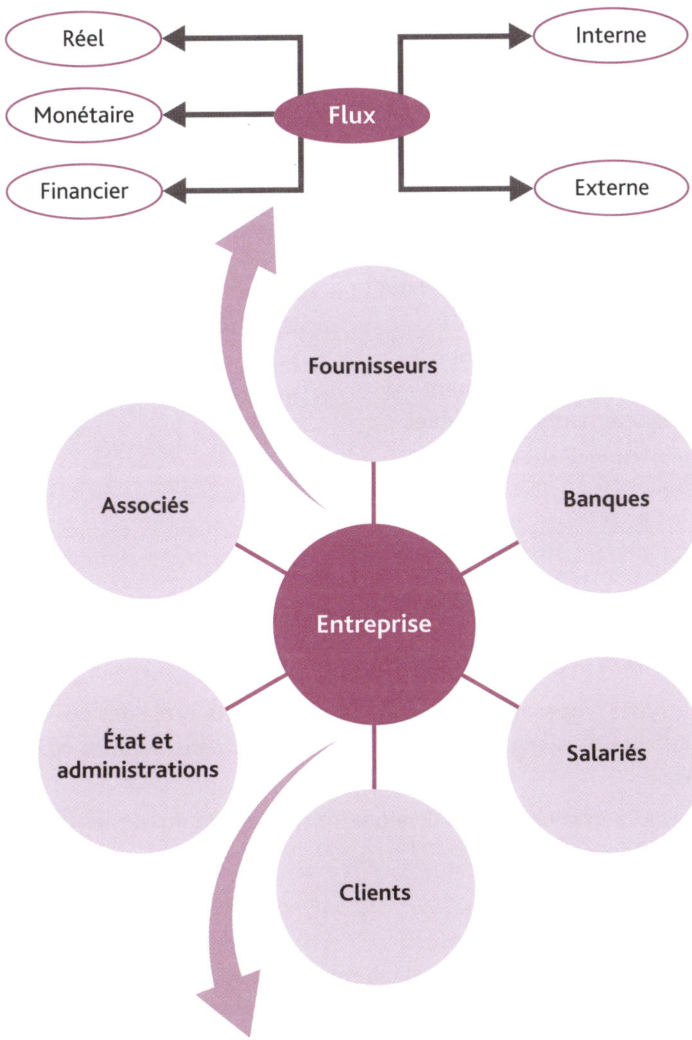


## 2 L'enregistrement comptable

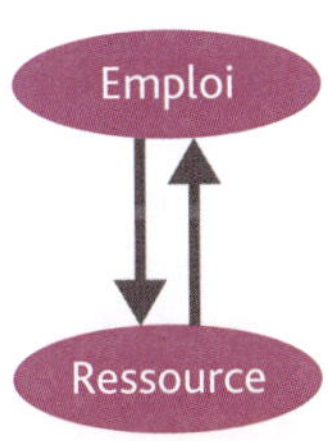


## 3 Le compte

# CHAPITRE 4 Organisation comptable

## PROGRAMME

### Compétences attendues

- **Décrire** le processus d'enregistrement des opérations comptables, depuis le journal jusqu'aux documents de synthèse
- **Distinguer** les opérations affectant le patrimoine (bilan) de celles affectant l'activité (compte de résultat)
- **Analyser** les impacts de la tenue d'une comptabilité d'engagement sur les enregistrements comptables
- **Passer** de la balance aux documents de synthèse

### Savoirs associés

- Structure du système d'information comptable (journal, grand-livre, balance et documents de synthèse)
- Comptabilité d'engagement et de trésorerie
- Classification comptable et typologie des comptes
- Inventaire permanent et inventaire intermittent

## PRÉREQUIS

Technique comptable : mécanismes (chapitre 3)

## PLAN DU CHAPITRE

**Cours :** 1. Types d'opération • 2. Enregistrement comptable des opérations • 3. Comptabilité d'engagement et de trésorerie • 4. De la balance aux documents de synthèse

**Des savoirs aux compétences :** Évaluer les savoirs • Maîtriser les compétences • Préparer l'épreuve

**Synthèse**

Quand une opération affecte-t-elle la composition du patrimoine d'une entreprise ou sa création de richesse ? Quel est le processus comptable d'enregistrement d'une opération ? Comment passe-t-on des documents courants (factures, avis de débit, etc.) aux documents de synthèse dans le cadre d'une comptabilité d'engagement ? Qu'est-ce qu'un inventaire ?

## MOTS-CLÉS

**Actif • Balance • Bilan • Charge • Comptabilité d'engagement • Comptabilité de trésorerie • Compte de résultat • Documents de synthèse • Exercice comptable • Grand-livre • Inventaire • Journal • Passif • Patrimoine • Produit**

# 1 Types d'opérations

## A) Opérations affectant le patrimoine

### 1. Patrimoine de l'entreprise

**Définition**

En comptabilité financière, le **bilan** se définit comme une photographie, à un instant donné, de la situation patrimoniale de l'entreprise.

Le **patrimoine** de l'entreprise est composé de ses actifs et de ses passifs (tab. 4.1).

**Tableau 4.1. Patrimoine de l'entreprise**

| Bilan | |
|---|---|
| **Actifs** | **Passifs** |
| Éléments que contrôle l'entreprise et qui sont susceptibles de lui procurer des ressources. | Moyens de financement qui ont permis de faire l'acquisition des actifs. |

Le total des actifs est toujours égal au total des passifs en vertu du principe de la partie double (chapitre 3).

**Exemple**

Une entreprise nouvellement créée dispose d'un capital social de 50 000 € déposé sur le compte bancaire de l'entreprise. Son patrimoine est composé des éléments suivants :

| Actifs | | Passifs | |
|---|---|---|---|
| Compte bancaire | 50 000 € | Capital social | 50 000 € |

Elle souscrit un emprunt bancaire d'un montant de 30 000 €. À l'issue de cette opération, son patrimoine se compose ainsi :

| Actifs | | Passifs | |
|---|---|---|---|
| Compte bancaire | 80 000 € | Capital social<br>Dette financière | 50 000 €<br>30 000 € |

Avec ses fonds, elle fait l'acquisition d'un terrain destiné au stockage de ses matières, pour un montant de 60 000 €. À l'issue de cette opération, son patrimoine se compose ainsi :

| Actifs | | Passifs | |
|---|---|---|---|
| Immobilisation<br>Compte bancaire | 60 000 €<br>20 000 € | Capital social<br>Dette financière | 50 000 €<br>30 000 € |

Les deux dernières opérations ont des impacts différents sur le patrimoine de l'entreprise :
- la souscription de l'emprunt bancaire augmente à la fois les actifs et les passifs de l'entreprise ;
- l'acquisition du terrain ne modifie que la répartition des actifs de l'entreprise, pas leur montant total.

## 2. Actifs

**Définition**

Un **actif** est un élément identifiable du patrimoine ayant une valeur économique positive pour l'entité.

Il s'agit un élément générant une ressource, que l'entité contrôle du fait d'événements passés et dont elle attend des avantages économiques futurs (tab. 4.2).

**Tableau 4.2. Caractéristiques d'un actif**

| Identifiable | Contrôlé par l'entreprise | Susceptible de procurer des avantages économiques futurs |
|---|---|---|
| Un actif a une substance physique, monétaire, légale ou contractuelle. | L'entreprise maîtrise les avantages économiques de l'actif et supporte les risques qui lui sont attachés.<br>Le droit de propriété n'est ni nécessaire ni suffisant pour démontrer le contrôle sur un bien. | L'actif doit contribuer à générer des flux nets de trésorerie futurs au profit de l'entreprise. |

**Exemple**

- Une camionnette de livraison est :
  - identifiable : elle a une existence physique attestée par une facture d'achat ;
  - contrôlée par l'entreprise : c'est l'entreprise qui est reconnue comme l'utilisateur et responsable de la camionnette ;
  - susceptible de procurer des avantages économiques futurs (au contraire du carburant qu'elle consomme) : l'entreprise peut l'utiliser à plusieurs reprises pour se véhiculer ou transporter ses biens et produits.

Selon la substance et la temporalité de l'utilisation de l'actif, on distingue les actifs immobilisés et les actifs circulants (tab. 4.3).

**Tableau 4.3. Catégories d'actifs**

| | |
|---|---|
| **Actif immobilisé (comptes de classe 2)** | Éléments destinés à rester durablement dans l'entreprise (ex. : un fonds commercial, des machines, des titres de participation) |
| **Actif circulant (comptes de classe 3, 4 et 5)** | Éléments présents au cours du cycle d'exploitation de l'entreprise :<br>• les stocks et en-cours<br>• les créances (clients, fiscales, sociales, etc.)<br>• les disponibilités (caisse, compte bancaire, etc.) |

## 3. Passifs

**Définition**

Un **passif** est un élément du patrimoine ayant une valeur économique négative pour l'entité.

Il s'agit d'une obligation de l'entité à l'égard d'un tiers dont il est probable ou certain qu'elle provoquera une sortie des ressources au bénéfice de ce tiers, sans contrepartie au moins équivalente attendue de celui-ci (tab. 4.4).

Tableau 4.4. **Caractéristiques d'un passif**

| Obligation de droit ou de fait à l'égard d'un tiers | Sortie de ressources au bénéfice du tiers | Absence de contrepartie au moins équivalente attendue |
|---|---|---|
| Cette obligation peut être légale, réglementaire ou contractuelle. Elle peut également découler de pratiques passées, de la politique de l'entreprise ou d'engagements publics. | La sortie de ressources est la dépense, certaine ou probable, qui doit concourir directement à l'extinction de l'obligation. | Pour être caractérisée de passif, la sortie de ressources ne doit apporter aucune contrepartie. |

Exemple

- Dans le cas d'une dette fournisseur :

| Obligation de droit ou de fait à l'égard d'un tiers | Sortie de ressources au bénéfice du tiers | Absence de contrepartie au moins équivalente attendue |
|---|---|---|
| Obligation contractuelle : le fournisseur ayant accordé un délai de règlement, l'entreprise se doit de régler son achat dans le délai défini. | Pour éteindre son obligation, l'entreprise doit régler le fournisseur. | Au paiement du fournisseur, l'entreprise ne percevra rien en retour. |

Le passif est classé selon la nature de l'obligation, la nature de la sortie de ressources, la nature de l'échéance et le montant de l'obligation (tab. 4.5).

Tableau 4.5. **Catégories de passifs**

| | |
|---|---|
| **Capitaux propres (comptes 10 à 12)** | Apports des propriétaires de l'entreprise, les résultats laissés à disposition de l'entreprise, etc. |
| **Dettes (comptes 16 et 17 et classes 4 et 5)** | Une dette est un passif certain dont l'échéance et le montant sont fixés de façon précise :<br>• dettes financières : emprunts et dettes assimilées<br>• dettes d'exploitation : fournisseurs, dettes sociales et fiscales, etc. |

Les dettes sont également qualifiées de passif externe.

## B) Opérations affectant l'activité

### 1. Activité de l'entreprise

La comptabilité permet de mesurer la création de valeur de l'entreprise à travers son résultat. Le résultat est déterminé par la différence entre les produits et les charges de l'entreprise. Le **compte de résultat** fait la synthèse des produits et charges sur une période d'activité de l'entreprise (tab. 4.6).

$$\text{Résultat} = \text{Produits} - \text{Charges}$$

**Tableau 4.6. L'activité de l'entreprise**

| Charges | Produits |
|---|---|
| Consommations de biens ou de services réalisées par l'entreprise, constituant pour elle un appauvrissement. | Ressources obtenues de l'activité de l'entreprise, constituant pour elle un enrichissement. |

**Exemple**

- Une entreprise réalise pour 20 000 € de prestations de services auprès de ses clients. Pour les besoins de son activité, elle loue un local (5 000 €) et emploie des salariés (12 000 €). La comptabilité de son activité fait apparaître les éléments suivants :

| Charges | | Produits | |
|---|---|---|---|
| Location du local<br>Salaires des employés | 5 000 €<br>12 000 € | Prestations de services | 20 000 € |

Par différence, son résultat s'établit à 3 000 €.

## 2. Charges

**Définition**

Une **charge** est un emploi définitif correspondant à un appauvrissement de l'entreprise (tab. 4.7).

**Tableau 4.7. Caractéristiques d'une charge**

| Une charge est un emploi | Une charge est un appauvrissement |
|---|---|
| Une charge correspond à une consommation réalisée par l'entreprise au cours de son cycle de production. Cette consommation est définitive et doit être renouvelée si l'entreprise en a à nouveau besoin. | La constatation d'une charge conduit à diminuer la valeur du patrimoine de l'entreprise. |

**Exemple**

- La consommation d'électricité permet certes à l'entreprise de faire fonctionner ses lignes de production, mais elle consomme des richesses (appauvrissement). Elle doit être constamment renouvelée (emploi définitif), si l'entreprise veut de nouveau faire fonctionner ses lignes de production.

La réglementation comptable classe les charges selon la nature des activités (tab. 4.8).

**Tableau 4.8. Catégories de charges**

| | |
|---|---|
| **Charges d'exploitation (comptes 60 à 65, et 681)** | Charges courantes liées à l'activité de l'entreprise (consommation de matières premières, consommations externes, charges de personnel, impôts, etc.) |

| | |
|---|---|
| **Charges financières (comptes 66 et 686)** | Charges attachées à l'activité financière de l'entreprise (intérêts d'emprunts et de découverts, pertes de change, etc.) |
| **Charges exceptionnelles (comptes 67 et 687)** | Opérations ne relevant pas de la gestion courante de l'entreprise (pénalités, amendes, etc.) |
| **Participation des salariés aux résultats (compte 691)** | La participation consiste à verser à chaque salarié une part sur les bénéfices de l'entreprise |
| **Impôts sur les bénéfices (comptes 695 à 699)** | Impôts sur le bénéfice calculés sur le résultat imposable |

## 3. Produits

**Définition**

Un **produit** est une ressource interne correspondant à un enrichissement de l'entreprise (tab. 4.9).

**Tableau 4.9. Caractéristiques d'un produit**

| Un produit est une ressource interne | Un produit est un enrichissement |
|---|---|
| L'augmentation de la valeur du patrimoine de l'entreprise induite par la réalisation d'un produit s'explique par :<br>• la fourniture de biens et services de l'entreprise ;<br>• la réalisation d'une obligation de la part d'un tiers ;<br>• la cession d'un élément du patrimoine. | La constatation d'un produit conduit à augmenter la valeur du patrimoine de l'entreprise. |

**Exemples**

- La vente de marchandises constitue un produit pour l'entreprise, qui se traduit par une augmentation de son résultat.
  Au contraire, la souscription d'un emprunt bancaire, bien qu'elle entraîne une entrée d'argent, n'accroît pas le patrimoine de l'entreprise (c'est un passif qu'il faudra rembourser).

La réglementation comptable classe les produits selon la nature de l'activité (tab. 4.10).

**Tableau 4.10. Catégories de produits**

| | |
|---|---|
| **Les produits d'exploitation (comptes 70 à 75, 781 et 791)** | Ventes de produits fabriqués et de marchandises, des prestations de services, des subventions d'exploitation et des autres produits de gestion courante (redevances de concessions, brevets, etc.) |
| **Les produits financiers (comptes 76, 786 et 796)** | Représentent l'enrichissement de l'entreprise induit par ses activités financières (produits de placements de trésorerie, de cessions de titres, de change, etc.) |
| **Les produits exceptionnels (comptes 77, 787 et 797)** | Opérations ne relevant pas de la gestion courante de l'entreprise, que ce soit des opérations de gestion (pénalités, etc.) ou sur le capital (produit de cession d'actif immobilisé) |

→ APPLICATION 2 • MINI-CAS 3 • SITUATION PRATIQUE 7 • SITUATION PRATIQUE 8

# 2 Enregistrement comptable des opérations

## A) Étapes du système d'information comptable

Tout flux donne lieu à l'établissement d'une pièce justificative, qui doit être classée, numérotée et conservée. Chaque pièce justificative fait l'objet d'un enregistrement comptable, et chaque enregistrement comptable se rapporte à une seule pièce comptable (fig. 4.1).

Figure 4.1. **Étapes de traitement des informations comptables**

## B) Système classique et système centralisateur

La tenue comptable se réalise par l'enregistrement des opérations à l'aide de livres comptables. L'organisation des livres comptables et le suivi des opérations peuvent se réaliser selon deux types de systèmes comptables.

### 1. Système classique

Dans un système classique, la comptabilité est tenue à l'aide d'un livre-journal et d'un grand-livre unique (fig. 4.2).

Figure 4.2. **Système classique**

### 2. Système centralisateur

Dans un système centralisateur, la comptabilité est tenue à l'aide de journaux auxiliaires qui permettent d'enregistrer les écritures en les regroupant par nature (banque, caisse, achats, etc.) (fig. 4.3).

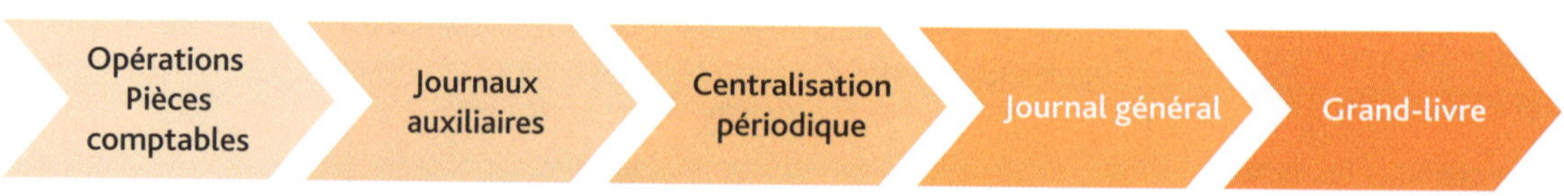


Figure 4.3. **Système centralisateur**

### Exemples de journaux auxiliaires

- Journal auxiliaire des Achats (AC)
- Journal auxiliaire des Ventes (VE)
- Journal auxiliaire de Caisse (CA)
- Journal auxiliaire de Banque (BQ)
- Journal auxiliaire des Fournisseurs (Feur)
- Journal auxiliaire des Clients (Clt)
- Journal auxiliaire des Opérations diverses (OD)

## C) Journal

**Définition**

Le **journal** (ou livre-journal) est un document comptable obligatoire dans lequel sont enregistrées individuellement, quotidiennement et chronologiquement toutes les opérations de l'entreprise (tab. 4.11).

**Tableau 4.11. Structure d'une écriture comptable dans le journal**

| | | | | |
|---|---|---|---|---|
| | | *Date de l'opération* | | |
| N° du compte | | Nom du compte débité | Montant | |
| | N° du compte | Nom du compte crédité | | Montant |
| | | *Libellé – pièce justificative de l'opération* | | |

Les opérations sont enregistrées sous forme d'écriture en partie double (↪ chapitre 3) : toute écriture au journal doit être équilibrée. Ceci induit que le total des montants portés au débit de l'écriture comptable (à gauche dans les premières colonnes du journal) est toujours égal au total des montants portés au crédit (à droite dans les dernières colonnes du journal). Dans une même écriture comptable, un ou plusieurs comptes peuvent être débités de même qu'un ou plusieurs comptes peuvent être crédités. Un même compte peut également être inscrit à plusieurs reprises, au débit ou au crédit.

### Exemple

- Vente le 1er septembre N de marchandises à un client (facture n° 56 d'un montant de 2 800 €) et règlement par le client de cette facture le 30 septembre N (remise de chèque n° 103 d'un montant de 2 800 €). Ces deux opérations se traduisent de la manière suivante dans le journal :

| | | | | |
|---|---|---|---|---|
| | | *01/09/N* | | |
| 411 | | Client | 2 800 | |
| | 707 | Vente de marchandises | | 2 800 |
| | | *Facture n° 56* | | |
| | | *30/09/N* | | |
| 512 | | Banque | 2 800 | |
| | 411 | Client | | 2 800 |
| | | *Remise de chèque n° 103* | | |

## D) Grand-livre

**Définition**

Le **grand-livre** est un document comptable obligatoire qui répertorie, par compte, tous les mouvements ayant affecté ce compte sur une période donnée (tab. 4.12).

**Tableau 4.12. Structure du grand-livre pour un compte donné**

| N° et nom du compte | | | | | |
|---|---|---|---|---|---|
| **Date de l'opération** | **Journal auxiliaire** | **Libellé de l'opération** | **Pièce justificative de l'opération** | **Débit** | **Crédit** |
| | | | | | |

### Exemple (suite)

- Le grand-livre de chacun des trois comptes concernés par les deux opérations (vente puis règlement) se présente ainsi :

| Compte n° 411 – Client | | | | | |
|---|---|---|---|---|---|
| **Date de l'opération** | **Journal de compta-bilisation de l'opération** | **Libellé de l'opération** | **Pièce justificative de l'opération** | **Débit** | **Crédit** |
| 01/09/N | VE | Vente | Facture n° 56 | 2 800 | |
| 30/09/N | BQ | Règlement | Remise de chèque n° 103 | | 2 800 |

Le compte n° 411 présente un solde comptable égal à 0, indiquant que le client a réglé sa facture.

| Compte n° 512 – Banque | | | | | |
|---|---|---|---|---|---|
| **Date de l'opération** | **Journal de compta-bilisation de l'opération** | **Libellé de l'opération** | **Pièce justificative de l'opération** | **Débit** | **Crédit** |
| 30/09/N | BQ | Règlement | Remise de chèque n° 103 | 2 800 | |

Le compte n° 512 présente un solde comptable débiteur de 2 800 €, indiquant que le solde disponible sur le compte bancaire s'élève à 2 800 €.

| Compte n° 707 – Vente de marchandises | | | | | |
|---|---|---|---|---|---|
| **Date de l'opération** | **Journal de compta-bilisation de l'opération** | **Libellé de l'opération** | **Pièce justificative de l'opération** | **Débit** | **Crédit** |
| 01/09/N | VE | Vente | Facture n° 56 | | 2 800 |

Le compte n° 707 présente un solde comptable créditeur de 2 800 €, indiquant que le chiffre d'affaires de l'entreprise s'élève à 2 800 €.

Le grand-livre permet l'étude de chaque compte et un contrôle de cohérence comptable.

**Exemples**

- Le contrôle du compte « Banque » se fait par comparaison avec le relevé bancaire reçu périodiquement par l'entreprise. Le contrôle des comptes de tiers « Clients » et « Fournisseurs » se fait par rapprochement des montants de factures avec ceux des règlements.

## E) Balance

**Définition**

La **balance** est un document non obligatoire qui récapitule les mouvements et les soldes de tous les comptes du grand-livre au cours d'une période donnée (tab. 4.13).

Les comptes y apparaissent dans l'ordre de numéros de compte du plan comptable général.

**Tableau 4.13. Exemple de structure d'une balance**

| Balance de l'entreprise du [date de début] au [date de fin] | | | | | | |
|---|---|---|---|---|---|---|
| **N° et nom des comptes** | **Solde au [date de début]** | | **Mouvements des comptes** | | **Solde au [date de fin]** | |
| | **Débiteur** | **Créditeur** | **Au débit** | **Au crédit** | **Débiteur** | **Créditeur** |
| | | | | | | |
| **Total** | | | | | | |

Tout comme pour le journal, du fait du principe de la partie double, la balance présente les équilibres suivants :

> Total solde débiteur initial = Total solde créditeur initial
> Total des mouvements au débit = Total des mouvements au crédit
> Total solde débiteur final = Total solde créditeur final

**Exemple (suite)**

- En reprenant l'exemple précédent, on constate que la balance de l'entreprise, à l'issue des deux opérations (vente, puis règlement), se présente ainsi :

| Balance de l'entreprise du 01/09/N au 30/09/N | | | | | | |
|---|---|---|---|---|---|---|
| N° et nom des comptes | Solde au 01/09/N | | Mouvements des comptes | | Solde au 30/09/N | |
| | Débiteur | Créditeur | Au débit | Au crédit | Débiteur | Créditeur |
| 411 – Client | | | 2 800 | 2 800 | 0 | 0 |
| 512 – Banque | | | 2 800 | | 2 800 | |
| 707 – Vente de marchandises | | | | 2 800 | | 2 800 |
| **Total** | **0** | **0** | **5 600** | **5 600** | **2 800** | **2 800** |

La balance n'est pas un document obligatoire mais c'est un outil de gestion et de contrôle. Elle permet de contrôler la comptabilité d'une entreprise et de s'assurer de l'exactitude du bilan et du compte de résultat de la société. Elle permet aussi d'effectuer des comparaisons et de justifier les variations importantes d'un ou plusieurs comptes sur l'exercice en cours et ainsi de procéder à un contrôle de cohérence.

De plus, la balance permet de mettre en relation le résultat de l'exercice et le bilan : la différence entre les comptes de produits et de charges doit se retrouver dans la variation des capitaux propres du bilan. La balance peut être utilisée pour le contrôle de comptes spécifiques (ex. : si l'entreprise veut analyser le paiement des fournisseurs et des clients).

→ MINI-CAS 4 • MINI-CAS 6 • SITUATION PRATIQUE 7

# 3 Comptabilité d'engagement et de trésorerie

Toute opération n'entraîne pas nécessairement d'effet financier immédiat pour l'entreprise : une vente de marchandises à crédit entraîne d'abord un transfert de propriété (à la livraison des marchandises, souvent accompagnée de la facturation) et seulement ensuite un flux monétaire (le règlement du client).

En comptabilité, selon que l'on considère les mouvements financiers et/ou les mouvements réels, deux types de comptabilité se distinguent.

## A) Comptabilité d'engagement

Dans la **comptabilité d'engagement**, les opérations sont enregistrées lors de leur réalisation, indépendamment de leur date de règlement.

**Exemple**

- En comptabilité d'engagement, une vente de marchandises à crédit conduit à la comptabilisation de deux opérations distinctes :
  - en premier lieu la vente (constatation du chiffre d'affaires), en contrepartie de la créance accordée au client ;
  - puis le règlement du client, qui vient éteindre la créance que l'entreprise lui a accordée.

### B) Comptabilité de trésorerie

Les opérations sont enregistrées au moment de leur encaissement ou décaissement. La **comptabilité de trésorerie** est également appelée « comptabilité de caisse ».

**Exemple**

- En comptabilité de trésorerie, une vente de marchandises ne donne lieu à enregistrement comptable que lorsque le client règle, même si le règlement est postérieur à la livraison des marchandises.

**FOCUS Comptabilité d'engagement *versus* comptabilité de trésorerie**

La comptabilité de trésorerie a la caractéristique de donner une information de l'activité de l'entreprise en lien direct avec son niveau de trésorerie. Mais elle présente l'inconvénient, contrairement à la comptabilité d'engagement, de manquer d'exhaustivité en n'indiquant pas toutes les opérations engagées sur l'exercice (celles qui n'ont pas donné lieu à règlement). En pratique, c'est la nature de l'activité ou la taille de l'entreprise qui conditionne le type de comptabilité requis.

## 4 De la balance aux documents de synthèse

### A) Travaux d'inventaire

La comptabilité de l'entreprise est découpée en périodes de 12 mois, appelées « **exercices comptables** ». À la fin de chaque période, l'entreprise a obligation de répertorier tous les éléments d'actif et de passif qui composent son patrimoine. Ce sont les enregistrements comptables de toutes les opérations de la période et l'**inventaire** de ce patrimoine (↪chapitres 13 à 20) qui permettent l'établissement des comptes annuels (fig. 4.4).

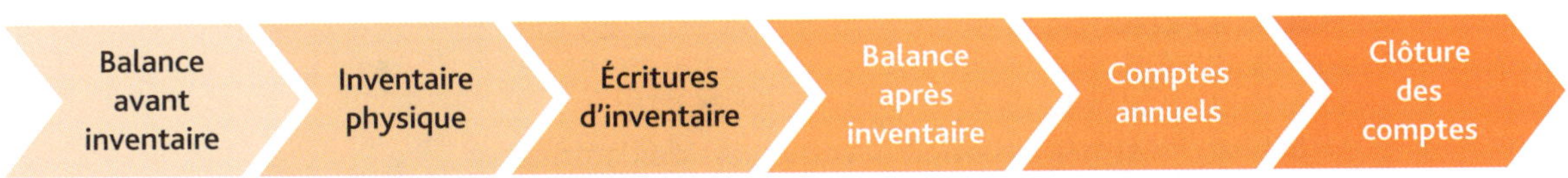


Figure 4.4. **Enchaînement des travaux d'inventaire**

La balance permet de contrôler de manière arithmétique la justesse des opérations enregistrées tout au long de la période. Chaque valeur comptable apparaissant dans la balance est ensuite confrontée à sa réalité physique et financière : on vérifie que les quantités et valeurs réelles des biens répertoriés correspondent aux soldes de la balance.

### B) Inventaire permanent et intermittent

L'inventaire des actifs et passifs de l'entreprise peut prendre deux formes différentes :

- **Inventaire permanent** : il consiste à enregistrer en comptabilité, chaque jour, quantités et valeurs des éléments (en général de stock) de l'entreprise.
- **Inventaire intermittent** : il permet, de manière allégée, de se limiter à l'obligation minimale d'un inventaire tous les douze mois, réalisé en général à la date de la clôture comptable.

### Exemple

- Une entreprise a réalisé les opérations suivantes au cours de l'exercice comptable :

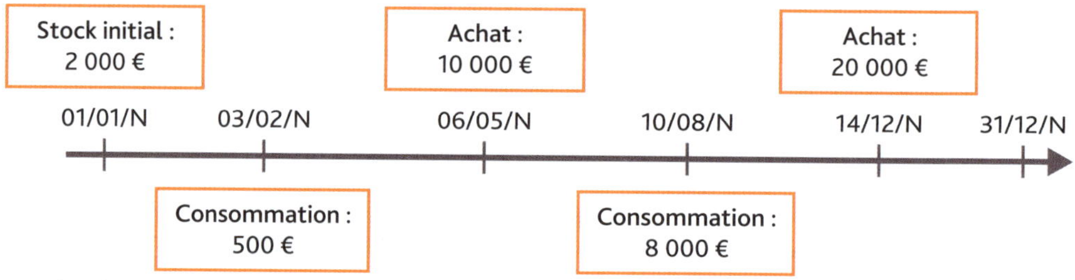


Selon le mode d'inventaire, la valeur du stock qui apparaît dans le bilan est différente :

| | 01/01/N | 03/02/N | 06/05/N | 10/08/N | 14/12/N | 31/12/N |
|---|---|---|---|---|---|---|
| **Inventaire permanent** | 2 000 € | 1 500 €[1] | 11 500 € | 3 500 € | 23 500 € | 23 500 € |
| **Inventaire intermittent** | 2 000 € | 2 000 € | 2 000 € | 2 000 € | 2 000 € | 23 500 € |

[1] Stock au 03/02/N = 2 000 – 500 = 1 500 €

En pratique, la méthode de l'inventaire intermittent sera retenue par les petites et moyennes entreprises qui n'ont, bien souvent, pas les moyens humains, organisationnels et financiers de pratiquer un inventaire permanent. Au lieu de comptabiliser les stocks à chaque entrée et sortie, l'entreprise enregistre la valeur du stock final à la clôture de l'exercice.

## C) Documents de synthèse

Après enregistrement des opérations courantes et des écritures d'inventaire, les **documents de synthèse** de l'entreprise sont établis :
- le bilan illustre la situation patrimoniale de l'entreprise ;
- le compte de résultat traduit la formation du résultat de l'entreprise au cours de l'exercice ;
- l'annexe présente les règles et méthodes comptables. Elle fournit des compléments d'informations relatives au bilan et au compte de résultat.

→ MINI-CAS 5 • MINI-CAS 6

# DES SAVOIRS AUX COMPÉTENCES

Évaluer les savoirs | Maîtriser les compétences | Préparer l'épreuve

## 1 Quiz

*Vérifiez l'exactitude des propositions ci-après et justifiez-les.*

| | Vrai | Faux |
|---|---|---|
| 1. L'acquisition d'une immobilisation par emprunt bancaire modifie la valeur du patrimoine de l'entreprise. | ☐ | ☐ |
| 2. Le règlement d'une facture due à un fournisseur modifie la valeur du patrimoine de l'entreprise. | ☐ | ☐ |
| 3. Le passif correspond à une ressource pour l'entreprise. | ☐ | ☐ |
| 4. Le passif traduit toujours une sortie de ressources future, même probable. | ☐ | ☐ |
| 5. Le journal retrace quotidiennement chaque opération de l'entreprise. | ☐ | ☐ |
| 6. Le grand-livre est un document obligatoire. | ☐ | ☐ |
| 7. La balance retrace l'intégralité des mouvements ayant affecté chaque compte comptable. | ☐ | ☐ |
| 8. La comptabilité d'engagement distingue la réalisation et le règlement d'une opération. | ☐ | ☐ |
| 9. La comptabilité de trésorerie renseigne sur les créances clients et les dettes fournisseurs. | ☐ | ☐ |
| 10. Toute entreprise est tenue de procéder, *a minima*, à un inventaire intermittent de ses stocks. | ☐ | ☐ |

## 2 Le bilan, une histoire de classement ★★★

*Placez les comptes listés dans le bilan ci-après.*

- Compte « 401 – Fournisseurs », au solde créditeur de 3 000 €
- Compte « 512 – Banque », au solde débiteur de 7 500 €
- Compte « 101 – Capital social », au solde créditeur de 5 000 €
- Compte « 207 – Fonds commercial », au solde débiteur de 10 000 €
- Compte « 411 – Clients », au solde débiteur de 4 500 €
- Compte « 120 – Bénéfice de l'exercice », au solde créditeur de 14 000 €

| Bilan | |
|---|---|
| **Actif** | **Passif** |
| Actif immobilisé | Capitaux propres |
| Actif circulant | Dettes |

Évaluer les savoirs | **Maîtriser les compétences** | Préparer l'épreuve

## 3 Mini-cas : Embal'inov ★★★

**Compétence attendue** **Distinguer** les opérations affectant le patrimoine (bilan) de celles affectant l'activité (compte de résultat)

Le comptable de la société Embal'inov se questionne sur la nature des éléments suivants :
- Souscription d'un emprunt auprès de la banque ;
- Signature d'un contrat de travail avec un salarié ;
- Vente de produits d'emballage ;
- Augmentation du capital de la société ;
- Paiement des charges d'intérêts sur l'emprunt bancaire ;
- Dépenses de formation du personnel, sur le thème de la sécurité industrielle ;
- Réponse à un appel d'offres auprès d'un organisme public de restauration ;
- Prévision de chiffre d'affaires en baisse de 10 % pour le trimestre à venir, après l'émergence d'une concurrence accrue dans le secteur d'activité ;
- Paiement des salaires au personnel.

*Pour chaque élément, indiquez en justifiant votre réponse s'il s'agit d'un actif, d'un passif, d'une charge ou d'un produit, ou bien si aucun enregistrement comptable ne s'impose.*

## 4 Mini-cas : Rexam ★★★

**Compétence attendue** **Décrire** le processus d'enregistrement des opérations comptables, depuis le journal jusqu'aux documents de synthèse

L'entreprise Rexam vous communique ses opérations du mois de février N :
- Vente de marchandises à crédit : 17 400 €
- Encaissement de factures clients : 14 500 €
- Achat de marchandises à crédit : 11 200 €
- Paiement de factures fournisseurs : 7 800 €
- Paiement des charges de salaire du mois : 2 100 €
- Paiement des impôts et taxes du mois : 500 €
- Souscription d'un emprunt bancaire : 5 000 €

- Acquisition d'une fourgonnette de livraison : 6 700 €
- Perception d'une indemnisation d'assurance sur sinistre : 1 500 €
- Don versé à l'amicale des sapeurs-pompiers : 100 €

L'entreprise Rexam adopte une comptabilité d'engagement et un inventaire intermittent.

*Présentez le journal des écritures comptables de ces opérations, le grand-livre des comptes mouvementés dans le mois et la balance des comptes du mois. Les soldes initiaux sont nuls.*

## 5 Mini-cas : Alurhône ★★★

Compétence attendue **Passer** de la balance aux documents de synthèse

L'entreprise Alurhône, spécialisée dans le négoce de pièces en aluminium, vous communique la balance de ses comptes comptables pour l'année N.

| Balance de l'entreprise au 31/12/N | | |
|---|---|---|
| Numéro et nom des comptes | Solde au 31/12/N | |
| | Débiteur | Créditeur |
| 101 – Capital social | | 10 000 |
| 164 – Emprunt bancaire | | 8 200 |
| 215 – Installations techniques | 6 500 | |
| 371 – Stocks de marchandises | 4 200 | |
| 401 – Fournisseurs | | 4 700 |
| 411 – Clients | 12 000 | |
| 512 – Banque | 4 300 | |
| 607 – Achats de marchandises | 48 000 | |
| 616 – Assurances | 2 100 | |
| 621 – Personnel extérieur | 4 300 | |
| 635 – Impôts et taxes | 2 200 | |
| 641 – Charges de personnel | 26 700 | |
| 671 – Amendes et pénalités | 300 | |
| 707 – Ventes de marchandises | | 86 200 |
| 740 – Subventions d'exploitation | | 1 500 |
| **Total** | **110 600** | **110 600** |

*À partir de cette balance, présentez le bilan et le compte de résultat d'Alurhône.*

## 6 Mini-cas : Garoud ★★★

**Compétence attendue** **Analyser** les impacts de la tenue d'une comptabilité d'engagement sur les enregistrements comptables

L'entreprise Garoud est spécialisée dans la production et le négoce de noix. Elle présente quelques difficultés à distinguer les informations fournies par sa comptabilité et par sa banque. Vous disposez de l'extrait de son relevé bancaire suivant :

**Entreprise Garoud** — **Historique du compte**

Compte n° 123456789 — Solde créditeur au 02/10/N : + 12 520,78 Eur

Compte Chèques

| Date | Libellé opération | Réf. | Date opération | Date valeur | Montant débit | Montant crédit |
|---|---|---|---|---|---|---|
| 03/10 | Frais de commissions pour prédécision 6 écritures facturées à 6,94 € HT | EC25097 | 01/10 | 01/10 | 49,80 | |
| 02/10 | Échéance prêt dont Int 3620,03 | 987654 | 01/10 | 01/10 | 10 022,26 | |
| 01/10 | Chèque | 000229 | 01/10 | 30/09 | 480,00 | |
| 01/10 | CB Station BP | CL72OR | 01/10 | 30/09 | 67,13 | |
| 28/09 | Chèque | 000225 | 28/09 | 27/09 | 98,68 | |
| 28/09 | Ret DAB Grenoble Notre-D Cart *908834416 retrait le 28/09 à 11:39 | 3V2378 | 28/09 | 28/09 | 100,00 | |
| 28/09 | Virement Entreprise Schmitt | 045129 | 28/09 | 28/09 | | 1 876,45 |
| 27/09 | Virement Entreprise Olive | 046720 | 27/09 | 27/09 | | 2 834,40 |
| 27/09 | Prélèvement EDF | BY2950 | 27/09 | 27/09 | 250,45 | |

L'entreprise Garoud a facturé le 2 octobre un client pour une vente de noix (1 200 €) et a reçu le 1er octobre une facture d'achat d'emballages (360 €). Ces deux factures n'ont pas encore été réglées.

1. *Précisez si les comptes de l'entreprise et son relevé bancaire fournissent les mêmes informations.*
2. *Expliquez la différence entre la comptabilité de trésorerie et la comptabilité d'engagement.*
3. *Si l'entreprise applique la comptabilité de trésorerie, indiquez les opérations à enregistrer. Répondez à la même question dans l'hypothèse où l'entreprise appliquerait la comptabilité d'engagement.*

Évaluer les savoirs | Maîtriser les compétences | Préparer l'épreuve

## 7 Situation pratique : article 121-1 du règlement ANC ★★★

20 min

**Compétences attendues**

- **Distinguer** les opérations affectant le patrimoine (bilan) de celles affectant l'activité (compte de résultat)
- **Décrire** le processus d'enregistrement des opérations comptables, depuis le journal jusqu'aux documents de synthèse

M. Lacompta s'interroge sur certaines obligations pesant sur les entreprises en matière comptable. Il a notamment pris connaissance de l'article 121-1 du règlement 2014-03 relatif au PCG présenté ci-dessous. Il vous questionne sur les points suivants.

### Missions

1. *Rappelez la composition du patrimoine de l'entreprise.*
2. *Citez deux livres comptables obligatoires en France et précisez-en le contenu.*
3. *Précisez le contenu du libellé dans une écriture comptable. Indiquez l'intérêt de cette information.*

Document

**Règlement ANC 2014-03 relatif au plan comptable général, art. 121-1**

« La comptabilité est un système d'organisation de l'information financière permettant de saisir, classer, enregistrer des données de base chiffrées et présenter des états reflétant une image fidèle du patrimoine, de la situation financière et du résultat de l'entité à la date de clôture. »

www.anc.gouv.fr

## 8 Situation pratique : Denis Élagage ★★★

30 min

**Compétence attendue**

**Distinguer** les opérations affectant le patrimoine (bilan) de celles affectant l'activité (compte de résultat)

M. Denis crée, le 1er février N, son entreprise d'élagage et d'entretien des espaces verts. Pour cela, il ouvre un compte bancaire au nom de l'entreprise sur lequel il dépose 30 000 € de ses fonds personnels. Il souscrit également un emprunt auprès de la banque pour 20 000 €. Avec les sommes disponibles, il acquiert dès le 1er février un camion et une remorque pour 12 000 €, un garage pour 15 000 € et du matériel d'élagage (dont une tronçonneuse) pour 7 000 €.

M. Denis réalise sa première année d'activité, qu'il clôture le 31 janvier N+1. Au cours de ces 12 mois, l'activité de son entreprise peut être synthétisée par les données suivantes :

- Achat de petites fournitures : 2 500 €
- Assurances : 1 300 €
- Intérêts sur emprunts : 500 €
- Chiffre d'affaires : 57 800 €
- Charges de personnel : 35 500 €
- Autres charges externes : 4 600 €
- Produits financiers : 300 €
- Impôts et taxes : 2 100 €

**Missions**

1. *Présentez le bilan de cette entreprise à la date de création, le 1er février N.*
2. *Décrivez et commentez l'actif et le passif de cette entreprise à la date de création.*
3. *Établissez le compte de résultat de l'entreprise pour sa première année d'activité.*

SYNTHÈSE

# Organisation comptable

## La comptabilité : une traduction de la réalité de l'entreprise

| Bilan | |
|---|---|
| Actifs | Passifs |

| Résultat | |
|---|---|
| Charges | Produits |

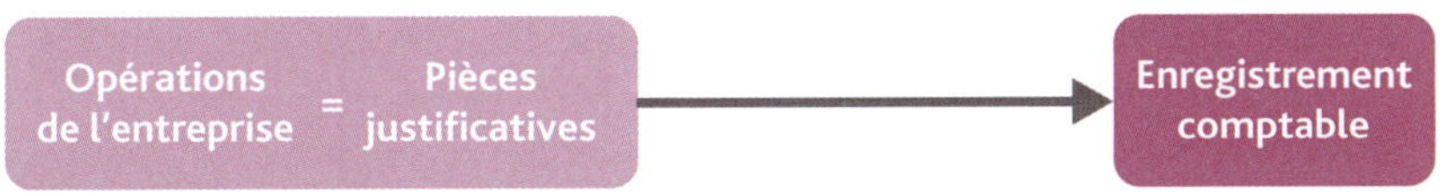


## Les livres comptables

- Journal : document traduisant les opérations enregistrées individuellement, quotidiennement et chronologiquement
- Grand-livre : document récapitulant l'ensemble des comptes et leurs mouvements durant une période donnée
- Balance : document non obligatoire récapitulant les mouvements totaux et soldes de chaque compte comptable

## Le traitement comptable

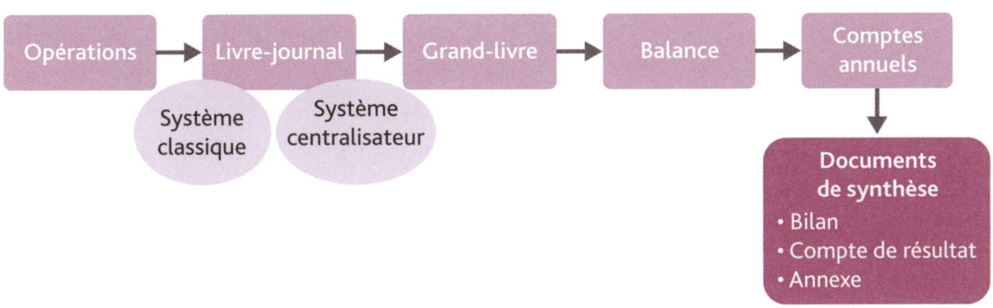


## Les types de comptabilité

| Comptabilité d'engagement | Comptabilité de trésorerie |
|---|---|
| Enregistrement de l'opération lors de sa réalisation | Enregistrement de l'opération lors de l'encaissement ou du décaissement |

## 1 Choix de la méthode comptable

L'entreprise Ordis commercialise des ordinateurs industriels sans stockage intermédiaire entre l'achat et la vente. Souhaitant réaliser elle-même sa comptabilité (qui était jusqu'à aujourd'hui sous-traitée à un cabinet d'expertise comptable), elle s'interroge sur la méthode à adopter. L'entreprise Ordis décide de réaliser une comptabilité d'engagement et un inventaire intermittent.

### Missions

1. *Justifiez, après les avoir définis, le choix d'une comptabilité d'engagement et d'un inventaire intermittent.*
2. *Précisez, en prenant soin de justifier votre réponse, si les éléments suivants correspondent à des actifs pour l'entreprise Ordis :*
   - achat à crédit d'un ordinateur destiné aux services administratifs de l'entreprise Ordis ;
   - achat à crédit de ramettes de papier ou consommation d'électricité pour faire fonctionner cet ordinateur.
3. *Pour chacune de ces opérations, identifiez le flux et le stock, l'emploi et la ressource du point de vue de l'entreprise Ordis. Identifiez la nature de ce flux.*
4. *Expliquez pourquoi la passation d'une commande auprès d'un fournisseur ne conduit pas à la constatation comptable d'un passif. Justifiez votre réponse.*

## 2 Du journal aux documents de synthèse

L'entreprise Ordis souhaite mettre au point les documents comptables de l'année N à partir des informations disponibles dans le dossier documentaire. Elle ignore ici les problèmes de TVA (ce qui a pour but de simplifier les écritures comptables pour les besoins du cas uniquement).

### Missions

1. *Citez et distinguez les livres comptables obligatoires et les documents facultatifs nécessaires à l'élaboration des documents de synthèse.*
2. *Justifiez la nécessité pour l'entreprise Ordis de procéder à l'arrêté des comptes.*
3. *Enregistrez les opérations de l'année N au journal de l'entreprise Ordis.*
4. *Vérifiez l'application du principe de la partie double dans ce journal.*
5. *Présentez un extrait du grand-livre comportant les comptes « Fournisseurs », « Clients » et « Banque ». Qualifiez et calculez le solde de chaque compte.*
6. *Établissez la balance au 31 décembre N.*
7. *Présentez le compte de résultat de l'exercice N.*
8. *Établissez le bilan au 1er janvier N, puis au 31 décembre N.*
9. *Mettez en évidence la double détermination du résultat comptable.*

## DOSSIER DOCUMENTAIRE

Document

### Informations comptables de l'entreprise Ordis pendant l'année N

Le bilan de l'entreprise Ordis au 1er janvier N comprend les éléments suivants :

- Caisse : 17 649 €
- Fonds commercial : 500 000 €
- Autres immobilisations corporelles : 427 500 €
- Capital social : 1 000 000 €
- Banque (pas de découvert) : 98 513 €
- Fournisseurs : 241 919 €
- Clients : 198 257 €

Les opérations effectuées par cette entreprise pendant l'année N sont les suivantes :

- Le 8 janvier N : reçu du fournisseur Sébastien la facture n° 123 d'un montant de 1 987 000 € relative à la livraison d'ordinateurs (règlement à crédit).
- Le 21 février N : remise au client Mehdy de la facture n° F654 d'un montant de 630 000 € correspondant à la livraison de 100 ordinateurs. Ce même jour, le client Medhy a réalisé un virement bancaire de 630 000 € sur le compte de l'entreprise Ordis.
- Le 15 mars N : remise au client Ambre de la facture n° F655 d'un montant de 2 500 000 € relative à la vente de 50 ordinateurs (règlement à crédit).
- Le 13 avril N : chèque n° 989 de 20 010 € adressé au fournisseur Merya en règlement de sa facture n° 125 du 23 décembre N–1.
- Le 12 mai N : réception du chèque du client Lisa d'un montant de 24 600 €. Ce chèque a été déposé le jour même à la banque (pièce justificative : bordereau n° 63 de remise à l'encaissement).
- Le 16 juin N : facture n° 453 reçue de l'entreprise Charlotte et relative à l'achat d'un véhicule de transport ; montant : 83 500 € ; règlement immédiat par chèque bancaire n° 990.
- Le 19 juillet N : des redevances de droits d'auteurs sont versées à Anaïs par virement bancaire pour un montant de 843 000 €, et en espèces pour un montant de 12 300 €.
- Le 9 août N : des revenus relatifs à la location de l'immeuble appartenant à Ordis sont versés par le particulier Loïc sur le compte en banque d'Ordis ; montant 15 800 €.
- Le 14 septembre N : versement d'espèces à la banque pour 8 000 €.
- Le 2 octobre N : retrait d'espèces à la banque pour 20 000 €.
- Le 6 novembre N : contraction d'un emprunt de 120 000 € auprès de BNP Paribas (dossier bancaire n° 126).
- Le 20 décembre N : le comptable se rend compte qu'il a fait une erreur lors de l'enregistrement du 2 octobre N, le retrait d'espèces se montant à 15 000 € (et non à 20 000 €).

# CHAPITRE 5 Taxe sur la valeur ajoutée

## PROGRAMME

| Compétences attendues | Savoirs associés |
|---|---|
| • **Expliquer** le mécanisme de la TVA<br>• **Évaluer** et **comptabiliser** le montant de la TVA due ou du crédit de TVA | • Taxe sur la valeur ajoutée (TVA)<br>• TVA sur opérations internationales (avec l'Union européenne et le reste du monde) |

## PRÉREQUIS

Enregistrement comptable des opérations simples d'achat et de vente

## LIEN AVEC LE DCG 4

§5. Taxe sur la valeur ajoutée

## PLAN DU CHAPITRE

**Cours :** 1. Mécanismes de la TVA • 2. Comptabilisation de la TVA • 3. Déclaration et paiement de la TVA

**Des savoirs aux compétences :** Évaluer les savoirs • Maîtriser les compétences • Préparer l'épreuve

**Synthèse**

Qui collecte et paye la TVA ? Quels achats et ventes sont soumis à la TVA ? Comment comptabilise-t-on la TVA ? Quelles sont les particularités de l'enregistrement de la TVA sur les services ? Quand et comment liquider et payer la TVA ?

## MOTS-CLÉS

**Crédit de TVA • Exigibilité • Fait générateur • TVA • TVA à décaisser • TVA collectée • TVA déductible • TVA intracommunautaire**

# 1 Mécanismes de la TVA

## A) Impôt indirect

**Définition**

La taxe sur la valeur ajoutée (TVA) est un impôt sur la consommation de biens et services. Elle est collectée par les entreprises et supportée par le consommateur final.

La TVA est « neutre » pour les entreprises (les entreprises jouent le rôle de collecteur au nom de l'État, la TVA transite par les entreprises). Le solde de TVA (tab. 5.1) est défini en comparant la TVA facturée par l'entreprise et la TVA facturée à l'entreprise :

Solde de TVA = **TVA collectée – TVA déductible**

Illustration des mécanismes de la TVA :

http://dunod.link/52g8g47

**Tableau 5.1.** **TVA à enregistrer par une entreprise**

| | |
|---|---|
| **TVA collectée (ou exigible) sur les ventes de biens et services** | TVA facturée par l'entreprise à ses clients |
| **TVA déductible (ou récupérable) sur les achats de biens et services et les autres charges soumises à TVA** | TVA facturée à l'entreprise par ses fournisseurs et prestataires |
| **Solde de TVA** | • **TVA à décaisser** si TVA collectée > TVA déductible<br>• **Crédit de TVA** si TVA collectée < TVA déductible |

Taux de TVA applicables en France :

http://dunod.link/smob828

## B) Évaluation

Divers taux de TVA peuvent être appliqués en fonction de la nature des biens et services :

- Le taux normal de 20 % s'applique à tous les produits ou services pour lesquels aucun autre taux n'est expressément prévu.
- Des taux minorés sont appliqués à certains types de biens et services (taux intermédiaire de 10 %, taux réduit de 5,50 %, taux spécifique de 2,10 %).

L'application de ces taux donne lieu à différents calculs dont les résultats doivent apparaître sur la facture (tab. 5.2).

**Tableau 5.2.** **Calculs de TVA au taux normal de 20 %**

| | |
|---|---|
| **Montant de la TVA (ou TVA en sus)** | = 20 % × Prix HT<br>= Prix TTC × (20 / 120) |
| **Prix TTC (Toutes Taxes Comprises)** | = Prix HT × 1,20 |
| **Prix HT (Hors Taxes)** | = Prix TTC / 1,20 |

**NOTRE CONSEIL**

Entraînez-vous à faire les calculs de TVA à 20 % « de tête », la calculatrice étant interdite à l'examen. Des astuces de calcul peuvent vous aider :

- Le montant TTC s'obtient en multipliant le montant HT par 2 puis en le divisant par 10.
- Le montant de la TVA s'obtient en divisant le montant TTC par 6.

## C) Fait générateur et exigibilité

La comptabilisation de la TVA nécessite de distinguer le fait générateur de son exigibilité.

**Définition**

Le **fait générateur** est le fait par lequel sont réalisées les conditions légales pour l'exigibilité de la TVA.

**Exemple**

À l'achèvement de prestations de services, l'entreprise constate de la TVA sur les prestations.

**Définition**

L'**exigibilité** est le fait par lequel sont réalisées les conditions légales pour le paiement effectif de la TVA.

**Exemple**

C'est au moment du paiement des prestations de service par les clients que la TVA doit être payée.

Le fait générateur et l'exigibilité varient en fonction du type d'opération (tab. 5.3). Pour les services, le fournisseur peut adopter un régime optionnel, avec l'accord de l'administration et l'obligation d'en informer ses clients par mention sur la facture.

Tableau 5.3. **Fait générateur et exigibilité en fonction du type d'opération**

| | Biens | Prestations de services | |
|---|---|---|---|
| | « TVA à la livraison » | Régime normal : « TVA sur les encaissements » | Régime optionnel : « TVA sur les débits » |
| **Fait générateur** | Livraison | Achèvement de la prestation | Achèvement de la prestation |
| **Exigibilité** | Livraison | Encaissement du prix (même s'il précède l'achèvement) | Facturation (ou date d'encaissement en cas d'acompte) |

En pratique, la livraison de biens et l'achèvement de la prestation de service correspondent à la date de facturation.

**FOCUS** Avantage et inconvénient de la « TVA sur les débits »

Ce régime présente l'avantage de simplifier la comptabilisation et la déclaration : les TVA déclarées correspondent parfaitement aux factures émises et reçues pendant la période.

En revanche, ce régime nécessite une avance de trésorerie de la part du fournisseur : la TVA est enregistrée comme collectée (et donc reversée à l'État) avant d'avoir été réglée par le client.

→ APPLICATION 2

# 2 Comptabilisation de la TVA

## A) Dans le cas d'opérations nationales (sur le territoire français)

### 1. TVA sur achats de biens

Lors de la réception de la facture d'achat, les comptes d'immobilisation ou de charge sont débités du montant hors taxe. La TVA déductible, créance sur l'État, s'enregistre respectivement au débit du compte « 44562. État, TVA déductible sur immobilisations » ou « 44566. État, TVA déductible sur autres biens et services ».

**Exemple**

- Dans le cadre de la fabrication de robots industriels, l'entreprise EnTech fait l'acquisition le 5 avril N d'un matériel industriel pour un montant de 4 800 € TTC (facture n° 31). Elle achète par ailleurs le 7 avril N des matières premières pour un montant de 1 000 € HT (facture n° 28).

| | | | | |
|---|---|---|---|---|
| | | *05/04/N* | | |
| 21540 | | Matériel industriel | 4 000 | |
| 44562 | | État, TVA déductible sur immobilisations | 800 | |
| | 40400 | Fournisseur d'immobilisations | | 4 800 |
| | | *Facture n° 31* | | |
| | | *07/04/N* | | |
| 60100 | | Achats de matières premières | 1 000 | |
| 44566 | | État, TVA déductible sur autres biens et services | 200 | |
| | 40100 | Fournisseurs | | 1 200 |
| | | *Facture n° 28* | | |

### 2. TVA sur achats de prestations de services

L'enregistrement des achats de services diffère en fonction du régime de TVA (tab. 5.4).

**Tableau 5.4. Enregistrement de la TVA sur achats de prestations de services**

| Régime normal | | TVA sur les débits |
|---|---|---|
| **À réception de la facture** | **Lors du paiement** | **À réception de la facture*** |
| Débit du compte « 4458. État, TVA à régulariser » ou « 44564. État, TVA déductible sur décaissements » (comptes transitoires) | Débit du compte « 44566. État, TVA déductible sur autres biens et services » (en soldant le compte 4458 ou 44564) | Débit du compte « 44566. État, TVA déductible sur autres biens et services » (enregistrement identique à celui des biens) |

* Pas d'enregistrement concernant la TVA lors du paiement

**Exemple (suite)**

- L'entreprise EnTech fait par ailleurs concevoir par le fournisseur Lonix un logiciel embarqué sur robot. La facture n° 52 de la société Lonix, datée du 10 avril N, s'élève à 3 500 € HT et le règlement de EnTech intervient le 16 avril N.

Enregistrement comptable dans l'entreprise EnTech :

→ L'entreprise Lonix n'opte pas pour le régime de la TVA acquittée d'après les débits

| | | | |
|---|---|---|---|
| | *10/04/N* | | |
| 60400 | Achats d'études et prestations de services | 3 500 | |
| 44580 | État, TVA à régulariser | 700 | |
| 40100 | Fournisseur | | 4 200 |
| | *Facture n° 52* | | |
| | *16/04/N* | | |
| 40100 | Fournisseur | 4 200 | |
| 51200 | Banque | | 4 200 |
| | *Paiement de la facture n° 52* | | |
| | *16/04/N* | | |
| 44566 | État, TVA déductible sur autres biens et services | 700 | |
| 44580 | État, TVA à régulariser | | 700 |
| | *Constatation TVA déductible* | | |

→ L'entreprise Lonix opte pour le régime de la TVA acquittée d'après les débits

| | | | |
|---|---|---|---|
| | *10/04/N* | | |
| 60400 | Achats d'études et prestations de services | 3 500 | |
| 44566 | État, TVA déductible sur autres biens et services | 700 | |
| 40100 | Fournisseur | | 4 200 |
| | *Facture n° 52* | | |
| | *16/04/N* | | |
| 40100 | Fournisseur | 4 200 | |
| 51200 | Banque | | 4 200 |
| | *Paiement de la facture n° 52* | | |

**NOTRE CONSEIL**

Apprenez par cœur les numéros de compte 44571, 44562 et 44566 que vous mobiliserez de nombreuses fois.

## 3. TVA sur ventes de biens

Lors de l'émission de la facture, les comptes de produits sont crédités du montant hors taxe. La TVA collectée, dette envers l'État, s'enregistre au crédit du compte « 44571. État, TVA collectée ».

### Exemple (suite)

- L'entreprise EnTech vend le 18 avril N des produits finis pour un montant de 10 000 € HT (facture n° 132).

| | | | |
|---|---|---|---|
| | *18/04/N* | | |
| 41100 | Clients | 12 000 | |
| 70100 | Ventes de produits finis | | 10 000 |
| 44571 | État, TVA collectée | | 2 000 |
| | *Facture n° 132* | | |

## 4. TVA sur ventes de prestations de services

L'enregistrement des ventes de services diffère en fonction du régime de TVA (tab. 5.5).

**Tableau 5.5. Enregistrement de la TVA sur ventes de prestations de services**

| Régime normal | | TVA sur les débits |
|---|---|---|
| **À l'émission de la facture** | **Lors du paiement** | **À l'émission de la facture*** |
| Crédit du compte « 4458. État, TVA à régulariser » ou « 44574. État, TVA collectée sur encaissements » (comptes transitoires) | Crédit du compte « 44571. État, TVA collectée » (en soldant le compte 4458 ou 44574) | Crédit du compte « 44571. État, TVA collectée » (enregistrement identique à celui des biens) |

* Pas d'enregistrement concernant la TVA lors du paiement

### Exemple (suite)

- En reprenant l'exemple précédent, enregistrement comptable de la facture n° 52 dans le journal de l'entreprise Lonix :
  - → L'entreprise Lonix n'opte pas pour le régime de la TVA acquittée d'après les débits

| | | | |
|---|---|---|---|
| | *10/04/N* | | |
| 41100 | Client | 4 200 | |
| 70600 | Prestations de services | | 3 500 |
| 44580 | État, TVA à régulariser | | 700 |
| | *Facture n° 52* | | |
| | *16/04/N* | | |
| 51200 | Banque | 4 200 | |
| 41100 | Client | | 4 200 |
| | *Paiement de la facture n° 52* | | |
| | *16/04/N* | | |
| 44580 | État, TVA à régulariser | 700 | |
| 44571 | État, TVA collectée | | 700 |
| | *Constatation TVA exigible* | | |

**NOTRE CONSEIL**

Veillez à enregistrer :
- HT, les comptes Achats et Ventes (quand la TVA est récupérable) ;
- TTC, les comptes Clients et Fournisseurs.

  - → L'entreprise Lonix opte pour le régime de la TVA acquittée d'après les débits

| | | | |
|---|---|---|---|
| | *10/04/N* | | |
| 41100 | Client | 4 200 | |
| 70600 | Prestations de services | | 3 500 |
| 44571 | État, TVA collectée | | 700 |
| | *Facture n° 52* | | |
| | *16/04/N* | | |
| 51200 | Banque | 4 200 | |
| 41100 | Client | | 4 200 |
| | *Paiement de la facture n° 52* | | |

## B) Dans le cas d'opérations internationales

### 1. Opérations intracommunautaires

Les échanges de biens et services intracommunautaires, c'est-à-dire les échanges avec des partenaires membres de l'Union européenne, comportent des particularités en matière de TVA (tab. 5.6).

**Tableau 5.6. Comptabilisation de la TVA pour les opérations intracommunautaires**

| | |
|---|---|
| **Livraisons (ou ventes) intracommunautaires** | Exonérées de TVA, elles sont enregistrées hors taxe. |
| **Acquisitions (ou achats) intracommunautaires** | Soumises à la TVA dans le pays d'arrivée, la **TVA intracommunautaire** est à la fois collectée et déductible par l'acquéreur. |

Pour comptabiliser la TVA sur acquisitions intracommunautaires, deux comptes sont soldés l'un par l'autre lors de la facturation :

- Le compte « 4452. État, TVA due intracommunautaire »
- Le compte « 445622. État, TVA déductible sur immobilisations intracommunautaires » ou « 445662. État, TVA déductible sur autres biens et services intracommunautaires ».

L'ANC recommande par ailleurs d'ajouter le chiffre 2 en dernière position dans les numéros de comptes Achats, Ventes, Fournisseurs et Clients concernés par les transactions intracommunautaires.

Les entreprises doivent disposer d'un numéro d'identification intracommunautaire à la TVA qu'elles inscrivent sur leurs documents commerciaux.

**Exemple (suite)**

- L'entreprise EnTech facture 3 500 € de produits finis à un client allemand le 20 avril N. Numéro d'identification client : BE 274 651 065.
  Elle reçoit par ailleurs le 24 avril N la facture d'un fournisseur italien pour un montant de matières premières de 2 000 €. La facture ne mentionne pas la TVA, l'acheteur ayant fourni son numéro d'identification de TVA.

| | | | | |
|---|---|---|---|---|
| | | *20/04/N* | | |
| 41102 | | Clients UE | 3 500 | |
| | 70102 | Ventes de produits finis – UE | | 3 500 |
| | | *Facture n°* | | |
| | | *24/04/N* | | |
| 60102 | | Achats de matières premières – UE | 2 000 | |
| 445662 | | État, TVA déductible sur autres biens et services intracommunautaires | 400 | |
| | 40102 | Fournisseurs – UE | | 2 000 |
| | 44520 | État, TVA due intracommunautaire | | 400 |
| | | *Facture n°* | | |

## 2. Opérations hors de l'Union européenne

Les échanges de biens et services avec des partenaires hors de l'Union européenne s'enregistrent également distinctement (tab 5.7).

**Tableau 5.7. Comptabilisation de la TVA pour les opérations hors de l'Union européenne**

| | |
|---|---|
| **Exportations (ou ventes)** | Exonérées de TVA, elles sont enregistrées hors taxe. |
| **Importations (ou achats) de biens** | Soumises à la TVA lors du passage de la frontière (dédouanement). |

Dans le cadre des importations, un transitaire facture en général les formalités. Les droits de douane sont comptabilisés au débit du compte d'achat concerné ou, s'ils ne peuvent pas être affectés à un achat déterminé, sont enregistrés au débit du compte « 6353. Impôts indirects ».

### Exemple (suite)

- L'entreprise EnTech envoie la facture n° 134 à un client américain le 25 avril N pour un montant de 10 000 € HT de produits finis.
  Le 26 avril N, elle reçoit la facture n° 14 provenant d'un fournisseur suisse, mentionnant 12 000 € HT de matières premières. La facture du transitaire est reçue le lendemain. Les droits de douane s'élèvent à 200 € HT, le transitaire facture 100 € HT pour son intervention et la TVA est à 20 %.

| | | | |
|---|---|---|---|
| | *25/04/N* | | |
| 41100 | Client étranger hors UE | 10 000 | |
| 70100 | Ventes de produits finis hors UE | | 10 000 |
| | *Facture n° 134* | | |
| | *26/04/N* | | |
| 60100 | Achat de matières premières hors UE | 12 000 | |
| 40100 | Fournisseur étranger hors UE | | 12 000 |
| | *Facture n° 14* | | |
| | *27/04/N* | | |
| 63500 ou 60100 | Droits de douane | 200 | |
| 62240 | Rémunération du transitaire | 100 | |
| 44566 | État, TVA déductible sur autres biens et services (12 000 + 200 + 100) × 20 % | 2 460 | |
| 40100 | Fournisseur | | 2 760 |
| | *Facture du transitaire* | | |

→ MINI-CAS 3 • MINI-CAS 4 • SITUATION PRATIQUE 6

# 3 Déclaration et paiement de la TVA

La déclaration et le paiement de la TVA dépendent du régime d'imposition dont les entreprises relèvent. En fonction du montant de leur chiffre d'affaires annuel, les entreprises peuvent être soumises à deux régimes (UE4) :
- le « régime du réel normal » applicable à la plupart des entreprises ;
- le « régime du réel simplifié » appliqué, sur option, par certaines petites entreprises.

## A) Dans le régime du réel normal

En fin de chaque mois, les comptes de TVA mouvementés établis lors des écritures d'achats et de ventes sont soldés et font apparaître un crédit de TVA ou une TVA à décaisser (tab. 5.8).

**NOTRE CONSEIL**

Lors de la liquidation de la TVA, veillez à considérer l'ensemble des montants de TVA pertinents : Solde de TVA = TVA collectée + TVA due intracommunautaire – TVA déductible sur immobilisations – TVA déductible sur autres biens et services – Crédit de TVA du mois précédent.

Tableau 5.8. **Déclaration et paiement de la TVA dans le régime du réel normal**

| | Comptabilisation lors de la déclaration de TVA | Modalités de paiement |
|---|---|---|
| **Crédit de TVA** | Débit du compte « 44567. État, crédit de TVA à reporter ». | • Report possible sur la déclaration du mois suivant en contre-passant le compte 44567 pour le montant du mois précédent.<br>• Ou remboursement sur demande (virement au débit du compte « 44583. État, remboursement de taxes sur le chiffre d'affaires demandé »). |
| **TVA à décaisser** | Crédit du compte « 44551. État, TVA à décaisser ». | Paiement assuré entre le 15 et le 25 du mois suivant par le crédit du compte Banque. |

Le paiement de la TVA fait suite à une déclaration de TVA sur un imprimé fiscal dit CA3. Contrairement à la comptabilité qui tient les comptes de TVA au centime d'euro près, les sommes des déclarations sont arrondies à l'euro le plus proche. Le reliquat de centimes figurant dans les comptes de TVA est alors soldé par le débit du compte « 658. Charges diverses de gestion courante » ou par le crédit du compte « 758. Produits divers de gestion courante ».

### Exemple de crédit de TVA

- Données concernant la TVA du mois de mai N :

| | |
|---|---|
| TVA due intracommunautaire | 2 000 |
| TVA collectée | 13 000 |
| TVA déductible sur autres biens et services | 20 000 |

- Crédit de TVA du mois de mai : 20 000 – 2 000 – 13 000 = 5 000 €.
- La TVA déductible concerne les opérations intracommunautaires (pour le montant égal au montant de la TVA due intracommunautaire, soit 2 000 €) et les autres opérations (soit : 20 000 – 2 000 = 18 000 €), nationales et éventuellement hors UE.

| | 31/05/N | | |
|---|---|---|---|
| 44520 | État, TVA due intracommunautaire | 2 000 | |
| 44571 | État, TVA collectée | 13 000 | |
| 44567 | État, crédit de TVA à reporter | 5 000 | |
| 44566 | État, TVA déductible sur autres biens et services | | 18 000 |
| 445662 | État, TVA déductible sur autres biens et services intracommunautaires | | 2 000 |
| | *Déclaration CA3, mai N* | | |

## Exemple de TVA à décaisser

- Données concernant la TVA du mois d'octobre N :

| | |
|---|---|
| TVA collectée | 20 000 |
| TVA déductible sur immobilisations | 1 000 |
| TVA déductible sur autres biens et services | 12 000 |
| Crédit de TVA du mois précédent | 5 000 |

TVA à décaisser du mois d'octobre : 20 000 – 1 000 – 12 000 – 5 000 = 2 000 €.

| | 30/10/N | | |
|---|---|---|---|
| 44571 | État, TVA collectée | 20 000 | |
| 44567 | État, crédit de TVA à reporter (septembre) | | 5 000 |
| 44562 | État, TVA déductible sur immobilisations | | 1 000 |
| 44566 | État, TVA déductible sur autres biens et services | | 12 000 |
| 44551 | État, TVA à décaisser | | 2 000 |
| | *Déclaration CA3, octobre N* | | |
| | *Entre 15 et 25 novembre N* | | |
| 44551 | État, TVA à décaisser | 2 000 | |
| 51200 | Banque | | 2 000 |
| | *Paiement de la TVA d'octobre* | | |

## B) Dans le régime du réel simplifié

La TVA due par l'entreprise n'est déclarée qu'une seule fois par an, sur une déclaration annuelle dite CA12.

Dans la plupart des cas, l'entreprise doit verser deux acomptes dans l'année. Ces acomptes (crédit sur l'État) sont enregistrés au débit du compte « 44581. Acomptes – Régime simplifié d'imposition » par le crédit du compte « 44551. TVA à décaisser » ou du compte « 512. Banque ».

## Exemple

- Extrait de la balance des comptes au 31 décembre N :

| Numéros de comptes | Noms des comptes | Soldes | |
|---|---|---|---|
| | | Débiteurs | Créditeurs |
| 44562 | État, TVA déductible sur immobilisations | 4 799,80 | |
| 44566 | État, TVA déductible sur autres biens et services | 28 000,30 | |
| 44571 | État, TVA collectée | | 78 000,40 |
| 44581 | État, TVA – Acomptes – Régime simplifié d'imposition | 41 000,00 | |

Le dernier acompte, d'un montant de 16 400 €, a été versé à l'État le 20 décembre N.
La déclaration CA12, établie le 2 mai N+1 et arrondie à l'euro le plus proche, met en évidence le calcul suivant :

- TVA collectée : 78 000
- TVA déductible :
  - sur immobilisations : 4 800
  - sur autres biens et services : 28 000
- TVA due : 45 200
- Acomptes versés : 41 000

Solde à payer : 4 200

Comptabilisation du versement de l'acompte, de la déclaration CA12 et du versement du solde :

| | | | | |
|---|---|---|---|---|
| | | *20/12/N* | | |
| 44581 | | Acomptes – Régime simplifié d'imposition | 16 400,00 | |
| | 51200 | Banque | | 16 400,00 |
| | | *Paiement de l'acompte* | | |
| | | *02/05/N+1* | | |
| 44571 | | État, TVA collectée | 78 000,40 | |
| | 44551 | État, TVA à décaisser | | 4 200,00 |
| | 44562 | État, TVA déductible sur immobilisations | | 4 799,80 |
| | 44566 | État, TVA déductible sur autres biens et services | | 28 000,30 |
| | 44581 | État, TVA – Acomptes – Régime simplifié | | 41 000,00 |
| | 75800 | Produits divers de gestion courante | | 0,30 |
| | | *Déclaration CA12, année N* | | |
| | | *02/05/N+1* | | |
| 44551 | | État, TVA à décaisser | 4 200,00 | |
| | 51200 | Banque | | 4 200,00 |
| | | *Paiement du solde de TVA* | | |

→ MINI-CAS 5 • SITUATION PRATIQUE 7

**Évaluer les savoirs** | **Maîtriser les compétences** | **Préparer l'épreuve**

## 1 Quiz

*Vérifiez l'exactitude des propositions ci-après et justifiez-les.*

| | Vrai | Faux |
|---|---|---|
| 1. La TVA est une charge pour l'entreprise qui la déduit. | ☐ | ☐ |
| 2. L'entreprise collecte la TVA sur ses ventes. | ☐ | ☐ |
| 3. La TVA déductible correspond à une créance sur l'État. | ☐ | ☐ |
| 4. Le compte 44566 enregistre une TVA à décaisser. | ☐ | ☐ |
| 5. Les comptes Clients et Fournisseurs sont tenus HT. | ☐ | ☐ |
| 6. La TVA sur les ventes s'enregistre au débit du compte 44571. | ☐ | ☐ |
| 7. Pour les achats de prestations de services, la mention « TVA payée d'après les débits » entraîne l'enregistrement d'une TVA déductible à la facturation. | ☐ | ☐ |
| 8. Pour les acquisitions intracommunautaires, la TVA est à la fois due et déductible par l'acquéreur. | ☐ | ☐ |
| 9. Les exportations entraînent l'enregistrement d'une TVA collectée. | ☐ | ☐ |
| 10. Un crédit de TVA constate une TVA collectée inférieure à la TVA déductible sur la période. | ☐ | ☐ |

## 2 La TVA, un impôt indirect et neutre ★☆☆

Plusieurs entreprises interviennent successivement dans la fabrication et le négoce de meubles :

Scierie Propriétaire d'une forêt → Vente de planches le 01/09 → Fabricant de meubles → Vente de meubles le 16/09 → Magasin de meubles → Vente de meubles le 20/09 → Consommateur

*Facture* (vente de planches le 01/09)

| | |
|---|---|
| HT | 1 000 |
| TVA | 200 |
| TTC | 1 200 |

*Facture* (vente de meubles le 16/09)

| | |
|---|---|
| HT | 3 000 |
| TVA | 600 |
| TTC | 3 600 |

*Facture* (vente de meubles le 20/09)

| | |
|---|---|
| HT | 6 000 |
| TVA | 1 200 |
| TTC | 7 200 |

La valeur ajoutée s'obtient en retranchant des ventes les achats utilisés pour l'activité.

1. *Déterminez ce que chaque entreprise (scierie, fabricant, magasin) doit reverser à l'État en détaillant les montants de TVA collectée et déductible.*
2. *Expliquez la neutralité de la TVA dans le cas du fabricant.*
3. *Vérifiez qu'il s'agit bien d'une taxe sur la valeur ajoutée en déterminant la valeur ajoutée réalisée au niveau de chaque entreprise et en y appliquant le taux de TVA.*

Évaluer les savoirs | Maîtriser les compétences | Préparer l'épreuve

## 3 Mini-cas : Fromentin ★★★

**Compétences attendues**

- **Expliquer** le mécanisme de la TVA : **distinguer** le fait générateur et l'exigibilité
- **Évaluer** et **comptabiliser** le montant de la TVA due ou du crédit de TVA : **calculer** la TVA déductible, la TVA collectée et le solde de TVA

L'entreprise Fromentin vend des marchandises et effectue des services de réparation dans le secteur du mobilier de maison. Au cours du mois de septembre N, elle a réalisé les opérations présentées ci-dessous avec des clients et des fournisseurs situés en France.

Toutes ces opérations sont soumises à la TVA au taux normal, soit 20 %. L'entreprise Fromentin n'a pas opté pour la TVA d'après les débits.

- **Le 05/09** : facture n° 123 du fournisseur Leroux pour l'achat de marchandises, d'un montant de 10 000 € HT.
- **Le 08/09** : facture n° 345 du fournisseur Publicis pour une campagne publicitaire d'un montant de 600 € HT. Ce fournisseur a opté pour la TVA d'après les débits.
- **Le 15/09** : facture n° 750 adressée à l'hypermarché français Martin pour la vente de marchandises pour un montant de 25 000 € HT.
- **Le 20/09 :** facture n° 751 adressée au client Mathis pour une réparation de table facturée 640 € HT. Ce client a opté pour la TVA d'après les débits.
- **Le 23/09** : facture n° 1209 reçue du fournisseur BuroMob pour l'achat d'une photocopieuse d'un montant de 2 000 € HT. Cette photocopieuse, destinée aux services administratifs de l'entreprise Fromentin, constitue une immobilisation.
- **Le 25/09** : paiement des factures n° 345 et n° 1209.
- **Le 27/09** : réception du paiement des factures n° 750 et n° 751.
- **Le 28/09** : paiement de la facture n° 123.

Avant d'enregistrer la TVA sur une transaction, il faut se demander si elle porte sur les biens ou sur les services. Dans ce dernier cas, il faut s'assurer que l'entreprise n'a pas opté pour la TVA sur les débits.

1. *Pour chacune des opérations d'achat et de vente, indiquez les dates du fait générateur et d'exigibilité.*
2. *Présentez, au 30/09, un extrait du grand-livre avec l'ensemble des comptes de TVA, en indiquant tous les mouvements et les soldes finaux.*
3. *Calculez le solde de la TVA due à l'État au titre des opérations réalisées au cours du mois de septembre.*

## 4 Mini-cas : Favre ★★★

**Compétence attendue** **Évaluer** et **comptabiliser** le montant de la TVA due ou du crédit de TVA : **comptabiliser** la TVA dans des opérations nationales et internationales

L'entreprise française Favre a acheté à crédit des imprimantes au fournisseur Poly pour un montant de 300 € HT (facture n° 42 du 5 décembre N). Elle a par ailleurs vendu à crédit une prestation de service au client Pocket pour un montant de 7 500 € HT (facture n° 261 du 6 décembre N). La TVA applicable est de 20 %. Les paiements ne sont pas demandés.

1. *Enregistrez l'achat dans le journal de l'entreprise Favre dans l'hypothèse où les imprimantes achetées au fournisseur français Poly seraient des :*
   a. marchandises ;
   b. immobilisations.
2. *Enregistrez l'achat dans le journal de l'entreprise Favre dans l'hypothèse où l'entreprise Poly à qui elle achète des marchandises serait :*
   a. un fournisseur belge qui disposerait du numéro d'identification intracommunautaire de l'entreprise Favre ;
   b. un fournisseur russe. Dans ce cas, la facture du transitaire en douane, reçue le même jour, mentionnerait 40 € de droits de douane et 68 € de TVA.
3. *Enregistrez la vente dans le journal de l'entreprise Favre dans l'hypothèse où le client Pocket serait français et où le régime de TVA de l'entreprise Favre serait :*
   a. le régime normal, soit le régime de la « TVA sur les encaissements » ;
   b. le régime dérogatoire, soit le régime de la « TVA sur les débits ».
4. *Enregistrez la vente dans le journal de l'entreprise Favre dans l'hypothèse où le client Pocket serait mexicain.*

## 5 Mini-cas : Poisat ★★★

**Compétence attendue** **Évaluer** et **comptabiliser** le montant de la TVA due ou du crédit de TVA : **comptabiliser** la TVA à partir d'une déclaration

Dans le cadre du régime du réel normal, l'entreprise Poisat a réalisé la déclaration de TVA (voir le dossier documentaire) relative au mois d'octobre N.

1. *Après avoir expliqué la signification des lignes 16 et 25 de la déclaration de TVA, justifiez leur montant.*
2. *Au mois de septembre N, déterminez si le solde de TVA correspondait à une TVA à décaisser ou à un crédit de TVA.*
3. *Comptabilisez la déclaration de TVA dans le journal de l'entreprise Poisat ainsi que le paiement, le cas échéant.*

**NOTRE CONSEIL**

Si l'on ne peut pas vous demander à l'examen de remplir une déclaration de TVA, vous devez toutefois être capable de lire une déclaration de TVA simple pour la comptabiliser.

Document

## Déclaration de TVA d'octobre N de l'entreprise Poisat

### A MONTANT DES OPÉRATIONS RÉALISÉES

**OPÉRATIONS IMPOSABLES (H.T.)**

| | | | |
|---|---|---|---|
| 01 | Ventes, prestations de services | 0979 | 5 506 |
| 02 | Autres opérations imposables | 0981 | |
| 2A | Achats de prestations de services intracommunautaires (article 283-2 du Code général des impôts) | 0044 | |
| 2B | Importations (entreprises ayant opté pour ledispositif d'autoliquidation de la TVA àl'importation) | 0045 | |
| 03 | Acquisitions intracommunautaires (dont ventes à distance et/ou opérations de montage : ..................) | 0031 | 4 575 |
| 3A | Livraisons d'électricité, de gaz naturel, de chaleur ou de froid imposables en France | 0030 | |
| 3B | Achats de biens ou de prestations de services réalisés auprès d'un assujetti non établi en France (article 283-1 du Code général des impôts) | 0040 | |
| 3C | Régularisations ...(Important : cf. notice) | 0036 | |

**OPÉRATIONS NON IMPOSABLES**

| | | | |
|---|---|---|---|
| 04 | Exportations hors UE | 0032 | 1 730 |
| 05 | Autres opérations non imposables | 0033 | 24 129 |
| 5A | Ventes à distance au profit de particuliers (consommateurs finaux) - ventes B to C | 0047 | |
| 06 | Livraisons intracommunautaires à destination d'une personne assujettie- Ventes BtoB | 0034 | 4 212 |
| 6A | Livraisons d'électricité, de gaz naturel, de chaleur ou de froid non imposables en France | 0029 | |
| 07 | Achats en franchise | 0037 | |
| 7A | Ventes de biens ou de prestations de services réalisées par un assujetti non établi en France (article 283-1 du Code général des impôts) | 0043 | |
| 7B | Régularisations ...(Important : cf. notice) | 0039 | |

### B DÉCOMPTE DE LA TVA À PAYER

**TVA BRUTE**

| | | | Base hors taxe | Taxe due |
|---|---|---|---|---|
| | **Opérations réalisées en France métropolitaine** | | | |
| 08 | Taux normal 20 % | 0207 | 10 081 | 2 016 |
| 09 | Taux réduit 5,5 % | 0105 | | |
| 9B | Taux réduit 10 % | 0151 | | |
| | **Opérations réalisées dans les DOM** | | | |
| 10 | Taux normal 8,5 % | 0201 | | |
| 11 | Taux réduit 2,1 % | 0100 | | |
| 12 | ........................ | | | |
| | **Opérations imposables à un autre taux (France métroploitaine ou DOM)** | | | |
| 13 | Anciens taux | 0900 | | |
| 14 | Opérations imposables à un taux particulier (décompte effectué sur annexe 3310 A) | 0950 | | |
| 15 | TVA antérieurement déduite à reverser | 0600 | | |
| 5B | Somme à ajouter, y compris acompte congés (exprimées en euro) | 0602 | | |
| 16 | **Total de la TVA brute due (lignes 08 à 5B)** | | | 2 016 |
| 7C | **Dont TVA sur importations bénéficiant du dispositif d'auto-liquidation** | 0046 | | |
| 17 | **Dont TVA sur acquisitions intracommunautaires** | 0035 | | 915 |
| 18 | **Dont TVA sur opérations à destination de Monaco** | 0038 | | |

La ligne 11 ne concerne que les DOM. Les autres opérations relevant du taux de 2,1%déclarées sur l'annexe 3310A.

**TVA DÉDUCTIBLE**

| | | | |
|---|---|---|---|
| 19 | Biens constituant des immobilisations | 0703 | 2 120 |
| 20 | Autres biens et services | 0702 | 1 230 |
| 21 | Autre TVA à déduire (dont régularisation sur de la TVA collectée [cf. notice] ..............) | 0059 | |
| 22 | Report du crédit apparaissant ligne 27 de la précédente déclaration | 8001 | |
| 2C | Somme à imputer, y compris acompte congés (exprimées en euro) | 0603 | |
| 23 | **Total TVA déductible (lignes 19 à 2C)** | | 3 350 |
| 24 | Dont TVA non perçue récupérable par les assujettis disposant d'un établissement stable dans les DOM (articles 295-1-5° et 295 A du code général des impôts) | 0709 | |

22A *Indiquer ici le coefficient de taxation forfaitaire applicable pour la période s'il est différent* ...... %

**CRÉDIT**

| | | | |
|---|---|---|---|
| 25 | Crédit de TVA (ligne 23 - ligne 16) | 0705 | 1 334 |
| 26 | Remboursement de crédit demandé sur formulaire n° 3519 joint | 8002 | |
| AA | Crédit de TVA transféré à la société tête de groupe sur la déclaration récapitulative 3310-CA3G | 8005 | 0 |
| 27 | Crédit à reporter (ligne 25 - ligne 26 - ligne AA) *(Cette somme est à reporter ligne 22 de la prochaine déclaration)* | 8003 | 1 334 |

**Attention ! Une situation de TVA créditrice (ligne 25 servie) ne dispense pas du paiement des taxes assimilées déclarées ligne 29.**

**TAXE À PAYER**

| | | | |
|---|---|---|---|
| 28 | TVA nette due (ligne 16 - ligne 23) | | |
| 29 | Taxes assimilées calculées sur annexe n° 3310 A | 9979 | |
| AB | Total à payer acquitté par la société tête de groupe sur la déclaration récapitulative 3310-CA3G (lignes 28 + 29) | 9991 | 0 |
| 32 | **Total à payer (lignes 28 + 29 - AB)** *(N'oubliez pas de joindre le règlement correspondant)* | | |

Les dispositions des articles 39 et 40 de la loi n° 78-17 du 6 janvier 1978 relative à l'informatique, aux fichiers et aux libertés, modifiée par la loi n° 2004-801 du 6 août 2004, garantissent les droits des personnes physiques à l'égard des traitements des données à caractère personnel.
Si vous réalisez des opérations intracommunautaires, pensez à la déclaration d'échanges de biens (livraisons de biens) ou à la déclaration européenne de services (prestations de services) à souscrire auprès de la Direction Générale des Douanes et des Droits indirects (cf. notice de la déclaration CA3).

## 6 Situation pratique : Toyplast ★★★

30 min

**Compétences attendues**

- **Expliquer** le mécanisme de la TVA : **distinguer** le fait générateur et l'exigibilité
- **Évaluer** et **comptabiliser** le montant de la TVA due ou du crédit de TVA : **comptabiliser** la TVA

La société Toyplast (entreprise industrielle) est spécialisée dans la fabrication et la commercialisation de jouets en matière plastique.

Toutes les opérations effectuées par cette société sont soumises au taux de TVA de 20 %. Tous ses clients de l'Union européenne ont communiqué leur numéro d'identification intracommunautaire.

Répondez aux questions suivantes portant sur le dossier documentaire.

### Missions

1. *En le justifiant, indiquez les dates du fait générateur et de l'exigibilité, dans le cas des opérations de Toyplast réalisées avec le cabinet d'avocats, le transitaire en douanes et le client Pigot.*
2. *Présentez les enregistrements correspondant aux opérations du mois de novembre N dans le journal de la société Toyplast.*

Document

**Opérations du mois de novembre N de la société Toyplast**

- Le 1/11 : réception de la facture n° 331 correspondant à la note d'honoraires du cabinet d'avocats TLA, montant HT : 800 €. Le cabinet TLA n'a pas opté pour les débits.
- Le 2/11 : réception de la facture n° 123 du fournisseur allemand Helmut pour un achat de matières premières ; montant de la facture du fournisseur : 5 000 € HT.
- Le 4/11 : réception de la facture n° 456 du fournisseur américain John pour un achat de matières premières ; montant de la facture du fournisseur : 4 000 € HT.
- Le 6/11 : réception de la facture n° 789 du transitaire en douances Dupont à Meylan, concernant l'importation du 4/11 ; cette facture mentionne les éléments suivants :
  - Droits de douane : 200 € HT
  - TVA sur importation : 840 €
  - Commission sur opération de dédouanement : 300 € HT
  - TVA sur commission : 60 €

  Le transitaire en douanes a opté pour les débits.
- Le 13/11 : émission de la facture n° 478, adressée au français Pigot, pour une vente à crédit de jouets (produits finis) d'un montant de 12 000 € TTC.
- Le 19/11 : paiement des factures n° 331 et n° 789.

...

Soyez attentif au caractère HT ou TTC des montants indiqués

...
- Le 26/11 : émission de la facture n° 479, adressée au client allemand Ehrardt, pour des jouets (produits finis) d'un montant de 8 000 € HT.
- Le 28/11 : réception d'un chèque de Pigot pour paiement de la facture n° 478.

## 7 Situation pratique : Arnold ★★★

25 min

**Compétences attendues**

- **Expliquer** le mécanisme de la TVA : **distinguer** les différents régimes de TVA
- **Évaluer** et **comptabiliser** le montant de la TVA due ou du crédit de TVA : **calculer** et **enregistrer** la TVA due

L'entreprise industrielle Arnold réalise de façon mensuelle une déclaration de TVA CA3 dans le cadre du régime du réel normal. Toutes ses activités sont soumises à la TVA au taux normal.

### Missions

1. *Identifiez les implications en termes d'enregistrement de la TVA de la mention « les fournisseurs n'ont pas opté pour les débits ».*
2. *À partir des informations du dossier documentaire, déterminez la TVA due au titre de juin N. Vous présenterez vos calculs sous forme de tableau.*
3. *Enregistrez la déclaration de TVA et son règlement au 15/07/N s'il y a lieu.*

Document

**Informations relatives à la déclaration de TVA de juin N**

Les opérations du mois de juin sont récapitulées dans le tableau ci-dessous :

| Éléments | Montant |
|---|---|
| Ventes réalisées en France | 90 000 € HT |
| Ventes réalisées dans l'Union européenne | 45 000 € HT |
| Ventes réalisées hors de l'Union européenne | 75 000 € HT |
| Achats de biens en France | 35 000 € HT |
| Achats de biens dans l'Union européenne | 22 000 € HT |
| Achats de biens hors de l'Union européenne | 7 000 € HT |
| Achats de services en France (les fournisseurs n'ont pas opté pour les débits) | 5 500 € HT |
| Règlements de services en France (les fournisseurs n'ont pas opté pour les débits) | 6 000 € |
| Achats d'immobilisations en France | 11 000 € HT |

La déclaration du mois de mai laissait apparaître un crédit de TVA de 6 000 € qui n'a donné lieu à aucune demande de remboursement.

SYNTHÈSE

## La taxe sur la valeur ajoutée

### Un impôt « neutre » pour l'entreprise

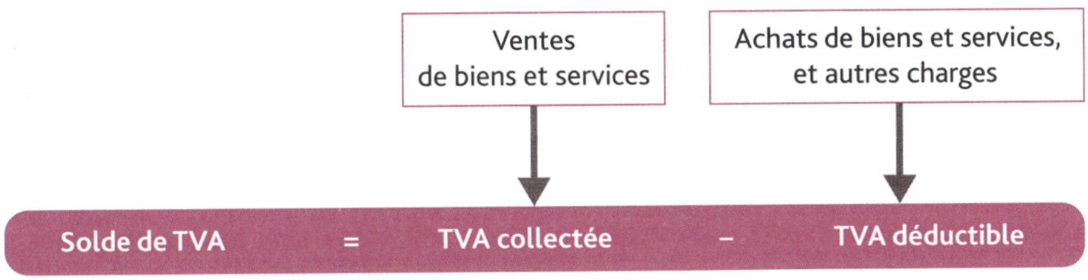


### Comptabilisation de la TVA

#### Opérations nationales

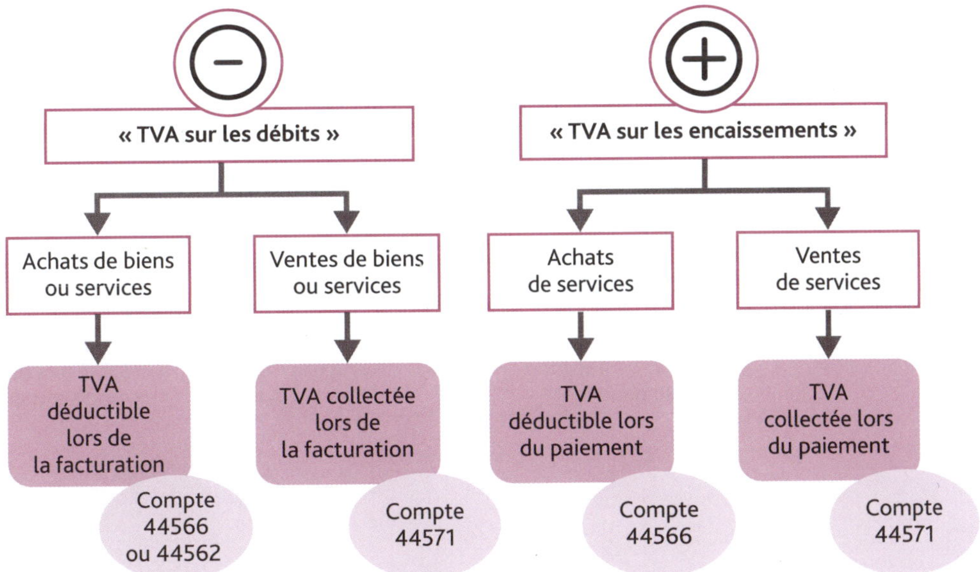

## Opérations internationales

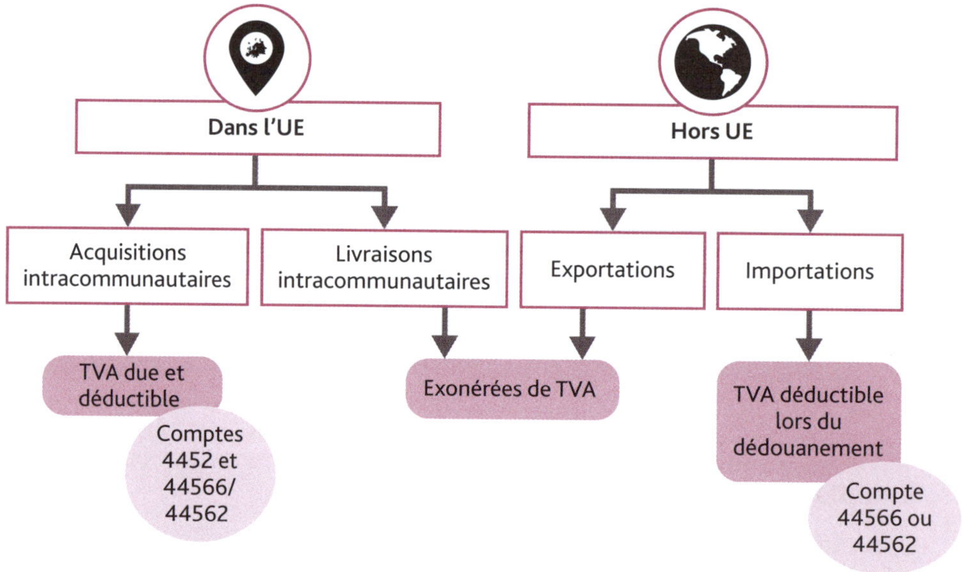


## Déclaration et paiement de la TVA

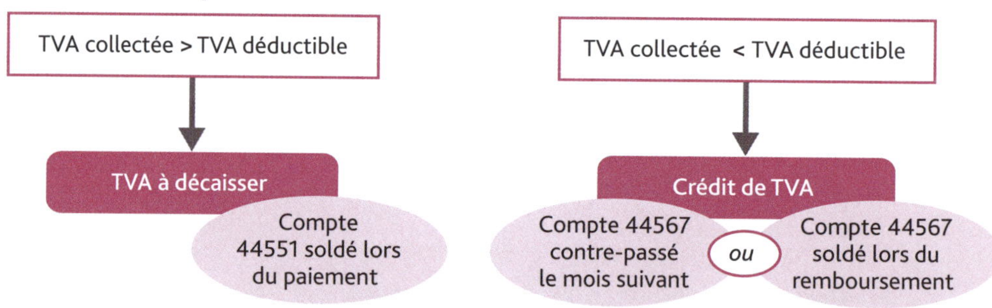

CHAPITRE 6

# Opérations courantes d'achat et de vente : facturation, réductions et devises

## PROGRAMME

### Compétences attendues

- **Différencier** les pièces justificatives comptables (factures…) des autres documents (devis, bons de commande, pro forma…)
- **Évaluer** et **comptabiliser** les transactions courantes dans les comptes individuels

### Savoirs associés

- Pièces justificatives comptables et autres documents
- Achats et ventes de biens et services comportant des réductions
- Achats et ventes en devises

## PRÉREQUIS

Enregistrement comptable (chapitre 4) • Enregistrement de la TVA (chapitre 5)

## PLAN DU CHAPITRE

**Cours :** 1. Facture, pièce justificative obligatoire • 2. Achats • 3. Ventes • 4. Réductions • 5. Achats et ventes en devises

**Des savoirs aux compétences :** Évaluer les savoirs • Maîtriser les compétences • Préparer l'épreuve

**Synthèse**

Quelles sont les mentions obligatoires d'une facture ? Comment une facture d'achat ou de vente s'enregistre-t-elle en comptabilité ? Quelles sont les différentes réductions qui peuvent être accordées ? Sont-elles comptabilisées différemment ? Comment enregistrer les achats et les ventes libellés en devises ?

## MOTS-CLÉS

**Escompte • Facture • Facture d'avoir • Facture de doit • Gain de change • Net à payer • Net commercial • Net financier • Perte de change • Rabais • Remise • Ristourne**

# 1 Facture, pièce justificative obligatoire

## A) Présentation

Sur les obligations légales liées à la facturation :

http://dunod.link/e17cl3m

**Définition**

La **facture** est une pièce comptable obligatoire adressée par le fournisseur au client pour attester d'une vente de biens ou de services.

La facture comprend des mentions obligatoires. Ces mentions sont souvent complétées de « conditions générales de vente ».

### FOCUS — Les informations présentes sur une facture

Mentions obligatoires :

- Date d'émission et numérotation de la facture
- Date de la vente ou de la prestation de service
- Identité de l'acheteur (nom ou dénomination sociale, adresse)
- Identité du vendeur ou prestataire (nom ou dénomination sociale, adresse, numéro RCS [Registre du Commerce et des Sociétés], mention de la forme juridique et du capital social d'une société)
- Numéro individuel d'identification à la TVA du vendeur et du client professionnel (si redevable de la TVA)
- Description de l'opération (désignation du produit ou de la prestation, détail en quantité et prix, éventuels réductions et frais accessoires, montant de la TVA, montant total HT et TTC)
- Modalités de paiement (délai, pénalités de retard)

Exemples de conditions générales de vente

- Relatif aux conditions de vente : « *Le délai de livraison indiqué lors de l'enregistrement de la commande n'est donné qu'à titre indicatif et n'est aucunement garanti. Par voie de conséquence, tout retard raisonnable dans la livraison des produits ne pourra pas donner lieu au profit de l'acheteur à l'allocation de dommages et intérêts ou à l'annulation de la commande.* »
- Relatif au barème des prix unitaires : « *Les prix des marchandises vendues sont ceux en vigueur au jour de la prise de commande. Ils sont libellés en euros et calculés hors taxes. Par voie de conséquence, ils seront majorés du taux de TVA et des frais de transport applicables au jour de la commande.* »
- Relatif à l'escompte : « *Un escompte de 2 % est accordé sur le total de la facture avant les taxes si le paiement a lieu dans les 10 jours qui suivent la date de facturation.* »
- Relatif aux conditions de règlement : « *Lors de l'enregistrement de la commande, l'acheteur devra verser par chèque un acompte de 10 % du montant global de la facture, le solde devant être payé par chèque à réception des marchandises.* »

**Exemple**

La facture ci-après présente les caractéristiques suivantes :

- La facture n° 2220 a été établie le 28 novembre N.
- Elle a été adressée par l'entreprise Papetia (fournisseur), entreprise de papeterie, au client Expertus, entreprise de conseil juridique.
- Elle décrit les biens vendus, soumis à une TVA de 20 %.
- Elle est revêtue des mentions obligatoires.
- Elle comporte des conditions générales de vente relatives au règlement (par chèque) et aux litiges (contestation dans les quinze jours).

PAPETIA
*Entreprise de papeterie*
1 rue des Eaux Claires
38100 Grenoble
Téléphone : 05 94 45 00 01
E-mail : contact@papetia.fr

**FACTURE**
N° facture : 2220
Date : 28/11/N

**EXPERTUS**
2 rue de la Prairie
38170 Seyssinet

| Ref. | Désignation | Quantité | PU HT | Montant HT |
|---|---|---|---|---|
| 407 | Enveloppes blanches informatique 35 × 100 cm 90 grs | 100,00 | 0,56 | 560,00 |
| 427 | Pochettes Kraft blanc Fenêtre 5 × 10 cm 90 grs | 200,00 | 0,30 | 60,00 |

| Base HT | Taux TVA | Montant TVA |
|---|---|---|
| 620,000 | 20,00 | 124,00 |

| Echéance | Règlement |
|---|---|
| 28/12/N | Chèque 30 jours |

| | |
|---|---|
| Total TTC | 744,00 € |
| Acompte | |
| **NET À PAYER** | **744,00 €** |

Aucun escompte pour paiement anticipé. Conformément à l'article 121-11 de la loi n° 2012-387 du 22 mars 2012, tout retard de paiement sera sanctionné par une indemnité forfaitaire de frais de recouvrement fixée par décret.
Toute contestation sur le contenu d'une facture doit nous parvenir dans les 15 jours de la date de la facture.

SARL au capital de 100 000 €
SIRET 380 267 138 000 10
TVA intra. : FR 43 380 267 148

Une fois la facture d'origine (ou **facture de doit**) émise, son contenu ne peut être modifié. Pour constater une modification, il faut émettre une **facture d'avoir** (tab. 6.1).

**Tableau 6.1. Deux types de factures**

| | |
|---|---|
| **Facture de doit** | Elle constate :<br>• une dette du client vis-à-vis du fournisseur ;<br>• ce qui équivaut à une créance du fournisseur envers le client. |
| **Facture d'avoir** | Elle constate :<br>• une créance du client sur son fournisseur ;<br>• ce qui équivaut à une dette du fournisseur envers le client. |

## B) Distinction avec les autres documents

La facture se distingue d'autres documents (tab. 6.2) qui ne sont pas enregistrés en comptabilité.

**Tableau 6.2. Autres documents non enregistrés en comptabilité**

| | |
|---|---|
| **Devis** | Document écrit par lequel un fournisseur propose de vendre un bien ou un service à un prix non modifiable pour un temps raisonnable. Le devis est obligatoire dès que la vente dépasse 1 500 €. |
| **Bon de commande** | Document par lequel un client s'engage auprès du fournisseur à commander un produit ou un service dans des conditions déterminées. |
| **Bon de livraison** | Document établi par le fournisseur et signé par le client, afin d'attester de la livraison du produit. |
| **Facture pro forma** | Document provisoire qui présente tous les éléments d'une facture ordinaire et qui permet aux clients et aux fournisseurs d'envisager les conditions de fourniture du bien ou du service. |

→ APPLICATION 2

# 2 Achats

**NOTRE CONSEIL**

Les achats et les ventes ne peuvent être comptabilisés qu'en présence d'une facture attestant la transaction.

## A) Typologie comptable

La nomenclature comptable distingue les achats selon leur nature et selon le suivi ou non de leur stock (tab. 6.3).

**Tableau 6.3. Comptes d'achats**

| | |
|---|---|
| **601. Achats stockés – Matières premières (et fournitures)** | Objets, matières ou substances stockés qui entrent dans la composition du produit final |
| **602. Achats stockés – Autres approvisionnements** | Objets, matières ou substances stockés qui sont consommés rapidement et qui concourent à l'exploitation, sans entrer dans la composition du produit final |
| **604. Achats d'études et prestations de services** | Études et prestations qui entrent dans le coût de production du produit final (sous-traitance) |
| **605. Achats de matériel, équipements et travaux** | Matériel, équipements et travaux intégrés sans transformation dans le produit final |
| **606. Achats non stockés de matières et fournitures** | Objets, matières ou substances qui entrent dans la composition du produit final et qui ne sont pas stockés du fait de leur caractère non stockable ou d'une décision prise par l'entreprise de ne pas les stocker |
| **607. Achats de marchandises** | Biens revendus en l'état (activité commerciale) |

**Exemple**

- Pour une entreprise qui fabrique des tables en bois et qui commercialise des nappes :
  - le bois, utilisé pour fabriquer les tables, est classé dans les matières premières ;
  - le papier utilisé pour poncer les tables représente un autre approvisionnement ;
  - l'intervention d'un prestataire extérieur en charge de la gravure des tables correspond à une prestation de service ;
  - les pieds de table achetés à un fournisseur et simplement fixés sur les tables représentent un équipement ;
  - l'électricité consommée au cours de la fabrication représente une fourniture non stockée ;
  - les nappes correspondent à des marchandises (elles sont achetées à un fournisseur et revendues aux clients sans les transformer).

## B) Comptabilisation d'un achat

Lors de la réception de la facture, un achat s'enregistre généralement avec une TVA récupérable, sauf exception pour certains achats définis par le droit fiscal pour lesquels la TVA ne peut pas être déduite.

| | Compte | Libellé | Débit | Crédit |
|---|---|---|---|---|
| **TVA récupérable** | 60. | Achats… | HT | |
| | 44566 | État, TVA déductible sur autres biens et services | TVA | |
| | 401 | Fournisseurs | | TTC |
| **TVA non récupérable (exception)** | 60. | Achats… | TTC | |
| | 401 | Fournisseurs | | TTC |

**Exemple**

- Dans le cas de la facture n° 2220 reçue par Expertus le 01/12/N, les enveloppes et pochettes sont des approvisionnements qui ne sont pas stockés au regard de leur faible valeur et de leur absence de suivi rigoureux. La TVA est par ailleurs récupérable.

→ Enregistrement de la facture dans le journal d'Expertus :

| Compte | Libellé | Débit | Crédit |
|---|---|---|---|
| | *01/12/N* | | |
| 60600 | Achats non stockés de matières et fournitures | 620 | |
| 44566 | État, TVA déductible sur autres biens et services | 124 | |
| 40100 | Fournisseur | | 744 |
| | *Facture n° 2220* | | |

## C) Retours aux fournisseurs

Après son achat, le client peut choisir de retourner une partie des biens. Le fournisseur établit alors une facture d'avoir pour les éléments retournés. La réception de cette facture entraîne, dans la comptabilité de l'acheteur, un enregistrement inverse à celui de la facture d'origine.

| | | | |
|---|---|---|---|
| 401 | Fournisseurs | TTC | |
| 60. | Achats… | | HT |
| 44566 | État, TVA déductible sur autres biens et services | | TVA |

**Exemple**

- Reprenons la facture n° 2220 reçue par l'entreprise Expertus. Les pochettes reçues ne correspondent pas au bon de commande et sont retournées au fournisseur. Cela donne lieu à une facture d'avoir n° AV2018 datée du 6 décembre N.
  → Enregistrement de la facture d'avoir dans le journal d'Expertus :

| | *06/12/N* | | |
|---|---|---|---|
| 40100 | Fournisseur | 72 | |
| 60600 | Achats non stockés de matières et fournitures | | 60 |
| 44566 | État, TVA déductible sur autres biens et services | | 12 |
| | *Facture n° AV2018* | | |

**NOTRE CONSEIL**

Dans l'enregistrement de la facture d'avoir, n'oubliez pas de prendre en compte les éventuelles réductions accordées sur la facture initiale.

→ APPLICATION 2 • SITUATION PRATIQUE 5 • SITUATION PRATIQUE 6

# 3 Ventes

## A) Typologie

La nomenclature comptable distingue les ventes selon leur nature (tab. 6.4).

**Tableau 6.4. Comptes enregistrant une vente**

| | |
|---|---|
| **701. Ventes de produits finis** | Produits fabriqués par l'entreprise et arrivés à un stade définitif dans le cycle de production |
| **702. Ventes de produits intermédiaires** | Produits fabriqués, qui ont atteint un stade d'achèvement mais qui sont destinés à entrer dans une nouvelle phase du cycle de production |
| **703. Ventes de produits résiduels** | Déchets et rebuts de fabrication |
| **704. Travaux** | Travaux de construction immobilière |
| **705. Études** | Études, rapports d'analyse, etc. vendus |
| **706. Prestations de services** | Services vendus dans le cadre de l'activité principale de l'entreprise |
| **707. Ventes de marchandises** | Biens revendus dans le même état qu'ils ont été achetés (activité commerciale) |
| **708. Produits des activités annexes** | Activités qui ne constituent pas l'activité principale de l'entreprise |

**Exemple**

- Pour l'entreprise qui fabrique des tables en bois :
  - les tables terminées sont des produits finis ;
  - les pieds de table sont des produits intermédiaires ;
  - les chutes de bois sont des produits résiduels ;
  - les réparations de table peuvent constituer des travaux ou prestations de services ;
  - la livraison des tables assurée par l'entreprise représente un produit des activités annexes.

## B) Comptabilisation

Lors de l'émission de la facture, une vente s'enregistre de la même manière, que la TVA soit récupérable ou non.

| | | | | |
|---|---|---|---|---|
| 411 | | Clients | TTC | |
| | 70. | Ventes… | | HT |
| | 44571 | État, TVA collectée | | TVA |

**Exemple**

- Dans le cas de la facture n° 2220, l'entreprise Papetia exerce une activité industrielle : elle fabrique des enveloppes et pochettes qui constituent des produits finis.
  → Enregistrement de la facture dans le journal de Papetia :

| | | 28/11/N | | |
|---|---|---|---|---|
| 41100 | | Client | 744 | |
| | 70100 | Ventes de produits finis | | 620 |
| | 44571 | État, TVA collectée | | 124 |
| | | *Facture n° 2220* | | |

## C) Retours provenant des clients

En cas de retours de biens par les clients, le fournisseur établit une facture d'avoir et réalise, dans sa comptabilité, un enregistrement inverse à celui de la facture d'origine.

| | | | | |
|---|---|---|---|---|
| 70. | | Ventes… | HT | |
| 44571 | | État, TVA collectée | TVA | |
| | 411 | Clients | | TTC |

**Exemple**

- Reprenons le cas de la facture d'avoir n° AV2018 adressée par l'entreprise Papetia à Expertus pour retourner les pochettes reçues.
  → Enregistrement comptable dans le journal de Papetia :

| | | 01/06/N | | |
|---|---|---|---|---|
| 70100 | | Ventes de produits finis | 60 | |
| 44571 | | État, TVA collectée | 12 | |
| | 41100 | Client | | 72 |
| | | *Facture n° AV2018* | | |

→ APPLICATION 2 • SITUATION PRATIQUE 5 • SITUATION PRATIQUE 6

# 4 Réductions

## A) Typologie

Différentes réductions de prix peuvent être pratiquées dans le cadre de relations commerciales habituelles. On distingue les réductions à caractère commercial (rabais, remise, ristourne) et les réductions à caractère financier (escompte de règlement).

**Définitions**

- Le **rabais** est une réduction pratiquée exceptionnellement sur le prix convenu (défaut de qualité, retard de livraison, etc.).
- La **remise** est une réduction pratiquée habituellement sur le prix de vente (importance de la vente, qualité de client, etc.).
- La **ristourne** est une réduction de prix calculée sur l'ensemble des opérations faites avec le même client sur une période donnée.
- L'**escompte** de règlement est une réduction de prix accordée en raison d'un paiement anticipé par rapport aux conditions ordinaires de vente.

Les réductions peuvent figurer sur :

- La facture de doit : la réduction, dite « sur facture », est accordée au moment de la transaction initiale.
- La facture d'avoir : la réduction est « hors facture » lorsqu'elle est accordée après la transaction initiale.

## B) Calculs

Lorsque plusieurs réductions interviennent pour une même transaction, le calcul s'effectue « en cascade » : elles sont calculées les unes après les autres.

**Exemple**

- Deux réductions successives de 1 % ne sont pas équivalentes à une réduction unique de 2 %.

| | Deux réductions successives de 1 % | Réduction unique de 2 % |
|---|---|---|
| **Montant de la réduction appliquée à 1 000 €** | Première réduction : 1 000 × 0,01 = 10 €<br>Deuxième réduction : (1000 – 10) × 0,01 = 9,99 €<br>Total de la réduction : 19,99 € | 1 000 × 0,02 = 20 € |

Le calcul des réductions doit par ailleurs respecter un certain ordre : les réductions commerciales doivent être appliquées avant l'escompte, faisant apparaître des montants nets successifs.

**Définitions**

- Le montant **net commercial** est le montant obtenu après les réductions à caractère commercial (rabais, remise, ristourne).
- Le montant **net financier** est le montant obtenu après escompte.
- Le montant **net à payer** est le montant TTC restant à payer après déduction des réductions.

Les diverses réductions se calculent sur des montants HT, la TVA s'appliquant au net financier (ou au net commercial en l'absence d'escompte). Une exception est toutefois à noter : si les réductions « hors factures » sont stipulées « net de taxes », elles se calculent alors sur le montant net TTC. Dans ce cas, le fournisseur renonce à récupérer la TVA correspondant à la réduction dans une optique de simplification.

## C) Comptabilisation des réductions à caractère commercial

### 1. Sur facture d'origine

Les réductions à caractère commercial figurant sur la facture d'origine ne mobilisent pas de compte spécifique mais impactent les montants des comptes achats et dette (chez le client), ou ventes et créance (chez le fournisseur), enregistrés pour le net commercial (tab. 6.5).

**Tableau 6.5. Comptabilisation des réductions commerciales sur facture de doit**

| | | | | |
|---|---|---|---|---|
| **Chez le client** | | | | |
| 60. | | Achats ... | Net commercial HT | |
| 44566 | | TVA déductible sur ABS | TVA sur net commercial | |
| | 401 | Fournisseurs | | Net commercial TTC |
| **Chez le fournisseur** | | | | |
| 411 | | Clients | Net commercial TTC | |
| | 70. | Ventes... | | Net commercial HT |
| | 44571 | TVA collectée | | TVA sur net commercial |

### 2. Sur facture d'avoir

Les réductions à caractère commercial intervenant après l'enregistrement de la facture d'origine sont analysées distinctement dans des comptes particuliers (tab. 6.6).

Ces comptes, avec un numéro 9 en troisième position, fonctionnent en sens contraire de leurs comptes de rattachement.

**Tableau 6.6. Comptabilisation des réductions commerciales sur facture d'avoir**

| Chez le client | Chez le fournisseur |
|---|---|
| Au crédit du compte « 609. Rabais, remises et ristournes obtenus sur achats » ou « 619. Rabais, remises et ristournes obtenus sur services extérieurs » | Au débit du compte « 709. Rabais, remises et ristournes accordés par l'entreprise » |

Chez le client :

| Débit | Crédit | Libellé | Débit | Crédit |
|---|---|---|---|---|
| 401 | | Fournisseurs | X | |
| | 609/619 | RRR obtenus | | X |
| | 44566 | État, TVA déductible sur ABS | | X |

Chez le fournisseur :

| Débit | Crédit | Libellé | Débit | Crédit |
|---|---|---|---|---|
| 709 | | RRR accordés | X | |
| 44571 | | État, TVA collectée | X | |
| | 411 | Clients | | X |

## Exemple

PAPETIA
*Entreprise de papeterie*
1 rue des Eaux Claires
38100 Grenoble
Téléphone : 05 94 45 00 01
E-mail : contact@papetia.fr

**FACTURE D'AVOIR**
N° facture : AV7062
(Facture initiale : 2220)
Date : 13/12/N
Date : 13/12/N
Réductions supplémentaires

**EXPERTUS**
2 rue de la Prairie
38170 Seyssinet

| | | |
|---|---|---|
| Rabais sur facture initiale 5 % : | *620 × 0,05* | 31,00 € |
| 1$^{er}$ net commercial : | *620 – 31* | **589,00 €** |
| Remise 5 % : | *589 × 0,05* | 29,45 € |
| 2$^{e}$ net commercial : | *589 – 29,45* | **559,55 €** |

| Base HT | Taux TVA | Montant TVA |
|---|---|---|
| 559,55 | 20,00 % | 111,91 |

**NET A VOTRE CREDIT : 671,46 €**

Enregistrement des réductions commerciales sur la facture d'avoir n° AV7062 :
→ Dans le journal du client (Expertus) :

| Débit | Crédit | *13/12/N* | Débit | Crédit |
|---|---|---|---|---|
| 40100 | | Fournisseur | 72,54 | |
| | 60900 | Rabais, remises et ristournes obtenus sur achats (31 + 29,45) | | 60,45 |
| | 44566 | État, TVA déductible sur autres biens et services | | 12,09 |
| | | *Facture d'avoir n° AV7062* | | |

→ Dans le journal du fournisseur (Papetia) :

| | | | |
|---|---|---|---|
| | *13/12/N* | | |
| 70900 | Rabais, remises et ristournes accordés par l'entreprise | 60,45 | |
| 44571 | État, TVA collectée | 12,09 | |
| 41100 | Client | | 72,54 |
| | *Facture d'avoir n° AV7062* | | |

## D) Comptabilisation des réductions à caractère financier

Qu'ils figurent sur une facture d'origine ou d'avoir, les escomptes financiers sont enregistrés en utilisant des comptes spécifiques de charges et de produits (tab. 6.7).

**Tableau 6.7. Comptabilisation des escomptes**

| | Chez le client : au crédit du compte « 765. Escomptes obtenus » | | | |
|---|---|---|---|---|
| **Facture de doit** | 60. | Achats... | Net commercial HT | |
| | 44566 | TVA déductible sur ABS | TVA sur net financier | |
| | 765 | Escomptes obtenus | | Escompte |
| | 401 | Fournisseurs | | Net à payer |
| **Facture d'avoir** | 401 | Fournisseurs | X | |
| | 765 | Escomptes obtenus | | X |
| | 44566 | État, TVA déductible sur ABS | | X |
| | **Chez le fournisseur : au débit du compte « 665. Escomptes accordés »** | | | |
| **Facture de doit** | 411 | Clients | Net à payer | |
| | 665 | Escomptes accordés | Escompte | |
| | 70. | Ventes... | | Net commercial HT |
| | 44571 | TVA collectée | | TVA sur net financier |
| **Facture d'avoir** | 665 | Escomptes accordés | X | |
| | 44571 | État, TVA collectée | X | |
| | 411 | Clients | | X |

### Exemple

- Enregistrement de la réduction financière sur la facture de doit n° 2220B qui fait apparaître le décompte suivant :

| | | |
|---|---|---|
| Montant HT : | | 620,00 € |
| Escompte de règlement 2 % : | *620 × 0,02* | 12,40 € |
| Net financier : | *620 – 12,40* | 607,60 € |
| Montant de TVA : | *607,60 × 0,20* | 121,52 € |
| Net à payer : | | 729,12 € |

→ Dans le journal du client (Expertus) :

| | | | |
|---|---|---|---|
| | *1/12/N* | | |
| 60600 | Achats non stockés de matières et fournitures | 620,00 | |
| 44566 | État, TVA déductible sur autres biens et services | 121,52 | |
| 76500 | Escomptes obtenus | | 12,40 |
| 40100 | Fournisseur | | 729,12 |
| | *Facture n° 2220B* | | |

→ Dans le journal du fournisseur (Papetia) :

| | | | |
|---|---|---|---|
| | *28/11/N* | | |
| 41100 | Client | 729,12 | |
| 66500 | Escomptes accordés | 12,40 | |
| 70100 | Ventes de produits finis | | 620,00 |
| 44571 | État, TVA collectée | | 121,52 |
| | *Facture n° 2220B* | | |

Enregistrement de la réduction financière sur la facture d'avoir n° AV7063 qui fait apparaître le décompte suivant :

| | | |
|---|---|---|
| Rabais sur facture initiale 5 % : | *620 × 0,05* | 31,00 € |
| 1<sup>er</sup> net commercial : | *620 – 31* | 589,00 € |
| Remise 5 % : | *589 × 0,05* | 29,45 € |
| 2<sup>e</sup> net commercial : | *589 – 29,45* | 559,55 € |
| Escompte de règlement 2 % : | *559,55 × 0,02* | 11,20 € |
| Net financier : | *559,55 – 11,20* | 548,35 € |

→ Dans le journal du client (Expertus) :

| | | | |
|---|---|---|---|
| 40100 | Fournisseur | 13,44 | |
| 76500 | Escomptes obtenus | | 11,20 |
| 44566 | État, TVA déductible sur autres biens et services | | 2,24 |
| | *Facture n° AV7063* | | |

→ Dans le journal du fournisseur (Papetia) :

| | | | |
|---|---|---|---|
| 66500 | Escomptes accordés | 11,20 | |
| 44571 | État, TVA collectée | 2,24 | |
| 41100 | Client | | 13,44 |
| | *Facture n° AV7063* | | |

→ **MINI-CAS 3 • SITUATION PRATIQUE 5 • SITUATION PRATIQUE 6**

# 5 Achats et ventes en devises

## A) Comptabilisation à la facturation

La comptabilité s'enregistre dans une monnaie de référence, considérant ici qu'il s'agit de l'euro. Lors d'une facturation en monnaie étrangère (ou devise), le montant de la transaction est converti en euros en utilisant le cours (ou taux de change) du jour ou le cours moyen du mois tel qu'il s'établit à la date de la facture.

Pour s'informer sur le cours du jour :

http://dunod.link/zfybmof

## B) Comptabilisation au règlement

Lors du règlement, l'enregistrement est réalisé en application du cours du change tel qu'il s'établit à la date du règlement. Une variation du cours du change entre la facturation et le règlement entraîne dès lors une **perte** ou un **gain de change** (tab. 6.8).

**Tableau 6.8. Gain et perte de change lors du règlement**

| | | |
|---|---|---|
| **Augmentation du cours de l'euro par rapport à la devise de facturation** | **Pour les créances clients** | Perte de change |
| | **Pour les dettes fournisseurs** | Gain de change |
| **Diminution du cours de l'euro par rapport à la devise de facturation** | **Pour les créances clients** | Gain de change |
| | **Pour les dettes fournisseurs** | Perte de change |

**Exemples**

- L'entreprise Adèla reçoit le 15 novembre N la facture n° 208 qui mentionne un achat de marchandises d'un montant de 6 000 dollars américains. Elle règle cet achat le 25 novembre N.

  Le cours de l'euro (EUR) par rapport au dollar américain (USD) est de 1 EUR = 1,130 USD au 15 novembre N et de 1 EUR = 1,200 USD au 25 novembre N.
  Le cours de l'euro par rapport au dollar a augmenté : pour sa dette fournisseur, l'entreprise Adèla enregistre donc un gain de change.
  - Montant de l'achat enregistré le 15 novembre N : 6 000 USD/1,130 = 5 309,73 €
  - Montant du paiement enregistré le 25 novembre N : 6 000 USD/1,200 = 5 000,00 €

  Gain de change : 309,73 €.

  L'entreprise Adèla émet le 10 décembre N la facture n° 35 mentionnant une vente de marchandises pour un montant de 1 500 yens à un client japonais qui a demandé une facturation dans cette monnaie. Elle reçoit le règlement de cette vente le 20 décembre N.
  Le cours de l'euro (EUR) par rapport au yen japonais (JPY) est de 1 EUR = 1,500 JPY au 10 décembre N et de 1 EUR = 1,550 JPY au 20 décembre N.
  Le cours de l'euro par rapport au yen a augmenté : pour sa créance client, l'entreprise Adèla enregistre donc une perte de change.
  - Montant de la vente enregistrée le 10 décembre N : 1 500 JPY/1,500 = 1 000,00 €
  - Montant du paiement enregistré le 20 décembre N : 1 500 JPY/1,550 = 967,74 €

  Perte de change : 32,26 €.

Au moment du règlement, la perte de change est comptabilisée au débit du compte 656 et le gain de change au crédit du compte 756 (tab. 6.9).

Si les comptes 656 et 756 sont utilisés pour les créances et dettes commerciales, les comptes 666 et 766 sont utilisés dans le cas d'opérations financières (emprunts et prêts libellés en devises).

**Tableau 6.9. Comptabilisation des gains et des pertes de change lors du règlement**

**Gain de change**

| Chez le client | | | | Chez le fournisseur | | | |
|---|---|---|---|---|---|---|---|
| 401 | Fournisseurs | X | | 512 | Banque | X | |
| 512 | Banque | | X | 411 | Clients | | X |
| 756 | Gains de change | | X | 756 | Gains de change | | X |

**Perte de change**

| Chez le client | | | | Chez le fournisseur | | | |
|---|---|---|---|---|---|---|---|
| 401 | Fournisseurs | X | | 401 | Banque | X | |
| 656 | Pertes de change | X | | 656 | Pertes de change | X | |
| 512 | Banque | | X | 411 | Clients | | X |

## Exemple (suite)

- Enregistrement, dans le journal de l'entreprise Adèla, de son achat (la TVA sera enregistrée lors de la réception de la facture du transitaire) :

| | | | |
|---|---|---|---|
| | *15/11/N* | | |
| 60700 | Achats de marchandises | 5 309,73 | |
| 40100 | Fournisseur | | |
| | *Facture n° 208* | | 5 309,73 |
| | *25/11/N* | | |
| 40100 | Fournisseur | 5 309,73 | |
| 51200 | Banque | | 5 000,00 |
| 75600 | Gains de change | | 309,73 |
| | *Paiement de la facture n° 208* | | |

Enregistrement, dans le journal de l'entreprise Adèla, de sa vente :

| | | | |
|---|---|---|---|
| | *10/12/N* | | |
| 41100 | Client | 1 000,00 | |
| 70700 | Ventes de marchandises | | |
| | *Facture n° 35* | | 1 000,00 |
| | *20/12/N* | | |
| 51200 | Banque | 967,74 | |
| 65600 | Pertes de change | 32,26 | |
| 51200 | Client | | 1 000,00 |
| | *Paiement de la facture n° 35* | | |

→ MINI-CAS 4 • SITUATION PRATIQUE 5 • SITUATION PRATIQUE 6

## 1 QCM

*Pour chaque proposition, une ou plusieurs réponses sont possibles. Justifiez-les.*

1. Les documents qui ne conduisent à aucun enregistrement lors de leur émission ou de leur réception sont :
   a. les devis. ☐
   b. les bons de commande. ☐
   c. les factures d'avoir. ☐
   d. les factures pro forma. ☐
2. Une facture de doit correspond à :
   a. une pièce justificative nécessaire à l'enregistrement de l'achat ou de la vente. ☐
   b. une créance du client vis-à-vis de son fournisseur. ☐
   c. une pièce permettant notamment de notifier des retours de biens. ☐
   d. une pièce sur laquelle peuvent figurer des réductions. ☐
3. La facture d'avoir est émise lorsque :
   a. des emballages accompagnent la transaction. ☐
   b. il y a une erreur de facturation. ☐
   c. le client retourne des biens achetés. ☐
   d. le client bénéficie d'une réduction postérieure à la facture d'origine. ☐
4. Le compte « 60. Achats » est :
   a. crédité pour le montant HT lorsque la TVA est récupérable. ☐
   b. débité pour le montant HT lorsque la TVA est récupérable. ☐
   c. crédité pour le montant HT lorsque la TVA n'est pas récupérable. ☐
   d. débité pour le montant HT lorsque la TVA n'est pas récupérable. ☐
5. Le « net financier » correspond au :
   a. montant que doit payer le client. ☐
   b. net commercial diminué de l'escompte. ☐
   c. montant TTC de la transaction. ☐
   d. montant brut des achats diminué des réductions. ☐
6. Les RRR (rabais, remises, ristournes) accordés ou obtenus sont :
   a. toujours enregistrés dans les comptes dédiés. ☐
   b. enregistrés s'ils apparaissent sur la facture de doit. ☐
   c. enregistrés s'ils apparaissent sur la facture d'avoir. ☐
   d. enregistrés s'ils s'accompagnent d'un escompte de règlement. ☐
7. Si le cours de l'euro s'est apprécié par rapport à la devise entre la facturation et le paiement, les achats libellés en devises donnent lieu à l'enregistrement :
   a. au débit d'une perte de change. ☐
   b. au crédit un gain de change. ☐
   c. au débit d'un gain de change. ☐

## 2 De la facturation à l'enregistrement ★★★

**MOULIN DE SARRE**
SARL au capital de 12 000 €
41, Rue de Sarry
73000 Chambéry

RCS 465 623 051 Chambéry

Doit : **Boulangerie BAGUEPIE**
4 Rue Renée
73000 Chambéry
FRANCE

Facture n° 3200 du 03/02/N

| Désignation | Quantité | PU HT | Montant |
|---|---|---|---|
| Farine d'épeautre BIO 85 | 400 kg | 2,00 | 800,00 |
| Préparation de mélange de farine dans la boulangerie du client | 30 heures | 60,00 | 1 800,00 |
| | | Montant brut | 2 600,00 |
| | | TVA 20 % | 520,00 |
| | | Net à payer (sous 30 jours) | 3 120,00 |

1. *En vous référant à la nomenclature comptable du PCG, qualifiez et justifiez les achats (du point de vue du client) et les ventes (du point de vue du fournisseur) réalisés.*

2. *Après avoir déterminé la nature de la facture n° 3200, comptabilisez cette dernière successivement dans le journal de Moulin de Sarre puis dans le journal de Baguepie, sachant que Moulin de Sarre a opté pour la TVA sur les débits.*

3. *Le 10/02/N, le client décide de retourner 50 kg de farine relatifs à la facture n° 3200. Précisez le type de facture à émettre par le fournisseur. Établissez cette facture.*

4. *Comptabilisez cette deuxième facture successivement dans le journal de Moulin de Sarre puis dans le journal de Baguepie.*

## 3 Mini-cas : Abel et Colleux ★★★

**Compétence attendue**

**Évaluer** et **comptabiliser** les transactions courantes dans les comptes individuels : **distinguer** les réductions commerciales et financières • **réaliser** le décompte d'une facture • **comptabiliser** les réductions

L'entreprise commerciale Colleux achète des vêtements auprès du grossiste Abel. Le taux de TVA applicable est de 20 %. Au début du mois d'octobre, l'entreprise Abel établit les factures suivantes et les remet le jour même à l'entreprise Colleux :

- Facture n° 100 du 3/10/N pour un montant brut HT de 5 000 €, faisant apparaître une remise de 10 % et un escompte de 2 % pour règlement anticipé à 20 jours.
- Facture d'avoir n° 112 du 9/10/N faisant apparaître un rabais supplémentaire de 5 % accordé sur la facture n° 100 du 3/10/N.
- Facture d'avoir n° 113 du 14/10/N pour ristourne sur la totalité du chiffre d'affaires qu'Abel a réalisé avec Colleux au cours d'une année, soit sur un total de ventes de 70 000 € HT. Les conditions de ristourne accordées sont les suivantes :

| Tranches de chiffre d'affaires | Taux de ristourne accordé sur chaque tranche de chiffre d'affaires HT |
|---|---|
| De 0 à 20 000 € | 0 % |
| De 20 000 € à 50 000 € | 1 % |
| De 50 000 € à 80 000 € | 2 % |
| Au-delà de 80 000 € | 3 % |

1. *Explicitez les différences de comptabilisation entre les réductions commerciales et les réductions financières.*
2. *Présentez le décompte des calculs figurant sur chaque facture.*
3. *Comptabilisez les factures dans le journal de l'entreprise Colleux puis dans le journal de l'entreprise Abel.*
4. *Comptabilisez, dans le journal de l'entreprise Colleux, le paiement au 16/10/N prenant en compte l'ensemble des factures.*

## 4 Mini-cas : Volumic ★★★

**Compétence attendue**

**Évaluer** et **comptabiliser** les transactions courantes dans les comptes individuels : **convertir** des montants en euros • **identifier** le gain ou la perte de change • **enregistrer** les gains et pertes de change

Les sommes à comptabiliser, lorsqu'il y a lieu de les arrondir après conversion en euro, doivent être arrondies au centime le plus proche. Si l'application du taux de conversion donne un résultat qui se situe exactement au milieu, la somme est arrondie au chiffre supérieur.

Dans le cadre de son activité de fabrication d'imprimantes 3D, l'entreprise Volumic réalise de nombreuses transactions avec des fournisseurs et des clients chinois. Elle est assujettie à la TVA sur la totalité de ses opérations. Durant le mois de décembre N, elle a effectué les opérations suivantes avec la Chine, toujours libellées en yuans chinois (CNY) :

- Vente d'imprimantes 3D au client Ishira pour un montant HT de 63 000 CNY (facture n° CH1228 du 2/12/N). Ces imprimantes sont livrées le 4/12/N et payées le 6/12/N.
- Achat de composants électroniques au fournisseur Xingu pour un montant HT de 23 000 CNY (facture n° JA412 du 10/12/N). La TVA, pour un montant de 500 €, est payée le 15/12/N. Les composants électroniques ne sont pas soumis aux droits de douane. Volumic règle cet achat le 16/12/N.
- Achat de moteurs au fournisseur Yida pour un montant HT de 80 000 CNY (facture n° 36 du 17/12/N). La TVA (2 080 €), les droits de douane (4 000 €) et la facture n° 36 sont acquittés le 19/12/N.
- Vente d'imprimantes 3D au client Yuan pour un montant HT de 120 000 CNY (facture n° CH1229 du 22/12/N), payées le 25/12/N.

| Cours de l'euro par rapport au yuan chinois (CNY) | | | | | | | | | |
|---|---|---|---|---|---|---|---|---|---|
| 2/12/N | 4/12/N | 6/12/N | 10/12/N | 15/12/N | 16/12/N | 17/12/N | 19/12/N | 22/12/N | 25/12/N |
| 7,690 | 7,702 | 7,700 | 7,680 | 7,672 | 7,675 | 7,684 | 7,692 | 7,710 | 7,698 |

1. *Pour chaque opération réalisée par Volumic, commentez l'évolution du cours de l'euro par rapport au yuan chinois et déduisez-en l'écart de change qui en résulte.*
2. *Enregistrez l'ensemble des opérations du mois de décembre dans le journal de l'entreprise Volumic.*

Évaluer les savoirs | Maîtriser les compétences | Préparer l'épreuve

## 5 Situation pratique : Tabil ★★★

30 min

**Compétences attendues**

- **Différencier** les pièces justificatives comptables (factures…) des autres documents (devis, bons de commande, pro forma…) : **connaître** les particularités d'une facture
- **Évaluer** et **comptabiliser** les transactions courantes dans les comptes individuels : **comptabiliser** des achats et des ventes à partir de factures mentionnant des retours, des réductions et des opérations en devises

L'entreprise Tabil fabrique du mobilier qu'elle vend auprès d'une clientèle de détaillants situés en France et à l'étranger. L'entreprise achète le bois nécessaire auprès de fournisseurs européens (français ou non) ou américains. L'achat de bois est soumis à une TVA de 10 %, et la vente de mobilier est soumise à un taux de TVA de 20 %.

À partir de vos connaissances et du dossier documentaire, répondez aux questions ci-dessous.

### Missions

1. *Précisez en quoi la facture se distingue d'un devis et d'un bon de commande.*
2. *Justifiez :*
   a. *le montant de la remise supplémentaire accordée dans la facture n° 05-012 ;*
   b. *le montant de la TVA sur importation de bois dans la facture n° 06-562.*
3. *Enregistrez toutes les factures du document ci-après dans le journal de l'entreprise Tabil.*
4. *Enregistrez le paiement de la facture du fournisseur américain au 1er juillet N, sachant qu'à cette date 1 USD équivaut à 1,200 EUR.*

Document

**Factures détenues par l'entreprise Tabil**

1. L'entreprise Tabil a effectué le 22 mai N une livraison de meubles à l'entreprise TopHome, accompagnée de la facture suivante, pour un montant net à payer sous trente jours de 763,80 € :

…

| | | | |
|---|---|---|---|
| TABIL<br>SA au capital de 16 000 €<br>2 boulevard des Alliés<br>38100 Grenoble<br><br>RCS 257 982 459 Grenoble<br><br>Facture 05-128<br>Le 22/05/N | | Doit : TOP HOME<br>3 rue Alphonse<br>01000 Bourg-en-Bresse<br>FRANCE | |
| **Désignation** | **Qté** | **PU HT** | **Montant** |
| Sommier 200 Arflex | 2 | 160,00 | 320,00 |
| Table chevet Artfles | 4 | 45,00 | 180,00 |
| Cadre lit Artflex | 2 | 85,00 | 170,00 |
| Montant brut | | | 670,00 |
| Remise 5 % | | | – 33,50 |
| Net commercial | | | 636,50 |
| TVA 20 % | | | 127,30 |
| Net à payer (à 30 jours) | | | 763,80 |

2. TopHome informe Tabil de sa volonté de retourner deux tables de chevet abîmées. Tabil lui fait parvenir la facture d'avoir ci-dessous, qui atteste de ce retour et d'une remise supplémentaire sur les meubles conservés par TopHome.

| | | | |
|---|---|---|---|
| TABIL<br>SA au capital de 16 000 €<br>2 boulevard des Alliés<br>38100 Grenoble<br><br>RCS 257 982 459 Grenoble<br><br>Avoir 05-012<br>Le 28/05/N | | Avoir : TOP HOME<br>3 rue Alphonse<br>01000 Bourg-en-Bresse<br>FRANCE | |
| **Désignation** | **Qté** | **PU HT** | **Montant** |
| <u>Retour / fact 05-128</u> | | | |
| Table chevet Artflex | 2 | 45,00 | 90,00 |
| Remise 5 % | | | – 4,50 |
| Net hors taxes | | | 85,50 |
| <u>Remise supp / fact 05-128</u> | | | |
| 2 % sur base HT 551,00 € | | | 11,02 |
| Avoir hors taxes | | | 96,52 |
| TVA 20 % | | | 19,30 |
| Avoir TTC | | | 115,82 |

•••

3. L'entreprise Tabil a reçu une livraison de bois en provenance des États-Unis. Son fournisseur lui a adressé la facture suivante libellée en dollars. À cette date, le taux de change est le suivant : 1 EUR = 1,300 USD.

BRITON WOODS Ltd
1635 Glenarm
Denver, Colorado 80202

Invoice #369
June, 2

Doit : TABIL
2 boulevard des Alliés
38100 Grenoble
FRANCE

| Désignation | Qté | PU HT | Montant |
|---|---|---|---|
| Unit Wood OAK 180 | 18 | 299,00 | 5 382,00 |
| | | Due in USD | 5 382,00 |

4. L'entreprise Tabil a fait appel à un transitaire en douane pour toutes les démarches administratives relatives à l'importation de bois en provenance des États-Unis. Ce transitaire a opté pour la TVA sur les débits. Il a transmis à Tabil la facture ci-dessous :

ATER SA
Transitaire
Port de St Laurent du Var
06700 St Laurent du Var

Facture n° 06-562
Le 10/06/N

Doit : TABIL
2 boulevard des Alliés
38100 Grenoble

| Désignation | Montant |
|---|---|
| Droits de douane | 265,00 |
| Commissions sur dédouanement HT | 100,00 |
| Total HT | 365,00 |
| TVA / Import bois 10 % | 440,50 |
| TVA / Commission 20 % | 20,00 |
| Total dû (en €) ; échéance à 30 jours | 825,50 |

5. La société Tabil a reçu une livraison de bois d'un fournisseur belge, accompagnée de la facture suivante :

•••

...

LAMAHIEUT
Zuiddokweg 44
B9000 Gent
N° TVA intra. : B 455 569 233

Doit : TABIL
2 boulevard des Alliés
38100 Grenoble

Le 25/06/N
Facture n° 06/0996
Client : 411F23
N° TVA intra. : FR257982459

| Désignation | Qté | PU HT | Montant |
|---|---|---|---|
| Planche bois traité 180 × 180 | 25 | 284,00 | 7 100,00 |
| Montant brut<br>Escompte 5 %<br>Net à payer (à 30 jours) | | | 7 100,00<br>– 355,00<br>6 745,00 |

6. Le fournisseur belge Lamahieut adresse la facture d'avoir ci-dessous à la société Tabil. Dans la facture initiale, une erreur avait été commise ; les planches de bois avaient été facturées pour un montant brut unitaire de 284 € au lieu de 271 €.

LAMAHIEUT
Zuiddokweg 44
9000 Gent
TVA : B 455 569 233

Avoir : TABIL
2 boulevard des Alliés
38100 Grenoble
FRANCE

Le 29/06/N
Facture n° 06/0996
Client : 411F23
TVA intra. : FR 257 982 459

| Désignation | Qté | PU HT | Montant |
|---|---|---|---|
| Remboursement suite erreur sur prix brut unitaire | 25 | 13,00 | 325,00 |
| Montant brut de l'avoir<br>Rabais 5 %<br>Net à votre crédit | | | 325,00<br>– 16,25<br>308,75 |

## 6 Situation pratique : Buréa ★★★

45 min

**Compétence attendue**

**Évaluer** et **comptabiliser** les transactions courantes dans les comptes individuels : **distinguer** les différentes réductions commerciales • **comptabiliser** des retours, des réductions, des opérations en devises

L'activité de la société Buréa est principalement la fabrication et la vente de mobilier de bureau. Elle commercialise parfois certains articles de bureau, comme des lampes de bureau. Cette société propose aussi la mise en œuvre de solutions d'aménagements d'espaces tertiaires (dans le cadre de ces prestations de services, la société Buréa a choisi l'option sur les débits en matière de TVA). La société Buréa est soumise à la TVA à 20 % sur l'ensemble de ses opérations.

À partir de vos connaissances et du dossier documentaire, répondez aux questions ci-dessous.

### Missions

1. *Nommez et définissez les trois types de réductions commerciales possibles.*
2. *Présentez la facture n° 201 du 8/10/N adressée par la société Buréa à son client, la clinique SRS.*
3. *Présentez, au journal de la société Buréa, l'enregistrement comptable des opérations effectuées en octobre N, décrites dans le dossier documentaire.*

Document

**Opérations courantes du mois d'octobre N**

• **02/10/N** : facture n° 167 correspondant à la note d'honoraires du cabinet d'avocats GGA à échéance au 5 novembre N. Détail de la facture reçue : montant HT = 800 € ; TVA = 160 €. Le cabinet GGA n'a pas opté pour les débits.

• **04/10/N** : facture n° 638 adressée par le fournisseur italien Cleno pour l'achat de 5 lampes destinées à un client de la société Buréa au prix unitaire brut HT de 400 €. Une remise de 10 % est accordée sur ces lampes.
Les numéros d'identification intracommunautaire ont été échangés.

• **08/10/N** : facture n° 201 adressée par la société Buréa à la clinique SRS comprenant :
– la vente de mobilier de bureau fabriqué par la société Buréa : 3 plans de travail (prix unitaire brut HT : 200 €), 6 caissons sur roulettes (prix unitaire brut HT : 150 €), 3 sièges (prix unitaire brut HT : 200 €) ;
– la prestation de montage et installation de ce mobilier (montant brut HT : 100 €).
Une remise de 10 % est accordée à ce client sur l'ensemble de la facture ainsi qu'un escompte de 20 % pour règlement anticipé à 30 jours.

• **12/10/N** : facture d'avoir n° 47 adressée par la société Buréa à la clinique SRS :
– retour des 3 sièges facturés le 08/10/N car ils sont défectueux ;
– rabais supplémentaire de 60 € HT accordé sur les autres mobiliers facturés.

•••

•••

• **14/10/N** : facture n° 210 adressée au client japonais Kanji pour une vente de mobilier fabriqué par la société Buréa, soit des sièges et des tables de réunion pour un montant total de 800 000 JPY. Le cours au 14/10/N est 1 JPY = 0,008 €.

• **20/10/N** : facture n° 424 reçue de la SEMB (Société Européenne de Montage de Bureaux) pour mise à disposition de personnel : 3 équipes de 2 monteurs ont été mises à disposition de la société Buréa.

Montant HT facturé par équipe : 400 €. Un escompte d'un montant total de 10 € HT est accordé pour règlement comptant.

La SEMB a opté pour le régime de la TVA sur les débits.

Un virement bancaire est effectué le jour même pour le règlement de cette facture.

• **23/10/N** : facture n° 1114 de l'imprimeur RAPIDIMPRIM pour la fourniture de 5 000 exemplaires de factures et bons de livraison. Montant brut HT de la facture : 1 400 € ; remise HT = 70 €. Ces fournitures administratives font l'objet d'un suivi de stock.

• **25/10/N** : facture n° 789 d'EDF pour la consommation d'électricité d'un montant HT de 600 €. La facture porte la mention suivante « TVA d'après les débits ».

• **30/10/N** : règlement par le client japonais Kanji de la facture n° 210 ; le cours du yen à ce jour est le suivant : 1 JPY = 0,009 €.

SYNTHÈSE

# Opérations courantes d'achat et de vente : facturation, réductions et devises

## La facture, une pièce justificative obligatoire pour tout achat ou vente

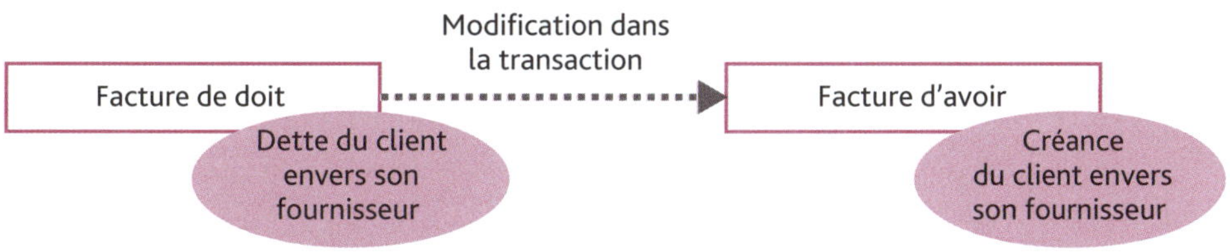


## L'enregistrement des achats et des ventes

| | |
|---|---|
| 60. | Achats… |
| 44566 | État, TVA déductible sur ABS |
| 401 | Fournisseurs |

| | |
|---|---|
| 411 | Clients |
| 70. | Ventes… |
| 44571 | État, TVA collectée |

Enregistrement inverse en cas de retour.

## Les réductions

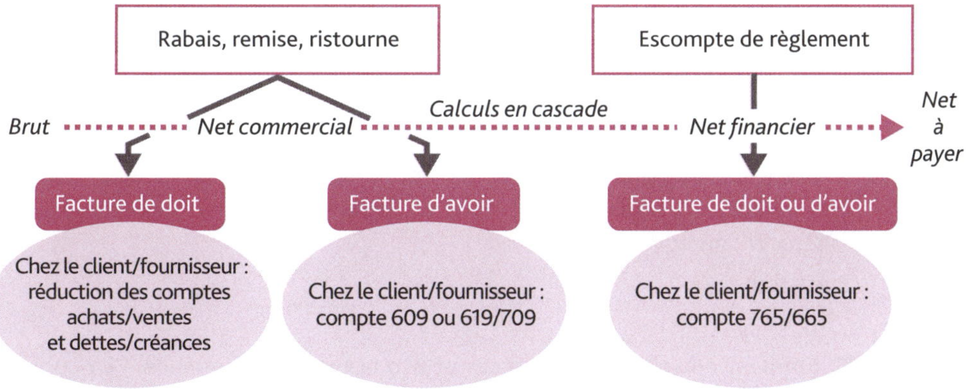


## Les devises

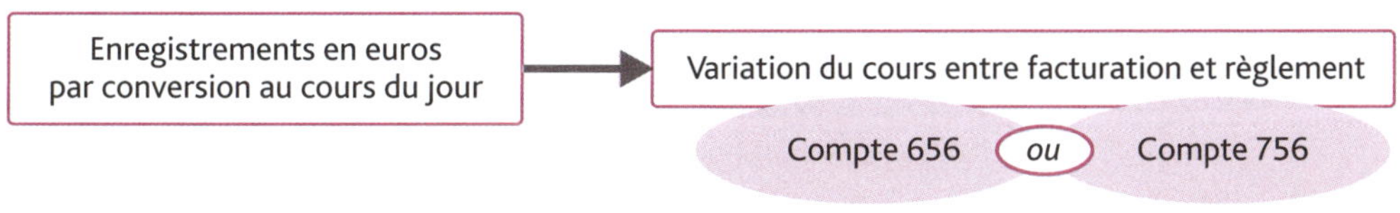

CHAPITRE 7

# Opérations courantes d'achat et de vente : avances, frais accessoires et emballages

## PROGRAMME

### Compétences attendues

- **Évaluer** et **comptabiliser** les transactions courantes dans les comptes individuels
- **Distinguer** les emballages ayant la nature de charge et ceux ayant la nature d'immobilisation

### Savoir associé

Achats et ventes de biens et services comportant : frais accessoires, avances et acomptes, emballages

## PRÉREQUIS

- Enregistrement comptable (chapitre 4)
- Enregistrement de la TVA (chapitre 5)

## PLAN DU CHAPITRE

**Cours :** 1. Avances et acomptes • 2. Frais accessoires • 3. Emballages

**Des savoirs aux compétences :** Évaluer les savoirs • Maîtriser les compétences • Préparer l'épreuve

**Synthèse**

Comment enregistrer les avances et acomptes sur commande ? En quoi consistent les frais accessoires d'achat et de vente ? Comment comptabiliser les différents emballages ?

## MOTS-CLÉS

**Acompte • Avance • Consignation • Emballage • Frais accessoires • Frais accessoires d'achat • Frais accessoires de vente**

# 1 Avances et acomptes

## A) Précisions de vocabulaire

**Définitions**

Les avances et les acomptes sont des versements de fonds qui précèdent la facturation par le fournisseur.

- L'**avance** est versée avant tout commencement d'exécution de la commande.
- L'**acompte** est versé sur justification d'une exécution partielle.

Les avances et les acomptes impliquent une obligation pour le client et le fournisseur de réaliser la transaction. Ils se distinguent en cela des arrhes, qui sont des sommes versées lors d'une promesse d'achat (ou de vente), laissant aux parties la possibilité de se dédire de leur promesse d'achat (ou de vente).

Comme la livraison n'a pas été effectuée, l'avance et l'acompte sont enregistrés lors de leur versement en tant que créance ou dette (tab. 7.1).

**Tableau 7.1. Comptabilisation des avances et acomptes lors de leur versement**

| Chez le client | Chez le fournisseur |
|---|---|
| Avances et acomptes versés au fournisseur qui constituent une créance sur ce dernier | Avances et acomptes reçus du client qui constituent une dette vis-à-vis de ce dernier |
| Débit du compte « 4091. Fournisseurs – Avances et acomptes versés sur commandes » | Crédit du compte « 4191. Clients – Avances et acomptes reçus sur commandes » |

Ces comptes, avec un numéro 9 en troisième position, fonctionnent en sens contraire de leurs comptes de rattachement.

Le traitement de la TVA diffère selon qu'il s'agit d'acomptes sur biens ou sur prestations de services en raison de l'existence d'un décalage entre fait générateur et exigibilité (↪ chapitre 5).

**NOTRE CONSEIL**

Si l'avance ou l'acompte est versé en devises, le compte 4091 ou 4191 est enregistré du montant en euros après conversion au cours du jour du versement.

## B) Avances et acomptes sur commandes de biens (autres que les immobilisations)

Le fait générateur et l'exigibilité de la TVA pour les biens étant la livraison, les avances et acomptes ne sont pas soumis à TVA : celle-ci ne sera comptabilisée que lors de l'enregistrement de la facture (tab. 7.2).

**Tableau 7.2. Comptabilisation des avances et acomptes sur commandes de biens (hors immobilisations)**

| | Chez le client | Chez le fournisseur |
|---|---|---|
| Versement de l'acompte | 4091 Fournisseurs – Avances et acomptes versés X<br>512 Banque X | 512 Banque X<br>4191 Clients – Avances et acomptes reçus X |

| | Chez le client | | | | Chez le fournisseur | | |
|---|---|---|---|---|---|---|---|
| **Enregistrement de la facture** | 60. | Achat… | X | | 411 | Clients | X | |
| | 44566 | État, TVA déductible sur ABS | X | | 4191 | Clients – Avances et acomptes reçus | X | |
| | 4091 | Fournisseurs – Avances et acomptes versés | | X | 70. | Ventes… | | X |
| | 401 | Fournisseurs | | X | 44571 | État, TVA collectée | | X |

## Exemple

- L'entreprise Léon reçoit une commande de son client Fallon portant sur des marchandises pour un montant de 9 000 € HT. Comme le prévoient les conditions générales de vente, la commande est accompagnée d'un acompte de 30 % du montant HT, réglé le 10 novembre N. Les marchandises et la facture n° 183 sont expédiées et réceptionnées le 22 novembre.

→ Dans le journal du client (entreprise Fallon) :

| | | | |
|---|---|---|---|
| | *10/11/N* | | |
| 40910 | Fournisseurs – Avances et acomptes versés sur commandes | 2 700 | |
| 51200 | Banque | | 2 700 |
| | *Règlement de l'acompte au fournisseur Léon* | | |
| | *22/11/N* | | |
| 60700 | Achats de marchandises | 9 000 | |
| 44566 | État, TVA déductible sur autres biens et services | 1 800 | |
| 40910 | Fournisseurs – Avances et acomptes versés sur commandes | | 2 700 |
| 40100 | Fournisseurs | | 8 100 |
| | *Facture n° 183* | | |

→ Dans le journal du fournisseur (entreprise Léon) :

| | | | |
|---|---|---|---|
| | *10/11/N* | | |
| 51200 | Banque | 2 700 | |
| 41910 | Clients – Avances et acomptes reçus sur commandes | | 2 700 |
| | *Règlement du client Fallon pour acompte sur commande* | | |
| | *22/11/N* | | |
| 41100 | Clients | 8 100 | |
| 41910 | Clients – Avances et acomptes reçus sur commandes | 2 700 | |
| 70700 | Ventes de marchandises | | 9 000 |
| 44571 | État, TVA collectée | | 1 800 |
| | *Facture n° 183* | | |

## C) Avances et acomptes sur commandes de services

Même si la prestation de services n'est pas exécutée, l'encaissement de l'avance ou de l'acompte entraîne l'exigibilité immédiate de la TVA, qu'il y ait option ou non du fournisseur pour la TVA sur les débits. Le montant de l'avance ou de l'acompte est alors considéré comme comprenant la TVA (tab. 7.3).

Si le fournisseur n'opte pas pour le régime de la TVA acquittée d'après les débits, le reliquat de TVA est exigible au règlement du solde de la facture (dans le cas contraire, il l'est à la facturation).

**Tableau 7.3. Comptabilisation des avances et acomptes sur commandes de services dans le régime normal**

**Chez le client**

| | Compte | Libellé | Débit | Crédit |
|---|---|---|---|---|
| Versement de l'acompte | 4091 | Fournisseurs – Avances et acomptes versés | X | |
| | 44566 | État, TVA déductible sur autres biens et services | X | |
| | 512 | Banque | | X |
| | 4458 | État, TVA à régulariser | | X |
| Enregistrement de la facture | 61/62 | Autres charges externes | X | |
| | 4458 | État, TVA à régulariser | X | |
| | 44564 | État, TVA déductible sur décaissements | X | |
| | 4091 | Fournisseurs – Avances et acomptes versés | | X |
| | 401 | Fournisseurs | | X |
| Règlement du solde | 401 | Fournisseurs | X | |
| | 44566 | État, TVA déductible sur autres biens et services | X | |
| | 512 | Banque | | X |
| | 44564 | État, TVA déductible sur décaissements | | X |

Le compte 44564 peut être remplacé par le compte 4458 dans les deux dernières écritures.

**Chez le fournisseur**

| | Compte | Libellé | Débit | Crédit |
|---|---|---|---|---|
| Versement de l'acompte | 512 | Banque | X | |
| | 4458 | État, TVA à régulariser | X | |
| | 4191 | Clients – Avances et acomptes reçus | | X |
| | 44571 | État, TVA collectée | | X |
| Enregistrement de la facture | 411 | Clients | X | |
| | 4191 | Clients – Avances et acomptes reçus | X | |
| | 706 | Prestations de services | | X |
| | 4458 | État, TVA à régulariser | | X |
| | 44574 | État, TVA collectée sur encaissements | | X |
| Règlement du solde | 512 | Banque | X | |
| | 44574 | État, TVA collectée sur encaissements | X | |
| | 411 | Clients | | X |
| | 44571 | État, TVA collectée | | X |

Le compte 44574 peut être remplacé par le compte 4458 dans les deux dernières écritures.

### Exemple

- Le 10 février N, le client Elliot règle un acompte de 900 € au fournisseur Arlequin dans la perspective d'un entretien de locaux à effectuer à la fin du mois. L'acompte est considéré comme comprenant la TVA : cette dernière s'élève alors à 900/1,20 × 20 % = 150 €.
  Le 28 février, Arlequin remet sa facture n° A32 à Elliot pour un montant total de l'entretien de 2 000 € HT. La facture ne porte pas la mention « TVA sur les débits ».
  Le 5 mars, Elliot paie le solde de la facture, soit 1 500 € (dont 250 € de TVA).

→ Dans le journal du client (entreprise Elliot) :

| | | | |
|---|---|---|---|
| | 10/02/N | | |
| 40910 | Fournisseurs – Avances et acomptes versés sur commandes | 900 | |
| 44566 | État, TVA déductible sur autres biens et services | 150 | |
| 51200 | Banque | | 900 |
| 44580 | État, TVA à régulariser | | 150 |
| | *Règlement de l'acompte* | | |
| | 28/02/N | | |
| 61500 | Entretien et réparations | 2 000 | |
| 44580 | État, TVA à régulariser | 150 | |
| 44564 | État, TVA déductible sur décaissements | 250 | |
| 40910 | Fournisseurs – Avances et acomptes versés sur commandes | | 900 |
| 40100 | Fournisseurs | | 1 500 |
| | *Facture n° A32* | | |
| | 05/03/N | | |
| 40100 | Fournisseurs | 1 500 | |
| 44566 | État, TVA déductible sur autres biens et services | 250 | |
| 51200 | Banque | | 1 500 |
| 44564 | État, TVA déductible sur décaissements | | 250 |
| | *Paiement de la facture n° A32* | | |

→ Dans le journal du fournisseur (entreprise Arlequin) :

| | | | |
|---|---|---|---|
| | 10/02/N | | |
| 51200 | Banque | 900 | |
| 44580 | État, TVA à régulariser | 150 | |
| 41910 | Clients – Avances et acomptes reçus sur commandes | | 900 |
| 44571 | État, TVA collectée | | 150 |
| | *Règlement de l'acompte* | | |
| | 28/02/N | | |
| 41100 | Clients | 1 500 | |
| 41910 | Clients – Avances et acomptes reçus sur commandes | 900 | |
| 70600 | Prestations de services | | 2 000 |
| 44580 | État, TVA à régulariser | | 150 |
| 44574 | État, TVA collectée sur encaissements | | 250 |
| | *Facture n° A32* | | |
| | 05/03/N | | |
| 51200 | Banque | 1 500 | |
| 44574 | État, TVA collectée sur encaissements | 250 | |
| 41100 | Clients | | 1 500 |
| 44571 | État, TVA collectée | | 250 |
| | *Paiement de la facture n° A32* | | |

➡ **APPLICATION 2 • MINI-CAS 3 • SITUATION PRATIQUE 6**

# 2 Frais accessoires

**Définition**

Les **frais** dits **accessoires** sont les dépenses annexes générées par l'achat ou la vente d'un bien ou service.

**Exemples de frais accessoires**

- Les commissions, les droits de douane, les frais d'assurance, les frais d'installation, les frais de transport. Au regard de leurs spécificités, les frais de transport seront traités distinctement.

On distingue deux types de frais accessoires :
- les **frais accessoires liés aux achats** sont comptabilisés chez le client ;
- les **frais accessoires liés aux ventes** sont comptabilisés chez le fournisseur.

## A) Frais accessoires d'achat

Selon les conditions d'achat et l'organisation de sa comptabilité, le client peut enregistrer les frais accessoires selon trois méthodes différentes (tab. 7.4).

**Tableau 7.4. Méthodes de comptabilisation des frais accessoires d'achat**

| Enregistrement des frais au débit des comptes de charges par nature du PCG | Intégration des frais au prix d'achat lorsqu'ils peuvent être affectés de façon certaine aux biens concernés | Enregistrement des frais au débit du compte 608. Frais accessoires d'achat, ventilé par types de biens |
|---|---|---|
| Les comptes suivants sont alors susceptibles d'être utilisés :<br>6163. Assurance transport<br>6221. Commissions et courtages sur achats<br>6224. Rémunérations des transitaires – Honoraires<br>6241. Transports sur achats | Les comptes Achats sont alors débités du montant brut (ou du net commercial en présence de réductions commerciales), augmenté des frais accessoires | 6081. Frais accessoires sur achats stockés de matières et fournitures<br>6082. Frais accessoires sur achats non stockés de matières et fournitures<br>6087. Frais accessoires sur achats de marchandises<br>Etc. |

**Exemple**

- L'entreprise commerciale Albin reçoit la facture n° 229 du grossiste Maëlia, datée du 11 octobre N. Cette facture fait apparaître les montants suivants :

| | |
|---|---:|
| Total HT de marchandises | 2 000 € |
| Frais d'installation | 150 € |
| Assurance multirisque (non soumise à la TVA) | 10 € |
| TVA 20 % *(2 000 + 150) × 0,2* | 430 € |
| Net à payer | **2 590 €** |

Comptabilisation de la facture dans le journal du client (entreprise Albin) :

→ Enregistrement dans les comptes de charges par nature

| | | | |
|---|---|---|---|
| | 11/10/N | | |
| 60700 | Achats de marchandises | 2 000 | |
| 60400 | Achats d'études et prestations de services | 150 | |
| 61610 | Assurance multirisques | 10 | |
| 44566 | État, TVA déductible sur autres biens et services | 430 | |
| 40100 | Fournisseur | | 2 590 |
| | *Facture n° 229* | | |

→ Intégration des frais aux comptes d'achats concernés

| | | | |
|---|---|---|---|
| | 11/10/N | | |
| 60700 | Achats de marchandises | 2 160 | |
| 44566 | État, TVA déductible sur autres biens et services | 430 | |
| 40100 | Fournisseur | | 2 590 |
| | *Facture n° 229* | | |

→ Utilisation du compte 608

| | | | |
|---|---|---|---|
| | 11/10/N | | |
| 60700 | Achats de marchandises | 2 000 | |
| 60870 | Frais accessoires sur achats de marchandises | 160 | |
| 44566 | État, TVA déductible sur autres biens et services | 430 | |
| 40100 | Fournisseur | | 2 590 |
| | *Facture n° 229* | | |

## B) Frais accessoires de vente

Le traitement comptable des frais accessoires de vente dépend de plusieurs éléments (fig. 7.1) :

- le type de transfert de propriété stipulé au contrat de vente (tab. 7.5) ;
- la personne qui réalise ces prestations accessoires : il peut s'agir du vendeur lui-même ou d'un tiers.

**Tableau 7.5. Modalités du transfert de propriété**

| | |
|---|---|
| **Ventes « conditions arrivée »** | Le transfert de propriété des biens au client a lieu lors de l'arrivée des biens en ses entrepôts. Avant cette arrivée, les biens sont donc la propriété du vendeur qui doit assumer les risques liés à ces derniers (et notamment les risques liés à leur livraison). |
| **Vente « conditions départ »** | Le transfert de propriété est réalisé chez le fournisseur. Dès le départ des biens des entrepôts du vendeur, le client est donc propriétaire des biens et doit assumer les risques liés à ces derniers. |

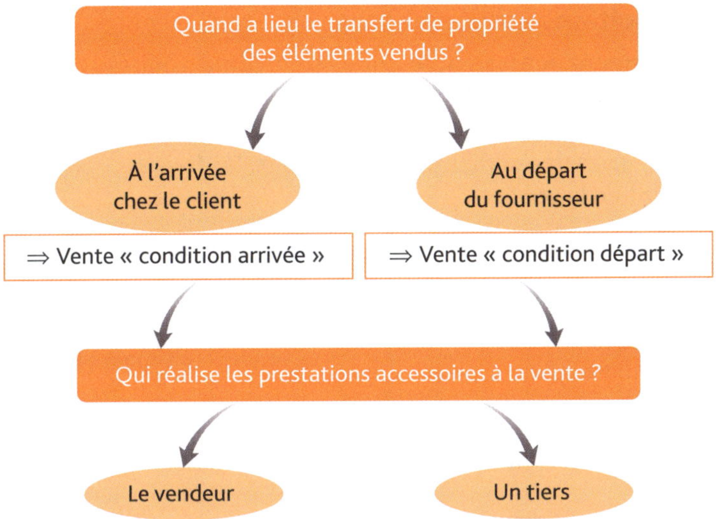


**Figure 7.1. Modalités conditionnant la comptabilisation des frais accessoires de vente**

## Exemple

L'entreprise Marilus vend des produits finis d'un montant de 4 000 € HT (hors frais accessoires) à l'entreprise commerciale Talia (facture n° 301 émise le 3 mars N). Les produits finis partent de l'entrepôt de Marilus le 5 mars N. Ils arrivent dans le magasin de Talia le 8 mars N.

- Si la vente est stipulée « conditions arrivée » dans les conditions générales de vente, les produits sont la propriété du fournisseur Marilus jusqu'à leur arrivée chez Talia le 8 mars N. Les risques liés au transport sont alors supportés, dans une certaine mesure, par Marilus.
- Si la vente est stipulée « conditions départ », les produits sont la propriété du client Talia dès leur départ de l'entrepôt de Marilus, soit dès le 5 mars N. Les risques liés au transport sont alors supportés par Talia.

La vente de produits finis par Marilus s'accompagne de frais liés à l'installation de ces produits dans le magasin de Talia.

- Première possibilité : Marilus réalise elle-même l'installation des produits. Cette installation lui coûte au total 250 € HT.
- Deuxième possibilité : Marilus fait appel à l'entreprise LNT, spécialiste dans l'agencement de magasin, qui lui facture 200 € HT l'installation (facture n° 723 reçue le 1er mars).

L'enregistrement des frais accessoires dans la comptabilité du vendeur est par ailleurs réalisé en deux étapes :

- l'engagement des frais accessoires par le vendeur ;
- la facturation de la vente principale au client, avec une éventuelle répercussion des frais accessoires.

## 1. Ventes « conditions arrivée »

Lors de leur engagement, les frais accessoires sont comptabilisés chez le vendeur dans les comptes de charges par nature. Lors de la facturation au client, ces frais n'apparaissent pas distinctement sur la facture et dans la comptabilité du vendeur. Si ce dernier souhaite maintenir sa marge sur les produits vendus, les frais accessoires sont répercutés dans le montant de la vente (tab. 7.6).

**Tableau 7.6. Comptabilisation des frais accessoires de vente en cas de vente « conditions arrivée »**

| | Le vendeur réalise lui-même les prestations | Le vendeur fait appel à un tiers |
|---|---|---|
| **Lors de l'engagement des frais** | Le coût total engagé se retrouvera dans différents comptes de charges, par exemple :<br>6061. Fournitures non stockables<br>615. Entretien et réparations<br>64. Charges de personnel<br>681. Dotations aux amortissements | 6. Charge… — X (débit)<br>44566 État, TVA déductible sur ABS — X (débit)<br>401 Fournisseurs — X (crédit) |
| **Lors de la facturation au client** | 411 Clients — X (débit)<br>70. Ventes… — (X) (crédit)<br>44571 *État, TVA collectée* — X (crédit)<br>→ Frais qui peuvent être répercutés dans le montant de la vente | |

### Exemple (suite)

- Dans le cas d'une vente « conditions arrivée » :
  - ***Étape 1 : Engagement des frais par Marilus***

→ Première possibilité. Selon la nature des frais, ce coût peut se retrouver par exemple dans les comptes de charges suivants :
- « 64. Charges de personnel » pour le coût du travail du personnel d'installation
- « 60610. Fournitures non stockables » pour la consommation de carburant du véhicule utilisé par le personnel
- « 6256. Missions » pour les frais de restauration du personnel

→ Deuxième possibilité. Enregistrement de la facture n° 723 émise par l'entreprise LNT :

| | | | Débit | Crédit |
|---|---|---|---|---|
| | | *01/03/N* | | |
| 60400 | | Achats d'études et prestations de services | 200 | |
| 44566 | | État, TVA déductible sur autres biens et services | 40 | |
| | 40100 | Fournisseur | | 240 |
| | | *Facture n° 723 reçue de LNT* | | |

- ***Étape 2 : Facturation des frais au client Talia***

Si les frais d'installation ne sont pas mentionnés en tant que tels sur la facture n° 301, Marilus décide de répercuter la totalité de leur coût dans le montant HT des produits de manière à préserver sa marge.

→ Première possibilité. Enregistrement de la facture n° 301 :

| | | | | |
|---|---|---|---|---|
| | | 03/03/N | | |
| 41100 | | Clients | 5 100 | |
| | 70100 | Ventes de produits finis (4 000 + 250) | | 4 250 |
| | 44571 | État, TVA collectée | | 850 |
| | | *Facture n° 301* | | |

→ Deuxième possibilité. Enregistrement de la facture n° 301 :

| | | | | |
|---|---|---|---|---|
| | | 03/03/N | | |
| 41100 | | Clients | 5 040 | |
| | 70100 | Ventes de produits finis (4 000 + 200) | | 4 200 |
| | 44571 | État, TVA collectée | | 840 |
| | | *Facture n° 301* | | |

## 2. Ventes « conditions départ »

Dans ces conditions, les frais engagés par le vendeur sont facturés au client, souvent à l'euro près (« euro pour euro »).

Pour comptabiliser ces frais, une modalité supplémentaire doit être distinguée dans le cas où les prestations sont assurées par un tiers : les prestations peuvent être conclues en présence ou non d'un contrat de mandat, c'est-à-dire un contrat qui permet au fournisseur d'agir au nom et pour le compte de son client (fig. 7.2).

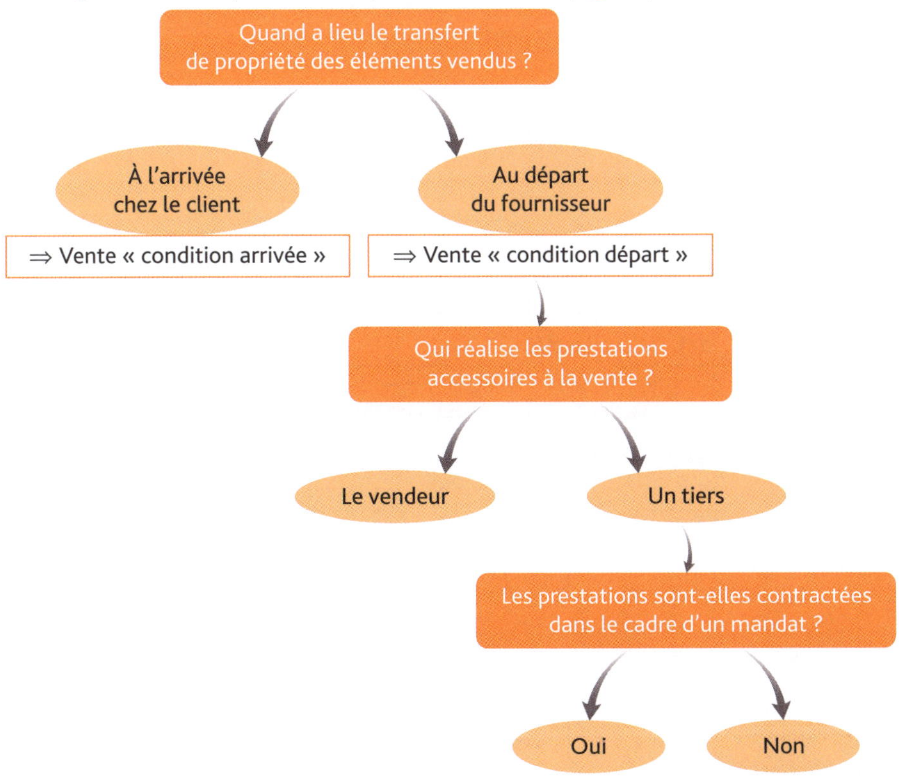


**Figure 7.2. Modalités conditionnant la comptabilisation des frais accessoires de vente en « conditions départ »**

### Exemple (suite)

- Si la vente est stipulée « conditions départ », trois possibilités s'offrent à Marilus pour assurer l'installation des produits chez Talia :
  - → Première possibilité : Marilus réalise elle-même l'installation (pour un coût de 250 € HT) qu'elle facture à Talia.
  - → Deuxième possibilité : Marilus fait appel à l'entreprise LNT au nom et pour le compte de Talia. Un contrat de mandat a ainsi été signé dans lequel Talia (mandataire) donne procuration à Marilus (mandant) pour la représenter en son nom afin d'assurer l'installation des produits.
  - → Troisième possibilité : Marilus fait appel à l'entreprise LNT sans avoir conclu un contrat de mandat avec Talia.

  Les frais d'installation, récupérés à l'euro près auprès de Talia, apparaissent distinctement sur la facture n° 301.

Dans les cas où le vendeur réalise les prestations et où il fait appel à un tiers hors contrat de mandat, les frais accessoires représentent une charge lors de leur engagement et un produit lors de leur récupération auprès du client. En revanche, dans le cadre d'un contrat de mandat, les frais transitent dans un compte de tiers (tab. 7.7).

**Tableau 7.7. Comptabilisation des frais accessoires de vente en cas de vente « conditions départ »**

**Le vendeur réalise lui-même les prestations**

| | Débit | Crédit | Libellé | Débit | Crédit |
|---|---|---|---|---|---|
| **Lors de l'engagement des frais** | | | Le coût total se retrouve dans les différents comptes de charges. | | |
| **Lors de la facturation au client** | 411 | | Clients | X | |
| | | 70. | Ventes... | | X |
| | | **708** | **Produits des activités annexes** | | **X** |
| | | 44571 | État, TVA collectée | | X |

**Le vendeur fait appel à un tiers**

**Dans le cadre d'un contrat de mandat**

| | Débit | Crédit | Libellé | Débit | Crédit |
|---|---|---|---|---|---|
| **Lors de l'engagement des frais** | **467** | | **Autres comptes débiteurs** | X | |
| | | 512 | Banque | | X |
| **Lors de la facturation au client** | 411 | | Clients | X | |
| | | 70. | Ventes... | | X |
| | | 44571 | État, TVA collectée | | X |
| | | **467** | **Autres comptes débiteurs** | | X |

**Hors contrat de mandat**

| | Débit | Crédit | Libellé | Débit | Crédit |
|---|---|---|---|---|---|
| **Lors de l'engagement des frais** | 6. | | Charge... | X | |
| | 44566 | | État, TVA déductible sur ABS | X | |
| | | 401 | Fournisseurs | | X |
| **Lors de la facturation au client** | 411 | | Clients | X | |
| | | 70. | Ventes... | | X |
| | | **708** | **Produits des activités annexes** | | **X** |
| | | 44571 | État, TVA collectée | | X |

## Exemple (suite)

- Dans le cas d'une vente « conditions départ », enregistrement de la facturation du vendeur Marilus au client Talia (deuxième étape) :
  - → Première possibilité : l'installation est une prestation supplémentaire fournie par Marilus

| | | | | |
|---|---|---|---|---|
| | | 03/03/N | | |
| 41100 | | Client | 5 100 | |
| | 70100 | Ventes de produits finis | | 4 000 |
| | 70800 | Produits des activités annexes | | 250 |
| | 44571 | État, TVA collectée (4 000 + 250) × 0,2 | | 850 |
| | | *Facture n° 301* | | |

  - → Deuxième possibilité : Marilus refacture les frais de 200 € HT qu'elle a engagés auprès de LNT dans le cadre d'un contrat de mandat la liant à Talia

| | | | | |
|---|---|---|---|---|
| | | 03/03/N | | |
| 41100 | | Client | 5 040 | |
| | 70100 | Ventes de produits finis | | 4 000 |
| | 44571 | État, TVA collectée (4 000 × 20 %) | | 800 |
| | 46700 | Autres comptes débiteurs (200 × 1,2) | | 240 |
| | | *Facture n° 301* | | |

  - → Troisième possibilité : Marilus refacture les frais de 200 € HT qu'elle a engagés auprès de LNT hors contrat de mandat

| | | | | |
|---|---|---|---|---|
| | | 03/03/N | | |
| 41100 | | Client | 5 040 | |
| | 70100 | Ventes de produits finis | | 4 000 |
| | 70800 | Produits des activités annexes | | 200 |
| | 44571 | État, TVA collectée (4 000 + 200) × 0,2 | | 840 |
| | | *Facture n° 301* | | |

## 3. Particularités des frais de transport

Dans le cas particulier des frais de transport, différentes conditions de facturation peuvent être stipulées lors de la vente (fig. 7.3).

La comptabilisation des frais de transport est identique aux principes généraux de comptabilisation des frais accessoires. Les subdivisions des comptes suivants sont alors utilisées :

- le compte « 6041. Transports sur ventes » lors de l'engagement des frais par le vendeur auprès d'un tiers ;
- le compte « 7085. Ports et frais accessoires facturés » lors de la récupération des frais auprès du client en l'absence de contrat de mandat.

Dans le cas d'un débours, c'est-à-dire d'une somme avancée par le vendeur dans le cadre d'un mandat, il est par ailleurs possible d'enregistrer la récupération des frais en créditant les comptes 6242 et 44566 correspondants (ces comptes ayant été débités lors de l'engagement des frais).

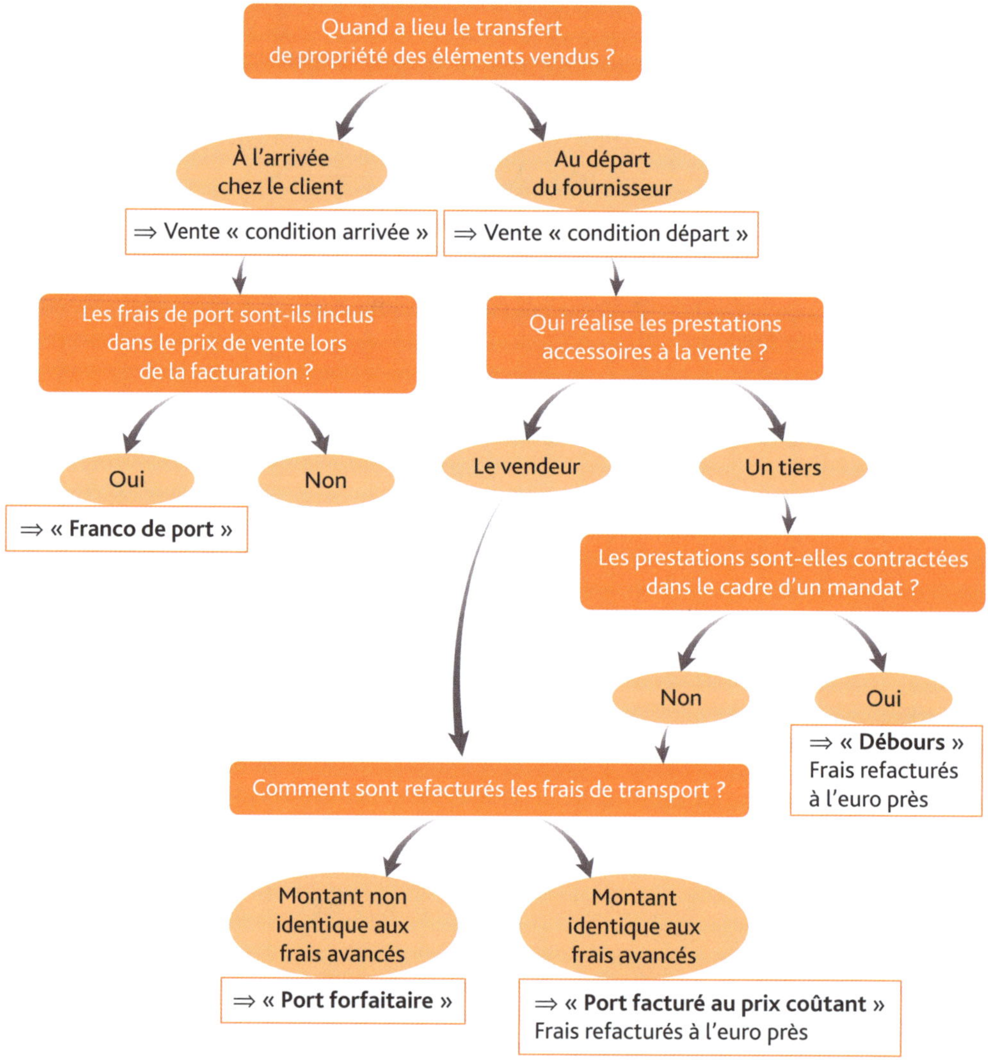


Figure 7.3. **Les différentes modalités de frais de transport**

→ APPLICATION 2 • MINI-CAS 4 • SITUATION PRATIQUE 6

# 3 Emballages

**Définition**

Les **emballages** sont des objets destinés à contenir des articles.

## A) Typologie d'emballages

La comptabilité distingue différents types d'emballages (tab. 7.8).

**Tableau 7.8. Classification des emballages**

| Type d'emballages | | Définition | Exemple |
|---|---|---|---|
| **Matériel d'emballages** | | Emballages à usage interne qui sont d'usage durable. | Citerne contenant le fioul pour chauffer le siège social |
| **Emballages non récupérables** | | Emballages livrés avec leur contenu qui ne sont ni consignés, ni repris aux clients. | Bouteilles en plastique qui contiennent de l'eau |
| **Emballages récupérables** | **Identifiables** | Emballages réutilisables conservés provisoirement par le client (le fournisseur s'engage à les reprendre). Ils sont identifiables unité par unité grâce à une codification adaptée. | Palette suivie par un code barre |
| | **Non identifiables** | Emballages réutilisables mais qui ne font pas l'objet d'un suivi individualisé par le fournisseur. | Caisse en bois pour six bouteilles à rendre par le client, sans qu'elle fasse l'objet de suivi |
| **Emballages à usage mixte** | | Emballages non identifiables qui peuvent être vendus, consignés ou prêtés aux clients. | Tonneau de vin qui peut être vendu, consigné ou prêté |

Selon les caractéristiques des emballages, différentes étapes de comptabilisation peuvent être distinguées (fig. 7.4).

**NOTRE CONSEIL**

Pour comptabiliser les emballages commerciaux (qui contiennent des objets livrés), il est important de repérer s'ils sont récupérables ou non. Dans le cas où ils sont récupérables, il faut déterminer s'ils sont identifiables ou non. Et enfin, si les emballages sont non identifiables, il faut vérifier s'ils font l'objet d'un suivi de stock.

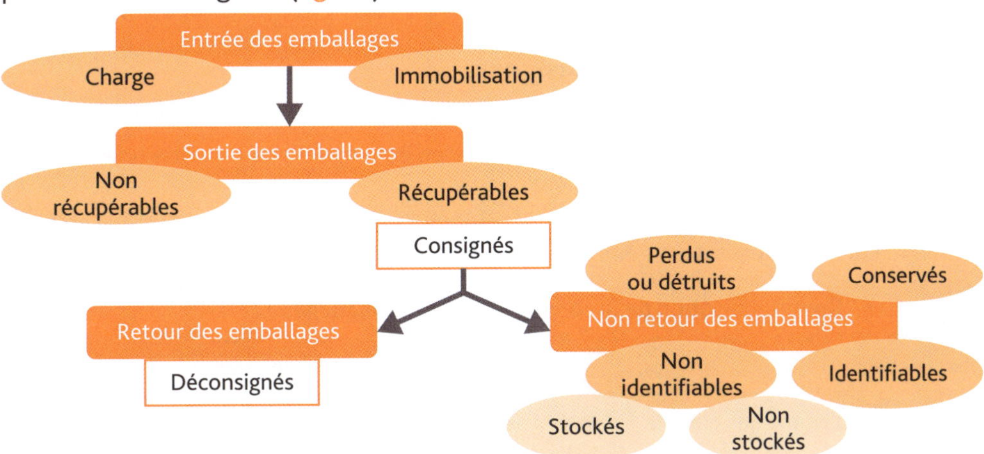


**Figure 7.4. Les différentes étapes de comptabilisation des emballages**

## B) Entrée des emballages

La classification des emballages commande leur traitement comptable. L'achat (ou la production) d'emballages s'enregistre au débit de comptes de charges ou d'immobilisations pour leur montant HT (tab. 7.9).

Les comptes des emballages commerciaux, destinés à contenir les articles vendus aux clients, comportent tous un 6 en quatrième position.

**Tableau 7.9. Comptabilisation de l'entrée des emballages**

| Type d'emballages | | Compte débité pour leur montant HT |
|---|---|---|
| Matériel d'emballages | | 2154. Matériel industriel |
| Emballages non récupérables | | 60261. Achats d'emballages perdus |
| Emballages récupérables | Identifiables | 2186. Emballages récupérables |
| | Non identifiables | 60265. Achats d'emballages récupérables non identifiables |
| Emballages à usage mixte | | 60267. Achats d'emballages à usage mixte |

## C) Sortie des emballages

### 1. Emballages non récupérables

Lors de leur utilisation dans une vente d'articles, les emballages non récupérables ne sont pas facturés à part : leur coût d'acquisition est éventuellement compris dans le prix des articles vendus. La sortie de ces emballages ne nécessite donc aucun enregistrement spécifique.

### 2. Emballages récupérables consignés

**Définition**

La **consignation** constitue un prêt d'emballage en échange d'une garantie financière : le prix de consignation facturé au client.

Le prix de consignation est en général exonéré de TVA (tab. 7.10).

**Tableau 7.10. Comptabilisation de la consignation des emballages**

| Chez le client | Chez le fournisseur |
|---|---|
| Le prix de consignation est enregistré comme une créance provisoire envers son fournisseur | Le prix de consignation est enregistré comme une dette provisoire envers son client |
| 4096 — Fournisseurs – Créances pour emballages à rendre — X<br>401 — Fournisseurs — X | 411 — Clients — X<br>4196 — Clients – Dettes sur emballages consignés — X |

**Exemple**

- Le 7 février N, l'entreprise viticole ATS remet la facture de doit n° 310 à l'entreprise commerciale Bokwa sur laquelle figure l'achat de vins dans des tonneaux consignés :

| | |
|---|---|
| Total HT du vin | 2 000 € |
| TVA 20 % | 400 € |
| Montant TTC des biens vendus | 2 400 € |
| Emballages consignés | 120 € |
| Net à payer TTC | **2 520 €** |

→ Dans le journal du client (entreprise Bokwa) :

| Débit | Crédit | *07/02/N* | Débit | Crédit |
|---|---|---|---|---|
| 60700 | | Achats de marchandises | 2 000 | |
| 44566 | | État, TVA déductible sur ABS | 400 | |
| 40960 | | Fournisseurs, créances pour emballages à rendre | 120 | |
| | 40100 | Fournisseurs | | 2 520 |
| | | *Facture n° 310* | | |

Le chiffre 9 en troisième position dans le compte indique que le compte fonctionne en sens inverse de son compte de rattachement.

→ Dans le journal du fournisseur (entreprise ATS) :

| Débit | Crédit | *07/02/N* | Débit | Crédit |
|---|---|---|---|---|
| 41100 | | Clients | 2 520 | |
| | 70100 | Ventes de produits finis | | 2 000 |
| | 44571 | État, TVA collectée | | 400 |
| | 41960 | Clients, dettes pour emballages consignés | | 120 |
| | | *Facture n° 310* | | |

## D) Retour des emballages déconsignés

Lors du retour de l'emballage consigné, la déconsignation peut s'effectuer au même prix que la consignation, mais elle peut aussi s'effectuer à un prix moindre (tab. 7.11). Dans ce dernier cas, la différence de prix correspond à :

- un produit pour le fournisseur, dénommé « boni de consignation » ;
- une charge pour le client, dénommée « mali de consignation ».

Ce boni ou mali est soumis à la TVA.

**Tableau 7.11. Comptabilisation de la déconsignation des emballages**

**Déconsignation au prix de la consignation**

*Chez le client*

| Débit | Crédit | Libellé | Débit | Crédit |
|---|---|---|---|---|
| 401 | | Fournisseurs | X | |
| | 4096 | Fournisseurs – Créances pour emballages à rendre | | X |

*Chez le fournisseur*

| Débit | Crédit | Libellé | Débit | Crédit |
|---|---|---|---|---|
| 4196 | | Clients – Dettes sur emballages consignés | X | |
| | 411 | Clients | | X |

**Déconsignation à un prix inférieur au prix de consignation**

*Chez le client*

| Débit | Crédit | Libellé | Débit | Crédit |
|---|---|---|---|---|
| **6136** | | **Malis sur emballages** | **X** | |
| 44566 | | État, TVA déductible sur ABS | X | |
| 401 | | Fournisseurs | X | |
| | 4096 | Fournisseurs – Créances pour emballages à rendre | | X |

*Chez le fournisseur*

| Débit | Crédit | Libellé | Débit | Crédit |
|---|---|---|---|---|
| 4196 | | Clients – Dettes sur emballages consignés | X | |
| | **7086** | **Bonis sur reprises d'emballages consignés** | | X |
| | 44571 | État, TVA collectée | | X |
| | 411 | Clients | | X |

## Exemple (suite)

- Le 25 février N, l'entreprise Bokwa retourne les emballages consignés dans les délais prévus.
  - ***Premier cas : L'entreprise ATS lui remet la facture d'avoir n° AV310 :***

| | |
|---|---|
| Retour des tonneaux consignés | 120 € |
| Net à votre crédit | **120 €** |

→ Comptabilisation de la facture dans le journal du client (entreprise Bokwa) :

| | | | |
|---|---|---|---|
| | 25/02/N | | |
| 40100 | Fournisseurs | 120 | |
| 40960 | Fournisseurs – Créances pour emballages et matériels à rendre | | 120 |
| | *Facture n° AV310* | | |

→ Comptabilisation de la facture dans le journal du fournisseur (entreprise ATS) :

| | | | |
|---|---|---|---|
| | 25/02/N | | |
| 41960 | Clients – Dettes pour emballages et matériels consignés | 120 | |
| 41100 | Clients | | 120 |
| | *Facture n° AV310* | | |

- ***Deuxième cas : L'entreprise ATS lui remet la facture d'avoir n° AVB310 :***

| | |
|---|---|
| Retour des tonneaux consignés | 100 € |
| TVA sur mali de consignation (120 – 100) × 0,2 | – 4 € |
| Net à votre crédit | **96 €** |

→ Enregistrement de la facture dans le journal du client (entreprise Bokwa) :

| | | | |
|---|---|---|---|
| | 25/02/N | | |
| 40100 | Fournisseurs | 96 | |
| 61360 | Malis sur emballage (120 – 100) | 20 | |
| 44566 | État, TVA déductible sur autres biens et services | 4 | |
| 40960 | Fournisseurs – Créances pour emballages et matériels à rendre | | 120 |
| | *Facture n° AVB310* | | |

→ Enregistrement de la facture dans le journal du fournisseur (entreprise ATS) :

| | | | |
|---|---|---|---|
| | 25/02/N | | |
| 41960 | Clients – Dettes pour emballages et matériels consignés | 120 | |
| 41100 | Clients | | 96 |
| 70860 | Bonis sur reprises d'emballages consignés (120 – 100) | | 20 |
| 44571 | État, TVA collectée | | 4 |
| | *Facture n° AVB310* | | |

## E) Emballages non retournés

### 1. Comptabilisation chez le client

Le non-retour d'emballages s'analyse chez le client comme un achat d'emballages soumis à TVA. Il s'enregistre de façon différente selon les motifs de non-restitution (tab. 7.12).

**Tableau 7.12. Enregistrement de l'absence de retour des emballages chez le client**

**Emballages conservés pour une durée indéterminée**

- Pour les emballages identifiables :

| | | | |
|---|---|---|---|
| 2186 | Emballages récupérables | X | |
| 44562 | État, TVA déductible sur immobilisations | X | |
| 404 | Fournisseurs d'immobilisations | | X |

- Pour les emballages non identifiables qui font l'objet d'un suivi de stock :

| | | | |
|---|---|---|---|
| 6026 | Achats d'emballages stockés | X | |
| 44566 | État, TVA déductible sur ABS | X | |
| 401 | Fournisseurs | | X |

- Pour les emballages non identifiables qui ne font pas l'objet d'un suivi de stock :

| | | | |
|---|---|---|---|
| 606 | Achats non stockés de matières et fournitures | X | |
| 44566 | État, TVA déductible sur ABS | X | |
| 401 | Fournisseurs | | X |

**Emballages perdus ou détruits**

- Pour les emballages identifiables ou non :

| | | | |
|---|---|---|---|
| 6136 | Malis sur emballages | X | |
| 44566 | État, TVA déductible sur ABS | X | |
| 401 | Fournisseurs | | X |

**Exemple (suite)**

- Dans le cas où le client Bokwa ne retourne pas les tonneaux, le fournisseur ATS émet la facture d'avoir n° 310A le 1er mars N :

| | |
|---|---|
| Cession des tonneaux consignés HT | 150 € |
| TVA sur cession | 30 € |
| Prix TTC | 180 € |
| Déduction de la consignation | – 120 € |
| Net à payer | **60 €** |

→ Enregistrement dans le journal du client (entreprise Bokwa) dans le cas où il conserve les tonneaux et où les tonneaux ne sont pas identifiés et font l'objet d'un suivi de stock :

| | *01/03/N* | | |
|---|---|---|---|
| 60265 | Achats d'emballages récupérables non identifiables | 150 | |
| 44566 | État, TVA déductible sur autres biens et services | 30 | |
| 40100 | Fournisseurs | | 60 |
| 40960 | Fournisseurs – Créances pour emballages et matériels à rendre | | 120 |
| | *Facture n° 310A* | | |

Si les emballages ont été consignés, ces écritures doivent être complétées par la déconsignation, soit l'inscription du compte 4096 au crédit.

→ Enregistrement dans le journal du client (entreprise Bokwa) dans le cas où il a perdu les tonneaux :

| | | | |
|---|---|---|---|
| | *01/03/N* | | |
| 61360 | Malis sur emballages | 150 | |
| 44566 | État, TVA déductible sur autres biens et services | 30 | |
| 40100 | Fournisseurs | | 60 |
| 40960 | Fournisseurs – Créances pour emballages et matériels à rendre | | 120 |
| | *Facture n° 310A* | | |

## 2. Comptabilisation chez le fournisseur

Le non-retour d'emballages s'enregistre chez le fournisseur comme une vente (si ces emballages sont non identifiables) ou une cession d'emballage (s'ils sont identifiables) soumise à TVA (tab. 7.13).

**Tableau 7.13. Enregistrement de l'absence de retour des emballages chez le fournisseur**

**Emballages récupérables non identifiables**

| | | | |
|---|---|---|---|
| 411 | Clients | X | |
| 7088 | Autres produits d'activités annexes | | X |
| 44571 | État, TVA collectée | | X |

**Emballages récupérables identifiables**

| | | | |
|---|---|---|---|
| 411 | Clients | X | |
| 775 | Produits des cessions d'éléments d'actifs | X | |
| 44571 | État, TVA collectée | | X |

### Exemple (suite)

Si les emballages ont été consignés, ces écritures doivent être complétées par la déconsignation, soit l'inscription du compte 4196 au débit.

- En reprenant l'exemple de la facture d'avoir n° 310A :

→ Enregistrement dans le journal du fournisseur (entreprise ATS) dans le cas où les tonneaux sont des emballages non identifiables :

| | | | |
|---|---|---|---|
| | *01/03/N* | | |
| 41960 | Clients – Dettes pour emballages et matériels consignés | 120 | |
| 41100 | Clients | 60 | |
| 70880 | Autres produits d'activités annexes | | 150 |
| 44571 | État, TVA collectée | | 30 |
| | *Facture d'avoir n° 310A* | | |

→ Enregistrement dans le journal du fournisseur en envisageant les tonneaux comme des emballages identifiables :

| | | | |
|---|---|---|---|
| | *01/03/N* | | |
| 41960 | Clients – Dettes pour emballages et matériels consignés | 120 | |
| 41100 | Clients | 60 | |
| 77500 | Produits des cessions d'éléments d'actif | | 150 |
| 44571 | État, TVA collectée | | 30 |
| | *Facture d'avoir n° 310A* | | |

→ APPLICATION 2 • MINI-CAS 5 • SITUATION PRATIQUE 6

# DES SAVOIRS AUX COMPÉTENCES

Évaluer les savoirs — Maîtriser les compétences — Préparer l'épreuve

## 1 QCM

*Pour chaque proposition, une ou plusieurs réponses sont possibles. Justifiez-les.*

1. Le compte « 4091. Fournisseurs – Avances et acomptes versés sur commandes » est utilisé lorsque :
   a. la livraison a déjà été effectuée. ☐
   b. le fournisseur a une dette envers son client. ☐
   c. le client a une créance sur le fournisseur. ☐
   d. des frais s'ajoutent aux achats. ☐

2. La consignation d'emballages entraîne :
   a. un transfert de propriété de l'emballage au client. ☐
   b. une augmentation temporaire de la dette du client vis-à-vis de son fournisseur. ☐
   c. un enregistrement au crédit du compte 4096 chez le client. ☐
   d. un enregistrement au crédit du compte 4196 chez le fournisseur. ☐

3. Le compte « 6136 – Malis sur emballages » est utilisé :
   a. lorsque des emballages ne sont pas retournés. ☐
   b. lorsque le prix de déconsignation est inférieur au prix de consignation. ☐
   c. par le fournisseur. ☐
   d. lorsque les emballages ne sont pas consignés. ☐

4. Dans le cas où le vendeur fournit une prestation accessoire qu'il facture au client :
   a. il enregistre cette prestation au crédit du compte « 708 – Produit des activités annexes ». ☐
   b. il enregistre cette prestation au crédit du compte vente déjà mouvementé. ☐
   c. il enregistre cette prestation au crédit du compte « 467 – Autres comptes débiteurs ». ☐

5. Les emballages récupérables identifiables sont assimilés à :
   a. des immobilisations. ☐
   b. des approvisionnements. ☐
   c. des emballages à usage interne. ☐
   d. des emballages commerciaux. ☐

6. Si le client conserve un emballage récupérable non identifiable qui a été consigné :
   a. le fournisseur enregistre une perte. ☐
   b. la consignation se transforme en vente d'emballage. ☐
   c. le client enregistre un produit. ☐
   d. la consignation se transforme en cession d'immobilisation. ☐

## 2 Particularités liées aux achats et aux ventes ★★★

| | | | |
|---|---|---|---|
| MINERVA<br>SARL au capital de 12 000 €<br>2 avenue Irène<br>06400 ANTIBES<br>TVA : FR 40 257 982 459<br>RCS 257 982 459 Nice<br><br>Facture n° 03-412<br>Le 13/01/N | | Doit : LITERIELAND<br>Route de Chartreuse<br>38700 Meylan<br>FRANCE | |
| **Désignation** | **Qté** | **PU HT** | **Montant** |
| Matelas Emma ref. 12-H | 5 | 1 000,00 | ........................ |
| Sommier Itane ref. 54-G | 2 | 1 500,00 | ........................ |
| Protections matelas ref. 120-B | 8 | 50,00 | ........................ |
| | | Montant brut | ........................ |
| | | Port forfaitaire | 300,00 |
| | | TVA 20 % | ........................ |
| | | Commission d'assurance récupérée | 160,00 |
| | | Total TTC | ........................ |
| | | Consignation de 2 coffrets en bois (pour transport des sommiers) à 100,00 € l'unité | ........................ |
| | | Avance versée le 05/01/N | 500,00 |
| | | **Net à payer** | ........................ |
| *Règlement sous 15 jours par virement* | | | |

1. *Calculez les montants manquants (en pointillés) de la facture n° 03-412.*
2. *Précisez ce qui différencie l'avance de l'escompte et ce représente l'avance pour le fournisseur Minerva.*
3. *Conseillez Literieland sur la comptabilisation du port et de la commission d'assurance.*
4. *Indiquez ce que représentent le port et la commission d'assurance pour Minerva. Précisez si la facture n° 03-412 rend compte d'une vente « conditions arrivée » ou d'une vente « conditions départ » et dans quelles conditions le port est assuré. Identifiez les comptes utilisés pour comptabiliser ce port dans l'hypothèse où le port serait en « débours ».*
5. *Identifiez la catégorie comptable à laquelle appartiennent précisément les coffrets en bois et précisez ce que représente la consignation pour Minerva, ainsi que ce que peut décider l'entreprise Literieland après cette consignation.*

## 3 Mini-cas : Arbreland et Méduse ★★★

**Compétence attendue**

**Évaluer** et **comptabiliser** les transactions courantes dans les comptes individuels : **enregistrer** les avances et acomptes

L'entreprise Arbreland commercialise des arbustes et effectue des services d'entretien de jardin. Elle fait l'objet d'une commande de l'hôtel Méduse qui souhaite embellir ses jardins fréquentés par sa clientèle.

Au mois de juin, ces entreprises ont ainsi réalisé les opérations suivantes, soumises à la TVA à 20 % :

- 1er juin N : dans le cadre de la commande n° A342, Méduse verse un acompte de 1 200 € à Arbreland.
- 12 juin N : émission et réception de la facture n° 34-7 correspondant à la commande n° A342 pour un total HT de 4 000 €.
- 16 juin N : paiement du solde à payer de la facture n° 34-7.

1. *Déterminez le montant du solde à payer au 16/06/N.*
2. *Enregistrez les opérations dans le journal d'Arbreland, puis dans le journal de Méduse, dans l'hypothèse où la commande porterait sur la vente d'arbustes.*
3. *Enregistrez les opérations dans le journal d'Arbreland dans l'hypothèse où la commande porterait sur l'entretien du jardin et où cette entreprise n'aurait pas opté pour la TVA sur les débits.*

## 4 Mini-cas : Rodrigo ★★★

**Compétence attendue**

**Évaluer** et **comptabiliser** les transactions courantes dans les comptes individuels : **enregistrer** des frais accessoires d'achat et de vente

L'entreprise Rodrigo est un grossiste spécialisé dans la commercialisation de cabanes en bois. Au cours du mois d'avril N, elle a réalisé les opérations suivantes (qui sont toutes soumises au taux de TVA de 20 %) :

- 5 avril N : achat de cabanes en bois au fournisseur Arbile pour un montant total de 40 000 € HT, auquel s'ajoutent des frais de transport équivalents à 6 % du montant total.
- 9 avril N : versement de 300 € à la société d'assurance Isiore dans le cadre d'un contrat de mandat liant Rodrigo à son client Maud.
- 13 avril N : vente de cabanes en bois au client Maud pour un montant HT de 2 000 €, avec récupération des frais d'assurance payés à Isiore le 9/04/N.

- 14 avril N : versement de 360 € au transporteur Chronotruck pour assurer le transport des cabanes en bois à la mairie de Fontaine, Rodrigo n'agissant pas dans le cadre d'un contrat de mandat.
- 16 avril N : vente de cabanes en bois à la mairie de Fontaine pour un montant total de 6 000 € HT ; ce montant comprenant la récupération « euro pour euro » des frais de port payés à Chronotruck hors contrat de mandat le 14/04/N.
- 23 avril N : vente de cabanes en bois au client Paulo pour un montant HT de 3 000 € qui inclut un coût de transport et d'assurance de 200 €, conditions « franco de port ».
- 26 avril N : vente de cabanes en bois pour le client Bretonne pour un montant HT de 1 000 €. L'installation de ces cabanes est assurée par Rodrigo et facturée 200 € HT.

1. *Enregistrez, dans le journal de Rodrigo, l'achat du 5 avril N selon trois méthodes différentes.*
2. *Enregistrez, dans le journal de Rodrigo, les autres opérations du mois d'avril.*

## 5 Mini-cas : Vitaminus ★★★

**Compétences attendues**

- **Distinguer** les emballages ayant la nature de charge et ceux ayant la nature d'immobilisation
- **Évaluer** et **comptabiliser** les transactions courantes dans les comptes individuels : **enregistrer** les emballages (acquisition, consignation/déconsignation, retour/non-retour)

L'entreprise Vitaminus s'approvisionne auprès de petits producteurs et maraîchers avant de revendre la marchandise auprès de détaillants de la région.

Le service livraison de cette entreprise utilise trois types d'emballages commerciaux :

- Certains produits sont emballés dans des cartons. Ces cartons ne sont pas rendus par le client et leur coût est répercuté dans le prix des marchandises vendues.
- D'autres produits sont livrés dans des bacs en plastique réutilisables et consignés au client. Les bacs ne sont pas numérotés.
- Pour les commandes volumineuses, les cartons et les bacs en plastique sont rangés dans des caisses palettes. Ces dernières sont numérotées et consignées aux clients.

1. *Indiquez la classification comptable de chacun des emballages utilisés par l'entreprise Vitaminus.*
2. *Enregistrez, au journal de l'entreprise Vitaminus, les opérations suivantes du mois de mars.*

- 2 mars N : réception de la facture n° 458 relative à l'achat d'emballages auprès du fournisseur Emballix (TVA au taux normal de 20 %) :
  - 400 cartons au prix unitaire de 1 € HT ;
  - 50 bacs en plastique au prix unitaire de 12 € HT ;
  - 20 caisses palettes au prix unitaire de 80 € HT.

- 4 mars N : facture n° V651 relative à la vente de 60 kg de kiwis au détaillant Alphonse. Prix HT au kg : 2 € (TVA au taux réduit de 5 %). Les kiwis sont emballés dans 20 cartons.
- 6 mars N : facture n° V652 relative à la vente de 100 kg de carottes au détaillant Laurent. Prix HT au kg : 1 € (TVA au taux réduit de 5 %). Consignation de 10 bacs en plastique à 5 € pièce. Règlement à 60 jours.
- 14 mars N : retour de 5 bacs en plastique consignés le 6 mars N. Facture d'avoir n° AV138 adressée au client Laurent. Prix de déconsignation : 4 € pièce (TVA au taux normal de 20 %).
- 17 mars N : le client Laurent nous informe de sa volonté de conserver les 5 bacs en plastique lui restant sans les identifier mais en suivant leur stock. La facture n° VE46 lui est adressée le même jour. Les bacs sont vendus au prix HT de 6 € l'unité (TVA au taux normal de 20 %).

**3.** *Enregistrez, dans le journal de l'entreprise Laurent, les trois dernières opérations.*

Évaluer les savoirs | Maîtriser les compétences | **Préparer l'épreuve**

## 6 Situation pratique : Adenov ★★★

25 min

**Compétence attendue** **Évaluer** et **comptabiliser** les transactions courantes dans les comptes individuels : **comptabiliser** les avances et acomptes, les frais accessoires et les emballages

L'entreprise Adenov est spécialisée dans la rénovation de biens immobiliers. Elle a fait le choix d'inscrire les frais accessoires sur achats dans les comptes de charges par nature. Par souci de simplification, le taux de TVA de 20 % doit être appliqué pour l'ensemble des transactions. L'entreprise Adenov n'a pas exercé d'option concernant la TVA.

### Missions

1. *À partir du dossier documentaire, enregistrez dans le journal de l'entreprise Adenov les opérations du mois de novembre N.*
2. *Enregistrez, dans le journal de l'entreprise Dora, l'émission de la facture n° 1066. Présentez par ailleurs cet enregistrement dans le cas où le port, réalisé par un tiers, est mentionné en « débours ».*

Document

**Opérations courantes du mois de novembre N**

**2/11/N :** reçu de l'entreprise industrielle de peinture Dora la facture n° 1066 :
- 100 pots de peinture blanc mat, brut unitaire : 100 € HT ;
- remise : 10 % ;
- port forfaitaire : 200 € HT.

**3/11/N :** reçu du fournisseur Lemano la facture n° 2030 :
- 3 palettes de carrelage, brut unitaire : 1 200 € HT ;
- les 3 palettes sont consignées 50 € chacune.

**8/11/N :** reçu du client Assona un chèque d'acompte n° 5729 d'un montant de 2 400 € relatif à un chantier de rénovation.

**16/11/N :** reçu du fournisseur Pierres-Japon la facture n° 130 :
- pierre de « pas japonais », montant total : 800 000 JPY ;
- le cours au 16/11/N est 1 JPY = 0,008 €.

Le transitaire Import-Services est chargé des formalités douanières et du transport.

**18/11/N :** reçu du transitaire Import-Services la facture n° 645 :
- honoraires du transitaire : 250 € HT ;
- transport : 500 € HT ;
- droits de douane sur les pierres importées : 150 € HT ;
- TVA facturée sur les pierres importées, les droits de douane, le transport et les honoraires ;
- le transitaire a opté pour la TVA d'après les débits.

**19/11/N :** reçu du fournisseur Lemano la facture d'avoir n° 42 pour déconsignation des palettes :
- deux palettes sont déconsignées au prix de 40 € HT ;
- la troisième palette, inutilisable en raison de sa détérioration, est facturée 50 € HT.

**21/11/N :** facture n° 7120 adressée au client Assona. Cette vente concerne la rénovation complète d'un salon. Montant total facturé : 20 000 € HT. Un acompte de 2 400 € avait été versé le 8/11/N par le client.

**25/11/N :** réception du paiement de la facture n° 7120 du client Assona.

SYNTHÈSE

# Opérations courantes d'achat et de vente : avances, frais accessoires et emballages

## Les avances et les acomptes

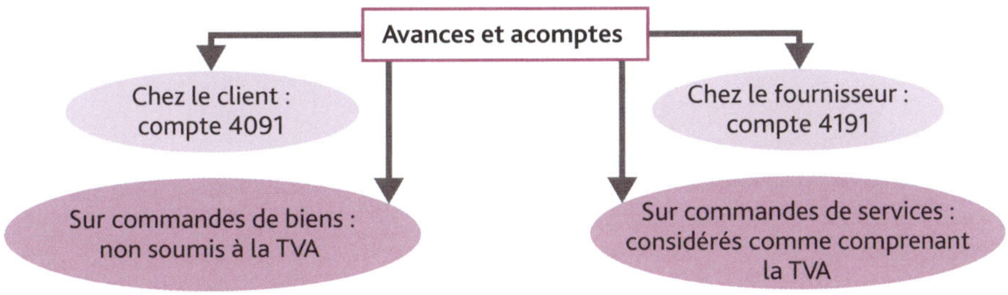


## Les frais accessoires

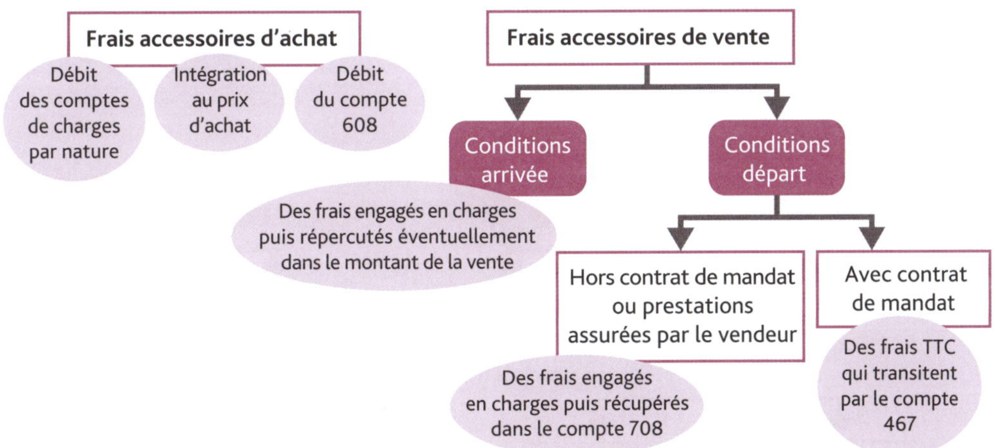


## Les emballages

### L'entrée des emballages

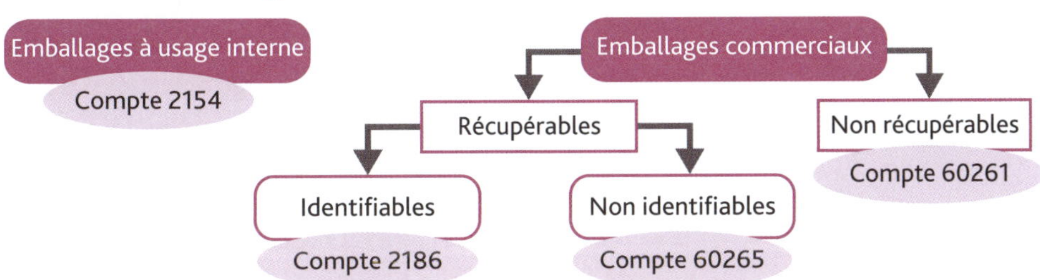

## La sortie et le retour des emballages

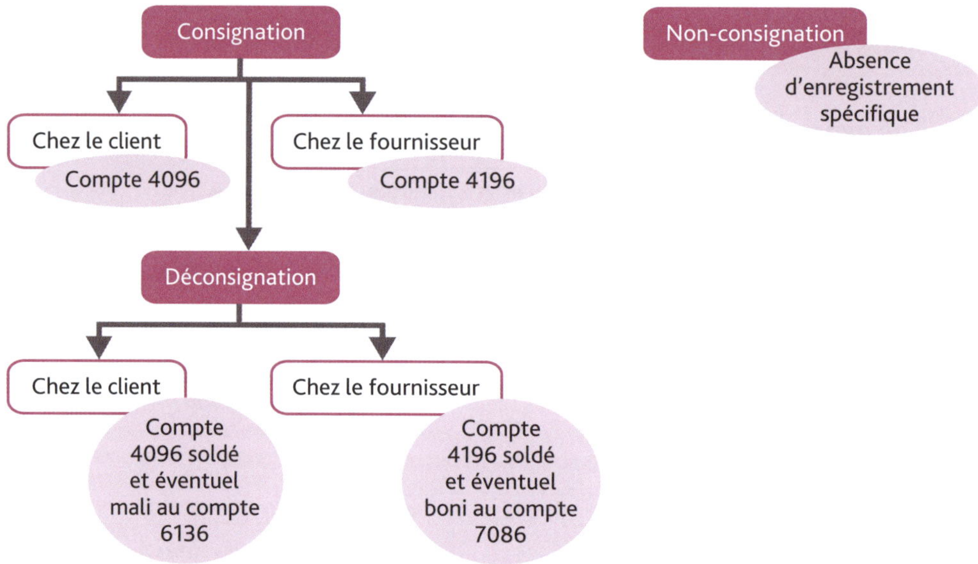


## L'absence de retour des emballages

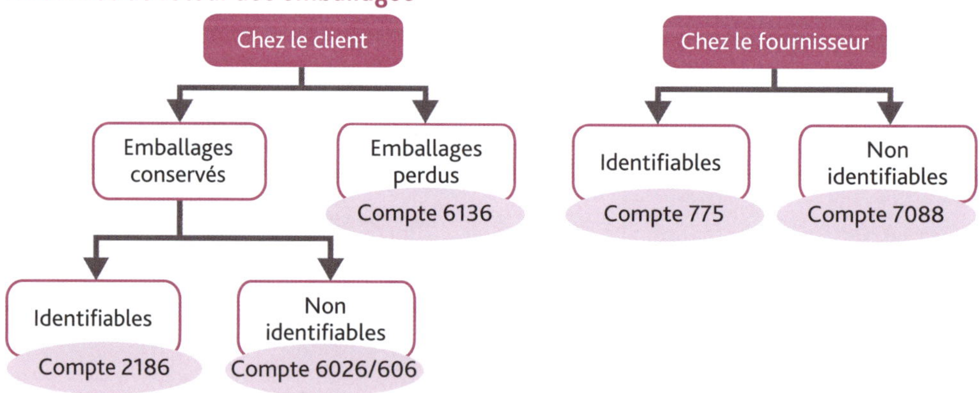

CHAPITRE 8

# Opérations courantes avec le personnel et les organismes sociaux

## PROGRAMME

| Compétence attendue | Savoir associé |
|---|---|
| **Évaluer** et **comptabiliser** les opérations relatives au personnel et aux organismes sociaux | Opérations relatives au personnel et aux organismes sociaux |

### LIEN AVEC LE DCG 3
§2.5. La rémunération

### LIEN AVEC LE DCG 4
§3. Prélèvements sociaux

## PLAN DU CHAPITRE

**COURS :** 1. Charges liées au personnel • 2. Documents liés à la paie • 3. Comptabilisation des charges liées au personnel

**DES SAVOIRS AUX COMPÉTENCES :** Évaluer les savoirs • Maîtriser les compétences • Préparer l'épreuve

**SYNTHÈSE**

Quels sont les éléments constitutifs du salaire brut et du salaire net à payer ? Quelles charges liées au personnel sont supportées par l'entreprise ? Quels sont les documents justifiant ces charges ? Comment l'entreprise les enregistre-t-elle ?

## MOTS-CLÉS

**Acompte • Assiette • Avance sur salaire • Bulletin de paie • Cotisations sociales • Déclaration sociale nominative • Opposition • Paie • Prélèvement à la source • Salaire brut • Salaire net • Salaire net à payer**

# 1 Charges liées au personnel

## A) Description générale

Les charges totales liées au personnel comprennent le salaire brut et les cotisations patronales (fig. 8.1).

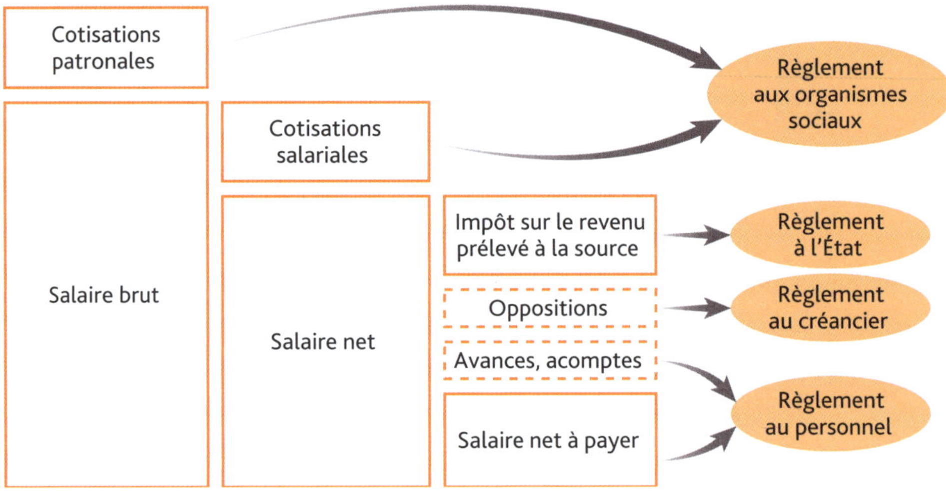


**Figure 8.1. Coût salarial**

L'employeur doit également supporter des taxes assises sur les salaires (UE4).

## B) Salaire brut et salaire net

**Salaire brut** = Salaire de base + Compléments

Les compléments de salaire comprennent notamment les primes, les gratifications et les avantages en nature.

**CHIFFRE-CLÉ**

Au 1er janvier 2021, le SMIC horaire est de **10,25 €** brut. (www.service-public.fr)

Sur les taux et les barèmes applicables en matière de salaire et de cotisation :

http://dunod.link/e4ach8n

### Exemples

- Primes (récompensant certains efforts ou situations) : prime de fin d'année ou 13e mois, prime d'ancienneté, prime de rendement ou d'objectifs.
  Gratifications (accordées lors de certains évènements) : prime de naissance, prime de bilan pour les comptables.
  Avantages en nature : mise à disposition d'un logement ou d'une voiture de fonction pour les besoins personnels du salarié.

La rémunération du salarié doit respecter certaines règles légales, notamment le total constitué par le salaire de base (qui inclut les heures supplémentaires), les avantages en nature et certaines primes ne peut être inférieur au SMIC (salaire minimum interprofessionnel de croissance) ou au minima prévu par la convention collective.

**Salaire net** = Salaire brut – Cotisations salariales
**Salaire net à payer** = Salaire net – Impôt sur le revenu prélevé à la source

**FOCUS** **Le prélèvement à la source**

Le **prélèvement à la source** de l'impôt sur le revenu est entré en vigueur au 1er janvier 2019. Il a pour objectif de supprimer le décalage d'un an entre la perception des revenus et leur imposition, et de mieux répartir le paiement de l'impôt dans l'année. L'impôt est alors directement prélevé sur les revenus des salariés en fonction de leur taux de prélèvement (individualisé ou « non personnalisé » pour garantir la confidentialité des revenus dans des situations particulières), défini dans le cadre d'un barème progressif.

En tant que collecteur de cet impôt, l'entreprise a quatre obligations :
– récupérer le taux de prélèvement de ses salariés transmis par l'administration fiscale ;
– appliquer ce taux au salaire net imposable de ses salariés et récupérer les prélèvements correspondants ;
– déclarer les montants prélevés pour chaque salarié ;
– reverser dans le mois suivant les prélèvements à l'administration fiscale.

Le salaire net à payer peut également être diminué, s'il y a lieu, des avances, des acomptes, des oppositions et des avantages en nature.

**Définitions**

- Les **avances sur salaire** correspondent au montant payé par l'employeur avant que le travail ne soit effectué et que la paie ne soit effectivement due.
- Les **acomptes** sur salaire sont le montant payé par l'employeur pour un travail déjà effectué, avant que la paie ne soit effectivement due.
- Les **oppositions** (saisies) sur salaire sont des retenues intervenant lors de la mise en application d'une procédure légale (comme le paiement d'une pension alimentaire ou d'impôts non réglés).

**FOCUS** **Les éléments de rémunération autres que le salaire**

En supplément du salaire brut, d'autres éléments de rémunération variable peuvent être attribués au salarié par l'employeur. Il s'agit par exemple :
– de l'intéressement (pour associer collectivement les salariés aux résultats ou aux performances de l'entreprise) ;
– du financement partiel de tickets restaurant, de chèques emploi services universels, de chèques vacances.

Ces éléments sont en général enregistrés au débit du compte « 647. Autres charges sociales », « 691. Participation des salariés aux résultats » ou « 648. Autres charges de personnel ».

## C) Cotisations sociales

**Définition**

Les **cotisations** (ou retenues) **sociales** salariales (à la charge du salarié) et patronales (à la charge de l'employeur) sont versées par l'employeur à divers organismes sociaux.

## FOCUS Les cotisations sociales et organismes sociaux

| | Description | Exemples de cotisations | Organismes collecteurs |
|---|---|---|---|
| **Cotisations de Sécurité sociale et assimilés, et cotisations chômage** | Cotisations permettant de financer les dépenses de santé, certaines aides sociales et familiales ainsi que le chômage | • Assurance maladie, maternité, invalidité, décès<br>• Allocations familiales<br>• Assurance vieillesse<br>• Contribution sociale généralisée (CSG) déductible et non déductible<br>• Contribution au remboursement de la dette sociale (CRDS)<br>• Aide au logement<br>• Assurance chômage<br>• Association pour la gestion du régime de garantie des créances des salariés (AGS) | Urssaf (Union de recouvrement de la Sécurité sociale et des allocations) |
| **Cotisations relatives aux retraites complémentaires** | Cotisations qui permettent de compléter la retraite de base assurée aux salariés par la Sécurité Sociale | • Contribution d'équilibre général (CEG)<br>• Contribution d'équilibre technique (CET)<br>• Association pour l'emploi des cadres (APEC) | Au 1er janvier 2019, les régimes Agirc et Arrco des salariés du secteur privé ont fusionné en un seul régime, le régime Agirc-Arrco :<br>• Agirc (Association générale des institutions de retraite des cadres)<br>• Arrco (Association des régimes de retraite complémentaire) |

De manière générale, chaque cotisation sociale se détermine de la façon suivante :

Montant de la cotisation = Assiette × Taux

**CHIFFRE-CLÉ**

En 2021, le plafond mensuel de la Sécurité sociale est de **3 428 €**. (www.ameli.fr)

L'**assiette** (ou base de calcul) d'une cotisation sociale est découpée en « tranches de salaire » en fonction des montants du salaire brut et du « plafond de la Sécurité sociale ». Ce plafond est revalorisé au 1er janvier de chaque année.

L'assiette d'une cotisation sociale peut ainsi correspondre (tab. 8.1) :
- au salaire brut total ou à un pourcentage de ce salaire ;
- au salaire brut dans la limite du plafond de la Sécurité sociale (tranche A ou tranche 1) ;
- à la fraction du salaire brut excédent ce plafond, jusqu'à un multiple de ce plafond (tranche B et C ou tranche 2).

**Tableau 8.1. Calcul des assiettes de cotisation sociale**

| Tranche | Définition de l'assiette |
|---|---|
| Totalité du salaire | Salaire brut |
| Tranche A ou tranche 1 | Fraction du salaire brut (ou salaire brut) ≤ Plafond de la Sécurité sociale (PSS) |
| Tranche B | PSS < Fraction du salaire brut ≤ 4 × PSS |
| Tranche C | Fraction du salaire brut > 4 × PSS |
| Tranche 2 | PSS < Fraction du salaire brut ≤ 8 × PSS |

### Exemple

- Avec un salaire brut global de 3 500 € et un plafond de la Sécurité sociale de l'année s'établissant à 3 428 € :

| Tranches | Montant de l'assiette |
|---|---|
| Totalité du salaire | 3 500 € |
| Tranche A ou Tranche 1 | 3 428 € |
| Tranche B | 3 500 – 3 428 = 72 € |
| Tranche C | 0 €, la tranche débutant à 4 × 3 428 = 13 712 € |
| Tranche 2 | 3 500 – 3 428 = 72 € |

| Calcul de la cotisation d'assurance-vieillesse | Assiette | Taux employeur | Taux salarié | Cotisation patronale | Cotisation salariale |
|---|---|---|---|---|---|
| Assurance-vieillesse déplafonnée | Salaire brut | 1,90 % | 0,40 % | 3 500 × 0,019 = 66,50 € | 3 500 × 0,004 = 14 € |
| Assurance-vieillesse plafonnée | Tranche A | 8,55 % | 6,90 % | 3 428 × 0,0855 = 293,09 € | 3 428 × 0,069 = 236,53 € |

Si les cotisations patronales ne sont pas comprises dans le salaire, les cotisations salariales sont à déduire du salaire brut pour obtenir le salaire net (avant impôt sur le revenu).

Le salaire net se distingue du salaire net imposable, qui correspond au montant retenu par l'administration fiscale pour calculer l'impôt sur le revenu. Contrairement aux autres cotisations sociales, la CSG non déductible et la CRDS sont des éléments imposables, d'où la relation suivante :

Salaire net imposable = Salaire net + CSG non déductible + CRDS

→ MINI-CAS 2 • MINI-CAS 3 • MINI-CAS 4 • SITUATION PRATIQUE 5

**NOTRE CONSEIL**

Si les assiettes et les taux des cotisations ne sont pas à connaître, vous devez cependant savoir calculer les cotisations.

# 2 Documents liés à la paie

## A) Documents relatifs au personnel

Si le **bulletin de paie** et le registre unique du personnel (RUP) sont obligatoires, le livre de **paie** ne l'est pas (tab. 8.2).

**Tableau 8.2. Principaux documents relatifs au personnel**

| | |
|---|---|
| **Bulletin de paie** | • Remis à tout salarié une fois par mois lors du paiement du salaire<br>• L'employeur doit conserver un double des bulletins de paie pendant au moins 5 ans |
| **Registre unique du personnel** | Récapitule, dans l'ordre d'embauche, les nom, prénom, nationalité, date de naissance, sexe, emploi, qualification, date d'entrée et de sortie de tous les salariés de l'entreprise |
| **Livre de paie** | Contient toutes les mentions qui sont portées sur les bulletins de paie remis aux salariés et au minimum le montant total des salaires mensuels versés |

Le bulletin de paie doit obligatoirement comporter certaines mentions (fig. 8.2) telles que le nom et l'adresse de l'employeur, le nom et l'emploi du salarié, la période et le nombre d'heures de travail, le montant de la rémunération brute, les cotisations salariales et patronales, le montant de l'impôt sur le revenu prélevé à la source, le montant net à payer, etc.

## B) Documents relatifs aux organismes sociaux et au prélèvement à la source

Pour tout savoir sur la DSN :

http://dunod.link/nya3ay6

La déclaration sociale nominative (DSN) remplace désormais la majorité des déclarations périodiques qui devaient être réalisées auparavant auprès des organismes sociaux. Cette déclaration repose sur la transmission unique, mensuelle et dématérialisée des données issues de la paie. Le système informatique de transmission de la DSN permet de récupérer le taux de prélèvement à la source de chaque salarié et de déclarer l'ensemble des cotisations sociales et des prélèvements à la source.

→ MINI-CAS 4

**EXPERTIA**
3, Rue de la République
38 000 Grenoble

**BULLETIN DE SALAIRE**
Période : **Janvier 2021**

Siret :**25128328700140** Code Naf : **6920Z**
Urssaf/Msa : **274500005643000000**

Matricule : **00132**
N° SS : **287118535231228**

Iban / Rib : **FR 76 3000 4005 2300 0023 2307 392**
Emploi : **EXPERT COMPTABLE SALARIE**
Coefficient : **40**

**Madame Alice YOMER**
**24 RUE DE MALANOT**
**38 700 CORENC**

Entrée : **1/07/2020**
Ancienneté : **6 mois**

Convention collective : **Experts-comptables et commissaires aux comptes**

| Eléments de paie | Base | Taux | A déduire | A payer | Charges patronales | | |
|---|---|---|---|---|---|---|---|
| Salaire de base (Forfait 218 jours) | | | | 3 808.30 | | | |
| RTT pris 11/01/21 (1 jour) | - 1.00 | | | | | | |
| **Salaire brut** | | | | **3 808.30** | | | |
| **Santé** | | | | | | | |
| Sécurité Sociale - Mal. Mat. Inval. Décès | | | | | 3 808.30 | 7.0000 | 266.58 |
| Complémentaire - Incap. Inval. Décès | 3 428.00 | 0.6240 | 21.39 | | 3 428.00 | 3.0160 | 103.38 |
| Complémentaire - Incap. Inval. Décès | 380.30 | 1.5276 | 5.81 | | 380.30 | 3.2324 | 12.30 |
| Complémentaire - Santé | 3 428.00 | 0.9240 | 31.67 | | 3 428.00 | 1.3860 | 47.51 |
| **Accidents du travail & mal. professionnelles** | | | | | 3 808.30 | 0.8000 | 30.47 |
| **Retraite** | | | | | | | |
| Sécurité Sociale plafonnée | 3 428.00 | 6.9000 | 236.53 | | 3 428.00 | 8.5500 | 293.09 |
| Sécurité Sociale déplafonnée | 3 808.30 | 0.4000 | 15.23 | | 3 808.30 | 1.9000 | 72.36 |
| Complémentaire Tranche 1 | 3 428.00 | 4.1500 | 142.26 | | 3 428.00 | 6.2200 | 213.22 |
| Complémentaire Tranche 2 | 380.30 | 9.8600 | 37.50 | | 380.30 | 14.7800 | 56.21 |
| Supplémentaire | 319.50 | 40.0000 | 127.80 | | 319.50 | 60.0000 | 191.70 |
| Supplémentaire | | | | | 3 428.00 | 3.0000 | 102.84 |
| Supplémentaire | | | | | 380.30 | 4.0000 | 15.21 |
| **Famille** | | | | | 3 808.30 | 3.4500 | 131.39 |
| **Assurance chômage** | | | | | | | |
| Chômage | | | | | 3 808.30 | 4.2000 | 159.95 |
| APEC | 3 808.30 | 0.0240 | 0.91 | | 3 808.30 | 0.0360 | 1.37 |
| **Cot. statutaires ou prévues par la conv. coll.** | | | | | | | |
| Développement du paritarisme | | | | | 3 808.30 | 0.0400 | 1.52 |
| **Autres contributions dues par l'employeur** | | | | | | | |
| Autres contributions dues par l'employeur | | | | | 3 808.30 | 4.7460 | 180.75 |
| Autres contributions dues par l'employeur | | | | | 3 428.00 | 0.1000 | 3.43 |
| Autres contributions dues par l'employeur | | | | | 140.34 | 8.0000 | 11.23 |
| Autres contributions dues par l'employeur | | | | | 118.05 | 20.0000 | 23.61 |
| **CSG déduct. de l'impôt sur le revenu** | 4 000.04 | 6.8000 | 272.00 | | | | |
| **CSG/CRDS non déduct. de l'impôt sur le revenu** | 4 000.04 | 2.9000 | 116.00 | | | | |
| **Total des cotisations et contributions** | | | 1 007.10 | | | | 1 918.12 |
| Titres-restaurant | 21.00 | 3.2000 | 67.20 | | 21.00 | 4.8000 | 100.80 |
| Frais professionnels | | | | 123.81 | | | |
| Réintégration fiscale | 47.51 | | | | | | |
| **Net à payer avant impôt sur le revenu** | | | | **2 857.81** | | | |
| dont évolution de la rémunération liée à la suppression des cotisations chômage et maladie | 51.96 | | | | | | |
| Impôt sur le revenu prélevé à la source - PAS Taux personnalisé | 2 964.71 | - 9.5000 | 281.65 | | | | |
| **Net payé** | | | | **2 576.16** | | | |

| | Jours | | Brut | Plafond S.S. | Net imposable | Ch. patronales | Coût Global | Total versé | Allègements |
|---|---|---|---|---|---|---|---|---|---|
| Mensuel | 21.00 | | 3 808.30 | 3 428.00 | 2 964.71 | 2 018.92 | 5 951.03 | 5 726.42 | 297.05 |
| Annuel | 21.00 | | 3 808.30 | 3 428.00 | 2 964.71 | 2 018.92 | 5 951.03 | 5 726.42 | 297.05 |

| | Congés N-1 | Congés N | Jours RTT |
|---|---|---|---|
| Acquis | 19.00 | 16.67 | 5.00 |
| Pris | 16.00 | | 2.50 |
| Solde | 3.00 | 16.67 | 2.50 |

**Net payé : 2 576.16 euros**

Paiement le 31/01/2021 par Virement

Dans votre intérêt, et pour vous aider à faire valoir vos droits, conservez ce bulletin de paie sans limitation de durée. Informations complémentaires : www.service-public.fr

Pour décrypter un bulletin de salaire :

http://dunod.link/jq2bcqg

**Figure 8.2.** Exemple de bulletin de paie (au 1er janvier 2021)

## 3 Comptabilisation de la paie

La comptabilisation de la paie s'effectue en plusieurs étapes (tab. 8.3).

**Tableau 8.3. Étapes de comptabilisation de la paie**

| Étape | Commentaire | Compte débité | Compte crédité | Libellé | Débit | Crédit |
|---|---|---|---|---|---|---|
| **Salaires bruts** | Constatation de la charge de personnel totale | | | | | |
| | | 641 | | Rémunérations du personnel | X | |
| | | | 421 | Personnel – Rémunérations dues | | X |
| **Cotisations salariales** | L'employeur collecte les cotisations salariales en lieu et place du salarié : elles ne sont pas une charge pour l'entreprise | | | | | |
| | | 421 | | Personnel – Rémunérations dues | X | |
| | | | 431 | Sécurité sociale | | X |
| | | | 437 | Autres organismes sociaux | | X |
| **Impôts sur le revenu prélevés à la source** | L'employeur collecte l'impôt en lieu et place du salarié : il ne représente pas une charge pour l'entreprise | | | | | |
| | | 421 | | Personnel – Rémunérations dues | X | |
| | | | 4421 | Prélèvement à la source (impôt sur le revenu) | | X |
| **Cotisations patronales** | Ces cotisations sont des charges pour l'employeur | | | | | |
| | | 645 | | Charges de Sécurité sociale et de prévoyance | X | |
| | | | 431 | Sécurité sociale | | X |
| | | | 437 | Autres organismes sociaux | | X |
| **Versement au personnel des salaires nets à payer (après impôt sur le revenu)** | | 421 | | Personnel – Rémunérations dues | X | |
| | | | 512 | Banque | | X |
| **Versement aux organismes sociaux des cotisations sociales** | Ces cotisations regroupent les cotisations salariales et patronales | | | | | |
| | | 431 | | Sécurité sociale | X | |
| | | 437 | | Autres organismes sociaux | X | |
| | | | 437 | Banque | | X |
| **Versement au Trésor public des impôts sur le revenu prélevés à la source** | | 4421 | | Prélèvement à la source (impôt sur le revenu) | X | |
| | | | 512 | Banque | | X |

La comptabilisation de la paie doit être complétée en présence d'avances, d'acomptes et d'oppositions (tab. 8.4).

**Tableau 8.4. Comptabilisation des éventuels acomptes et oppositions**

| | | | | | |
|---|---|---|---|---|---|
| **Versement des avances, acomptes et oppositions** | 425<br>427 | <br><br>512 | Personnel – Avances et acomptes<br>Personnel – Oppositions<br>Banque | X<br>X | <br><br>X |
| **Les salaires nets à payer sont diminués des avances, acomptes et oppositions versés** | 421 | <br>425<br>427 | Personnel – Rémunérations dues<br>Personnel – Avances et acomptes<br>Personnel – Oppositions | X | <br>X<br>X |

## Exemple

- Pour le mois de janvier 2021, le livre de paie de l'entreprise Bedel, qui emploie 45 salariés, fait apparaître les données suivantes :
  - Salaires bruts : 90 000 €
  - Acomptes sur salaires versés pendant le mois : 5 000 €
  - Oppositions : 700 €
  - Impôts sur le revenu prélevés à la source : 8 000 €
  - Cotisations sociales :

| Éléments | Cotisations salariales | Cotisations patronales |
|---|---|---|
| Contribution au remboursement de la dette sociale (CRDS) | 447,28 | – |
| Contribution sociale généralisée (CSG) | 8 135,30 | – |
| Assurance maladie, maternité, invalidité, décès | – | 11 700,00 |
| Assurance vieillesse | 5 660,76 | 8 414,10 |
| Allocations familiales | – | 3 725,00 |
| Accidents du travail | – | 1 800,00 |
| Aide au logement | – | 450,00 |
| Contribution solidarité autonomie | – | 270,00 |
| Versement de transport | – | 2 250,00 |
| Assurance chômage | – | 3 645,00 |
| Association pour la garantie des salaires | – | 135,00 |
| Forfait social sur prévoyance décès cadre et mutuelle | – | 82,46 |
| Contribution au dialogue social | – | 14,40 |
| **Sous-total Urssaf** | **14 243,34** | **32 485,96** |

| Éléments | Cotisations salariales | Cotisations patronales |
|---|---|---|
| Cotisation de base (tranche 1 et tranche 2) | 3 635,00 | 5 648,00 |
| CEG (tranche 1 et tranche 2) | 1 195,22 | 1 882,82 |
| CET | 9,80 | 12,70 |
| Assurance décès obligatoire (cadres) | – | 113,50 |
| APEC (cadres) | 3,60 | 2,40 |
| **Sous-total Caisses de retraite complémentaire** | **4 843,62** | **7 659,42** |
| Complémentaire santé (mutuelle) | 700,00 | 700,00 |
| **Total** | **19 786,96** | **40 845,38** |

La paie est comptabilisée le 31 janvier 2021 et versée le même jour. Les impôts prélevés à la source sont réglés le 18 février 2021 et les cotisations sociales le 25 février 2021. Tous les règlements sont effectués par virements bancaires.

→ Enregistrements dans le journal de l'entreprise Bedel :

| | | | | |
|---|---|---|---|---|
| | | *31/01/2021* | | |
| 64100 | | Rémunérations du personnel | 90 000,00 | |
| | 42100 | Personnel – Rémunérations dues | | 90 000,00 |
| | | *Livre de paie, janvier 2021* | | |
| | | *d°* | | |
| 42100 | | Personnel – Rémunérations dues | 25 486,96 | |
| | 43100 | Sécurité sociale (Urssaf) | | 14 243,34 |
| | 43700 | Autres organismes sociaux (4 843,62 + 700) | | 5 543,62 |
| | 42500 | Personnel – Avances et acomptes | | 5 000,00 |
| | 42700 | Personnel – Oppositions | | 700,00 |
| | | *Cotisations salariales, avances et oppositions, livre de paie, janvier 2021* | | |
| | | *d°* | | |
| 42100 | | Personnel – Rémunérations dues | 8 000,00 | |
| | 44210 | Prélèvement à la source (impôt sur le revenu) | | 8 000,00 |
| | | *Impôts prélevés à la source* | | |
| | | *d°* | | |
| 64500 | | Charges de Sécurité sociale et de prévoyance | 40 845,38 | |
| | 43100 | Sécurité sociale (Urssaf) | | 32 485,96 |
| | 43700 | Autres organismes sociaux (7 659,42 + 700) | | 8 359,42 |
| | | *Cotisations patronales, livre de paie, janvier 2021* | | |

**NOTRE CONSEIL**

Le compte 431 regroupe les cotisations sociales dues à l'Urssaf. Par défaut, les autres cotisations sont regroupées dans le compte 437.

| | | | |
|---|---|---|---|
| | *31/01/2021* | | |
| 42100 | Personnel – Rémunérations dues (90 000 – 25 486,96 – 8 000) | 56 513,04 | |
| 51200 | Banque | | 56 513,04 |
| | *Paie de janvier 2021, avis de débit n°…* | | |
| | *18/02/2021* | | |
| 44210 | Prélèvement à la source (impôt sur le revenu) | 8 000,00 | |
| 51200 | Banque | | 8 000,00 |
| | *Paie de janvier 2021, impôts prélevés à la source, avis de débit n°…* | | |
| | *25/02/2021* | | |
| 43100 | Sécurité sociale (Urssaf) (32 485,96 + 14 243,34) | 46 729,30 | |
| 43700 | Autres organismes sociaux (8 359,42 + 5 543,62) | 13 903,04 | |
| 51200 | Banque | | 60 632,34 |
| | *Paie de janvier 2021, charges sociales, avis de débit n°…* | | |

➡ **MINI-CAS 2 • MINI-CAS 3 • MINI-CAS 4 • SITUATION PRATIQUE 5**

## 1 Quiz

*Vérifiez l'exactitude des propositions ci-après et justifiez-les.*

| | Vrai | Faux |
|---|---|---|
| 1. Le bulletin de salaire est un document justificatif, obligatoire pour chaque salarié. | ☐ | ☐ |
| 2. Le coût salarial total correspond à la somme des salaires bruts, des cotisations salariales et des cotisations patronales. | ☐ | ☐ |
| 3. Le financement des cotisations sociales incombe à la fois au salarié et à l'employeur. | ☐ | ☐ |
| 4. Le salaire brut d'un salarié s'élève à 3 000 €. Si son impôt sur le revenu prélevé à la source s'élève à 400 €, les cotisations salariales à 600 € et les cotisations patronales à 1 000 € ; le salaire net à payer est de 2 000 €. | ☐ | ☐ |
| 5. Les avances et les oppositions diminuent le salaire net à payer. | ☐ | ☐ |
| 6. La DSN est une déclaration permettant d'automatiser la transmission des déclarations sociales à partir des données de paie. | ☐ | ☐ |
| 7. Le compte « 421. Personnel – Rémunérations dues » est débité lors de l'enregistrement des salaires bruts et crédité lors de l'enregistrement des cotisations salariales. | ☐ | ☐ |
| 8. Les cotisations patronales sont enregistrées au débit du compte 645 et au crédit des comptes 431 et 437. | ☐ | ☐ |
| 9. La tenue d'un livre de paie est obligatoire pour toute société. | ☐ | ☐ |

## 2 Mini-cas : Olympe ★★★

**Compétence attendue** **Évaluer** et **comptabiliser** les opérations relatives au personnel et aux organismes sociaux

Le 29 mars N, l'entreprise Olympe établit les bulletins de paie du mois à partir des informations suivantes :

| Informations | Montants (en euros) |
|---|---|
| Salaires de base | 30 000 |
| Primes | 1 000 |
| Impôts sur le revenu prélevés à la source | 3 000 |
| Cotisations salariales :<br>– Sécurité sociale<br>– Autres organismes sociaux | <br>5 300<br>1 500 |
| Cotisations patronales :<br>– Sécurité sociale<br>– Autres organismes sociaux | <br>12 000<br>4 600 |

Le 31 mars N, elle règle les salaires. Le 22 avril N, elle règle les cotisations sociales et les impôts prélevés à la source. Tous ces règlements sont réalisés par virement bancaire.

1. *Calculez le montant des salaires bruts, des salaires nets et des salaires nets à payer par l'entreprise Olympe.*
2. *Calculez, avec les données fournies, les charges issues de la paie.*
3. *Enregistrez, dans le journal de l'entreprise Olympe, les salaires bruts, les cotisations sociales et les impôts sur le revenu prélevés à la source.*
4. *Enregistrez, dans le journal de l'entreprise Olympe, les différents règlements effectués.*

## 3 Mini-cas : Expertia ★★★

**Compétence attendue** **Évaluer** et **comptabiliser** les opérations relatives au personnel et aux organismes sociaux

M. Toru est assistant comptable dans le cabinet comptable Expertia. Son bulletin de paie pour le mois de janvier 2021 est fourni dans le dossier documentaire. Par simplification, seules les cotisations complémentaires sont considérées comme ne relevant pas de l'Urssaf.

1. *Outre le bulletin de salaire, identifiez les documents liés à la paie que l'entreprise se doit d'établir.*
2. *Justifiez les montants du bulletin de paie relatifs aux charges patronales, au coût global et au net payé.*
3. *Enregistrez, dans le journal d'Expertia, le bulletin de paie de M. Toru (les écritures relatives aux frais professionnels et aux titres-restaurant ne sont pas demandées).*
4. *Enregistrez l'ensemble des paiements en lien avec ce bulletin de paie.*

Document

## Bulletin de paie de M. Toru

**EXPERTIA**
3, Rue de la République
38 000 Grenoble

**BULLETIN DE SALAIRE**
Période : **Janvier 2021**

Siret : **25128328700140** Code Naf : **6920Z**
Urssaf/Msa : **274500005643000000**

Matricule : **00201**
N° SS : **186118535231228**

Iban / Rib : **FR 76 3000 4005 2300 0023 2307 430**
Emploi : **COLLABORATRICE COMPTABLE**
Statut professionnel : **Employé**
Niveau : **4**
Coefficient : **220**

**Monsieur Sylvain TORU**
**24 RUE DU VERCORS**
**38 000 GRENOBLE**

Entrée : **2/02/2019**
Ancienneté : **1 an et 10 mois**

Convention collective : **Experts-comptables et commissaires aux comptes**

| Eléments de paie | Base | Taux | A déduire | A payer | Charges patronales | | |
|---|---|---|---|---|---|---|---|
| Salaire de base | 151.67 | 14.1755 | | 2 150.00 | | | |
| RTT pris 04/01/21-05/01/21 (2 jours) | - 2.00 | | | | | | |
| Congés payés pris 21/01/21 (0,5 jour) | - 0.50 | 99.2155 | 49.61 | | | | |
| Indemnité congés payés (0,5 jour) | | | | 49.61 | | | |
| **Salaire brut** | | | | **2 150.00** | | | |
| **Santé** | | | | | | | |
| Sécurité Sociale - Mal. Mat. Inval. Décès | | | | | 2 150.00 | 7.0000 | 150.50 |
| Complémentaire - Incap. Inval. Décès | 2 150.00 | 0.6450 | 13.87 | | 2 150.00 | 1.2450 | 26.77 |
| Complémentaire - Santé | 3 428.00 | 1.6520 | 56.63 | | 3 428.00 | 2.4780 | 84.95 |
| **Accidents du travail & mal. professionnelles** | | | | | 2 150.00 | 0.8000 | 17.20 |
| **Retraite** | | | | | | | |
| Sécurité Sociale plafonnée | 2 150.00 | 6.9000 | 148.35 | | 2 150.00 | 8.5500 | 183.83 |
| Sécurité Sociale déplafonnée | 2 150.00 | 0.4000 | 8.60 | | 2 150.00 | 1.9000 | 40.85 |
| Complémentaire Tranche 1 | 2 150.00 | 4.0100 | 86.22 | | 2 150.00 | 6.0100 | 129.22 |
| **Famille** | | | | | 2 150.00 | 3.4500 | 74.18 |
| **Assurance chômage** | | | | | 2 150.00 | 4.2000 | 90.31 |
| **Cot. statutaires ou prévues par la conv. coll.** | | | | | | | |
| Développement du paritarisme | | | | | 2 150.00 | 0.0400 | 0.86 |
| **Autres contributions dues par l'employeur** | | | | | | | |
| Autres contributions dues par l'employeur | | | | | 2 150.00 | 4.8460 | 104.19 |
| Autres contributions dues par l'employeur | | | | | 98.82 | 8.0000 | 7.91 |
| **CSG déduct. de l'impôt sur le revenu** | 2 211.19 | 6.8000 | 150.36 | | | | |
| **CSG/CRDS non déduct. de l'impôt sur le revenu** | 2 211.19 | 2.9000 | 64.12 | | | | |
| **Exonérations de cotisations employeur** | | | | | | | - 167.27 |
| **Total des cotisations et contributions** | | | 528.15 | | | | 743.50 |
| Titres-restaurant | 21.00 | 3.2000 | 67.20 | | 21.00 | 4.8000 | 100.80 |
| Frais professionnels | | | | 81.37 | | | |
| Réintégration fiscale | 84.95 | | | | | | |
| **Net à payer avant impôt sur le revenu** | | | | **1 636.02** | | | |
| dont évolution de la rémunération liée à la suppression des cotisations chômage et maladie | 30.14 | | | | | | |
| Impôt sur le revenu prélevé à la source - PAS<br>Taux personnalisé | 1 770.92 | 0.0000 | 0.00 | | | | |
| **Net payé** | | | | **1 636.02** | | | |

| | Heures | Heures suppl. | Brut | Plafond S.S. | Net imposable | Ch. patronales | Coût Global | Total versé | Allègements |
|---|---|---|---|---|---|---|---|---|---|
| Mensuel | 151.67 | | 2 150.00 | 3 428.00 | 1 770.92 | 844.30 | 3 075.67 | 2 893.50 | 334.97 |
| Annuel | 151.67 | | 2 150.00 | 3 428.00 | 1 770.92 | 844.30 | 3 075.67 | 2 893.50 | 334.97 |

| | Congés N-1 | Congés N | Jours RTT |
|---|---|---|---|
| Acquis | | 7.01 | 4.00 |
| Pris | | 7.00 | 4.00 |
| Solde | | 0.01 | |

**Net payé : 1 636.02 euros**

Paiement le 31/01/2021 par Virement

Dans votre intérêt, et pour vous aider à faire valoir vos droits, conservez ce bulletin de paie sans limitation de durée. Informations complémentaires : www.service-public.fr

## 4 Mini-cas : Carla ★★★

**Compétence attendue** **Évaluer** et **comptabiliser** les opérations relatives au personnel et aux organismes sociaux

L'entreprise Carla emploie deux salariés :
– M. Ego, secrétaire, qui bénéficie d'un salaire brut de 1 600 € pour le mois de mars ;
– Mme Rahma, ingénieure en génie électrique (cadre), qui bénéficie d'un salaire brut de 3 400 € pour le même mois.

Ces rémunérations sont inférieures à 2,5 SMIC. Le taux de cotisation accidents du travail est de 1 % et les cotisations aux caisses de retraite complémentaires sont calculées aux taux minima. Les deux salariés ont souhaité conserver leur assurance complémentaire santé personnelle. Enfin, le taux individualisé de prélèvement à la source est de 12 % pour Mme Rahma (M. Ego n'étant pas imposable au titre de l'impôt sur le revenu).

1. *Distinguez cotisations salariales et cotisations patronales.*
2. *En reprenant les définitions des tranches fournies dans le cours, calculez le montant des différentes tranches de l'assiette des cotisations sociales pour chacun des deux salariés.*
3. *À partir du dossier documentaire et pour chacun des deux salariés, présentez dans un tableau le décompte des cotisations sociales.*
4. *Enregistrez, dans le journal de l'entreprise Carla, la déclaration et le paiement des cotisations sociales pour ces deux salariés.*
5. *Après avoir calculé le salaire net imposable de Mme Rahma, calculez et enregistrez, dans le journal de l'entreprise Carla, son prélèvement à la source de l'impôt sur le revenu.*

**Document**

**Tableau de calcul des cotisations (taux légaux à jour au 1er janvier 2021)**

| Cotisations | Taux global (%) | Répartition | | Base de calcul |
|---|---|---|---|---|
| | | Employeur (%) | Salarié (%) | |
| **Urssaf** | | | | |
| Assurance maladie, maternité, invalidité, décès<br>Allocations familiales<br>Aide au logement<br>(employeurs d'au moins 20 salariés)<br>Assurance-vieillesse<br>Accidents du travail<br>Contribution solidarité autonomie | 7,00 ou 13,00(1)<br>5,25 ou 3,45(2)<br><br>0,50<br>2,30<br>variable<br>0,30 | 7,00 ou 13,00(1)<br>5,25 ou 3,45(2)<br><br>0,50<br>1,90<br>variable<br>0,30 | <br><br><br><br>0,40 | Salaire brut |

...

| Cotisations | | Taux global (%) | Répartition Employeur (%) | Répartition Salarié (%) | Base de calcul |
|---|---|---|---|---|---|
| Contribution sociale généralisée déductible<br>Contribution sociale généralisée non déductible<br>CRDS | | 6,80<br>2,40<br>0,50 | | 6,80<br>2,40<br>0,50 | 98,25 % du salaire brut(3) |
| Assurance vieillesse (cotisation plafonnée)<br>Aide au logement (employeurs de moins de 20 salariés) | | 15,45<br>0,10 | 8,55<br>0,10 | 6,90 | Salaire brut dans la limite du PSS |
| Versement de transport (si 11 salariés ou plus) | | Variable | Variable | | Salaire brut |
| Assurance-chômage | | 4,05 | 4,05 | | Tranches A et B |
| Association pour la garantie des salaires | | 0,15 | 0,15 | | Tranches A et B |
| Contribution au dialogue social | | 0,016 | 0,016 | | Salaire brut |
| **Caisses de retraite complémentaire** | | | | | |
| Cadres et non-cadres | Cotisation de base tranche 1 | 7,87 | 4,72 | 3,15 | Tranche 1 |
| | CEG tranche 1 | 2,15 | 1,29 | 0,86 | Tranche 1 |
| | Cotisation de base tranche 2 | 21,59 | 12,95 | 8,64 | Tranche 2 |
| | CEG tranche 2 | 2,70 | 1,62 | 1,08 | Tranche 2 |
| | CET (si salaire brut > PSS) | 0,35 | 0,21 | 0,14 | Tranches 1 et 2 |
| Cadres | Assurance décès obligatoire | 1,50 | 1,50 | | Tranche 1 |
| | APEC | 0,06 | 0,036 | 0,024 | Tranches A + B |

(1) 13,00 % lorsque le salaire brut est supérieur à 2,5 SMIC ; à défaut, 7,00 %.
(2) 5,25 % lorsque le salaire brut dépasse 3,5 SMIC ; à défaut, 3,45 %.
(3) Lorsque la rémunération est supérieure à quatre fois le PSS, la base de calcul est de 100 % du salaire brut pour la part excédant ce plafond.

Le tableau présente les taux légaux. Certaines conventions collectives peuvent prévoir des taux supérieurs.

Évaluer les savoirs | Maîtriser les compétences | Préparer l'épreuve

## 5 Situation pratique : Locabon ★★★

25 min

**Compétence attendue** **Évaluer** et **comptabiliser** les opérations relatives au personnel et aux organismes sociaux

Le magasin de produits alimentaires en circuit court Locabon emploie douze salariés. En tant que comptable, vous devez réaliser les opérations de paie du mois de septembre N.

### Missions

À l'aide du dossier documentaire :

1. *Indiquez quels sont les éléments constitutifs du salaire brut.*
2. *Déterminez le total des salaires nets à payer à la fin du mois de septembre par Locabon.*
3. *Déterminez le coût total du personnel au titre du mois de septembre.*
4. *Déterminez le montant de la dette totale de Locabon auprès des organismes sociaux pour la paie du mois de septembre.*
5. *Enregistrez, au journal de l'entreprise Locabon, la paie du mois ainsi que les différents règlements.*

Document

**Informations sur la paie du mois de septembre N de Locabon**

- Total des salaires bruts versés : 28 000 €
- Décompte des cotisations sociales :

| | Cotisations salariales | Cotisations patronales |
|---|---|---|
| Urssaf | 5 080 | 9 530 |
| Caisses de retraite et de prévoyance | 1 100 | 1 750 |
| Complémentaire santé (mutuelle) | 350 | 350 |
| TOTAL | 6 530 | 11 630 |

- Le 21 septembre N, des acomptes sur salaires ont été versés pour un montant total de 1 500 €.
- Chaque fin de mois, l'entreprise Locabon est tenue de prélever la somme de 1 000 € au titre des oppositions sur salaire.
- Les impôts sur le revenu prélevés à la source s'élèvent à 2 800 €.
- Le règlement des salaires, des cotisations sociales et des impôts prélevés à la source est réalisé par virement bancaire le 30 septembre N.

SYNTHÈSE

# Opérations courantes avec le personnel et les organismes sociaux

## Les charges liées au personnel

**Salaire brut**

= **Salaire net** à payer
+ **Cotisations sociales**
+ **Impôt sur le revenu** prélevé à la source
+ Éventuels avances, acomptes, oppositions

**Cotisation patronales**

= **Taux × Assiette** déterminée à partir du salaire brut et de tranches définies avec le plafond de la Sécurité sociale

## Les documents liés à la paie

**Documents relatifs au personnel**
- Bulletin de paie
- Registre unique du personnel
- Livre de paie

**Documents relatifs aux organismes sociaux et au prélèvement à la source**
- Déclaration sociale nominative (DSN)

## La comptabilisation de la paie

1. Salaire brut : Débit du compte 641 – Crédit du compte 421
2. Cotisations salariales : Débit du compte 421 – Crédit des comptes 431 et 437
3. Impôt sur le revenu prélevé à la source : Débit du compte 421 – Crédit du compte 4421
4. Cotisations patronales : Débit du compte 645 – Crédit des comptes 431 et 437
5. Paiement du salaire net (après impôts) : Débit du compte 421 – Crédit du compte 512
6. Paiement des cotisations salariales : Débit des comptes 431 et 437 – Crédit du compte 512
7. Paiement des impôts sur le revenu : Débit du compte 4421 – Crédit du compte 512

CHAPITRE 9

# Opérations courantes de trésorerie

## PROGRAMME

**Compétences attendues**

- **Citer** les différentes modalités de règlement des dettes et créances, les **comptabiliser**
- **Justifier** l'intérêt du rapprochement bancaire, l'**établir** et **comptabiliser** les écritures nécessaires

**Savoirs associés**

- Achats et ventes de biens et services comportant les crédits et les règlements
- État de rapprochement bancaire

## PRÉREQUIS

Réciprocité des comptes

## LIENS AVEC LE DCG 6

§3.1. Les modes de financement • §4.2. Le financement des déficits de trésorerie de court terme

## PLAN DU CHAPITRE

**Cours :** 1. Modalités de règlement • 2. Modalités de financement de l'exploitation • 3. Rapprochement bancaire

**Des savoirs aux compétences :** Évaluer les savoirs • Maîtriser les compétences • Préparer l'épreuve

**Synthèse**

Comment l'entreprise enregistre-t-elle ses règlements, que ces derniers soient effectués par espèces, chèque, virement, carte de crédit ou effet de commerce ? En dehors des crédits accordés par ses fournisseurs, comment peut-elle obtenir des avances de trésorerie ? Comment s'assurer que les comptes de trésorerie tenus dans la comptabilité de l'entreprise soient cohérents avec les relevés bancaires établis par les institutions financières ?

## MOTS-CLÉS

**Apports temporaires • Billet à ordre • Carte de crédit • Chèque • Concours bancaires courants • État de rapprochement bancaire • Lettre de change • Prélèvement • Rapprochement bancaire • Réciprocité des comptes • Virement bancaire**

# 1 Modalités de règlement

## A) Généralités

Les règlements reçus (encaissements) ou effectués (décaissements) affectent la trésorerie de l'entreprise. Le PCG retrace ces règlements au moyen de deux séries de comptes : « 51. Banques, établissements financiers et assimilés » pour les comptes bancaires et « 53. Caisse » pour les pièces et billets détenus. Ces comptes sont :
- débités lors des entrées de trésorerie ;
- crédités lors des sorties de trésorerie.

Il en résulte des spécificités quant à leur solde (tab. 9.1).

**NOTRE CONSEIL**

Attention aux confusion du fait de la réciprocité entre le compte 512 tenu par l'entreprise et le compte de l'entreprise à la banque :
- la réception d'un avis de débit s'enregistre au crédit du compte 512 de l'entreprise ;
- la réception d'un avis de crédit s'enregistre au débit du compte 512.

**Tableau 9.1. Solde des comptes 51 et 53**

| | |
|---|---|
| **Compte 51** | • Un solde débiteur indique la présence d'un excédent de trésorerie.<br>• Un solde créditeur n'est possible que si l'entité dispose d'une autorisation de découvert. |
| **Compte 53** | • Le solde est toujours débiteur ou nul.<br>• Un solde créditeur, impossible physiquement avec des espèces, est l'indice d'une erreur ou d'une irrégularité. |

Tout commerçant est tenu d'ouvrir un compte dans un établissement financier (banque ou caisse d'épargne). Cet établissement avise régulièrement le commerçant de l'état de son compte au travers :
- des relevés de comptes reprenant les opérations passées sur une période donnée (souvent le mois) ;
- des avis de débit informant d'une sortie de trésorerie ;
- des avis de crédit informant d'une entrée de trésorerie.

Lorsque l'entité dispose de plusieurs comptes bancaires, chacun doit être suivi dans une subdivision du compte « 512. Banque ».

## B) Règlements en espèces

Ils concernant les encaissements et les décaissements de faible montant, la loi interdisant des paiements en espèces au-delà de 1 000 €.

La comptabilisation s'effectue au travers du compte « 53. Caisse », à partir des pièces de caisse qui justifient les mouvements d'espèces.

## C) Virement et le prélèvement

**Définition**

Le **virement bancaire** et le **prélèvement** sont des opérations bancaires permettant un transfert d'argent du compte du payeur au compte du bénéficiaire.
- Le virement est ordonné par le payeur à sa banque.
- Après accord du payeur, le prélèvement est ordonné par le bénéficiaire à sa banque.

Le virement bancaire et le prélèvement s'enregistrent de manière identique (tab. 9.2).

**Tableau 9.2. Enregistrement des virements et prélèvements**

| Chez le payeur | Chez le bénéficiaire |
|---|---|
| Au moment de la réalisation de l'ordre de virement ou de la réception de l'avis de débit pour un prélèvement (ou de la date de prélèvement prévue en l'absence d'envoi d'un avis de débit) :<br><br>4. — *Compte du bénéficiaire* — X<br>512 — Banque — X<br><br>Si le virement supporte une commission bancaire, elle est enregistrée au débit du compte « 627. Services bancaires et assimilés ». | À la date portée sur l'avis de crédit reçu de sa banque :<br><br>512 — Banque — X<br>4. — *Compte du payeur* — X |

## Exemple

- Le 9 juillet N, l'entreprise Berux remet à sa banque, la BNP, l'ordre de virement ci-dessous. La bénéficiaire (le fournisseur Yermani) reçoit le 13 juillet N de sa banque, la Caisse d'Épargne, l'avis de crédit correspondant n° 789 daté du 11 juillet N.

Le dispositif SEPA permet d'émettre et de recevoir des virements et des prélèvements de manière harmonisée en Europe :

http://dunod.link/aa6z5km

**ORDRE DE VIREMENT** Le : 9 / 07 / N

**DONNEUR D'ORDRE**

NOM ET ADRESSE
BERUX – 3 COURS BÉRIAT – 38000 GRENOBLE

N° DE COMPTE (11 CARACTERES)
M A R 5 1 1 0 5 9 8 2

SOMME EN TOUTES LETTRES
TROIS MILLE DEUX CENTS EUROS

MONTANT EN CHIFFRES
3 200 €

MOTIF DU VIREMENT OU REFERENCE
PAIEMENT FOURNISSEUR

**BÉNÉFICIAIRE**

NOM ET ADRESSE
YERMANI – 78 AVENUE FOCH – 54000 NANCY

BIC
B C Q 4 4 2

IBAN
F R 7 6 3 0 0 0 4 0 0 2 2 0 0 0 0 0 0 3 1 8 3 7 2 6 5

BANQUE BENEFICIAIRE ET ADRESSE
CAISSE D'ÉPARGNE

SIGNATURE DU CLIENT: Berux

CADRE RÉSERVÉ À LA BANQUE : BAO/SIGNATURE VÉRIFIÉE

→ Enregistrement de l'opération dans la comptabilité du payeur (entreprise Berux) :

| | | | | |
|---|---|---|---|---|
| | | *09/07/N* | | |
| 40100 | | Fournisseur | 3 200 | |
| | 51200 | Banque | | 3 200 |
| | | *Ordre de virement n° 011613808* | | |

→ Enregistrement de l'opération dans la comptabilité du bénéficiaire (entreprise Yermani) :

| | 11/07/N | | |
|---|---|---|---|
| 51200 | Banque | 3 200 | |
| 41100 | Client | | 3 200 |
| | *Avis de crédit n° 789* | | |

**FOCUS** **Les dates de valeur apparaissant sur les relevés bancaires**

Sur les relevés de compte reçus de la banque, pour chaque opération, apparaissent deux dates : la date d'opération et la date de valeur. La date de valeur est la date d'effet de l'opération concernée, c'est-à-dire la date à laquelle l'opération effectuée est prise en compte par la banque. C'est par exemple à partir de cette date que la banque calcule les intérêts débiteurs (prélevés en cas de découvert) et les agios (somme des intérêts et des commissions), et non à compter de la date d'opération.

## D) Chèque

Le **chèque** est un instrument de paiement par lequel une personne (le tireur) donne l'ordre à son banquier (le tiré) de payer une certaine somme à un bénéficiaire.

Le chèque donne lieu à :
- une exigibilité dès la date de son émission ;
- une transmission à la banque du bénéficiaire après endossement (signature du bénéficiaire au dos du chèque) ;
- la réception d'un avis de débit (pour le tireur) et d'un avis de crédit (pour le bénéficiaire) émis par leur banque après paiement du chèque.

Certaines de ces étapes donnent lieu à un enregistrement dans la comptabilité du tireur ou du bénéficiaire (tab. 9.3).

**Tableau 9.3. Enregistrement des chèques**

| Chez le tireur | Chez le bénéficiaire |
|---|---|
| À l'émission du chèque, à partir du talon du chéquier :<br>4. — *Compte du bénéficiaire* — X<br>512 — Banque — X | À la remise du chèque à la banque, à partir du bordereau de remise :<br>512 — Banque — X<br>4. — *Compte du payeur* — X |

### Exemple

- Afin de payer les marchandises facturées le 15 mai N, l'entreprise Stabilo prépare le 20 mai N le chèque n° 213 d'un montant de 620 €. Il le remet au fournisseur Ernest le 22 mai N. L'entreprise Ernest le porte à sa banque le 24 mai N et reçoit l'avis de crédit n° 733 le 25 mai N.

→ Enregistrement dans le journal du tireur (entreprise Stabilo) :

| | | | |
|---|---|---|---|
| | 20/05/N | | |
| 40100 | Fournisseur | 620 | |
| 51200 | Banque | | 620 |
| | *Chèque n° 213* | | |

→ Enregistrement dans le journal du bénéficiaire (entreprise Ernest) :

| | | | |
|---|---|---|---|
| | 24/05/N | | |
| 51200 | Banque | 620 | |
| 41100 | Client | | 620 |
| | *Remise de chèque n° 213* | | |

Le bénéficiaire peut devoir également enregistrer des difficultés liées au paiement (tab. 9.4).

**Tableau 9.4. Enregistrement chez le bénéficiaire de difficultés liées au paiement**

| | | | | |
|---|---|---|---|---|
| **Lorsque le chèque est impayé** | Le bénéficiaire en est avisé par la réception d'un avis d'impayé transmis par sa banque. La banque prélève généralement des frais d'impayé. | | | |
| | 4. | *Compte du payeur* | X | |
| | 512 | Banque | | X |
| | 627 | Services bancaires | X | |
| | 512 | Banque | | X |
| **Lorsque le chèque est non payé de façon définitive** | 654 | Pertes sur créances irrécouvrables | X | |
| | 44571 | État, TVA collectée | X | |
| | 512 | Banque | | X |

## E) Carte de crédit

**Définition**

La **carte de crédit** permet à son titulaire d'effectuer des retraits dans des distributeurs automatiques de billets (DAB) ou de régler ses achats auprès des commerçants équipés d'un terminal de paiement électronique (TPE). Dans ce dernier cas, les commerçants sont prélevés d'une commission qui n'est pas soumise à TVA.

L'enregistrement des cartes de crédit est proche de celui des chèques (tab. 9.5).

### Tableau 9.5. Enregistrement des cartes de crédit

| Chez le payeur | Chez le bénéficiaire |
|---|---|
| À la date du paiement, à partir de la facturette de la carte bancaire :<br>4. Compte du bénéficiaire — X<br>512 Banque — X | • À l'enregistrement de la carte :<br>4. Compte du payeur — X<br>70. Ventes… — X<br>44571 État, TVA collectée — X<br>• À la réception de l'avis de crédit (avec commission prélevée par la banque) :<br>512 Banque — X<br>627 Services bancaires — X<br>4. Compte du payeur — X |

Détail des écritures :

Chez le payeur :

| Débit | Crédit | Libellé | Débit | Crédit |
|---|---|---|---|---|
| 4. | | *Compte du bénéficiaire* | X | |
| | 512 | Banque | | X |

Chez le bénéficiaire — à l'enregistrement de la carte :

| Débit | Crédit | Libellé | Débit | Crédit |
|---|---|---|---|---|
| 4. | | *Compte du payeur* | X | |
| | 70. | Ventes… | | X |
| | 44571 | État, TVA collectée | | X |

Chez le bénéficiaire — à la réception de l'avis de crédit :

| Débit | Crédit | Libellé | Débit | Crédit |
|---|---|---|---|---|
| 512 | | Banque | X | |
| 627 | | Services bancaires | X | |
| | 4. | *Compte du payeur* | | X |

## Exemple

- L'entreprise commerciale Millon reçoit de sa banque, la Banque Postale, l'avis de crédit suivant, relatif aux opérations de vente par carte bancaire réalisées la semaine du 17 au 23 décembre N :

**Banque Postale**

Agence de Meylan
4 avenue du Vercors
38240 Meylan

AVIS DE CRÉDIT n° 441

**24 décembre N**

Entreprise Million
12 avenue de l'isère
38 240 Meylan

| | |
|---|---|
| Sommes encaissées | 28 800,00 € |
| Commissions 0,50 % | 144,00 € |
| Net porté au crédit de votre compte | 28 656,00 € |
| N° compte : 14786 8352 98742 M | |

→ Enregistrement de ces opérations dans le journal du bénéficiaire (entreprise Million) :

| Débit | Crédit | *du 17 au 23/12/N* | Débit | Crédit |
|---|---|---|---|---|
| 41100 | | Client | 28 800 | |
| | 70700 | Ventes de marchandises | | 24 000 |
| | 44571 | État, TVA collectée | | 4 800 |
| | | *Ventes réalisées par carte bancaire* | | |

| | | | |
|---|---|---|---|
| | 24/12/N | | |
| 51200 | Banque | 28 656 | |
| 62700 | Services bancaires et assimilés | 144 | |
| 41100 | Client | | 28 800 |
| | *Avis de crédit n° 441* | | |

**FOCUS** Exemples d'autres modes de règlement existants

| | |
|---|---|
| **Paiement par TIP** | Le fournisseur peut joindre à sa facture un titre interbancaire de paiement (TIP). Le payeur le renvoie au « centre TIP » correspondant après avoir apposé son acceptation et mentionné ses coordonnées bancaires (sauf si celles-ci sont déjà pré-remplies). |
| **Paiement par PayPal** | Le système dématérialisé et sécurisé PayPal permet de payer et d'être payé sur internet par l'intermédiaire d'une carte bancaire, d'un compte bancaire ou d'un solde PayPal. |
| **Paiement par PCS** | Carte de paiement prépayée permettant de payer dans les boutiques en ligne sur internet sans laisser de coordonnées bancaires ni de données personnelles. |
| **Paiement par téléphone (m-*payment*)** | Paiement effectué depuis un téléphone mobile et débité sur une carte bancaire, sur la facture opérateur ou sur un porte-monnaie électronique. Ce dernier peut être alimenté avec un dépôt de cash auprès d'un agent ou d'un commerçant. |

Les paiements par TIP peuvent être enregistrés de manière similaire aux paiements par chèque. PayPal fonctionnant comme un compte bancaire classique, les paiements par PayPal doivent être enregistrés dans un compte de trésorerie dédié. Enfin, les paiements par PCS et téléphone peuvent être enregistrés de manière similaire aux paiements par carte bancaire.

→ APPLICATION 2 • SITUATION PRATIQUE 7

# 2 Modalités de financement de l'exploitation

Le délai de règlement accordé par les fournisseurs constitue une source non négligeable de trésorerie. D'autres tiers proposent également des modalités de financement de l'exploitation.

## A) Apports temporaires de l'exploitant

Dans les entreprises individuelles, l'exploitant peut temporairement apporter des fonds personnels à l'entreprise. Il peut aussi prélever sur les fonds de l'entreprise pour des fins personnelles. Ces **apports temporaires**, qui modifient les capitaux propres, sont enregistrées respectivement au crédit et au débit du compte « 108. Compte de l'exploitant ».

**NOTRE CONSEIL**

Il faut distinguer ces modalités de règlement et de crédits associés, qui permettent de financer l'exploitation, des autres modalités de financement à plus long terme, qui permettent de financer les investissements (↪ chapitre 12).

Exemple

- Le 15 avril, Mme Maé a acheté pour son entreprise individuelle des fournitures de bureau pour 48 € TTC, en payant avec sa carte de crédit personnelle. Le 18 avril, elle paie un pantalon pour son fils d'un montant de 30 € TTC, en prélevant dans la caisse de l'entreprise.

→ Enregistrement dans le journal de l'entreprise individuelle :

| | | | |
|---|---|---|---|
| | 15/04/N | | |
| 60600 | Achats non stockés de matières et fournitures | 40 | |
| 44566 | État, TVA déductible sur autres biens et services | 8 | |
| 10800 | Compte de l'exploitant | | 48 |
| | *Achat de fournitures de bureau sur compte personnel* | | |
| | 18/04/N | | |
| 10800 | Compte de l'exploitant | 30 | |
| 53000 | Caisse | | 30 |
| | *Pièce de caisse n° ..., prélèvement personnel* | | |

**NOTRE CONSEIL**

En fin d'exercice, le solde créditeur du compte de l'exploitant est viré au compte « 101. Capital ».

## B) Concours bancaires courants

Afin de permettre à l'entreprise de disposer très rapidement de trésorerie, la banque peut l'autoriser à court terme à effectuer des dépenses supérieures au solde disponible sur son compte bancaire. Il s'agit alors de **concours bancaires courants** qui peuvent prendre la forme de :

- facilités de caisse (durée très courte, généralement 15 jours) ;
- crédits de campagne (découverts autorisés sur une période de l'année en cas d'activité saisonnière) ;
- découverts bancaires plus stables et plus longs.

Au fur et à mesure de l'utilisation de ces concours, le compte 512 devient créditeur. En contrepartie, la banque prélève des intérêts proportionnels au montant des concours et à leur durée, ainsi que des commissions généralement soumises à TVA.

**NOTRE CONSEIL**

En fin d'exercice, le solde créditeur du compte 512 est viré au crédit du compte « 519. Concours bancaires courants ».

| | | | |
|---|---|---|---|
| 6. ou 4. | *Compte de charges ou de dettes* | X | |
| 661 | Charges d'intérêts | X | |
| 627 | Services bancaires | X | |
| 44566 | État, TVA déductible sur autres biens et services | X | |
| 512 | Banque | | X |

## C) Effets de commerce

Les effets de commerce prennent la forme d'une lettre de change (fig. 9.1) ou d'un billet à ordre (fig. 9.2), selon que l'émetteur est respectivement le fournisseur ou le client.

**Définitions**

- La **lettre de change** (ou traite) est un titre négociable par lequel un tireur (ou fournisseur) donne l'ordre au tiré (ou client) de payer, à une certaine échéance, la somme indiquée à un bénéficiaire.
- Le **billet à ordre** est un titre négociable par lequel le souscripteur (ou client) s'engage à payer la somme indiquée, à une certaine échéance, à un bénéficiaire (ou fournisseur).

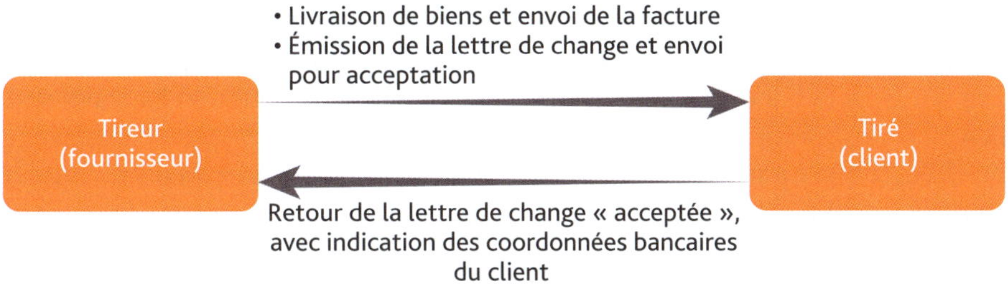


**Figure 9.1.** **Illustration du fonctionnement d'une lettre de change**

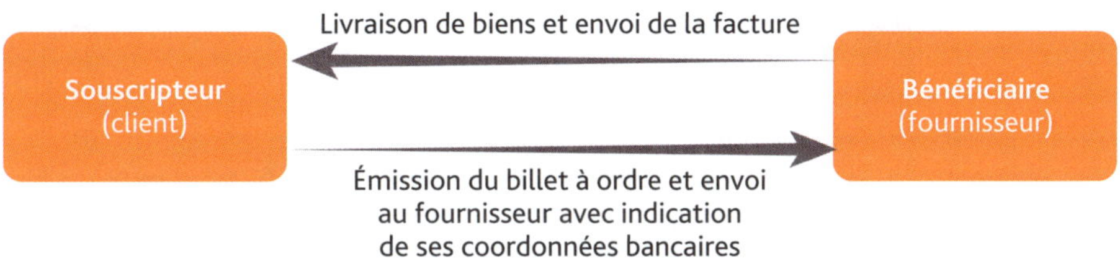


**Figure 9.2.** **Illustration du fonctionnement d'un billet à ordre**

On distingue plusieurs types de lettre de change et de billet à ordre en fonction du degré de dématérialisation de leur support (tab. 9.6).

**Tableau 9.6.** **Types de lettres de change et de billets à ordre**

| | |
|---|---|
| **Papier** | Titre papier qui circule physiquement entre les banques. |
| **Lettre de change relevé – LCR et billet à ordre relevé – BOR** | Titre papier qui fait l'objet d'un traitement informatique entre les banques. |
| **Magnétique** | Fichier informatique. Ne constituant pas un effet de commerce au sens du droit, il fait l'objet d'un traitement comptable différencié. |

## Exemple de lettre de change relevé

- Le 23 mai N, l'entreprise Masona a vendu des marchandises à son client Verseau pour un montant TTC de 25 000 €. À la facture était jointe la lettre de change relevé (LCR) suivante :

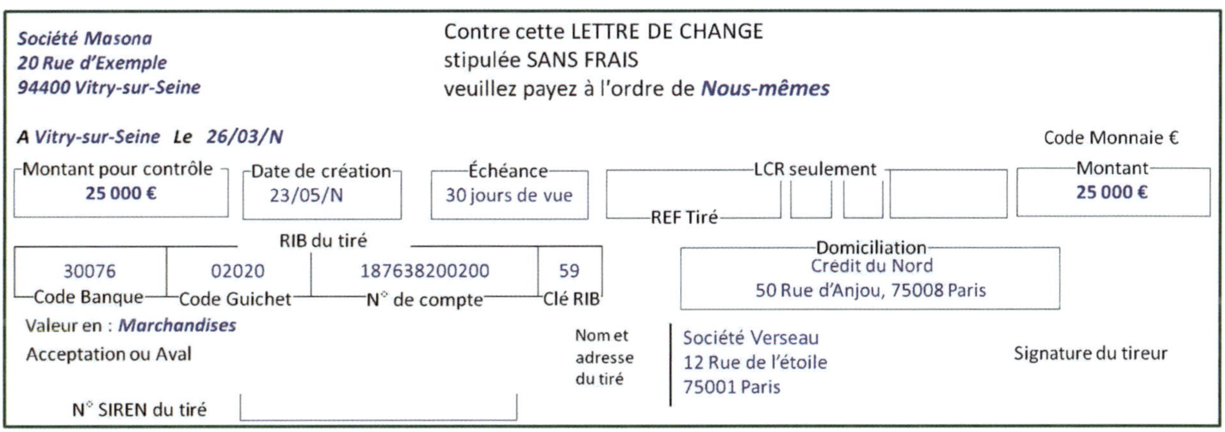
*Société Masona*
*20 Rue d'Exemple*
*94400 Vitry-sur-Seine*

Contre cette LETTRE DE CHANGE
stipulée SANS FRAIS
veuillez payez à l'ordre de ***Nous-mêmes***

A *Vitry-sur-Seine* Le *26/03/N*

Code Monnaie €

Montant pour contrôle : **25 000 €**
Date de création : 23/05/N
Échéance : 30 jours de vue
LCR seulement
REF Tiré
Montant : **25 000 €**

RIB du tiré
Code Banque : 30076
Code Guichet : 02020
N° de compte : 187638200200
Clé RIB : 59

Domiciliation : Crédit du Nord, 50 Rue d'Anjou, 75008 Paris

Valeur en : ***Marchandises***
Acceptation ou Aval

Nom et adresse du tiré : Société Verseau, 12 Rue de l'étoile, 75001 Paris

Signature du tireur

N° SIREN du tiré

Une fois émis et acceptés, les effets de commerce peuvent être (fig. 9.3) :

- remis à l'encaissement par le bénéficiaire (ou tireur) pour un paiement à l'échéance. Cette remise à la banque donne lieu en général à une commission bancaire soumise à TVA ;
- remis à l'escompte par le bénéficiaire pour un paiement avant l'échéance. Cette négociation de l'effet à la banque donne lieu au paiement :
  - d'intérêts calculés sur le montant de l'effet, au prorata de la durée restant à courir avant l'échéance ;
  - de commissions diverses soumises à TVA.

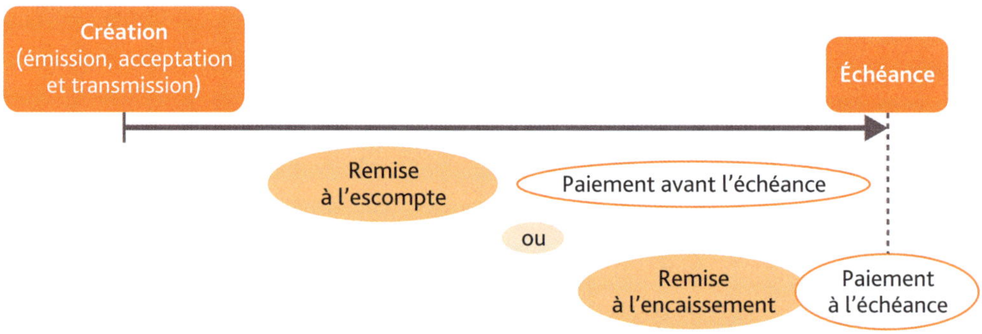


Figure 9.3. **Étapes du traitement des effets de commerce**

## 1. Enregistrement de la création

La création des effets de commerce conduit à solder la créance et la dette ordinaires faisant suite à une transaction, pour faire apparaître une créance et une dette mobilisables (négociables) par effet de commerce (tab. 9.7).

Tableau 9.7. **Enregistrement de la création des effets de commerce**

| Chez le tiré (client) | Chez le tireur (fournisseur) |
|---|---|
| Lors de l'acceptation de la lettre de change ou de l'émission du billet à ordre : | Lors de la réception de la lettre de change acceptée ou du billet à ordre : |
| 401 Fournisseurs X<br>403 Fournisseurs – Effets à payer X | 413 Clients – Effets à recevoir X<br>411 Clients X |

**Exemple (suite)**

- Le client Verseau accepte la lettre de change le 25 mai N et la renvoie à son fournisseur, qui reçoit l'acceptation le 27 mai N.
  - → Enregistrement dans le journal du tiré (entreprise Verseau), dans lequel a été inscrit un montant de 25 000 € au crédit du compte « 401. Fournisseurs » lors de la réception de la facture :

| | | 25/05/N | Débit | Crédit |
|---|---|---|---|---|
| 40100 | | Fournisseurs | 25 000 | |
| | 40300 | Fournisseurs – Effets à payer | | 25 000 |
| | | *Acceptation de la lettre de change de Masona* | | |

→ Enregistrement dans le journal du tireur (entreprise Masona), dans lequel a été inscrit un montant de 25 000 € au débit du compte « 411. Clients » lors de l'émission de la facture :

| | | | |
|---|---|---|---|
| | *27/05/N* | | |
| 41300 | Clients – Effets à recevoir | 25 000 | |
| 41100 | Clients | | 25 000 |
| | *Retour de la lettre de change acceptée de Verseau* | | |

## 2. Enregistrement de la remise à l'encaissement

Si le fournisseur attend l'échéance de l'effet pour encaissement, il transmet à sa banque l'effet « endossé » quelques jours avant l'échéance, accompagné d'un bordereau de remise à l'encaissement. La banque du client et celle du fournisseur leur adresseront ensuite respectivement un avis de débit et un avis de crédit (tab. 9.8).

**Tableau 9.8. Enregistrement de la remise à l'encaissement des effets de commerce**

| | Chez le tiré (client) | Chez le tireur (fournisseur) |
|---|---|---|
| **Transmission à la banque pour encaissement** | Pas d'écriture spécifique | Lors de la remise de l'effet à la banque :<br>5113 Effets à l'encaissement X<br>413 Clients – Effets à recevoir X |
| **Paiement à l'échéance** | Lors de la réception de l'avis de débit :<br>403 Fournisseurs – Effets à payer X<br>512 Banque X | Lors de la réception de l'avis de crédit :<br>627 Services bancaires X<br>44566 État, TVA déductible sur ABS X<br>512 Banque X<br>5113 Effets à l'encaissement X |

**Exemple (suite)**

- Le 19 juin N, le fournisseur Masona remet à l'encaissement la lettre de change qui arrive à échéance le 23 juin N. Sa banque lui envoie le 24 juin N l'avis de crédit correspondant pour un montant, commission déduite, de 24 700 €. Le 23 juin, le client Verseau reçoit un avis de débit de sa banque lui indiquant le paiement de la lettre de change.

→ Enregistrement dans le journal du tiré (entreprise Verseau) :

| | | | |
|---|---|---|---|
| | *23/06/N* | | |
| 40300 | Fournisseurs – effets à payer | 25 000 | |
| 51200 | Banque | | 25 000 |
| | *Échéance de la lettre de change tirée par Masona* | | |

→ Enregistrement dans le journal du tireur (entreprise Masona)

| | | | |
|---|---|---|---|
| | *19/06/N* | | |
| 51130 | Effets à l'encaissement | 25 000 | |
| 41300 | Clients – Effets à recevoir | | 25 000 |
| | *Remise à l'encaissement de la lettre de change sur Verseau* | | |

| | 24/06/N | | |
|---|---|---|---|
| 62700 | Services bancaires | 250 | |
| 44566 | État, TVA déductible sur autres biens et services | 50 | |
| 51200 | Banque | 24 700 | |
| 51130 | Effets à l'encaissement | | 25 000 |
| | *Avis de crédit suite à la remise d'effet à l'encaissement* | | |

## 3. Enregistrement de la remise à l'escompte

Si le fournisseur souhaite avoir une avance de trésorerie, il envoie à sa banque l'effet endossé accompagné d'un bordereau de remise à l'escompte. Lors de la remise à l'escompte, seule la comptabilité du tireur est impactée (tab. 9.9).

**Tableau 9.9. Enregistrement de la remise à l'escompte chez le tireur (fournisseur)**

| | Compte | Libellé | Débit | Crédit |
|---|---|---|---|---|
| **Lors de la remise à l'escompte** | 5114 | Effets à l'escompte | X | |
| | 413 | Clients – Effets à recevoir | | X |
| **Lors de l'encaissement** | 512 | Banque | X | |
| | 661 | Charges d'intérêts | X | |
| | 627 | Services bancaires | X | |
| | 44566 | État, TVA déductible sur autres biens et services | X | |
| | 5114 | Effets à l'escompte | | X |

### Exemple (suite)

- Masona souhaite bénéficier d'une avance de trésorerie. L'entreprise remet alors à l'escompte le 7 juin N la lettre de change de 25 000 € tirée sur son client Verseau. La banque lui verse les fonds le 9 juin N sous déduction de 120 € TTC de frais et de 500 € d'intérêts.
  → Enregistrement dans le journal du tireur (entreprise Masona) :

| | 07/06/N | | |
|---|---|---|---|
| 51140 | Effets à l'escompte | 25 000 | |
| 41300 | Clients – Effets à recevoir | | 25 000 |
| | *Remise à l'escompte de la lettre de change sur Verseau* | | |
| | 09/06/N | | |
| 51200 | Banque | 24 380 | |
| 62700 | Services bancaires | 100 | |
| 44566 | État, TVA déductible sur autres biens et services | 20 | |
| 66100 | Charges d'intérêts | 500 | |
| 51140 | Effets à l'escompte | | 25 000 |
| | *Avis de crédit suite remise d'effet à l'escompte* | | |

### 4. Cas particulier de la lettre de change relevé magnétique

Faute de support papier et de signature, la lettre de change relevé magnétique n'est pas enregistrée comme les autres effets de commerce :

- À la création, elle est maintenue dans les comptes « 411. Clients » et « 401. Fournisseurs » jusqu'à l'échéance et donc aucun enregistrement n'est nécessaire.
- La remise à l'encaissement et à l'escompte n'est pas enregistrée.
- En cas d'escompte (considéré comme l'octroi d'un simple découvert), l'avance de fonds accordée par la banque est inscrite dans le journal du tireur au crédit du compte « 519. Concours bancaires courants ».

**Exemple**

- Le 1er juin N, l'entreprise Iguane crée par voie informatique une LCR magnétique sur une créance client de 3 000 € à échéance au 1er septembre N. Sur la base de cette LCR magnétique, l'entreprise Iguane négocie un crédit auprès de sa banque le 25 juin N. Le 28 juin N, elle reçoit l'avis de crédit de sa banque qui prélève une commission de 70 € HT et des intérêts de 35 €. Le 1er septembre N, dès encaissement de la créance client, le montant de cette dernière est automatiquement prélevé sur le compte bancaire de l'entreprise Iguane. Aucun enregistrement n'est à faire à la création (le 01/06) et à la remise à l'escompte (le 25/06).
  → Enregistrement dans le journal du tireur (entreprise Iguane) :

| | | | |
|---|---|---|---|
| | 28/06 | | |
| 51200 | Banque | 2 881 | |
| 66100 | Charges d'intérêts | 35 | |
| 62700 | Services bancaires et assimilés | 70 | |
| 44566 | État, TVA déductible sur autres biens et services | 14 | |
| 51900 | Concours bancaires courants | | 3 000 |
| | *Négociation d'un crédit sur la base d'une LCR magnétique* | | |
| | 01/09 | | |
| 51200 | Banque | 3 000 | |
| 41100 | Clients | | 3 000 |
| | *Encaissement créance client à l'échéance* | | |
| | 01/09 | | |
| 51900 | Concours bancaires courants | 3 000 | |
| 51200 | Banque | | 3 000 |
| | *Remboursement de l'avance* | | |

→ APPLICATION 2 • MINI-CAS 5 • SITUATION PRATIQUE 7

## 3 Rapprochement bancaire

Le contrôle de la trésorerie est permis par le **rapprochement bancaire**, procédure non obligatoire basée sur la **réciprocité des comptes**.

## A) Réciprocité des comptes

Le compte Banque dans la comptabilité de l'entreprise et le compte de l'entreprise ouvert à la banque sont des comptes réciproques : ils ont en principe des soldes identiques mais de sens contraire (débit/crédit) et de nature opposée (fig. 9.4).

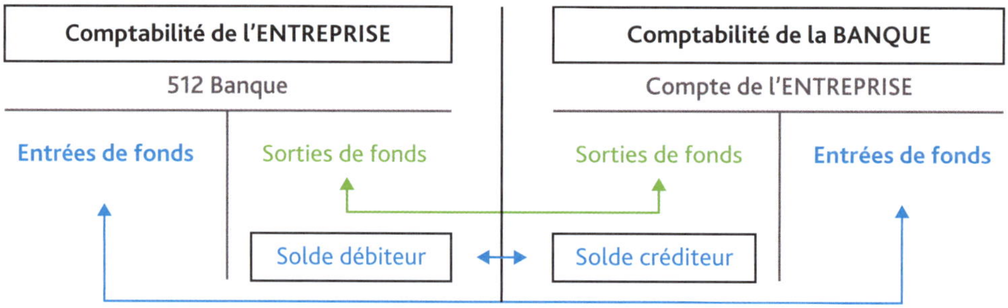


**Figure 9.4. La réciprocité de la comptabilité de l'entreprise et de celle de sa banque**

### Exemple

▸ Réciprocité des comptes pour une entrée de trésorerie de 500 € au bénéfice de l'entreprise :

| | Compte 512 dans la comptabilité de l'entreprise | Compte de l'entreprise à la banque |
|---|---|---|
| **Montant enregistré** | 500 € | 500 € |
| **Sens de l'enregistrement** | Au débit | Au crédit |
| **Nature de l'enregistrement** | Avoir de l'entreprise à la banque | Dette de la banque envers l'entreprise |

En réalité, à un instant donné, ces deux soldes sont rarement identiques à cause :
- des décalages temporels ;
- d'informations connues seulement par la banque ou par l'entreprise ;
- des erreurs et omissions.

### Exemples

▸ *Décalage temporel :* l'émission d'un chèque est l'objet d'une inscription immédiate au crédit du compte Banque tenu par l'entreprise mais ce chèque ne sera débité du compte bancaire de cette entreprise que lors de l'encaissement effectué plus tard par le fournisseur.
*Informations connues temporairement seulement par la banque :* virement reçu d'un débiteur, frais bancaires facturés par la banque.
*Erreurs :* écriture comptabilisée deux fois, erreur sur le montant saisi. ◂

## B) Établissement du rapprochement

**Définition**

L'**état de rapprochement bancaire** est un document extra-comptable qui permet de mettre en évidence et d'expliquer les écarts entre le compte tenu par l'entreprise et celui tenu par la banque. Il peut éventuellement aboutir à des écritures comptables (de complément ou de correction d'erreurs).

Rendez-vous MÉTHODE

## Procédure d'élaboration de l'état de rapprochement bancaire

***Première étape :*** Pointer et analyser les documents. En comparant le compte 512 tenu par l'entreprise et le relevé de compte transmis par la banque (et éventuellement le dernier rapprochement) :

- Pointer, sur les deux documents, les montants identiques (mais de sens contraire) correspondant aux mêmes opérations. Ce pointage peut regrouper plusieurs montants à la fois. Pour plus de lisibilité, il peut être réalisé par numérotation.
- Surligner les montants non pointés sur les deux documents.
- Rechercher les causes de ces différences.

***Deuxième étape :*** Construire l'état de rapprochement.

- Reporter les soldes de fin de période en haut de l'état de rapprochement.
- Reporter les montants non pointés, dans le sens contraire :

– Dans la colonne « 512-Banque », reporter les montants non pointés sur le relevé de compte (montants comptabilisés par la banque qui n'ont pas été enregistrés dans la comptabilité de l'entreprise).

– Dans la colonne correspondant au compte tenu par la banque, reporter les montants non pointés sur le compte 512 (montants enregistrés dans la comptabilité qui ne sont pas présents sur le relevé bancaire).

- Vérifier que les soldes finaux des comptes réciproques de l'état de rapprochement soient égaux.

***Troisième étape :*** Corriger les écarts dus à des erreurs.

- En cas d'écart dû à l'entreprise, enregistrer les écritures comptables nécessaires.
- En cas d'écart dû à la banque, le lui signaler.

### Exemple

Voici l'état de rapprochement bancaire de l'entreprise Nielsa établi au 31/12/N–1 :

| Compte « 512. Banque » dans la comptabilité de l'entreprise | | | Compte de l'entreprise dans la comptabilité de la banque | | |
|---|---|---|---|---|---|
| | **Débit** | **Crédit** | | **Débit** | **Crédit** |
| Solde avant rapprochement<br>Prélèvement Orange<br>Frais de tenue de compte<br>Virement clients | 2 624 050<br><br><br>85 000 | <br>24 000<br>300<br> | Solde avant rapprochement<br>Chèque n° 942<br>Chèque n° 943<br>Chèque n° 944 | <br>150 450<br>(1) **220 000**<br>565 415 | 3 620 615<br><br><br> |
| Total<br>Solde après rapprochement | 2 709 050<br> | 24 300<br>2 684 750 | Total<br>Solde après rapprochement | 935 865<br>2 684 750 | 3 620 615<br> |

L'entreprise Nielsa dispose d'un compte ouvert à Boursorama Banque dont voici le relevé bancaire pour le mois de janvier N :

| Relevé bancaire du mois de janvier | | | |
|---|---|---|---|
| **Date** | **Nature des opérations** | **Débit** | **Crédit** |
| 01/01 | Solde créditeur au 31/12/N–1 | | (1) 3 620 615 |
| 01/01 | Chèque n° 942 | (1) 150 450 | |
| 02/01 | Chèque n° 944 | (1) 565 415 | |
| 04/01 | Remise de chèques | | (2) 857 000 |
| 07/01 | Chèque n° 945 | (3) 240 000 | |
| 10/01 | Chèque n° 946 | (4) 7 500 | |
| 12/01 | Versement d'espèces | | (5) 20 000 |
| 13/01 | Vente de titres | | (6) 24 800 |
| 27/01 | Prélèvement EDF | **10 800** | |
| 30/01 | Virement du client Ledoux | | **915 000** |
| 30/01 | Frais de tenue de compte (dont TVA 20 %) | **600** | |
| 30/01 | Encaissement de dividendes sur les VMP Luxor | | **8 000** |
| | Total des mouvements | 974 765 | 5 445 415 |
| | Nouveau solde créditeur au 31/01/N | 4 470 650 | |

Le détail du compte « 512. Banque » correspondant est extrait de la comptabilité de l'entreprise Nielsa au 31/01/N :

| Compte « 512. Banque » | | | | | |
|---|---|---|---|---|---|
| **Date** | **Libellé** | **Débit** | **Date** | **Libellé** | **Crédit** |
| 01/01 | Solde à nouveau | (1) 2 684 750 | 06/01 | Chèque n° 945 ordre SAP | (3) 240 000 |
| 04/01 | Remise de chèques | (2) 857 000 | 13/01 | Chèque n° 946 ordre CLR | (4) 7 500 |
| 12/01 | Versement d'espèces | (5) 20 000 | 30/01 | Chèque n° 947 ordre Trésor public | **120 000** |
| 20/01 | Vente de titres | (6) 24 800 | 30/01 | Chèque n° 948 ordre ENGIE | **650 000** |
| 23/01 | Remise de chèques | 925 000 | | | |
| | Total | 4 511 550 | | Total | 1 017 500 |
| | | | | Solde débiteur au 31/01/N | 3 494 050 |

***Première étape :*** Pointage et analyse des documents

- Pointage des sommes identiques et de sens contraire (numérotation de (1) à (6) sur les documents)

  (1) : Les soldes initiaux font apparaître un écart de 935 865 € (solde à la banque supérieur à celui du compte tenu par l'entreprise). Cet écart s'explique par :
  - les chèques n° 942 et n° 944 qui avaient été créés à la fin du mois de décembre et qui ont été présentés à la banque au début du mois de janvier. Ces chèques, qui figuraient sur l'état de rapprochement établi à la fin du mois de décembre N–1, ne figureront donc pas sur l'état de rapprochement du mois de janvier N ;
  - le chèque n° 943 de 220 000 € qui n'a toujours pas été présenté à l'encaissement au cours du mois de janvier. Ce chèque, qui figurait déjà dans l'état de rapprochement établi à la fin du mois de décembre N–1, doit figurer de nouveau sur l'état de rapprochement du mois de janvier N.

- Les sommes non pointées qui sont **en gras** sont à reprendre lors de l'établissement de l'état de rapprochement établi à la fin du mois de janvier N.

***Deuxième étape :*** État de rapprochement bancaire au 31/01/N

| Compte « 512. Banque » dans la comptabilité de l'entreprise | | | Compte de l'entreprise dans la comptabilité de la banque | | |
|---|---|---|---|---|---|
| | **Débit** | **Crédit** | | **Débit** | **Crédit** |
| Solde avant rapprochement | 3 494 050 | | Solde avant rapprochement | | 4 470 650 |
| Prélèvement d'EDF | | 10 800 | Chèque n° 943 | 220 000 | |
| Virement au client Ledoux | 915 000 | | Remise de chèques | | 925 000 |
| Frais de tenue de compte | | 600 | Chèque n° 947 | 120 000 | |
| Encaissement de dividendes | 8 000 | | Chèque n° 948 | 650 000 | |
| Total | 4 417 050 | 11 400 | Total | 990 000 | 5 395 650 |
| Solde après rapprochement | | 4 405 650 | Solde après rapprochement | 4 405 650 | |

***Troisième étape :*** Écritures à enregistrer dans le livre-journal de l'entreprise Nielsa

| | | | | |
|---|---|---|---|---|
| | | 31/01/N | | |
| 51200 | | Banque | 923 000 | |
| | 41100 | Client | | 915 000 |
| | 76400 | Revenus de titres | | 8 000 |
| | | *Selon état de rapprochement janvier N* | | |
| | | 31/01/N | | |
| 40100 | | Fournisseur | 10 800 | |
| 62700 | | Services bancaires | 500 | |
| 44566 | | État, TVA déductible sur autres biens et services | 100 | |
| | 51200 | Banque | | 11 400 |
| | | *Selon état de rapprochement janvier N* | | |

Tout montant au débit du compte 512 doit se retrouver au crédit du relevé de compte et inversement.

→ **APPLICATION 3 • MINI-CAS 5 • SITUATION PRATIQUE 7**

## 1 Quiz

*Vérifiez l'exactitude des propositions ci-après et justifiez-les.*

| | Vrai | Faux |
|---|---|---|
| 1. Le compte 512 est crédité lors de la réception d'un avis de débit. | ☐ | ☐ |
| 2. Que les règlements soient réalisés par carte bancaire, par virement ou en espèces, leur enregistrement affecte le compte « 512. Banque ». | ☐ | ☐ |
| 3. Payer par carte bancaire un commerçant entraîne un enregistrement dans sa comptabilité au crédit du compte 512. | ☐ | ☐ |
| 4. Le tireur enregistre le chèque lors de la réception de l'avis de crédit. | ☐ | ☐ |
| 5. La traite est un moyen de paiement qui permet une avance de trésorerie lors de la remise à l'escompte. | ☐ | ☐ |
| 6. La création et la remise à l'escompte des billets à ordre ne s'enregistrent pas en comptabilité. | ☐ | ☐ |
| 7. La lettre de change magnétique s'enregistre de la même façon que la lettre de change papier. | ☐ | ☐ |
| 8. La réciprocité des comptes induit que pour la même opération, un montant au crédit du compte 512 doit se retrouver au crédit du relevé de compte. | ☐ | ☐ |
| 9. Le rapprochement bancaire est un document comptable obligatoire, permettant de contrôler les montants du compte 512. | ☐ | ☐ |
| 10. Le rapprochement bancaire débouche sur l'enregistrement d'écritures de correction pour les opérations que la banque n'a pas prises en compte. | ☐ | ☐ |

## 2 Règlements et financement ★★★

Le 18/11/N, la société Gullon remet à sa banque, la Banque Nationale de Paris, les deux documents suivants :

BANQUE

Payez contre ce chèque non endossable Quatre mille
Sauf au profit d'une banque ou d'un établissement assimilé
cinq cents euros
somme en toutes lettres
A Société Gullon

€ 4 500,00 €
à rédiger exclusivement en euros

A Paris
Le 10/11/N

CE-080809 Payable en France
15236 000036
PARIS 15ème
18 RUE DE LA BANQUE
75 015 PARIS
TEL : 08 36 22 12 18

N° de compte
15236 00036 03 0002256 33 22 0000256
M. DUPOND
123 RUE SPECIMEN
75 015 PARIS

Signature
Dupond

Chèque N° Série BB Chèque n° 000036 (22)

000036 0230021566985 00700065456

---

BANQUE NATIONALE DE PARIS

**BORDEREAU DE REMISE D'EFFETS**
sous réserve d'inventaire et d'encaissement

| | |
|---|---|
| *X* | ESCOMPTE |
| | ENCAISSEMENT |

Les effets désignés ci-dessous seront portés au crédit de votre compte sous réserve de bonne fin après encaissement

| | DESIGNATION DE L'EFFET | PLACE DE PAIEMENT | MONTANT | Échéance |
|---|---|---|---|---|
| 1 | *LCR n° 34567 tirée par Gullon et acceptée le 10/11/N par Voile Passions* | *Sté générale - Vannes* | **6 343,41** | **31/12/N** |
| 2 | | | | |
| 3 | | | | |

NOM DU BÉNÉFICIAIRE: *GULLON*

| Date de remise | Nbre d'effets | NUMERO DE COMPTE À CRÉDITER | MONTANT TOTAL |
|---|---|---|---|
| *18/11/N* | *1* | *456 543 89003 22* | *6 343,41 €* |

1. *Analysez successivement les deux documents en identifiant leur nature, le créancier et le débiteur ainsi que les étapes de gestion de ces documents correspondant aux dates mentionnées.*
2. *Distinguez ces deux documents du point de vue de la gestion de la trésorerie.*
3. *En vous appuyant sur le premier document, citez trois autres modalités de règlement qui existent pour acquitter un achat.*
4. *En vous appuyant sur le deuxième document, précisez en quoi la LCR diffère du billet à ordre et dans quelle mesure l'enregistrement de la LCR chez le tiré diffère de celui réalisé chez le tireur.*
5. *Expliquez dans quelle mesure la remise de ces deux documents à la Banque Nationale de Paris impacte le compte 512 (comptabilité de l'entreprise Gullon) et le relevé bancaire de l'entreprise Gullon établi par la Banque Nationale de Paris.*

## 3 Rapprochement bancaire ★★★

Votre responsable comptable a réalisé le rapprochement bancaire de la SARL Eda. Il vous demande d'expliquer ce dernier à la gérante d'Eda, Mme Grivaud, qui éprouve des difficultés à en saisir les tenants et aboutissants.

1. *Citez les documents à partir desquels le rapprochement bancaire a été réalisé.*
2. *Démontrez l'intérêt d'un rapprochement eu égard à la situation de trésorerie de l'entreprise.*
3. *Expliquez les écarts observés.*
4. *Comptabilisez les écritures nécessaires dans le journal de l'entreprise Eda.*

**État de rapprochement bancaire établi au 31 mars N**

| | Compte 512 Banque (chez Eda) | | Compte courant d'Eda (à la banque) | |
|---|---|---|---|---|
| | Débit | Crédit | Débit | Crédit |
| Solde avant rapprochement au 31/03/N | 50 | | 800 | |
| Chèque n° 401 | | | 80 | |
| Prélèvement assurance incendie | | 990 | | |
| Intérêts perçus sur obligations Gokmen (TIAP) | 60 | | | |
| Solde après rapprochement au 31/03/N | Solde créditeur = 880 | | Solde débiteur = 880 | |



## 4 Mini-cas : Sander ★★★

**Compétences attendues**

- **Citer** les différentes modalités de règlement des dettes et créances, les **comptabiliser**
- **Justifier** l'intérêt du rapprochement bancaire, l'**établir** puis **comptabiliser** les écritures nécessaires : **comprendre** la réciprocité des comptes et leurs écarts potentiels

Au cours du mois de février, l'entreprise commerciale Sander a réalisé les opérations suivantes (TVA à 20 %) :

- 02/02/N : paiement par chèque bancaire n° 121 de la facture du fournisseur Walid enregistrée le 23/01/N. Montant du chèque : 650 €.
- 08/02/N : retrait en espèces de 180 € effectué auprès de la banque.

- 10/02/N : ventes de marchandises contre 150 € d'espèces et 300 € en carte bancaire.
- 12/02/N : réception de l'avis de crédit de la banque mentionnant les recettes du 10/02/N (commission sur cartes bancaires : 0,48 % des recettes).
- 16/02/N : réception du chèque n° 453 du client Odéric pour paiement de la facture du 28/01/N d'un montant de 230 € TTC.
- 17/02/N : remise à l'encaissement du chèque n° 453 à la banque de Sander.
- 19/02/N : réception d'un avis d'impayé de la banque concernant le chèque n° 453 (frais d'impayé : 10 €).
- 23/02/N : réception d'un avis de crédit de la banque concernant un virement du client Mélissa en guise d'acompte sur une commande de marchandises. Montant : 2 550 €.
- 25/02/N : avis de prélèvement automatique de 200 € reçu de la banque, dans le cadre de son contrat d'eau avec son fournisseur Eaux de Grenoble Alpes.
- 27/02/N : pourboire de 7 € remis en espèces au livreur de marchandises.
- 28/02/N : virement bancaire au profit du fournisseur Théo (ordre de virement n° 564) : 7 800 €.

1. *Enregistrez les opérations du mois de février au journal de l'entreprise Sander.*
2. *Élaborez les comptes en T des comptes « Banque » et « Caisse », sachant qu'au 1er février N le solde du compte « Banque » est débiteur de 12 000 € et que le solde du compte « Caisse » est débiteur de 500 €.*
3. *Précisez si ces opérations ont amélioré ou dégradé la situation de la trésorerie au 28 février.*
4. *En théorie, déterminez le solde au 28 février N du compte de Sander ouvert à la banque et précisez si l'entreprise est à découvert. Expliquez pourquoi ce solde pourrait être différent du solde théorique.*

## 5 Mini-cas : Miela★★★

**Compétence attendue** **Citer** les différentes modalités de règlement des dettes et créances, les **comptabiliser** : **comprendre** et **enregistrer** les modalités de financement de l'exploitation

M. Aziri est un apiculteur qui a créé l'entreprise individuelle Miela. Il écoule sa production auprès d'un réseau de magasins spécialisés dans les produits biologiques. Le taux de TVA appliqué est de 20 %. Durant le mois d'octobre N, M. Aziri a effectué les opérations suivantes :

- 04/10/N : paiement de 80 € de frais de télécommunications à sa fille avec le chéquier de l'entreprise.
- 12/10/N : virement de 1 500 € de son compte personnel sur le compte bancaire de l'entreprise Miela afin d'éviter un découvert.

- 18/10/N : paiement avec sa carte bancaire personnelle de 200 € de fournitures destinées à l'entreprise.

Pour profiter des garanties offertes par le droit cambiaire, M. Aziri utilise des LCR pour mobiliser ses créances. Au 31 octobre N, son portefeuille d'effets à recevoir se compose des effets suivants :

| LCR | Tiré | Echéance | Nominal |
|---|---|---|---|
| N° 232 | Biocop | 15/11/N | 185 € |
| N° 235 | AbeillesTop | 25/11/N | 475 € |
| N° 240 | LocaBio | 15/12/N | 368 € |

Les opérations du mois de novembre N relatives aux effets de commerce sont :

- 03/11 : tiré la LCR n° 241 sur le client Vivabio à échéance au 15/12 et d'une valeur nominale de 550 €.
- 09/11 : remise à l'encaissement à la banque de l'effet n° 232.
- 13/11 : remise à l'escompte de l'effet n° 240.
- 16/11 : avis de crédit de la banque relatif à l'effet n° 240 ; agio prélevé par la banque : 13,68 € HT (dont intérêts : 3,68 € ; commission : 10 €).
- 17/11 : avis de crédit de la banque relatif à l'effet n° 232 (commission prélevée par la banque : 12 € HT).
- 20/11 : remise à l'encaissement à la banque de l'effet n° 235.
- 28/11 : la banque avise l'entreprise Miela que l'effet n° 235 est impayé. Commission prélevée : 16 € HT.
- 30/11 : avis de débit de la banque pour deux domiciliations échues relatives à deux lettres de change :
  - la première était tirée par le fournisseur d'immobilisations Micoud : 3 000 € ;
  - la deuxième par le fournisseur de biens et services Guipponi : 1 500 €.

1. *Enregistrez les opérations du mois d'octobre N dans le journal de l'entreprise Miela.*
2. *Enregistrez les opérations du mois de novembre N dans le journal de l'entreprise Miela.*
3. *Enregistrez les opérations du 03/11, du 09/11 et du 17/11 dans le journal de l'entreprise Miela, dans l'hypothèse d'une lettre de change magnétique (et non papier).*

## 6 Mini-cas : Camoglu ★★★

**Compétence attendue** **Justifier** l'intérêt du rapprochement bancaire, l'**établir** puis **comptabiliser** les écritures nécessaires

Vous disposez dans le dossier documentaire des informations suivantes :
- l'état de rapprochement bancaire établi au 31 décembre N ;
- le relevé bancaire reçu de la banque fin janvier N+1 ;
- le compte Banque extrait du grand-livre de la société Camoglu pour janvier N+1.

1. *Justifiez la différence des soldes initiaux au 01/01/N+1 entre le compte bancaire tenu par l'entreprise Camoglu et le compte de l'entreprise Camoglu tenu par sa banque.*
2. *Effectuez le pointage après rapprochement des sommes figurant sur les documents présentés ; analysez les sommes non pointées.*
3. *Présentez l'état de rapprochement bancaire au 31/01/N+1.*
4. *Enregistrez au journal de Camoglu les écritures de régularisation nécessaires.*
5. *Indiquez le solde des comptes dans chaque comptabilité à la date du 01/02/N+1.*

Document 1

### Informations bancaires

**État de rapprochement bancaire établi au 31 décembre N**

| | Compte 512 Banque (chez Camoglu) | | Compte courant de Camoglu (à la banque) | |
|---|---|---|---|---|
| | Débit | Crédit | Débit | Crédit |
| Solde avant rapprochement au 31/12/N | 6 000 | | | 17 000 |
| Virement du client Favre | 2 000 | | | |
| Remise du chèque n° 842 du client Panais | | | | 3 000 |
| Chèque n° 4566 à Kanoute | | | 12 000 | |
| Totaux | 8 000 | | 12 000 | 20 000 |
| Solde après rapprochement | Solde débiteur = 8 000 | | Solde créditeur = 8 000 | |

Document 2

### Relevé de compte reçu de la banque fin janvier N+1

| | | Titulaire du compte : Camoglu | | | |
|---|---|---|---|---|---|
| | | Mouvements Débit | Mouvements Crédit | Solde débiteur | Solde créditeur |
| 01/01 | Solde initial | | | | **17 000** |
| 03/01 | Remise de chèque n° 842 Panais | | 3 000 | | 20 000 |
| 04/01 | Remise de chèque n° 256 Pierre | | 21 000 | | 41 000 |
| 12/01 | Chèque n° 4566 à Kanoute | 12 000 | | | 29 000 |
| 14/01 | Virement Martin | | 30 000 | | 59 000 |
| 15/01 | Remboursement emprunt | 20 000 | | | 39 000 |
| 15/01 | Intérêts emprunts | 4 000 | | | 35 000 |
| 16/01 | Prélèvement EDF | 5 000 | | | 30 000 |

•••

•••

| | | Titulaire du compte : Camoglu | | | |
|---|---|---|---|---|---|
| | | Mouvements Débit | Mouvements Crédit | Solde débiteur | Solde créditeur |
| 20/01 | Virement Dupont | | 10 000 | | 40 000 |
| 23/01 | Prélèvement Orange | 6 000 | | | 34 000 |
| 27/01 | Dividendes sur VMP | | 2 000 | | 36 000 |
| 28/01 | Domiciliation LCR échue (*) | 16 000 | | | 20 000 |
| 29/01 | Virement salaires | 25 000 | | 5 000 | |
| 30/01 | Frais de tenue de compte (**) | 100 | | 5 100 | |
| 30/01 | Intérêts sur découvert bancaire | 200 | | **5 300** | |

(*) : lettre de change papier à payer à un fournisseur de matières et fournitures consommables
(**) : pas de TVA sur les frais de tenue de compte

Document 3

## Compte « 512. Banque Populaire » extrait du grand-livre de l'entreprise Camoglu à la fin de janvier N+1

| Compte « 512. Banque » | | Mouvements | | Soldes | |
|---|---|---|---|---|---|
| | | Débit | Crédit | Débiteur | Créditeur |
| 01/01 | Solde initial | | | 8 000 | |
| 02/01 | Remise chèque n° 256 du client Pierre | 12 000 | | 20 000 | |
| 02/01 | Virement client Martin | 30 000 | | 50 000 | |
| 03/01 | Chèque n° 4567 à Valette | | 9 000 | 41 000 | |
| 05/01 | Chèque n° 4568 à Leroux | | 10 000 | 31 000 | |
| 15/01 | Annuité d'emprunt | | 24 000 | 7 000 | |
| 16/01 | Prélèvement EDF | | 5 000 | 2 000 | |
| 18/01 | Virement client Dupont | 10 000 | | 12 000 | |
| 18/01 | Chèque n° 4569 à Sabin | | 3 000 | 9 000 | |
| 29/01 | Remise chèque n° 372 client Charles | 20 000 | | 29 000 | |
| 30/01 | Virement des salaires | | 25 000 | 4 000 | |

Évaluer les savoirs | Maîtriser les compétences | Préparer l'épreuve

## 7 Situation pratique : Micoud ★★★

35 min

**Compétence attendue** **Citer** les différentes modalités de règlement des dettes et créances, les **comptabiliser**

L'entreprise individuelle Micoud est spécialisée dans la réalisation de diagnostics énergétiques (TVA à 20 %). Elle a opté pour la TVA d'après les débits.

### Missions

1. *Expliquez l'utilité d'un effet de commerce pour un fournisseur.*
2. *Indiquez les raisons pour lesquelles la lettre de change magnétique n'est pas traitée en comptabilité comme un véritable effet de commerce.*
3. *À partir du dossier documentaire, enregistrez dans le journal de l'entreprise Micoud les opérations courantes de l'année N.*

Document

**Opérations de l'année N**

- 08/01/N : avis de débit de la banque informant du paiement de la lettre de change magnétique n° 451, d'un montant de 3 700 €, émise le 5/10/N–1.
- 20/02/N : l'entreprise Micoud paie par carte bleue un achat de matières et fournitures pour 1 000 € HT. Le compte de l'entreprise à la banque ayant un solde débiteur de 200 €, la banque lui accorde un découvert bancaire d'un mois, avec comme contrepartie le prélèvement immédiat de 80 € d'intérêts et de 30 € HT de commissions soumises à TVA.
- 01/03/N : l'exploitante de l'entreprise Micoud apporte temporairement à l'entreprise la somme de 40 000 € afin de faire face à son manque de trésorerie. Ce prêt est rémunéré au taux de 3 % annuel.
- 09/04/N : escompte de la lettre de change papier n° 327 d'un nominal de 11 000 € émise le 27/12/N–1 sur le client Chapas à échéance du 31/04/N.
- 12/04/N : avis de crédit relatif à la lettre de change n° 327 : agios de 360 € HT dont 50 € HT de commissions bancaires.
- 06/06/N : règlement de 6 000 € reçu du client Lina, par chèque bancaire (la facture est supposée enregistrée). Remise immédiate du chèque à l'encaissement.
- 09/06/N : avis de crédit reçu de la banque pour encaissement du chèque du client Lina.
- 01/10/N : l'entreprise Micoud ayant eu la rentrée de trésorerie attendue, elle reverse l'apport, majoré des intérêts, à l'exploitante.
- 20/11/N : émission du billet à ordre n° 47 au bénéfice du fournisseur Chadi, faisant suite à la réception de la facture la veille (cette facture est supposée déjà enregistrée). Nominal : 12 000 €. Échéance : 28/02/N+1.

## 8 Situation pratique : Lara ★★★

20 min

**Compétence attendue** **Justifier** l'intérêt du rapprochement bancaire, l'**établir** puis **comptabiliser** les écritures nécessaires

La société Lara détient un compte courant à la Caisse d'Épargne. Vous disposez, dans le dossier documentaire, d'informations permettant de réaliser l'état de rapprochement bancaire de la société Lara au 31 mars N.

### Missions

1. *Indiquez l'intérêt d'établir des états de rapprochement bancaires.*
2. *Présentez l'état de rapprochement au 31/03/N.*
3. *Enregistrez, dans la comptabilité de l'entreprise Lara, les écritures de régularisation nécessaires, faisant suite au rapprochement bancaire.*

Document

**Informations bancaires fin mars N**

À la date du 31/03/N, le compte Banque tenu dans la comptabilité de l'entreprise fait apparaître un solde débiteur de 25 600 €.

L'examen du relevé du compte courant de la société Lara auprès de la Caisse d'Épargne fait apparaître les informations suivantes :

- Au 31/03, le compte courant de la société Lara présente un solde créditeur de 24 320 €.
- Un chèque de 720 € avait été adressé le 22/03 au fournisseur Boris ; à la date du 31/03, ce chèque n'a pas encore été remis à l'encaissement par le fournisseur Boris.
- Une remise d'espèces à la banque effectuée le 29/03 pour un montant de 4 700 € n'a pas encore été enregistrée par la Caisse d'Épargne.
- Le 29/03, le client Argos a viré 1 800 € sur notre compte sans nous en aviser.
- Le 25/03, des frais bancaires ont été prélevés par la banque pour un montant TTC de 60 €.
- Le 28/03, le fournisseur EDF a effectué un prélèvement bancaire automatique pour un montant de 820 € ; à la date du 31/03, la facture d'EDF ne nous est pas encore parvenue.
- Le 30/03, la banque a porté sur le compte courant de l'entreprise une somme de 780 € correspondant à des intérêts créditeurs relatifs au compte rémunéré dont dispose l'entreprise.
- Un chèque effectué à l'ordre du fournisseur Lenoir avait été enregistré le 20/03 dans la comptabilité de l'entreprise pour 5 400 € ; ce chèque figure sur le relevé de compte pour 4 500 € ; après vérification, le montant exact de ce chèque est de 4 500 €.
- Le 29/03, des intérêts sur bons du trésor détenus par la société Lara ont été virés sur son compte courant pour un montant de 100 €.

SYNTHÈSE

# Opérations courantes de trésorerie

## Les modalités de règlement

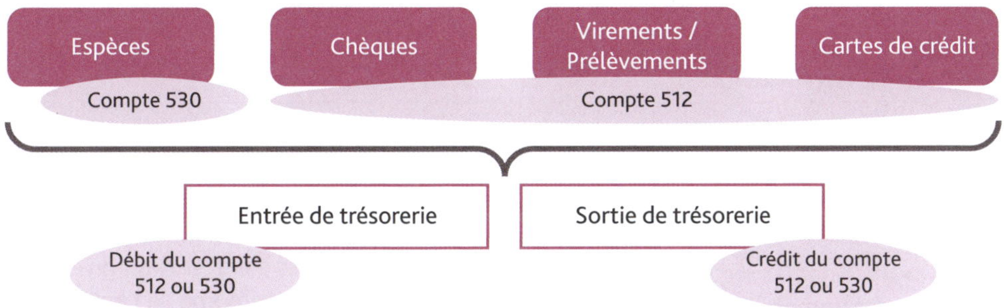


## Les modalités de financement de l'exploitation

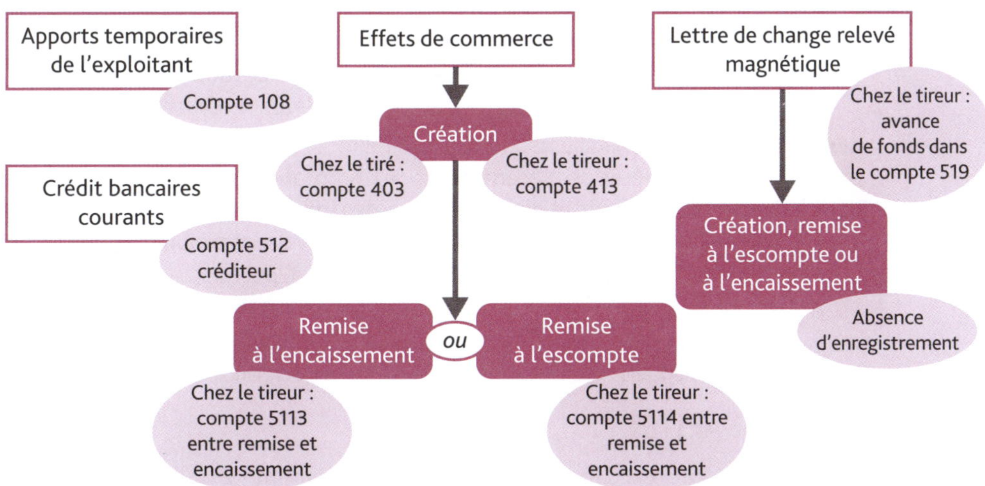


## Le rapprochement bancaire

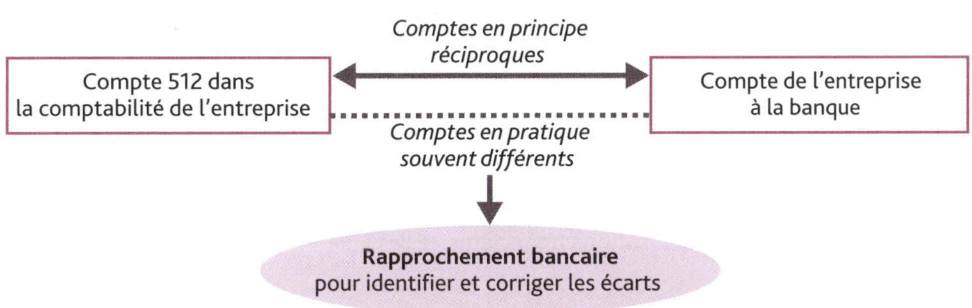

CHAPITRE 10

# Opérations courantes d'investissement et de placement

## PROGRAMME

### Compétences attendues

- **Distinguer** les charges des immobilisations
- **Identifier** la nature d'une immobilisation
- **Justifier** les règles d'entrée des immobilisations et des valeurs mobilières de placement dans le patrimoine de l'entité
- **Évaluer** et **comptabiliser** l'entrée des immobilisations incorporelles et corporelles dans le patrimoine de l'entité
- **Évaluer** et **comptabiliser** l'entrée des immobilisations financières et des valeurs mobilières de placement dans le patrimoine de l'entité ainsi que les revenus associés

### Savoirs associés

- Définition et typologie des immobilisations
- Modalités d'entrée des immobilisations dans le patrimoine de l'entité (à titre onéreux, produites par l'entité, par voie d'échange et à titre gratuit) et valeurs associées
- Qualification des titres
- Typologie et modalités d'entrée des valeurs mobilières de placement dans le patrimoine
- Comptabilisation des revenus des immobilisations financières et des valeurs mobilières de placement

### LIENS AVEC LE DCG 6

- §2.3. Les projets d'investissement
- §3.2. Les marchés financiers

### LIENS AVEC LE DCG 10

- §2.2. Immobilisations corporelles et incorporelles
- §2.4. Actifs financiers

## PLAN DU CHAPITRE

**Cours :** 1. Opérations d'investissement et de placement • 2. Évaluation et comptabilisation des immobilisations lors de leur entrée • 3. Évaluation et comptabilisation des VMP lors de leur acquisition • 4. Comptabilisation des revenus des titres

**Des savoirs aux compétences :** Évaluer les savoirs • Maîtriser les compétences • Préparer l'épreuve

**Synthèse**

Comment distinguer les immobilisations et les charges ? Comment évaluer et enregistrer les immobilisations lors de leur entrée ? Quelles sont les différences d'enregistrement des immobilisations financières et des valeurs mobilières de placement ?

## MOTS-CLÉS

**Immobilisation • Immobilisation corporelle • Immobilisation financière • Immobilisation incorporelle • Revenu de titre • Titre financier • Valeur mobilière de placement**

# 1 Opérations d'investissement et de placement

## A) Immobilisations

**Définition**

Une **immobilisation** est un élément que l'entité entend utiliser pendant plusieurs exercices.

Elle figure à ce titre en haut de l'actif du bilan (tab. 10.1).

**Tableau 10.1. Les caractéristiques des immobilisations relevant de la définition générale des actifs**

| | |
|---|---|
| **Éléments identifiables** | Possibilité de les individualiser et de les détacher des autres éléments du patrimoine |
| **Contrôlées par l'entreprise** | Possibilité de les utiliser pour ses besoins et de bénéficier des revenus qu'elles procurent |
| **Avantages économiques futurs quantifiables** | Permet de générer des entrées de fonds futures |

Les immobilisations se distinguent des charges dans la mesure où les charges sont consommées au cours de l'exercice, engendrant un appauvrissement de l'entreprise. Néanmoins, le plan comptable général indique que si l'élément n'est pas significatif, il peut ne pas être inscrit en immobilisation, même s'il répond à la définition de cette dernière. Fiscalement, les acquisitions de matériels et outillage, de matériels et mobiliers de bureau et de logiciels dont la valeur unitaire hors taxes n'excède pas 500 € peuvent être inscrits en charges (fig. 10.1).

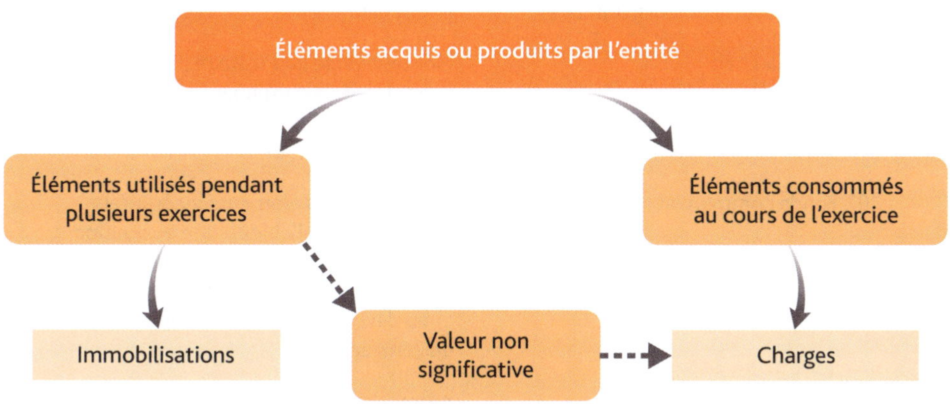


**Figure 10.1. Distinction entre immobilisation et charge**

Le plan comptable général distingue trois natures différentes d'immobilisation (tab. 10.2) :

- Les **immobilisations incorporelles** (comptes 20) sont des actifs non monétaires sans substance physique.
- Les **immobilisations corporelles** (comptes 21) sont des actifs physiques détenus pour être utilisés dans la production ou la fourniture de biens et services, ou pour être loués à des tiers, ou à des fins de gestion interne.
- Les **immobilisations financières** (comptes 26 et 27) sont des titres émis par d'autres entreprises ou des éléments monétaires.

**Tableau 10.2. Typologie des immobilisations selon leur nature**

| | Comptes | Eléments constitutifs |
|---|---|---|
| Immobilisations incorporelles | 201. Frais d'établissement | Frais liés à la création de l'entreprise, à des opérations modifiant son capital ou à l'implantation d'un nouvel établissement. Ces frais ne correspondant plus à la définition d'un actif (il est impossible de leur associer des avantages économiques futurs particuliers), il est préférable d'inscrire ces derniers en charges. |
| | 203. Frais de recherche et de développement | Dépenses de développement engagées par l'entreprise. Ces dépenses ne peuvent être enregistrées à l'actif du bilan que sous certaines conditions, notamment une forte probabilité de réussite du projet de recherche et développement. |
| | 205. Concessions et droits similaires, brevets, licences, marques, procédés, logiciels, droits et valeurs similaires | Dépenses faites pour l'obtention d'une protection attachée à la possession de ces éléments. |
| | 206. Droit au bail | Montant versé au locataire précédent permettant de continuer à disposer des droits résultant de la législation commerciale ou de contrats. |
| | 207. Fonds commercial | Acquisition des éléments incorporels qui ne font pas l'objet d'une évaluation et d'une comptabilisation séparées au bilan et qui concourent au maintien et au développement du potentiel d'activité de l'entreprise. |
| | 208. Autres immobilisations incorporelles | Autres droits acquis, tels que le prix de rachat d'un contrat de crédit-bail à un précédent détenteur. |

| | Comptes | Eléments constitutifs |
|---|---|---|
| Immobilisations corporelles | 211. Terrains | Terrains nus, aménagés ou bâtis. |
| | 212. Aménagements des terrains | Dépenses d'aménagement des terrains |
| | 213. Constructions | Coût des bâtiments, des aménagements réalisés sur ceux-ci ainsi que des infrastructures édifiées sur des terrains. |
| | 214. Constructions sur sol d'autrui | Constructions sur des terrains édifiés sur sol d'autrui. |
| | 215. Installations techniques, matériels et outillages industriels | Infrastructures et matériels de production, ainsi que leurs aménagements. |
| | 218. Autres immobilisations corporelles | Installations générales, agencements et aménagements incorporés dans des immobilisations dont l'entreprise n'est pas propriétaire. |
| Immobilisations financières | 261. Titres de participation | Titres dont la détention durable permet de contribuer à l'activité de la société émettrice. Cette contribution est présumée lorsque les titres représentent une fraction du capital supérieure à 10 %. |
| | 271. Titres immobilisés autres que les TIAP (droit de propriété)<br>272. Titres immobilisés (droit de créance) | Titres, autres que les titres de participation, que l'entreprise n'a pas la possibilité ou l'intention de revendre à bref délai. |
| | 273. Titres immobilisés de l'activité de portefeuille (TIAP) | Titres acquis en vue d'une détention durable motivée par des perspectives de rentabilité intéressantes dans le cadre de la gestion d'un portefeuille. |

## B) Titres financiers

Les **titres financiers** peuvent être représentatifs :

- d'un droit de propriété (comme les actions et les parts sociales qui représentent une fraction du capital des sociétés qui les émettent) ;
- d'un droit de créance (comme les obligations qui constituent pour les sociétés émettrices un emprunt remboursable dans un certain délai).

Au sein des titres financiers, la comptabilité distingue les investissements financiers des **valeurs mobilières de placement** (VMP) en fonction de leur durée de détention prévue et de leur objectif de détention (fig. 10.2).

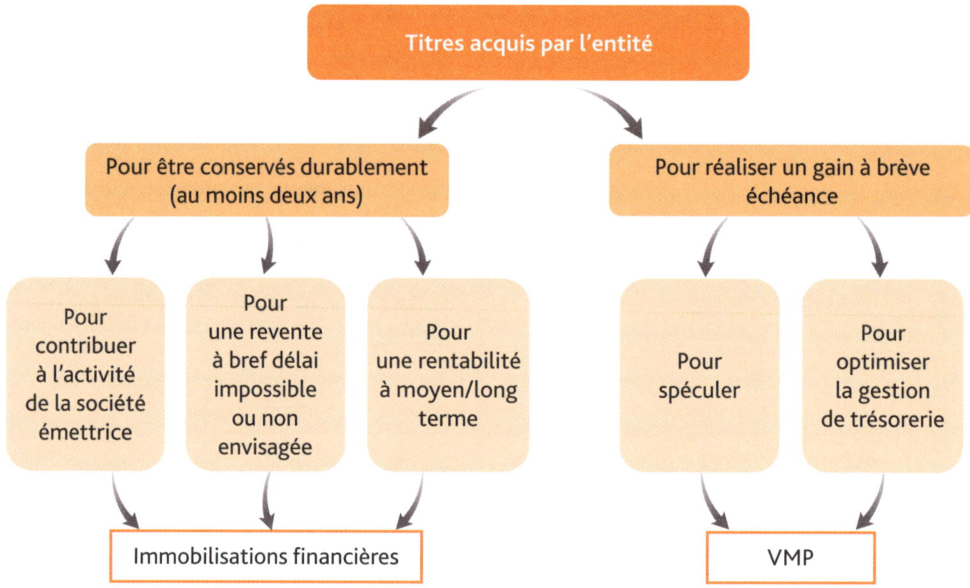


**Figure 10.2. Distinction entre immobilisations financières et VMP**

Les valeurs mobilières de placement sont considérées comme de l'actif circulant, inscrites dans les comptes « 50. VMP » (tab. 10.3).

**Tableau 10.3. Typologie des VMP selon leur nature**

| | |
|---|---|
| **Valeurs mobilières de placement** | 503. Actions |
| | 504. Autres titres conférent un droit de propriété |
| | 506. Obligations |
| | 507. Bons du Trésor et bons de caisse à court terme |
| | 508. Autres VMP |

→ **APPLICATION 2**

# 2 Évaluation et comptabilisation des immobilisations lors de leur entrée

## A) Immobilisations corporelles et incorporelles

### 1. Évaluation lors de l'entrée dans l'entité

Les modalités d'entrée des immobilisations dans le patrimoine de l'entité déterminent leur évaluation (tab. 10.4).

**Tableau 10.4. Évaluation des immobilisations corporelles et incorporelles lors de leur entrée**

<table>
<tr><th colspan="2">Mode d'entrée</th><th>Méthode d'évaluation</th></tr>
<tr><td colspan="2">Acquisition à titre onéreux</td><td>Coût d'acquisition qui comprend :<br>• le prix d'achat, y compris les droits de douane et taxes non récupérables, après déduction des réductions ;<br>• tous les coûts directement attribuables engagés pour mettre l'immobilisation en place et en état de fonctionner (frais de livraison, d'installation, de mise en service…) ;<br>• les frais de formation nécessaires à la mise en service d'une immobilisation, les droits de mutation, honoraires ou commissions et frais d'actes liés à l'acquisition sont rattachés, sur option, au coût d'acquisition de l'immobilisation (frais enregistrés en charge ou en immobilisation sur option).</td></tr>
<tr><td rowspan="2">Production par l'entité pour elle-même</td><td>Immobilisation corporelles</td><td>Coût de production qui comprend :<br>• le coût d'acquisition des matières et fournitures entrant dans la composition de l'immobilisation produite ;<br>• les charges directes et indirectes pouvant être rattachées de manière certaine à la production de l'immobilisation.</td></tr>
<tr><td>Immobilisation incorporelles</td><td>Coût de développement composé de toutes les dépenses nécessaires à la création, la production et la préparation de l'immobilisation afin qu'elle soit en mesure de fonctionner.</td></tr>
<tr><td colspan="2">Acquisition à titre gratuit ou par voie d'échange</td><td>Valeur vénale = Montant qui pourrait être obtenu de la vente – Coûts de sortie (frais liés à cette vente).</td></tr>
</table>

Dans le cas particulier de l'acquisition à titre onéreux d'un véhicule de tourisme (voiture particulière limitée à 3,5 tonnes et à 9 passagers), la TVA ne peut pas être récupérée : elle est alors intégrée dans le coût d'acquisition du véhicule.

## Exemples

- ***Acquisition d'un matériel à titre onéreux***

La facture d'un matériel industriel reçue le 5/01/N mentionne les éléments suivants :

| | |
|---|---:|
| – Montant brut HT | 10 000 |
| – Remise 1 % | 100 |
| – Frais de transport HT | 700 |
| – Frais d'installation HT | 400 |
| – Frais de formation du personnel HT | 300 |

Le prix d'achat est estimé remise déduite. Les frais de transport et d'installation sont des coûts directement attribuables engagés pour mettre l'actif en état de fonctionner. Pour les frais externes relatifs à des formations nécessaires à la mise en service d'une immobilisation, il convient de déterminer si l'entreprise opte pour le rattachement au coût d'acquisition de l'immobilisation ou pour une comptabilisation en charges. Si nous supposons que l'entreprise n'immobilise pas les frais de formation, le coût d'acquisition se calcule alors comme suit :

- Prix d'achat net 10 000 – 100 = 9 900 €
- Coûts directement attribuables 700 + 400 = + 1 100 €
- Coût d'acquisition du matériel industriel **11 000 €**

***Production d'un outillage par l'entreprise pour elle-même***

La comptabilité de gestion a permis de déterminer les coûts suivants liés à la mise en service le 15/01/N d'un outillage produit par l'entreprise elle-même :

- Matières premières utilisées 1 500
- Coût de la main-d'œuvre directe de production 400
- Coût de la main-d'œuvre indirecte de production 150

Coût de production de l'outillage : 1 500 + 400 + 150 = **2 050 €**

***Voiture de tourisme reçue à titre gratuit***

Le 20/01/N, une entreprise reçoit à titre gratuit de sa société mère une voiture de tourisme que cette dernière n'utilise plus. La valeur du véhicule, estimée à l'argus, est de 3 000 €. En cas de cession du véhicule, les frais (révision, contrôle technique, etc.) seraient d'environ 150 €. Valeur vénale du véhicule de tourisme : 3 000 € – 150 € = **2 850 €**

## 2. Principes généraux de comptabilisation

Comme l'évaluation, la comptabilisation des immobilisations dépend de leur mode d'entrée (tab. 10.5).

**Tableau 10.5. Comptabilisation des immobilisations lors de leur entrée**

| | | | | |
|---|---|---|---|---|
| **Acquisition à titre onéreux** | 2.<br>44562<br>404 | Compte d'immobilisation concerné<br>État, TVA déductible sur immobilisations<br>Fournisseurs d'immobilisations | X<br>X | <br><br>X |
| | Lorsque la TVA n'est pas récupérable (ex. : cas des véhicules de tourisme), elle figure dans le compte d'immobilisation. | | | |
| **Production par l'entité pour elle-même** | 2.<br>72 | *Date de mise en service de l'immobilisation*<br>Compte d'immobilisation concerné<br>Production immobilisée | X | <br>X |
| | Neutralisation de l'incidence des charges préalablement engagées sur le résultat de l'entreprise.<br>Cette opération de « livraison à soi-même » n'est en principe pas soumise à la TVA. Par exception, lorsque la TVA n'est pas déductible, soit totalement (comme pour les véhicules de tourisme), soit partiellement (comme pour des entreprises qui ne sont pas totalement assujetties à la TVA), il apparaît une TVA collectée calculée sur la totalité de l'opération et une TVA déductible partielle, calculée en fonction du coefficient de déductibilité de l'entreprise (UE4). | | | |
| **Acquisition à titre gratuit ou par voie d'échange** | 2.<br>778 | Compte d'immobilisation concerné<br>Autres produits exceptionnels | X | <br>X |

## Exemples (suite)

***Acquisition d'un matériel à titre onéreux***

| | 05/01/N | | |
|---|---|---|---|
| 21540 | Matériel industriel | 11 000 | |
| 44562 | État, TVA déductible sur immobilisations | 2 200 | |
| 40400 | Fournisseurs d'immobilisations | | 13 200 |
| | *Facture n°* | | |

***Production d'un outillage par l'entreprise pour elle-même*** (en supposant que l'opération n'est pas soumise à TVA)

| | 15/01/N | | |
|---|---|---|---|
| 21550 | Outillage industriel | 2 050 | |
| 72200 | Production immobilisée – Immobilisations corporelles | | 2 050 |
| | *Décompte analytique n°* | | |

***Voiture de tourisme reçue à titre gratuit***

| | 20/01/N | | |
|---|---|---|---|
| 21820 | Matériel de transport | 2 850 | |
| 77880 | Autres produits exceptionnels | | 2 850 |
| | *Selon attestation* | | |

## 3. Avances et acomptes sur immobilisations

L'enregistrement des avances et des acomptes sur commande d'immobilisations incorporelles et corporelles mobilise des comptes spécifiques (tab. 10.6)

**Tableau 10.6. Comptabilisation des avances et des acomptes sur immobilisations**

| Chez le client | Chez le fournisseur |
|---|---|
| 237. Avances et acomptes versés sur immobilisations incorporelles<br>ou 238. Avances et acomptes versés sur commandes d'immobilisations corporelles | 4191. Clients – Avances et acomptes reçus sur commandes<br>*(compte fonctionnant en sens contraire de son compte de rattachement)* |

Le compte 237 ou 238 est soldé lors de la réception de la facture concernant l'immobilisation.

L'application des régimes de TVA induit que :

- Les acomptes portant sur des biens (notamment sur des immobilisations corporelles) ne sont pas soumis à TVA.
- Les acomptes portant sur les immobilisations incorporelles qui répondent à des activités de services sont soumis à la TVA sur les encaissements.

## Exemple

- À l'occasion de la commande d'un outillage spécialisé le 10/02/N, l'entreprise Armand verse à l'entreprise industrielle Gaudet une avance de 10 000 €. La facture correspondante, d'un montant de 40 000 HT (TVA au taux normal), est émise et réceptionnée le 22/02/N. Le règlement du solde est effectué le 26/02/N.

→ Comptabilisation dans le journal du client Armand

| | | | |
|---|---|---|---|
| | *10/02/N* | | |
| 23800 | Avances et acomptes versés sur commandes d'immobilisations corporelles | 10 000 | |
| 51200 | Banque | | 10 000 |
| | *Avance sur commande* | | |
| | *22/02/N* | | |
| 21550 | Outillage industriel | 40 000 | |
| 44562 | État, TVA déductible sur immobilisations | 8 000 | |
| 23800 | Avances et acomptes versés sur commandes d'immobilisations corporelles | | 10 000 |
| 40400 | Fournisseurs d'immobilisations | | 38 000 |
| | *Facture n°* | | |
| | *26/02/N* | | |
| 40400 | Fournisseurs d'immobilisations | 38 000 | |
| 51200 | Banque | | 38 000 |
| | *Paiement de la facture n°* | | |

→ Comptabilisation dans le journal du fournisseur Gaudet

| | | | |
|---|---|---|---|
| | *10/02/N* | | |
| 51200 | Banque | 10 000 | |
| 41910 | Clients – Avances et acomptes reçus sur commandes | | 10 000 |
| | *Avance sur commande* | | |
| | *22/02/N* | | |
| 41100 | Client | 38 000 | |
| 41910 | Clients – Avances et acomptes reçus sur commandes | 10 000 | |
| 70100 | Ventes de produits finis | | 40 000 |
| 44571 | État, TVA collectée | | 8 000 |
| | *Facture n°* | | |
| | *26/02/N* | | |
| 51200 | Banque | 38 000 | |
| 41100 | Client | | 38 000 |
| | *Paiement de la facture n°* | | |

## B) Immobilisations financières

### 1. Évaluation lors de leur acquisition

L'entrée des immobilisations financières dans le patrimoine de l'entreprise est évaluée selon des méthodes similaires aux immobilisations corporelles et incorporelles (tab. 10.7).

**Tableau 10.7. Évaluation des immobilisations financières lors de leur acquisition**

| Mode d'entrée | Méthode d'évaluation |
|---|---|
| Acquisition à titre onéreux | Coût d'acquisition qui comprend :<br>• le prix d'achat,<br>• et sur option de l'entreprise : les frais d'acquisition des titres, soit les frais prélevés par des tiers qui interviennent dans la transaction (commissions, impôts de Bourse, honoraires…). |
| Acquisition à titre gratuit, à titre d'apport en nature ou par voie d'échange | Valeur vénale = Montant qui pourrait être obtenu de sa vente<br>– Coûts de sortie liés à cette vente |

### 2. Comptabilisation lors de leur acquisition

La comptabilisation des immobilisations financières dépend également de leur mode d'entrée (tab. 10.8).

**Tableau 10.8. Comptabilisation des immobilisations lors de leur entrée**

| Mode d'entrée | Compte | Libellé | Débit | Crédit |
|---|---|---|---|---|
| **Acquisition à titre onéreux** | • Si l'entreprise opte pour incorporer les frais d'acquisition des titres dans le coût d'acquisition : | | | |
| | 26 ou 27 | Compte d'immobilisation financière concerné | X | |
| | 44562 | État, TVA déductible sur immobilisations | X | |
| | 404 | Fournisseurs d'immobilisations | | X |
| | La TVA déductible est appliquée au montant des frais bancaires. | | | |
| | • Si l'entreprise opte pour inscrire les frais d'acquisition des titres en charge : | | | |
| | 26 ou 27 | Compte d'immobilisation financière concerné | X | |
| | 6271 | Frais sur titres | X | |
| | 44566 | État, TVA déductible sur autres biens et services | X | |
| | 404 | Fournisseurs d'immobilisations | | X |
| | 401 | Fournisseurs | | X |

| | | | | |
|---|---|---|---|---|
| **Acquisition à titre gratuit ou par voie d'échange** | 26 ou 27<br>778 | Compte d'immobilisation financière concerné<br>Autres produits exceptionnels | X | <br>X |

Exemple

- Afin de posséder 30 % du capital de la société émettrice Gravier, l'entreprise Récard fait l'acquisition le 29/04/N de 2 000 actions de cette société, au cours de 300 € l'action. Les frais d'acquisition s'élèvent à 2 500 € HT (payés par virement le 30/04).
Si l'entreprise Récard opte pour l'incorporation des frais d'acquisition des titres dans le coût d'acquisition, l'écriture au journal est la suivante :

| | | | |
|---|---|---|---|
| | *29/04/N* | | |
| 26110 | Titres de participation (2 000 × 300 + 2 500) | 602 500 | |
| 44562 | État, TVA déductible sur immobilisations (2 500 × 0,2) | 500 | |
| 40400 | Fournisseurs d'immobilisations | | 603 000 |
| | *Acquisition de 2 000 actions Gravier* | | |

→ APPLICATION 2 • APPLICATION 3 • MINI-CAS 4 • SITUATION PRATIQUE 5

# 3 Évaluation et comptabilisation des VMP lors de leur acquisition

## A) Évaluation lors de leur acquisition

Lors de leur entrée dans le patrimoine de l'entité, les valeurs mobilières de placement (VMP) sont évaluées de manière similaire aux immobilisations financières :
- au coût d'acquisition pour les VMP acquises à titre onéreux ;
- à leur valeur vénale pour les VMP acquises à titre gratuit, à titre d'apport en nature ou par voie d'échange.

## B) Comptabilisation lors de leur acquisition

L'acquisition de VMP s'enregistre au travers de comptes dédiés (tab. 10.9).

**Tableau 10.9. Comptabilisation des VMP lors de leur acquisition**

| | Compte débité | Compte crédité | Libellé | Débit | Crédit |
|---|---|---|---|---|---|
| **Acquisition à titre onéreux** | • Si l'entreprise opte pour incorporer les frais d'acquisition des titres dans le coût d'acquisition : | | | | |
| | 50. | | Compte de VMP concerné | X | |
| | 44566 | | État, TVA déductible sur autres biens et services | X | |
| | | 464 | Dettes sur acquisitions de VMP | | X |
| | La TVA déductible est appliquée au montant des frais bancaires. | | | | |
| | • Si l'entreprise opte pour inscrire les frais d'acquisition des titres en charge : | | | | |
| | 50. | | Compte de VMP concerné | X | |
| | 6271 | | Frais sur titres | X | |
| | 44566 | | État, TVA déductible sur autres biens et services | X | |
| | | 464 | Dettes sur acquisitions de VMP | | X |
| **Acquisition à titre gratuit ou par voie d'échange** | 50. | | Compte de VMP concerné | X | |
| | | 778 | Autres produits exceptionnels | | X |

→ APPLICATION 2 • APPLICATION 3 • SITUATION PRATIQUE 6

## 4 Comptabilisation des revenus des titres

La détention de titres procure des **revenus financiers** :
- des dividendes pour les titulaires de droits de propriété ;
- des intérêts pour les détenteurs de droits de créance.

Ces revenus ne sont pas soumis à TVA. Dès qu'ils sont acquis, ils sont enregistrés au crédit des subdivisions du compte 76 selon la nature des titres (tab. 10.10).

**Tableau 10.10. Comptabilisation des revenus en fonction de la nature des titres**

| Affectation des titres | Comptes de produits financiers à utiliser |
|---|---|
| 261. Titres de participation | 761. Produits de participation |
| 271/272. Titres immobilisés<br>273. TIAP | 762. Produits des autres immobilisations financières |
| 50. Valeurs mobilières de placement | 764. Revenus des VMP |

→ SITUATION PRATIQUE 6

## 1 QCM

*Pour chaque proposition, une ou plusieurs réponses sont possibles. Justifiez-les.*

1. Lesquels de ces éléments sont des immobilisations et non des charges ?
   a. Location d'un appartement pour 2 000 € par mois. ☐
   b. Prêt de 5 000 € à un salarié. ☐
   c. Achat d'une ponceuse électrique à 420 €, pour une utilisation sur 3 ans par le service peinture. ☐
   d. Achat d'un véhicule de tourisme d'une valeur de 18 000 € pour le prêter à un salarié. ☐

2. Les immobilisations corporelles peuvent être évaluées :
   a. au coût d'acquisition. ☐
   b. au coût de production. ☐
   c. au coût de développement. ☐
   d. à leur valeur vénale. ☐

3. Le compte relatif aux avances et acomptes sur commandes d'immobilisations est enregistré :
   a. au crédit chez le fournisseur lors de leur versement. ☐
   b. au crédit chez le client lors de leur versement. ☐
   c. au débit chez le fournisseur lors de la facturation. ☐
   d. au débit chez le client lors de la facturation. ☐

4. Les VMP sont :
   a. des immobilisations financières. ☐
   b. enregistrées en classe 5. ☐
   c. acquises pour influer sur la gestion des entreprises. ☐
   d. acquises pour réaliser une plus-value rapidement. ☐

5. L'achat de titres est :
   a. comptabilisé au coût d'acquisition ou coût de production. ☐
   b. comptabilisé dans des comptes de classe 2 ou 5. ☐
   c. une charge. ☐
   d. soumis à la TVA sur le montant des titres. ☐
   e. soumis à TVA. ☐

6. Lors de l'acquisition d'un véhicule de tourisme à titre onéreux, la TVA est :
   a. enregistrée au débit du compte 44562. ☐
   b. intégrée dans le coût d'acquisition. ☐
   c. déductible partiellement en fonction du degré de déductibilité. ☐
   d. enregistrée au crédit du compte 44571. ☐

## 2 Identification des investissements et titres ★★★

L'entreprise Loyer a une activité de fabrication de robots industriels. Elle a réalisé au cours de l'année N les opérations décrites dans le tableau ci-après.

1. *Expliquez la distinction entre une immobilisation et une charge d'une part, puis entre une immobilisation financière et une valeur mobilière de placement d'autre part.*
2. *Précisez dans quelle rubrique des documents de synthèse la valeur d'entrée des charges, des immobilisations et des VMP se trouve.*
3. *Complétez la deuxième colonne du tableau et, si l'opération n'est pas une charge, complétez les deux dernières colonnes du tableau.*

| Opération | Charge, immobilisation ou VMP ? | Modes d'entrée et d'évaluation | Classement comptable (n° et nom de compte) |
|---|---|---|---|
| 1. Mise en service d'un logiciel de conception de robots par ordinateur conçu par les salariés pour un coût total de 8 000 € | | | |
| 2. Achat de 150 Bons du Trésor de l'État français afin de bénéficier à brève échéance de la montée du cours de ces titres | | | |
| 3. Achat de composants électroniques intégrés dans les robots vendus | | | |
| 4. Achat de 410 actions Panais dans la perspective de réaliser un investissement à long terme et d'en tirer une rentabilité importante. Cet achat entraîne aucune influence sur la société Panais | | | |
| 5. Donation par une autre entreprise (en liquidation judiciaire) d'un matériel industriel | | | |
| 6. Apport par un gérant de 60 actions de la société Immotile afin de satisfaire l'obligation de l'entreprise d'investir durablement dans la construction immobilière | | | |
| 7. Réparation d'un four de soudure installé dans l'atelier de production pour un montant de 400 € | | | |
| 8. Achat de 87 obligations cotées Devesne afin de placer pendant cinq mois les excédents de trésorerie | | | |

| Opération | Charge, immobilisation ou VMP ? | Modes d'entrée et d'évaluation | Classement comptable (n° et nom de compte) |
|---|---|---|---|
| 9. Afin de permettre à l'entreprise Loyer de contrôler 30 % du capital de la société Lilou, l'entreprise Khassim lui échange 100 actions Lilou contre 60 actions Blaise. | | | |
| 10. Mise en service d'un établi sur-mesure construit par les salariés de l'atelier assemblage pour pouvoir entreposer leurs outils | | | |

## 3 Acquisitions diverses ★★★

Avant d'enregistrer un achat (ou une acquisition), il faut toujours se demander s'il s'agit d'une charge, d'une immobilisation ou d'une valeur mobilière de placement.

L'entreprise Zentiva souhaite enregistrer à la date du 27/01/N l'entrée d'un bureau en bois massif dans son patrimoine. Ce bureau lui permettra notamment d'entreposer des documents et de recevoir correctement sa clientèle.

1. *Enregistrez cette entrée dans le journal de l'entreprise Zentiva dans le cas où elle a acquis ce bureau aux conditions suivantes : montant brut de 1 000 € HT, remise de 10 %, frais de livraison de 120 € HT.*
2. *Enregistrez cette entrée dans le cas où ce bureau est fabriqué par deux salariés de l'entreprise. Les coûts de cette fabrication sont les suivants : 300 € de matières premières utilisées, 400 € de main-d'œuvre directe (charges sociales comprises), 100 € de quote-part de charges indirectes de production. Cette opération n'est pas soumise à TVA.*
3. *Enregistrez cette entrée dans le cas où ce bureau a été donné par une entreprise partenaire. Ce bureau a une valeur de 600 € HT sur le marché de l'occasion, sachant que sa livraison nécessiterait la location d'un camion pour 150 €.*

L'entreprise Zentiva souhaite également enregistrer l'acquisition auprès de sa banque de 300 actions aux conditions suivantes : prix unitaire de 140 € HT, frais bancaires (commissions et honoraires) de 70 € HT.

4. *Enregistrez cette acquisition dans le journal de l'entreprise Zentiva dans le cas où elle a acquis ces actions pour réaliser un gain à brève échéance et où elle a opté pour inscrire les frais d'acquisition des actions dans le coût d'acquisition.*
5. *Enregistrez cette acquisition dans le cas où elle a acquis ces actions dans le cadre de sa stratégie de gestion de portefeuille à long terme et où elle a opté pour inscrire les frais d'acquisition des actions en charges.*

## 4 Mini-cas : Bertrand ★★★

**Compétences attendues**

- **Distinguer** les charges des immobilisations
- **Identifier** la nature d'une immobilisation
- **Justifier** les règles d'entrée des immobilisations et des valeurs mobilières de placement dans le patrimoine de l'entité
- **Évaluer** et **comptabiliser** l'entrée des immobilisations incorporelles et corporelles dans le patrimoine de l'entité

- L'entreprise Bertrand, spécialisée dans la conception de prototypes automobiles, a acheté à l'entreprise Ried deux imprimantes 3D dont voici la facture :

**RIED**
Facture n° 348 Date : 01/03/N Doit : BERTRAND

| Désignation | Qtés | PU HT | Montant |
|---|---|---|---|
| Imprimantes 3D ref. 6A | 2 | 22 900,00 | 45 800,00 |
| Montant brut | | | 45 800,00 |
| Remise 5 % | | | – 2 290,00 |
| Net commercial | | | 43 510,00 |
| Escompte 2 % | | | – 870,20 |
| Net financier HT | | | 42 639,80 |
| TVA 20 % | | | 8 527,96 |
| Montant TTC | | | 51 167,76 |
| Acompte du 27/01/N | | | 10 000,00 |
| Net à payer | | | 41 167,76 |

Conditions de règlement : par chèque bancaire dans un délai de 15 jours

- Le 02/03/N, l'entreprise Bertrand a reçu la facture du transporteur TNT relative aux frais de livraison de ces imprimantes ; cette facture s'élève à 80 € HT.
- Le 03/03/N, l'entreprise Bertrand reçoit une autre facture du fournisseur Ried (facture n° 352) mentionnant les bobines de fil plastique utilisées comme consommables dans les imprimantes ; cette facture s'élève à 350 € HT (cette facture est réglée le jour même par chèque bancaire).

Lorsque l'entreprise engage des dépenses pour la mise en service d'une immobilisation (coûts directement attribuables), elles font partie du coût d'entrée de l'immobilisation, quel que soit le moment où ces charges sont engagées (avant ou après l'acquisition de l'immobilisation).

- À la suite de dépenses de recherche et développement (qui avaient été inscrites au bilan de l'entreprise Bertrand en novembre N–1 pour un montant de 45 000 €), l'entreprise Bertrand dépose un brevet d'invention le 7/03/N.

*Enregistrez les opérations courantes réalisées par l'entreprise Bertrand au début du mois de mars N.*



## 5 Situation pratique : Bricopro ★★★

30 min

**Compétences attendues**

- **Distinguer** les charges des immobilisations
- **Identifier** la nature d'une immobilisation
- **Justifier** les règles d'entrée des immobilisations et des valeurs mobilières de placement dans le patrimoine de l'entité
- **Évaluer** et **comptabiliser** l'entrée des immobilisations incorporelles et corporelles dans le patrimoine de l'entité

Après sa création, l'entreprise commerciale de bricolage Bricopro a réalisé des opérations conséquentes détaillées dans le dossier documentaire. Elle est assujettie à la TVA sur la totalité de ses activités.

### Missions

1. *Énoncez les conditions à remplir pour qu'une immobilisation soit inscrite à l'actif du bilan.*
2. *Enregistrez les opérations de mars N décrites dans le journal de Bricopro (voir le document).*

**Document**

**Les opérations courantes réalisées en mars N**

- 10/03/N : acquisition de matériel informatique auprès de l'entreprise Infostyle (facture n° 480) :
  - deux ordinateurs au prix unitaire de 2 000 € HT ;
  - un logiciel de comptabilité au prix de 700 € HT ;
  - une imprimante au prix de 200 € HT ;
  - deux ramettes de 500 feuilles A4 pour un prix unitaire de 25 € HT.
- 15/03/N : acquisition d'un véhicule de tourisme pour les déplacements des deux commerciaux de l'entreprise. La facture correspondante n° 372 présente les éléments suivants :
  - véhicule Renault 5 places : 30 000 € HT ;
  - option GPS et radars de recul : 1 500 € HT ;
  - frais de préparation : 500 € HT.

•••

...

Ces trois premiers éléments bénéficient d'une remise de 10 %. Leur TVA est par ailleurs non déductible.

- carte grise (non soumis à la TVA) : 400 € ;
- essence (TVA non déductible) : 100 € TTC.

• 16/03/N : mise en service d'un logiciel de gestion des plannings des commerciaux utilisé en interne. Les frais de conception, qui ont été engagés en charges, sont les suivants :

- étude préalable : 500 € ;
- analyse fonctionnelle : 300 € ;
- programmation et tests : 1 000 € ;
- rédaction de la notice d'utilisation : 120 €.

Les conditions nécessaires à l'inscription à l'actif sont réunies et cette opération n'est pas assujettie à la TVA.

• 19/03/N : achat d'un camion d'un montant de 85 000 € HT pour assurer la livraison aux clients (facture n° 700). Un acompte de 10 000 € HT avait été versé le 20/01/N.

• 22/03/N : réception d'un présentoir à visseuse, donné par le dirigeant d'un magasin similaire qui prend sa retraite. Selon les annonces spécialisées, cet outillage a une valeur de 1 200 € mais nécessiterait une réparation avant de pouvoir être vendu d'une valeur de 150 €.

• 23/03/N : importation du Japon d'un chariot élévateur pour stocker en hauteur certains outils et matériaux dans le magasin.

- prix d'achat : 160 000 € HT ;
- frais de transport : 5 000 € HT ;
- frais de montage et d'installation : 1 000 € HT.

Les droits de douane (d'un montant de 2 000 €) et la TVA (au taux de 20 %) sont payés le même jour au transitaire en douane, par chèque. L'entreprise Bricopro n'a pas exercé d'option spécifique en ce qui concerne la TVA sur ses importations.

## 6 Situation pratique : Lambert ★★★

25 min

**Compétences attendues**

- **Justifier** les règles d'entrée des immobilisations et des valeurs mobilières de placement dans le patrimoine de l'entité
- **Évaluer** et **comptabiliser** l'entrée des immobilisations financières et des valeurs mobilières de placement dans le patrimoine de l'entité ainsi que les revenus associés

L'entreprise Lambert a une activité régulière d'investissement financier et a réalisé au cours des années N et N+1 plusieurs opérations. Pour la comptabilisation des titres, cette entreprise n'a pas choisi d'opter pour l'inscription des frais d'acquisition à l'actif.

## Missions

1. *Précisez l'intérêt, pour l'entreprise Lambert, de ne pas inscrire les frais d'acquisition à l'actif.*
2. *Pour chaque titre acquis au cours de l'année N, indiquez et justifiez son classement comptable.*
3. *Enregistrez, dans le journal de l'entreprise Lambert, les opérations relatives aux années N et N+1 décrites dans le dossier documentaire.*

Document

**Opérations de l'entreprise Lambert relatives à N et N+1**

- 01/02/N : dans le cadre d'un emprunt contracté auprès de la BNP, l'entreprise Lambert a été dans l'obligation d'acquérir 2 000 € de parts sociales de la BNP qui ne peuvent être revendues avant la fin de l'emprunt, soit dans 8 ans. La banque a procédé au prélèvement le jour même (avis de débit n° 213).
- 02/04/N : acquisition de 40 000 actions (sur un capital total de 300 000 actions) du fournisseur Litec afin de contrôler ses approvisionnements et de bénéficier de son image de marque. Le prix négocié est de 40 € par action. Règlement immédiat par virement bancaire n° 312.
- 09/05/N : achat à l'émission de 150 obligations UTA au prix unitaire de 110 €, en vue de placer temporairement de la trésorerie disponible (avis de débit n° 430).
- 27/06/N : acquisition de 130 actions cotées en bourse BIC dans l'optique d'une rentabilité à long terme. Les titres ont une valeur totale de 27 000 €. Le 30/06/N, l'entreprise Lambert reçoit l'avis de débit de la banque qui indique une commission sur opération de 40 € HT.
- 20/08/N : acquisition de 100 actions Lenovo au cours unitaire de 300 USD dans une optique exclusivement spéculative. Les paiements au Nasdaq étant réalisés en fin de mois, la banque prélève la somme le 31/08/N ainsi qu'une commission de 10 € HT. Les taux de change sont les suivants :

| Date | 20/08/N | 31/08/N |
|---|---|---|
| Taux de change | 1 USD = 0,80 EUR | 1 USD = 0,84 EUR |

Au cours de l'année N+1, l'entreprise Lambert a par ailleurs perçu les revenus suivants (avis de crédit de la banque) :

- 08/02/N+1 : 380 € de dividendes liés à la détention des actions Litec ;
- 14/04/N+1 : 830 € de coupons liés à la détention des obligations UTA.

SYNTHÈSE

# Opérations courantes d'investissement et de placement

## Les opérations d'investissement et de placement

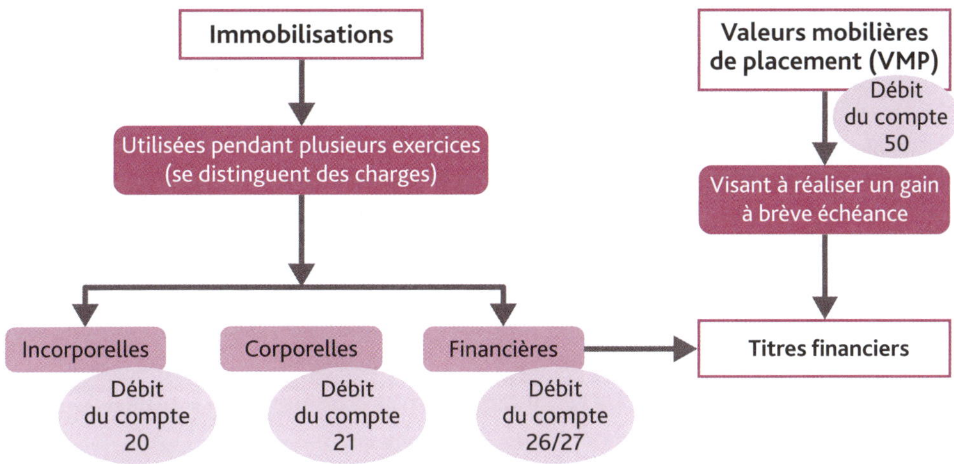


## L'entrée des immobilisations incorporelles et corporelles

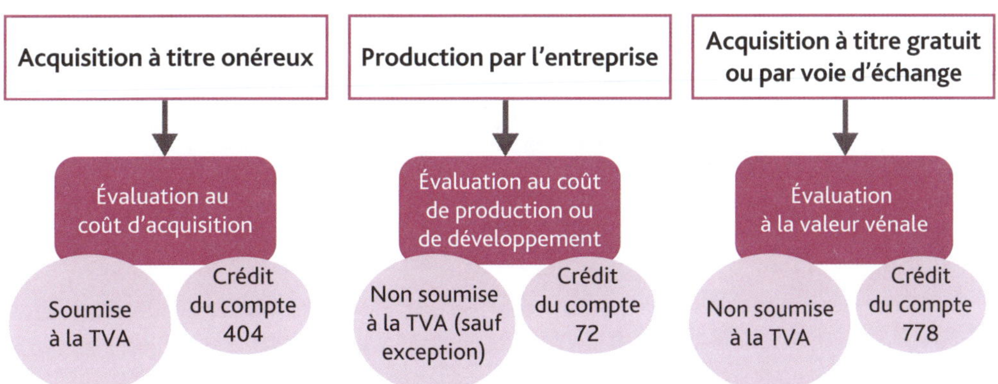

## L'entrée des titres financiers

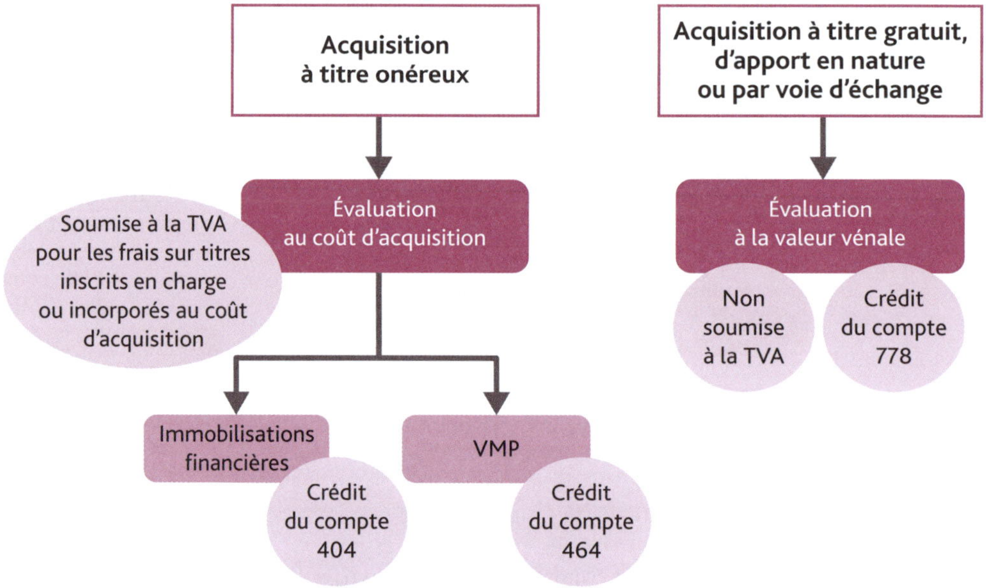


## La comptabilisation des revenus des titres financiers

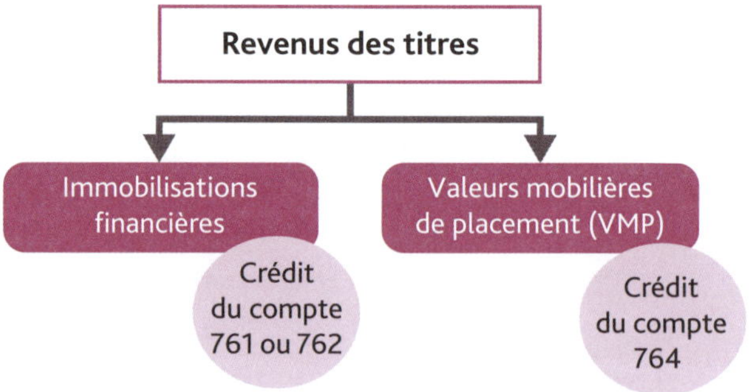

CHAPITRE 11

# Opérations courantes liées aux cessions d'immobilisations et de VMP

## PROGRAMME

**Compétences attendues**

- **Analyser** les règles spécifiques de comptabilisation applicables aux cessions d'immobilisations et de valeurs mobilières de placement
- **Évaluer** et **comptabiliser** le prix de cession des immobilisations et des valeurs mobilières de placement cédées au cours de l'exercice

**Savoirs associés**

- Cession des immobilisations non financières
- Cession des immobilisations financières
- Cession des valeurs mobilières de placement

## PRÉREQUIS

Enregistrement des opérations d'investissement et de placement (chapitre 10)

## LIENS AVEC LE DCG 10

- §2.2. Immobilisations corporelles et incorporelles
- §2.4. Actifs financiers

## PLAN DU CHAPITRE

**Cours :** 1. Cession des immobilisations incorporelles et corporelles • 2. Cession des immobilisations financières • 3. Cession des valeurs mobilières de placement

**Des savoirs aux compétences :** Évaluer les savoirs • Maîtriser les compétences • Préparer l'épreuve

**Synthèse**

Comment peut-on évaluer le résultat d'une cession ? Qu'est-ce qui distingue l'enregistrement de la cession des immobilisations de celui de la cession des VMP ? De même, quelles sont les différences d'enregistrement entre les immobilisations financières et celles corporelles et incorporelles ?

## MOTS-CLÉS

**Cession des immobilisations • Cession de VMP • Gain de cession • Méthode du CUMP • Méthode du PEPS • Perte de cession**

# 1 Cession des immobilisations incorporelles et corporelles

## A) Étapes de comptabilisation

La cession d'immobilisations est enregistrée au travers de deux séries d'écritures (fig. 11.1).

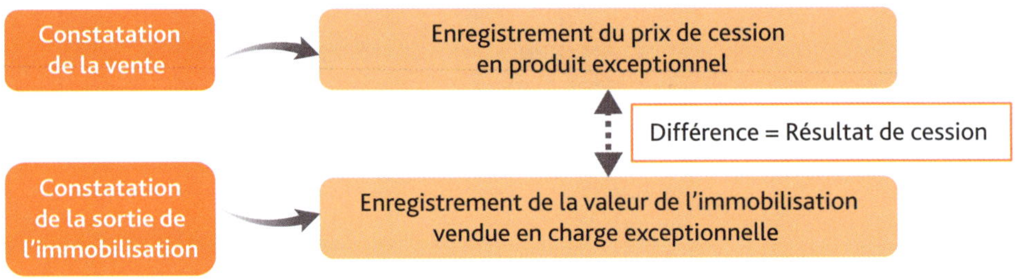


Figure 11.1. **Les deux étapes de comptabilisation des cessions d'immobilisations**

Cette comptabilisation met en jeu des comptes de produits et charges exceptionnels car les cessions d'immobilisations ne sont pas des opérations d'exploitation liées à l'activité courante et normale de l'entreprise.

La différence entre le prix de cession et la valeur de l'immobilisation vendue donne le résultat de la cession :

- plus-value (si le résultat est positif) ;
- moins-value (si le résultat est négatif).

## B) Comptabilisation du prix de cession

L'enregistrement du prix de cession d'une immobilisation corporelle ou incorporelle est en général soumis à TVA.

| | | | | |
|---|---|---|---|---|
| 462 | | Créances sur cessions d'immobilisation | X | |
| | 775 | Produits des cessions d'éléments d'actif (PCEAC) | | X |
| | 44571 | État, TVA collectée | | X |

### Exemple

- Le 02/03/N–5, l'entreprise Santoni a acquis un brevet au coût de 23 000 € HT. Le 24/01/N, elle émet la facture n° 235 mentionnant la cession de ce brevet à l'entreprise Pugnet au prix de 37 000 € HT (vente soumise à la TVA).

  → Comptabilisation du prix de cession dans le journal de l'entreprise Santoni :

| | | *24/01/N* | | |
|---|---|---|---|---|
| 46200 | | Créances sur cession d'immobilisations | 44 400 | |
| | 77510 | Produits des cessions d'éléments d'actif | | 37 000 |
| | 44571 | État, TVA collectée | | 7 400 |
| | | *Facture n° 235* | | |

Le compte 462 sera ensuite soldé par un compte de trésorerie au moment du règlement effectif de la transaction. ◗

## C) Comptabilisation de la sortie de l'immobilisation dans un cas simple

La cession entraîne la sortie de l'immobilisation du patrimoine de l'entreprise. Cette sortie est envisagée dans le cas simple (immobilisation corporelle ou incorporelle non amortissable et non dépréciée), les sorties d'immobilisation amortissable et dépréciée étant étudiées dans la partie relative à l'inventaire (↪ chapitre 17).

| | | | |
|---|---|---|---|
| 675 | Valeurs comptables des éléments d'actif cédés (VCEAC) | X | |
| 2. | *Compte d'immobilisation concerné* | | X |

**Exemple (suite)**

◗ Le brevet acquis par l'entreprise Santoni n'est pas amortissable et n'a pas été déprécié. Depuis son acquisition, le brevet figure alors dans le compte « 20500 » pour une valeur brute de 23 000 €.
→ Enregistrement de la sortie du brevet dans le journal de l'entreprise Santoni :

| | | | |
|---|---|---|---|
| | *24/01/N* | | |
| 67510 | Valeur comptable des éléments d'actif cédés | 23 000 | |
| 20500 | Brevet | | 23 000 |
| | *Sortie du brevet du patrimoine* | | |

Le résultat de cession est alors une plus-value de cession de : 37 000 – 23 000 = 14 000 €. ◗

➡ APPLICATION 2 • SITUATION PRATIQUE 4

# 2 Cession des immobilisations financières

## A) Évaluation du coût d'acquisition des titres cédés

Lorsque la cession porte sur des titres acquis à des dates et valeurs différentes, le coût d'acquisition des titres cédés peut être déterminé selon deux méthodes (tab. 11.1).

**Tableau 11.1. Méthodes d'évaluation du coût d'acquisition des titres cédés**

| | |
|---|---|
| **Méthode du coût unitaire moyen pondéré (CUMP)** | Le coût d'acquisition est égal à la moyenne des coûts d'acquisition pondérée par le nombre de titres acquis. |
| **Méthode du « premier entré – premier sorti » (PEPS)** | Le coût d'acquisition correspond au coût des titres qui ont été acquis en premier. |

La méthode choisie doit s'appliquer à tous les titres acquis en vertu du principe de permanence des méthodes. Le plan comptable général préconise la **méthode du CUMP** (méthode préférentielle) mais la **méthode du PEPS** est également autorisée.

**Exemple**

▸ Le 4/02/N, l'entreprise Maëline a acquis 100 actions Firma au coût d'acquisition unitaire de 300 €. Le 8/03/N, elle a acquis 200 actions Firma supplémentaires au coût de 360 €. Le 13/03, elle cède 150 actions au cours de 350 €.

| | Coût d'acquisition des titres cédés | Résultat de cession |
|---|---|---|
| **Avec la méthode du CUMP** | 150 × [(100 × 300 + 200 × 360) / (100 + 200)] = 51 000 € | Gain de cession de : 150 × 350 – 51 000 = 1 500 €. |
| **Avec la méthode du PEPS** | (100 × 300) + (50 × 360) = 48 000 € | Gain de cession de : 150 × 350 – 48 000 = 4 500 € |

Le résultat obtenu avec la méthode du PEPS est plus élevé, ce qui est normal puisque les titres anciens avaient été acquis à un prix moindre. ▸

## B) Comptabilisation de la cession des titres de participation et des autres titres immobilisés

L'enregistrement des titres de participation et des autres titres immobilisés est identique à celui des immobilisations incorporelles et corporelles : on crédite le compte 775 pour le prix de cession de ces titres et on débite le compte 675 pour la valeur d'entrée des titres cédés. Le résultat de cession est obtenu par la différence entre les valeurs portées dans les comptes 775 et 675.

**Exemple (suite)**

▸ L'entreprise Maëline possédait, avant la cession, 40 % du capital de l'entreprise Firma ; les actions acquises figuraient dans le compte 261 et n'avaient pas été dépréciées. L'enregistrement de la cession des actions Firma dans le journal de l'entreprise Maëline, évaluée par la méthode du CUMP, se présente ainsi :

| | | | |
|---|---|---|---|
| | *13/03/N* | | |
| 46200 | Créances sur cession d'immobilisations (150 × 350) | 52 500 | |
| 77560 | Produits des cessions d'éléments d'actif | | 52 500 |
| | *Cession de 150 actions Firma* | | |
| | *13/03/N* | | |
| 67560 | Valeur comptable des éléments d'actif cédés | 51 000 | |
| 26100 | Titres de participation | | 51 000 |
| | *Sortie du bilan des actions Firma* | | |

## C) Comptabilisation de la cession des TIAP

Pour les titres immobilisés de l'activité de portefeuille (TIAP), seul le résultat de cession est enregistré dans le compte 675 (s'il s'agit d'une perte) ou dans le compte 775 (s'il s'agit d'un gain). Pour ces titres, on utilise donc uniquement le comptes 675 ou le compte 775. Il s'agit d'un enregistrement similaire à celui des VMP dans la mesure où l'on considère que les opérations d'acquisition et de cession des TIAP sont plus fréquentes et font partie de la gestion courante du portefeuille.

**Exemple (suite)**

- Si les actions Firma ont été classées en titres immobilisés de l'activité de portefeuille (TIAP), l'écriture de cession (qui donne lieu à un gain de cession) s'enregistre ainsi :

| | | | |
|---|---|---|---|
| | *13/03/N* | | |
| 46200 | Créances sur cession d'immobilisations | 52 500 | |
| 77500 | Produits des cessions d'éléments d'actif | | 52 500 |
| | *Cession de 150 actions Firma* | | |
| | *13/03/N* | | |
| 77500 | Produits des cessions d'éléments d'actif | 51 000 | |
| 27300 | Titres immobilisés de l'activité de portefeuille | | 51 000 |
| | *Sortie du bilan des actions Firma* | | |

Il est également possible de ne passer qu'une seule écriture :

| | | | |
|---|---|---|---|
| | *13/03/N* | | |
| 46200 | Créances sur cession d'immobilisations | 52 500 | |
| 27300 | Titres immobilisés de l'activité de portefeuille | | 51 000 |
| 77500 | Produits des cessions d'éléments d'actif | | 1 500 |
| | *Cession de 150 actions Firma* | | |

**NOTRE CONSEIL**

S'il existe une dépréciation sur les titres cédés, n'oubliez pas de l'ajuster (en cas de cession partielle) ou de l'annuler (en cas de cession totale).

→ APPLICATION 2 • MINI-CAS 3 • SITUATION PRATIQUE 4

# 3 Cession des valeurs mobilières de placement

## A) Gain ou perte de cession

La différence entre le prix de cession et le coût d'entrée des VMP fait apparaître une charge ou un produit financier (tab. 11.2).

**Tableau 11.2. Résultat de cession des VMP**

| Condition | Résultat de cession | Compte à utiliser |
|---|---|---|
| Si Prix de cession > Coût d'entrée | Gain de cession | 767. Produits nets sur cessions de VMP |
| Si Prix de cession < Coût d'entrée | Perte de cession | 667. Charges nettes sur cessions de VMP |

## B) Comptabilisation de la cession des VMP

Dans les deux étapes d'enregistrement d'une **cession de VMP**, seul le gain ou la perte nette de cession apparaît (tab. 11.3).

**Tableau 11.3. Comptabilisation du gain et de la perte de cession**

| | Gain de cession | Perte de cession |
|---|---|---|
| **Enregistrement du prix de cession** | 465 Créances sur cessions de VMP — X<br>767 Produits nets sur cessions de VMP — X | 465 Créances sur cessions de VMP — X<br>667 Charges nettes sur cessions de VMP — X |
| **Sortie de l'actif (au coût d'entrée)** | 767 Produits nets sur cessions de VMP — X<br>50. *Compte de VMP concerné* — X | 667 Charges nettes sur cessions de VMP — X<br>50. *Compte de VMP concerné* — X |

Les frais éventuels de cession des titres sont enregistrés au débit du compte « 6271. Frais sur titres » avec la TVA déductible correspondante.

### Exemple (suite)

- Si les actions cotées Firma ont été achetées afin de placer un excédent de trésorerie pendant un an et ont été valorisées au CUMP. L'écriture de cession s'enregistre ainsi :

| Débit | Crédit | Libellé | Débit | Crédit |
|---|---|---|---|---|
| | | *13/03/N* | | |
| 46500 | | Créances sur cessions de VMP | 52 500 | |
| | 76700 | Produits nets sur cessions de VMP | | 52 500 |
| | | *Cession de 150 actions Firma* | | |
| | | *13/03/N* | | |
| 76700 | | Produits nets sur cessions de valeurs mobilières de placement | 51 000 | |
| | 50310 | Actions – Titres cotés | | 51 000 |
| | | *Sortie du bilan des actions Firma* | | |

Ces deux écritures peuvent être regroupées en une seule écriture.

→ APPLICATION 2 • MINI-CAS 3 • SITUATION PRATIQUE 4

## 1 Quiz

*Vérifiez l'exactitude des propositions ci-après et justifiez-les.*

| | Vrai | Faux |
|---|---|---|
| 1. La cession des immobilisations corporelles et incorporelles s'enregistre au travers de comptes de charges et de produits exceptionnels. | ☐ | ☐ |
| 2. Si le prix de cession d'une immobilisation est supérieur à la valeur nette comptable, l'entreprise réalise une moins-value. | ☐ | ☐ |
| 3. Le résultat de cession d'une immobilisation s'obtient par différence entre le compte « 775. PCEAC » et le compte « 675. VCEAC ». | ☐ | ☐ |
| 4. Les comptes utilisés pour constater une cession de titres varient selon que les titres cédés ont été comptabilisés à la classe 2 ou à la classe 5 lors de leur acquisition. | ☐ | ☐ |
| 5. La méthode du premier entré-premier sorti permet de déterminer le prix de cession des titres. | ☐ | ☐ |
| 6. Pour constater une cession sur les titres de participation, il faut enregistrer la valeur d'entrée au débit du compte 675 et le prix de cession au crédit du compte 775. | ☐ | ☐ |
| 7. Les commissions sur vente de titres de participation viennent réduire le montant du compte « 775. PCEAC ». | ☐ | ☐ |
| 8. Le total des ventes de VMP de l'année peut être obtenu par la somme des montants portés au crédit des comptes 667 et 767. | ☐ | ☐ |
| 9. La sortie de TIAP du patrimoine mobilise le compte 512 ou 462 au débit et le compte 775 au crédit. | ☐ | ☐ |
| 10. Lors d'une cession de VMP, les comptes 667 et 767 ne sont jamais employés en même temps. | ☐ | ☐ |

## 2 Cessions diverses ★★★

Dans le cadre d'une restructuration, la société Pritolas a cédé un terrain bâti le 12/05/N pour 80 000 € (cession non soumise à la TVA). Ce terrain avait été acquis le 18/08/N-10 pour 42 000 €.

1. *Enregistrez la cession du terrain dans le journal de la société Pritolas.*
2. *Calculez et qualifiez le résultat relatif à cette cession de terrain.*
3. *Identifiez les différences d'enregistrement dans l'hypothèse d'un résultat de signe contraire.*

Le 12/06/N, la société Pritolas décide également de céder 100 actions Tremplin au prix de vente unitaire de 60 €. Ces actions avaient été acquises au prix unitaire de 80 €.

4. *Calculez et qualifiez le résultat relatif à la cession d'actions.*
5. *Enregistrez la cession dans le journal de la société Pritolas dans le cas où les actions sont des titres de participation, des titres immobilisés de l'activité de portefeuille (TIAP) ou des valeurs mobilières de placement (VMP).*

Évaluer les savoirs | **Maîtriser les compétences** | Préparer l'épreuve

## 3 Mini-cas : Lancelot ★★★

**Compétences attendues**

- **Analyser** les règles spécifiques de comptabilisation applicables aux cessions d'immobilisations et de valeurs mobilières de placement
- **Évaluer** et **comptabiliser** le prix de cession des immobilisations et des valeurs mobilières de placement cédées au cours de l'exercice

L'entreprise Lancelot a effectué des achats et ventes d'actions :

| Nom du titre | Désignation | Conditions d'achat | Conditions de vente |
|---|---|---|---|
| Actions Laura | Autres titres immobilisés | 50 actions à 170 € l'unité le 10/01/N–2<br>30 actions à 220 € l'unité le 14/02/N–2 | 70 actions à 185 € le 2/08/N |
| Actions Adèle | Valeurs mobilières de placement | 30 actions à 60 € l'unité le 10/01/N<br>50 actions à 80 € l'unité le 14/02/N<br>40 actions à 70 € l'unité le 02/03/N | 100 actions à 75 € le 2/08/N |

1. *Calculez le coût d'acquisition des actions Laura et Adèle cédées puis déduisez-en le résultat sur cession, en supposant que l'entreprise utilise la méthode du coût unitaire moyen pondéré pour valoriser les sorties de titres.*
2. *Enregistrez, au journal de l'entreprise Lancelot, les cessions du 2 août N.*
3. *Déterminez quel aurait été le résultat sur cession des actions Laura et Adèle si l'entreprise Lancelot avait utilisé la méthode du premier entré – premier sorti pour valoriser la sortie des titres.*

## 4 Situation pratique : Cagnin ★★★

35 min

**Compétences attendues**

- **Analyser** les règles spécifiques de comptabilisation applicables aux cessions d'immobilisations et de valeurs mobilières de placement
- **Évaluer** et **comptabiliser** le prix de cession des immobilisations et des valeurs mobilières de placement cédées au cours de l'exercice

L'entreprise Cagnin a effectué au cours de l'année N des opérations d'achat et de vente d'immobilisations et de valeurs mobilières de placement. Elle utilise la méthode du coût unitaire moyen pondéré pour déterminer le prix de sortie des titres. Le taux de TVA applicable est de 20 %.

### Mission

*À partir du dossier documentaire, enregistrez l'ensemble des opérations dans le journal de l'entreprise Cagnin (tous les règlements s'effectuent par virement bancaire).*

Document

**Opérations courantes de l'entreprise Cagnin**

- 12/01/N : acquisition d'un fonds de commerce pour une valeur de 35 000 € HT.
- 24/02/N : pour gérer un excédent temporaire de trésorerie, achat de 500 actions cotées Gerblé au cours unitaire de 35 € (commissions hors taxe : 0,2 %).
- 03/04/N : achat de 400 actions supplémentaires Gerblé au cours unitaire de 30 € (commissions hors taxe : 0,2 %) de manière à placer temporairement un nouvel excédent de trésorerie.
- 29/06/N : vente de 1 500 actions cotées Free au prix unitaire de 20 €. Ces actions avaient été acquises dans une perspective de rentabilité financière à long terme :
  – en N–6 : acquisition de 600 actions à 16 € l'unité ;
  – en N–5 : acquisition de 400 actions à 18 € l'unité ;
  – en N–3 : acquisition de 700 actions à 14 € l'unité.

  Les frais de vente hors taxe s'élèvent à 0,5 % du prix de vente. Les actions Free restantes sont destinées à être vendues dans un délai bref et doivent donc être virées en valeurs mobilières de placement.
- 11/07/N : vente de 700 actions cotées Gerblé au prix unitaire de 40 € (ces actions avaient été acquises le 24/02/N et le 03/04/N). Aucun frais de vente n'est retenu.
- 23/10/N : vente des dernières actions cotées Free appartenant à l'entreprise, pour un prix unitaire de 12 € et pour une commission bancaire HT de 0,15 % du prix de cession.
- 02/11/N : cession d'un brevet au prix de 14 000 € HT (paiement au comptant). Ce brevet avait été acquis en N-4 pour une valeur de 22 000 €.
- 14/12/N : vente d'un fonds de commerce au prix de 37 000 € HT (l'acquéreur effectue le règlement le jour même). Ce fonds de commerce, non déprécié, avait été acquis le 12/01/N.

SYNTHÈSE

# Opérations courantes liées aux cessions d'immobilisations et de VMP

## Les deux étapes d'enregistrement de la cession d'immobilisations ou de valeurs mobilières de placement (VMP)

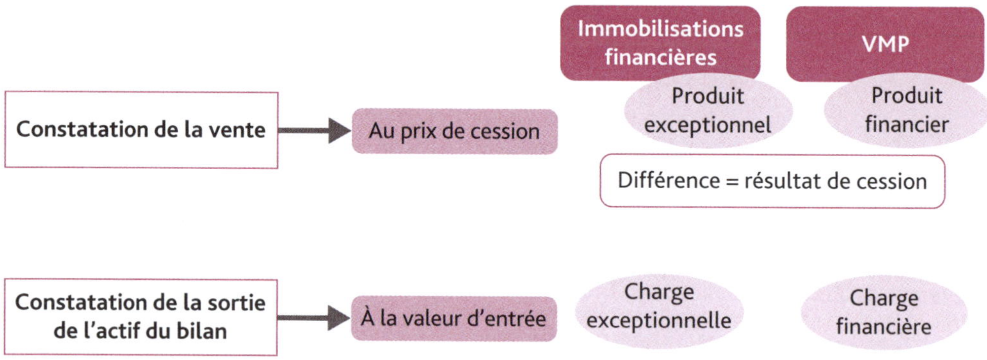


## L'enregistrement de la cession des immmobilisations et des VMP (non amorties et non dépréciées)

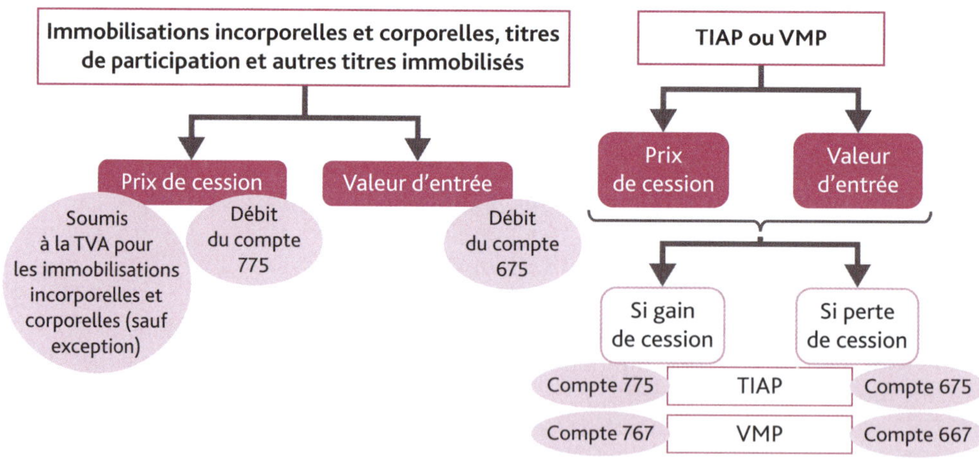

CHAPITRE 12

# Opérations courantes de financement

## PROGRAMME

### Compétences attendues

- **Identifier** les différents types de financement
- **Élaborer** les différents tableaux d'amortissement d'emprunts bancaires
- **Analyser** pour une modalité de financement donnée ses caractéristiques et en **déduire** ses avantages et inconvénients
- **Comptabiliser** les opérations de financement

### Savoir associé

Modes de financement : capitaux propres, emprunt bancaire et modalités de remboursement, crédit-bail, subventions d'investissement

### LIEN AVEC LE DCG 5

§3.1. Agents à besoin et capacité de financement

### LIEN AVEC LE DCG 6

§3.1. Les modes de financement

### LIENS AVEC LE DCG 10

- §3.1. Capitaux propres
- §3.2. Passif externe

## PLAN DU CHAPITRE

**Cours :** 1. Financement par capitaux propres • 2. Financement par emprunt bancaire • 3. Financement par crédit-bail

**Des savoirs aux compétences :** Évaluer les savoirs • Maîtriser les compétences • Préparer l'épreuve

**Synthèse**

L'entreprise peut financer ses investissements en ayant recours aux apports de l'exploitant, à l'autofinancement, aux subventions d'investissement, à l'emprunt bancaire et au crédit-bail. Quels sont les enjeux de ces différents moyens de financement ? Comment s'enregistrent-ils ?

## MOTS-CLÉS

**Apports de l'exploitant • Capitaux propres • Crédit-bail • Emprunt bancaire • Subvention d'investissement**

# 1 Financement par capitaux propres

## A) Définition et enjeux

Le financement par **capitaux propres** (ou fonds propres) est assuré grâce :
- à l'accumulation des bénéfices réalisés dans les exercices précédents et non distribués (autofinancement) ;
- aux **apports de l'exploitant** (capital social), en numéraire (en argent) ou en nature (matériels, clientèle, brevet, etc.) ;
- aux subventions d'investissement.

**Définition**

Une **subvention d'investissement** (ou d'équipement) est une somme non remboursable accordée par des organismes publics ou professionnels pour financer l'acquisition d'un bien d'équipement ou une activité à long terme.

**Exemples**

Prime accordée par le conseil régional à une entreprise privée qui, dans le cadre de sa mission de service public, souhaite investir dans de nouveaux bus.
Prime régionale à la création d'entreprise.
Subvention accordée par la banque publique BPI France pour financer des dépenses de recherche et développement.

**FOCUS** Les différents types de subvention

Les subventions d'investissement se distinguent des subventions d'exploitation et d'équilibre qui permettent le financement de l'exploitation.

| | Définition | Exemples | Nature comptable | Régime de TVA |
|---|---|---|---|---|
| **Subvention d'exploitation** | Compensation d'une insuffisance de produits d'exploitation ou d'un excès de charges. | • Subvention publique pour compensation tarifaire.<br>• Prime d'apprentissage pour les handicapés. | Produit d'exploitation enregistré dans le compte « 740. Subvention d'exploitation ». | Assujetties à la TVA si elles constituent la contrepartie d'un service rendu ou un complément de prix (TVA exigible sur encaissements). |
| **Subvention d'équilibre** | Compensation de la perte globale qu'aurait supportée l'entité en l'absence de cette aide. | Subvention versée par une commune pour équilibrer la gestion d'une entité concessionnaire d'un service public. | Produit exceptionnel enregistré dans le compte « 7715. Subvention d'équilibre ». | |

Les enjeux du financement par capitaux propres diffèrent en fonction de la forme revêtue (tab. 12.1).

**Tableau 12.1. Les enjeux du financement par capitaux propres**

| | Avantages | Inconvénients |
|---|---|---|
| **Autofinancement** | • Absence d'endettement et de remboursement<br>• Ne dépend pas d'autres tiers et donc ne nuit pas à l'indépendance et à l'autonomie de l'entreprise<br>• Image d'une entreprise saine et prospère | • Souvent insuffisant pour des investissements importants<br>• Limite la redistribution des bénéfices |
| **Apports de l'exploitant** | • Absence d'endettement<br>• Capitaux dont le remboursement n'est pas à prévoir par l'entreprise | Souvent difficile pour l'exploitant de mobiliser des capitaux importants |
| **Subvention d'investissement** | Aide généralement gratuite | Conditions d'obtention et d'utilisation à respecter, pour ne pas devoir rendre la subvention |

**FOCUS** **Les autres types de financement par capitaux propres**

Si ces moyens de financement s'avèrent insuffisants, d'autres types de financement sous forme de participation au capital peuvent venir les compléter.

| | |
|---|---|
| ***Lovely money*** | Financement apporté par les amis et la famille |
| ***Business angels*** | Financement par d'anciens dirigeants ou actionnaires d'entreprises |
| **Financement participatif (ou *crowdfunding*) par *equity*** | Financement qui fait appel à un grand nombre de personnes grâce à internet et aux réseaux sociaux |
| **Capital-risque** | Financement de jeunes entreprises innovantes |

## B) Comptabilisation des apports de l'exploitant

Dans le cas d'une entreprise individuelle, les financements apportés par l'exploitant sont enregistrés dans le compte « 101. Capital » :

- Lors de la création de l'entreprise, les apports sont enregistrés au crédit du compte 101.
- Au cours de la vie de l'entreprise, les apports et les retraits définitifs sont enregistrés respectivement au crédit et au débit du compte 101.

**NOTRE CONSEIL**

Ne pas confondre les apports et retraits définitifs des apports et retraits temporaires qui sont eux inscrits dans le compte « 108. Compte de l'exploitant ».

**Exemple**

- Mme Miriade crée son entreprise individuelle de rénovation le 20/09/N. Elle apporte du matériel pour 20 000 € et ouvre un compte bancaire au nom de l'entreprise sur lequel elle dépose 30 000 €.

| | | 20/09/N | | |
|---|---|---|---|---|
| 21540 | | Matériel industriel | 20 000 | |
| 51200 | | Banque | 30 000 | |
| | 10100 | Capital | | 50 000 |
| | | *Apports de Mme Miriade lors de la création de son entreprise individuelle* | | |

## C) Comptabilisation de l'acquisition de la subvention d'investissement

La subvention d'investissement, non soumise à TVA, est inscrite dans un compte de capitaux propres (tab. 12.2).

**Tableau 12.2. Comptabilisation de l'acquisition d'une subvention d'investissement**

| | Débit | Crédit |
|---|---|---|
| **Lors de la notification de son attribution** | • Compte « 441. État, subventions à recevoir » si accordée par l'État<br>• *Ou* Compte « 443. Opérations particulières avec l'État, les collectivités publiques, les organismes internationaux » si accordée par d'autres organismes | • Compte « 131. Subventions d'équipement » si destinée à acquérir ou produire une immobilisation<br>• *Ou* compte « 138. Autres subventions d'investissement » si destinée à financer des activités à long terme |
| **Lors de sa perception** | Compte 512 | Compte 441 ou 443 |

**Exemple**

- Le 18/02/N, les services de la préfecture notifient à l'entreprise Marius qu'elle bénéficie d'une subvention d'équipement de 10 000 € pour se procurer un nouveau matériel plus écologique. L'État lui verse cette subvention le 25/02/N.

| | | 18/02/N | | |
|---|---|---|---|---|
| 44100 | | État – Subventions à recevoir | 10 000 | |
| | 13100 | Subventions d'équipement | | 10 000 |
| | | *Réception de la décision d'octroi* | | |
| | | 25/02/N | | |
| 51200 | | Banque | 10 000 | |
| | 44100 | État – Subventions à recevoir | | 10 000 |
| | | *Perception de la subvention, avis de crédit n°* | | |

→ MINI-CAS 2 • SITUATION PRATIQUE 5

# 2 Financement par emprunt bancaire

## A) Les enjeux du financement par emprunt bancaire

Pour une illustration de différents moyens de financement :

http://dunod.link/zxoxwdo

**Définition**

L'**emprunt bancaire** est une dette contractée par une entreprise auprès d'un établissement de crédit pour une durée supérieure à un an (tab. 12.3).

**Tableau 12.3. Avantages et inconvénients du financement bancaire**

| Avantages | Inconvénients |
|---|---|
| • Financement envisageable pour toutes les entreprises<br>• Possibilité de bénéficier de « l'effet de levier », c'est-à-dire d'un accroissement de la rentabilité des capitaux propres dès lors que le taux d'intérêt est inférieur à la rentabilité économique de l'investissement<br>• Financement souple (ajustement aux besoins de financement) | • Délais et difficultés d'obtention<br>• Exigence de garanties<br>• Endettement susceptible d'inquiéter les tiers |

## B) Les différents tableaux d'amortissement d'emprunts

Le tableau d'amortissement de l'emprunt est un échéancier présentant les remboursements et intérêts de l'emprunt à régler sur la période de l'emprunt (tab. 12.4).

**Tableau 12.4. Éléments du tableau d'amortissement d'emprunt**

| | |
|---|---|
| **Capital restant dû en début de période** | Montant de l'emprunt (à la première échéance) puis capital restant dû en fin de période précédente |
| **Intérêts** | Rémunération de l'emprunt versée au prêteur à chaque période<br>= Capital dû en début de période × Taux d'intérêt de l'emprunt |
| **Amortissement** | Montant du remboursement du capital emprunté |
| **Annuité (ou mensualité, trimestrialité…)** | = Intérêts + Amortissement<br>Montant total à régler pour la période |
| **Capital restant dû en fin de période** | = Capital restant dû en début de période – Amortissement de la période<br>Montant de l'emprunt restant à rembourser après la période |

En plus des intérêts et des remboursements, l'emprunteur peut devoir également payer des frais de dossier, un dépôt de garantie (protégeant la banque contre les défaillances de l'emprunteur) ou une assurance (couvrant l'emprunteur contre les évènements de la vie tels que les incapacités et décès).

**NOTRE CONSEIL**

Ne pas confondre l'amortissement d'un emprunt (soit son remboursement) avec l'amortissement d'une immobilisation (qui correspond à la répartition du coût d'une immobilisation sur sa durée d'utilisation).

Ne pas confondre l'amortissement et l'annuité, l'annuité étant constituée de l'amortissement mais aussi des intérêts.

Le remboursement d'un emprunt, qui s'ajoute aux intérêts, peut s'effectuer essentiellement selon trois modalités différentes.

## 1. Remboursement *in fine*

Le capital emprunté est remboursé en une seule fois, à la dernière période. Les intérêts sont calculés sur le montant total de l'emprunt à chaque période. Dans le cas d'un emprunt sur trois ans dont les intérêts sont versés annuellement, les différentes échéances à considérer sont les suivantes (fig. 12.1).

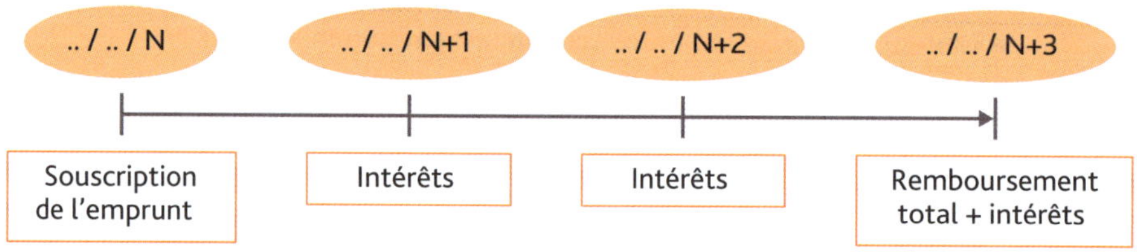


**Figure 12.1. Remboursement *in fine* du capital emprunté sur 3 ans**

Cette modalité est rare en pratique, car elle amène à payer des intérêts relativement élevés, toujours calculés sur le montant total emprunté.

**Exemple**

- Le 1er février N, l'entreprise Toru contracte un emprunt de 300 000 € sur trois ans auprès de la banque BNP Paribas. Les clauses du contrat de prêt sont les suivantes :
  - remboursement *in fine* ;
  - intérêts calculés chaque année au taux de 4 % l'an, payables chaque 1er février.

  Chaque année, les intérêts sont égaux à : 0,04 × 300 000 = 12 000 €.

  Le tableau d'amortissement de l'emprunt est le suivant :

| Échéances | Capital restant dû en début de période | Intérêts | Amortissements | Annuités | Capital restant dû en fin de période |
|---|---|---|---|---|---|
| 01/02/N+1 | 300 000 | 12 000 | – | 12 000 | 300 000 |
| 01/02/N+2 | 300 000 | 12 000 | – | 12 000 | 300 000 |
| 01/02/N+3 | 300 000 | 12 000 | 300 000 | 312 000 | 0 |
| **Totaux** | – | 36 000 | 300 000 | 336 000 | – |

## 2. Remboursement par amortissements constants

À l'issue de chaque période, l'emprunt est remboursé pour le même montant d'amortissement :

Amortissement constant = Montant de l'emprunt / Durée de l'emprunt

Dans le cas d'un emprunt sur trois ans dont les intérêts sont versés annuellement, les différentes échéances à considérer sont les suivantes (fig. 12.2).

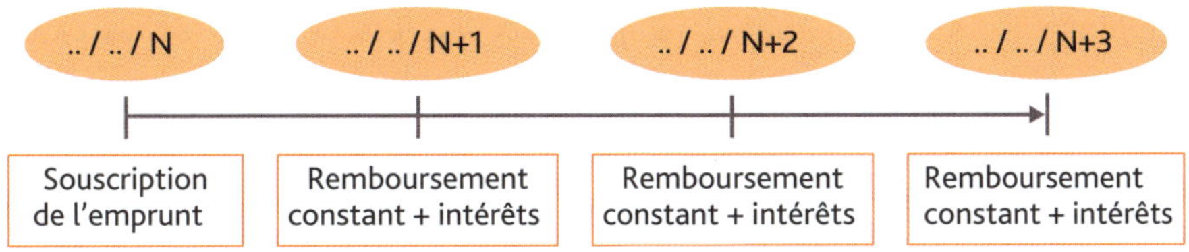


**Figure 12.2. Remboursement par amortissements constants du capital emprunté sur 3 ans**

Cette modalité est rare en pratique car elle amène à payer des annuités inégales et plus importantes en début d'emprunt.

## Exemple (suite)

En reprenant l'exemple précédent avec les clauses du contrat de prêt suivantes :

- remboursements constants sur 3 ans, le 1er février de chaque année ;
- intérêts au taux de 4 % l'an, payables lors de chaque remboursement du capital.

Le tableau d'amortissement de l'emprunt est le suivant :

| Échéances | Capital restant dû en début de période | Intérêts | Amortissements | Annuités | Capital restant dû en fin de période |
|---|---|---|---|---|---|
| 01/02/N+1 | 300 000 | 12 000 | 100 000 | 112 000 | 200 000 |
| 01/02/N+2 | 200 000 | 8 000 | 100 000 | 108 000 | 100 000 |
| 01/02/N+3 | 100 000 | 4 000 | 100 000 | 104 000 | 0 |
| **Totaux** | – | 24 000 | 300 000 | 324 000 | – |

Calculs explicatifs :

- Remboursement constant égal à : 300 000 / 3 = 100 000 €.
- Intérêts de la première période (à payer le 01/02/N+1) : 300 000 × 4 % = 12 000 €.
- Première annuité à payer : 12 000 + 100 000 = 112 000 €.
- Intérêts de la seconde période (à payer le 01/02/N+2) : (300 000 – 100 000) × 4 % = 8 000 €.
- Deuxième annuité à payer : 8 000 + 100 000 = 108 000 €.
- Etc.

## 3. Remboursement par annuités constantes

À l'issue de chaque période, l'emprunt est remboursé pour le même montant d'annuité :

$$\text{Annuité constante} = \text{Montant de l'emprunt} \times \frac{\text{Taux d'intérêt}}{1-(1+\text{Taux d'intérêt})^{-\text{Durée de l'emprunt}}}$$

Dans le cas d'un emprunt sur trois ans dont les intérêts sont versés annuellement, les différentes échéances à considérer sont les suivantes (fig. 12.3).

Cette modalité de remboursement est plus courante que les deux précédentes.

**NOTRE CONSEIL**

Retenez cette formule de mathématiques financières. Elle pourra vous être demandée mais pas son calcul, qui est irréalisable sans calculatrice.

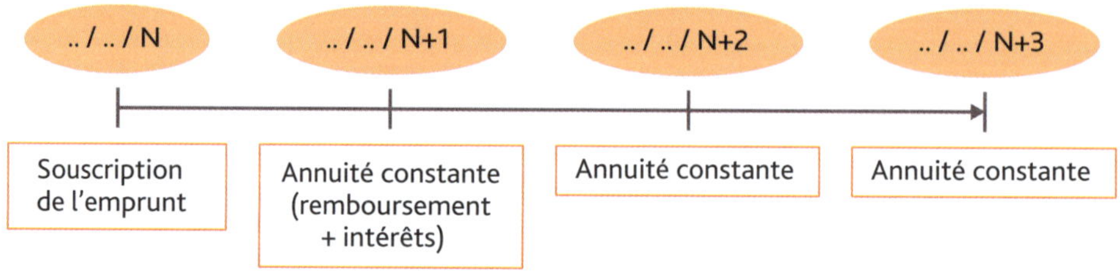


**Figure 12.3. Remboursement par annuités constantes du capital emprunté sur 3 ans**

## Exemple (suite)

- En reprenant l'exemple précédent avec les clauses du contrat de prêt suivantes :
  - annuités constantes sur 3 ans, payées le 1er février de chaque année ;
  - intérêts au taux de 4 % l'an, payables lors de chaque remboursement du capital.

  Le tableau d'amortissement de l'emprunt est le suivant :

| Échéances | Capital restant dû en début de période | Intérêts | Amortissements | Annuités | Capital restant dû en fin de période |
|---|---|---|---|---|---|
| 01/02/N+1 | 300 000,00 | 12 000,00 | 96 104,56 | 108 104,56 | 203 895,44 |
| 01/02/N+2 | 203 895,44 | 8 155,82 | 99 948,74 | 108 104,56 | 103 946,70 |
| 01/02/N+3 | 103 946,70 | 4 157,87 | 103 946,7 | 108 104,56 | 0 |
| **Totaux** | – | 24 313,69 | 300 000 | 324 313,69 | – |

Calculs explicatifs :

- Annuité constante est égale à : $300\,000 \times \dfrac{0{,}04}{1-(1+0{,}04)^{-3}} = 108\,104{,}56$ €.
- Intérêts de la première période (à payer le 01/02/N+1) : 300 000 × 4 % = 12 000 €.
- Premier remboursement de capital : 108 104,56 – 12 000 = 96 104,56 €.
- Emprunt restant à rembourser à la fin de la première période : 300 000 – 96 104,56 = 203 895,44 €.
- Intérêts de la seconde période (à payer le 01/02/N+2) : 203 895,44 × 4 % = 8 155,82 €.
- Deuxième remboursement de capital : 108 104,56 – 8 155,82 = 99 948,74 €.
- Emprunt restant à rembourser à la fin de la deuxième période : 203 895,44 – 99 948,74 = 103 946,70 €.
- Etc.

## C) Comptabilisation des emprunts bancaires

Le montant emprunté est inscrit au crédit du compte 164 lors de la souscription de l'emprunt. Ce compte est ensuite débité au fur et à mesure des remboursements effectués. Les charges d'intérêts ainsi que les éventuels frais et retenue de garantie sont par ailleurs inscrits au débit des comptes de charges par nature (tab. 12.5).

**Tableau 12.5. Enregistrement de l'emprunt bancaire**

| | | | | | |
|---|---|---|---|---|---|
| **Lors de la souscription** | 512 | | Banque | Montant emprunté | |
| | | 164 | Emprunt auprès d'établissements de crédit | | Montant emprunté |
| | En cas de retenues de garantie, de frais de dossiers et de frais d'assurance prélevés par la banque : | | | | |
| | 512 | | Banque | (Montant emprunté – Garantie – Frais) | |
| | 275 | | Dépôts et cautionnements | Retenue de garantie | |
| | 6272 | | Commissions et frais sur émissions d'emprunts | Frais de dossier | |
| | 613 | | Primes d'assurance | Frais d'assurance | |
| | | 164 | Emprunt auprès d'établissements de crédit | | Montant emprunté |
| **Lors des paiements ultérieurs (annuité, mensualité…)** | 164 | | Emprunt auprès d'établissements de crédit | Amortissement | |
| | 661 | | Charges d'intérêts | Intérêts payés | |
| | | 512 | Banque | | Annuité |

## Exemple (suite)

- Reprenons l'exemple précédent avec un remboursement par annuités constantes. Le montant de l'emprunt et les annuités sont versés par virement bancaire.

→ Enregistrement de l'émission de l'emprunt dans le journal de l'entreprise Toru :

| | | | | |
|---|---|---|---|---|
| | | *01/02/N* | | |
| 51200 | | Banque | 300 000 | |
| | 16400 | Emprunts auprès des établissements de crédit | | 300 000 |
| | | *Avis de crédit n°* | | |

→ Enregistrement du versement de la première annuité dans le journal de l'entreprise Toru :

| | | | | |
|---|---|---|---|---|
| | | *01/02/N+1* | | |
| 16400 | | Emprunts auprès des établissements de crédit | 96 104,56 | |
| 66100 | | Charges d'intérêts | 12 000,00 | |
| | 51200 | Banque | | 108 104,56 |
| | | *Avis de débit n°* | | |

Les écritures comptables sont identiques dans le cadre du remboursement par amortissements constants et *in fine* (hormis l'absence de remboursement avant la dernière échéance dans ce dernier cas), mais avec des montants différents lors du paiement de chaque annuité.

→ **MINI-CAS 3 • SITUATION PRATIQUE 5**

# 3 Financement par crédit-bail

## A) Définition et enjeux

**Définition**

Le **crédit-bail** est un contrat de location d'un bien entre une entreprise (crédit-preneur) et un établissement spécialisé (crédit-bailleur).

Il est assorti (fig. 12.4) :
- éventuellement d'un dépôt de garantie (ou caution) versé à la signature du contrat et restitué en fin de contrat si le locataire n'a pas eu de manquements (loyers payés, réalisation des réparations locatives,...) ;
- de redevances payées périodiquement, en général en début de période ;
- d'une option d'achat qui laisse la possibilité au loueur d'acquérir ou non le bien en fin de contrat pour un prix déterminé appelé « prix de levée d'option ».

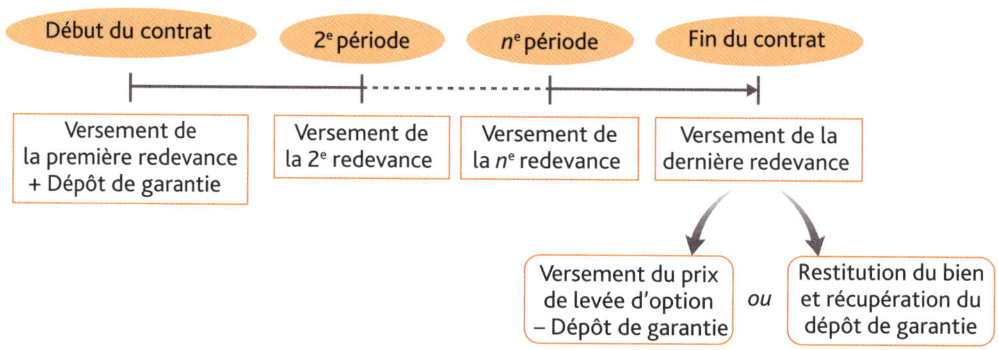


**Figure 12.4. Financement par crédit-bail**

Le financement par crédit-bail, qui se distingue d'une location simple par le fait qu'il est possible d'acquérir le bien après la période de location, revêt des enjeux particuliers (tab. 12.6).

**Tableau 12.6. Les enjeux du financement par crédit-bail**

| Avantages | Inconvénients |
|---|---|
| • Fournit un financement avec la mise à disposition du bien dès son utilisation<br>• Permet d'utiliser un bien coûteux sans altérer son niveau d'endettement (car le bien n'est pas enregistré dans le bilan)<br>• Contrat qui peut prévoir la fourniture de prestations connexes (comme la maintenance du bien sur la durée du contrat et les assurances éventuelles) | • Coût en général supérieur au financement par emprunt bancaire<br>• Souvent limité à des biens standards |

## B) Comptabilisation du financement par crédit-bail

Alors même que les conditions d'inscription d'un bien à l'actif du bilan soient satisfaisantes, un bien utilisé en crédit-bail s'enregistre au travers de charges d'exploitation et non d'une immobilisation car l'entreprise n'est pas propriétaire du bien pendant toute la durée de la location (tab. 12.7).

**Tableau 12.7. Enregistrement du crédit-bail chez le crédit-preneur**

| | | | | | |
|---|---|---|---|---|---|
| **Versement éventuel du dépôt de garantie à la signature du contrat** | 275 | | Dépôts et cautionnements versés | X | |
| | | 512 | Banque | | X |
| **Paiement des redevances à chaque échéance** | 612 | | Redevances de crédit-bail | X | |
| | 44566 | | État, TVA déductible sur autres biens et services | X | |
| | | 512 | Banque | | X |
| **Si levée d'option à l'échéance (acquisition de l'immobilisation)** | 21. | | Compte d'immobilisation concerné | X | |
| | 44562 | | État, TVA déductible sur immobilisations | X | |
| | | 275 | Dépôts et cautionnements versés | | X |
| | | 512 | Banque | | X |
| **Si option non levée à l'échéance** | La restitution du bien au loueur n'entraîne pas d'enregistrement spécifique. Seule l'éventuelle restitution du dépôt de garantie doit être enregistrée : | | | | |
| | 512 | | Banque | X | |
| | | 275 | Dépôts et cautionnements versés | | X |

### Exemple

- Le 5 mars N, l'entreprise Confort souscrit un contrat de crédit-bail concernant un matériel industriel dont les modalités sont les suivantes :
  - Dépôt de garantie lors de la signature du contrat : 1 500 € ;
  - Paiement de 16 redevances trimestrielles de 500 € HT, la première payable le 5 mars N ;
  - Prix de levée d'option à l'échéance du contrat : 1 600 € HT.

  Tous les paiements s'effectuent par virement bancaire. L'entreprise Confort décide de lever l'option à l'échéance.

**NOTRE CONSEIL**

Si la TVA n'est pas récupérable pour le bien loué :
– le compte 612 apparaît seul, TTC, lors du paiement de la redevance ;
– le compte 21 est enregistré TTC lors de la levée d'option ;
– les comptes de TVA sont absents.

→ Comptabilisation à la signature du contrat dans le journal de l'entreprise Confort :

| | 05/03/N | | |
|---|---|---|---|
| 27500 | Dépôts et cautionnements versés | 1 500 | |
| 61200 | Redevances de crédit-bail | 500 | |
| 44566 | État, TVA déductible sur autres biens et services | 100 | |
| 51200 | Banque | | 2 100 |
| | *Souscription de crédit-bail sur un matériel industriel* | | |

→ Comptabilisation de la levée d'option à l'échéance du contrat dans le journal de l'entreprise Confort :

| | 05/03/N+4 | | |
|---|---|---|---|
| 21540 | Matériel industriel | 1 600 | |
| 44562 | État, TVA déductible sur immobilisations | 320 | |
| 27500 | Dépôts et cautionnements versés | | 1 500 |
| 51200 | Banque (1 600 + 320 – 1 500) | | 420 |
| | *Levée d'option sur contrat de crédit-bail* | | |

→ **MINI-CAS 4 • SITUATION PRATIQUE 5**

## 1 QCM

*Pour chaque proposition, une ou plusieurs réponses sont possibles. Justifiez-les.*

1. Le financement par capitaux propres peut prendre la forme de :
   a. un réinvestissement des bénéfices antérieurement réalisés. ☐
   b. une dette envers l'exploitant à rembourser à une échéance proche. ☐
   c. une aide à caractère public. ☐
   d. une location d'un bien durable. ☐
2. Les subventions d'investissement sont accordées pour :
   a. compenser un excès de charges. ☐
   b. compenser la perte globale d'une entreprise. ☐
   c. financer des activités de long terme. ☐
   d. financer des biens d'équipement. ☐
3. Les annuités d'emprunt sont :
   a. forcément variables d'une échéance à l'autre. ☐
   b. constituées des intérêts et des services bancaires. ☐
   c. constituées des seuls amortissements. ☐
   d. enregistrées au débit des comptes 164 et 661. ☐
4. L'amortissement d'un emprunt :
   a. correspond au remboursement du capital. ☐
   b. augmente le solde créditeur du compte 164. ☐
   c. impacte le résultat de l'exercice. ☐
   d. s'enregistre au débit du compte 661. ☐
5. Le remboursement d'un emprunt par amortissement constant permet de :
   a. payer des annuités plus importantes en fin d'emprunt. ☐
   b. payer moins d'intérêts à partir de la deuxième période, relativement à un remboursement *in fine* de même montant, taux et échéance. ☐
   c. payer des intérêts égaux pour chaque période. ☐
   d. rembourser le même montant à chaque période. ☐
6. Les biens durables financés par crédit-bail sont :
   a. enregistrés en immobilisation dès leur acquisition. ☐
   b. enregistrés au bilan seulement après la levée de l'option d'achat. ☐
   c. obligatoirement achetés en fin de contrat. ☐
   d. loués en contrepartie de redevances. ☐
7. Lesquels de ces éléments ne sont pas enregistrés dans des comptes de gestion ?
   a. Les apports définitifs du propriétaire. ☐
   b. Les charges d'intérêts. ☐
   c. Les redevances de crédit-bail. ☐
   d. Les dépôts et cautionnements versés dans le cadre du crédit-bail. ☐

## 2 Mini-cas : Salomon Info ★★★

**Compétences attendues**

- **Identifier** les différents types de financement
- **Comptabiliser** les opérations de financement

Le 1er novembre N, M. Salomon crée une entreprise de réparation de matériels informatiques dans un quartier défavorisé. Il rachète à une entreprise en restructuration des logiciels pour un montant de 2 000 € HT et des outillages pour 3 000 € HT.
M. Salomon apporte en outre 10 000 € sur le compte en banque ouvert au nom de l'entreprise.

La création de cette entreprise étant en phase avec le projet de politique de la ville, la préfecture lui accorde le 8 novembre N une prime de création d'entreprise d'un montant de 3 000 €. Son versement a lieu le 23 novembre N. Dans le cadre de la politique d'aménagement du territoire menée par le Conseil régional, l'entreprise reçoit en outre le 6 décembre N un courrier de celui-ci lui annonçant l'octroi d'une aide de 10 000 €, destinée à financer l'acquisition d'une machine de réparation de cartes électroniques. Cette aide est versée le 20 décembre N par virement bancaire.

1. *Enregistrez, dans le journal de l'entreprise Salomon, les différents apports effectués.*
2. *Après avoir caractérisé les aides accordées, enregistrez ces dernières dans le journal de l'entreprise Salomon.*
3. *Calculez le montant total des capitaux propres de l'entreprise Salomon faisant suite à ces différentes opérations de financement.*

## 3 Mini-cas : Valenta ★★★

**Compétences attendues**

- **Identifier** les différents types de financement
- **Comptabiliser** les opérations de financement
- **Élaborer** les différents tableaux d'amortissement d'emprunts bancaires

1. *Le CIC étant la banque de l'entreprise Valenta, enregistrez les pièces comptables du dossier documentaire dans le journal de cette entreprise.*
2. *Déduisez-en la modalité de remboursement du prêt n° 218 et présentez le tableau d'amortissement correspondant (en arrondissant au centime d'euro le plus proche).*
3. *Présentez sous la forme en T le compte « Emprunt » au 01/09/N+4.*
4. *Établissez le tableau de remboursement de l'emprunt (avec les mêmes taux et échéancier), dans le cas des deux autres modalités de remboursement.*
5. *Identifiez les différences d'enregistrement des annuités dans l'hypothèse où ces deux autres modalités auraient été privilégiées.*

Document

**Avis d'opérations reçus par Valenta**

| CIC | AVIS DE CREDIT *n° 245* | DESTINATAIRE |
|---|---|---|
| AGENCE GRENOBLE | N° COMPTE<br>00219754915 | **VALENTA**<br>**38000 GRENOBLE** |

Nous avons passé ce jour les opérations suivantes :

| LIBELLE DES OPERATIONS | MONTANT |
|---|---|
| Réalisation Prêt n° 218 (sur 5 ans, taux 6 %) | 50 000,00 |
| Retenue de garantie | 520,00 |
| Frais de dossier et commission | 400,00 |
| TVA 20 % | 80,00 |
| Le 01/09/N À VOTRE CREDIT en euros | 49 000,00 |

| CIC | AVIS DE DEBIT *n° 1028* | DESTINATAIRE |
|---|---|---|
| AGENCE GRENOBLE | N° COMPTE<br>00219754915 | **VALENTA**<br>**38000 GRENOBLE** |

Nous avons passé ce jour les opérations suivantes :

| LIBELLE DES OPERATIONS | MONTANT |
|---|---|
| Premier remboursement Prêt n° 218 | 8 869,82 |
| Intérêts annuels | 3 000,00 |
| Le 01/09/N+1 À VOTRE DEBIT en euros | 11 869,82 |

## 4 Mini-cas : Yogi ★★★

**Compétences attendues**

- **Analyser** pour une modalité de financement donnée ses caractéristiques et en **déduire** ses avantages et inconvénients
- **Comptabiliser** les opérations de financement

Le 19 février N, l'entreprise Yogi a souscrit un contrat de crédit-bail concernant une imprimante 3D d'une valeur de 15 000 € HT, aux conditions suivantes :

- Dépôt de garantie versé à la souscription du contrat : 1 000 € ;
- Redevances payables semestriellement (la première étant payée dès la souscription) : 900 € HT ;
- Durée du contrat : 5 ans.

L'ensemble des règlements est effectué par chèque et donne lieu à un avis de débit ou de crédit trois jours après l'émission du chèque.

1. *Enregistrez le versement du dépôt de garantie et le paiement de la première redevance dans le journal de l'entreprise Yogi.*
2. *Enregistrez la levée d'option à l'échéance du contrat, dans le journal de l'entreprise Yogi, dans le cas où :*
   - *le prix de levée d'option HT est fixé de telle manière que l'entreprise Yogi n'ait aucun déboursement à effectuer ;*
   - *le prix de levée d'option est égal à 1 200 € HT.*
3. *Décrivez l'impact de ces différentes opérations dans le bilan de l'entreprise Yogi.*
4. *Passez les enregistrements nécessaires dans le journal de l'entreprise Yogi dans le cas où elle déciderait de ne pas lever l'option.*
5. *Identifiez les conditions dans lesquelles il aurait été préférable, pour l'entreprise Yogi, de financer cette imprimante 3D par emprunt bancaire.*



## 5 Situation pratique : Electronix ★★★

35 min

**Compétences attendues**

- **Élaborer** les différents tableaux d'amortissement d'emprunts bancaires
- **Analyser** pour une modalité de financement donnée ses caractéristiques et en **déduire** ses avantages et inconvénients
- **Comptabiliser** les opérations de financement

En mars N, l'entreprise individuelle Electronix souhaite investir dans une nouvelle machine de conception de cartes électroniques. Pour financer celle-ci, l'entreprise hésite entre un emprunt auprès de sa banque, la BNP, ou une formule de crédit-bail. Elle bénéficie aussi d'un apport de son propriétaire et d'une subvention d'équipement.

## Missions

À partir des documents 1 et 2 :

1. *Déterminez le coût d'acquisition de la machine.*
2. *Enregistrez la facture d'achat de la machine dans le journal de l'entreprise Electronix.*
3. *Présentez les deux premières lignes du tableau d'amortissement de l'emprunt en explicitant vos calculs.*
4. *Enregistrez, au 01/03/N et au 01/03/N+1, les écritures concernant l'emprunt.*

À partir du document 3 :

5. *Expliquez les particularités du crédit-bail en précisant pourquoi il s'agit d'un moyen de financement.*
6. *Enregistrez, dans le journal, les écritures de crédit-bail nécessaires au 1/04/N.*
7. *Enregistrez les écritures d'avril N+3 si l'entreprise Electronix décide de lever l'option d'achat.*
8. *Énoncez des arguments en faveur du financement par emprunt comparé au financement par crédit-bail.*

À partir du document 4 :

9. *Citez un avantage du financement par apport du propriétaire.*
10. *Enregistrez l'apport dans le journal de l'entreprise Electronix.*

À partir du document 5 :

11. *Déterminez les caractéristiques des subventions d'équipement.*
12. *Enregistrez, dans le journal de l'entreprise Electronix, les écritures de notification et de versement de la subvention.*

Document 1

### Acquisition d'une machine électronique

Le 28/03/N, l'entreprise Electronix reçoit la facture n° 131 du fournisseur italien Balmino, l'acheteur ayant fourni son numéro d'identification de TVA :

- Prix catalogue de la machine : 50 000 € HT
- Remise de 10 % sur le prix catalogue
- Frais de port : 1 000 € HT
- Frais d'installation dans l'atelier : 2 000 € HT
- Règlement à 30 jours

L'entreprise Electronix a fourni son numéro d'identification de TVA à Balmino.

Document 2

### Financement par emprunt

Pour financer partiellement la machine, l'entreprise Electronix contracte auprès de la BNP, le 01/03/N, un emprunt de 40 000 € au taux de 2 % l'an sur 4 ans. L'emprunt est remboursable, tous les ans, par amortissements constants.

Document 3

### Proposition de financement par crédit-bail

La société Loca-Industria propose une formule de crédit-bail comprenant :

- La signature du contrat le 01/04/N pour une durée de 3 ans
- Valeur à neuf de la machine : 200 000 € HT
- Le versement d'un dépôt de garantie de 15 000 €
- Les redevances trimestrielles, d'un montant de 20 000 € HT, sont payées en début de chaque trimestre.
- Une option d'achat au terme du contrat au prix de 20 000 € HT

Document 4

### Financement par apport du propriétaire

M. Vieille, exploitant de l'entreprise Electronix, décide de compléter le financement en virant 1 200 €, de manière définitive, sur le compte bancaire de l'entreprise le 12/05/N.

Document 5

### Financement par subvention

La région notifie le 1/06/N à l'entreprise Electronix qu'une subvention d'équipement pour un montant de 6 000 € lui est accordée. La subvention lui est versée sur son compte bancaire le 18/06/N.

SYNTHÈSE

# Opérations courantes de financement

## Financement par capitaux propres

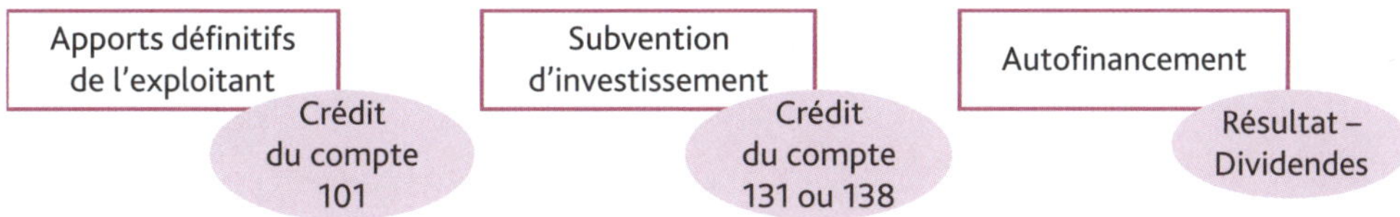


## Financement par emprunt bancaire

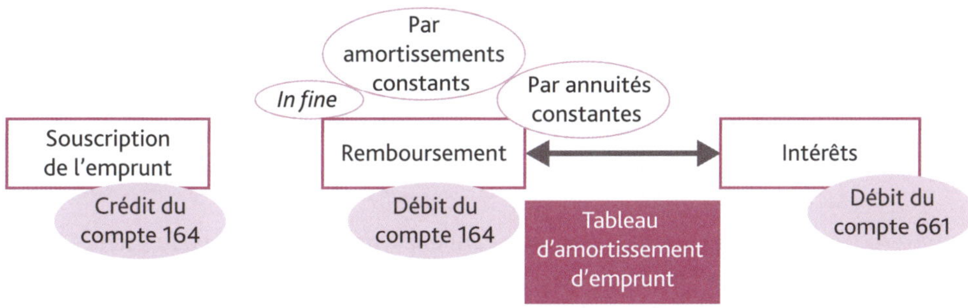


## Financement par crédit-bail

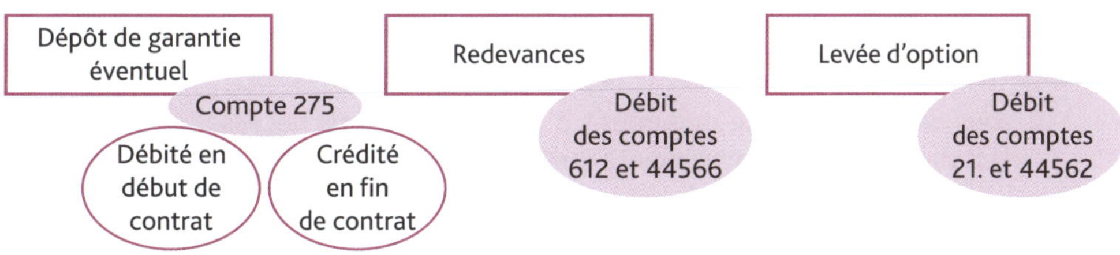

La société Jardina est une société spécialisée dans la fabrication d'outils de jardin.

Elle effectue également des réparations sur ces produits ; pour cette activité de prestations de services, la société Jardina n'a pas opté pour les débits.

Son exercice comptable coïncide avec l'année civile. Toutes les opérations effectuées par la société sont soumises au taux normal de TVA (20 %).

Les frais accessoires sont comptabilisés dans les comptes de charges par nature.

## 1 Opérations courantes d'achat et de vente

Vous disposez dans le document 1 de la liste des opérations réalisées au cours du mois d'avril N par la société Jardina.

### Missions

1. *Après avoir identifié l'émetteur de chaque document généré dans le cas de l'achat de moteurs électriques (première opération du document 1), précisez si ces documents conduisent à un enregistrement comptable.*
2. *Présentez la facture schématique n° 04-01 adressée au client Jeff.*
3. *Identifiez la catégorie comptable à laquelle appartiennent les différents éléments de calcul du montant à payer relatifs à cette facture.*
4. *Comptabilisez les opérations de l'annexe 1 dans le journal de la société Jardina.*
5. *Citez deux autres modalités de règlement que l'entreprise Jardina aurait pu utiliser pour payer l'avance du 30 avril N.*
6. *Expliquez comment l'entreprise Jardina peut contrôler l'exactitude des enregistrements qu'elle a réalisés dans son compte 512.*

## 2 Déclaration de TVA

Vous disposez dans le document 2 des informations nécessaires à la réalisation de la déclaration de TVA de la société Jardina pour le mois de mars N.

### Missions

1. *Rappelez les règles applicables en matière de TVA pour les opérations avec l'étranger.*
2. *Calculez le montant de la TVA due au titre du mois de mars (présentez vos calculs dans un tableau).*
3. *Enregistrez la liquidation de la TVA pour le mois de mars et l'éventuel règlement le 20 avril.*

## 3 Opérations avec le personnel

Vous disposez dans le document 3 des informations nécessaires à la comptabilisation de la paie des salariés de l'entreprise Jardina pour le mois d'avril N.

### Missions

1. *Citez cinq mentions obligatoires sur un bulletin de paie.*

2. *Présentez l'enregistrement comptable du livre de paie fin avril N à partir des informations figurant sur l'extrait du livre de paie dans le document 3.*
3. *Présentez l'enregistrement comptable du règlement par virements bancaires des salaires nets à payer aux salariés à la fin du mois.*
4. *Déterminez le coût total du personnel pour le mois d'avril.*

## 4 Opérations d'investissement et de financement

Au cours du mois d'avril N, la société Jardina a réalisé différents investissements. Elle a ainsi acheté un ordinateur, un logiciel, une imprimante et une voiture de tourisme. Elle a aussi produit pour ses besoins internes un mobilier de présentation de ses produits.

### Missions

1. *Définissez la valeur pour laquelle les immobilisations doivent être inscrites à l'actif lors de leur entrée dans le patrimoine :*

*– lorsqu'il s'agit d'une acquisition à titre onéreux ;*

*– lorsqu'il s'agit d'une immobilisation produite par l'entreprise pour elle-même.*

*L'entreprise Jardina doit enregistrer la facture n° 4566 du 12 avril.*

2. *Déterminez si Jardina peut recourir aux comptes de charges. Justifiez votre réponse.*
3. *Présentez au journal les écritures relatives aux opérations décrites dans le document 4.*

## 5 Opérations sur titres

Durant le mois d'avril N, la société Jardina a procédé à des achats et des cessions de titres. Les règlements ont été effectués par virement bancaire.

### Missions

1. *Énoncez et définissez les quatre catégories de titres proposées par le PCG.*
2. *Enregistrez dans le journal de la société Jardina les opérations réalisées au cours de l'exercice N, présentées dans le document 5. La société Jardina a opté pour l'inscription des commissions dans les comptes de charges.*

## DOSSIER DOCUMENTAIRE

Document 1

**Opérations courantes réalisées en avril N (TVA à 20 %)**

**01/04 :** Réception de la facture n° W3D du fournisseur allemand Bosch relative à l'achat de moteurs électriques. Montant brut HT : 4 200 €. En plus de la facture, cet achat avait donné lieu à l'émission du devis n° 13177, du bon de commande n° 310 et du bon de livraison n° 388, d'un montant équivalent à la facture.

**02/04 :** Facture n° 04-01 adressée à la société Jeff pour une vente de tondeuses. Montant brut HT : 30 000 € ; remise de 10 % sur le montant brut ; escompte de 1 % ; frais de port : 270 € HT. L'escompte n'est calculé que sur les produits vendus, le port facturé n'en bénéficie pas.

...

...

**08/04 :** Facture n° 04-02 adressée au client Desjardins pour la réparation de tondeuses vendues il y a deux ans. Montant brut HT : 1 000 €.

**09/04** : La société Jeff adresse à Jardina un chèque bancaire en règlement de la facture n° 04-01, avec déduction d'un acompte de 5 000 € versé début mars.

**10/04 :** Facture n° 789 adressée par la société d'interim XYS pour mise à disposition d'un ouvrier spécialisé sur la période du 15 mars au 5 avril. Montant HT : 4 000 € ; la société d'interim XYS a opté pour les débits.

**12/04 :** Facture n° 1567 du fournisseur Trevor relative à l'achat de pièces détachées nécessaires à la fabrication des outils de jardin. Montant brut HT : 10 000 € ; remise 10 % ; port facturé : 200 € HT.

**15/04 :** Après retour, pour des raisons de non-conformité, d'une partie des pièces détachées livrées et facturées le 12/04 par le fournisseur Trevor, celui-ci adresse la facture d'avoir n° A238 correspondante. Le montant brut HT des pièces détachées qui lui ont été retournées s'élève à 4 000 €. Sur cette même facture d'avoir, le fournisseur Trevor, dans un geste commercial, octroie une remise supplémentaire de 5 % sur les pièces détachées conservées.

**16/04 :** Remise à l'encaissement du billet à ordre n° 310 du client Laly ; bordereau n° 300. Montant : 750 €.

**17/04 :** Reçu un chèque de la société Desjardins pour paiement de la facture n° 04-01 adressée le 08/04.

**20/04 :** Reçu l'avis de crédit n° 412 de la banque relatif à la remise à l'encaissement du 16/04 ; commissions retenues : 12 € TTC.

**25/04 :** Facture n° 04-03 adressée au client américain Scott pour la vente de tondeuses. Montant : 13 200 USD. Cours de la devise au 25/04 : 1 € = 0,60 USD.

**27/04 :** Avis de crédit n° 248 concernant le paiement de la facture n° 04-03 du 25/04. Cours de la devise au 27/04 : 1 € = 0,66 USD.

**28/04 :** Émission de la facture d'avoir n° AV0258 constatant le retour de deux caisses en bois utilisées pour protéger des broyeurs de végétaux lors de leur transport. Ces caisses sont déconsignées au prix unitaire de 65 €. Elles avaient été consignées le 18/03 au prix unitaire de 80 €.

**30/04 :** Adressé le chèque n° 423 pour une avance sur commande d'une campagne publicitaire auprès de la société Publicom. Montant du chèque : 3 600 €. Publicom est au régime des encaissements.

Document 2

**Éléments concernant la TVA de mars (en €)**

| | |
|---|---|
| Ventes de biens en facturées France | 250 000 HT |
| Ventes de biens facturées dans l'Union Européenne | 137 000 HT |
| Ventes de biens facturées hors Union Européenne | 95 000 HT |
| Prestations de services facturées en France | 120 000 HT |
| Prestations de services encaissées en France | 108 000 |

...

| | |
|---|---|
| Acquisition de biens et services facturée en France (les fournisseurs ont opté pour les débits) | 88 000 HT |
| Acquisition de biens et services facturée dans l'Union Européenne | 75 000 HT |
| Acquisition d'immobilisation facturée en France | 100 000 HT |

La déclaration de TVA de février faisait apparaître un crédit de TVA de 6 000 €.

Document 3

### Informations du livre de paie du mois d'avril

| | |
|---|---|
| Total des salaires bruts | 89 700 € |
| URSSAF :<br>• Cotisations salariales<br>• Cotisations patronales | <br>14 900 €<br>32 300 € |
| Caisses de retraite complémentaires<br>• Cotisations salariales<br>• Cotisations patronales | <br>4 300 €<br>6 700 € |
| Versement d'acomptes sur salaires la 16/04/N | 3 500 € |
| Opposition sur salaires à prélever | 1 000 € |
| Prélèvement à la source | 4 500 € |

Document 4

### Investissements effectués par l'entreprise Jardina en avril N

**10/04 :** Facture n° 199 reçue du fournisseur Microcontact :

| | |
|---|---|
| Ordinateur | 2 000,00 |
| Logiciel de gestion | 700,00 |
| Frais d'installation du logiciel | 100,00 |
| Total HT | 2 800,00 |
| TVA (20 %) | 560,00 |
| Total TTC | 3 360,00 |

**12/04 :** Facture n° 5466 de la Fnac :

| | |
|---|---|
| Imprimante | 400,00 |
| Cartouche d'encre | 100,00 |
| Total HT | 500,00 |
| TVA (20 %) | 100,00 |
| Total TTC | 600,00 |

**15/04 :** Facture n° 5489 du garage Renault

| | |
|---|---|
| Voiture de tourisme | 20 000 |
| Remise 2 % | 400 |
| | 19 600 |
| Escompte 1 % | 1 960 |
| | 17 640 |
| TVA (20 %) | 3 528 |
| TTC | 21 168 |

...

**18/04 :** Achèvement par le personnel de l'entreprise d'un mobilier d'exposition des produits vendus par l'entreprise ; la fabrication de ce mobilier avait débutée en décembre N–1. Les coûts engagés pour la production de ce mobilier sont les suivants :

| | Charges engagées en décembre N–1 | Charges engagées début N |
|---|---|---|
| Matières premières | 400 € | 300 € |
| Fournitures diverses | 50 € | 30 € |
| Main d'œuvre | 370 € | 150 € |
| Total | **820 €** | **480 €** |

Document 5

### Opérations sur titres réalisées par la société Jardina en avril N

**10/04 :** Achat de 70 obligations Perin au prix d'achat unitaire de 200 € en vue de placer à court terme de la trésorerie disponible ; une commission de 1 % a été prélevée par la banque chargée de réaliser cette opération (cette commission est soumise à la TVA au taux de 20 %).

**20/04 :** Cession de 100 actions Renco au prix de vente unitaire de 210 € ; une commission de 1 % a été prélevée par la banque chargée de réaliser cette opération (cette commission est soumise à la TVA au taux de 20 %). Ces actions avaient été acquises le 12/03/N–1 pour un prix d'achat unitaire de 200 € et dans l'optique d'un placement spéculatif à brève échéance.

**25/04 :** Souscription au prix unitaire de 50 € de 100 parts sociales du capital de la société Dupraz (il s'agit d'une société nouvelle) ; le capital de la société Dupraz est composé de 300 parts.

**27/04 :** Avis de crédit relatif à la perception de 450 € de coupons des obligations Harry conservées durablement et de 700 € de dividendes des actions Meghan, acquises pour les revendre à brève échéance.

# CHAPITRE 13 Principes d'évaluation à l'inventaire

## PROGRAMME

### Compétences attendues

- **Expliquer** la finalité et les enjeux des opérations d'inventaire
- **Établir** l'articulation entre les principes comptables et les opérations d'inventaire
- **Évaluer** et **comptabiliser** les différentes opérations d'inventaire : les stocks

### Savoirs associés

- Principes d'évaluation à l'inventaire
- Inventaire intermittent et variation des stocks

## PRÉREQUIS

Normalisation et réglementation comptables (chapitre 2)

## LIEN AVEC LE DCG 11

§2. La détermination et l'analyse des coûts comme réponse à différents problèmes de gestion

## PLAN DU CHAPITRE

**Cours :** 1. Notion d'inventaire • 2. Inventaire comptable des stocks

**Des savoirs aux compétences :** Évaluer les savoirs • Maîtriser les compétences • Préparer l'épreuve

**Synthèse**

Pourquoi réaliser des opérations d'inventaire ? En quoi consistent les opérations d'inventaire ? Quels principes comptables justifient les opérations d'inventaire ? Comment réaliser et comptabiliser l'inventaire des stocks ?

## MOTS-CLÉS

**Fiche de stock • Image fidèle • Inventaire comptable • Inventaire intermittent • Inventaire physique • Méthode du coût unitaire moyen pondéré • Méthode du premier entré-premier sorti • Travaux d'inventaire • Variation de stocks**

# 1 Notion d'inventaire

**Définition**

L'**inventaire comptable** consiste à évaluer les actifs et passifs et à ajuster certains postes à l'arrêté des comptes, en vue de l'élaboration des documents de synthèse.

Les travaux d'inventaire sont réalisés à la suite de l'enregistrement des opérations courantes, à la clôture de l'exercice (fig. 13.1).

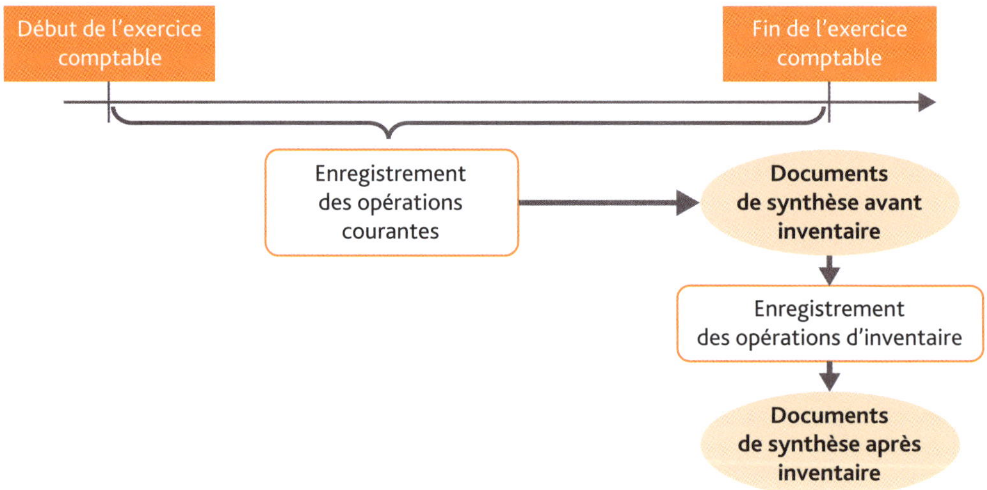


Figure 13.1. **Opérations courantes et opérations d'inventaire**

Les **travaux d'inventaire** sont définis par le Code de commerce.

**Code de commerce, article L. 123-12**

- Toute personne physique ou morale ayant la qualité de commerçant doit procéder à l'enregistrement comptable des mouvements affectant le patrimoine de son entreprise. Ces mouvements sont enregistrés chronologiquement. Elle doit contrôler par inventaire, au moins une fois tous les douze mois, l'existence et la valeur des éléments actifs et passifs du patrimoine de l'entreprise. Elle doit établir des comptes annuels à la clôture de l'exercice au vu des enregistrements comptables et de l'inventaire. Ces comptes annuels comprennent le bilan, le compte de résultat et une annexe qui forment un tout indissociable.

Les travaux d'inventaire permettent de corriger la valeur des actifs ou passifs afin de donner une **image fidèle** du patrimoine.

**Exemple**

- L'entreprise Génie du Net dispose de mobiliers et matériels informatiques. À la clôture de l'exercice, lorsque l'entreprise établit ses comptes annuels, si la valeur de ces actifs a diminué du fait de leur utilisation ou du fait d'autres circonstances, les travaux d'inventaire permettent de corriger la valeur de l'actif pour ne pas surestimer celle du patrimoine.

## A) Objectifs et principes de l'inventaire

Les travaux d'inventaire visent à :
- contrôler la réalité du patrimoine en quantité et en valeur ;
- procéder à certains ajustements comptables nécessaires ;
- préparer l'élaboration des comptes annuels.

Afin de présenter une image fidèle du patrimoine de l'entreprise, les écritures d'inventaire régularisent et ajustent les comptes, en prenant en considération des comptes sincères et réguliers et en respectant tous les principes comptables :

- Le principe de prudence s'applique dans la comptabilisation des amortissements, des dépréciations et provisions (↪ chapitres 14 à 16). Selon le principe de prudence, en règle générale, il ne sera pas tenu compte des gains qui ne sont pas certains ; par contre, les pertes probables devront être comptabilisées. Les travaux d'inventaire visent à considérer ces pertes probables.
- Le principe de permanence des méthodes s'illustre dans l'enregistrement des amortissements et la tenue des stocks (↪ chapitres 13 et 14). Il n'est pas possible de modifier les méthodes comptables en fonction du résultat que l'on veut obtenir. Seul un changement justifié par une meilleure information est autorisé à titre exceptionnel et justifié dans l'annexe. Les travaux d'inventaire relatifs aux amortissements et suivi des stocks sont définis selon une méthode comptable choisie et non modifiable, sauf exception.
- Le principe d'indépendance des exercices se traduit dans la régularisation des charges et des produits (↪ chapitre 19). Ce principe consiste à rattacher les charges et les produits à l'exercice au cours duquel ils ont été engagés.

**NOTRE CONSEIL**

La réalisation des travaux d'inventaire est une étape comptable primordiale puisqu'elle mène aux documents de synthèse qui servent aux dirigeants, aux propriétaires de l'entreprise, aux contrôleurs éventuels et aux tiers (administration fiscale, créanciers….). Vous devez maîtriser parfaitement les techniques comptables pour mener à bien ces opérations.

**Exemple**

Des valeurs mobilières de placement acquises par la holding Boursorix, durant l'exercice précédent, pour 10 € par titre sont cotées en Bourse à 8 € lors de l'inventaire de fin d'exercice ; l'application du principe de prudence oblige à constater cette perte de valeur.

Une prime d'assurance de 1 000 € payée d'avance le 1er octobre N couvre la période du 1er octobre N au 30 septembre N+1. Si l'exercice est clôturé le 31 décembre N, les trois quarts de la prime concernent donc l'exercice suivant alors qu'ils ont été comptabilisés en charges au cours de l'exercice N. En application du principe d'indépendance des exercices, les opérations d'inventaire consistent à neutraliser la part de la charge qui ne concerne pas l'exercice.

## B) Étapes des travaux d'inventaire

Les travaux d'inventaire impliquent quatre étapes successives (tab. 13.1).

**Tableau 13.1. Séquençage des travaux d'inventaire**

| | |
|---|---|
| **Inventaire des éléments du patrimoine** | Mise en place d'un inventaire physique de tous les éléments composant le patrimoine de l'entreprise |
| **Écritures d'ajustement des comptes** | • Stocks • Amortissements • Dépréciations • Provisions • Autres régularisations |
| **Écritures de regroupement d'inventaire** | En vue de la détermination du résultat, établissement de la balance après inventaire |
| **Établissement des documents de synthèse** | Compte de résultat, bilan et annexe |

### 1. Inventaire physique

L'**inventaire physique** porte essentiellement sur les éléments suivants :

- **Inventaire de la caisse**. Les avoirs en caisse sont recensés et comparés avec les soldes comptables théoriques.
- **Recensement des immobilisations**. Sont rapprochés le fichier théorique des immobilisations et le rapport établi lors de l'inventaire physique. Il convient de traiter le cas échéant les écarts, du fait de dégradation, vol, casse, perte de valeur…
- **Inventaire des stocks, ou inventaire extracomptable**. Effectué sur tous les éléments constitutifs du stock réel (de matières premières, fournitures, produits finis et semi-finis, produits en-cours, marchandises), ce recensement consiste en un comptage des éléments des stocks afin de les comparer avec les stocks théoriques (comptabilisés). Des excédents ou des lacunes dans les stocks incitent à rechercher les raisons expliquant de tels écarts (ex. : erreur de comptabilisation, vol, dégradation, perte de valeur, problème de livraison).

Le terme « inventaire » peut faire référence à un inventaire comptable ou physique. L'inventaire comptable englobe toutes les opérations d'inventaire dont l'inventaire physique (inventaire des éléments du patrimoine comme les immobilisations et les stocks). Attention, l'inventaire ne concerne donc pas que le suivi des stocks.

### 2. Travaux de comptablisation d'inventaire

La comptabilisation des opérations d'inventaire nécessite un travail important qui se déroule, en règle générale, durant les trois mois suivant la clôture de l'exercice (délai maximum laissé par l'administration fiscale pour la production des documents de synthèse).

Les délais sont également fonction des dates limites prévues pour que le gérant ou le conseil d'administration arrêtent les comptes et que les actionnaires les approuvent en assemblée générale. Les écritures concernant l'inventaire sont passées durant la période d'« arrêté des comptes » mais elles sont toutes datées du jour de clôture de l'exercice.

→ APPLICATION 2 • SITUATION PRATIQUE 6

## 2 Inventaire comptable des stocks

### A) Pourquoi un inventaire des stocks ?

L'entreprise doit réaliser des travaux d'inventaire, notamment en matière de stocks, afin de contrôler la réalité physique ainsi que la valeur réelle des stocks. Deux modes d'inventaire sont envisageables (↪ chapitre 4) :

- L'inventaire permanent. Il s'agit du recensement et de l'évaluation chiffrée, en quantité et en valeur, des stocks de façon constante, en cours d'exercice. Cette méthode est adaptée aux entreprises dont les éléments stockés sont dénombrables et disponibles en petites quantités. Ce mode d'inventaire convient également aux entreprises disposant d'un système d'information permettant d'assurer un suivi régulier des stocks.
- L'**inventaire intermittent**. Il s'agit du recensement et de l'évaluation chiffrée en quantité et en valeur par l'entreprise de ses stocks lors de l'arrêté de ses comptes. Le PCG préconise cette méthode. Elle est plus facile à mettre en œuvre, cependant l'entreprise ne peut connaître la valeur de ses stocks qu'au moment de leur comptabilisation à la clôture de l'exercice comptable.

**NOTRE CONSEIL**

Vous devez être capable d'appliquer l'inventaire intermittent, seule technique figurant au programme du DCG.

## B) Évaluation des stocks à l'inventaire

Il est courant que les matières premières, autres approvisionnements ou marchandises soient acquis à des coûts différents. De même, les coûts de production des produits intermédiaires, des en-cours ou des produits finis peuvent varier dans le temps. Deux méthodes d'évaluation des stocks à leur sortie sont autorisées par le PCG (tab. 13.2) :

- la **méthode du coût unitaire moyen pondéré** (CUMP) ;
- la **méthode du premier entré-premier sorti** (PEPS, ou FIFO pour *first In-first out*).

La méthode FIFO en images :
http://dunod.link/8845e3a

**Tableau 13.2. Évaluation à la sortie du patrimoine des stocks**

| Méthode autorisée | Définition |
|---|---|
| Coût unitaire moyen pondéré (CUMP) après chaque entrée | Valorisation des sorties et du stock, à chaque nouvelle entrée en stock : moyenne du coût des stocks avant la nouvelle entrée et du coût des nouveaux éléments entrés. |
| Coût unitaire moyen pondéré (CUMP) sur une période | Valorisation des sorties et du stock, à la fin d'une période : moyenne du coût des stocks avant les nouvelles entrées et du coût des nouveaux éléments entrés. |
| Premier entré – premier sorti (PEPS) | Valorisation des sorties et du stock, à chaque nouvelle entrée en stock : valorisation des éléments sortis au coût des éléments les plus anciens restant en stock, valorisation du stock au coût des éléments les plus récents restant en stock. |

Les **fiches de stocks** permettent d'évaluer, selon la méthode retenue, les **variations de stocks** et la valeur du stock final.

### Exemple

- Un étudiant suit sa consommation de sodas :
  - stock initial : 4 canettes d'une valeur globale de 10 €, le 1er octobre N ;
  - consommation d'une canette le 2 octobre N ;
  - achats à l'épicerie du quartier de 6 canettes pour 24 €, le 10 octobre N ;
  - consommation de 4 canettes le 12 octobre N.

  Il souhaite estimer son stock final de canettes au 12 octobre .

  - Si l'étudiant estime les sorties de stocks en adoptant le CUMP après chaque entrée, il obtient une valeur du stock final de 17, 50 €.

**NOTRE CONSEIL**

Une fois la méthode choisie, vous ne devez en changer qu'exceptionnellement et toujours justifier ce changement dans l'annexe comptable, et ce afin de respecter le principe de permanence des méthodes.

| Fiche de stocks | | | | | | | | | |
|---|---|---|---|---|---|---|---|---|---|
| Dates | Entrées | | | Sorties | | | Stocks | | |
| | Quantité | Coût | Valeur totale | Quantité | Coût | Valeur totale | Quantité | Coût | Valeur totale |
| 01/10 | 4 | 2,50 | 10,00 | | | | 4 | 2,50[1] | 10,00 |
| 02/10 | | | | 1 | 2,50 | 2,50 | 3 | 2,50[2] | 7,50 |
| 10/10 | 6 | 4,00 | 24,00 | | | | 9 | 3,50[3] | 31,50 |
| 12/10 | | | | 4 | 3,50 | 14 | 5 | 3,50[4] | 17,50 |

(1) 10,00/4. (2) Absence de nouvelle entrée, CUMP identique = 2,50. (3) Nouvelle entrée : CUMP = (7,50 + 24,00) / (3 + 6). (4) Pas de nouvelle entrée, CUMP identique = 3,50.

- Si l'étudiant estime les sorties de stocks en adoptant le CUMP pour la période, il obtient une valeur du stock final de 17 €.

| Fiche de stocks | | | | | | | | | |
|---|---|---|---|---|---|---|---|---|---|
| Dates | Entrées | | | Sorties | | | Stocks | | |
| | Quantité | Coût | Valeur totale | Quantité | Coût | Valeur totale | Quantité | Coût | Valeur totale |
| 01/10 | 4 | 2,50 | 10,00 | | | | 4 | 2,50 | 10,00 |
| 02/10 | | | | 1 | | | 3 | | |
| 10/10 | 6 | 4,00 | 24,00 | | | | 9 | | |
| 12/10 | | | | 4 | 3,40 | 13,60 | 5 | 3,40(1) | 17,00 |

(1) CUMP = (4 × 2,50 + 6 × 4) / 10 = 3,40

- Si l'étudiant estime les sorties de stocks en adoptant le PEPS, il obtient une valeur du stock final = 20 € :

| Fiche de stocks | | | | | | | | | |
|---|---|---|---|---|---|---|---|---|---|
| Dates | Entrées | | | Sorties | | | Stocks | | |
| | Quantité | Coût | Valeur totale | Quantité | Coût | Valeur totale | Quantité | Coût | Valeur totale |
| 01/10 | 4 | 2,50 | 10,00 | | | | 4 | 2,50 | 10,00 |
| 02/10 | | | | 1 | 2,50 | 2,50 | 3 | 2,50 | 7,50 |
| 10/10 | 6 | 4,00 | 24,00 | | | | 3<br>6 | 2,50<br>4,00 | 7,50<br>24,00 |
| 12/10 | | | | 3<br>1 | 2,50<br>4,00 | 7,50<br>4,00 | 5 | 4,00 | 20,00 |

La valeur du stock final avec la méthode du PEPS est plus élevée, ce qui est normal puisque les dernières boissons achetées l'ont été à un coût supérieur.

## C) Comptabilisation de l'inventaire des stocks

En vertu du principe d'indépendance des exercices, la comptabilisation de l'inventaire des stocks consiste à :

- Mettre à jour la valeur du stock dans le bilan, compte tenu des entrées et des sorties des éléments stockés.
- Corriger les charges et les produits de l'exercice comptable qui s'achève afin que :

- les charges de l'exercice comptable prennent en compte les achats réellement consommés ou vendus pendant l'exercice comptable (soit les achats de l'exercice auquel s'ajoute le déstockage ou se soustrait le stockage) ;
- les produits de l'exercice comptable prennent en compte la production effectivement réalisée au cours de l'exercice comptable (soit la production vendue à laquelle s'ajoute le stockage ou se soustrait le déstockage).

L'inventaire des stocks est réalisé en mobilisant des comptes de variation de stocks (tab. 13.3).

**Tableau 13.3. Comptes de variation de stocks**

| Éléments achetés | Éléments produits |
|---|---|
| 6031. Variation des stocks de matières premières et fournitures | 7133. Variation des en-cours de production de biens |
| 6032. Variation des stocks d'autres approvisionnements | 7134. Variation des en-cours de production de services |
| 6037. Variation des stocks de marchandises | 7135. Variation des stocks de produits |

La comptabilisation de l'inventaire (tab. 13.4) des stocks consiste à :
- annuler le stock initial ;
- comptabiliser le stock final.

**Tableau 13.4. Schéma de comptabilisation de l'inventaire des stocks**

| | Annulation du stock initial | Constatation du stock final |
|---|---|---|
| **Débit** | Compte de variation des stocks | Compte de stocks |
| **Crédit** | Compte de stocks | Compte de variation de stocks |

| | | | | |
|---|---|---|---|---|
| 603. / 713. | | Variation de stocks de… | Stock initial | |
| | 3. | Stocks de… | | Stock initial |
| | | *Annulation du stock initial* | | |
| 3. | | Stocks de… | Stock final | |
| | 603. / 713. | Variation de stocks de… | | Stock final |
| | | *Constatation du stock final* | | |

**NOTRE CONSEIL**

Le PCG (art. 943 et 947-71) préconise de créditer le compte de stock du montant initial (ex. : 603 et 607) puis de débiter le compte de stock du montant final. Vous ne devez pas fusionner les deux écritures, la comptabilisation en deux écritures améliorant la lecture du grand-livre et évitant nombre d'erreurs.

## 1. Comptabilisation de l'inventaire des stocks des éléments achetés

Pour les éléments achetés, le compte de variation de stocks mobilisé est un compte de charges (fig. 13.2).

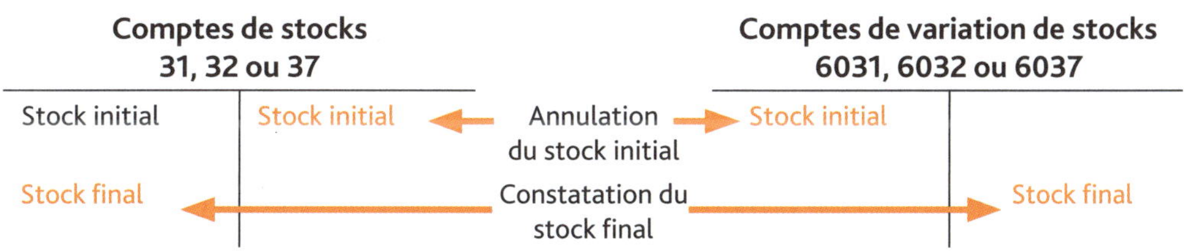


**Figure 13.2. Comptabilisation de l'inventaire des stocks des éléments achetés**

Le solde du compte de stock après écriture d'inventaire correspond au montant du stock final qui figurera dans le bilan de clôture.

Le solde du compte de variation de stocks apparaît dans les charges et permet de déterminer la consommation des matières premières, fournitures et autres approvisionnements achetés ou le coût d'achat des marchandises vendues.

**Achats + Variation de stocks**

**Stock initial – Stock final**

Par convention et pour des raisons de lisibilité des comptes, les montants négatifs sont souvent placés entre parenthèses ou crochets.

Les variations de stocks sont rattachées aux éléments qu'elles affectent. Le compte « 603. Variations de stocks (approvisionnements et marchandises) » est toujours inscrit au débit (colonne « Charges ») du compte du résultat (tab. 13.5) :
- avec un signe « + », lorsque stock final est inférieur au stock initial (déstockage) ;
- avec un signe « – », lorsque stock final est supérieur au stock initial (stockage).

**Tableau 13.5. Compte de résultat (extrait)**

| Charges | |
|---|---|
| **Charges d'exploitation** | |
| Achats de matières premières et fournitures | …………… |
| Variations des stocks des matières premières et fournitures | Stock initial – Stock final<br>(+ si déstockage / – si stockage) |
| Achats autres approvisionnements | …………………… |
| Variations des stocks des autres approvisionnements | Stock initial – Stock final<br>(+ si déstockage / – si stockage) |
| Achats de marchandises | ………………………….. |
| Variation des stocks des marchandises | Stock initial – Stock final<br>(+ si déstockage / – si stockage) |
| … | |

**FOCUS** **Achat : un stock supplémentaire ou une charge supplémentaire ?**

Les achats de biens destinés à être consommés rapidement (matières premières, fournitures et autres approvisionnements) sont comptabilisés lors de la réception des factures, en charges, comme s'ils avaient été consommés lors de l'exercice. Cette démarche crée un décalage entre la comptabilisation et la réalité selon laquelle les achats auraient dû être comptabilisés en stock et passés en charges au fur et à mesure de leur consommation. Le décalage se résout souvent par lui-même avant la clôture des comptes mais, à la clôture, des stocks non consommés passés en charges peuvent subsister : ils doivent être régularisés.

La comptabilisation de ces variations rectifie la situation en retranchant les matières premières, fournitures et autres approvisionnements non consommés des charges pour les transférer à l'actif du bilan (comptes de stocks). Il en est de même pour les achats de marchandises. À l'inverse, si l'entreprise déstocke, les stocks non comptabilisés en charges doivent être retranchés de l'actif du bilan et transférés en charges.

## 2. Comptabilisation de l'inventaire des stocks des éléments produits

Pour les éléments produits, le compte de variation de stocks mobilisé est un compte de produits (fig. 13.3).

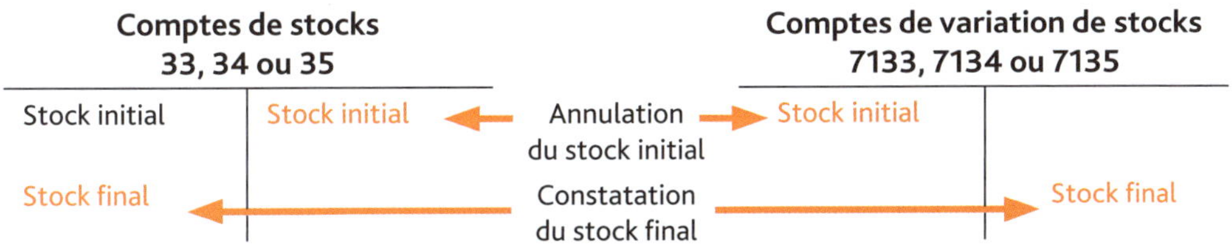


**Figure 13.3. Comptabilisation de l'inventaire des stocks des éléments produits**

Le montant du stock à l'actif, après écriture d'inventaire, correspond au montant du stock final. Le solde du compte de variation de stocks apparaît au niveau des produits et permet de déterminer la production de l'exercice :

$$\text{Ventes} + \text{Production immobilisée} + \underbrace{\text{Production stockée}}_{\text{Stock final} - \text{Stock initial}}$$

La production immobilisée correspond à la production réalisée par l'entreprise pour elle-même. La production stockée est le terme utilisé en comptabilité pour désigner la variation de stocks des éléments produits, qu'il y ait stockage ou déstockage.

Les variations de stocks sont rattachées aux éléments qu'elles affectent. Le compte « 713. Variations de stocks » est toujours inscrit au crédit (colonne « Produits ») du compte du résultat (tab. 13.6) :
- avec un signe « + », lorsque stock final est supérieur au stock initial (stockage) ;
- avec un signe « – », lorsque stock final est inférieur au stock initial (déstockage).

**Tableau 13.6. Comptabilisation des variations de stocks des éléments produits dans le compte de résultat**

| Produits | |
|---|---|
| **Produits d'exploitation** | |
| Ventes de marchandises | |
| Production vendue | |
| Production stockée | Stock final – Stock initial (+ si stockage / – si déstockage) |
| En-cours de production de biens | Stock final – Stock initial (+ si stockage / – si déstockage) |
| En-cours de production de services produits | Stock final – Stock initial (+ si stockage / – si déstockage) |

**FOCUS**

## Production, création de richesse et traitement des invendus

Le fait de produire engendre des charges pour l'entreprise. Trois situations sont observées :

• Si la production est vendue, le résultat de l'exercice enregistre un gain égal à la marge réalisée.

• Si une partie de la production n'est pas vendue, les charges correspondantes ont tout de même été comptabilisées (dans les opérations courantes) et réduisent le résultat. Afin d'éviter ce phénomène, un produit correspondant au coût de production des produits non vendus est enregistré au crédit du compte de variation des stocks.

• Si l'entreprise a vendu des éléments qu'elle n'a pas produits au cours de l'exercice mais qu'elle a extraits de ses stocks, elle doit corriger ses produits afin de prendre uniquement en compte la création de richesse effective de l'exercice. Elle neutralise dans son chiffre d'affaires les produits déstockés grâce à un compte de variation de stocks.

## Exemple

L'entreprise Schmitt achète des chevrons de bois à l'entreprise Macho pour fabriquer des mezzanines. Elle dispose le 1er avril N des stocks suivants :
- stock initial de chevrons : 405 € ;
- stock initial de mezzanines : 1 100 €.

Au cours de l'année N, elle a acheté pour 500 € (HT) de chevrons et réalisé des ventes de mezzanines à hauteur de 2 000 € (HT). Après évaluation de ses stocks au CUMP, elle détermine au 31 décembre N la valeur des stocks suivants :
- stock final de chevrons : 505 € ;
- stock final de mezzanines : 1 500 €.

Les écritures de comptabilisation de l'inventaire des stocks sont les suivantes :

| | | | | |
|---|---|---|---|---|
| | | 31/12/N | | |
| 60310 | | Variation de stocks de matières premières et fournitures | 405 | |
| 71355 | | Variation des stocks de produits | 1 100 | |
| | 31000 | Stocks de matières premières | | 405 |
| | 35500 | Stocks de produits finis | | 1 100 |
| | | *Annulation du stock initial* | | |
| | | 31/12/N | | |
| 31000 | | Stocks de matières premières | 505 | |
| 35500 | | Stocks de produits finis | 1 500 | |
| | 60310 | Variation de stocks de matières premières et fournitures | | 505 |
| | 71355 | Variation des stocks de produits | | 1 500 |
| | | *Constatation du stock final* | | |

L'entreprise Schmitt a stocké des chevrons (Variation de stock de matières premières = 405 – 505 = – 100 €) et des mezzanines (Variation de stock de produits finis = 1 500 – 1 100 = 400 €).

L'extrait du compte de résultat au 31 décembre N, après inventaire des stocks, se présente comme suit :

| Charges | | Produits | |
|---|---|---|---|
| Achats de matières premières | 500,00 | Production vendue | 2 000,00 |
| Variation de stocks de matières premières | (100,00) | Production stockée | 400,00 |

La consommation de chevrons par l'entreprise Schmitt pour l'année N est donc de 400 € (500 – 100) et la production de 2 400 € (2 000 + 400).

→ MINI-CAS 3 • MINI-CAS 4 • MINI-CAS 5 • SITUATION PRATIQUE 6

## 1 QCM

*Pour chaque proposition, une ou plusieurs réponses sont possibles. Justifiez-les.*

1. L'inventaire comptable a pour objectif de :
   a. contrôler la réalité du patrimoine en quantité et en valeur. ☐
   b. procéder à certains ajustements comptables nécessaires. ☐
   c. préparer l'élaboration des comptes annuels. ☐

2. L'ajustement des comptes à l'inventaire consiste à :
   a. comptabiliser l'inventaire des stocks. ☐
   b. informer les comptes en attente. ☐
   c. comptabiliser les amortissements, dépréciations, provisions. ☐

3. En inventaire intermittent, lorsque l'entreprise achète de la matière première :
   a. elle comptabilise automatiquement une variation de stock. ☐
   b. elle comptabilise l'achat au débit du compte de stock de matières premières. ☐
   c. elle ne modifie pas son compte de stock. ☐

4. En inventaire intermittent, avant les écritures d'inventaire, apparaît dans le bilan :
   a. la valeur du stock initial. ☐
   b. la valeur du stock après consommation de l'exercice. ☐
   c. la variation de stock. ☐

5. Une variation de stock de produits finis positive signifie :
   a. un stockage de produits finis. ☐
   b. un déstockage de produits finis. ☐
   c. que l'entreprise a produit plus qu'elle n'a vendu. ☐

6. En France, les sorties des stocks de produits finis peuvent être évaluées :
   a. au coût moyen pondéré. ☐
   b. au premier entré, premier sorti. ☐
   c. au dernier entré, premier sorti. ☐

7. La constatation d'un déstockage de matières premières consiste à comptabiliser :
   a. une diminution des actifs. ☐
   b. une variation de stock positive. ☐
   c. une variation de stock négative. ☐
   d. un élément supplémentaire à inscrire dans les charges de l'exercice. ☐

## 2 Opérations d'inventaire et principes comptables ★★★

L'entreprise AD2S souhaite établir les documents de synthèse à la fin de la période d'activité N. Elle interroge son comptable sur la prise en compte de certains éléments pour établir ces documents :

a. Appréciation du stock final de marchandises à partir des achats et ventes réalisées au cours de l'exercice.
b. Constatation de marchandises manquantes dans le stock final (vol, détérioration…).
c. Facture d'achat manquante pour un restaurant, montant prélevé sur le compte bancaire de l'entreprise (absence de facture).
d. Constatation de l'utilisation d'un ordinateur. L'entreprise a acquis un ordinateur en début d'exercice et envisage de l'utiliser pendant 4 ans.
e. Retour d'un impayé par un client.
f. Litige avec un salarié en cours.
g. Augmentation de la valeur du portefeuille de titres financiers détenus par l'entreprise.
h. Paiement par anticipation de 6 mois d'abonnement à un service après-vente pour l'exercice futur.
i. Mise au rebut d'une machine au cours de l'année.
j. Perte de trois commandes à venir suite à des défauts de qualité.

1. *Présentez les différentes étapes des travaux d'inventaire.*
2. *Indiquez, pour chacun de ces éléments, s'il y a lieu de réaliser des travaux d'inventaire. Si oui, précisez lesquels et les principes comptables concernés en les justifiant.*



## 3 Mini-cas : François ★★★

**Compétence attendue** **Évaluer** et **comptabiliser** les différentes opérations d'inventaire : les stocks

L'entreprise François souhaiterait gérer ses stocks de petites fournitures nécessaires à son activité de plomberie. Pour ce faire, elle désire estimer son stock de raccords de cuivre à la fin de l'année, à la suite de ses consommations et achats (voir le dossier documentaire). Les coûts indiqués tiennent compte des frais accessoires ainsi que des réductions commerciales et financières obtenues par l'entreprise.

1. *Détaillez les méthodes permettant de calculer la valeur du stock de raccords de cuivre à la fin de l'année.*
2. *Calculez le stock final de raccords de cuivre de l'entreprise François selon ces différentes méthodes. Commentez le résultat.*
3. *Enregistrez les écritures d'inventaire des stocks si l'entreprise François opte pour la méthode qui maximise la valeur du stock final de raccords de cuivre.*

Document

**Mouvements de stocks**

| Date | Mouvement | Quantité | Coût unitaire (€) |
|---|---|---|---|
| 1er janvier | Stock initial | 80 | 3,20 |
| 5 avril | Entrée | 100 | 3,40 |
| 11 avril | Sortie | 50 | |
| 17 juin | Sortie | 80 | |
| 18 septembre | Entrée | 100 | 3,45 |
| 21 septembre | Sortie | 60 | |
| 25 octobre | Sortie | 40 | |
| 27 novembre | Entrée | 150 | 3,50 |
| 15 décembre | Sortie | 40 | |

## 4 Mini-cas : UIP ★★★

**Compétence attendue** **Évaluer** et **comptabiliser** les différentes opérations d'inventaire : les stocks

L'entreprise UIP établit sa comptabilité selon un inventaire intermittent. Vous disposez des informations suivantes :

- Stocks de matières premières fin N–1 : 20 000 €
- Stocks de matières premières fin N : 25 000 €
- Stocks de produits finis fin N–1 : 10 000 €
- Stocks de produits finis fin N : 5 000 €
- Achats de matières premières en N : 45 000 €
- Ventes de produits finis en N : 98 000 €

1. *Indiquez si l'entreprise a stocké ou déstocké des matières premières et des produits finis. Calculez les variations de stock de matières premières et de produits finis telles qu'elles apparaissent dans le compte de résultat.*
2. *Calculez la consommation de matières premières pendant l'exercice N.*
3. *Calculez la production réalisée au cours de l'exercice N.*
4. *Indiquez les informations concernant les stocks de matières premières et de produits finis qui apparaîtront dans le bilan et le compte de résultat après inventaire au 31 décembre N. Présentez vos réponses à l'aide de l'extrait d'un bilan et d'un compte de résultat.*

## 5 Mini-cas : Noisetta ★★★

**Compétence attendue** **Expliquer** la finalité et les enjeux des opérations d'inventaire

Un consommateur soucieux d'analyser précisément son train de vie alimentaire projette de mesurer, pour chaque produit, les quantités mensuelles consommées ainsi que leur valeur. À la fin du mois d'avril, il dispose de son budget alimentaire détaillé, avec une ventilation précise. Étudions un produit parmi d'autres : la pâte à tartiner Noisetta.

1. *Précisez les méthodes de suivi de la consommation de Noisetta et qualifiez-les. Identifiez la méthode de référence.*
2. *Indiquez les difficultés induites par l'inventaire permanent. Prenez l'exemple d'un suivi de matières premières dans une entreprise industrielle.*

Le consommateur a choisi d'appliquer la méthode de l'inventaire intermittent. Concernant les pots de Noisetta, il a constaté au cours du mois d'avril :

- Stock initial : 4 pots d'une valeur globale de 10 €.
- Achat de 6 pots à l'épicerie du quartier pour 18 €.
- Achat de 12 pots au supermarché pour 24 €.
- Stock final : 2 pots.

Il souhaite estimer son stock final de pots de Noisetta.

3. *Listez les méthodes envisageables pour évaluer le stock final et évaluez-le selon ces différentes méthodes.*

Transposons cette situation à un cas d'entreprise : le consommateur est un commerçant qui a vendu, en avril, les pots consommés à 3,50 € l'unité.

4. *Calculez le coût d'achat des marchandises vendues, pour chacune des modalités d'évaluation des stocks. Déduisez-en, pour chaque méthode, le résultat correspondant et commentez-le.*



## 6 Situation pratique : Entreprise P&G ★★★

30 min

**Compétences attendues**

- **Expliquer** la finalité et les enjeux des opérations d'inventaire
- **Établir** l'articulation entre les principes comptables et les opérations d'inventaire
- **Évaluer** et **comptabiliser** les différentes opérations d'inventaire : les stocks

L'entreprise P&G achète et revend des sacs. Elle fait face à des vols de marchandises dans ses entrepôts et envisage de réaliser un inventaire physique de ses stocks. Elle s'interroge sur les modalités de comptabilisation de ces opérations.

## Missions

En vous appuyant sur le dossier documentaire :

1. *Rappelez les obligations légales en matière d'inventaire et distinguez les types d'inventaires.*
2. *Déterminez le stock final de sacs (montant en euros) selon les méthodes autorisées par le PCG. Déduisez-en le coût d'achat des sacs vendus (montants en euros).*
3. *Comptabilisez au journal les écritures d'inventaire des stocks si la société retient la méthode PEPS. Présentez un extrait du bilan et du compte de résultat traduisant l'impact des opérations d'inventaire.*

Document

**Informations sur les stocks et opérations de mars N**

Début mars, l'entreprise P&G dispose d'un stock initial de 200 sacs, coût unitaire : 20 €.
L'entreprise P&G réalise les achats suivants :

- 1er mars : 10 sacs, coût d'achat : 25 € ;
- 10 mars : 100 sacs, coût d'achat : 16 € ;
- 16 mars : 500 sacs, coût d'achat : 10 €.

L'entreprise P&G réalise les ventes suivantes :

- 15 mars : 20 sacs, prix de vente : 100 € ;
- 20 mars : 200 sacs, prix de vente : 100 € ;
- 26 mars : 500 sacs, prix de vente : 100 €.

SYNTHÈSE

# Principes d'évaluation à l'inventaire

## Étapes de l'inventaire

Exercice comptable

- **Au cours de l'exercice** : enregistrement des **opérations courantes**
- **À la fin de l'exercice** : enregistrement des **opérations d'inventaire**

Traduction de la réalité de l'entreprise selon les **principes comptables**

Opérations d'inventaire :

- Inventaire des **éléments du patrimoine**
  - dont inventaire des stocks
- Écritures d'**ajustement des comptes**
- Écritures de **regroupement d'inventaire**
- Établissement des **documents de synthèse**

Méthodes d'inventaire des stocks

- CUMP → Valorisation de stocks achetés : **compte 603**
- PEPS → Valorisation de stocks produits : **compte 713**

## Report des écritures d'inventaire des stocks dans les comptes du grand-livre

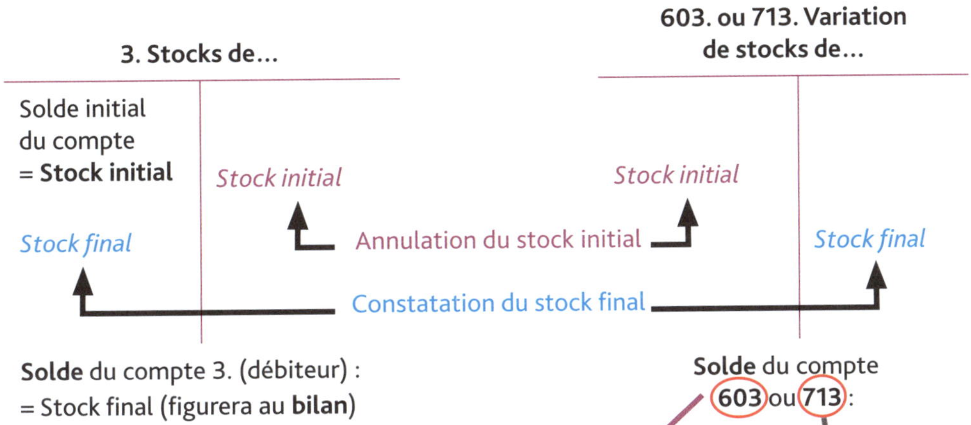


## Incidence sur le compte de résultat

| CHARGES | Montant | PRODUITS | Montant |
|---|---|---|---|
| **Charges d'exploitation** | | **Produits d'exploitation** | |
| Achats de matières premières et autres approvisionnements | | Ventes de marchandises | |
| | | Production vendue (de biens et services) | |
| +/– Variation de stocks | (SI – SF) | Production stockée | (SF – SI) |
| Achats de marchandises | | | |
| +/– Variation de stocks | (SI – SF) | … | |
| … | | | |

Signe de la variation de stocks
+ si compte 603. débiteur (déstockage)
ou – si compte 603. créditeur (stockage)

Signe de la variation de stocks
+ si compte 713. créditeur (stockage)
ou – si compte 713. débiteur (déstockage)

# CHAPITRE 14 Amortissements

## PROGRAMME

| Compétence attendue | Savoir associé |
| --- | --- |
| **Évaluer** et **comptabiliser** les différentes opérations d'inventaire | Amortissements comptables des immobilisations |

### PRÉREQUIS

Opérations courantes d'investissement et de placement (chapitre 10)

### LIEN AVEC LE DCG 4

§4. L'imposition du résultat de l'entreprise

### LIEN AVEC LE DCG 10

§2. 2. Immobilisations corporelles et incorporelles

## PLAN DU CHAPITRE

**Cours :** 1. Principe et champ d'application de l'amortissement • 2. Variables de l'amortissement • 3. Enregistrement de l'amortissement

**Des savoirs aux compétences :** Évaluer les savoirs • Maîtriser les compétences • Préparer l'épreuve

**Synthèse**

À quoi correspond un amortissement ? Comment déterminer les amortissements ? Comment comptabiliser les amortissements ?

### MOTS-CLÉS

**Amortissement • Amortissement linéaire • Amortissement variable • Base amortissable • Durée d'amortissement • Unité d'œuvre • Valeur nette comptable • Valeur résiduelle**

# 1 Principe et champ d'application de l'amortissement

## A) Amortissement

**Définition**

L'**amortissement** d'un actif est la constatation de la consommation d'avantages économiques futurs attendus de cet actif.

La consommation d'avantages économiques futurs d'un actif traduit l'utilisation de cet actif au cours du temps, pour les actifs ayant une durée d'utilisation limitée. L'objectif de l'amortissement est double :

- Il permet d'enregistrer dans les comptes de l'entreprise la valeur de son patrimoine nette des pertes de valeur dans le temps des actifs compte tenu de leur usure, de leur obsolescence, etc.
- La constatation des amortissements conduit également à considérer dans les charges de l'année l'utilisation des actifs ayant permis la réalisation des activités de l'entreprise au cours de l'exercice.

**Exemple**

Un véhicule acquis par une entreprise ne peut rester inscrit dans le bilan à sa valeur d'origine. Au cours du temps, du fait de son utilisation par l'entreprise, le véhicule perd de la valeur. L'amortissement permet de constater la perte de valeur du véhicule due à une durée d'utilisation limitée dans le temps. L'amortissement permet de considérer dans le résultat la charge associée à l'utilisation du bien au cours de l'exercice et à valoriser le véhicule dans le bilan à sa valeur compte tenu de son utilisation.

## B) Immobilisations amortissables

La durée d'utilisation d'un élément de l'actif immobilisé peut être limitée ou non :
- une immobilisation dont la durée d'utilisation est limitée est amortie sur cette durée selon un plan d'amortissement ;
- une immobilisation dont la durée d'utilisation n'est pas limitée n'est pas amortie.

**Exemple**

Un terrain n'a généralement par nature pas de durée d'utilisation limitée. Par conséquent, un terrain n'est pas un bien amortissable.
En revanche, si ce terrain est une carrière ou un terrain d'exploitation de gisement de pétrole, son exploitation par l'entreprise sera limitée par l'extraction de la matière première du terrain. Ce type de terrain a donc une durée d'utilisation limitée dans le temps, c'est une immobilisation amortissable.

# 2 Variables de l'amortissement

## A) Durées d'amortissement

Le caractère limité de la durée d'utilisation d'un actif, sa **durée d'amortissement**, est déterminé soit à l'origine, soit en cours d'utilisation, au regard de critères généralement physiques, techniques, juridiques ou économiques (tab. 14.1). Ces critères ne sont pas exhaustifs et si plusieurs critères peuvent s'appliquer, on retient celui qui donne la durée d'utilisation la plus courte (PCG, art. 214-1).

**Tableau 14.1. Critères de définition de la durée d'amortissement**

| | |
|---|---|
| **Critère physique** | Usure physique subie par l'immobilisation, soit par le passage du temps, soit par l'utilisation que l'entreprise en fait |
| **Critère technique** | Obsolescence d'une immobilisation du fait d'un changement de l'environnement général ou de progrès technique |
| **Critère juridique** | Durée d'utilisation définie par la durée d'exploitation ou de protection limitée dans le temps juridiquement |

**Exemples**

- Au cours de son utilisation, un véhicule subit une perte de valeur : son moteur, les pièces mécaniques, la carrosserie… s'érodent (**critère physique**).
- Un ordinateur peut avoir une durée d'utilisation limitée du fait de **critères techniques** tels que sa vitesse ou sa mémoire, qui peuvent devenir insuffisantes dans le temps compte tenu des besoins d'utilisation ou des autres éléments du parc informatique.
- Un logiciel est acquis pour une durée d'exploitation selon le contrat d'achat. Cette durée fixe la durée d'utilisation (**critère juridique**).

**FOCUS — Durée de vie et durée d'utilisation**

Une immobilisation peut avoir une durée d'utilisation plus courte que sa durée de vie. C'est un choix de l'entreprise guidé par des critères économiques.
Ex. : une entreprise choisit d'acquérir des véhicules neufs et de les changer tous les 2 ans. La durée d'utilisation est de 2 ans, alors que la durée de vie du véhicule est supérieure à 2 ans. La durée d'amortissement correspond à la durée d'utilisation fixée par l'entreprise, soit 2 ans, indépendamment de la durée de vie de l'immobilisation.
Si la durée d'utilisation diffère de ce qui avait été prévu initialement à l'entrée de l'immobilisation dans le patrimoine, il convient de réviser le plan d'amortissement (UE 10).

*Les unités d'œuvre sont une mesure permettant de refléter au mieux le rythme de consommation des avantages économiques attendus par l'entreprise.*

L'utilisation de l'immobilisation est le plus souvent mesurée par des unités de temps (nombre d'années d'utilisation). D'autres **unités d'œuvre** peuvent aussi permettre de mesurer l'amortissement d'une immobilisation (nombre de kilomètres, heures de fonctionnement, nombre de produits réalisés, etc.).

**Exemple**

Un photocopieur Kyocera est acquis par la société Imprim+ dont l'activité est l'impression et la reproduction de documents, et par la société Le Beaulieu, bar-tabac qui choisit d'offrir un service connexe à ses clients.

Compte tenu de leur utilisation importante, les photocopieurs de la société Imprim+ ont généralement une durée d'utilisation de 5 ans. La société amortit le photocopieur sur une durée de 5 ans. Si l'utilisation est régulière dans le temps, le photocopieur est amorti de 1/5 par année d'utilisation.
À l'inverse, le photocopieur est plus faiblement utilisé par les clients de la société Le Beaulieu. Les caractéristiques techniques du photocopieur indiquent la possibilité de produire 500 000 photocopies sur sa durée de vie. La société Le Beaulieu a constaté que les clients réalisaient en moyenne 20 000 photocopies à l'année. La durée d'amortissement du photocopieur est définie par la société Le Beaulieu selon le nombre de photocopies réalisées. Le photocopieur est amorti de 20 000 / 500 000 par année d'utilisation.

L'administration fiscale propose des durées généralement admises d'après les usages de chaque nature d'industrie, de commerce ou d'exploitation (CGI, art. 39) (tab. 14.2).

**Tableau 14.2. Durée d'amortissement**

| | |
|---|---|
| **Approche comptable** | Durée réelle d'utilisation de l'immobilisation par l'entreprise |
| **Approche fiscale** | Durée d'usage dans la profession :<br>• Bâtiments commerciaux : 20 à 50 ans<br>• Bâtiments industriels : 15 à 20 ans<br>• Immeubles à usages de bureaux : 25 ans<br>• Matériels industriels : 5 à 10 ans<br>• Mobiliers : 10 ans<br>• Matériels de bureau : 10 ans<br>• Véhicules de tourisme : 5 ans<br>• Véhicules utilitaires : 4 ans<br>• Micro-ordinateurs : 3 ans<br>• Brevets : 5 ans |

L'amortissement est défini selon l'approche comptable. L'entreprise peut invoquer des circonstances exceptionnelles pour s'écarter de plus ou moins 20 % de la durée d'usage dans la profession.

## FOCUS — Particularités du fonds commercial et mesures de simplification en faveur des PME

En principe, le fonds commercial n'a pas de durée d'utilisation limitée dans le temps ; il n'est donc pas amorti. Néanmoins dans certains cas, la durée d'utilisation du fonds commercial peut être limitée :
– fonds commercial lié à un contrat ou une autorisation légale ayant une durée limitée (ex. : contrat de concession, autorisation d'extraction) ;
– arrêt de l'activité à laquelle est attaché le fonds commercial.
Si son utilisation est limitée dans le temps, le fonds commercial est amorti. Si la durée d'exploitation ne peut être estimée de manière fiable, les PME peuvent choisir de retenir une durée d'amortissement de 10 ans.
Pour les autres immobilisations, les PME ont la possibilité de ne pas chercher à définir les durées d'utilisation réelles et de déterminer les amortissements comptables selon leurs durées d'usage si, à la clôture, elles ne dépassent pas deux des trois seuils suivants :
– total du bilan inférieur ou égal à 6 000 000 € ;
– chiffre d'affaires inférieur ou égal à 12 000 000 € ;
– nombre moyen de salariés inférieur ou égal à 50 sur l'exercice.

## B) Base amortissable

D'un point de vue comptable, la **base amortissable** d'un actif correspond à la valeur brute de l'immobilisation diminuée de sa **valeur résiduelle** si cette dernière est significative et mesurable.

> Base amortissable comptable =
> Valeur brute de l'immobilisation – Valeur résiduelle de l'immobilisation
>
> Avec Valeur résiduelle =
> Valeur de cession de l'immobilisation sur le marché à la fin de son utilisation
> – Coûts directement engagés pour mettre l'immobilisation en état d'être cédé

La valeur résiduelle n'est prise en compte que s'il est possible de déterminer de manière fiable dès l'origine la valeur de marché à la cession de l'immobilisation en fin de période d'utilisation : condition de vente ferme, option de vente, catalogue de prix d'occasion… De même, les coûts de sortie doivent être mesurables à l'entrée de l'immobilisation dans le patrimoine. Ils correspondent aux coûts d'enlèvement de l'immobilisation (dépenses de démontage et de transport prises en charge par l'entreprise cédante) ou aux coûts de nature transactionnelle (frais d'acte, commissions, taxes…). Si la valeur résiduelle ne peut être définie de manière fiable, il ne faut pas en tenir compte dans le calcul de la base amortissable. Cela doit être une exception.

La valeur résiduelle est d'autant plus significative que la durée d'utilisation est courte et inférieure à la durée de vie de l'immobilisation.

**Exemple**

- La société BG a fait l'acquisition de matériels informatiques pour 20 000 € HT. Elle hésite entre deux modes d'utilisation :
  - Soit elle utilise son parc informatique pendant 5 ans. Dans ce cas, la valeur d'occasion de ces actifs est nulle au bout des 5 ans ;
  - Soit elle change son parc informatique dans 2 ans pour éviter son obsolescence. Dans ce cas, la valeur d'occasion du matériel informatique est de 20 % de la valeur d'origine au bout des deux années d'utilisation. Pour céder le parc informatique, la société BG doit réaliser des opérations de maintenance dont le coût est estimé de manière fiable à l'acquisition à 1 000 € HT.

  Pour le premier mode d'utilisation, base amortissable = 20 000 €
  Pour le deuxième mode d'utilisation, base amortissable = 20 000 – (20 000 × 20 % – 1 000) = 17 000 €

Attention, d'un point de vue fiscal, la déduction de la valeur résiduelle n'est pas prise en compte (UE 4).

> Base amortissable fiscale = Valeur brute de l'immobilisation

## C) Modes d'amortissement

L'amortissement correspond à la répartition du coût des immobilisations sur leurs durées d'utilisation. La répartition peut être :

- régulière si l'utilisation est considérée constante durant la période d'utilisation (**amortissement linéaire**). C'est le mode d'amortissement le plus courant ;
- variable selon la variation des performances économiques de l'immobilisation amortie (**amortissement variable**). Cela est extrêmement rare en pratique.

L'administration fiscale précise que l'amortissement linéaire doit être appliqué à défaut de tout autre système fiable (minimum obligatoire). Le **tableau 14.3** présente ces deux modes d'amortissement.

**Tableau 14.3. Principaux modes d'amortissements**

| | Amortissement linéaire | Amortissement variable |
|---|---|---|
| Caractère | Minimum obligatoire, appliqué à défaut de tout autre système fiable | Amortissement non linéaire correspondant à la consommation effective des avantages économiques de l'actif |
| Annuité d'amortissement | Constante | Variable |
| Taux d'amortissement utilisé | 100 / Durée d'utilisation | Selon les modalités de calcul |
| Base amortissable* | Valeur brute – Valeur résiduelle | Valeur brute – Valeur résiduelle |
| Valeur nette comptable (VNC) | Elle correspond, à une date donnée (souvent calculée en fin d'exercice), à la valeur de l'immobilisation compte tenu de l'utilisation des avantages économiques utilisés soit : Valeur brute – Somme des amortissements constatés | |

* La base amortissable s'entend hors taxes sauf pour les véhicules de tourisme (base amortissable TTC, par exception).

Très usitée dans le domaine juridique, l'expression « *prorata temporis* » désigne le temps écoulé.

**NOTRE CONSEIL**

Les amortissements linéaire et variable sont définis à partir du jour de la date de mise en service. En cas de *prorata temporis*, il faut calculer une période d'utilisation en jour. On considère des mois de 30 jours et une année de 360 jours : Période d'amortissement = Fraction de l'année en jours = Durée d'utilisation en jours / 360.

| | **Amortissement linéaire** | **Amortissement variable** |
|---|---|---|
| **Début de l'amortissement** | Date de mise en service de l'immobilisation | Date de mise en service de l'immobilisation |
| **Modalités de calcul de l'annuité** | Annuité = Base amortissable × Taux amortissement | En fonction d'unités d'œuvre propres aux caractéristiques économiques de l'entreprise (ex. : temps, nombre de pièces fabriquées...). |
| **Première annuité en cas d'acquisition ou de mise en service n'intervenant pas en début d'exercice** | • *Prorata temporis* calculé entre la date de mise en service de l'immobilisation et la fin de l'exercice.<br>• Amortissement de la première année d'utilisation calculé sur cette période. | Première annuité calculée en fonction d'unités d'œuvre déterminant l'utilisation entre la date de mise en service de l'immobilisation et la fin de l'exercice. |
| **Dernière annuité en cas d'acquisition ou de mise en service n'intervenant pas en début d'exercice** | • *Prorata temporis* calculé entre le début d'exercice et la date de fin de la période d'utilisation.<br>• Amortissement de la dernière année d'utilisation calculé sur cette période. | Dernière annuité calculée en fonction d'unités d'œuvre déterminant l'utilisation entre le début d'exercice et la date de fin de la période d'utilisation. |

## Exemple

- Deux entreprises ont acquis le 1er juillet un même véhicule pour un montant de 25 000 €. Elles envisagent de le conserver 5 ans. Compte tenu de leur utilisation, elles considèrent une valeur résiduelle nulle.
  Base amortissable = 25 000 €

– La première entreprise choisit d'amortir linéairement le véhicule. Elle envisage donc une utilisation régulière dans le temps :

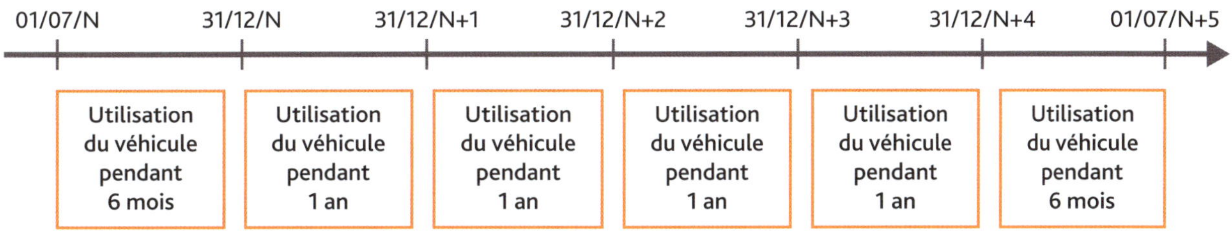


La dotation aux amortissements au cours de l'exercice N sera :
25 000 × 1/5 × 180/360 = 2 500 €
La dotation aux amortissements au cours de l'exercice N+1 sera : 25 000 × 1/5 = 5 000 €

– La deuxième entreprise choisit d'amortir le véhicule selon les kilomètres réalisés. Il est prévu que le véhicule soit utilisé par un commercial. Son portefeuille clients et ses déplacements vont se développer au cours du temps. L'entreprise envisage l'utilisation du véhicule selon les kilomètres effectués comme suit :

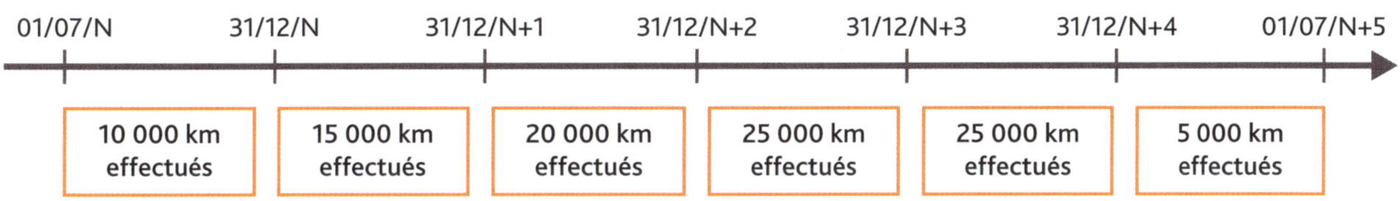


L'unité d'œuvre pour déterminer l'amortissement du véhicule est le nombre de kilomètres effectués. Le nombre total de kilomètres effectués prévu est :
10 000 + 15 000 + 20 000 + 25 000 + 25 000 + 5 000 = 100 000 km
La dotation aux amortissements au cours de l'exercice N sera :
25 000 × 10 000 / 100 000 = 2 500 €
La dotation aux amortissements au cours de l'exercice N+1 sera :
25 000 × 15 000 / 100 000 = 3 750 €
À la fin de la période d'utilisation, la valeur nette comptable du véhicule est nulle (utilisation totale de tous les avantages futurs prévus). Il se peut néanmoins que l'entreprise continue à utiliser le véhicule si le plan d'amortissement ne correspond pas finalement à son utilisation prévue. Le véhicule, dans ce cas, est toujours inscrit dans la comptabilité de l'entreprise car il n'a pas été sorti du patrimoine, mais à une valeur nulle.

## D) Plan d'amortissement

Si une immobilisation est amortissable, l'entreprise doit obligatoirement établir un plan d'amortissement. Le plan d'amortissement est un tableau prévisionnel présentant pour chaque année de la période d'utilisation de l'immobilisation :

- la base amortissable ;
- l'annuité d'amortissement (ou dotation aux amortissements) ;
- les amortissements cumulés ;
- la **valeur nette comptable**, soit la différence entre la valeur brute de l'immobilisation amortie et les amortissements cumulés.

Il n'y a pas de formalisme imposé pour le plan d'amortissement.

**Exemple**

- Un outillage industriel d'une valeur brute de 180 000 € a été acquis et mis en service le 15 septembre N. Sa valeur résiduelle n'est pas significative. L'entreprise prévoit une durée d'utilisation de 5 ans. L'exercice est clôturé, chaque année, au 31 décembre. L'entreprise n'applique pas de dispositions fiscales particulières. Le plan d'amortissement de l'immobilisation s'établit comme suit :

Immobilisation : Outillage industriel n°…
Durée d'utilisation : 5 ans
Mode d'amortissement : linéaire

Date de mise en service : 15 septembre N
Valeur d'origine : 180 000 €
Valeur résiduelle : –
En euros

| Années | Base amortissable | Annuité d'amortissement | Amortissements cumulés | Valeur comptable nette |
|---|---|---|---|---|
| N | 180 000 | 180 000 × 1/5 × 105/360 = 10 500 | 10 500 | 169 500 |
| N+1 | 180 000 | 180 000 × 1/5 = 36 000 | 46 500 | 133 500 |
| N+2 | 180 000 | 36 000 | 82 500 | 97 500 |
| N+3 | 180 000 | 36 000 | 118 500 | 61 500 |
| N+4 | 180 000 | 36 000 | 154 500 | 25 500 |
| N+5 | 180 000 | 180 000 × 1/5 × 255/360 = 25 500 | 180 000 | 0 |

Si la durée d'utilisation ou le rythme de consommation établi initialement est modifié, ou si l'immobilisation connaît une perte de valeur en plus de son utilisation normale (dépréciation ↳ chapitre 15), le plan d'amortissement est révisé.

→ MINI-CAS 5 • SITUATION PRATIQUE 6

# 3 Enregistrement de l'amortissement

## A) Comptabilisation de l'amortissement

Le plan d'amortissement d'une immobilisation est défini à son entrée dans le patrimoine et les amortissements sont constatés lors des travaux d'inventaire à la fin de l'exercice comptable. L'enregistrement comptable de l'amortissement consiste à :

- débiter un compte de dotations aux amortissements qui constate l'utilisation de l'immobilisation au cours de l'exercice : 68. Dotations aux amortissements ;
- créditer un compte d'amortissement qui traduit la part de perte de valeur de l'immobilisation compte tenu de son utilisation au cours de l'exercice. Les comptes d'amortissements sont les comptes d'immobilisation auxquels est ajouté le chiffre 8 en deuxième position (ex. : 28131. Amortissements des bâtiments, le compte 2131 étant le compte Bâtiments).

L'écriture à chaque fin d'exercice se présente ainsi :

| | | | |
|---|---|---|---|
| | *Fin exercice* | | |
| 68. | Dotations aux amortissements sur immobilisations | Dotation aux amortissements | |
| 28. | Amortissements de… | | Dotation aux amortissements |
| | *D'après plan d'amortissement* | | |

## Exemple (suite)

- L'amortissement de l'outillage industriel est de 10 500 € au 31 décembre N.
  L'écriture à constater est la suivante :

| | | | |
|---|---|---|---|
| | *31/12/N* | | |
| 68112 | Dotations aux amortissements sur immobilisations corporelles | 10 500 | |
| 28155 | Amortissements de l'outillage industriel | | 10 500 |
| | *D'après plan d'amortissement* | | |

**FOCUS** — **Les amortissements, une charge calculée mais non décaissée**

L'enregistrement des amortissements est une opération d'inventaire. Il consiste à constater une charge et une perte de valeur de l'immobilisation compte tenu de son utilisation au cours du temps. La constatation d'un amortissement conduit à diminuer le résultat et la valeur du patrimoine.
Pour autant, cette charge n'impacte pas la liquidité de l'entreprise. L'entreprise n'a pas de décaissement à réaliser lorsqu'elle amortit un bien. Le décaissement est réalisé pour le règlement de l'acquisition ou production du bien, puis lors de son remplacement, mais pas pour la constatation de son utilisation. L'amortissement est donc une charge particulière : c'est une charge non décaissée.
De plus, l'amortissement est calculé selon plusieurs paramètres (base amortissable, durée d'amortissement, mode d'amortissement) définis par l'entreprise. L'amortissement est pour cette raison aussi une charge particulière car c'est une charge calculée (son calcul fait l'objet d'une appréciation par l'entreprise).

## B) Amortissement dans les documents de synthèse

L'enregistrement de l'amortissement conduit à comptabiliser une charge et un amortissement. Le compte de résultat présente alors dans les charges d'exploitation, les charges financières et les charges exceptionnelles les dotations aux amortissements des actifs amortis au cours de l'exercice (tab. 14.4). Ici, l'entreprise a enregistré 11 050 € d'amortissements au cours de l'exercice N.

**Tableau 14.4. Extrait du compte de résultat d'une entreprise**

| | 31/12/N | 31/12/N–1 |
|---|---|---|
| **Produits d'exploitation** | | |
| Ventes de marchandises | | |
| Production vendue (biens) | 806 853 | 530 720 |
| Production vendue (services) | 1 350 | |
| **Chiffre d'affaires net** | **808 203** | **530 720** |
| Dont à l'exportation | | |
| Production stockée | | |
| Production immobilisée | | |
| Subventions d'exploitation | | |
| Reprises sur provisions (et amortissements), transferts de charges | 700 | |
| Autres produits | 9 | 47 |
| **Total I** | **808 912** | **530 767** |
| **Charges d'exploitation** | | |
| Achats de marchandises | | |
| Variations de stock | | |
| Achats de matières premières et autres approvisionnements | 252 155 | 158 949 |
| Variations de stock | – 1 610 | – 5 700 |
| Autres achats et charges externes | 348 749 | 249 638 |
| Impôts, taxes et versements assimilés | 4 880 | 1 757 |
| Salaires et traitements | 124 507 | 90 683 |
| Charges sociales | 31 263 | 19 216 |
| Dotations aux amortissements et dépréciations | | – |
| – Sur immobilisations : dotations aux amortissements | 11 050 | 5 914 |
| – Sur immobilisations : dotations aux dépréciations | | |
| – Sur actif circulant : dotations aux dépréciations | | 1 479 |
| – Pour risques et charges : dotations aux provisions | | |
| Autres charges | 22 | 2 |
| **Total II** | **771 016** | **521 938** |
| **RÉSULTAT D'EXPLOITATION (I – II)** | **37 896** | **8 829** |

Les dépréciations (chapitre 15) s'ajoutent aux amortissements pour apprécier la valeur nette comptable.

Le bilan qui traduit le patrimoine de l'entreprise présente trois informations relatives aux immobilisations à l'aide de trois colonnes successives (tab. 14.5) :

- la valeur d'origine ou valeur brute des immobilisations, soit leur valeur d'entrée ;
- la somme des amortissements constatés sur les immobilisations depuis leur entrée dans le patrimoine jusqu'à la clôture de l'exercice : les amortissements ;
- la valeur nette comptable des immobilisations soit la différence entre la valeur d'origine et les amortissements.

Tableau 14.5. **Extrait du bilan d'une entreprise**

| | Brut | Amortissements et dépréciations | Net au 31/12/N | Net au 31/12/N–1 |
|---|---|---|---|---|
| Capital souscrit non appelé | | | | |
| **Actif immobilisé** | | | | |
| Immobilisations incorporelles | | | | |
| – Frais d'établissement | | | | |
| – Frais de recherche et de développement | | | | |
| – Concessions, brevets, licences, logiciels, droits et valeurs similaires | | | | |
| – Fonds commercial | 77 500 | | 77 500 | 77 500 |
| – Autres immobilisations incorporelles | | | | |
| – Avances et acomptes sur immobilisations incorporelles | | | | |
| Immobilisations corporelles | | | | |
| – Terrains | | | | |
| – Constructions | | | | |
| – Installations techniques, matériel et outillage industriels | 14 056 | 5 131 | 8 925 | 7 765 |
| – Autres immobilisations corporelles | 68 477 | 10 094 | 58 383 | 23 584 |
| – Immobilisations corporelles en cours | | | | |
| – Avances et acomptes | | | | |

La valeur d'entrée des installations techniques, matériels et outillage industriels de l'entreprise est de 14 056 €. Depuis leur entrée dans le patrimoine de l'entreprise, celle-ci a constaté des amortissements qui s'élèvent à la clôture de l'exercice N à 5 131 € (ce montant peut comprendre aussi des dépréciations ↳ chapitre 15). La valeur nette comptable de ces immobilisations est alors à la fin de l'exercice N égale à 8 925 € (14 056 – 5 131).

**Exemple**

- L'entreprise Allie fait l'acquisition le 1er octobre N d'un ordinateur d'une valeur de 1 500 €. L'ordinateur sera utilisé sur 3 ans. La valeur résiduelle est nulle. L'entreprise choisit d'amortir l'ordinateur de façon linéaire. L'entreprise Allie clôture ses comptes le 31 décembre N.

  Valeur brute de l'ordinateur = 1 500 € ; base amortissable = 1 500 € ; taux d'amortissement = 1/3.

  Dotation aux amortissements 31 décembre N = 1 500 × 1/3 × 90/360 = 125 €
  Dotation aux amortissements 31 décembre N+1 = 1 500 × 1/3 = 500 €
  Dotation aux amortissements 31 décembre N+2 = 1 500 × 1/3 = 500 €
  Dotation aux amortissements 31 décembre N+3 = 1 500 × 1/3 × 270/360 = 375 €

  Au 31 décembre N et 31 décembre N+1, la prise en compte de l'amortissement de l'ordinateur dans le bilan et compte de résultat se traduit comme suit :

→ Extrait du bilan au 31 décembre N

| ACTIF | Valeur brute | Amortissements | Valeur nette comptable |
|---|---|---|---|
| Ordinateur | 1 500 € | 125 € | 1 500 – 125 = 1 375 € |

**NOTRE CONSEIL**

DAP = dotations aux amortissements et provisions, (chapitres 15 et 16), sigle souvent utilisé en pratique.

Veillez à bien distinguer dotations aux amortissements et amortissements :
Amortissements = Somme des dotations aux amortissements

→ Extrait du compte de résultat au 31 décembre N

| Charges | | Produits | |
|---|---|---|---|
| DAP | 125 € | | |

→ Extrait du bilan au 31 décembre N+1

| ACTIF | Valeur brute | Amortissements | Valeur nette comptable |
|---|---|---|---|
| Ordinateur | 1 500 € | 500 + 125 = 625 € | 1 500 – 625 = 875 € |

→ Extrait du compte de résultat au 31 décembre N+1

| Charges | | Produits | |
|---|---|---|---|
| DAP | 500 € | | |

→ APPLICATION 2 • APPLICATION 3 • MINI-CAS 4 • SITUATION PRATIQUE 6

# DES SAVOIRS AUX COMPÉTENCES

Évaluer les savoirs | Maîtriser les compétences | Préparer l'épreuve

## 1 QCM

25 min

*Pour chaque proposition, une ou plusieurs réponses sont possibles. Justifiez-les.*

1. La constatation d'une dotation aux amortissements économiques permet de traduire la consommation d'avantages économiques futurs correspondant à l'utilisation du bien :
   a. durant l'exercice. ☐
   b. depuis son acquisition. ☐
   c. sur la période future d'utilisation restante. ☐
2. La mesure de l'utilisation du bien est définie à l'aide de critères :
   a. physiques. ☐ b. techniques. ☐ c. juridiques. ☐
3. La valeur résiduelle :
   a. correspond à la valeur de cession sur le marché à la fin de son utilisation moins le coût directement engagé pour mettre l'immobilisation en état d'être vendue. ☐
   b. correspond à la valeur de cession sur le marché à la fin de son utilisation plus le coût directement engagé pour mettre l'immobilisation en état d'être vendue. ☐
   c. est déterminée à l'entrée de l'immobilisation dans le patrimoine. ☐
4. Le calcul de la valeur nette comptable comprend :
   a. la valeur d'origine. ☐
   b. les amortissements cumulés. ☐
   c. la valeur résiduelle. ☐
5. Le mode d'amortissement :
   a. est choisi par l'entreprise selon son utilisation de l'actif. ☐
   b. est imposé par des règles fiscales. ☐
   c. peut être variable. ☐
6. Pour calculer la dotation aux amortissements économiques d'une immobilisation acquise en cours d'exercice, il faut tenir compte :
   a. du nombre de mois entre le début du mois d'acquisition et la fin de l'exercice. ☐
   b. du nombre de jours entre la date de mise en service et la fin de l'exercice. ☐
   c. du nombre d'unités d'œuvre traduisant l'utilisation des avantages économiques de l'immobilisation sur la durée d'utilisation de l'exercice. ☐
7. L'enregistrement d'une dotation aux amortissements a un impact :
   a. sur le résultat. ☐
   b. sur le bilan. ☐
   c. sur la liquidité. ☐

## 2 Machines à café ★★★

Un fournisseur du réseau Café Folliet a vendu deux machines à café :
- la machine X 201 au bar-tabac de la Cymaise ;
- la machine X 202 à l'entreprise Corep pour les pauses de ses employés.

Ces deux machines ont les mêmes caractéristiques :
- montant : 5 000 € HT
- durée de vie : 5 ans
- nombre de cafés maximum : 5 000 000

Ces deux machines ont été mises en service le 1er avril N dans les deux entreprises.

L'entreprise Cymaise a réalisé au cours de l'exercice N 1 000 000 cafés. L'entreprise Corep a réalisé au cours de l'exercice N 10 000 cafés. Les deux entreprises envisagent d'utiliser les machines pendant toute leur durée de vie.
L'exercice comptable des deux entreprises coïncide avec l'année civile.

1. *Choisissez les critères permettant de mesurer l'utilisation de chacune des machines à café afin de constater leurs amortissements.*
2. *Déterminez les dotations aux amortissements des deux machines pour l'exercice N.*

## 3 Société Cerise ★★★

La société Cerise, spécialisée dans la production et la commercialisation de parfum d'ambiance, s'interroge sur le calcul et l'enregistrement des amortissements de son matériel de production. Le 1er janvier N, la société Cerise a fait l'acquisition et mis en service une machine industrielle d'occasion (machine F 101) pour un prix de 40 000 € HT. La durée d'utilisation prévue est de 8 années.
Le 1er juillet N, la société Cerise a fait l'acquisition et mis en service une autre machine industrielle neuve (machine F 805) pour un montant de 120 000 € HT. Elle pense utiliser cette machine pendant 5 ans puis la revendre ensuite. Elle estime un prix de revente égal à 1/6 de la valeur d'origine.
La société Cerise considère une utilisation et une performance constantes dans le temps de ces machines.
L'exercice comptable coïncide avec l'année civile.

1. *Précisez si la société Cerise doit-elle obligatoirement enregistrer un amortissement de ces machines.*
2. *Interprétez la constatation des amortissements.*
3. *Présentez le plan d'amortissement de la machine F101.*
4. *Identifiez la base d'amortissement de la machine F805.*
5. *Présentez le plan d'amortissement de la machine F805.*

Évaluer les savoirs | Maîtriser les compétences | Préparer l'épreuve

## 4 Mini-cas : Alban ★★★

25 min

**Compétence attendue** **Évaluer** et **comptabiliser** les différentes opérations d'inventaire

Le 1er juillet N, la PME Alban a fait l'acquisition et mis en service une immobilisation pour un prix de 30 000 € HT. La durée d'utilisation prévue par l'entreprise est de 8 années alors que la durée d'usage définie par l'administration fiscale est de 5 ans.
L'exercice comptable coïncide avec l'année civile.

1. *Précisez la durée et le mode à retenir pour amortir l'immobilisation.*
2. *En fonction de la réponse précédente, calculez les dotations aux amortissements que l'entreprise enregistrerait à la fin de l'exercice N. Présentez l'impact de ces dotations sur un extrait de bilan et de compte de résultat.*
3. *Précisez si la PME Alban aurait pu calculer cet amortissement selon la durée d'usage.*
4. *Calculez les dotations aux amortissements que l'entreprise enregistrerait à la fin des exercices N et N+1, si elle adoptait la durée d'usage.*

## 5 Mini-cas : Larivière ★★★

20 min

**Compétence attendue** **Évaluer** et **comptabiliser** les différentes opérations d'inventaire

La société Larivière vous communique son extrait de bilan et compte de résultat à la fin de l'exercice N (voir le dossier documentaire). Elle a fait l'acquisition avant l'exercice N d'une machine industrielle. Le mode d'amortissement adopté par l'entreprise est le mode linéaire. La valeur résiduelle de la machine industrielle est égale à 20 000 €. La société clôture ses comptes le 31 décembre.

1. *Expliquez pourquoi la dotation aux amortissements diffère des amortissements.*
2. *À partir des informations communiquées, déterminez la durée d'amortissement et la date d'acquisition de la machine.*

Document

**Extraits des documents de clôture de l'exercice N**

**Extrait du bilan au 31/12/N**

| ACTIF | Valeur brute | Amortissements | Valeur nette comptable |
|---|---|---|---|
| Machine industrielle | 120 000 € | 50 000 € | 70 000 € |

**Extrait du compte de résultat au 31/12/N**

| Charges | | Produits | |
|---|---|---|---|
| Dotation aux amortissements | 20 000 € | | |

Évaluer les savoirs | Maîtriser les compétences | Préparer l'épreuve

## 6 Situation pratique : Aline Mondiot ★★★

20 min

**Compétence attendue** : **Évaluer** et **comptabiliser** les différentes opérations d'inventaire

Aline Mondiot, jeune créatrice, souhaite développer son entreprise d'arts de la table. Elle envisage d'acquérir et de mettre en service, le 1er juillet N :

- une machine permettant la personnalisation de vaisselles : 3 000 € HT (TVA 20 %) à crédit ;
- des fournitures permettant les impressions sur la vaisselle : 3 000 € HT (TVA 20 %), règlement comptant.

L'entreprise Aline Mondiot considère que la machine a une durée d'utilisation finie de 3 ans. La valeur résiduelle à la fin de la durée d'utilisation ne peut être estimée de façon fiable. Le rythme d'utilisation de la machine est linéaire. Les fournitures acquises au 1er juillet sont consommées au cours de l'exercice. La société clôture ses comptes au 31 décembre. Aline Mondiot s'interroge sur les travaux d'amortissements à réaliser.

### Missions

1. *Déterminez si Aline Mondiot doit amortir la machine nouvellement acquise et les fournitures achetées. Justifiez vos réponses.*

2. *Exposez les principes comptables associés à la comptabilisation d'amortissements à la clôture de l'exercice.*
3. *Présentez le plan d'amortissement de la machine.*
4. *Présentez les écritures d'amortissement des exercices N et N+1.*
5. *Présentez l'impact de la constatation des amortissements sur les extraits des bilans et comptes de résultat des exercices N et N+1.*
6. *Si l'entreprise avait considéré une durée d'amortissement de 5 ans au lieu de 3 ans, déterminez l'impact sur :*
   - *le montant des dotations aux amortissements fins N ?*
   - *le montant des amortissements fin N ?*
   - *la valeur nette de la machine fin N ?*
   - *le résultat de l'entreprise fin N ?*
   - *la trésorerie de l'entreprise fin N ?*
   - *le total des amortissements constatés à la fin de la période (3* versus *5 ans) ?*

*Justifiez vos réponses.*

7. *Précisez si l'entreprise est libre de choisir la durée d'amortissement de ces immobilisations. Dans l'affirmative, identifiez les éléments qui peuvent guider son choix. Concluez sur la fiabilité et la pertinence des amortissements.*

SYNTHÈSE

## Amortissements

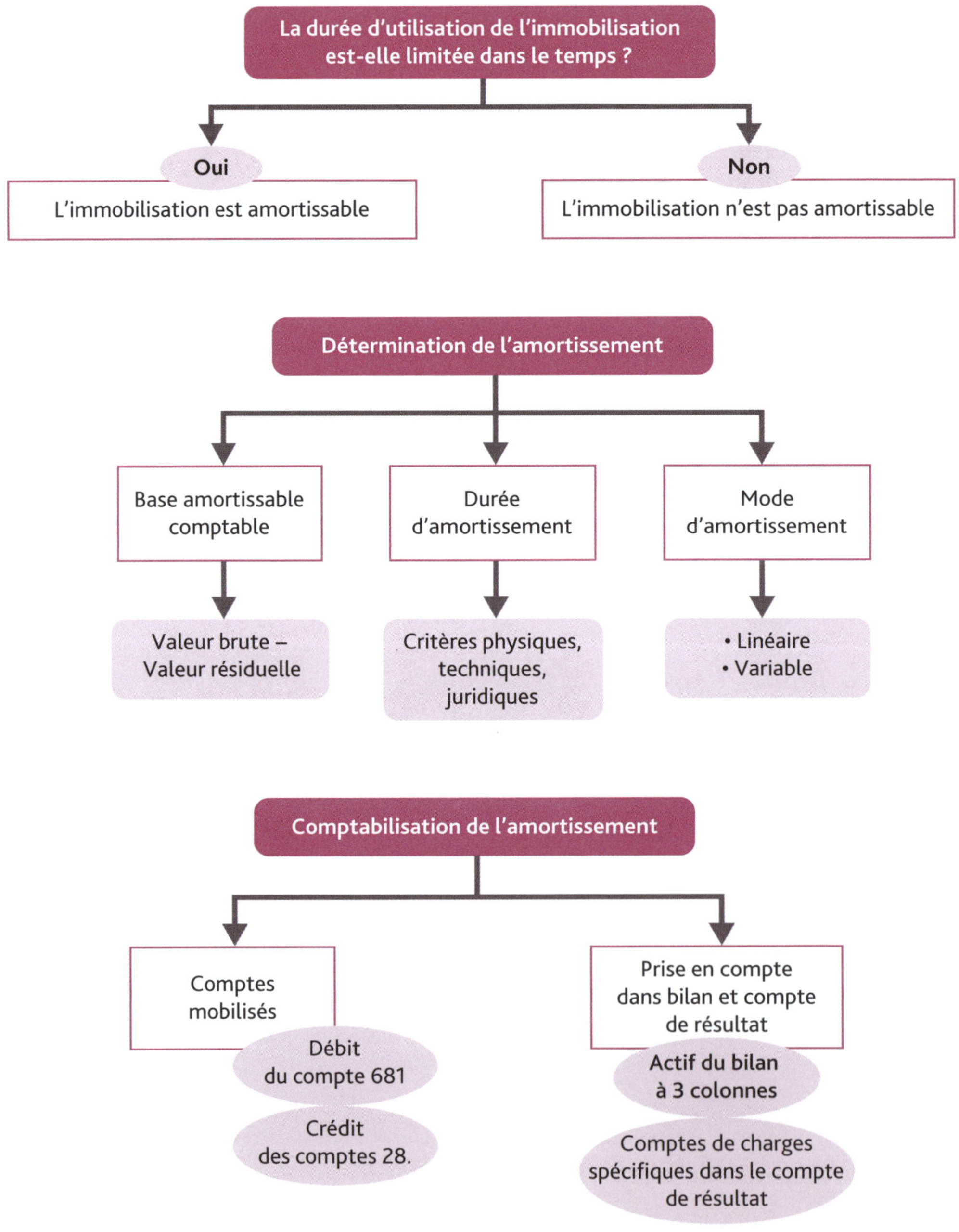

# CHAPITRE 15 Dépréciations

## PROGRAMME

| Compétence attendue | Savoir associé |
| --- | --- |
| **Évaluer** et **comptabiliser** les différentes opérations d'inventaire | Dépréciations des actifs |

## PRÉREQUIS

Opérations courantes d'investissement et de placement (chapitre 10)

## LIEN AVEC LE DCG 6

§2.1. La valeur et le temps

## PLAN DU CHAPITRE

**Cours :** 1. Définition et paramètres des dépréciations • 2. Comptabilisation des dépréciations • 3. Particularités de certaines dépréciations

**Des savoirs aux compétences :** Évaluer les savoirs • Maîtriser les compétences • Préparer l'épreuve

**Synthèse**

À quoi correspond une dépréciation ? Comment distinguer les amortissements et les dépréciations ? Pour quel actif est-il possible de constater une dépréciation ? Comment déterminer et comptabiliser une dépréciation ? Quelles sont les différences de calculs et d'enregistrements selon les différents actifs ? Les dépréciations sont-elles irréversibles ?

## MOTS-CLÉS

**Dépréciation • Dotation aux dépréciations • Indice de perte de valeur • Reprise sur dépréciation • Test de perte de valeur • Valeur actuelle • Valeur d'usage • Valeur nette comptable • Valeur vénale**

# 1 Définition et paramètres des dépréciations

## A) Dépréciations

**Définition**

La **dépréciation** d'un actif est la constatation que sa **valeur actuelle** est devenue inférieure à sa **valeur nette comptable**.

Du fait de l'évolution de l'environnement interne ou externe de l'entreprise, en plus de son utilisation normale, un actif peut connaître une perte de valeur, enregistrée comptablement à l'inventaire *via* une dépréciation (fig. 15.1).
Le principe de prudence interdit de surévaluer les éléments du patrimoine ; il oblige ainsi à comptabiliser les moins-values latentes des actifs, ce que peut traduire les dépréciations.

**NOTRE CONSEIL**

Si les dépréciations permettent de comptabiliser par anticipation une perte probable d'un actif, cette perte n'est pas effective. Dans l'exemple, l'entreprise conservant son stock de cuivre intègre dans ses comptes que, compte tenu d'autres éléments d'appréciation (évolution du cours du cuivre), le stock est susceptible de perdre de la valeur. Si l'entreprise choisit de vendre son stock, la plus ou moins-value n'est plus latente mais réelle. L'entreprise constate alors non pas une dépréciation (perte latente) mais un résultat exceptionnel effectif.

| | |
|---|---|
| Valeur nette comptable | Valeur actuelle |
| | Dépréciation |

**Figure 15.1. Mise en évidence de la dépréciation**

**Exemple**

- La société Intel, producteur de microprocesseurs, dispose d'un stock de cuivre, matière première nécessaire à la fabrication de ses produits finis.
Le stock de cuivre est valorisé au coût des achats réalisés au cours de l'exercice.
À l'inventaire, si le cours du cuivre a diminué depuis la date d'achat, la société ne peut valoriser son stock final de cuivre à la valeur d'achat car cela reviendrait à surestimer la valeur de son patrimoine, compte tenu des conditions du marché. Dans ce contexte, la société doit constater une perte de valeur du stock de cuivre.
À l'inventaire, le stock de cuivre est comptabilisé à la valeur de marché et non plus au coût d'achat et l'entreprise constate une dépréciation pour la différence.

## B) Actifs dépréciables

Les dépréciations concernent tous les éléments d'actif : les actifs amortissables ou non amortissables peuvent être dépréciés.

**Exemple**

- Le terrain sur lequel est construit un bâtiment de l'entreprise est par nature non amorti car il n'a pas de durée d'utilisation limitée dans le temps. Par contre, il est possible de constater une dépréciation du terrain, si l'immobilier connaît une forte réduction des prix impactant la valeur de marché de ce terrain.
Le bâtiment, à l'inverse du terrain, est amorti car il a une durée d'utilisation limitée dans le temps. En plus de l'amortissement, l'entreprise peut être amenée à constater une perte de valeur supplémentaire du bâtiment si des éléments induisent que sa valeur est *in fine* inférieure : du fait d'une baisse des prix de l'immobilier, il se peut que la valeur du bâtiment en soit affectée.

Tous les actifs peuvent être dépréciés : les immobilisations mais aussi les actifs circulants sont susceptibles de connaître une dépréciation de leur valeur (tab. 15.1).

**Tableau 15.1. Indices externes et internes**

| Actifs | Exemples de dépréciations |
|---|---|
| Immobilisations incorporelles | Diminution de la valeur d'un fonds de commerce suite à un changement du plan de circulation de la ville |
| Immobilisations corporelles | Perte de valeur d'un parc informatique suite à une forte évolution technologique conduisant à une obsolescence avancée |
| Immobilisations financières | Diminution de la valorisation de titres de participation suite à la constatation de difficultés financières de l'entreprise dans laquelle la société a des titres de participation |
| Stocks | Perte de valeur d'un stock de médicaments pour une officine du fait d'une péremption à venir des médicaments |
| Créances | Dépréciation d'une créance client du fait de difficultés financières d'un client, ce qui induit qu'il ne sera probablement pas en mesure d'honorer les règlements à réaliser auprès de l'entreprise |
| Disponibilités | Décote de placement financier de court terme (VMP) |

## C) Modalités d'évaluation des dépréciations

### 1. Principes

À l'inventaire, l'entreprise doit apprécier s'il existe un indice quelconque montrant qu'un actif a pu perdre de la valeur.

Lorsqu'il existe un indice de perte de valeur, un test de dépréciation est effectué. Le test de dépréciation consiste à comparer la valeur nette comptable de l'actif et la valeur actuelle (fig. 15.2).

Pour le fonds commercial, indépendamment des indices de perte de valeur, l'entreprise se doit de réaliser un test de dépréciation au minimum une fois par exercice.

**Figure 15.2. Test de dépréciation**

## 2. Indice de perte de valeur

**Définition**

L'**indice de perte de valeur** est un élément montrant qu'un actif a pu notablement perdre de la valeur.

Ces indices peuvent être externes, c'est-à-dire associés à des évolutions de l'environnement externes à l'entreprise, ou internes, c'est-à-dire liés aux évolutions des éléments propres à l'entreprise. Certains indices doivent être considérés *a minima* à la clôture de l'exercice (tab. 15.2).

**Tableau 15.2. Indices externes et internes**

| | |
|---|---|
| **Indices externes** | Valeur de marché.<br>Ex. : cours de bourse de titres financiers |
| | Changements importants de l'environnement.<br>Ex. : changement des axes et accès routiers pour l'entreprise |
| | Taux d'intérêt ou taux de rendement.<br>Ex. : impact de la variation des taux d'intérêt sur le prix de l'immobilier |
| **Indices internes** | Obsolescence ou dégradation physique.<br>Ex. : Perte de valeur en plus de l'utilisation « normale » de l'actif, comme une utilisation en surrégime d'une machine du fait de la panne d'une autre machine |
| | Changements importants dans le mode d'utilisation.<br>Ex. : sous-utilisation d'une machine du fait d'un changement d'activité de l'entreprise |
| | Performances inférieures aux prévisions.<br>Ex. : du fait de difficultés organisationnelles ou d'un rendement moindre, une chaîne d'automatisation est exploitée en deçà des prévisions établies |

## 3. Valeur actuelle

Dans l'hypothèse où l'entreprise a identifié un indice de perte de valeur se rapportant à un actif, elle doit réaliser un **test de perte de valeur**. Il vise à déterminer si cet actif n'est pas surestimé dans ses comptes.

Le test de perte de valeur consiste à comparer la valeur nette comptable avec la valeur actuelle des actifs.

**Définition**

La **valeur actuelle** correspond à une valorisation de l'actif à travers d'autres éléments que le coût historique. Elle se fonde notamment soit sur une évaluation financière établie à partir d'un prix de marché existant (**valeur vénale**), soit sur une estimation à partir des avantages économiques apportés par l'actif (**valeur d'usage**).

### Tableau 15.3. Détermination de la valeur actuelle

| | | |
|---|---|---|
| **Valeur actuelle** | Maximum entre la valeur vénale et la valeur d'usage | |
| **Valeur vénale** | Valeur obtenue par la vente de l'actif, à la date de clôture, dans les conditions normales de marché, nette des coûts de sortie (ex. : prix d'un stock de marchandises à la fin de l'exercice) | **Conditions normales de marché :** conditions dans lesquelles se déroulent des transactions entre des personnes bien informées, indépendantes et consentantes, soit un marché actif (ex. : marché des véhicules d'occasion, marché immobilier) |
| | | **Coûts de sortie :** coûts d'enlèvement de l'actif (dépenses de démontage et de transport prises en charge par l'entreprise cédante) ou coûts de nature transactionnelle (frais d'acte, commissions, taxes, etc.) |
| **Valeur d'usage** | Somme des avantages économiques futurs attendus de l'utilisation et de la valeur terminale de l'actif (ex. : valeur des résultats attendus d'un brevet) | **Avantages économiques futurs :** flux de trésorerie obtenus par l'exploitation de l'actif selon des prévisions budgétaires raisonnables pour une période maximale de 5 ans sauf exception justifiée (ex. : redevances encaissées sur un brevet) |
| | | **Valeur terminale :** flux de trésorerie au-delà de la période de prévisions budgétaires, définis par une extrapolation des flux à un taux de croissance stable ou décroissant sur une période infinie ou finie, ou par une valeur résiduelle à la fin de la durée de prévision (ex. : valeur de revente d'un fonds commercial à la fin de la période d'exploitation prévue) |
| | | **Somme actualisée** : la somme des avantages économiques futurs attendus comprend des flux échelonnés dans le temps. Compte tenu de l'impact du temps et des risques spécifiques de l'actif, la valeur d'usage correspond à une somme de flux actualisés (UE6). Le taux d'actualisation correspond au coût moyen pondéré du capital. |

**NOTRE CONSEIL**

Entraînez-vous à calculer des valeurs actuelles à l'aide de votre calculatrice.
Pour rappel :
Valeur actuelle des flux = flux N+1 × (1 + taux actualisation)$^{-1}$ + flux N+2 × (1 + taux actualisation)$^{-2}$…
Dans le cadre de l'UE 9, les flux et taux d'actualisation vous seront communiqués sans calculs nécessaires de votre part (DCG 6).

## Exemple

### Calcul de la valeur actuelle d'un véhicule de transport

Une entreprise a acquis en N–2 un véhicule de transport pour son commercial. Elle apprend à la fin de l'exercice N que les véhicules de ce modèle ne sont pas si fiables que prévu et que d'autres véhicules de ce type connaissent de nombreuses pannes électroniques et mécaniques. Il existe donc un indice de perte de valeur qui conduit l'entreprise à estimer la valeur actuelle du véhicule fin N.

L'entreprise examine la valeur Argus du véhicule. L'Argus représente le marché d'occasion des véhicules. La valeur Argus est égale fin N à 45 000 €. Des coûts de revente (petites réparations, frais transactionnels) sont estimés à 5 000 €.

L'entreprise estime les flux de trésorerie générés par le véhicule en considérant l'activité réalisée par le commercial grâce au véhicule :

| | N+1 | N+2 | N+3 | N+4 | N+5 |
|---|---|---|---|---|---|
| **Flux en €** | 10 000 | 10 000 | 5 000 | 5 000 | 10 000 |

Le CGI ne retient que les dépréciations calculées à partir de la valeur vénale et ne considère pas les coûts de sortie dans le calcul de la valeur vénale.

Elle considère un taux d'actualisation égal à 5 %.
Compte tenu de ces informations, l'entreprise détermine la valeur actuelle = maximum entre la valeur vénale et la valeur d'usage.

| | Détails du calcul | Montant |
|---|---|---|
| **Valeur vénale** | 45 000 – 5 000 | 40 000 |
| **Valeur d'usage** | 10 000 × (1 + 5 %)$^{-1}$ + 10 000 × (1 + 5 %)$^{-2}$ + 5 000 × (1 + 5 %)$^{-3}$ + 5 000 × (1 + 5 %)$^{-4}$ + 10 000 × (1 + 5 %)$^{-5}$ | 34 862 |
| **Valeur actuelle** | Max (40 000 ; 34 862) | 40 000 |

→ APPLICATION 3

# 2 Comptabilisations des dépréciations

## A) Détermination des dépréciations à enregistrer

Les dépréciations présentent un caractère réversible. À chaque fin d'exercice, elles sont ajustées par une **dotation pour dépréciation** complémentaire ou une **reprise de dépréciation** selon la nouvelle appréciation de la valeur actuelle à la clôture de l'exercice.
La dotation pour dépréciation permet de constater une perte de valeur estimée de l'actif. Si une perte de valeur avait déjà été définie antérieurement et si l'entreprise considère que la perte de valeur de l'actif à la clôture de l'exercice est plus importante, elle constate une dotation pour dépréciation pour la perte de valeur supplémentaire constatée (fig. 15.3).
La reprise de dépréciation vient reprendre pour tout ou partie une dépréciation antérieure qui n'est plus justifiée à la clôture de l'exercice si la perte de valeur de l'actif est considérée moindre ou si elle n'est plus justifiée.

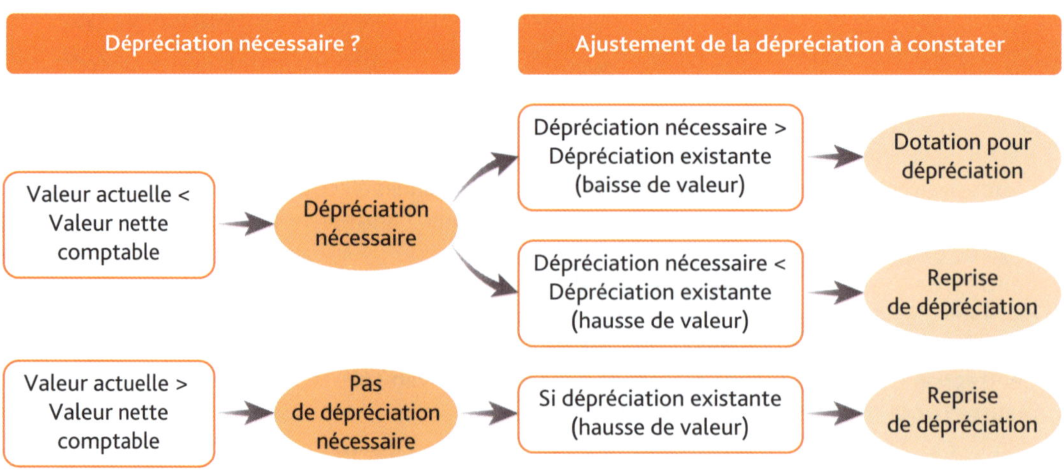


**Figure 15.3. Détermination de la dépréciation à enregistrer**

## FOCUS La reprise de dépréciation

Les dépréciations afférentes au fonds commercial ne sont jamais reprises.
Pour tout actif, la reprise ne permet pas de constater une prise de valeur de l'actif supérieure à la valeur d'origine. Du fait du principe de prudence, l'entreprise doit constater à l'inventaire une diminution probable de la valeur de son patrimoine mais ne doit pas considérer de prise de valeur. Du fait du coût historique, le patrimoine est enregistré à la valeur d'entrée dans le patrimoine selon la normalisation française et non à la juste valeur (normalisation internationale).

### Exemple

**Détermination des dépréciations à enregistrer pour un portefeuille de titres cotés**

Une entreprise a acquis, le 3 mars N–4, 100 titres d'une valeur unitaire de 10 €. La cotation des titres permet à l'entreprise d'apprécier si elle doit constater une perte de valeur de son portefeuille.

| Fin exercice | Cours en € |
|---|---|
| N–4 | 12 |
| N–3 | 9 |

| Fin exercice | Cours en € |
|---|---|
| N–2 | 8 |
| N–1 | 9 |

| Fin exercice | Cours en € |
|---|---|
| N | 11 |

L'entreprise n'a pas cédé ou acheté de titres au cours de la période.
À partir des informations sur le cours, il est possible de définir les dépréciations ou reprises à constater par titre :

| Fin exercice | Cours en € | Dépréciation nécessaire | Dépréciation existante | Dépréciation/Reprise à constater |
|---|---|---|---|---|
| N–4 | 12 | 0 (1) | 0 | 0 |
| N–3 | 9 | 10 – 9 = 1 | 0 | Dépréciation nécessaire > Dépréciation existante<br>Dotation pour dépréciation = 1 – 0 = 1 |
| N–2 | 8 | 10 – 8 = 2 | 1 | Dépréciation nécessaire > Dépréciation existante<br>Dotation pour dépréciation = 2 – 1 = 1 (2) |
| N–1 | 9 | 10 – 9 = 1 | 1 + 1 = 2 (3) | Dépréciation nécessaire < Dépréciation existante<br>Reprise de dépréciation = 2 – 1 = 1 |
| N | 11 | 0 (1) | 1 + 1 – 1 = 1 (4) | Dépréciation nécessaire < Dépréciation existante<br>Reprise de dépréciation = 1 – 0 = 1 |

(1) Les titres ont pris de la valeur. Ils ont une valeur supérieure à leur valeur d'achat. Par principe du coût historique, selon les normes françaises, cette prise de valeur n'est pas considérée et les titres restent inscrits dans le bilan à la valeur d'origine.

(2) La dépréciation à constater correspond bien à la perte de valeur constatée au cours de l'exercice : 9 – 8 = 1

(3) La dépréciation totale existante correspond aux dépréciations constatées en N–3 (1) et en N–2 (1).

(4) La dépréciation totale existante correspond aux dépréciations constatées en N–3 (1) et en N–2 (1) nettes de la reprise constatée en N–1 (–1).

## B) Enregistrement des dépréciations

Suite au test de dépréciation, l'entreprise définit, à la clôture de l'exercice, la dotation pour dépréciation ou la reprise de dépréciation à constater.

L'enregistrement comptable d'une dotation pour dépréciation consiste à :
– débiter un compte de dotations aux dépréciations qui constate la perte de valeur probable de l'actif au cours de l'exercice : 68. Dotations pour dépréciations ;
– créditer un compte de dépréciation qui traduit la part de perte de valeur de l'actif au cours de l'exercice. Les comptes de dépréciation sont les comptes d'actif auxquels est ajouté le chiffre 9 en deuxième position (ex. : 29131. Dépréciations des bâtiments, le compte 2131 étant le compte Bâtiments).

L'écriture à chaque fin d'exercice se présente ainsi :

| | | | | |
|---|---|---|---|---|
| | | *Fin exercice* | | |
| 68. | | Dotations pour dépréciations… | Dotation pour dépréciations | |
| | 29, 39, 49, 59… | Dépréciations de…. | | Dotation pour dépréciation |
| | | *D'après test de dépréciation* | | |

L'enregistrement comptable d'une reprise sur dépréciation consiste à :
– débiter le compte de dépréciation pour la part de la perte de valeur de l'actif qui n'est plus justifiée selon le test de dépréciation à la clôture de l'exercice ;
– créditer un compte de reprises sur dépréciations qui constate l'annulation pour tout ou partie de la perte de valeur de l'actif qui n'est plus justifiée selon le test de dépréciation à la clôture de l'exercice : 78. Reprises sur dépréciations.

L'écriture à chaque fin d'exercice se présente ainsi :

| | | | | |
|---|---|---|---|---|
| | | *Fin exercice* | | |
| 29, 39, 49, 59… | | Dépréciations de… | Reprises sur dépréciations | |
| | 78. | Reprises sur dépréciations… | | Reprises sur dépréciation |
| | | *D'après test de dépréciation* | | |

### FOCUS Les comptes 68 et 78

Le compte 68 permet d'enregistrer à la fois les pertes de valeurs associées aux amortissements (➥ **chapitre 14**) et aux dépréciations de l'actif et les provisions (➥ **chapitre 16**). L'intitulé complet du compte est : « Dotations aux amortissements, aux dépréciations et aux provisions » (DAP).

Les entreprises définissent les comptes de dotations aux dépréciations ou reprises sur dépréciations selon la nature de la dépréciation :

| Nature de la dépréciation | Dotations | Reprises |
|---|---|---|
| **Exploitation** | 681. Dotations aux dépréciations – charges d'exploitation | 781. Reprises sur dépréciations (à inscrire dans les produits d'exploitation) |
| **Financière** | 686. Dotations aux dépréciations – charges financières | 786. Reprises sur dépréciations (à inscrire dans les produits financiers) |
| **Exceptionnelle** | 687. Dotations aux dépréciations – charges exceptionnelles | 787. Reprises sur dépréciations (à inscrire dans les produits exceptionnels) |

Les comptes de dépréciation sont des comptes d'actifs soustractifs : les dépréciations viennent en déduction des comptes d'immobilisations dépréciées.

## Exemple (suite)

- Enregistrons les écritures d'inventaire relatives aux titres en N–2 et N–1. Les titres sont des titres de participation.

| | | | | |
|---|---|---|---|---|
| | | *31/12/N–2* | | |
| 6866 | | Dotations pour dépréciations des éléments financiers | 100 | |
| | 2961 | Dépréciations des titres de participation | | 100 |
| | | *D'après test de dépréciation (1 × 100)* | | |
| | | *31/12/N–1* | | |
| 2961 | | Dépréciations des titres de participation | 100 | |
| | 7866 | Reprises sur dépréciations des éléments financiers | | 100 |
| | | *D'après test de dépréciation (1 × 100)* | | |

## FOCUS Les dépréciations, des charges non décaissées et des produits non encaissés

L'enregistrement des dépréciations est une opération d'inventaire. Il consiste à constater une charge et une perte de valeur des actifs compte tenu de l'estimation de sa valeur actuelle.

Comme pour les amortissements, la constatation d'une dotation pour dépréciation conduit à diminuer le résultat et la valeur du patrimoine. Inversement, la constatation d'une reprise sur dépréciation impacte positivement le résultat.

Pour autant, ces charges et ces produits ne modifient pas la liquidité de l'entreprise. L'entreprise ne constate pas d'encaissement ou de décaissement lors de l'enregistrement de dotations ou reprises de dépréciation. La perte de valeur se réalisera effectivement lorsque l'actif sortira du patrimoine. Les dotations et reprises de dépréciation sont donc des charges et produits particuliers : ce sont des charges non décaissées et produits non encaissés.

De plus, la définition de la dépréciation se fonde selon plusieurs paramètres (indice de perte de valeur, valeur vénale, valeur d'usage) définis par l'entreprise. La dépréciation est pour cette raison aussi une charge (dotation) ou un produit (reprise) particulier car c'est une charge ou un produit calculé (son calcul fait l'objet d'une appréciation par l'entreprise).

## C) Dépréciations dans les documents de synthèse

L'enregistrement d'une dépréciation conduit à comptabiliser une charge (dotation) ou un produit (reprise) et une dépréciation.
Le compte de résultat présente alors :
- dans les charges d'exploitation, les charges financières et les charges exceptionnelles les dotations pour dépréciations des actifs dépréciés au cours de l'exercice ;
- dans les produits d'exploitation, les produits financiers et les produits exceptionnels les reprises sur dépréciations des actifs antérieurement dépréciés concernés par l'annulation pour tout ou partie de leurs dépréciations au cours de l'exercice (fig. 15.4).

| | **31/12/N** *12 mois* | **31/12/N–1** *12 mois* |
|---|---|---|
| Ventes de marchandises | 2 126 221 | 1 939 697 |
| Production vendue (biens) | 10 743 441 | 10 088 213 |
| Production vendue (services) | 5 040 005 | 3 447 559 |
| Produits des activités annexes | 6 286 | 9 789 |
| **Montant net du chiffre d'affaires** | **17 915 953** | **15 485 258** |
| Production stockée | 449 660 | 38 560 |
| Production immobilisée | 546 224 | 525 681 |
| Subventions d'exploitation | 11 544 | 5 000 |
| Reprises sur provisions (et amortissements), transferts de charges | 45 687 | 196 328 |
| Autres produits | 9 741 | 24 482 |
| **Produits d'exploitation** | **18 978 809** | **16 275 309** |
| Achats et variations de stocks de marchandises | 547 562 | 1 067 949 |
| Achats et variation de stocks de matières premières et autres approvisionnements | 5 737 342 | 4 455 639 |
| Autres achats et charges externes | 3 447 482 | 2 822 415 |
| Impôts, taxes et versements assimilés | 402 179 | 351 796 |
| Salaires et traitements | 4 436 338 | 3 845 693 |
| Charges sociales | 2 070 051 | 1 824 126 |
| Dotations aux amortissements et dépréciations | 956 086 | 422 735 |
| Autres charges | 21 236 | 21 002 |
| **Charges d'exploitation** | **17 618 276** | **14 811 355** |
| **RÉSULTAT D'EXPLOITATION** | **1 360 533** | **1 463 954** |

**Figure 15.4. Extrait du compte de résultat d'une entreprise**

L'entreprise a enregistré 45 687 € de reprises (cumul des reprises et transferts de charge) et 956 086 € de dotations (dotations aux amortissements et dépréciations) au cours de l'exercice N. Compte tenu de la présentation choisie par l'entreprise, il n'est pas possible à la lecture du compte de résultat de définir précisément la part des dotations pour dépréciations dans le compte de charges et la part des reprises sur dépréciations dans le compte de produits car ces comptes cumulent différents éléments.

Le bilan qui traduit le patrimoine de l'entreprise présente trois informations relatives aux actifs à l'aide de trois colonnes successives (fig. 15.5) :

- la valeur d'origine ou valeur brute des actifs, soit leur valeur d'entrée ;
- la somme des pertes de valeurs constatées sur les immobilisations à la clôture de l'exercice : les amortissements et les dépréciations nécessaires des actifs à la clôture de l'exercice ;
- la valeur nette comptable des immobilisations, soit la différence entre la valeur d'origine et la somme des amortissements et des dépréciations.

> Valeur nette comptable = Valeur brute – Amortissements et dépréciations

| ACTIF | 31/12/N | | | 31/12/N–1 |
|---|---|---|---|---|
| | Brut | Amortissements et dépréciations | Net | Net |
| Immobilisations incorporelles | 1 830 015 | 777 324 | 1 052 691 | 1 024 446 |
| Immobilisations corporelles | 2 379 319 | 803 180 | 1 576 139 | 1 331 391 |
| Immobilisations financières | 177 904 | – | 177 904 | 29 369 |
| **Total actif immobilisé** | **4 387 238** | **1 680 504** | **2 806 734** | **2 385 206** |
| Stocks et en-cours | 3 537 653 | 1 073 722 | 2 463 931 | 1 462 204 |
| Avances et acomptes versés sur commandes | 109 172 | – | 109 172 | 203 356 |
| Créances clients et comptes rattachés | 7 343 475 | 161 151 | 7 182 324 | 5 411 890 |
| Autres créances | 1 174 033 | – | 1 174 033 | 188 464 |
| Valeurs mobilières de placement | 545 783 | – | 545 783 | 1 578 224 |
| Disponibilités | 1 898 993 | – | 1 898 993 | 1 019 693 |
| Charges constatées d'avance | 244 047 | – | 244 047 | 144 078 |
| **Total actif circulant** | **14 853 156** | **1 234 873** | **13 618 283** | **10 007 709** |
| Écarts de conversion Actif | 2 422 | – | 2 422 | 101 |
| **TOTAL ACTIF** | **19 242 816** | **2 915 377** | **16 427 439** | **12 393 016** |

**Figure 15.5. Extrait du bilan d'une entreprise**

À la fin N, les actifs connaissent une perte de valeur probable de 2 915 377 €. Compte tenu de la présentation du bilan, il n'est pas possible de définir avec ce document la part des amortissements et celle des dépréciations. La valeur d'origine des actifs est au total de 19 242 816 € et la valeur nette comptable totale est égale à 16 427 439 €.

**FOCUS** **« Provisions pour dépréciations » : attention aux confusions !**

Auparavant, les dépréciations étaient désignées par le vocable « provisions pour dépréciations ». Ainsi, certains documents et certains professionnels utilisent encore le terme « provisions » pour indiquer des dépréciations. Les provisions recouvrant un autre concept comptable (**chapitre 16**), il est fortement déconseillé de recourir à ce vocable. Dans le formulaire n° 2050 (liasse fiscale du régime réel normal en matière de BIC et d'IS), le terme « provisions » est utilisé pour désigner les dépréciations.

cerfa N° 15949 * 01 Formulaire obligatoire (article 53 A du code général des impôts). ① BILAN — ACTIF DGFiP N° 2050-SD 2019

Désignation de l'entreprise : Durée de l'exercice exprimée en nombre de mois *
Adresse de l'entreprise Durée de l'exercice précédent *
Numéro SIRET * Néant *

| | | Exercice N clos le, | |
|---|---|---|---|
| | Brut 1 | Amortissements, provisions 2 | Net 3 |
| Capital souscrit non appelé (I) | AA | | |
| Frais d'établissement * | AB | AC | |
| Frais de développement * | CX | CQ | |

cerfa N° 10167 * ③ COMPTE DE RÉSULTAT DE L'EXERCICE (En liste) D.G.I. N° 2052 1

| | | | | |
|---|---|---|---|---|
| CHARGES D'EXPLOITATION | Variation de stock (marchandises)* | | FT | |
| | Achats de matières premières et autres approvisionnements (y compris droits de douane)* | | FU | |
| | Variation de stock (matières premières et approvisionnements)* | | FV | |
| | Autres achats et charges externes (3) (6 bis)* | | FW | |
| | Impôts, taxes et versements assimilés * | | FX | |
| | Salaires et traitements * | | FY | |
| | Charges sociales (10) | | FZ | |
| | DOTATIONS D'EXPLOITATION | Sur immobilisations - dotations aux amortissements * | GA | |
| | | Sur immobilisations - dotations aux provisions | GB | |
| | | Sur actif circulant : dotations aux provisions * | GC | |
| | | Pour risques et charges : dotations aux provisions | GD | |
| | Autres charges (12) | | GE | |
| | Total des charges d'exploitation (4) (II) | | GF | |

**MINI-CAS 4**

## 3 Particularités de certaines dépréciations

Tous les actifs sont susceptibles d'être dépréciés. Des dispositions particulières s'appliquent pour les immobilisations amortissables, les stocks, les titres et les créances clients.

## A) Dépréciations des immobilisations amortissables

Si une immobilisation en cours d'amortissement connaît une dépréciation, les avantages futurs attendus pour cet actif pour la période d'amortissement restante sont alors moindres. Il est donc nécessaire de réaliser une révision du plan d'amortissement.
En cas de dépréciation fin N, la base amortissable de N+1 est diminuée de la dépréciation constatée en N. La dotation aux amortissements est calculée à partir de cette base sur le nombre d'années d'utilisation restantes. Les exercices suivants, de nouveaux tests de dépréciation sont réalisés pour ajuster la dépréciation existante par une dotation complémentaire ou une reprise. En conséquence, le plan d'amortissement est révisé chaque année selon la modification de la valeur nette comptable. En cas de reprise, celle-ci est limitée de telle sorte que la valeur nette actuelle après cette reprise ne soit pas supérieure à la valeur nette actuelle que l'entreprise aurait constatée en considérant uniquement le plan d'amortissement initial de l'entreprise (fig. 15.6).

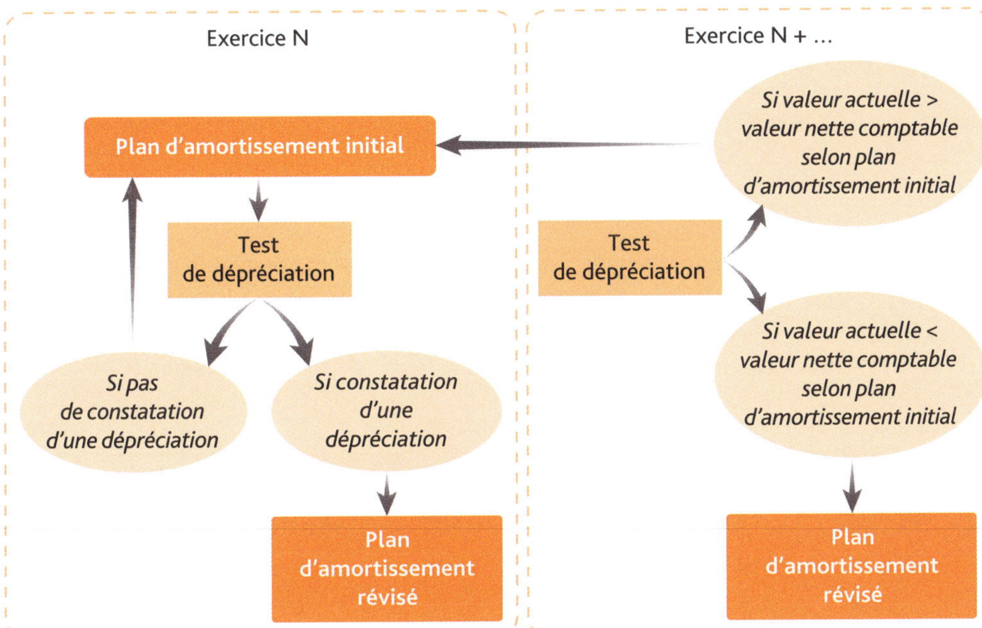


**Figure 15.6. Dépréciation d'une immobilisation amortissable et plan d'amortissement révisé**

### Exemple

**Exemple 1 : Calcul de dépréciation et plan d'amortissement révisé**

La SA Luillier est une entreprise industrielle. Son atelier a été acquis le 1er janvier N pour 210 000 € ; il est inscrit à l'actif du bilan. La durée d'utilisation déterminée par l'entreprise est de 15 ans. Cette immobilisation est amortie en linéaire. L'entreprise ne considère pas de valeur résiduelle. Fin N+6, un test de dépréciation a permis d'obtenir les évaluations suivantes :

- Valeur d'usage = 84 000 €
- Valeur vénale = 74 000 €

Il n'y avait pas eu de test de dépréciation avant N+6.

La valeur nette comptable au 31 décembre N+6 avant test de dépréciation est de :
Valeur d'origine – Somme des dotations aux amortissements constatées
= 210 000 – 210 000 × 7/15 = 112 000 €
La valeur actuelle correspond à la valeur la plus élevée entre la valeur d'usage et la valeur vénale, soit 84 000 €.
Au 31 décembre N+6, l'entreprise constate donc une dépréciation égale à
112 000 – 84 000 = 28 000 €
À partir de N+7, le plan d'amortissement est révisé. La dotation aux amortissements N+7 = (112 000 – 28 000) × 1/8[(1)] = 10 500 €
[(1)] Nombre d'années d'utilisation restantes = 8 ans

***Exemple 2 : Ajustement des dépréciations et plan d'amortissement révisé***

Une entreprise dispose d'un matériel industriel acquis le 1er janvier N pour 25 000 €. Ce bien est amorti sur 5 ans selon le mode linéaire. Des indices de perte de valeur (sous-performance) invitent l'entreprise à réaliser un test de dépréciation ; elle obtient chaque année les valeurs suivantes :

| Exercice | Valeur actuelle en euros |
|---|---|
| N | 20 000 |
| N+1 | 12 750 |
| N+2 | 11 250 |

| Exercice | Valeur actuelle en euros |
|---|---|
| N+3 | 6 000 |
| N+4 | 0 |

Si l'entreprise constate des dépréciations, elle devra réviser son plan d'amortissement. Compte tenu des informations communiquées, le plan d'amortissement comptable est le suivant :

| Fin | VNC plan d'origine | Calcul amortissement | Amortissement | | Valeur actuelle estimée | Dépréciation | | VNC |
|---|---|---|---|---|---|---|---|---|
| | | | Dotations | Cumulé | | Dotations / Reprises | Cumulée | |
| N | 20 000 | 25 000 / 5 | 5 000 | 5 000 | 20 000 | 0 | 0 | 20 000 |
| N+1 | 15 000 | 25 000 / 5 | 5 000 | 10 000 | 12 750 | 2 250 | 2 250 | 12 750 |
| N+2 | 10 000 | 12 750 / 3 | 4 250 | 14250 | 11 250 | – 1 500 | 750 | 10 000 |
| N+3 | 5 000 | 10 000 / 2 | 5 000 | 19 250 | 6 000 | 0 | 750 | 5 000 |
| N+4 | 0 | 5 000 | 5 000 | 24250 | 0 | 0 | 750 | 0 |

En N, la VNC et la valeur actuelle estimée sont égales à 20 000 €. Il n'y a donc pas lieu de constater une dépréciation de la valeur de ce bien. Seule la dotation aux amortissements est à constater.

En N+1, la valeur actuelle estimée (12 750 €) est inférieure à la VNC (15 000 €). Il faut donc constater une dépréciation qui sera égale à la différence entre ces deux valeurs (15 000 – 12 750 = 2 250). Cette dépréciation a pour conséquence de porter la VNC au niveau de la valeur actuelle du bien (12 750 €).
En N+2, selon les modalités d'amortissement, il reste trois exercices, donc la dotation aux amortissements est : 12 750 / 3. Compte tenu des amortissements de N à N+2 et de la dépréciation constatée en N+1, la VNC hors éventuelle nouvelle dépréciation en N+2 est égale à 8 500 € (12 750 – 4 250). En N+2, Valeur actuelle (11 250) > Valeur nette comptable (8 500), il convient d'enregistrer une reprise. Sans enregistrement de dépréciation, la VNC (plan d'origine) aurait été de 10 000 €. C'est la valeur pour laquelle le bien doit figurer dans

le bilan puisqu'elle est inférieure à la valeur actuelle estimée (11 250 €). En effet, la VNC d'origine est maintenue lorsqu'elle est inférieure à la valeur actuelle estimée. La dépréciation (D) au 31 décembre N+2 est telle que : 25 000 – 14 250 – D = 10 000. Soit D = 750. Il faut pratiquer une reprise de cette dépréciation pour : 2 250 – 750 = 1 500. La reprise peut aussi être évaluée directement en calculant le montant la différence entre la VNC plan d'origine et la VNC après dépréciation et amortissement révisé soit : 10 000 – 8 500 = 1 500.
En N+3, la base d'amortissement a été rectifiée. Elle est de 10 000 et fait l'objet d'un amortissement sur les deux exercices restants. La dotation aux amortissements devient : 10 000 / 2 = 5 000. La valeur actuelle (6 000 €) estimée est supérieure à cette VNC qui doit donc être maintenue. Il n'y a ni dotation ni reprise de dépréciation.
En N+4, comme il n'y a pas eu de dotations ou reprises enregistrées en N+3, l'amortissement n'est pas modifié : dotations aux amortissements de 5 000 €. La valeur actuelle est égale à la valeur nette comptable. Il n'y a donc ni dotation ni reprise de dépréciation.

## B) Dépréciations des stocks

L'inventaire des stocks conduit à supprimer la valeur du stock initial pour la remplacer par la valeur du stock final (↪ chapitre 13). Cela conduit à l'inventaire à :

- annuler les dépréciations des stocks enregistrées à l'exercice précédent, en débitant les comptes de dépréciations des stocks (39) et en créditant un compte de reprises sur dépréciations des stocks (781) ;
- constater l'éventuelle dépréciation des stocks relevée au cours de l'exercice en débitant un compte de dotations pour dépréciations des stocks (681) et en créditant les comptes de dépréciations des stocks (39).

L'écriture à chaque fin d'exercice se présente ainsi :

| | | | | |
|---|---|---|---|---|
| | | *Fin exercice* | | |
| 39. | | Dépréciations du stock de… | Dépréciations des stocks initiaux | |
| | 78. | Reprises sur dépréciations des stocks… | | Dépréciations des stocks initiaux |
| | | *Reprise des dépréciations sur les stocks initiaux* | | |
| | | *Fin exercice* | | |
| 68. | | Dotations pour dépréciations des stocks | Dépréciations des stocks finaux | |
| | 39. | Dépréciations du stock de… | | Dépréciations des stocks finaux |
| | | *Constatation des dépréciations des stocks finaux* | | |

Comme la dépréciation du stock initial est annulée, la dépréciation constatée à chaque inventaire n'est pas un ajustement de la dépréciation existante (fig. 15.3) mais la dépréciation totale nécessaire.

### Exemple

L'évaluation des stocks d'une entreprise est la suivante :

| Stock en euros | Valeur comptable au 31/12/N–1 | Valeur actuelle au 31/12/N–1 | Valeur comptable au 31/12/N | Valeur actuelle au 31/12/N |
|---|---|---|---|---|
| Matières premières | 17 000 | 15 300 | 16 500 | 14 000 |
| Marchandises | 230 000 | 210 000 | 340 000 | 330 000 |

Fin N–1 :

- Pour les matières premières : valeur actuelle < valeur comptable, dépréciation nécessaire à constater = 17 000 – 15 300 = 1 700 €.
- Pour les marchandises : valeur actuelle < valeur comptable, dépréciation nécessaire à constater = 230 000 – 210 000 = 20 000.

| | | | | |
|---|---|---|---|---|
| | | 31/12/N–1 | | |
| 68173 | | Dotations pour dépréciations des stocks | 21 700 | |
| | 39100 | Dépréciations des stocks de matières premières | | 1 700 |
| | 39700 | Dépréciations des stocks de marchandises | | 20 000 |
| | | *Constatation des dépréciations des stocks finaux* | | |

Fin N :

- Pour les matières premières : valeur actuelle < valeur comptable, dépréciation nécessaire à constater = 16 500 – 14 000 = 2 500 € et annulation de la dépréciation existante.
- Pour les marchandises : valeur actuelle < valeur comptable, dépréciation nécessaire à constater = 340 000 – 330 000 = 10 000 € et annulation de la dépréciation existante.

| | | | | |
|---|---|---|---|---|
| | | 31/12/N | | |
| 39100 | | Dépréciations des stocks de matières premières | 1 700 | |
| 39700 | | Dépréciations des stocks de marchandises | 20 000 | |
| | 78173 | Reprises sur dépréciations des stocks | | 21 700 |
| | | *Reprise des dépréciations sur les stocks initiaux* | | |
| | | 31/12/N | | |
| 68173 | | Dotations pour dépréciations des stocks | 12 500 | |
| | 39100 | Dépréciations des stocks de matières premières | | 2 500 |
| | 39700 | Dépréciations des stocks de marchandises | | 10 000 |
| | | *Constatation des dépréciations des stocks finaux* | | |

## C) Dépréciations des titres

Des règles particulières s'appliquent pour la détermination de la valeur actuelle des titres. Il convient de distinguer les titres de participation et les autres titres (tab. 15.4).

**Tableau 15.4. Détermination de la valeur actuelle des titres**

| Nature des titres | Valeur actuelle |
|---|---|
| Titres de participation | Valeur d'usage (décaissement nécessaire pour l'acquisition de ces titres et envisageable par l'entreprise) |
| Titres immobilisés (autres que titres de participation) et VMP cotés | Cours moyen du dernier mois |
| Titres immobilisés (autres que titres de participation) et VMP non cotés | Valeur probable de négociation |

**Exemple**

- L'entreprise Fino possède différents titres et souhaite examiner s'ils perdent de la valeur :

| | Valeur comptable unitaire | Nombre de titres | Valeur d'usage | Cours moyen du dernier mois | Valeur probable de négociation | Dotation pour dépréciation existante |
|---|---|---|---|---|---|---|
| **Titre de participation** | 110 | 1 000 | 105 | 100 | 102 | 0 |
| **VMP cotées** | 30 | 500 | 20 | 25 | 15 | 500 |
| **Titres immobilisés non cotés** | 70 | 200 | 55 | – | 50 | 5 000 |

Les dépréciations à constater sur les titres sont déterminées comme suit :

| | Titre de participation | VMP cotées | Titres immobilisés non cotés |
|---|---|---|---|
| **Valeur comptable unitaire** | 110 | 30 | 70 |
| **Valeur actuelle unitaire** | 105 | 25 | 50 |
| **Dépréciation nécessaire** | (110 – 105) × 1 000 = 5 000 | (30 – 25) × 500 = 2 500 | (70 – 50) × 200 = 4 000 |
| **Dépréciation existante** | 0 | 500 | 5 000 |
| **Dotation/Reprise** | Dotation = 5 000 | Dotation = 2 000 | Reprise = 1 000 |

## D) Dépréciations des créances

Les créances sont enregistrées pour le montant TTC. Cependant, le calcul de la perte de valeur est déterminé à partir du montant HT de la créance, car l'administration fiscale rembourse la TVA sur les créances irrécouvrables.
Par ailleurs, il convient de bien distinguer si la perte de valeur est réversible (dépréciation) ou si elle est certaine et irréversible (perte sur créance irrécouvrable) (fig. 15.7).

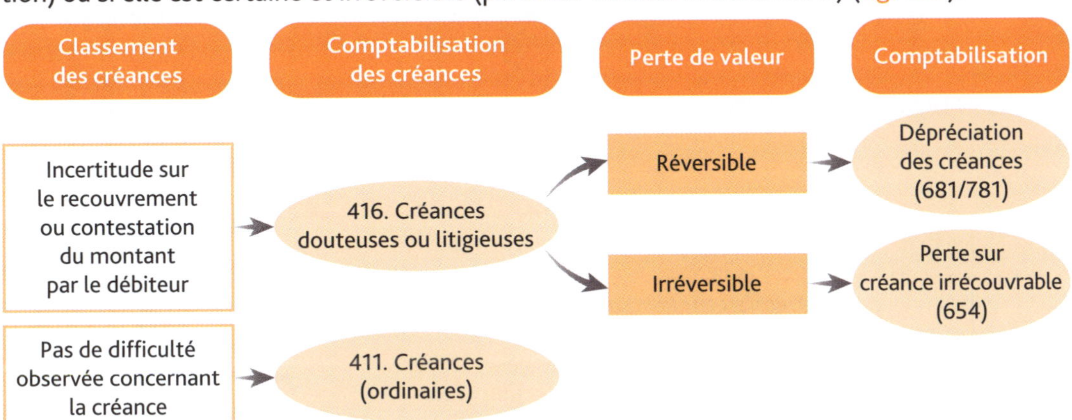


**Figure 15.7. Modalités de traitement des dépréciations des créances**

**FOCUS** — Créance douteuse et créance litigieuse

Une créance est dite « douteuse » quand l'entreprise pense que le client ne réglera pas sa dette, en totalité ou en partie, car il a des problèmes financiers.
Une créance est dite « litigieuse » quand l'entreprise pense que le client ne réglera pas sa dette, en totalité ou en partie, car il conteste son paiement.

## Exemple

L'entreprise Tunier souhaite réaliser les écritures d'inventaire nécessaires à la clôture de ses comptes.

Informations au 31 décembre N :

- La créance sur le client Vernier de 15 000 € TTC doit être considérée comme douteuse, le risque d'irrécouvrabilité est estimé à 80 % de la créance ;
- La créance sur le client Maufrait est définitivement irrécouvrable ; le montant TTC de cette créance est égal à 2 400 € ; une dépréciation de 950 € avait été enregistrée antérieurement.

TVA : 20 %

Pour le client Vernier, la perte n'est pas jugée irréversible. L'entreprise Tunier doit classer la créance en créance douteuse ou litigieuse. Attention, ce classement se justifie parce que la créance était classée jusque-là en 411 (car elle n'avait pas connu auparavant de dépréciation) ; sinon cela n'est pas nécessaire et il conviendrait de simplement constater l'ajustement de la dépréciation. L'entreprise constate une dépréciation :

Dépréciation : 15 000 / 1,2 × 80 % = 10 000 €

Pour le client Maufrait, la perte est jugée irréversible. Il convient de supprimer la créance déjà classée en « créance douteuse ou litigeuse » (enregistrée en 416), reprendre les dépréciations antérieurement constatées (reprise = 950 €) pour constater la perte non plus probable mais certaine concernant ce client : 2 400 / 1,2 = 2 000 €.

- Tableau de suivi des créances

| Clients | Créances au 31/12/N | Dépréciations avant inventaire au 31/12/N | Règlements reçus en N | Informations au 31/12/N | Enregistrement à l'inventaire en N |
|---|---|---|---|---|---|
| Vernier | 15 000 € TTC | 0 | 0 | Risque de créance irrécouvrable : 80 % | Dotation pour dépréciation : 10 000 € |
| Maufrait | 2 400 € TTC | 950 | 0 | Créance irrécouvrable | Reprise sur dépréciation : 950 € |

| | | | |
|---|---|---|---|
| | *31/12/N* | | |
| 41600 | Clients douteux ou litigieux | 15 000 | |
| 41100 | Clients | | 15 000 |
| | *Transfert en clients douteux de Vernier* | | |
| | *31/12/N* | | |
| 68174 | Dotations pour dépréciations des créances | 10 000 | |
| 49100 | Dépréciations des comptes clients | | 10 000 |
| | *Tableau de dépréciation, client Vernier : 15 000 / 1,2 × 80 %* | | |

| | | | |
|---|---|---|---|
| | *31/12/N* | | |
| 65400 | Pertes sur créances irrécouvrables | 2 000 | |
| 44571 | TVA collectée | 400 | |
| 41600 | Clients douteux ou litigieux | | 2 400 |
| | *Perte sur créance Maufrait* | | |
| | *31/12/N* | | |
| 49100 | Dépréciation des comptes clients | 950 | |
| 78174 | Reprises sur dépréciations des créances | | 950 |
| | *Annulation dépréciation créance Maufrait* | | |

- Informations au 31 décembre N+1

Le client Vernier a réglé 9 000 € durant l'exercice ; le risque d'irrécouvrabilité doit être maintenu au même niveau pour le solde restant dû.

Dépréciation existante sur le client Vernier = 10 000 €

La dépréciation nécessaire fin N+1 = (15 000 – 9 000) / 1,2 × 80 % = 4 000 €

À la fin de N+1, il convient de réajuster la dépréciation : Dépréciation nécessaire < Dépréciation existante → Reprise sur dépréciations = 10 000 – 4 000, soit 6 000 €.

| | | | |
|---|---|---|---|
| | *31/12/N+1* | | |
| 49100 | Dépréciation des comptes clients | 6 000 | |
| 78174 | Reprises sur dépréciations des créances | | 6 000 |
| | *Diminution de la dépréciation Vernier* | | |

→ APPLICATION 2 • MINI-CAS 5 • MINI-CAS 6 • MINI-CAS 7 • SITUATION PRATIQUE 8

## 1 QCM

*Pour chaque proposition, une ou plusieurs réponses sont possibles. Justifiez-les.*

1. On peut constater une dépréciation sur :
   a. une immobilisation dont la durée de vie est définie. ☐
   b. une immobilisation dont la durée de vie est indéfinie. ☐
   c. un bien amorti. ☐
   d. un bien non amorti. ☐

2. Les dépréciations :
   a. sont révisables annuellement. ☐
   b. sont révisables sous certaines conditions. ☐
   c. ne sont jamais révisables. ☐

3. La constatation d'une dépréciation influence :
   a. le résultat. ☐
   b. le bilan. ☐
   c. la liquidité de l'entreprise. ☐

4. La constatation d'une reprise de dépréciations d'actifs correspond à :
   a. la correction d'une erreur. ☐
   b. l'annulation d'une partie ou de la totalité d'une dépréciation qui n'est plus effective. ☐
   c. la constatation d'une plus-value potentielle de l'actif. ☐

5. La valeur actuelle correspond au maximum entre :
   a. la valeur d'origine et la valeur d'usage. ☐
   b. la valeur d'usage et la valeur vénale. ☐
   c. la valeur résiduelle et la valeur d'usage. ☐

## 2 Action Dunamis ★★★

L'entreprise Alpha a acheté 100 actions de la SA Dunamis (VMP cotées) le 1er mars N, au prix de 20 € l'unité. À la date de clôture, le comptable de la société Alpha a enregistré une dépréciation de 400 € relative à ces actions. Aucune action n'a été cédée.

1. *Déterminez, selon cette écriture, le cours de l'action Dunamis au 31 décembre N.*

Le 31 décembre N+1, le cours de l'action Dunamis est de 23 €. Aucune action n'a été cédée.

2. *Précisez si la société Alpha doit comptabiliser une reprise ou une dotation et déterminez-en le montant.*

## 3 Actifs Cédric ★★★

À la clôture de l'exercice, l'entreprise Cédric a relevé les informations suivantes :

a. Baisse du cours des actions détenues par l'entreprise.
b. Application d'une nouvelle réglementation plus contraignante des normes de sécurité à respecter pour l'ouverture et fermeture de la barrière d'entrée. La barrière de sécurité actuelle ne peut plus être utilisée.
c. Apparition d'une innovation technologique en matière de transmission des données informatiques rendant contre-productifs les moyens informatiques actuels de l'entreprise.
d. Application d'une nouvelle loi anti-tabac conduisant à une augmentation des temps de pause du personnel.
e. Réalisation d'une bretelle d'autoroute à proximité de l'entrepôt de livraison de l'entreprise. L'entreprise ne peut estimer les externalités de cette opération d'aménagement urbain.
f. Construction d'un axe autoroutier à proximité d'immeubles de l'entreprise mis en location pour l'accueil de personnes âgées. Cette construction s'accompagne de nuisances qui dévalorisent les biens immobiliers.
g. Dégradation physique des machines industrielles engendrée par leur utilisation normale dans le cycle de production.
h. Usure anormale des tapis roulants de la chaîne automatique du fait des cadences intensives imposées pour atteindre la productivité des nouveaux concurrents.
i. Constatation d'une économie de coûts, réalisée par la nouvelle machine, inférieure à celle normalement attendue du fait de blocages organisationnels.
j. Inondation de l'entrepôt. Perte de la moitié des stocks.

*Définissez, pour chaque cas, les actifs susceptibles d'enregistrer une dépréciation et les indices de perte de valeur caractérisant cette dépréciation.*

Évaluer les savoirs | Maîtriser les compétences | Préparer l'épreuve

## 4 Mini-cas : Tondeur ★★★

**Compétence attendue** **Évaluer** et **comptabiliser** les différentes opérations d'inventaire

Une ligne de production est constituée de deux machines M1 et M2. Ces machines apparaissent pour leur valeur ci-après dans le bilan de l'entreprise Tondeur à la fin de l'exercice N (avant prise en compte d'éventuelles dépréciations).

| *En milliers d'euros* | Valeur brute | Amortissements cumulés | Valeur nette comptable |
|---|---|---|---|
| Machine M1 | 1 000 | 400 | 600 |
| Machine M2 | 3 000 | 1 200 | 1 800 |

Du fait de l'apparition de nouveaux procédés, les technologies des machines M1 et M2 sont devenues obsolètes à la fin de l'exercice N. Il existe un marché d'occasion pour ces machines industrielles. La valeur vénale fin N est estimée à 400 000 € pour la machine M1 et à 1 400 000 € pour la machine M2.

La ligne de production est susceptible de générer des entrées de trésorerie (chiffre d'affaires) mais également des sorties de trésorerie (coûts d'exploitation de la ligne de production : matières premières, main-d'œuvre, charges de production, à l'exclusion des dotations aux amortissements). Le comptable a estimé les flux de trésorerie espérés pour les machines M1 et M2 sur 5 ans présentés dans le tableau ci-après :

| *Flux de trésorerie actualisés en milliers d'euros* | Fin N+1 | Fin N+2 | Fin N+3 | Fin N+4 | Fin N+5 |
|---|---|---|---|---|---|
| Machine M1 | 200 | 300 | 200 | 200 | 200 |
| Machine M2 | 400 | 300 | 300 | 300 | 200 |

L'exercice comptable coïncide avec l'année civile.

1. *Identifiez un potentiel indice de perte de valeur justifiant la réalisation de tests de dépréciation des machines M1 et M2.*
2. *Déterminez les valeurs actuelles des machines M1 et M2 à la fin de l'exercice N.*
3. *Définissez les dépréciations éventuelles des machines M1 et M2 à constater à la fin de l'exercice N.*
4. *Comptabilisez au livre-journal les écritures relatives aux dépréciations de la machine M2 à constater à la fin de l'exercice N.*
5. *Si l'entreprise constate, à la fin de l'exercice N+1, une dépréciation nécessaire de la machine M1 pour 100 000 € et de 200 000 € pour la machine M2, comptabilisez au livre-journal les écritures nécessaires relatives aux dépréciations des machines à la fin de l'exercice N+1.*

## 5 Mini-cas : Thomas ★★★

**Compétence attendue** **Évaluer** et **comptabiliser** les différentes opérations d'inventaire

L'entreprise Thomas procède à l'acquisition de machines industrielles pour un montant hors taxes de 150 000 € (mise en service le 1er janvier N). La machine industrielle est amortissable en mode linéaire sur cinq ans. Sa valeur résiduelle à la fin de la période d'utilisation est considérée comme négligeable. L'exercice comptable coïncide avec l'année civile.

L'entreprise est parvenue à définir la valeur actuelle des machines industrielles :
- au 31 décembre N : 126 000 € ;
- au 31 décembre N+1 : 76 500 € ;
- au 31 décembre N+2 : 67 500 € ;
- au 31 décembre N+3 : 30 000 € ;
- au 31 décembre N+4 : 0 €.

1. *Présentez le plan d'amortissement prévu initialement.*
2. *Présentez le tableau d'amortissement révisé faisant suite à la prise en compte des dépréciations éventuelles.*
3. *Présentez les écritures comptables à enregistrer au journal de l'entreprise Thomas :*
   a. *au 31 décembre N+1.*
   b. *au 31 décembre N+2.*
   c. *au 31 décembre N+3.*
   d. *au 31 décembre N+4.*
4. *Présentez un extrait de l'actif de l'entreprise Thomas :*
   a. *au 31 décembre N+1.*
   b. *au 31 décembre N+2.*
   c. *au 31 décembre N+3.*
   d. *au 31 décembre N+4.*

## 6 Mini-cas : Kelly ★★★

**Compétence attendue** **Évaluer** et **comptabiliser** les différentes opérations d'inventaire

La société Kelly a été créée le 1er janvier N–4. Vous êtes chargé d'effectuer certains travaux d'inventaire relatifs au portefeuille titres de la société comprenant des titres de participation et des VMP. Des renseignements complémentaires concernant les titres ainsi qu'un extrait de la balance au 31 décembre N avant inventaire vous sont présentés dans le dossier documentaire. L'exercice comptable correspond à l'année civile.

1. *Donnez une définition des comptes « Dotations pour dépréciation ».*
2. *Indiquez à quel principe comptable la constitution d'une dépréciation obéit et les conséquences de l'application de ce principe.*
3. *Comptabilisez les écritures d'inventaire des titres nécessaires au 31 décembre N.*
4. *Présentez l'impact de ces écritures sur le bilan et le compte de résultat.*

Document 1

**Informations concernant les titres**

Le compte 26100 représente 1/5 du capital d'une petite société ; ces titres ont été acquis le 15 avril N. La société Kelly a l'intention d'exercer une influence sur la société émettrice. Au 31 décembre N, ces titres se sont dépréciés de 14 %.

État des valeurs mobilières de placement (actions) de la société Kelly au 31 décembre N (en euros) :

| Titres | Date d'achat | Nombre de titres | Prix d'achat unitaire | Cours moyen de décembre. N–1 | Cours moyen de décembre. N |
|---|---|---|---|---|---|
| BICMA | 15/06/N–1 | 200 | 70 | 64,40 | 69 |
| CADIC | 31/10/N–1 | 300 | 96 | 90 | 96,60 |
| GAMB | 1/2/N | 100 | 164 | 162 | 159,60 |
| SDC | 15/6/N | 250 | 142 | 142,40 | 136,40 |

Aucune cession de titres n'a eu lieu au cours de l'exercice N–1 et N.

Document 2

**Extrait de la balance des comptes avant inventaire de la société Kelly au 31/12/N**

| Comptes | Intitulés | Soldes | |
|---|---|---|---|
| | | Débiteurs | Créditeurs |
| 21300 | Constructions | 200 000 | |
| 21500 | Matériels et outillages industriels | 90 000 | |
| 21860 | Emballages récupérables | 40 000 | |
| 26100 | Titres de participation | 20 000 | |
| 28130 | Amortissements des constructions | | 40 000 |
| 28150 | Amortissements des matériels industriels | | 31 360 |
| 28186 | Amortissements des emballages | | 12 000 |
| 41100 | Clients | 25 500 | |
| 41600 | Clients douteux | 2 392 | |
| 41960 | Clients dettes pour emballages consignés | | 16 800 |
| 49100 | Dépréciation des comptes clients | | 1 000 |
| 50300 | Actions | 94 700 | |
| 59030 | Dépréciations des actions | | 2 920 |

## 7 Mini-cas : Dorian ★★★

Compétence attendue **Évaluer** et **comptabiliser** les différentes opérations d'inventaire

La SARL Dorian est une entreprise à dominante industrielle qui réalise également des opérations commerciales. Elle a été créée le 1er septembre N–2. Son exercice comptable coïncide avec l'année civile. Vous êtes chargé de présenter les écritures d'inventaire au 31 décembre N ; pour ce faire, vous disposez des éléments du dossier documentaire.

N.B. : Seuls les règlements effectués durant l'exercice N ont été enregistrés.

1. *Énoncez le principe comptable qui conduit à constater les dépréciations sur les stocks.*
2. *Enregistrez au journal de l'entreprise Dorian, stock par stock, toutes les écritures nécessaires au 31 décembre N.*
3. *Enregistrez au journal de l'entreprise Dorian, client par client, toutes les écritures nécessaires au 31 décembre N.*

Document

**Informations de la SARL Dorian**

**Extrait de la balance avant inventaire au 31 décembre N**

| N° des comptes | Intitulés des comptes | Soldes débiteurs | Soldes créditeurs |
|---|---|---|---|
| 14500 | Amortissements dérogatoires | | 10 600,00 |
| 21310 | Bâtiments | 65 000,00 | |

•••

•••

| N° des comptes | Intitulés des comptes | Soldes débiteurs | Soldes créditeurs |
|---|---|---|---|
| 21540 | Matériel industriel | 134 000,00 | |
| 27110 | Titres immobilisés | 53 750,00 | |
| 23130 | Constructions en cours | 28 500,00 | |
| 29710 | Dépréciations des titres immobilisés autres que les TIAP – Droit de propriété | | 8 750,00 |
| 35500 | Stocks de produits finis | 28 680,00 | |
| 37100 | Stocks de marchandises | 8 650,00 | |
| 39500 | Dépréciation des stocks de produits finis | | 2 340,00 |
| 41100 | Clients | 125 458,65 | |
| 41600 | Clients douteux | 21 000,00 | |
| 47120 | Compte d'attente – Crédit | | 53 000,00 |
| 49100 | Dépréciation des comptes de clients | | 6 150,00 |
| 50300 | Valeurs mobilières de placement – Actions | 75 750,00 | |
| 59030 | Dépréciations des valeurs mobilières de placement – Actions | | 1 400,00 |

### Informations relatives aux stocks au 31 décembre N, après inventaire

- Produits finis : stock évalué à 32 900 €. Dans ce stock, un lot d'une valeur de 6 000 € présente un léger défaut de fabrication qui lui fait perdre 20 % de sa valeur.
- Marchandises : stock évalué à 5 800 €. Dans ce stock, un lot acheté en septembre N, évalué à 1 600 €, a subi une avarie qui lui fait perdre les trois quarts de sa valeur.

### Informations relatives aux créances clients de la SARL Dorian

Le détail des créances douteuses est le suivant :

| Clients | Créances au 31/12/N–1 | Dépréciations au 31/12/N–1 | Règlements reçus en N | Observations et renseignements complémentaires au 31/12/N |
|---|---|---|---|---|
| Benjamin | TTC : 12 000,00<br>HT : 10 000,00<br>TVA : 2 000,00 | 2 550,00 | TTC : 2 400,00<br>HT : 2 000,00<br>TVA : 500,00 | Règlement reçu en N pour solde<br>Client insolvable |
| Salomé | TTC : 14 400,00<br>HT : 12 000,00<br>TVA : 2 400,00 | 3 600,00 | TTC : 3 000,00<br>HT : 2 500,00<br>TVA : 500,00 | Règlement reçu en N<br>Porter la dépréciation à 60 % de la créance |
| Totaux | TTC : 26 400,00 | 6 150,00 | TTC : 5 400,00 | |

Le client Corinne dont la créance s'élève à 24 000 € TTC (dont 4 000 € de TVA) est en situation de redressement judiciaire ; le syndic nous a informés que la créance ne serait recouvrable qu'à concurrence de 30 %.

Évaluer les savoirs | Maîtriser les compétences | Préparer l'épreuve

## 8 Situation pratique : Sigma ★★★

30 min

**Compétence attendue** **Évaluer** et **comptabiliser** les différentes opérations d'inventaire

La société Sigma souhaite, à l'aide des informations du dossier documentaire, réaliser les écritures d'inventaire nécessaires à la clôture de ses comptes.

### Missions

1. *Identifiez les différents types de créances et précisez s'il faut les appréhender de la même manière dans les travaux relatifs à la détermination des dépréciations des créances clients.*
2. *Identifiez les types de titres financiers dont l'entreprise peut disposer et précisez s'il faut les appréhender de la même manière dans les travaux relatifs à la détermination des dépréciations des titres.*
3. *Identifiez les types de stocks auxquels il est fait référence dans le dossier documentaire et précisez s'il faut les appréhender de la même manière dans les travaux relatifs à la détermination des dépréciations des stocks et si la constatation de la variation des stocks intègre les dépréciations éventuelles des stocks.*
4. *Enregistrez toutes les écritures nécessaires concernant les comptes clients, stocks et titres pour la présentation des états financiers au 31 décembre N de l'entreprise Sigma.*
5. *Enregistrez toutes les écritures nécessaires concernant les comptes clients, stocks et titres pour la présentation des états financiers au 31 décembre N+1 de l'entreprise Sigma.*
6. *Présentez un extrait du bilan (actif) de l'entreprise Sigma après inventaire au 31 décembre N+1.*

Document 1

**Informations au 31 décembre N**

La créance sur le client Gamma, de 30 000 € TTC, doit être considérée comme douteuse. Le risque d'irrécouvrabilité est estimé à 80 % de la créance.

La créance sur le client Alpha est définitivement irrécouvrable ; le montant TTC de cette créance est égal à 4 680 € ; une dépréciation de 1 900 € avait été enregistrée antérieurement.

Les stocks de matière première de l'entreprise Sigma étaient estimés à 14 000 € à la fin de l'exercice N–1. Ils sont évalués au 31 décembre N à 12 500 €.

Les stocks de produits finis étaient estimés à 24 000 € à la fin de l'exercice N–1. Ils sont évalués au 31 décembre N à 21 800 €. Dans ce stock, un lot d'une valeur de 3 000 € est tombé du camion de livraison ; cette avarie fait subir à l'entreprise une perte de valeur probable correspondant à la valeur de ce lot. •••

•••

Aucune dépréciation n'avait été constatée préalablement sur les stocks.

Des titres de participation figuraient au précédent bilan pour un montant de 140 000 € (1 400 titres acquis 100 € l'unité) ; ces titres sont évalués à 85 € l'unité à la fin de l'exercice. Aucun titre n'a été cédé.

L'entreprise avait acquis des parts de sociétés pour placer des excédents de trésorerie en septembre N, soit 1 000 parts à 200 € l'unité ; la cotation de cette Sicav est de 208 € à la fin de l'exercice N. Aucune part n'a été cédée.

Document 2

### Informations au 31 décembre N+1

Les stocks de matière première de l'entreprise Sigma sont évalués au 31 décembre N+1 à 15 000 €. 1

Les stocks de produits finis sont estimés au 31 décembre N+1 à 18 500 €. L'entreprise Sigma pratique l'inventaire intermittent. 2

Le client Gamma a réglé 18 000 € durant l'exercice ; le risque d'irrécouvrabilité doit être maintenu pour le solde restant dû. 3

La moitié des titres de participation en portefeuille a été cédée fin N+1 au prix unitaire de 130 € ; ce prix sert de base d'évaluation pour les titres restants. 4

Le client Delta n'a pas réglé ses créances depuis octobre N+1, malgré de nombreuses relances ; il doit 144 000 €. L'entreprise décide de déprécier à hauteur de 100 % cette créance en raison des difficultés de ce client. 5

Les cours des parts de Sicav détenues se sont brusquement détériorés fin N+1 à la suite de rumeurs sur l'augmentation de la taxation sur ce type de produits financiers : le cours est de 158 € au 31 décembre N+1. Aucune part n'a été cédée. 6

SYNTHÈSE

## Dépréciations

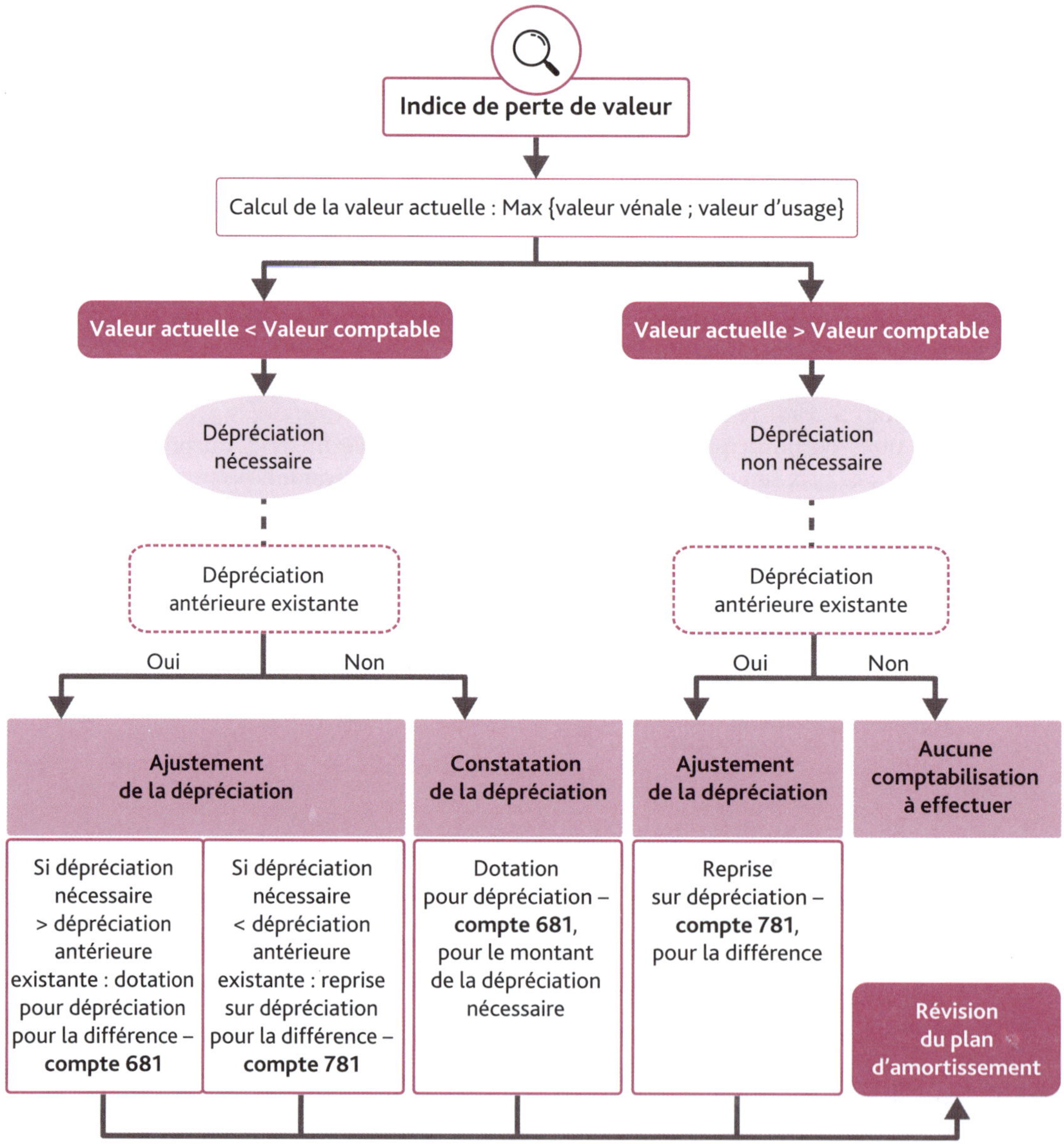

# CHAPITRE 16 Provisions

## PROGRAMME

| Compétence attendue | Savoir associé |
|---|---|
| **Évaluer** et **comptabiliser** les différentes opérations d'inventaire | Provisions |

## PRÉREQUIS

- Normalisation et réglementation comptables (chapitre 2)
- Organisation comptable (chapitre 4)

## LIEN AVEC LE DCG 10

§3. Capitaux propres

## PLAN DU CHAPITRE

**Cours :** 1. Qu'est-ce qu'une provision ? • 2. Typologie des provisions • 3. Comptabilisation des provisions

**Des savoirs aux compétences :** Évaluer les savoirs • Maîtriser les compétences • Préparer l'épreuve

**Synthèse**

Les comptes de l'entreprise peuvent afficher, en fin d'exercice, une situation satisfaisante alors même que l'entité a connaissance d'opérations à venir susceptibles d'obérer ce constat. L'entreprise doit-elle prendre en compte ces éléments dans la détermination de sa situation en fin d'exercice ?

Quelle est la fonction d'une provision ? Peut-on tout provisionner ? Comment déterminer et comptabiliser une provision ?

## MOTS-CLÉS

**Dotation aux provisions • Image fidèle • Passif • Provision • Reprise sur provisions • Réserve**

# 1 Qu'est-ce qu'une provision ?

## A) Élément du passif externe

Le passif du bilan regroupe deux types de passif (↳ chapitre 4) :
- les apports des propriétaires de l'entreprise, entrepreneur individuel ou associés d'une société, ainsi que les bénéfices qui ont été laissés à la disposition de l'entreprise constituent les capitaux propres ;
- les dettes probables ou certaines, qui sont les composantes du passif externe (fig. 16.1).

**Définition**

Les **provisions** constituent des passifs externes. Ce sont des dettes probables.

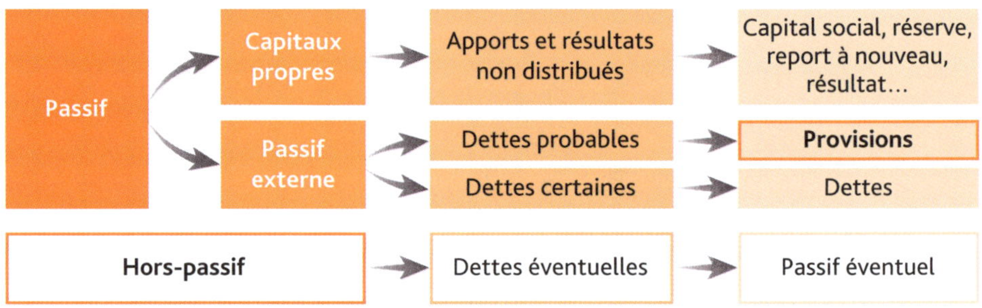


Figure 16.1. **Les provisions, une dette probable**

**Exemples**

- Le montant dû à un fournisseur à la suite d'un achat de marchandises ou le montant à rembourser dans le cadre d'un emprunt contracté auprès d'une banque sont des dettes certaines (dettes).

  À la suite du licenciement d'un salarié, l'entreprise devra verser des indemnités de licenciement ; à la fin de l'exercice, si le montant n'est pas encore exactement fixé ou si la date à laquelle les indemnités devront être payées n'est pas encore connue, l'évaluation du montant futur à payer constitue une dette probable, soit une provision.

  Une entreprise, qui s'est portée caution auprès de la banque pour un emprunt souscrit par une de ses filiales, ne devra se substituer à celle-ci que si elle ne paie pas ses échéances ; l'obligation est possible mais non probable puisque la filiale est censée remplir ses obligations. L'obligation ne dépend pas d'une décision future de l'entreprise. Il n'y aura donc aucune mention au bilan, mais une mention en annexe concernant cette dette éventuelle qui constitue un passif éventuel.

## B) Conditions de définition d'une provision

**Définition**

Une **provision** est un **passif**, c'est-à-dire une obligation à l'égard d'un tiers existant à la clôture de l'exercice, conduisant à une sortie probable de ressources au bénéfice d'un tiers, sans contrepartie pour l'entreprise.

### 1. Critères communs à tous les passifs

Les provisions répondent aux critères de définition des passifs (tab. 16.1).

**Tableau 16.1 Définition générale d'un passif**

| | Détails |
|---|---|
| **Obligations à l'égard d'un tiers** | • Obligation légale ou réglementaire<br>Ex. : réglementation sur l'accessibilité pour personne à mobilité réduite<br>• Obligation contractuelle<br>Ex. : garantie contractuelle donnée aux clients<br>• Obligation résultant de pratiques de l'entité, de sa politique ou de ses engagements publics<br>Ex. : politique du satisfait ou remboursé |
| **Obligations existant à la date de clôture** | • Obligation résultant d'un événement passé antérieur à la date de clôture<br>Ex. : litige avec un salarié<br>• Obligation suite à une décision interne ayant été annoncée à la date de clôture<br>Ex. : annonce d'une restructuration |
| **Sortie probable de ressources au bénéfice d'un tiers** | Sortie de ressources probable et non seulement éventuelle<br>Ex. : réparations estimées dans le cadre d'un litige |
| **Sans contrepartie pour l'entreprise** | Absence d'avantages économiques pour l'entreprise de la part du tiers envers lequel elle a une obligation<br>Ex. : indemnités prud'homales |

### 2. Caractéristiques particulières

Une provision est un passif particulier : elle est destinée à prendre en compte un passif dont la sortie de ressources est probable. L'incertitude du risque ou de la charge associés aux provisions porte sur l'échéance de l'obligation et/ou sur le montant de l'obligation. S'il existe une faible incertitude dans l'évaluation du montant ou de l'échéance de cette obligation, il est enregistré une charge à payer et non une provision (tab. 16.2).

**Définition**

Une **provision** est un passif dont l'échéance et/ou le montant n'est pas fixé de façon précise.

**Tableau 16.2. Dettes, provisions, charges à payer et passifs éventuels**

| Échéance | Montant | Sortie de ressources | Catégorie |
|---|---|---|---|
| Certaine | Fixé | Certaine | Dette |
| L'un et/ou l'autre non précisé mais avec une incertitude faible | | Probable ou certaine | Charge à payer (enregistrée dans les dettes) |
| L'un et/ou l'autre non précisé mais estimation fiable | | Probable ou certaine | Provision |

### Exemples

- Si un fournisseur fait parvenir sa facture après la clôture alors qu'il a fourni sa prestation au cours de l'exercice, la facture n'est pas enregistrée par l'entreprise. À l'aide du devis, du bon de livraison et des prestations effectuées, il est possible de définir le montant dû au fournisseur avec une incertitude faible. Ce passif envers le fournisseur constitue une **charge à payer** à constater dans les comptes de l'exercice comptable concerné.

  Si l'entreprise a appris à la clôture de l'exercice qu'elle doit réaliser des travaux pour répondre à des contraintes de sécurité de ses locaux, elle doit estimer le coût des travaux de mise aux normes. Le montant des travaux liés à cette obligation n'est pas précisé mais l'entreprise peut en faire une estimation fiable. L'entreprise doit constituer une **provision**.

## FOCUS Estimation de la sortie probable de ressources

Les provisions sont évaluées pour le montant correspondant à la meilleure estimation de la sortie de ressources nécessaire à l'extinction de l'obligation. Cette estimation peut être déterminée :

– En se basant sur des obligations similaires (par exemple définition du montant d'une provision pour garanties données aux clients à partir de l'estimation de garanties sur des produits ou contrats comparables).

– En présence de plusieurs hypothèses d'évaluation de la sortie de ressources, le montant à provisionner est, en général, celui qui correspond à l'hypothèse la plus probable. Les incertitudes relatives aux autres hypothèses d'évaluation doivent faire l'objet d'une mention en annexe (ex. : établissement de différents scénarios dans le cadre d'un plan de restructuration, estimation du montant de la provision à partir du scénario le plus probable).

### Exemple

- Si une entreprise choisit de mettre en place durant l'année une offre commerciale « Satisfait ou remboursé », elle s'expose au fait que certains clients vont revenir vers elle pour effectivement faire valoir leur insatisfaction et demander un remboursement. L'entreprise doit dans ce cas comptabiliser une provision :
  - elle a une obligation envers ses clients du fait de la politique commerciale affichée ;
  - cette obligation résulte d'une action commerciale antérieure à la clôture de l'exercice ;
  - elle devra probablement réaliser des remboursements ;
  - le montant des remboursements n'est pas fixé de façon certaine mais elle peut l'estimer compte tenu d'opérations antérieures de même type ;
  - les remboursements s'échelonneront sur la période indiquée par l'offre commerciale, sans contrepartie, l'entreprise enregistrant un retour de marchandises sans vente.

### C) Principes comptables et provisions

Les provisions ne peuvent être comptabilisées que si l'évaluation de cette charge est possible avec un degré de certitude acceptable. Les provisions doivent répondre aux critères de prudence, de sincérité et de bonne foi afin que les comptes représentent une **image fidèle** de l'entreprise.

À l'inverse, l'absence de comptabilisation d'une provision constituerait une faute grave puisqu'elle conduirait à ne pas constater une charge à rattacher à l'exercice comptable, et donc à majorer de manière indue, voire frauduleuse, le résultat de l'année.
Dans l'objectif d'image fidèle, la constitution de provisions en fin d'exercice répond :

- **Au principe de prudence.** En effet, des charges probables nées de faits qui se sont déroulés durant un exercice ne peuvent pas être ignorées et doivent diminuer le résultat de cet exercice pour ne pas reporter sur le futur des incertitudes actuelles.
- **Au principe de séparation des exercices.** Elle permet de rattacher la charge à l'exercice qui lui a donné naissance.

**Exemple**

Une entreprise est en litige avec un client pour des travaux non achevés dans les temps durant l'exercice N. Le service juridique de l'entreprise s'attend à ce que l'entreprise soit condamnée à payer 5 000 € de dommages-intérêts. Une procédure de conciliation a eu lieu en N+1 et l'entreprise accepte de payer 5 200 €.
À la fin de l'exercice N, une provision de 5 000 € est dotée et diminue donc le résultat de l'exercice durant lequel est né le litige de 5 000 €. Le résultat de l'exercice N+1 se soldera par une diminution de 200 €, correspondant à la différence entre la charge exacte et la charge estimée.

→ APPLICATION 2 • MINI-CAS 4 • SITUATION PRATIQUE 5

## 2 Typologie des provisions

Les provisions répondent à deux catégories d'événements futurs probables :

- Les provisions pour risques destinées à couvrir les risques répondant aux caractéristiques suivantes :
  - risque clairement identifié ;
  - risque inhérent à l'activité de l'entreprise ;
  - risque généré par un événement passé ou en cours.
- Les provisions pour charges correspondent à des charges que l'entreprise devra supporter dans les exercices à venir mais dont les montants ne peuvent être qu'estimés ou/et dont l'échéance est incertaine.

Il existe également une autre catégorie de provisions : les provisions réglementées. Celle-ci n'entrent pas dans la définition des provisions ; elles correspondent à l'application de dispositions fiscales et sont traitées dans le cadre du DCG 4.

### A) Provisions pour risques

La réglementation comptable énumère les principales provisions pour risques. Cette liste n'est pas exhaustive (tab. 16.3).

**Tableau 16.3. Provisions pour risques**

| | Définition – Exemple |
|---|---|
| **1511. Provisions pour litiges** | Elles sont destinées à couvrir les risques pécuniaires encourus par l'entreprise à propos des litiges dans lesquels elle est impliquée. Le montant de la provision est égal à la somme que l'entreprise risque de devoir payer à l'issue du litige ; ce montant doit comprendre, en plus des indemnités prévues, les coûts annexes, tels que les honoraires d'avocats et les frais de procédure. La provision est maintenue jusqu'au règlement du litige ou tant que le délai d'action en justice n'est pas prescrit.<br>Ex. : l'entreprise en litige avec un client pour des travaux non achevés dans les temps durant l'exercice N estime, à partir des clauses contractuelles, une réparation à verser d'un montant de 5 000 €. L'entreprise constate à la clôture de l'exercice N une provision de 5 000 €. |
| **1512. Provisions pour garanties données aux clients** | L'entreprise doit tenir compte, à la fin de chaque exercice, des dépenses susceptibles d'être engagées du fait de garanties jouant sur les produits vendus ou les travaux réalisés durant cet exercice. L'évaluation de cette provision repose le plus souvent sur des calculs statistiques basés sur les retours pour remplacement ou réparation par types de produits et sur la durée des garanties accordées.<br>Ex. : pour un produit A vendu à 150 € HT aux distributeurs, le taux de retour est de 1 % et le coût moyen d'une réparation sous garantie à 35 €. 20 000 unités ont été vendues dans l'année. La provision pour garanties sera évaluée à : 20 000 × 1 % × 35 € = 7 000 €. |
| **1513. Provisions pour pertes sur marché à terme** | • Il s'agit des provisions constituées pour faire face à des risques de pertes liés à des opérations d'achat et de vente de marchandises ou matières premières à terme.<br>• Une opération d'achat ou de vente à terme est une opération dont la livraison et le paiement n'interviendront qu'à l'exercice suivant et dont le prix est fixé au préalable par un engagement (contrat). Cet engagement à terme peut donc induire des pertes.<br>Ex. : une entreprise s'est engagée à acheter à un certain prix le kilo de café auprès d'un producteur de café ; si l'entreprise constate une baisse du prix du café ; elle doit provisionner cette perte probable. |
| **1514. Provisions pour amendes et pénalités** | L'entreprise enregistre ce type de provisions lorsqu'elle a contrevenu à la loi et elle sait qu'elle sera condamnée pour les infractions commises, mais l'échéance et/ou le montant ne sont pas encore fixés.<br>Ex. : un retard de dépôt de déclaration fiscale induit une majoration. Cette dernière n'a pas été encore notifiée à l'entreprise à la clôture de l'exercice. |
| **1515. Provisions pour pertes de change** | • Ces provisions sont liées aux variations des cours de devises qui peuvent générer des pertes latentes sur des opérations réalisées en devises ou sur des comptes détenus en devises.<br>Ex. : l'entreprise a réalisé des ventes à un client américain qui n'a pas encore réglé.<br>• Si le taux de change entre l'euro et le dollar est moins favorable à l'entreprise à la clôture de l'exercice, la créance perd potentiellement de la valeur. L'entreprise constate une perte de valeur pour la perte de change latente (↪ chapitre 18). |
| **1516. Provisions pour pertes sur contrats** | • Souvent, elles se rapportent à un contrat à long terme, contrat à raison duquel on craint de dégager une perte.<br>Ex. : une entreprise a signé un contrat de chantier portant sur plusieurs exercices.<br>• L'entreprise se heurte à des difficultés qu'elle n'avait pas anticipées et qui lui engendrent des surcoûts. Elle doit provisionner les éventuelles pertes avec l'approximation la plus exacte possible. |

## B) Provisions pour charges

La réglementation comptable énumère également les principales provisions pour charges. Cette liste n'est pas exhaustive (tab. 16.4).

**Tableau 16.4. Provisions pour charges**

| | Définition |
|---|---|
| **153. Provisions pour pensions et obligations similaires** | Ces provisions couvrent les charges engendrées par l'obtention par le personnel de droits à la retraite et d'autres avantages postérieurs à l'emploi (assurance-vie, couverture médicale). |
| **154. Provisions pour restructurations** | Provisions constituées en cas d'abandon d'une branche d'activité, de fermeture d'un site ou encore d'une relocalisation des activités de l'entreprise. Le montant de la provision est calculé en tenant compte des charges prévues, telles que les indemnités de licenciements collectifs, les résiliations de baux ou la mise au rebut du matériel. |
| **155. Provisions pour impôts** | Elles correspondent aux charges probables d'impôts concernant l'exercice mais reportées dans le temps car dépendant des résultats futurs. |
| **156. Provisions pour renouvellement des immobilisations** | Provisions particulières constatées par les entreprises concessionnaires. |
| **157. Provisions pour charges à répartir sur plusieurs exercices** | Lorsque des travaux d'entretien périodiques ou des grandes révisions sur une immobilisation sont prévus lors de son acquisition ou de sa production, du fait d'obligations légales ou d'usages de l'entreprise, le montant du coût des travaux futurs est évalué lors de l'acquisition du bien et est étalé par la comptabilisation de provisions de la mise en service du bien jusqu'à la date prévue pour la réalisation des travaux d'entretien ou de révision.<br>Ex. : Dans le cas du compte 157, l'entreprise peut opter pour ces charges soit par la constitution de provisions, soit par la constatation d'un composant de seconde catégorie. Cette deuxième option n'est pas au programme. |

**Exemple**

- Il est prévu pour une immobilisation acquise le 1er juillet N de réaliser une grande révision au terme de trois ans dont le coût est évalué à 9 000 €. L'entreprise constatera les provisions suivantes : $9\ 000 \times 1/3 \times 6/12 = 1\ 500$ € en N, $9\ 000 \times 1/3 = 3\ 000$ € en N+1 et N+2 et 1 500 € en N+3.

→ APPLICATION 2 • MINI-CAS 4 • SITUATION PRATIQUE 5

# 3 Comptabilisations des provisions

## A) Détermination des provisions à enregistrer

**Définition**

La **dotation aux provisions** (DAP) permet de constater l'augmentation du risque ou de la charge futur appréciée à la clôture de l'exercice.

Si une provision avait déjà été définie antérieurement et si l'entreprise considère que le risque ou la charge probable à la clôture de l'exercice est plus important, elle constate une dotation aux provisions (fig. 16.2).

À l'inverse, les provisions sont reprises lorsque, à la fin d'un exercice, elles sont devenues sans objet. Ceci peut résulter de deux circonstances :

- la charge prévue par la provision est devenue effective et soit a déjà été payée, soit s'est transformée en dette certaine ;
- un événement nouveau a fait disparaître l'obligation future.

**Définition**

La **reprise sur provisions** ou aux provisions (RAP) reprend, pour tout ou partie, une provision antérieure qui n'est plus justifiée à la clôture de l'exercice si le risque ou la charge probable est considéré moindre ou s'il n'est plus justifié.

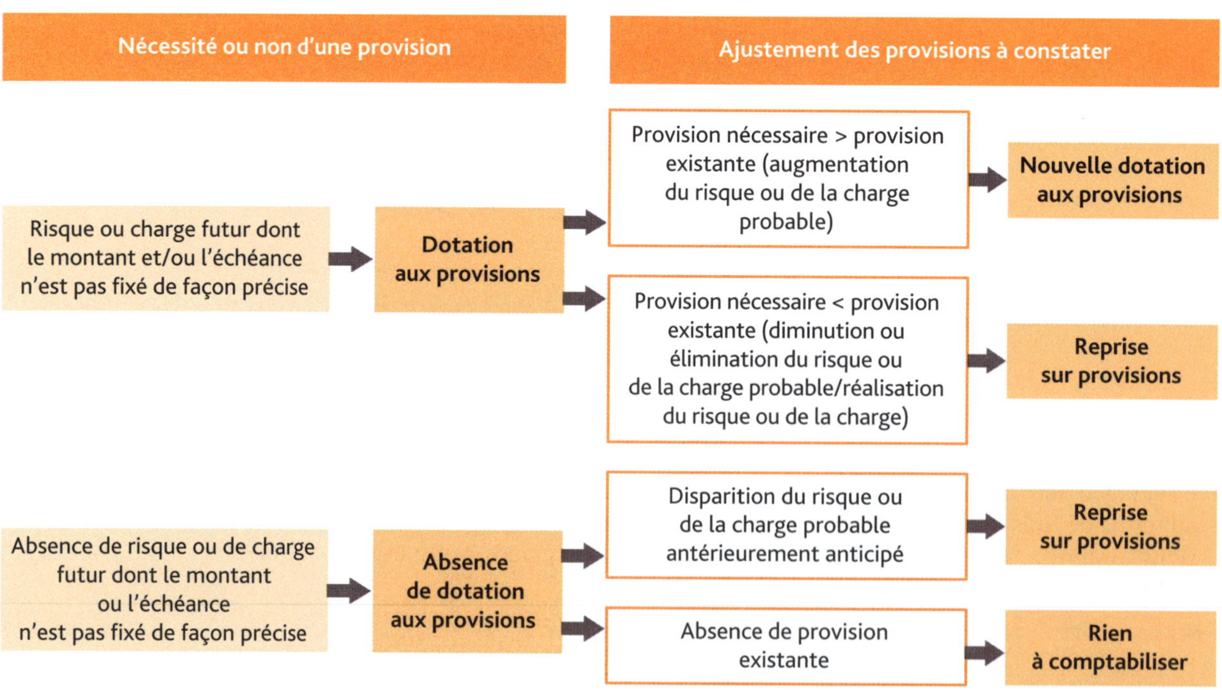


Figure 16.2. **Détermination de la provision à enregistrer**

### Exemples

- **Exemple 1**. Une provision a été constatée à la fin de l'exercice N suite à un litige avec un client, pour non-respect des délais dans l'exécution de travaux.
Durant l'exercice N+1, l'entreprise a été condamnée à payer une indemnité à son client ; la charge a été comptabilisée et la provision n'a plus lieu d'être. Elle est donc reprise.
Il se pourrait également que l'entreprise ait gagné en N+1 le procès que lui a intenté son client ; l'obligation disparaît et la provision doit être reprise.
**Exemple 2.** Une entreprise constate une provision à la fin de l'exercice N pour anticiper des charges associées à des travaux que l'entreprise est tenue d'effectuer dans les 3 ans.
Fin N+1, l'appréciation du montant total des travaux que l'entreprise doit réaliser est revue à la hausse. L'entreprise doit alors comptabiliser une dotation aux provisions complémentaire.
**Exemple 3.** Une entreprise française réalise une partie de son activité avec des clients suisses. À la clôture de l'exercice N, le change est en faveur de l'entreprise, elle estime un gain latent de change. L'entreprise n'a pas à enregistrer de provisions fin N. Fin N+1, les conditions de change sont moins favorables. L'entreprise estime une perte latente de change ; elle constate une dotation aux provisions fin N+1.

## B) Enregistrement des provisions

En tant que passifs externes, les provisions sont constatées au crédit des sous-comptes du compte « 15. Provisions ». La charge correspondante est comptabilisée au débit d'un compte de charges calculées qui dépend de la nature de la charge probable (tab. 16.5).

**Tableau 16.5. Comptes de dotation aux provisions**

| Type de charge probable | Compte de dotation aux provisions |
|---|---|
| Charge liée à l'exploitation | 6815. Dotations aux provisions d'exploitation |
| Charge financière | 6865. Dotations aux provisions financières |
| Charge exceptionnelle | 6875. Dotations aux provisions exceptionnelles |

### Exemple

- La dotation de provision pour un licenciement individuel constitue une charge d'exploitation. En revanche, en cas de provision découlant d'un licenciement collectif pour fermeture d'une usine, la charge devra être considérée comme exceptionnelle.

La comptabilisation d'une dotation aux provisions consiste à :

- débiter un compte de dotations aux provisions qui constate la naissance ou l'augmentation du risque ou charge probable à constater à la clôture de l'exercice : 68. Dotations aux provisions ;
- créditer un compte de provisions qui traduit le passif lié à cette obligation probable : 15. Provisions.

| | | | | |
|---|---|---|---|---|
| | | *Fin exercice* | | |
| 68. | | Dotations aux provisions | Dotation aux provisions | |
| | 15. | Provisions… | | Dotation aux provisions |
| | | *D'après travaux d'inventaire* | | |

Le compte 68 permet d'enregistrer à la fois les pertes de valeurs associées aux amortissements et aux dépréciations de l'actif, et les provisions. L'intitulé complet du compte est « Dotations aux amortissements, aux dépréciations et aux provisions » (DAP). Lorsque la provision doit être reprise ou ajustée à la baisse, le compte de reprise devra correspondre au compte utilisé lors de la dotation (tab. 16.6).

**Tableau 16.6. Comptes de reprises sur provisions**

| Compte de dotation | Compte de reprise sur provisions |
|---|---|
| 6815 | 7815. Reprises sur provisions d'exploitation |
| 6865 | 7865. Reprises sur provisions financières |
| 6875 | 7875. Reprises sur provisions exceptionnelles |

La comptabilisation d'une reprise sur provisions consiste à :

- débiter un compte de provisions qui traduit la diminution ou l'élimination du passif lié à cette obligation probable : 15. Provisions ;
- créditer un compte de reprises sur provisions qui constate la diminution ou la suppression du risque ou charge probable anticipé lors des exercices précédents : 78. Reprise sur provisions.

| | | | | |
|---|---|---|---|---|
| | | *Fin exercice* | | |
| 15. | | Provisions | Reprises sur provisions | |
| | 78. | Reprises sur provisions.... | | Reprises sur provisions |
| | | *D'après travaux d'inventaire* | | |

## Exemple

- L'entreprise en litige avec un client pour des travaux non achevés dans les temps durant l'exercice N constate 5 000 € de provision. Une procédure de conciliation a eu lieu en N+1 et l'entreprise accepte de payer 5 200 € le 15 septembre N+1.

| | | | | |
|---|---|---|---|---|
| | | *31/12/N* | | |
| 68750 | | Dotations aux provisions exceptionnelles | 5 000 | |
| | 15110 | Provisions pour litiges | | 5 000 |
| | | *Litige avec le client X* | | |
| | | *15/09/N+1* | | |
| 67100 | | Charges exceptionnelles sur opérations de gestion | 5 200 | |
| | 51 200 | Banque | | 5 200 |
| | | *Paiement des indemnités au client X* | | |
| | | *31/12/N+1* | | |
| 15110 | | Provisions pour litiges | 5 000 | |
| | 78750 | Reprise sur provisions exceptionnelles | | 5 000 |
| | | *Fin du litige avec le client X* | | |

L'enregistrement d'une dotation aux provisions permet d'anticiper un risque ou une charge probable. Le résultat au cours duquel l'entreprise a connaissance de ce risque ou charge probable est diminué avant que ce dernier se réalise. Lorsqu'il a effectivement lieu, la charge associée est enregistrée. En parallèle, la provision est reprise pour ne pas grever doublement le résultat.

## Exemple (suite)

- L'impact sur le résultat du litige à chaque exercice peut être mesuré comme suit :

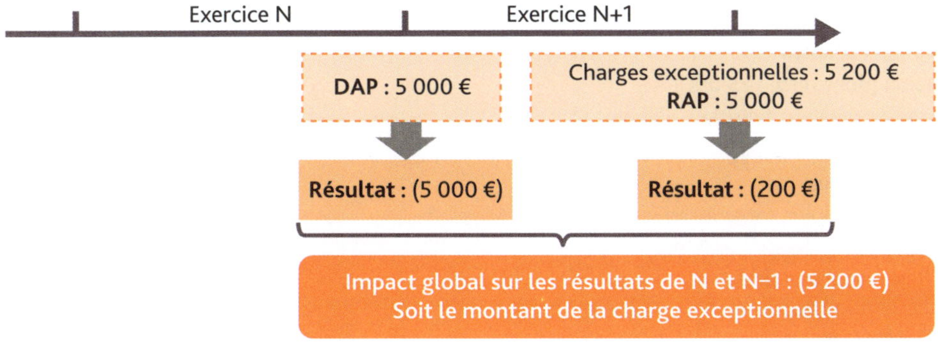


DAP : dotations aux amortissements, dépréciations et provisions

RAP : reprises sur dépréciations et provisions

**FOCUS** — **Les provisions, des charges non encaissées et des produits non décaissés**

L'enregistrement des provisions est une opération d'inventaire. Il consiste à constater un risque ou une charge probable. La constatation d'une dotation pour provision conduit à diminuer le résultat. Inversement, la constatation d'une reprise sur provisions impacte positivement le résultat. Pour autant, ces charges et ces produits ne modifient pas la liquidité de l'entreprise. L'entreprise ne constate pas d'encaissement ou de décaissement lors de l'enregistrement de dotations ou reprises de provisions. La sortie de trésorerie sera effective si le risque ou la charge se réalise. Les dotations et reprises pour dépréciations sont donc des charges et produits particuliers : ce sont des charges non encaissées et des produits non décaissés.
De plus, la définition de la provision se fonde sur une appréciation du risque ou de la charge probable. La provision est pour cette raison aussi une charge (dotation) ou un produit (reprise) particulier car c'est une charge ou un produit calculé.

## C) Provisions et documents de synthèse

L'enregistrement d'une provision consiste à constater une provision inscrite dans le bilan au passif (tab. 16.7).

**Tableau 16.7. Extrait du bilan d'une entreprise**

| PASSIF | Exercice | Exercice précédent |
|---|---|---|
| **Capitaux propres** | | |
| Capital (dont versé : 25 000) | 25 000 | 25 000 |
| Prime d'émission, de fusion, d'apport | | |
| Écarts de réévaluation | | |
| Écarts d'équivalence | | |
| Réserves | | |
| Réserve légale | 2 500 | |
| Réserves statutaires | | |
| Réserves réglementées | | |
| Autres réserves | 264 001 | 252 515 |
| Report à nouveau | | |
| Résultats antérieurs en instance d'affectation | | |
| Résultat de la période (bénéfice ou perte) | 6 272 | 11 486 |
| – Situation nette avant répartition | 297 773 | 289 001 |
| Subvention d'investissement | | |
| Provisions réglementées | 9 | 47 |
| **Total** | **297 782** | **289 048** |
| **Autres fonds propres** | | |
| Titres participatifs | | |
| Avances conditionnées | | |
| **Total** | | |
| **Provisions** | | |
| Provisions pour risques | | 22 000 |
| Provisions pour charges | | |
| **Total** | | **22 000** |

Une provision peut uniquement être constituée pour des risques ou charges spécifiquement définis. S'il s'agit de se prémunir contre un risque d'ordre général au moment de l'affectation du résultat, l'organe de gestion peut proposer de constituer une **réserve** (↪ chapitre 20) mais ne peut enregistrer une provision.

Les provisions sont nulles pour l'exercice clôturé ; elles étaient d'un montant de 22 000 € au cours de l'exercice précédent.

L'enregistrement d'une provision conduit à comptabiliser une charge (dotation) ou un produit (reprise). Le compte de résultat (tab. 16.8) présente alors :

- dans les charges d'exploitation, les charges financières et les charges exceptionnelles, les dotations pour provisions constatées au cours de l'exercice ;
- dans les produits d'exploitation, les produits financiers et les produits exceptionnels, les reprises sur provisions pour l'annulation pour tout ou partie des provisions antérieures.

**Tableau 16.8. Extrait du compte de résultat d'une entreprise**

| | | | | France | Exportation | Total | Exercice précédent |
|---|---|---|---|---|---|---|---|
| Produits d'exploitation | Ventes de marchandises | | | 9 181 631 | 104 249 | 9 285 880 | 8 809 843 |
| | Production vendue | • Biens | | 14 883 | | 14 883 | 15 744 |
| | | • Services | | 162 315 | | 162 315 | 152 522 |
| | Chiffre d'affaires net | | | 9 358 829 | 104 249 | 9 463 078 | 8 978 109 |
| | Production immobilisée | | | | | | |
| | Produits nets partiels sur opérations à long terme | | | | | | |
| | Subventions d'exploitation | | | | | 1 300 | 9 796 |
| | Reprises sur amortissements et provisions, transfert de charges | | | | | 14 236 | 9 238 |
| | Autres produits | | | | | 7 564 | 13 190 |
| | | | | | **Total** | **9 486 178** | **9 010 333** |
| Charges d'exploitation | Marchandises | | Achats | | | 7 956 803 | 7 427 795 |
| | | | Variation de stocks | | | 6 506 | 93 311 |
| | Matières premières et autres approvisionnements | | Achats | | | 268 | |
| | | | Variations de stocks | | | | |
| | Autres achats et charges externes | | | | | 885 212 | 848 443 |
| | Impôts, taxes et versements assimilés | | | | | 70 604 | 50 472 |
| | Salaires et traitements | | | | | 421 908 | 453 279 |
| | Charges sociales | | | | | 76 414 | 77 805 |
| | Dotations d'exploitation | • sur immobilisations | Amortissements | | | 23 960 | 31 248 |
| | | | Provisions | | | | |
| | | • sur actif circulant | | | | | 13 981 |
| | | • pour risques et charges | | | | | |
| | Autres charges | | | | | 17 842 | 3 090 |
| | | | | | **Total** | **9 459 517** | **8 999 424** |
| | | | | | **Résultat d'exploitation** | **26 661** | **10 909** |

Au cours de l'exercice, l'entreprise a enregistré 14 236 € de reprises (cumul des reprises sur amortissements et provisions et transferts de charges). La lecture du compte de résultat ne permet pas de définir précisément la part des dotations pour provisions dans le compte de charges. L'entreprise n'a enregistré aucune reprise sur provisions d'exploitation.

→ **APPLICATION 3 • MINI-CAS 4 • SITUATION PRATIQUE 5**

## 1 QCM

*Pour chaque proposition, une ou plusieurs réponses sont possibles. Justifiez-les.*

1. Les provisions sont comptabilisées afin :
   a. d'anticiper une perte de valeur d'un élément d'actif. ☐
   b. de constater un risque ou une charge probable dont l'échéance n'est pas certaine. ☐
   c. de constater un risque ou une charge probable dont le montant n'est pas certain. ☐
   d. de constater un risque ou une charge probable dont la sortie de trésorerie sous-jacente est éventuelle. ☐

2. Les provisions s'inscrivent dans un poste :
   a. d'actif (« actif soustractif »). ☐
   b. de passif. ☐

3. Après un accident sur un chantier ayant entraîné une interruption temporaire de travail pour plusieurs salariés, l'entreprise Juliette a été assignée en janvier N au tribunal de grande instance pour paiement de dommages et intérêts à hauteur de 5 millions d'euros. Le jugement du 12 décembre N la condamne au paiement de 4 millions d'euros ; l'entreprise décide de faire appel car elle considère que sa responsabilité n'est pas engagée. À la clôture de l'exercice N, que peut constater l'entreprise Juliette ?
   a. Aucune provision. ☐
   b. Une provision d'un montant de 5 millions d'euros. ☐
   c. Une provision d'un montant de 4 millions d'euros. ☐

4. En mai N+1, la cour d'appel condamne l'entreprise Juliette au paiement de 2 millions d'euros dans l'affaire de l'accident de chantier de l'exercice N. L'entreprise décide de ne pas se pourvoir en cassation. Elle n'a pas réglé sa condamnation. À la clôture de l'exercice N+1, que doit constater l'entreprise Juliette ?
   a. Aucun enregistrement. ☐
   b. Une dotation aux provisions de 2 millions d'euros. ☐
   c. Une reprise de la provision dotée au cours de l'exercice précédent. ☐
   d. Une dette de 2 millions d'euros. ☐

5. L'enregistrement d'une provision modifie le montant :
   a. du résultat de l'entreprise. ☐
   b. des actifs de l'entreprise. ☐
   c. des passifs de l'entreprise. ☐

## 2 Entreprise Anna ★★★

Vous disposez des informations ci-après concernant l'entreprise Anna dont l'exercice comptable coïncide avec l'année civile.

*Pour chacune des dix informations présentées, indiquez si l'entreprise Anna doit constater une provision au 31 décembre N. Si oui, précisez-en le type.*

Document

**L'entreprise Anna est dans de beaux draps**

**1.** L'entreprise Anna est poursuivie en justice par l'un de ses concurrents. Le jugement de première instance, rendu le 4 novembre N, la condamne au versement de dommages et intérêts pour la somme de 200 000 €. Elle décide de faire appel du jugement.

**2.** Du fait de règlements de sécurité, l'entreprise Anna doit réaliser une révision de ses machines industrielles tous les deux ans. Les machines industrielles acquises en N–3 ont une durée de vie de 10 ans et le coût total de ces opérations est estimé à 20 % du prix initial des machines.

**3.** L'entreprise Anna envisage d'installer en N+1 un ascenseur. Cet ascenseur nécessite un entretien annuel. L'entreprise Anna a réalisé un devis, les dépenses d'entretien annuelles sont estimées à 8 000 €.

**4.** Du fait d'une inondation dans l'entrepôt, certaines machines ont été endommagées et 20 % sont hors service.

**5.** L'entreprise Anna a émis au cours de l'exercice N un emprunt obligataire à taux d'intérêt variable remboursable dans 3 ans.

**6.** L'entreprise Anna prévoit de réaliser un projet de restructuration pour faire face à des difficultés financières. Ce plan a été annoncé avant la clôture au personnel et au public. Il s'achèvera à la fin du second trimestre de l'exercice N+1. Le coût du projet de restructuration est estimé à 800 000 €.

**7.** L'entreprise Anna a décidé, à la clôture de l'exercice N, de développer un projet de modernisation de ses machines industrielles au cours de l'exercice N+1. Le remplacement des machines obsolètes est estimé à 1 200 000 €.

**8.** L'entreprise Anna a fait l'objet au cours de l'exercice N d'un contrôle fiscal. L'administration fiscale souligne des manquements dans les déclarations. L'entreprise doit régler des pénalités même si elle conteste les conclusions du contrôle.

**9.** Dans le cadre de la convention collective du secteur, l'entreprise Anna s'engage à verser des indemnités de départ à la retraite à ses employés (5 % du salaire des cinq dernières années).

**10.** Les messages publicitaires de l'entreprise Anna usent de l'argument « Satisfait ou remboursé » auprès de sa clientèle mais l'entreprise ne dispose pas d'indicateurs pour apprécier le niveau d'insatisfactions de ses clients.

## 3 AXJ ★★★

Le 21 septembre N–7, un stock de 300 à 400 tonnes de nitrate d'ammonium déclassé, destiné à la production d'engrais, explose dans l'usine chimique AXJ, classée Seveso 2. L'entreprise AXJ, filiale d'un grand groupe pétrolier, est assignée en justice par le tribunal de grande instance pour réparation de préjudice à hauteur de 655 millions d'euros fin N–7. Le groupe indique, dans son rapport annuel de l'exercice N–7, qu'il s'engage à réparer les dommages aux tiers au-delà des plafonds des assurances, dans la mesure où la responsabilité du site serait engagée et porterait sur la totalité des dommages. Il estime ces derniers à 941 millions d'euros.

Fin N–6, le groupe s'emploie à verser 1 milliard d'euros d'indemnisations avant la fin du procès. Il estime alors que la provision au titre de la responsabilité civile liée au sinistre d'AXJ doit être portée à 995 millions d'euros.

Fin N–5, le document de référence du groupe indique que 97 % des 75 000 dossiers de réclamations ont été clôturés dans le cadre d'une démarche à l'amiable. Le total des indemnisations versées aux victimes par le groupe s'élève à 1 465 milliards d'euros. Des expertises permettent de dégager partiellement la responsabilité de l'entreprise ; les enquêtes judiciaires n'ont pas permis d'identifier les causes de l'explosion et la plupart des salariés du site mis en examen ont bénéficié, en N–5, d'un non-lieu. Le parquet fait appel de la décision. Ces différents événements conduisent le groupe à estimer que la provision au titre de la responsabilité civile liée au sinistre d'AXJ doit être portée à 276 millions d'euros pour N–5.

Les documents de référence du groupe indiquent, pour les exercices suivants et sans justifications complémentaires, les dotations et reprises sur provisions au titre de la responsabilité civile liée au sinistre d'AXJ (voir le document). Les reprises correspondent aux poursuites réglées à l'amiable.

En septembre N, se tient la fin du procès. Le groupe est condamné à verser 25 millions d'euros ; le règlement n'a pas eu lieu à la clôture. Le groupe clôture ses comptes le 31 décembre N.

1. *Justifiez la comptabilisation par le groupe d'une provision au titre de la responsabilité civile liée au sinistre d'AXJ.*
2. *Comptabilisez cette provision pour les exercices N–7 à N–1.*
3. *Précisez le montant de la provision pour les exercices N–7 à N–1. Commentez l'évolution de ces montants.*
4. *Identifiez l'enregistrement relatif à la provision qui doit être effectué à la clôture de l'exercice N.*

Document

**Dotation et reprises sur provisions (millions d'euros)**

| Exercice | Dotations | Reprises |
|---|---|---|
| N–4 | 150 | 316 |
| N–3 | 100 | 77 |
| N–2 | 100 | 57 |
| N–1 | 0 | 42 |

Évaluer les savoirs | Maîtriser les compétences | Préparer l'épreuve

## 4 Mini-cas : PixRemix ★★★

**Compétence attendue** **Évaluer** et **comptabiliser** les différentes opérations d'inventaire

Depuis quelques années, l'actualité économique de PixRemix, spécialisée dans la photographie, est ponctuée par des licenciements et des fermetures d'usines, autant de mesures destinées à permettre à l'entreprise de repositionner ses activités et de renouer avec les bénéfices. Très dépendante de la vente de produits et services traditionnels (pellicules, tirages papier…), l'entreprise a mal et trop tardivement négocié le passage au numérique.

Avant la clôture de l'exercice en cours, PixRemix annonce publiquement un nouveau programme de restructuration. Avec des effectifs divisés par deux, le groupe s'engage dans de nouvelles activités plus en phase avec les attentes du public (appareils photo numériques, imprimantes photo, albums personnalisés en ligne), tout en développant la sous-traitance pour réduire ses coûts, et en multipliant les partenariats stratégiques avec les réseaux sociaux et applications. Le plan de restructuration devrait coûter 4 milliards d'euros, dont :

- 80 % de coûts sociaux : indemnités de licenciements, pré-retraites, préavis non réalisés ;
- 5 % de coûts liés aux conflits sociaux : arrêt de travail, grèves, perturbations ;
- 5 % de coûts liés aux indemnités de rupture de contrats engagés avec des tiers ;
- 10 % de coûts de réorganisation des activités : coûts de reconversion, dépenses de formation, dépenses de déménagements, dépenses d'harmonisation des systèmes d'information et des réseaux de distribution, dépenses de marketing.

1. *Précisez si l'entreprise PixRemix peut enregistrer une provision concernant son programme de restructuration. Justifiez votre réponse.*
2. *Déterminez les coûts à provisionner.*
3. *Enregistrez la provision pour restructuration.*
4. *Appréciez l'impact de la comptabilisation d'une provision pour restructuration sur le résultat. Précisez s'il faut considérer les dotations aux provisions pour restructuration comme des charges d'exploitation ou comme des charges exceptionnelles.*

Évaluer les savoirs | Maîtriser les compétences | Préparer l'épreuve

## 5 Situation pratique : Global et OMG ★★★

30 min

**Compétence attendue** **Évaluer** et **comptabiliser** les différentes opérations d'inventaire

Les entreprises Global et OMG s'interrogent sur leurs expositions aux risques environnementaux et aux travaux d'inventaire à réaliser.

### Mission

En vous appuyant sur vos connaissances et sur le dossier documentaire, répondez aux questions suivantes :

1. *Caractérisez les risques et charges liés aux contraintes environnementales supportés par les entreprises Global et OMG et indiquez si une provision doit être enregistrée.*

Les entreprises Global et OMG exercent leurs activités dans des secteurs particuliers enclins à supporter des risques et charges environnementaux liés à des coûts environnementaux futurs qui peuvent donner lieu à la comptabilisation de provisions.

### Missions

2. *Dans les cas de Global et OMG, identifiez les risques et charges.*
3. *Précisez comment il est possible d'estimer les risques et charges environnementaux et indiquez si, en pratique, les comptables sont en mesure de le faire.*
4. *Analysez l'intérêt et les difficultés de comptabilisation des provisions pour risques et charges environnementaux.*

Document 1

### Informations sur l'entreprise Global

L'entreprise Global, entreprise du secteur pétrolier, a mis en place une plateforme pétrolière flottante. Cette construction sert à l'exploitation d'un gisement pétrolier et à la transformation du pétrole. Malgré une conception robuste, cette plateforme est sujette à un risque de dérive. En effet, le milieu marin (marées, tempêtes, courant, vent…) érode la plateforme et la rend instable. De plus, la plateforme a été réalisée comme la plupart des sites producteurs de pétrole sur une zone à fort risque sismique. Selon les législations en vigueur, la compagnie pétrolière a obligation de démanteler cette plateforme dans 20 ans. Par ailleurs, malgré une absence d'obligation légale, cette entreprise souhaite s'inscrire dans une logique de développement durable et affiche une volonté de préservation de l'environnement. Elle s'engage à développer des actions préventives et curatives pour combattre la pollution générée par son activité.

Document 2

### Informations sur l'entreprise OMG

L'entreprise OMG est une entreprise agricole. Afin d'assurer la performance de son exploitation, elle fait une utilisation intensive d'engrais pour ses cultures. Cependant l'épandage d'engrais cause de nombreuses nuisances :

- odeurs nauséabondes ;
- infiltration de composés chimiques dans les sols ;
- pollution des nappes phréatiques.

Les habitants des lots voisins (centre de vacances) ont engagé une action collective en justice pour pollution olfactive. L'entreprise OMG est pessimiste quant à la suite donnée à cette affaire par la justice. Ses avocats estiment que l'entreprise devra verser 10 000 € de dommages et intérêts. OMG ne souhaite pas supporter cette charge. L'exploitation agricole est en grande difficulté financière et l'entreprise essaie de réduire ses coûts. Aussi, pour améliorer son épandage, OMG envisage d'installer un outillage complémentaire de diffusion d'engrais adapté aux besoins des terres cultivées. Enfin, une nouvelle législation contraint, sous peine d'amende, l'entreprise à adapter son installation agricole pour permettre l'utilisation d'autres engrais réputés moins polluants. Faute de moyens, OMG n'est pas en mesure de se mettre en conformité avec la législation.

SYNTHÈSE

## Provisions

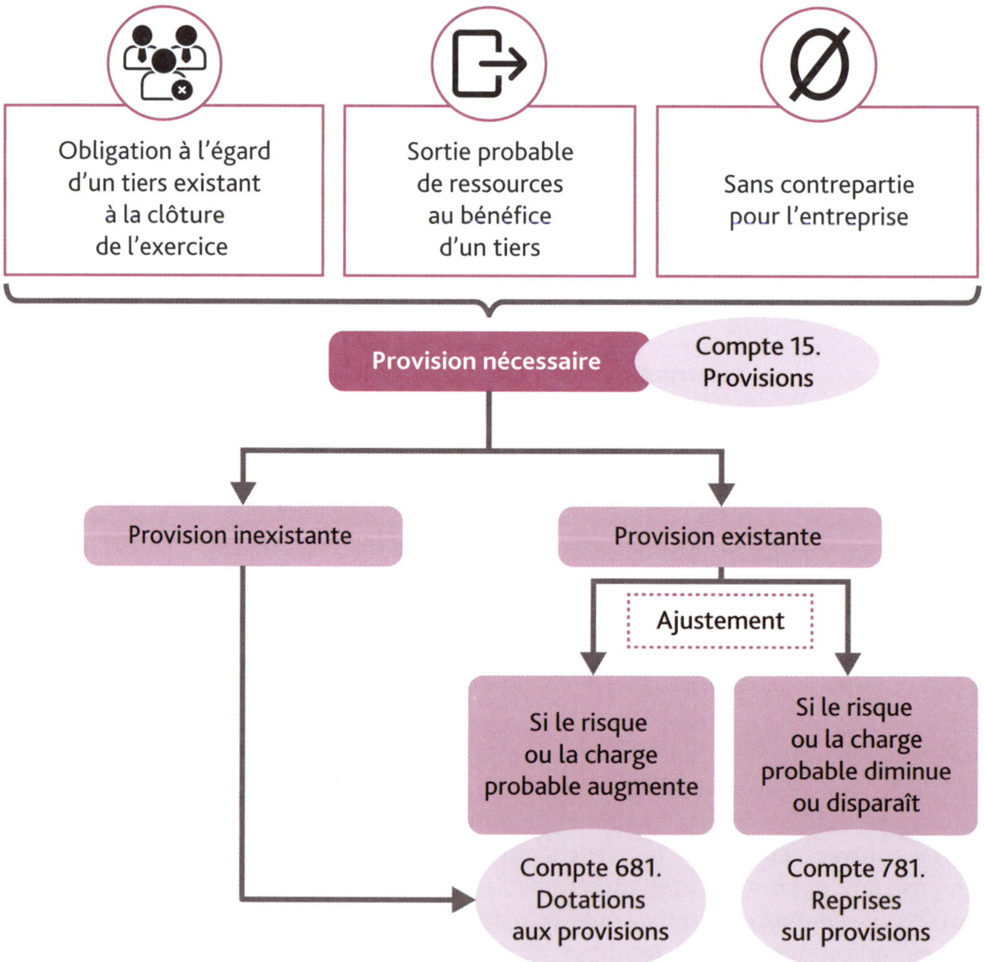

# CHAPITRE 17 Sorties des immobilisations et VMP du patrimoine

## PROGRAMME

| Compétence attendue | Savoirs associés |
|---|---|
| **Évaluer** et **comptabiliser** les différentes opérations d'inventaire | • Sortie des immobilisations du patrimoine<br>• Sortie des valeurs mobilières de placement du patrimoine |

## PRÉREQUIS

- Opérations courantes de trésorerie (chapitre 9)
- Opérations courantes de trésorerie (chapitre 10)
- Opérations courantes liées aux cessions d'immobilisations et de VMP (chapitre 11)

## LIEN AVEC LE DCG 4

§4. Imposition du résultat de l'entreprise

## PLAN DU CHAPITRE

**Cours :** 1. Sortie d'immobilisations amorties • 2. Sortie d'actifs dépréciés • 3. Impacts des sorties d'actifs sur les documents de synthèse

**Des savoirs aux compétences :** Évaluer les savoirs • Maîtriser les compétences • Préparer l'épreuve

**Synthèse**

Que deviennent les amortissements et dépréciations antérieurement constatés des actifs sortis du patrimoine ? Faut-il amortir les immobilisations sorties au cours de l'exercice ? Comment les sorties d'actifs impactent-elles les documents de synthèse ?

## MOTS-CLÉS

**Base amortissable • Cession • Mise au rebut • Résultat de cession • Valeur comptable des éléments d'actif cédés • Valeur nette comptable • Valeur résiduelle**

# 1 Sortie d'immobilisations amorties

La sortie d'un élément d'immobilisations du patrimoine se réalise essentiellement en cas de :

- **cession** : vente d'une immobilisation par l'entreprise parce qu'elle a besoin de trésorerie, parce qu'elle va la remplacer ou parce qu'elle n'en est pas satisfaite, etc ;
- disparition volontaire (**mise au rebut**) ou involontaire : destruction suite à sinistre, incendie ou accident, mise hors service d'un bien ne respectant plus les normes de sécurité ou environnementales, etc.

Lors d'une mise au rebut, le prix de cession est généralement nul, sauf si l'entreprise en retire un produit auprès de l'entreprise de ferraille, de recyclage ou de casse. Dans ce cas, la mise au rebut s'assimile à une cession. En cas de destruction involontaire (sinistre, vol), une indemnité peut être versée. Elle est enregistrée comme un produit de cession à la sortie de l'actif.

## A) Schéma de comptabilisation

La comptabilisation d'une sortie d'immobilisation amortie consiste à constater le produit exceptionnel, l'amortissement de l'actif et la sortie de l'actif (tab. 17.1).

**Tableau 17.1. Comptabilisation des sorties des immobilisations amorties**

| Cession | Mise au rebut / Disparition involontaire |
|---|---|
| Constatation du produit de cession | Constatation éventuellement d'un produit de cession ou indemnité d'assurance |
| Constatation de l'amortissement de l'immobilisation sortie | |
| Constatation de la sortie de l'immobilisation du patrimoine | |

### 1. Constatation du produit de cession

Le produit de cession d'une immobilisation amortie se comptabilise différemment selon le type de sortie de l'immobilisation (tab. 17.2).

**Tableau 17.2. Comptabilisation du produit de cession d'une immobilisation amortie**

| | Compte | Libellé | Débit | Crédit |
|---|---|---|---|---|
| **Cession ou mise au rebut avec produit** | 46200 | Créances sur cessions d'immobilisations | TTC | |
| | 77500 | Produits des cessions d'éléments d'actif | | TVA |
| | 44571 | État, TVA collectée | | HT |
| | | *Cession de l'immobilisation…* | | |
| **Destruction involontaire avec indemnité** | 46700 | Autres comptes débiteurs ou créditeurs | Indemnité | |
| | 77500 | Produits des cessions d'éléments d'actif | | Indemnité |
| **Mise au rebut sans produit ou destruction involontaire sans indemnité** | Absence d'écriture | | | |

## 2. Constatation de l'amortissement de l'immobilisation sortie

| | | | | |
|---|---|---|---|---|
| | | *À l'inventaire* | | |
| 6811 | | Dotations aux amortissements des immobilisations incorporelles et corporelles | DAP | |
| | 28. | Amortissements des immobilisations | | DAP |
| | | *Dotation complémentaire sur immobilisation cédée, mise au rebut ou détruite* | | |

Comme les sorties de biens nécessitent souvent la comptabilisation de dotations complémentaires aux amortissements, elles sont en général comptabilisées à la date de clôture de l'exercice et font partie des écritures de régularisation.

## 3. Constatation de la sortie du patrimoine (solde du compte d'immobilisation)

| | | | | |
|---|---|---|---|---|
| | | *À l'inventaire* | | |
| 67500 | | Valeur comptable des éléments d'actif cédés | Valeur d'entrée – Amortissements | |
| 28000 | | Amortissements des immobilisations | Amortissements | |
| | 2. | Immobilisation | | Valeur d'entrée |
| | | *Sortie de l'immobilisation du patrimoine* | | |

Les comptes d'immobilisation et d'amortissement sont soldés.
La valeur comptable de l'élément d'immobilisation sortie correspond à la valeur d'entrée de l'immobilisation nette des amortissements :

**Valeur comptable de l'élément d'actif cédé** = Valeur d'entrée – Amortissements

Le résultat exceptionnel lié à la sortie de l'immobilisation correspond à la différence entre le produit de cession et la valeur comptable des éléments d'actifs cédés.

**Résultat de cession** = Produit de cession – Valeur comptable de l'élément d'actif cédé

# B Calcul de la dotation aux amortissements

## 1. Cession

Dans le cas d'une cession, la dotation aux amortissements (DAP) constatée correspond à l'amortissement entre le début de l'exercice et la date de cession (fig. 17.1).

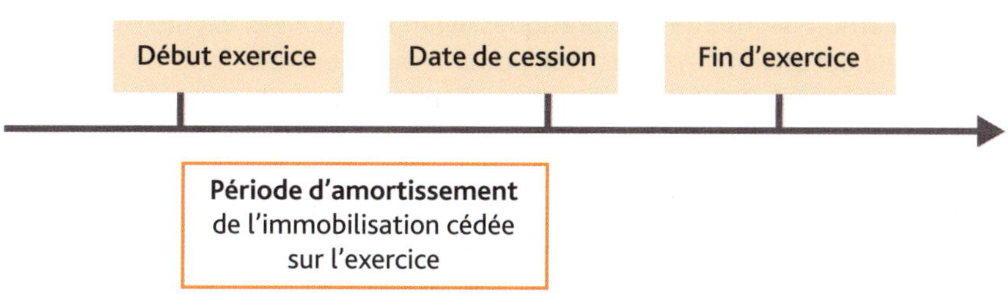


**Figure 17.1. Dotation aux amortissements d'une immobilisation cédée**

Une erreur classique consiste à calculer la DAP entre la date de cession et la date de clôture.

## 2. Mise au rebut et disparition involontaire

Dans le cas d'une mise au rebut ou disparition involontaire, les immobilisations doivent être **amorties en totalité**.

- Soit le bien est déjà totalement amorti, il n'est donc pas nécessaire de constater d'amortissement.
- Soit le bien n'est pas totalement amorti, il faut constater (fig. 17.2) :
  - l'amortissement de l'exercice entre le début de l'exercice et la date de sortie ;
  - la fraction des amortissements restante entre la date de sortie et la date initialement prévue de fin d'utilisation du bien. Ces dotations aux amortissements sont exceptionnelles.

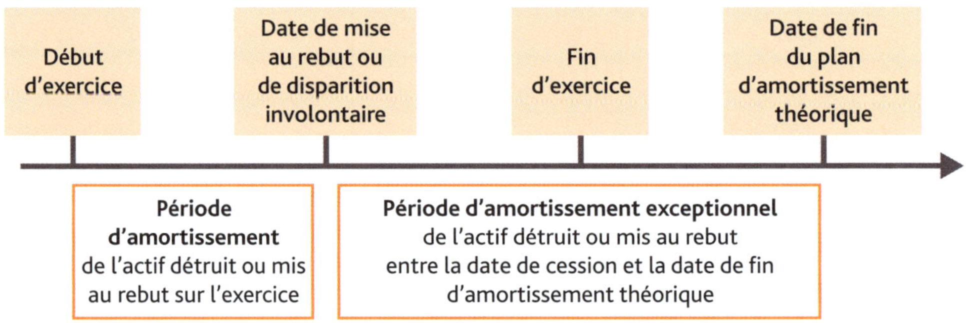


Figure 17.2. **Dotation aux amortissements d'un actif mis au rebut ou disparu involontairement**

### Exemples

▸ **Exemple 1.** L'entreprise Baluch choisit de céder le 1er octobre N, pour 10 000 € HT, un matériel industriel. Celui-ci avait été acquis le 1er juillet N–4 pour 50 000 € HT et était amorti en mode linéaire sur une durée de 5 ans, sans valeur résiduelle. L'entreprise clôture ses comptes au 31 décembre.

| | | | | |
|---|---|---|---|---|
| | | *01/10/N* | | |
| 46200 | | Créances sur cessions d'immobilisations | 12 000 | |
| | 77500 | Produits des cessions d'éléments d'actifs | | 10 000 |
| | 44571 | État, TVA collectée | | 2 000 |
| | | *Cession d'un matériel industriel* | | |

La somme des amortissements déjà pratiqués avant l'exercice N est de : $50\ 000 \times 1/5 \times 3{,}5 = 35\ 000$ €. Une dotation complémentaire pour 9 mois (entre le mois de janvier et le mois d'octobre non compris) doit être pratiquée au titre de l'année N, soit : $50\ 000 \times 1/5 \times 9/12 = 7\ 500$ €.

Le total des amortissements pratiqués à la cession est de : 35 000 + 7 500 = 42 500 €.

La valeur nette comptable est de : 50 000 – 42 500 = 7 500 €.

Les écritures à constater au 31 décembre N comptabilisent la dotation complémentaire aux amortissements et la sortie du bien du patrimoine.

| | | | |
|---|---|---|---|
| | 31/12/N | | |
| 68110 | Dotations aux amortissements des immobilisations incorporelles et corporelles | 7 500 | |
| 28154 | Amortissements des matériels industriels | | 7 500 |
| | *Dotation complémentaire sur matériel cédé* | | |
| | 31/12/N | | |
| 28154 | Amortissements des matériels industriels | 42 500 | |
| 67500 | Valeur comptable des éléments d'actif cédés | 7 500 | |
| 21540 | Matériels industriels | | 50 000 |
| | *Sortie du matériel du patrimoine* | | |

Le résultat de cession est alors de 10 000 – 7 500 = 2 500 €.

**Exemple 2.** L'entreprise Paga a acheté un matériel industriel le 1er janvier N–3 pour 100 000 € HT. Elle a décidé d'amortir celui-ci sur 5 années, de manière linéaire. Au 30 juin N, le matériel est mis au rebut. Elle ne retire pas de produits de la mise au rebut. La somme des amortissements déjà pratiqués avant l'exercice N est de : 100 000 x 1/5 x 3 = 60 000 €. Elle clôture chaque année son exercice comptable le 31 décembre.
Au 31 décembre N, l'entreprise va constater l'amortissement normal jusqu'à la date de mise au rebut. Une dotation complémentaire pour 6 mois doit être pratiquée au titre de l'année N, soit : 100 000 × 1/5 × 6/12 = 10 000 €.
L'immobilisation doit être amortie en totalité ; l'entreprise va constater un amortissement exceptionnel pour la période restante entre la date de mise au rebut et la date de fin d'amortissement théorique :
100 000 × 1/5 × 1,5 = 30 000 € (ou 100 000 – (60 000 + 10 000)).
Ainsi, figurent dans le compte d'amortissement 28154 les amortissements antérieurs (ceux de N–3, N–2 et N–1) pour 60 000 €, les amortissements d'exploitation de l'année N pour 10 000 € et les amortissements exceptionnels pour 30 000 €. Le compte d'amortissement 28154 est donc égal au compte d'immobilisation 2154 (100 000 €).
La valeur nette comptable est nulle.
Les écritures à constater au 31 décembre N comptabilisent la dotation complémentaire aux amortissements, la dotation exceptionnelle et la sortie du bien du patrimoine.

| | | | |
|---|---|---|---|
| | 31/12/N | | |
| 68110 | Dotations aux amortissements des immobilisations incorporelles et corporelles | 10 000 | |
| 28154 | Amortissements des matériels industriels | | 10 000 |
| | *Dotation complémentaire du matériel mis au rebut* | | |
| | 31/12/N | | |
| 68710 | Dotations aux amortissements exceptionnelles des immobilisations | 30 000 | |
| 28154 | Amortissements des matériels industriels | | 30 000 |
| | *Dotation exceptionnelle du matériel mis au rebut* | | |
| | 31/12/N | | |
| 28154 | Amortissements des matériels industriels | 100 000 | |
| 21540 | Matériels industriels | | 100 000 |
| | *Sortie du matériel du patrimoine* | | |

Le résultat exceptionnel de la mise au rebut est nul.

## 3. Valeur résiduelle

Lors de la détermination des amortissements (↪ chapitre 14), l'entreprise considère, si elle est significative et mesurable, la **valeur résiduelle** des immobilisations. La valeur résiduelle correspond à la valeur estimée de l'immobilisation à la fin de la durée d'utilisation. La valeur résiduelle n'est pas amortie. On a donc :

> **Base amortissable** = Valeur d'entrée – Valeur résiduelle
> **Valeur nette comptable** (VNC) = Valeur d'origine – Amortissements
> À la fin de la durée d'amortissement, VNC = Valeur résiduelle

Quand l'immobilisation est effectivement sortie du patrimoine :

- Si l'entreprise la cède au prix anticipé et à la fin de la durée d'utilisation, le produit de cession est égal à la valeur résiduelle et donc le résultat de cession est nul.
- Si le produit de cession diffère de la valeur résiduelle, l'entreprise constate alors une plus ou moins-value.

### Exemple

L'entreprise Manzano utilise des camionnettes pour la réalisation de ses chantiers. Ces camionnettes ont normalement une durée de vie de 6 ans mais l'entreprise les remplace tous les 4 ans pour s'assurer de disposer de camionnettes toujours fonctionnelles. Elle bénéfice de reprise avantageuse auprès de son concessionnaire : reprise à 20 % de la valeur d'origine. L'entreprise a acquis le 1er octobre N–3 un Peugeot Expert à 24 000 €. Elle le cède effectivement à 4 800 € le 1er octobre N. L'entreprise applique l'amortissement linéaire et clôture ses comptes le 31 décembre. Le tableau d'amortissement du camion Expert est le suivant :

Immobilisation : Peugeot Expert n°… — Date de mise en service : 01/10/N–4
Durée d'utilisation : 4 ans — Valeur d'origine : 24 000 €
Rythme d'amortissement : linéaire — Base amortissable : 24 000 – 20 % × 24 000 = 19 200 €

| Années | Base amortissable | Dotation aux amortissements | Amortissements cumulés | VNC |
|---|---|---|---|---|
| N–4 | 19 200 | 19 200 × 25 % × 3/12 = 1 200 | 1 200 | 22 800 |
| N–3 | 19 200 | 19 200 × 25 % = 4 800 | 6 000 | 18 000 |
| N–2 | 19 200 | 4 800 | 10 800 | 13 200 |
| N–1 | 19 200 | 4 800 | 15 600 | 8 400 |
| N | 19 200 | 19 200 × 25 % × 9/12 = 3 600 | 19 200 | 4 800 |

Le produit de cession constaté le 1er octobre N est effectivement celui défini en N–4, soit 20 % × 24 000 = 4 800 €.
La valeur comptable de l'élément d'actif cédé est égale à la valeur nette comptable soit 4 800 €.
Le résultat de cession = 4 800 – 4 800 = 0 €

La prise en compte de la valeur résiduelle permet de :
– ne pas surestimer les dotations aux amortissements au cours de l'utilisation ;
– ne pas sous-estimer la valeur nette comptable de l'immobilisation ;
– ne pas surestimer le résultat de cession.

➡ APPLICATION 2 • MINI-CAS 5 • SITUATION PRATIQUE 6

## 2 Sortie d'actifs dépréciés

Si un actif déprécié est sorti du patrimoine, la dépréciation antérieurement constatée n'est plus justifiée et doit être reprise (tab. 17.3).

**Tableau 17.3. Comptabilisation des sorties d'actifs dépréciés**

<table>
<tr><th>Cession d'immobilisation</th><th>Cession de VMP</th></tr>
<tr><td colspan="2">• Si l'actif cédé est une immobilisation amortissable : Constatation de l'amortissement de l'actif sorti</td></tr>
<tr><td colspan="2">• Si l'actif cédé est déprécié : Constatation de la reprise de dépréciations de l'actif sorti</td></tr>
<tr><td>• Constatation du produit de cession</td><td rowspan="2">Constatation d'un résultat de cession</td></tr>
<tr><td>• Constatation de la sortie de l'actif</td></tr>
</table>

### A) Constatation de l'amortissement de l'actif sorti

Il convient de constater l'amortissement de l'actif cédé si celui-ci est amortissable.

| Débit | Crédit | *À l'inventaire* | Débit | Crédit |
|---|---|---|---|---|
| 6811 | | Dotations aux amortissements des immobilisations incorporelles et corporelles | DAP | |
| | 28. | Amortissements des immobilisations | | DAP |
| | | *Dotation complémentaire sur immobilisation cédée, mise au rebut ou détruite* | | |

### B) Constatation de la reprise des dépréciations de l'actif sorti

Il convient de constater une reprise des dépréciations de l'actif cédé si celui-ci est déprécié.

| Débit | Crédit | *À l'inventaire* | Débit | Crédit |
|---|---|---|---|---|
| 29. / 59. | | Dépréciations d'actifs | RAP | |
| | 78. | Reprise sur dépréciations… | | RAP |
| | | *Reprises des dépréciations de l'actif cédé ou mis au rebut* | | |

### C) Constatation du produit de cession et de la sortie du patrimoine

Enfin, il convient de constater le produit de cession et la sortie de l'actif (tab. 17.4).

- Pour les immobilisations, le produit de cession et la sortie sont constatés distinctement. Le résultat de cession est exceptionnel.
- Pour les VMP, produit de cession et sortie sont constatés conjointement en comptabilisant directement le résultat de cession, qui est un résultat financier.

**Tableau 17.4. Constatation du produit de cession et de la sortie du patrimoine**

<table>
<tr><th>Cession des immobilisations</th><th>Cession des valeurs mobilières de placement</th></tr>
<tr><td>Constatation du produit de cession<br><br>46200 | Créances sur cessions d'immobilisations | TTC |<br>77500 | Produits des cessions d'éléments d'actifs | | TVA<br>44571 | État, TVA collectée | | HT<br>Cession de l'immobilisation…</td><td>Enregistrement direct du résultat de cession<br><br>• En cas de résultat de cession positif (plus-value)<br><br>46500 | Créances sur cessions de valeurs mobilières de placement | Y |<br>76700 | Produits nets sur cessions de valeurs mobilières de placement | | Y – X<br>50000 | Valeurs mobilières deplacement | | X<br>Résultat de cession de VMP</td></tr>
<tr><td>Constatation de la sortie de l'actif<br><br>67500 | Valeur comptable des éléments d'actif cédés | Valeur d'entrée – Amortissements |<br>28000 | Amortissements des immobilisations | Amortissements |<br>2. | Immobilisations | | Valeur d'entrée<br>Sortie de l'immobilisation du patrimoine</td><td>• En cas de résultat de cession négatif (moins-value)<br><br>46500 | Créances sur cessions de valeurs mobilières de placement | Y |<br>66700 | Charges nettes sur cessions de valeurs mobilières de placement | X – Y |<br>50000 | Valeurs mobilières de placement | | X<br>Résultat de cession de valeurs mobilières de placement</td></tr>
</table>

**NOTRE CONSEIL**

Ne confondez pas la valeur inscrite dans le compte 675. Valeur comptable de l'élément d'actif cédé, valeur comptable diminuée des seuls amortissements, et la valeur nette comptable (VNC) au sens du PCG, montant net des amortissements et dépréciations.

Les comptes d'immobilisation et de VMP, d'amortissement et dépréciations sont soldés. La valeur comptable de l'élément d'actif sorti correspond à la valeur d'entrée de cet actif nette des amortissements :

> Valeur comptable de l'élément d'actif cédé = Valeur d'entrée – Amortissements

## Exemple

- L'entreprise Oulmes décide de céder un terrain qui est non amortissable. Ce terrain est situé dans une zone devenue non constructible en N–1. Du fait de ce changement, l'entreprise Oulmes a constaté une dépréciation de ce terrain à hauteur de 200 000 € à la fin de N–1. Elle n'avait pas constaté de dépréciations du terrain jusqu'alors. La valeur d'origine du terrain était de 500 000 €. L'entreprise a trouvé un acquéreur qui lui propose d'acheter le terrain pour 350 000 €. Elle accepte cette offre et vend le terrain le 10 octobre N. L'entreprise Oulmes clôture ses comptes le 31 décembre.
  L'entreprise Oulmes constate la cession du terrain, la sortie du terrain du patrimoine et la reprise sur dépréciations du terrain :

| | | | | |
|---|---|---|---|---|
| | | *10/10/N* | | |
| 46200 | | Créances sur cessions d'immobilisations | 350 000 | |
| | 77500 | Produits des cessions d'éléments d'actif | | 350 000 |
| | | *Cession terrain – Facture n° …* | | |
| | | *À l'inventaire* | | |
| 29110 | | Dépréciations des terrains | 200 000 | |
| | 78160 | Reprise sur dépréciations des immobilisations incorporelles et corporelles | | 200 000 |
| | | *Reprises de la dépréciation du terrain devenue sans objet* | | |
| | | *À l'inventaire* | | |
| 67500 | | Valeur comptable des éléments d'actif cédés | 500 000 | |
| | 21100 | Terrain | | 500 000 |
| | | *Sortie du terrain du patrimoine* | | |

Le résultat de cession est égal à : Produits de cession – Valeur comptable des éléments d'actif cédés, soit 350 000 – 500 000 = (150 000). L'entreprise réalise une moins-value compensée par la reprise de dépréciation, ayant anticipé l'exercice précédant la perte de valeur du terrain.

→ **MINI-CAS 3 • MINI-CAS 4 • SITUATION PRATIQUE 6**

## 3 Impacts des sorties d'actifs sur les documents de synthèse

Les sorties d'actifs sont des opérations à caractère exceptionnel pour les immobilisations et à caractère financier pour les valeurs mobilières de placement (fig. 17.3).

Pour la constatation de la moins-value des VMP cédées : **compte 667**

Pour la constatation de la valeur comptable des immobilisations cédées : **compte 675**

| Charges | Produits |
|---|---|
| Charges d'exploitation | Produits d'exploitation |
| Charges financières | Produits financiers |
| Charges exceptionnelles | Produits exceptionnels |
| • sur opérations de gestion | • sur opérations de gestion |
| • sur opérations en capital | • sur opérations en capital |

Pour la constatation de la plus-value des VMP cédées : **compte 767**

Pour la constatation de la valeur comptable des immobilisations cédées : **compte 775**

Figure 17.3. **Incidence sur le compte de résultat des sorties d'actifs du patrimoine**

Les tableaux de l'annexe comptable permettent de constater :
- la diminution des actifs pour solde des comptes d'immobilisations sorties (fig. 17.4) ;
- les dotations d'amortissements constatés au cours de l'exercice de cession et l'annulation des amortissements des immobilisations sortis du patrimoine pour solde des comptes d'amortissements (fig. 17.5) ;
- la reprise des dépréciations (fig. 17.6).

| Immobilisations | Valeur brute début N | Acquisitions | Cessions | Valeur brute fin N |
|---|---|---|---|---|
| | | | | |
| | | | | |
| | | | | |
| | | | | |
| Total | | | | |

Valeur d'origine des **immobilisations** cédées en N

Figure 17.4. Tableau des immobilisations au 31 décembre N

| Immobilisations | Amortissements au 01/01/N | Dotations | Réductions | Amortissements au 31/12/N |
|---|---|---|---|---|
| | | | | |
| | | | | |
| | | | | |
| | | | | |
| | | | | |
| Total | | | | |

**Dotations aux amortissements complémentaires** de l'exercice N

**Annulation des amortissement** des immobilisations cédées en N

Figure 17.5. Tableau des amortissements au 31 décembre N

| | Montant au 01/01/N | Dotations | Reprises | Montant au 31/12/N |
|---|---|---|---|---|
| Dépréciations | | | | |
| | | | | |
| Provisions | | | | |
| | | | | |
| Total | | | | |

**Annulation** des dépréciations des actifs cédés en N

Figure 17.6. Tableau des dépréciations et provisions au 31 décembre N

→ SITUATION PRATIQUE 6

# DES SAVOIRS AUX COMPÉTENCES

Évaluer les savoirs | Maîtriser les compétences | Préparer l'épreuve

## 1 QCM

*Pour chaque proposition, une ou plusieurs réponses sont possibles. Justifiez-les.*

1. Les causes de sorties des immobilisations du patrimoine sont :
   a. la cession. ☐ b. la mise au rebut. ☐ c. le sinistre. ☐
2. La comptabilisation de la cession de l'immobilisation fait intervenir :
   a. une étape : la constatation du produit de cession. ☐
   b. deux étapes : la constatation du produit de cession et la sortie de l'immobilisation du patrimoine. ☐
   c. plusieurs étapes selon la nature de l'immobilisation. ☐
3. La valeur comptable de l'élément d'actif cédé est :
   a. toujours identique à la valeur nette comptable. ☐
   b. égale à la valeur brute moins les amortissements constatés. ☐
   c. égale à la valeur brute moins les amortissements et les dépréciations. ☐
4. Lors de la cession d'un actif amortissable :
   a. on constate un amortissement complémentaire calculé *prorata temporis* jusqu'à la date de cession. ☐
   b. on ne constate pas d'amortissement complémentaire. ☐
   c. on constate une annuité complète d'amortissement. ☐
5. Les dépréciations constatées à la date de cession :
   a. doivent être laissées dans les comptes de l'entreprise. ☐
   b. doivent être reprises car elles sont devenues sans objet. ☐
   c. ne sont reprises que pour les immobilisations financières. ☐
6. L'enregistrement de la destruction d'une immobilisation peut mettre en jeu :
   a. le compte 675. ☐
   b. dans certains cas, le compte 775. ☐
   c. le compte 687. ☐
7. Si l'entreprise a considéré une valeur résiduelle pour le calcul de la base amortissable du bien cédé :
   a. la valeur comptable de l'élément d'actif cédé ne peut être nulle. ☐
   b. le résultat de cession peut être nul. ☐
   c. le prix de cession est égal à la valeur résiduelle. ☐
8. Le résultat de cession d'actifs peut être enregistré en produits et charges :
   a. d'exploitation. ☐
   b. financiers. ☐
   c. exceptionnels. ☐

## 2 Société Vallée ★★★

La société Vallée a cédé plusieurs immobilisations, à la suite d'un plan de restructuration, selon le calendrier suivant :

- 12 mai N : cession d'un ensemble immobilier. Acquis pour 125 000 € le 13 août N–15 et amorti sur 30 ans, l'immeuble a été vendu pour 358 000 €. Acquis à la même date pour un montant de 75 000 €, le terrain est cédé pour 199 000 €. L'opération n'est soumise à TVA ni pour l'immeuble, ni pour le terrain.
- 25 mai N : cession d'un matériel industriel 224 000 € HT, acquis 652 000 € le 2 janvier N–5, ce matériel est amorti en mode linéaire sur 10 ans.
- 30 mai N : cession d'un SUV Renault Scenic pour 13 000 €. Ce véhicule avait été acquis le 30 mai N–2 pour 29 000 €, avait été amorti sur 2 ans en linéaire et sa valeur résiduelle à l'argus est de 10 000 €.

1. *Enregistrez les écritures relatives à la cession des différents biens.*
2. *Calculez les résultats relatifs à ces cessions.*

Évaluer les savoirs | Maîtriser les compétences | Préparer l'épreuve

## 3 Mini-cas : Société Jeanne ★★★

**Compétence attendue** — **Évaluer** et **comptabiliser** les différentes opérations d'inventaire

La société Jeanne a fait l'acquisition, en N–3, de la marque Mondiot, marque de produits diététiques pour sportifs pour 200 000 €. Cette marque est en déclin du fait de la découverte de problèmes sanitaires sur la production. La société Jeanne a donc constaté une dépréciation dès l'exercice N–2 (20 000 €). En N–1, elle a considéré une perte de valeur supplémentaire de la marque pour 30 000 €. Le 1er juillet N, la société Jeanne cède la marque pour 10 000 € à la société Duval.

1. *Déterminez la valeur nette comptable de la marque en N–3, N–2, N–1 et N.*
2. *Enregistrez la cession de la marque et les écritures d'inventaire nécessaires.*
3. *Calculez le résultat de cession de la marque.*

## 4 Mini-cas : Abdel ★★★

**Compétence attendue** **Évaluer** et **comptabiliser** les différentes opérations d'inventaire

Au début de l'exercice N, les valeurs mobilières enregistrées dans les comptes de l'entreprise Abdel se présentent comme suit.

| | |
|---|---|
| **503. Actions** | 100 000 € |
| **5903. Dépréciations des actions** | 3 500 € |

Le détail des comptes vous est communiqué dans les documents 1 et 2.

Au cours de l'exercice N, l'entreprise Abdel effectue les opérations suivantes :
- le 9 mai N : cession de 10 actions A au prix net unitaire de 1 300 € ;
- le 10 juin N : cession de 40 actions B au prix net unitaire de 500 €.

Aucune autre opération sur les valeurs mobilières n'a eu lieu.
La valeur boursière moyenne des titres en décembre N (fin d'exercice) est la suivante :

| | |
|---|---|
| **Actions A** | 1 100 € |
| **Actions B** | 640 € |

L'entreprise clôture ses comptes le 31 décembre.

*Passez les écritures liées à la cession des actions.*

**Document 1**

**01/12/N**

**Compte 503. Actions**

| | Quantité | Prix unitaire | Montant |
|---|---|---|---|
| **Actions A** | 25 | 1 200 € | 30 000 € |
| **Actions B** | 100 | 700 € | 70 000 € |

**Document 2**

**01/12/N**

**Compte 5903. Dépréciations des actions**

| | |
|---|---|
| **Actions A** | 2 500 € |
| **Actions B** | 1 000 € |

## 5 Mini-cas : Kaciel ★★★

**Compétence attendue** **Évaluer** et **comptabiliser** les différentes opérations d'inventaire

L'entreprise Kaciel hésite entre céder une machine industrielle et la mettre au rebut.
Cette machine a été acquise le 1er juillet N–9 pour 100 000 € HT. Elle est amortie en linéaire sur 10 ans. L'entreprise n'avait pas pu définir de valeur résiduelle.
Un fournisseur de l'entreprise fait une offre à l'entreprise pour acquérir la machine le 1er avril N pour 20 000 € si l'entreprise réalise des travaux de remise en état d'un montant de 2 000 €.
Si l'entreprise n'accepte pas cette offre, elle met au rebut la machine le 1er avril N. La société ne perçoit rien en contrepartie de la mise à la casse et ne supporte pas de frais.
L'entreprise clôture ses comptes au 31 décembre. L'entreprise souhaite étudier l'impact de ces alternatives sur les comptes de l'exercice N.

1. *Déterminez les dotations aux amortissements de l'exercice N si l'entreprise opte pour une cession.*
2. *Déterminez les dotations aux amortissements de l'exercice N si l'entreprise opte pour une mise au rebut.*
3. *Déterminez la valeur comptable des éléments d'actif cédés si l'entreprise opte pour une cession*
4. *Déterminez la valeur comptable des éléments d'actif cédés si l'entreprise opte pour une mise au rebut.*
5. *Déduisez-en le résultat de cession si l'entreprise opte pour une cession. Présentez l'impact sur le compte de résultat des enregistrements liés à la cession.*
6. *Déduisez-en le résultat de cession si l'entreprise opte pour une mise au rebut. Présentez l'impact sur le compte de résultat des enregistrements liés à la cession.*

Évaluer les savoirs | Maîtriser les compétences | Préparer l'épreuve

## 6 Situation pratique : Levasseur ★★★

30 min

**Compétence attendue** **Évaluer** et **comptabiliser** les différentes opérations d'inventaire

Leader de la fabrication d'ustensiles de cuisine, l'entreprise Levasseur a connu des variations d'immobilisations du fait de cessions, d'amortissements et de dépréciations. Elle aimerait pouvoir apprécier plus précisément son patrimoine.

La TVA est négligée, compte tenu de sa particularité d'application.

## Missions

En vous appuyant sur le dossier documentaire :

1. *Enregistrez les opérations relatives à l'exercice N.*
2. *Établissez les tableaux des immobilisations, des amortissements, des dépréciations et des provisions au 31 décembre N.*

Document 1

**Extrait du logiciel de gestion des immobilisations au 31 décembre N–1**

| Immobilisations | Date d'acquisition | Coût d'acquisition | Modalités d'amortissement | Dépréciation |
|---|---|---|---|---|
| Terrain | 25/10/N–10 | 500 250 | – | 100 000 |
| Bâtiments | 2/11/N–10 | 246 000 | Linéaire sur 30 ans | |

Document 2

**Opérations réalisées au cours de l'exercice N**

- **1er février N** : cession du terrain pour 800 000 €.
- **1er février N** : cession du bâtiment pour 200 000 €.

SYNTHÈSE

## Sortie des immobilisations et VMP du patrimoine

### 1. Comptabilisation des amortissements et reprises de dépréciations des actifs cédés

**Actifs amortissables**

- Comptabilisation d'une dotation aux amortissements entre le début d'exercice et la date de sortie — Compte 681
- En cas de mise au rebut ou disparition involontaire, comptabilisation en plus d'une dotation aux amortissements exceptionnels entre la date de sortie et la date de fin d'amortissement du plan initial — Compte 687

**Actifs dépréciés**

- Comptabilisation d'une reprise sur dépréciation pour les actifs dépréciés cédés — Compte 781

### 2. Comptabilisation d'un produit de cession et de la sortie de l'actif

**Immobilisations**

Comptabilisation séparée du produit de cession et de la sortie de l'immobilisation

Compte 775 — Compte 675

**VMP**

Comptabilisation en une seule écriture du résultat financier

Compte 667 — Compte 767

# CHAPITRE 18 Évaluation et ajustement des actifs et des passifs en monnaie étrangère

## PROGRAMME

| Compétence attendue | Savoir associé |
| --- | --- |
| **Évaluer** et **comptabiliser** les différentes opérations d'inventaire | Évaluation et ajustement des actifs et des passifs en monnaie étrangère |

## PRÉREQUIS

- Opérations courantes d'achat et de vente (chapitres 6 et 7)
- Provisions (chapitre 16)

## PLAN DU CHAPITRE

**Cours :** 1. Principes • 2. Comptabilisation

**Des savoirs aux compétences :** Évaluer les savoirs • Maîtriser les compétences • Préparer l'épreuve

**Synthèse**

Comment prendre en compte l'impact de la variation des taux de change sur le patrimoine de l'entreprise à l'inventaire ? Faut-il enregistrer les gains latents ou seulement les pertes latentes ? Faut-il provisionner les pertes latentes ? Que faire des gains et pertes latents lorsque le gain ou perte de change se réalise effectivement ?

## MOTS-CLÉS

**Écart de conversion • Gain latent • Perte latente • Provision pour risque • Provision pour risque de change**

# 1 Principes

## A) Présentation des écarts de conversion

La comptabilité des entreprises françaises doit être tenue en euros. Les immobilisations corporelles et incorporelles, les titres, les stocks et en-cours, les créances et dettes et les liquidités en monnaie étrangère doivent être convertis en euros lors de leur facturation. S'il existe une variation du taux de change entre la facturation et le règlement, une différence de change est constatée au règlement. Le règlement en cours d'exercice de créances ou de dettes libellées en devises peut faire apparaître des gains ou des pertes de change effectifs enregistrés dans les comptes 756/766 « Gains de change » ou 656/666 « Pertes de change » (↪ chapitre 6).

Cependant, les opérations commerciales ou financières libellées en devises et réalisées en cours d'exercice ne sont pas toutes réglées à la date de la clôture de l'exercice. Leur règlement peut intervenir après la clôture de l'exercice. Si le règlement n'a pas eu lieu avant l'inventaire, les éléments du bilan associés aux opérations en devise sont valorisés au cours du change à l'inventaire. S'il existe une variation du taux de change entre la facturation et la fin de l'exercice, une différence de change latente est comptabilisée à la fin de l'exercice dans un compte de régularisation (fig. 18.1).

**Définition**

Un **écart de conversion** est le constat d'une différence de change induite par une variation du cours de change entre la facturation et l'inventaire d'une opération en devise non réglée.

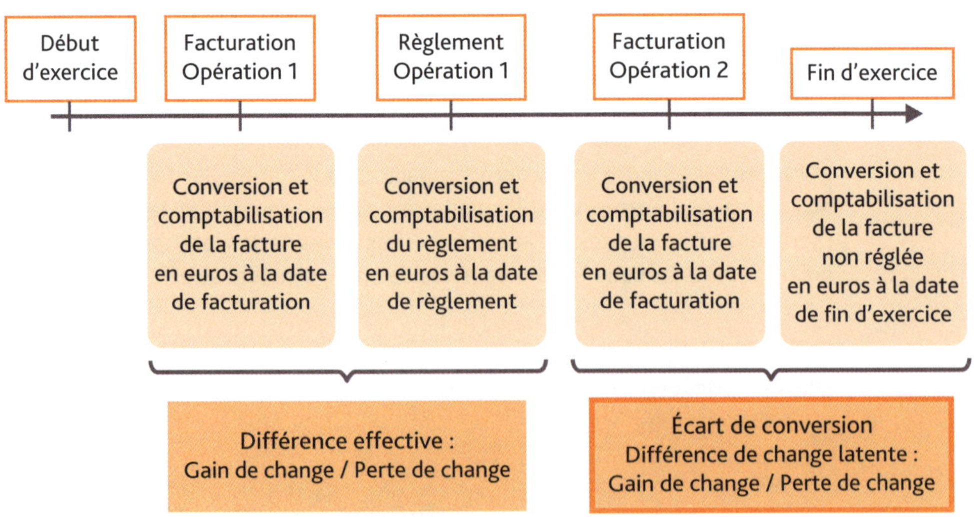


**Figure 18.1 Mise en évidence des écarts de conversion**

**Exemple**

- Dans les comptes d'une entreprise figurent les opérations en devises suivantes :
  - Vente le 24 avril N auprès d'un client américain de 3 000 $ au taux de 1 € = 1,26 $, soit 2 380,95 €. La créance est réglée 1 mois après (cours 1 € = 1,30 $).
  - Dette envers un fournisseur américain de 6 000 $ au taux de 1 € = 1,27 $, soit 4 724,41 €. La dette n'est pas réglée à la clôture.

  Le taux de change est le suivant au 31 décembre N : 1 € = 1,32 $.

  La vente auprès du client américain et son règlement sont comptabilisés dans les opérations courantes ; une différence de change effective est constatée. Il n'y a pas d'écriture d'inventaire à réaliser.

  Au 31 décembre, la dette envers le fournisseur américain est convertie au cours de clôture : Dette envers le fournisseur américain au 31 décembre : 6 000 / 1,32 = 4 545,45 €, d'où un gain latent de change à comptabiliser à la clôture de 4 724,41 – 4 545,45 = 178,96 €.

À la clôture de l'exercice, l'objectif d'image fidèle nécessite d'évaluer les créances et les dettes liées à des opérations en devises sur la base du taux de change du dernier jour de l'exercice. Les écarts de change constatés à la date de clôture de l'exercice ne sont pas définitifs, mais simplement latents : ils sont constatés dans des comptes de régularisation actif ou passif intitulés « Différences de conversion ».

## B) Typologie des écarts de conversion

**Définition**

L'écart de conversion peut traduire (tab. 18.1) :
- une **perte latente** de change : il s'agit alors d'un écart de conversion – Actif ;
- un **gain latent** de change : il s'agit alors d'un écart de conversion – Passif.

**Tableau 18.1. Typologie des écarts de conversion**

| | **Appréciation de l'euro (augmentation du cours de l'euro à la clôture par rapport à la devise de facturation)** | **Dépréciation de l'euro (diminution du cours de l'euro à la clôture par rapport à la devise de facturation)** |
|---|---|---|
| **Élément d'actif** | Valeur convertie à l'inventaire < Valeur convertie à la facturation → Perte de change latente<br>**Écart de conversion actif** | Valeur convertie à l'inventaire > Valeur convertie à la facturation → Gain de change latent<br>**Écart de conversion passif** |
| **Élément de passif** | Valeur convertie à l'inventaire < Valeur convertie à la facturation → Gain de change latent<br>**Écart de conversion passif** | Valeur convertie à l'inventaire > Valeur convertie à la facturation → Perte de change latente<br>**Écart de conversion actif** |

Un gain latent trouve son origine dans l'augmentation d'une créance ou la diminution d'une dette.

Une perte latente découle de la diminution d'une créance ou de l'augmentation d'une dette.

Rendez-vous

MÉTHODE

### Savoir traduire le langage comptable

Un écart de conversion – Actif ou Passif – ne signifie pas nécessairement que l'écart de conversion est respectivement associé à un actif ou à un passif. Ainsi, un écart de conversion – Actif est un écart inscrit à l'actif en contrepartie d'une diminution d'un élément d'actif (ex. : créance libellée en dollars et convertie en euros) ou d'une hausse d'un élément de passif (ex. : dette fournisseur libellée en yen et convertie en euros). L'écart de conversion – Passif suit le même raisonnement.

## Exemple

*Pour des créances libellées en devises :*

| | Facturation courant exercice N (1) | Taux de change à la date de facturation (2) | Valeur d'entrée de la créance en € (3) = (1) / (2) | Taux de change à la date de clôture fin N (4) | Valeur de la créance à l'inventaire fin N en € (5) = (1) / (4) | Écart de conversion | |
|---|---|---|---|---|---|---|---|
| | | | | | | Perte latente (6) = (3) – (5) Si (3) > (5) | Gain latent (7) = (5) – (3) Si (3) < (5) |
| **Client A** | 10 000 $ | 1 € = 1,3 $ | 7 692,31 € | 1 € = 1,2 $ | 8 333,33 € | – | 641,02 € |
| **Client B** | 800 000 ¥ | 1 € = 145 ¥ | 5 517,24 € | 1 € = 150 ¥ | 5 333,33 € | 183,91 € | – |

Dépréciation de l'euro par rapport au dollar ➔ Valeur à l'inventaire de la créance A libellée en dollars > Valeur d'entrée ➔ Gain latent
Appréciation de l'euro par rapport au yen ➔ Valeur à l'inventaire de la créance B libellée en yens < Valeur d'entrée ➔ Perte latente

*Pour des dettes libellées en devises :*

| | Facturation courant exercice N (1) | Taux de change à la date de facturation (2) | Valeur d'entrée de la dette en € (3) = (1) / (2) | Taux de change à la date de clôture fin N (4) | Valeur de la dette à l'inventaire fin N en € (5) = (1) / (4) | Écart de conversion | |
|---|---|---|---|---|---|---|---|
| | | | | | | Perte latente (6) = (3) – (5) Si (3) > (5) | Gain latent (7) = (5) – (3) Si (3) < (5) |
| **Fournisseur C** | 10 000 $ | 1 € = 1,3 $ | 7 692,31 € | 1 € = 1,2 $ | 8 333,33 € | 641,02 € | – |
| **Fournisseur D** | 800 000 ¥ | 1 € = 145 ¥ | 5 517,24 € | 1 € = 150 ¥ | 5 333,33 € | – | 183,91 € |

Dépréciation de l'euro par rapport au dollar ➔ Valeur à l'inventaire de la dette C libellée en dollars > Valeur d'entrée ➔ Perte latente
Appréciation de l'euro par rapport au yen ➔ Valeur à l'inventaire de la dette D libellée en yens < Valeur d'entrée ➔ Gain latent

➔ APPLICATION 2 • SITUATION PRATIQUE 6

# 2 Comptabilisation

## A) Enregistrement des gains et pertes latents

Comme les gains et pertes à la date de clôture ne sont que latents, ils ne sont pas constatés dans les comptes de produits ou de charges. Ils sont enregistrés dans les comptes de régularisation qui servent de contrepartie à l'enregistrement de la variation de la créance ou de la dette dans les comptes de tiers ou d'emprunts et prêts (tab. 18.2).

**Tableau 18.2. Comptabilisation des écarts de conversion**

| **Pertes de change latentes** | | | | | |
|---|---|---|---|---|---|
| Compte de régularisation | | | 476. Différences de conversion – Actif | | |
| Comptabilisation | | | *31/12/N* | | |
| | 47610 | | Différences de conversion-Actif – Diminution des créances | Perte de change latente | |
| | 47620 | | Différences de conversion-Actif – Augmentation des dettes | Perte de change latente | |
| | | 41100 | Client | | Perte de change latente |
| | | 40100 | Fournisseur | | Perte de change latente |
| | | | *Constat des écarts de conversion / client et fournisseur* | | |
| **Gains de change latents** | | | | | |
| Compte de régularisation | | | 477. Différences de conversion – Passif | | |
| Comptabilisation | | | *31/12/N* | | |
| | 41100 | | Client | Gain de change latent | |
| | 40100 | | Fournisseur | Gain de change latent | |
| | | 47710 | Différences de conversion-Passif – Augmentation des créances | | Gain de change latent |
| | | 47720 | Différences de conversion-Passif – Diminution des dettes | | Gain de change latent |
| | | | *Constat des écarts de conversion / client et fournisseur* | | |

### Exemple

- Dans les comptes de l'entreprise International Inc. figurent les créances clients et les dettes fournisseurs en devises suivantes :
  - Créance sur un client suisse de 5 000 CHF au taux de 1 € = 1,65 CHF, soit 3 030,30 € ;
  - Créance sur un client américain de 3 000 USD au taux de 1 € = 1,26 USD, soit 2 380,95 € ;
  - Dette envers un fournisseur suisse de 4 000 CHF au taux de 1 € = 1,64 CHF, soit 2 439,02 € ;
  - Dette envers un fournisseur américain de 6 000 USD au taux de 1 € = 1,27 USD, soit 4 724,41 €.

  Les cours sont les suivants au 31 décembre N : 1 € = 1,61 CHF et 1 € = 1,32 USD. Les montants des créances et dettes non réglées au 31 décembre N sont les suivants :
  - Créance sur le client suisse au 31 décembre N : 5 000/1,61 = 3 105,59 €, d'où un gain latent de change de 3 105,59 – 3 030,30 = 75,29 €.
  - Créance sur le client américain au 31 décembre N : 3 000/1,32 = 2 272,73 €, d'où une perte latente de change de 2 380,95 – 2 272,73 = 108,22 €.
  - Dette envers le fournisseur suisse au 31 décembre N : 4 000/1,61 = 2 484,47 €, d'où une perte latente de change de 2 484,47 – 2 439,02 = 45,45 €.
  - Dette envers le fournisseur américain au 31 décembre N : 6 000/1,32 = 4 545,45 €, d'où un gain latent de change de 4 724,41 – 4 545,45 = 178,96 €.

  L'augmentation du cours de l'euro par rapport au dollar américain a provoqué une perte latente sur la créance et un gain latent sur la dette. La baisse du cours de l'euro par rapport au franc suisse s'est soldée par un gain latent sur la créance et une perte latente sur la dette. Les écarts de conversion dégagés donnent lieu à la constatation des écritures de régularisation suivantes :

| | | | | | |
|---|---|---|---|---|---|
| | | 31/12/N | | | |
| 47600 | | Différences de conversion – Actif | | 153,67 | |
| | 40100 | Fournisseurs | | | 45,45 |
| | 41100 | Clients | | | 108,22 |
| | | *Pertes latentes* | | | |
| | | 31/12/N | | | |
| 40100 | | Fournisseurs | | 178,96 | |
| 41100 | | Clients | | 75,29 | |
| | 47700 | Différences de conversion – Passif | | | 254,25 |
| | | *Gains latents* | | | |

## B) Provision pour pertes de change

Comme les écarts de conversion ne sont que latents à l'inventaire, ils ne sont pas enregistrés en pertes ou gains de change. Mais, en application du principe de prudence, les pertes latentes doivent être constatées en résultat car elles traduisent un risque de pertes futures nées durant l'exercice. En revanche, les produits latents ne peuvent pas être enregistrés dans le résultat, toujours en respect de ce principe de prudence.

Les pertes latentes sont constatées sous la forme d'une **provision pour risque de change** inscrite en compte 1515. Provisions pour pertes de change, subdivision du compte 151. Provisions pour risques. Il s'agit d'une dotation à caractère financier constatée au débit du compte 6865. Dotations aux provisions financières. La provision est reprise à la clôture de l'exercice suivant, lorsque l'opération en devise est dénouée, par le crédit du compte 7865. Reprise sur provisions financières.

**Exemple (suite)**

- En reprenant l'exemple d'International Inc., les écritures de régularisation au 31 décembre N seront complétées par la dotation aux provisions.

| | | | | |
|---|---|---|---|---|
| | | *31/12/N* | | |
| 6865 | | Dotations aux provisions financières | 153,67 | |
| | 1515 | Provisions pour pertes de change | | 153,67 |
| | | *Provision pour perte latente de conversion* | | |

## C) Contre-passation des écritures de gains et pertes de change latents

Les écritures de gains et pertes de change latents sont contre-passées à l'ouverture de l'exercice suivant. Ceci entraîne le solde des comptes de régularisation. Les comptes de tiers ou d'emprunts et prêts retrouvent leur montant d'origine. De cette manière, lors du paiement effectif, le gain ou la perte de change sera totalement constaté en produits ou charges financiers dans le compte 656/666. Pertes de change ou 756/766. Gains de change (tab. 18.3).

**Tableau 18.3. Contre-passation des écritures de gains et pertes de change latents**

| | | | |
|---|---|---|---|
| **Pertes de change latentes** | | | |
| | *01/01/N+1* | | |
| 41100 | Client | Perte de change latente | |
| 40100 | Fournisseur | Perte de change latente | |
| 476100 | Différences de conversion-Actif – Diminution des créances | | Perte de change latente |
| 476200 | Différences de conversion-Actif – Augmentation des dettes | | Perte de change latente |
| | *Contre-passation* | | |
| **Gains de change latents** | | | |
| | *01/01/N+1* | | |
| 47710 | Différences de conversion-Passif – Augmentation des créances | Gain de change latent | |
| 47720 | Différences de conversion-Passif – Diminution des dettes | Gain de change latent | |
| 41100 | Client | | Gain de change latent |
| 40100 | Fournisseur | | Gain de change latent |
| | *Contre-passation* | | |

### Exemple (suite)

- En reprenant l'exemple d'International Inc., les écritures de contre-passation au 1er janvier N+1 sont les suivantes :

| Débit | Crédit | Libellé | Débit | Crédit |
|---|---|---|---|---|
| | | *1/01/N+1* | | |
| 40100 | | Fournisseurs | 45,42 | |
| 41100 | | Clients | 108,22 | |
| | 47600 | Différence de conversion – Actif | | 153,67 |
| | | *Contre-passation* | | |
| | | *1/01/N+1* | | |
| 47700 | | Différence de conversion – Passif | 254,25 | |
| | 40100 | Fournisseurs | | 178,96 |
| | 41100 | Clients | | 75,29 |
| | | *Contre-passation* | | |

## D) Écarts de conversion dans les documents de synthèse

La constatation de la différence de change latente à la clôture de l'exercice permet d'inscrire au bilan les créances et dettes, en devises au cours de clôture, donnant ainsi une image fidèle des comptes. En contrepartie, un compte de régularisation est inscrit au pied du bilan. Dans le cas d'une perte latente, du fait du principe de prudence, une provision est enregistrée au bilan afin de considérer la charge probable (fig. 18.2 et 18.3).

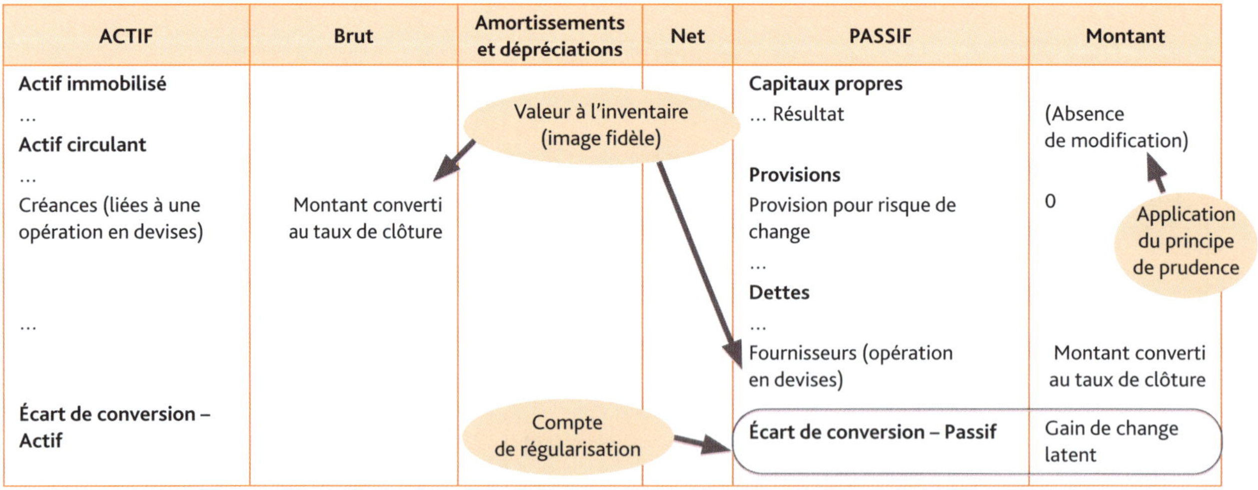


**Figure 18.2. Incidence d'un gain de change latent sur le bilan**

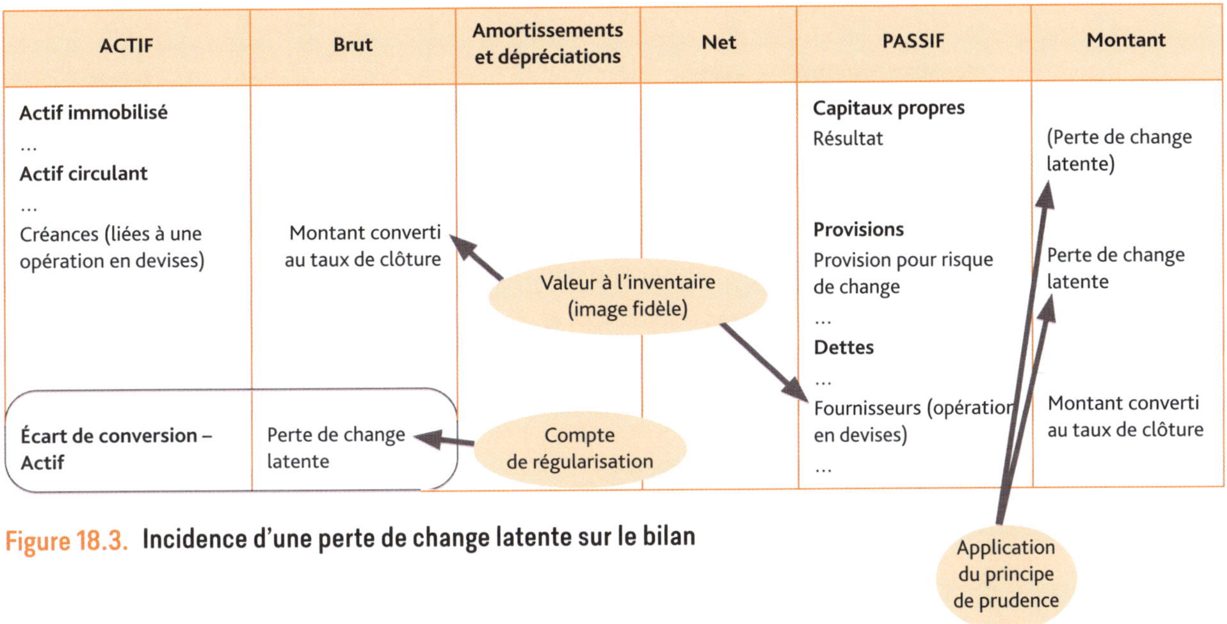


**Figure 18.3. Incidence d'une perte de change latente sur le bilan**

## FOCUS Écarts de conversion des comptes de trésorerie

Le PCG indique que les liquidités et les exigibilités immédiates en devises, qui existent à la clôture de l'exercice, doivent être converties en monnaie nationale sur la base du dernier cours de change de l'exercice. S'il y a un écart de conversion, il n'est pas enregistré dans un compte de régularisation. La différence avec leur valeur comptable est enregistrée directement en compte de résultat, soit en perte de change (compte 656/666) soit en gain de change (compte 756/766) selon l'évolution du taux de change.

→ APPLICATION 3 • MINI-CAS 4 • MINI-CAS 5 • SITUATION PRATIQUE 6

## 1 QCM

*Pour chaque proposition, une ou plusieurs réponses sont possibles. Justifiez-les.*

1. Le montant des dettes et créances en monnaie étrangère est réajusté :
   a. à chaque variation du cours de change. ☐
   b. lors de la clôture de l'exercice. ☐
2. À l'inventaire, la conversion des dettes et créances est réalisée selon :
   a. le cours de change moyen. ☐
   b. le cours de change à l'enregistrement. ☐
   c. le cours de clôture. ☐
3. Si le cours de l'euro s'apprécie, il faut constater à l'inventaire :
   a. un écart de conversion actif pour les créances en monnaie étrangère. ☐
   b. un écart de conversion passif pour les dettes en monnaie étrangère. ☐
   c. une provision pour perte de change pour les créances en monnaie étrangère. ☐
   d. une provision pour perte de change pour les dettes en monnaie étrangère. ☐
   e. une perte de change pour les créances en monnaie étrangère. ☐
   f. un gain de change pour les dettes en monnaie étrangère. ☐
4. La constatation d'un écart de conversion peut avoir un impact sur :
   a. les actifs. ☐ c. le résultat. ☐
   b. les passifs. ☐
5. Un écart de conversion – actif :
   a. concerne exclusivement des éléments d'actif. ☐
   b. est un compte d'actif. ☐
   c. est un compte de charges. ☐

## 2 Société Am'info ★★★

La société Am'info est spécialisée dans la vente et les réparations de micro-ordinateurs aux entreprises et aux particuliers. Située dans une ville frontalière, la société a l'habitude de travailler avec des partenaires italiens.

Le 12 septembre N, elle a vendu 3 micro-ordinateurs à son client Ochinpitie situé à Milan. Le montant net des ventes s'élevait à 10 722 €. La vente a été enregistrée pour ce montant le 12 septembre N et le paiement a eu lieu le 29 septembre N.

La société commande ses micro-ordinateurs à un fournisseur américain, Kev and Co. Le 14 septembre N, la société Am'info a reçu et enregistré une facture de 3 250 $ payable le 29 octobre N.

- Cours du $ le 14 septembre N : 0,93384 €
- Cours du $ le 30 septembre N : 0,92986 €

La société Am'info clôture ses comptes le 30 septembre.

1. *Précisez les principes comptables qui s'appliquent dans le cadre de l'évaluation à l'inventaire des dettes en devises.*
2. *Calculez les différences de change. Indiquez la nature de ces différences de change (écart de conversion actif ou passif).*

## 3 Entreprise Mondiot ★★★

L'entreprise française Mondiot fait un emprunt le 05 decembre N auprès de la filiale malienne Chess. Elle reçoit un avis de virement V 069 : 790 000 XOF (francs CFA). Elle réalise un remboursement de 290 000 XOF le 20 janvier N+1, avis de virement V 072. Nous ne considérons pas les intérêts de l'emprunt. La date de clôture des comptes est au 31 décembre.

L'entreprise Mondiot a relevé le taux de change du XOF :

- Le 05 décembre N : 1 XOF = 0,002 EUR
- Le 31 décembre N : 1 XOF = 0,004 EUR
- Le 20 janvier N+1 : 1 XOF = 0,003 EUR

1. *Calculez le montant de l'emprunt aux 5 décembre N, 31 décembre N et 20 janvier N+1.*
2. *Comptabilisez l'octroi de l'emprunt.*
3. *Comptabilisez les écritures d'inventaire nécessaires au 31 décembre N.*
4. *Comptabilisez les écritures au 1er janvier N+1.*
5. *Comptabilisez l'écriture au 20 janvier N+1.*

Évaluer les savoirs | Maîtriser les compétences | Préparer l'épreuve

## 4 Mini-cas : Kelly ★★★

**Compétence attendue** **Évaluer** et **comptabiliser** les différentes opérations d'inventaire

La société Kelly fabrique des articles de sport qu'elle commercialise auprès de détaillants et de magasins de grande surface.

La société Kelly a vendu le 15 mai N des marchandises à un client canadien pour 1 800 dollars canadiens (CAD). Le cours s'établissait à 1,0000 CAD pour un euro le jour de la facturation.

Cette vente est payable pour 50 % le 30 septembre N, le solde est payable le 31 janvier N+1. Le client paie effectivement à ces dates par virement bancaire. La banque prélève une commission de change de 1 % du montant du virement. Cette commission est soumise à la TVA.

Les taux de change du dollar canadien sont les suivants :

- 1,1220 CAD pour un euro, le 30 septembre N ;
- 1,2550 CAD pour un euro le 31 décembre N ;
- 1,3520 CAD pour un euro le 31 janvier N+1.

L'exercice comptable de la société Kelly s'achève le 31 décembre de chaque année. Aucune écriture n'a été comptabilisée.

1. *Enregistrez les écritures nécessaires en N et N+1.*
2. *Identifiez l'impact de la relation commerciale avec un client de nationalité canadienne, dans les conditions de change de l'exercice N.*

## 5 Mini-cas : Cassis ★★★

**Compétence attendue** **Évaluer** et **comptabiliser** les différentes opérations d'inventaire

La société Cassis a créé deux succursales à l'étranger, l'une à Tokyo et l'autre à Londres. Elle a acquis à Tokyo, le 31 décembre N–1 un bâtiment pour 700 000 000 JPY (yens japonais) qu'elle a payé pour moitié au comptant et pour moitié par un versement à effectuer le 31 mars N+1.

Elle a acheté à Londres, le 30 juin N, un immeuble pour 500 000 GBP (livres sterling britanniques) financé à hauteur de 420 000 GBP par un crédit en livres sterling de la First National City Bank de Londres, à 5 % et remboursable en 6 ans par amortissements annuels égaux.

Les bâtiments sont mis en service à leur date d'acquisition. Ils sont amortis sur 20 ans, en mode linéaire. Il n'y a pas de valeur résiduelle pouvant être estimée de manière fiable.

La date de clôture de l'exercice est fixée au 31 décembre. Aucun indice de perte de valeur des bâtiments n'est constaté.

Vous disposez des taux de change sur la période :

| Dates | 1 livre sterling (GBP) | 1 yen (JPY) |
|---|---|---|
| 31/12/N–1 | 1,2806 € | 0,8080 € |
| 30/06/N | 1,3111 € | 0,7927 € |
| 31/12/N | 1,3416 € | 0,7775 € |

1. *Présentez les écritures de l'exercice N, sachant qu'aucune écriture relative aux immeubles et à l'emprunt n'a été passée au cours de l'exercice.*
2. *Précisez les principes comptables auxquels se réfèrent les ajustements à la clôture de l'exercice.*

Évaluer les savoirs | Maîtriser les compétences | Préparer l'épreuve

## 6 Stuation pratique : Vendredi ★★★

40 min

**Compétence attendue** **Évaluer** et **comptabiliser** les différentes opérations d'inventaire

L'entreprise Vendredi dispose, à la clôture de l'exercice N, de créances libellées en dollars :

- une créance sur le client Sunday de 10 000 $ (enregistrée au débit du compte 411-1. Sunday pour 8 900 € dans la comptabilité de l'entreprise, compte tenu du taux de change euro/dollar au moment de la facturation) ;
- une créance sur le client Monday de 6 000 $ (enregistrée au débit du compte 411-2. Monday pour 5 340 €).

À la clôture de l'exercice N, l'entreprise Vendredi a également des dettes libellées en dollars :

- une dette à l'égard du fournisseur Morning pour un montant de 8 000 $ (enregistrée au crédit du compte 401-1. Morning pour un montant de 7 100 €) ;
- une dette à l'égard du fournisseur Holiday pour un montant de 12 000 $ (enregistrée au crédit du compte 401-2. Holiday pour un montant de 10 600 €).

À la date du 31 décembre N, le taux de change entre euro et dollar est le suivant : 1 $ = 0,91 €.

Les créances et dettes libellées en devises sont réglées par virement bancaire le 15 mars N+1. À cette date, le taux de change est le suivant : 1 $ = 1 €.

L'entreprise clôture ses comptes le 31 décembre.

### Missions

1. *Déterminez les gains ou pertes de change latentes à la date du 31 décembre N.*
2. *Constatez les pertes de change latentes au 31 décembre N, ainsi que la provision pour risques de change en application du principe de prudence*
3. *Constatez les gains de change latents au 31 décembre et précisez si cet enregistrement respecte le principe de prudence.*
4. *Établissez un extrait du compte de résultat de l'exercice N tenant compte des écarts de conversion.*
5. *Établissez un extrait de bilan au 31 décembre N tenant compte des écarts de conversion.*

### Missions

À l'ouverture de l'exercice suivant, les écritures constatant les gains ou pertes latentes sont contre-passées.

6. *Présentez ces écritures de contre-passation.*
7. *Déterminez les pertes de change effectives en N+1.*
8. *Présentez les écritures relatives à ces règlements.*

SYNTHÈSE

## Évaluation et ajustement des actifs et des passifs en monnaie étrangère

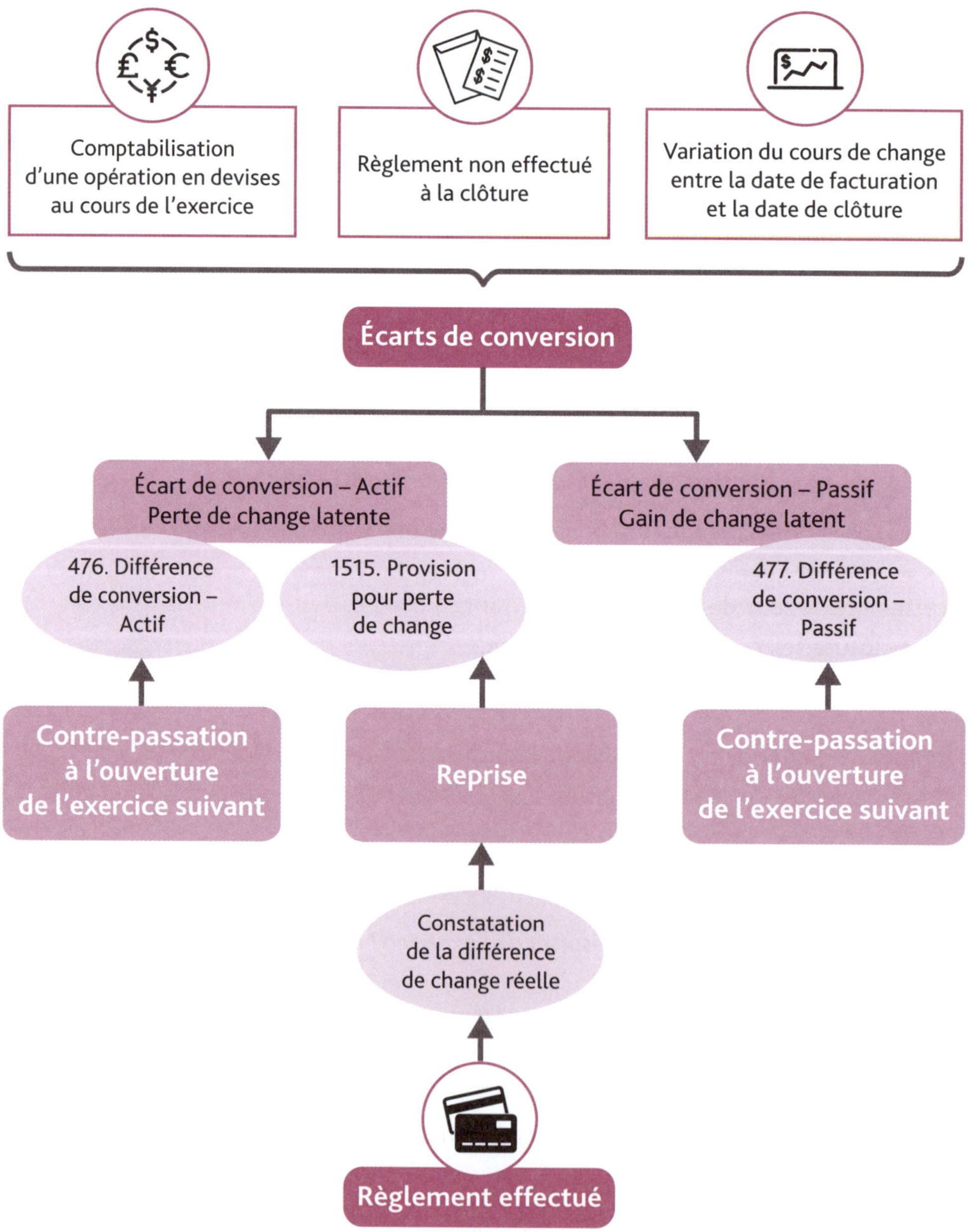

# CHAPITRE 19 Ajustement et rattachement des charges et des produits au résultat de l'exercice

## PROGRAMME

| Compétence attendue | Savoir associé |
|---|---|
| **Évaluer** et **comptabiliser** les différentes opérations d'inventaire | Ajustement et rattachement des charges et des produits au résultat de l'exercice |

**PRÉREQUIS**
Normalisation et réglementation comptable (chapitre 2)

**LIEN AVEC LE DCG 10**
§4. Charges et produits

## PLAN DU CHAPITRE

**Cours :** 1. Principes • 2. Charges et produits constatés d'avance • 3. Charges à payer et produits à recevoir

**Des savoirs aux compétences :** Évaluer les savoirs • Maîtriser les compétences • Préparer l'épreuve

**Synthèse**

Afin de dresser un état de la santé et de la performance de l'entreprise, la comptabilité fournit des situations périodiques. Ce découpage artificiel ne correspond pas nécessairement à la périodicité des opérations de l'entité. La comptabilité doit-elle en tenir compte ? Si oui, de quelle manière ?

Pourquoi faut-il ajuster certaines charges et certains produits à l'inventaire ? Quels sont les produits et les charges à ajuster ? Comment les ajuster ?

## MOTS-CLÉS

**Charge à payer • Charge constatée d'avance • Compte de régularisation • Contre-passation • Produit à recevoir • Produit constaté d'avance • Régularisation**

# 1 Principes

## A) Présentation des régularisations

À la date de clôture de l'exercice, certaines charges ou certains produits qui concernent l'exercice n'ont pas été enregistrés (ex. : opération d'achat ou de vente sans facturation) : ce sont les **charges à payer** et les **produits à recevoir**. À l'inverse, à la date de clôture de l'exercice, certaines charges ou certains produits ont pu être comptabilisés alors qu'ils concernent l'exercice suivant (ex. : abonnement facturé en avance) : ce sont les **charges** ou **produits constatés d'avance** (fig. 19.1).

**Définition**

Les **comptes de régularisation** permettent de rattacher les charges et les produits aux exercices, non pas en se basant sur la date de facturation mais en fonction de la date de consommation du bien ou du service.

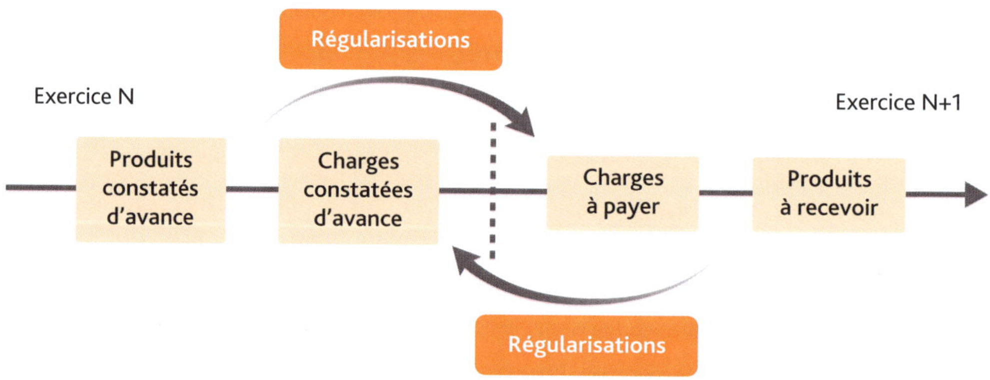


**Figure 19.1. Ajustement des charges et des produits au résultat de l'exercice**

## B) Principes comptables

La vie des entreprises est découpée en périodes appelées exercices comptables. Le principe d'indépendance des exercices oblige à rattacher les charges et les produits à l'exercice qui leur a donné naissance :

- Tout élément né durant l'exercice doit être comptabilisé, même si les pièces comptables ne sont pas encore établies.
- Néanmoins, tout élément déjà comptabilisé mais se rapportant à un exercice ultérieur doit être régularisé pour ne pas affecter le résultat de l'exercice.

**Exemple**

- Des marchandises peuvent avoir été livrées à un client quelques jours avant la date de clôture alors que la facture n'est établie qu'au début de l'exercice suivant. Le produit relève pourtant de l'exercice clos. Si aucune écriture n'est passée à l'inventaire, ce produit n'est pas intégré dans le résultat de l'exercice qui le concerne. L'écriture de régularisation consiste à enregistrer ce produit même en l'absence de facture éditée au cours de l'exercice (récupération de la facture et enregistrement au début de l'exercice suivant).

En application du principe d'indépendance des exercices, les écritures d'inventaire visent au rattachement des charges aux produits. Les charges et produits sont comptabilisés sur la base d'une association directe entre les coûts encourus et l'obtention d'éléments spécifiques de produits. Les écritures de **régularisation** ont pour objet de s'assurer de la comptabilisation des produits lorsqu'ils sont effectivement gagnés et des charges correspondantes engagées pour gagner ces produits.

**Exemple**

- Une entreprise souscrit un abonnement pour la fourniture de consommables pour ses machines. L'abonnement est annuel et constaté et réglé à la souscription. Les machines permettent de réaliser la production. L'entreprise constate la vente des produits au cours de l'exercice. Pour que les produits et les charges qui y sont directement liées soient comptabilisés dans le même exercice, il convient de corriger l'abonnement et de ne considérer que la part de l'abonnement relatif aux consommables qui ont été nécessaires au cours de l'exercice (prise en compte d'une part de l'abonnement en considérant les mois d'abonnement qui courent sur l'exercice).

## C) Fonctionnement des comptes de régularisation

Les comptes spécifiques destinés à accueillir les régularisations sont soit des comptes spécifiques, soit des sous-comptes du compte principal à régulariser. Le signe comptable des régularisations est le chiffre 8.

**Exemples**

- Une charge déjà comptabilisée durant l'exercice mais qui ne concerne que l'exercice suivant figurera au compte spécifique 486. Charges constatées d'avance.
  Une dette vis-à-vis d'un fournisseur pour des marchandises livrées avant la fin de l'année mais pour lesquelles la facture n'est pas encore parvenue à la date de clôture est inscrite dans le compte 4081. Fournisseurs – Factures non parvenues, qui est un sous-compte du compte 40. Fournisseurs ; le chiffre 8 intercalé en troisième position dans le compte ordinaire 401. Fournisseurs est la marque d'une régularisation de fin d'année.

Les comptes de régularisation n'existent, dans la majeure partie des cas, qu'entre la date de clôture (ex. : le 31 décembre) et la date d'ouverture (ex. : le 1er janvier suivant). Les écritures de régularisation sont contre-passées à l'ouverture de l'exercice suivant, sauf si des opérations s'étalent sur plusieurs exercices. Les comptes de régularisation sont donc annulés en début d'exercice.
En revanche, il n'en est pas de même pour les charges et les produits correspondants : les comptes de gestion sont destinés à déterminer le résultat de l'exercice et sont, de ce fait, soldés à chaque fin d'exercice. La contre-passation d'une écriture de régularisation au 1er janvier entraîne donc un solde de ces comptes en début d'année, inverse à leur sens de fonctionnement (fig. 19.2).

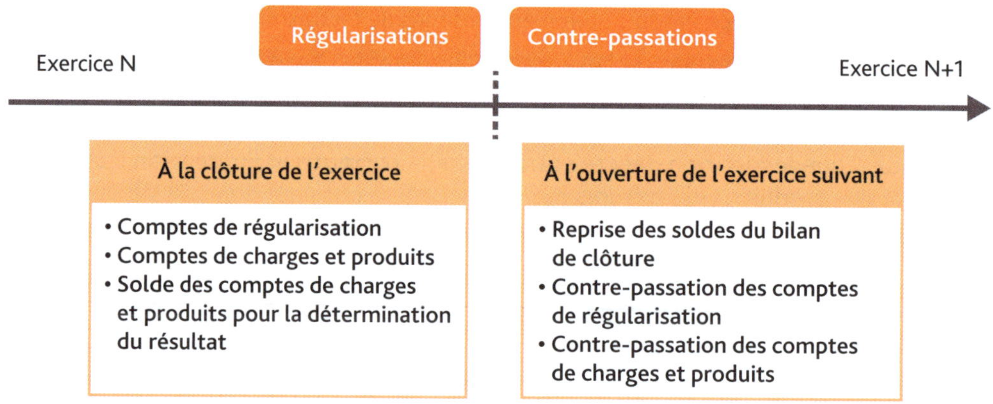


**Figure 19.2. Fonctionnement des comptes de régularisation**

→ APPLICATION 2 • APPLICATION 3

# 2 Charges et produits constatés d'avance

Les charges et les produits comptabilisés mais qui ne concernent pas ou en partie l'exercice doivent être transférés sur l'exercice suivant pour la fraction non attachée à l'exercice.

## A) Charges constatées d'avance

### 1. Présentation

**Définition**

Les **charges constatées d'avance** sont des charges qui ont déjà été enregistrées durant l'exercice dont on effectue la clôture, mais qui concernent l'exercice suivant.

On les retrouve fréquemment lorsque l'entreprise doit régler à l'avance certains abonnements ou lors de redevances payables en début de période et qui courent sur deux exercices. Les charges constatées d'avance peuvent également concerner des achats pour lesquels la facture est déjà parvenue et a été enregistrée alors que la livraison n'a pas encore eu lieu.

**Exemples**

- Prime d'assurance annuelle facturée en cours d'exercice, loyer couvrant une période s'étalant sur deux exercices comptables, facture d'une action commerciale qui concerne une campagne publicitaire qui débutera sur l'exercice suivant, facture d'une location de matériel comptabilisée en fin d'année mais qui concerne totalement ou partiellement l'exercice suivant, etc.

## 2. Comptabilisation

Afin de régulariser les charges de l'exercice, le compte de charges concerné est crédité pour le montant ne concernant pas l'exercice clos. En contrepartie, le compte de régularisation 486. Charges constatées d'avance est débité (tab. 19.1). Lorsqu'il existe une TVA déductible, cette déduction a déjà été faite lors de l'enregistrement de la facture ou du paiement. Elle n'est donc pas à régulariser.

**Tableau 19.1. Comptabilisation des charges constatées d'avance**

| À la clôture de l'exercice : écriture de régularisation | |
|---|---|
| **Charge constatée d'avance** | **Compte de régularisation** |
| Charge comptabilisée mais ne concernant pas ou pour partie l'exercice | 486. Charges constatées d'avance |

| | | Fin N | | |
|---|---|---|---|---|
| 486 | | Charges constatées d'avance | X | |
| | 6. | Compte de charges concerné | | X |
| | | *Régularisation charge (X = partie à exclure de l'exercice N)* | | |

### Exemple

- À la fin de l'exercice N, une facture de 1 000 € HT reçue d'un fournisseur a été comptabilisée pour un achat de marchandises, mais celles-ci n'ont pas encore été livrées et ne sont donc pas décomptées dans le stock. De plus, une redevance de crédit-bail trimestrielle de 3 000 € HT a été payée le 1er décembre et concerne la période courant du 1er décembre N au 28 février N+1.
  Les marchandises n'étant pas livrées, la charge sera à rattacher à l'exercice N+1 et doit donc être éliminée au titre de l'exercice N. La redevance de crédit-bail concerne l'exercice N pour un tiers seulement de son montant. Les deux tiers restants, soit 2 000 €, sont à reporter sur l'exercice N+1.

| | | 31/12/N | | |
|---|---|---|---|---|
| 48600 | | Charges constatées d'avance | 3 000 | |
| | 60700 | Achats de marchandises | | 1 000 |
| | 61200 | Redevances de crédit-bail (3 000 × 2/3) | | 2 000 |
| | | *Charges à imputer à l'exercice N+1* | | |

La régularisation des charges constatées d'avance a pour effet de ne considérer à la clôture de l'exercice que les charges effectives concernant l'exercice (tab. 19.2).

**Tableau 19.2. Incidence des charges constatées d'avance sur les comptes du grand-livre de l'exercice N**

| | 6. Compte de charges | | Compte de dettes ou de trésorerie |
|---|---|---|---|
| **En cours d'exercice N** | *Charge globale constatée* ← | Comptabilisation au vu de la pièce comptable reçue | → *Dette ou sortie de trésorerie* |
| | | | 486. Charges constatées d'avance |
| **À la clôture de l'exercice N** | X ← | Régularisation (partie de la charge à exclure de l'exercice N) | → X |
| | Solde = Charge effective qui sera virée au compte de résultat de l'exercice N = **Charge totale – Charge régularisée à la clôture** | | Le solde du compte 486 matérialise une créance de l'exercice N sur l'exercice N+1. Ce compte apparaît dans une rubrique spécifique de l'actif circulant du bilan fin N |

## Exemple (suite)

- Les charges effectives prises en compte dans le résultat de l'exercice N sont donc :
  - Achats de marchandises : 1 000 – 1 000 = 0 € ;
  - Redevances de crédit-bail : 3 000 – 2 000 = 1 000 €, soit la part de redevance qui correspond au mois de décembre.

À l'ouverture de l'exercice N+1 :

- Les comptes de bilan sont repris en application du principe de continuité des exercices et du principe d'intangibilité du bilan d'ouverture. Le compte 486. Charge constatée d'avance est donc repris au débit.
- L'écriture de régularisation est contre-passée, ce qui permet de solder le compte de régularisation et de transférer la charge dans l'exercice N+1.

| | | | | |
|---|---|---|---|---|
| | | *Début N+1* | | |
| 6. | | Compte de charges concerné | X | |
| | 486 | Charges constatées d'avance | | X |
| | | *Contre-passation* | | |

La contre-passation des écritures au début de l'exercice suivant a pour effet d'imputer la charge à cet exercice, tout en soldant le compte de régularisation (tab. 19.3).

**Définition**

Technique comptable permettant de corriger des écritures erronées, la **contre-passation** consiste à modifier une écriture en en passant une autre en sens inverse.

**Tableau 19.3. Incidence des écritures de contre-passation des charges constatées d'avance sur les comptes du grand-livre de l'exercice N+1**

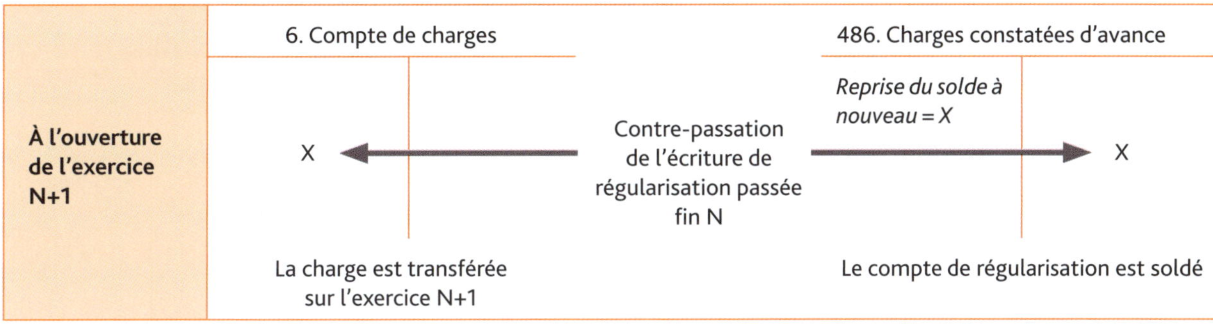


## Exemple (suite)

- Au début de l'exercice N+1, l'écriture est contre-passée :

| | | | |
|---|---|---|---|
| | *01/01/N+1* | | |
| 60700 | Achats de marchandises | 1 000 | |
| 61200 | Redevances de crédit-bail | 2 000 | |
| 48600 | Charges constatées d'avance | | 3 000 |
| | *Contre-passation des charges* | | |

Les charges sont constatées pour l'exercice N+1 au débit des comptes concernés. Le compte 486 est soldé.

# B) Produits constatés d'avance

## 1. Présentation

**Définition**

Les **produits constatés d'avance** sont des produits qui ont déjà été enregistrés durant l'exercice dont on effectue la clôture, mais qui concernent l'exercice suivant.

Il peut s'agir de ventes ou de prestations de services facturées mais non encore livrées ou achevées, mais également de produits encaissés et concernant deux exercices à la fois.

### Exemples

- Abonnement perçu avant la réalisation de la prestation, primes d'assurance perçues d'avance et comptabilisées en chiffre d'affaires par les compagnies d'assurance, loyers reçus d'avance, intérêts perçus d'avance par les banques, etc.

## 2. Comptabilisation

Afin de régulariser les produits de l'exercice, le compte de produits concerné est débité pour le montant ne concernant pas l'exercice clos. En contrepartie, le compte de régularisation 487. Produits constatés d'avance est crédité (tab. 19.4). La TVA a déjà été collectée et n'est pas à régulariser.

**Tableau 19.4. Comptabilisation des produits constatés d'avance**

| À la clôture de l'exercice : écriture de régularisation | |
|---|---|
| **Produit constaté d'avance** | **Compte de régularisation** |
| Produit comptabilisé mais ne concernant pas ou pour partie l'exercice | 487. Produits constatés d'avance |

| | | *fin N* | | |
|---|---|---|---|---|
| 7. | | Compte de produits concerné | X | |
| | 487. | Produits constatés d'avance | | X |
| | | *Régularisation du produit (X = partie à exclure de l'exercice N)* | | |

## Exemple

- Facturation et encaissement le 1er juin N d'une redevance annuelle payable d'avance pour la concession d'un brevet à une autre entreprise : 12 000 €.
  À la clôture de l'exercice, il faut constater que la redevance annuelle est à reporter à hauteur de 5 mois sur l'exercice suivant, soit pour : 12 000 × 5/12 = 5 000 €.

| | | *31/12/N* | | |
|---|---|---|---|---|
| 75100 | | Redevances pour concession de brevets… | 5 000 | |
| | 48700 | Produits constatés d'avance | | 5 000 |
| | | *Redevance pour concession d'un brevet* | | |

La régularisation des produits constatés d'avance a pour effet de ne considérer à la clôture de l'exercice que le produit effectif concernant l'exercice (tab. 19.5).

**Figure 19.5. Incidence des produits constatés d'avance sur les comptes du grand-livre de l'exercice N**

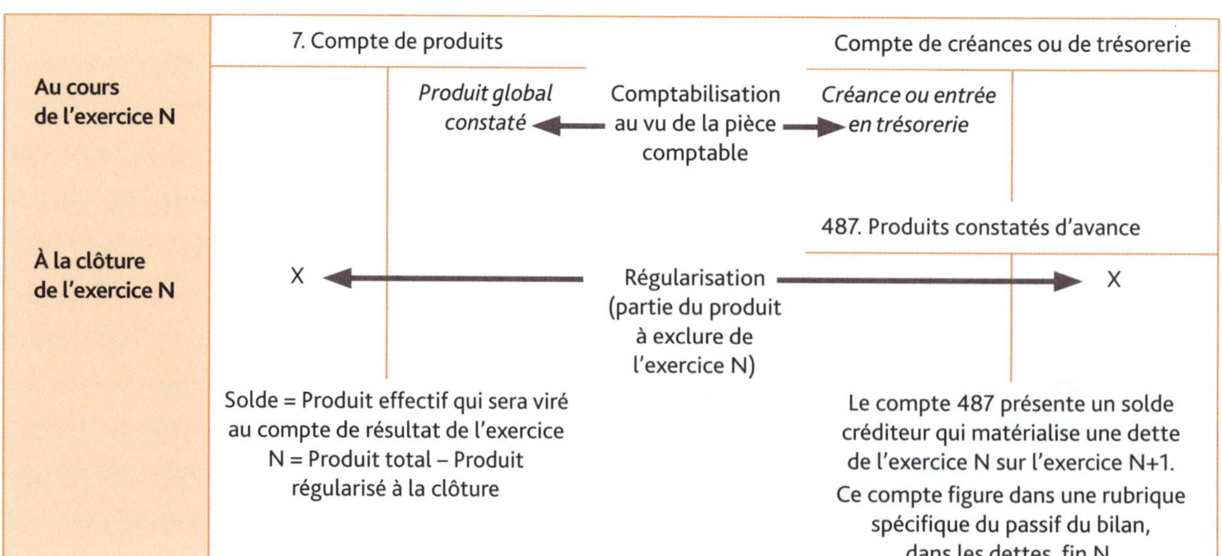

## Exemple (suite)

- Les produits effectifs pris en compte dans le résultat de l'exercice N sont donc : redevance pour concession de brevet : 12 000 – 5 000 = 7 000 €, soit la part de redevance qui relative à l'exercice (7 mois sur 12).

À l'ouverture de l'exercice N+1 :

- Les comptes de bilan sont repris en application du principe de continuité des exercices et du principe d'intangibilité du bilan d'ouverture. Le compte 487. Produits constatés d'avance est donc repris au crédit.
- L'écriture de régularisation est contre-passée, ce qui permet de solder le compte de régularisation et de transférer le produit dans l'exercice N+1.

| | | | | |
|---|---|---|---|---|
| | | *Début N+1* | | |
| 487 | | Produits constatés d'avance | Y | |
| | 7. | Compte de produits concerné | | Y |
| | | *Contre-passation* | | |

La contre-passation des écritures au début de l'exercice suivant a pour effet d'imputer le produit à cet exercice, tout en soldant le compte de régularisation (tab. 19.6).

**Tableau 19.6. Incidence des écritures de contre-passation des produits constatés d'avance sur les comptes du grand-livre de l'exercice N+1**

| | 7. Compte de produits | | | 487. Produits constatés d'avance | |
|---|---|---|---|---|---|
| **À l'ouverture de l'exercice N+1** | | X ◄── | Contre-passation | ──► X | *Reprise du solde à nouveau : X* |
| | Transfert du produit sur l'exercice N+1 | | | Le compte de régularisation est soldé | |

## Exemple (suite)

- Au début de l'exercice N+1, l'écriture est contre-passée.

| | | | | |
|---|---|---|---|---|
| | | *1/01/N+1* | | |
| 48700 | | Produits constatés d'avance | 5 000 | |
| | 75100 | Redevances pour concession de brevet | | 5 000 |
| | | *Contre-passation des produits* | | |

Les produits sont constatés pour l'exercice N+1 au crédit des comptes concernés. Le compte 487 est soldé.

➜ APPLICATION 3 • MINI-CAS 4 • MINI-CAS 5 • SITUATION PRATIQUE 6

# 3 Charges à payer et produits à recevoir

Les charges et les produits relatifs à l'exercice et qui n'ont pas été enregistrés doivent être constatés à la clôture de l'exercice.

## A) Charges à payer

### 1. Présentation

**Définition**

Les **charges à payer** sont des passifs qui correspondent à des charges imputables à l'exercice mais qui, à la date de clôture de l'exercice, n'ont pas encore été constatées car les pièces comptables correspondantes n'ont pas été reçues ou parce que la charge n'est pas encore arrivée à échéance.

Une charge à payer est un passif certain dont il est nécessaire d'estimer le montant ou l'échéance avec une incertitude moindre que s'agissant d'une provision.

Il s'agit de ventes de biens livrés ou de prestations de services effectuées mais pas encore facturés, et également des droits des congés payés des salariés qui courent et qui n'ont pas encore été enregistrés par l'entreprise.

**Exemples**

- Consommations, à la clôture de l'exercice, d'eau, d'électricité, de gaz, pour lesquelles la quittance n'est pas encore parvenue, achats de marchandises ou de produits livrés mais pour lesquels les factures ne sont pas encore parvenues, congés à payer, intérêts sur des emprunts contractés par l'entreprise qui sont constatés à terme échu, ristourne à accorder à un client, etc.

### 2. Comptabilisation

La livraison d'une immobilisation a une incidence indirecte, par le biais de l'amortissement qu'elle déclenche.

Afin de régulariser les charges de l'exercice, le compte de charges concerné est débité pour le montant de charges concernant l'exercice et non enregistré à la clôture de l'exercice. En contrepartie du débit du compte de charges, la dette est inscrite au crédit d'un sous-compte de charges à payer dépendant du compte principal.
Par extension, une livraison d'immobilisation pour laquelle la facture n'est pas parvenue doit également être régularisée (débit du compte d'immobilisation), même s'il n'y a pas d'incidence directe sur le compte de résultat (tab. 19.7).

**Tableau 19.7. Comptes de charges à payer**

| Charges à payer et assimilés | Compte de régularisation |
|---|---|
| Achats de biens ou prestations | 4081. Fournisseurs – Factures non parvenues |
| Immobilisations | 4084. Fournisseurs d'immobilisations – Factures non parvenues |
| Charges diverses | 4686. Divers – Charges à payer |

Le chiffre 8 en 3^e^ (ou 4^e^) position permet d'identifier les comptes de charges à payer.

## FOCUS Charges à payer spécifiques

Pour certaines charges à payer, il existe des comptes spécifiques (tab. 19.8).

- Les factures d'avoir sont parfois à établir pour des retours de marchandises effectués avant la fin de l'exercice. Le cas le plus fréquent d'établissement de factures d'avoir concerne les réductions, et en particulier les ristournes, à rattacher aux ventes de l'exercice, mais pour lesquelles les factures ne seront établies qu'en début d'exercice suivant. Le traitement est celui d'une charge à payer ou, plus précisément, d'une diminution d'un produit. Le compte de produits est débité par le crédit du compte constatant la facture d'avoir à établir.
- Les salariés ont droit à un congé payé annuel qui s'acquiert au terme d'un mois de travail. L'année de référence du calcul des droits à congés payés court du 1er juin de l'année précédente au 31 mai de l'année en cours. La période d'utilisation de ces droits va du 1er juin de l'année en cours au 31 mai de l'année suivante. À la clôture d'un exercice, il existe donc une obligation légale de l'entreprise vis-à-vis de ses salariés qui doit être constatée pour les congés à payer.
- Les intérêts des emprunts courent sur toute la durée séparant deux échéances. À la fin de l'exercice, la partie des intérêts qui sera payée lors de l'échéance qui suit la date de clôture est à rattacher à l'exercice qui lui a donné naissance, car elle constitue d'ores et déjà une dette certaine : ce sont les intérêts courus.

**Tableau 19.8. Comptes de charges à payer particuliers**

| Charges à payer et assimilés / Diminution de produits | Compte de régularisation |
|---|---|
| Retours sur ventes<br>Rabais, remises ou ristournes à accorder | 4198. Rabais, remises, ristournes à accorder et autres avoirs à établir |
| Congés à payer<br>Charges sociales sur congés<br>Charges fiscales sur congés | 4282. Dettes provisionnées pour congés à payer<br>4382. Charges sociales sur congés à payer<br>4482. Charges fiscales sur congés à payer |
| Intérêts courus durant l'exercice<br>Agios bancaires du 4e trimestre | 1688. Intérêts courus<br>518. Intérêts courus à payer |

La constatation de la charge à payer consiste à enregistrer la charge au débit du compte de charges par nature concerné, et de créditer en contrepartie un compte de régularisation. Lorsque les biens et prestations de services acquis sont soumis à la TVA, la dette associée est enregistrée au crédit dans un compte de régularisation pour son montant TTC. La TVA ne sera néanmoins pas déductible au titre du mois de clôture puisque le droit à déductibilité est subordonné à la réception de la facture ou au paiement. Cette TVA sera alors inscrite en attente au débit du compte 4458. TVA à régulariser.

| Comptes | *Fin N* | Débit | Crédit |
|---|---|---|---|
| 6. | Compte de charges concerné (pour la fraction relative à l'exercice) | HT | |
| 4458. | TVA à régulariser | TVA | |
| 4081/4084 /4686 … | Compte de charges à payer | | TTC |
| | *Régularisation charge à payer* | | |

## Exemple

Une livraison est parvenue à l'entreprise le 27 décembre N pour des marchandises qui ont été commandées pour un montant de 1 000 € HT. La facture, de ce montant, a été reçue le 15 janvier N+1. Les marchandises ont été décomptées dans leur stock pour leur coût d'acquisition. L'écriture de régularisation du 31 décembre N sera la suivante :

| | | | |
|---|---|---|---|
| | *31/12/N* | | |
| 60700 | Achats de marchandises | 1 000 | |
| 44586 | TVA sur factures non parvenues | 200 | |
| 40810 | Fournisseurs – Factures non parvenues | | 1 200 |
| | *Régularisation achat pour facture non parvenue* | | |

Le débit du compte 607 permet d'imputer l'achat à l'exercice N et de constater un passif matérialisant une dette de l'entreprise (compte de régularisation).

La régularisation des charges à payer a pour effet de considérer à la clôture de l'exercice les charges rattachées effectivement à l'exercice (tab. 19.9).

**Tableau 19.9. Incidence des charges à payer sur les comptes du grand-livre de l'exercice N**

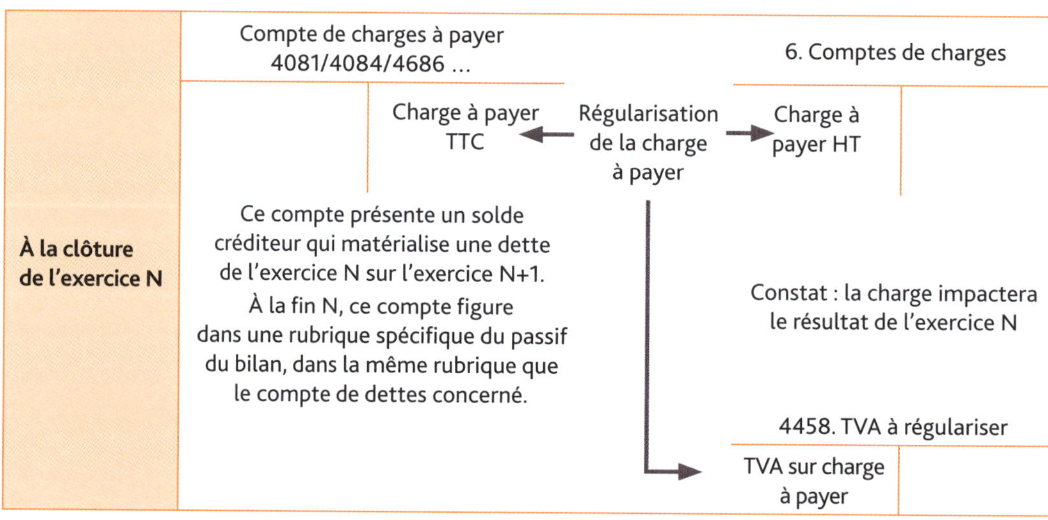


## Exemple (suite)

La charge à prendre en compte dans le résultat de l'exercice N est donc : achat de marchandises = 1 000 €.

À l'ouverture de l'exercice N+1 :

- Les comptes de bilan sont repris en application du principe de continuité des exercices et du principe d'intangibilité du bilan d'ouverture. Le compte de charges à payer est donc repris au crédit.
- L'écriture de régularisation est contre-passée, ce qui permet de solder le compte de charges à payer et le compte de TVA à régulariser. La charge enregistrée à la fin de l'exercice N est inscrite au crédit du compte de charges concerné de façon à ne pas compter doublement la charge au cours de l'exercice N+1.

Puis, lors de l'exercice N+1, à la réception de la pièce comptable ou à l'échéance de la charge, l'opération sera normalement enregistrée. Le compte de charges concernant cette opération sera alors soldé.

| | | | |
|---|---|---|---|
| | *Début N+1* | | |
| 4081/4084 / 4686 … | Compte de charges à payer | TTC | |
| 6. | Compte de charges concerné | | HT |
| 4458. | TVA à régulariser | | TVA |
| | *Contre-passation* | | |

L'opération n'affectera pas le résultat de l'exercice N+1.

La contre-passation des écritures au début de l'exercice suivant a pour effet de solder les comptes de régularisation et de porter la charge à payer au crédit ; le compte de charges concerné sera soldé lors de la constatation effective de la charge (tab. 19.10).

**Tableau 19.10. Incidence des écritures de contre-passation des charges à payer et de la constatation de la charge sur les comptes du grand-livre de l'exercice N+1**

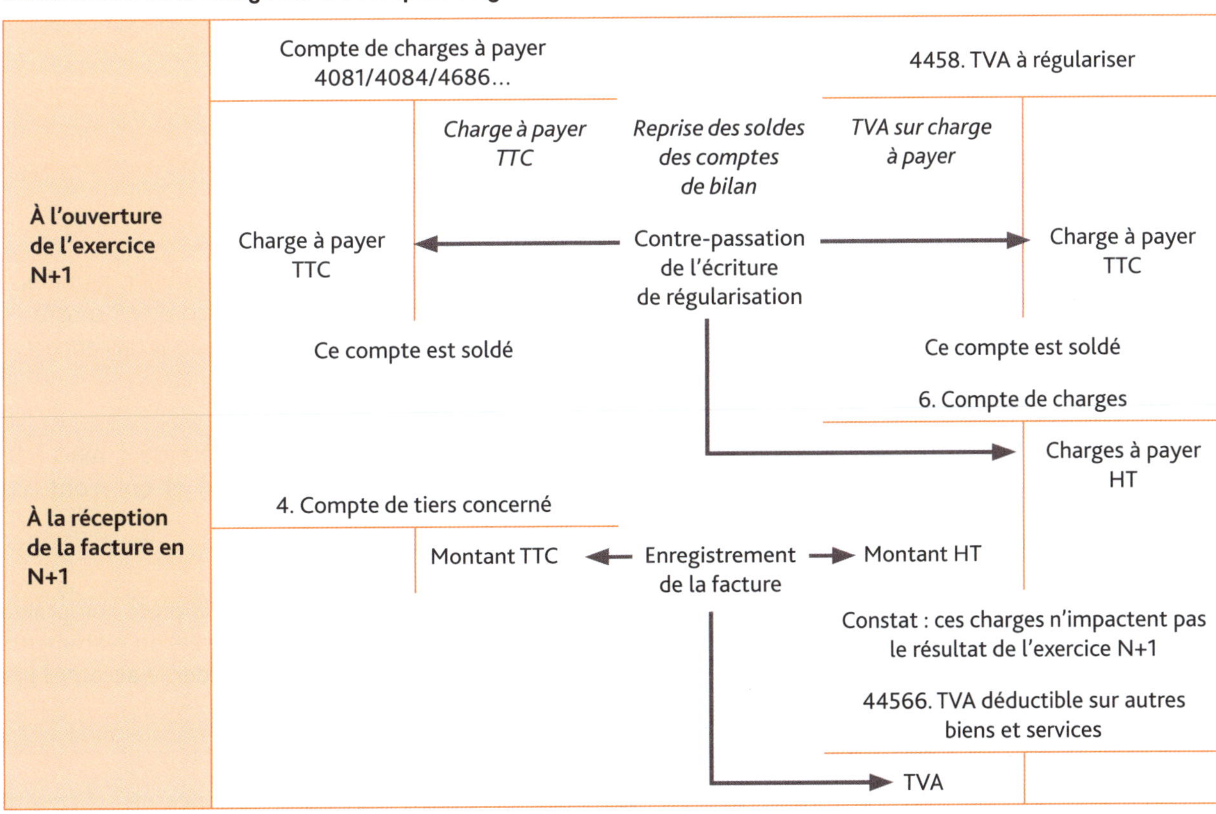

**Exemple (suite)**

- Au 1er janvier N+1, l'écriture de régularisation est contre-passée :

| | | | |
|---|---|---|---|
| | 01/01/N+1 | | |
| 40810 | Fournisseurs – Factures non parvenues | 1 200 | |
| 60700 | Achats de marchandises | | 1 000 |
| 44586 | TVA sur factures non parvenues | | 200 |
| | *Contre-passation d'écriture d'inventaire* | | |

Les comptes 4081 et 44586 sont automatiquement soldés. En revanche, le compte 607 présente, au 1er janvier N+1, un solde créditeur de 1 000 €, puisque les comptes de gestion sont soldés à la fin de chaque exercice et débutent avec un solde nul à chaque début d'exercice suivant. Lors de la réception effective de la facture, le compte 607 sera débité de 1 000 € et se trouvera donc soldé. L'achat n'a donc pas d'incidence sur le total des achats de l'exercice N+1.

Considérons que l'entreprise a reçu la facture d'achats de marchandises le 5 janvier N+1 :

| | | | |
|---|---|---|---|
| | 05/01/N+1 | | |
| 60700 | Achats de marchandises | 1 000 | |
| 44566 | TVA sur autres biens et services | 200 | |
| 40100 | Fournisseurs | | 1 200 |
| | *Facture d'achat n° ...* | | |

## B) Produits à recevoir

### 1. Périmètre

**Définition**

Les **produits à recevoir** sont des actifs qui correspondent à des produits imputables à l'exercice mais qui, à la date de clôture de l'exercice, n'ont pas encore été constatés car ces produits n'ont pas encore été facturés ou parce qu'ils ne sont pas encore arrivés à échéance.

Il peut s'agir de ventes de biens livrés ou prestations de services effectuées mais non encore facturées, mais également de produits d'intérêts qui courent et qui n'ont pas encore été enregistrés par l'entreprise.

**Exemples**

- Aides de l'État ou des caisses de cotisations sociales pour lesquelles la pièce comptable n'a pas été communiquée à l'entreprise, produits d'intérêts sur des prêts ou placements réalisés par l'entreprise constatés à terme échu, rabais, remise ou ristourne accordés par un fournisseur mais non établis, etc.

### 2. Comptabilisation

Afin de régulariser les produits de l'exercice, le compte de produits concerné est crédité pour le montant de produits concernant l'exercice et non enregistré à la clôture de l'exercice. En contrepartie du crédit du compte de produits, la créance est inscrite au débit d'un sous-compte de produits à recevoir dépendant du compte principal (tab. 19.11).

**Tableau 19.11. Comptes de produits à recevoir**

| Produits à recevoir et assimilés | Compte de régularisation |
|---|---|
| Ventes de biens ou prestations | 4181. Clients – Factures à établir |

Le chiffre 8 en 3e (ou 4e) position permet d'identifier les comptes de produits à recevoir.

## FOCUS Produits à recevoir spécifiques

Pour certains produits à recevoir, il existe des comptes spécifiques (tab. 19.12) :

- Des factures d'avoir sont parfois attendues de la part des fournisseurs pour des retours de marchandises effectués avant la fin de l'exercice. Le cas le plus fréquent d'établissement de factures d'avoir concerne les réductions, et en particulier les ristournes, à rattacher aux achats de l'exercice, mais pour lesquelles les factures ne seront établies qu'en début d'exercice suivant. Le traitement est celui d'un produit à recevoir ou, plus précisément, d'une diminution d'une charge. Le compte de charges est crédité par le débit du compte constatant la facture d'avoir non parvenue.
- Les intérêts des emprunts courent sur toute la durée séparant deux échéances. À la fin de l'exercice, la partie des intérêts qui sera payée à l'échéance qui suit la date de clôture est à rattacher à l'exercice qui lui a donné naissance, car elle constitue d'ores et déjà une créance certaine : ce sont les intérêts courus. Les intérêts courus à la fin de l'exercice concernent les prêts accordés et les obligations détenues par l'entreprise.

**Tableau 19.12. Comptes de produits à recevoir particuliers**

| Produits à recevoir et assimilés/ Diminution de charges | Compte de régularisation |
|---|---|
| Retours sur achats<br>Rabais, remises ou ristournes à obtenir | 4098. Rabais, remises, ristournes à obtenir et autres avoirs non encore reçus |
| Intérêts courus sur prêts et sur obligations inscrites en immobilisations financières<br>Intérêts courus sur obligations inscrites en valeurs mobilières de placement | 2768. Intérêts courus<br>5088. Intérêts courus sur obligations, bons et valeurs assimilées |

La constatation de produits à recevoir consiste à enregistrer un produit au crédit du compte de produits par nature concerné, et de débiter en contrepartie un compte de régularisation.

Lorsque les ventes de biens et prestations de services sont soumises à la TVA, la créance associée est enregistrée au débit dans un compte de régularisation pour son montant TTC. La TVA collectée ne le sera pas au titre du mois de clôture puisqu'elle n'est pas encore exigible, ne figurant pas sur une facture. Cette TVA sera alors inscrite en attente au crédit du compte 4458. TVA à régulariser.

| | | | |
|---|---|---|---|
| | *Fin N* | | |
| 4181/4098 /2768/5088 | Compte de produits à recevoir | TTC | |
| 7. | Compte de produits concerné (pour la fraction relative à l'exercice) | | HT |
| 4458 | TVA à régulariser | | TVA |
| | *Régularisation produits à recevoir* | | |

## Exemple

▸ La livraison de produits finis facturables à 1 000 € HT a été effectuée le 23 décembre N. Toutefois, la facture n'a pas encore été établie. Elle ne le sera que dans les premiers jours de N+1.

| | | 31/12/N | | |
|---|---|---|---|---|
| 41810 | | Clients – Factures à établir | 1 200 | |
| | 70100 | Ventes de produits finis | | 1 000 |
| | 44587 | TVA sur factures à établir | | 200 |
| | | *Facture à établir* | | |

La vente est rattachée à l'exercice N et un actif matérialisant la créance de l'entreprise à l'égard d'un tiers est constaté (compte de régularisation). ▸

La régularisation des produits à recevoir a pour effet de considérer à la clôture de l'exercice les produits rattachés effectivement à l'exercice (tab. 19.13).

**Tableau 19.13. Incidence des produits à recevoir sur les comptes du grand-livre de l'exercice N**

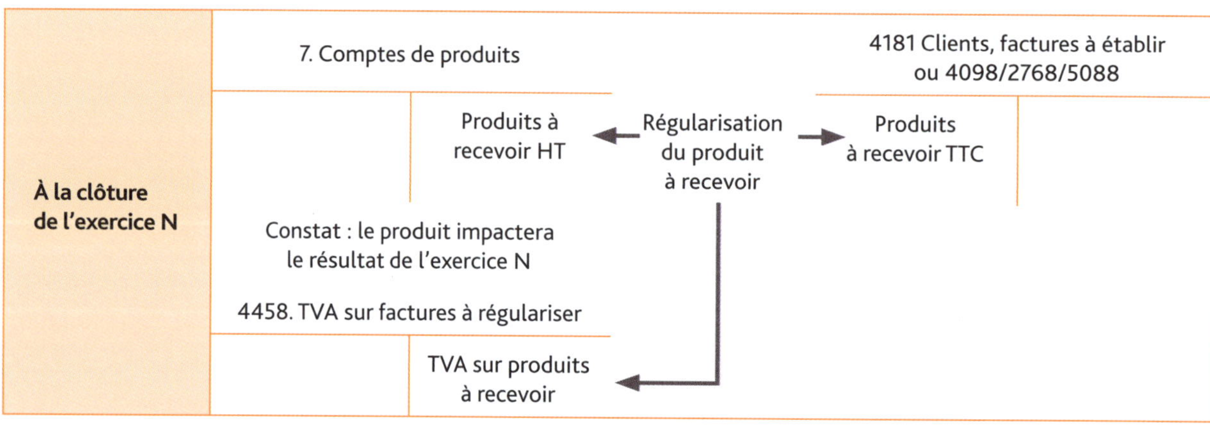


## Exemple (suite)

▸ Le produit à prendre en compte dans le résultat de l'exercice N est donc : ventes de produits finis = 1 000 €. ▸

À l'ouverture de l'exercice N+1 :

- Les comptes de bilan sont repris en application du principe de continuité des exercices et du principe d'intangibilité du bilan d'ouverture. Le compte de produits à recevoir est donc repris au débit.
- L'écriture de régularisation est contre-passée, ce qui permet de solder le compte de produits à recevoir et le compte de TVA à régulariser. Le produit enregistré au cours de l'exercice N est inscrit au débit du compte de produits concerné de façon à ne pas compter doublement le produit au cours l'exercice N+1.

Puis, lors de l'exercice N+1, à la réception de la pièce comptable ou à l'échéance du produit, l'opération sera normalement enregistrée. Le compte de produits concernant cette opération sera alors soldé, l'opération n'affectera donc pas le résultat de l'exercice N+1.

| | *Début N+1* | | |
|---|---|---|---|
| 7. | Compte de produits concerné (pour la fraction relative à l'exercice) | HT | |
| 4458. | TVA à régulariser | TVA | |
| 4181/4098/2768/5088 | Compte de produits à recevoir | | TTC |
| | *Contre-passation* | | |

La contre-passation des écritures au début de l'exercice suivant a pour effet de solder les comptes de régularisation et de porter le produit à recevoir au débit ; le compte de produits concerné sera soldé lors de la constatation effective du produit (tab. 19.14).

**Tableau 19.14. Incidence des écritures de contre-passation des produits à recevoir et de la constatation du produit sur les comptes du grand-livre de l'exercice N+1**

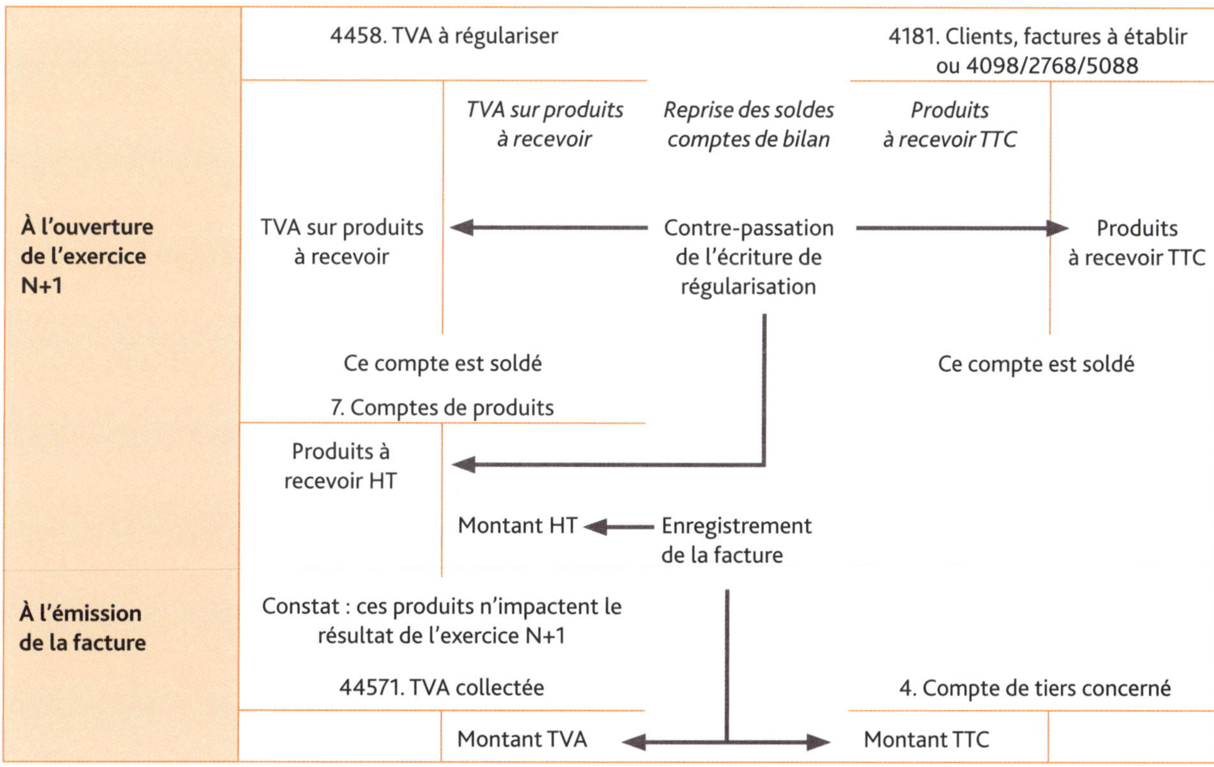


## Exemple (suite)

- Au 1er janvier N+1, l'écriture de régularisation est contre-passée :

| | *01/01/N+1* | | |
|---|---|---|---|
| 70100 | Ventes de produits finis | 1 000 | |
| 44587 | TVA sur factures à établir | 200 | |
| 41810 | Clients – Factures à établir | | 1 200 |
| | *Contre-passation de l'écriture d'inventaire* | | |

Le débit du compte 701 permet d'annuler le produit qui sera constaté lors de l'enregistrement de la facture. Les comptes 41810 et 44587 sont soldés.
Considérons que l'entreprise édite la facture le 05/01/N+1, l'enregistrement à réaliser est le 05/01/N+1 suivant :

| | | 05/01/N+1 | | |
|---|---|---|---|---|
| 41100 | | Clients | 1 200 | |
| | 70100 | Ventes de produits finis | | 1 000 |
| | 44571 | TVA collectée | | 200 |
| | | *Facture à établir* | | |

L'impact de ces opérations dans le grand-livre de l'exercice N+1 est le suivant (les écritures de contre-passation apparaissent en orange) :

- Au 1er janvier N+1

| **44587. TVA sur factures à établir** | |
|---|---|
| 200 | 200 |

| **41810. Clients – Factures à établir** | |
|---|---|
| 1 200 | 1 200 |

**Comptes soldés**

- Au 5 janvier N+1

| **10100. Ventes de produits finis** | |
|---|---|
| 1 000 | 1 000 |

| **41100. Clients** | |
|---|---|
| 1 200 | |

**Compte soldé**

| **44571. TVA collectée** | |
|---|---|
| | 200 |

➔ APPLICATION 3 • MINI-CAS 4 • MINI-CAS 5 • SITUATION PRATIQUE 6

## 1 Quiz

*Vérifiez l'exactitude des propositions ci-après et justifiez-les.*

| | Vrai | Faux |
|---|---|---|
| 1. Les écritures de régularisation ont pour vocation de corriger des erreurs de comptabilisation. | ☐ | ☐ |
| 2. Les écritures de régularisation permettent de lisser le résultat. | ☐ | ☐ |
| 3. Le fait de constater des charges ou produits à payer ou à recevoir conduit à constater doublement ces charges et produits, à l'inventaire puis lors de leur constatation effective. | ☐ | ☐ |
| 4. En vertu du principe de prudence, seuls les charges à payer et les produits constatés d'avance sont à comptabiliser. | ☐ | ☐ |
| 5. Dans une comptabilité de trésorerie, il n'y a pas lieu de constater des écritures de régularisation. | ☐ | ☐ |

## 2 Entreprise Testia

*Dans les situations suivantes, précisez ce que doit constater Testia à la clôture de l'exercice N.*

1. Testia prévoit une charge qui sera constatée au cours de l'exercice N+1 mais qui s'explique par un événement survenu au cours de l'exercice N.
2. Testia paie l'annuité de son emprunt le 1er mars et clôture ses comptes le 31 décembre.
3. Testia a accordé une remise à un client suite à un retour. Elle n'a pas encore réalisé la facture d'avoir à la fin de l'exercice N.

## 3 Boher et Jallon ★★★

L'entreprise Boher loue ses bureaux à l'entreprise Jallon. Le bail a été signé le 1er mai N. Le loyer trimestriel est de 6 900 €. Les deux entreprises clôturent leurs comptes le 31 décembre.

1. *À l'aide d'un schéma, indiquez les dates de versement des quatre premiers loyers, selon que le loyer est payé à terme échu ou d'avance.*
2. *Dans le cas où les loyers sont réglés à terme échu, identifiez les comptes de régularisation à mobiliser à la clôture des comptes dans la comptabilité de l'entreprise Boher et dans celle de l'entreprise Jallon.*

3. *Même demande si les loyers sont réglés d'avance.*
4. *Dans le cas où les loyers sont réglés à terme échu, réalisez les écritures de régularisation fin N et de contre-passation début N+1 dans la comptabilité de l'entreprise Boher puis dans celle de l'entreprise Jallon. Précisez les soldes des comptes mobilisés à l'aide d'un extrait d'un grand-livre dans chacune des comptabilités fin N et début N+1. Commentez.*
5. *Même demande si les loyers sont réglés d'avance.*

Évaluer les savoirs | Maîtriser les compétences | Préparer l'épreuve

## 4 Mini-cas : Solar ★★★

**Compétence attendue** **Évaluer** et **comptabiliser** les différentes opérations d'inventaire

L'entreprise Solar constate à la clôture de ses comptes le 31 décembre N :

- Une ristourne, calculée en fonction des ventes, est accordée aux clients les plus importants sur le chiffre d'affaires de chaque trimestre. À la fin de l'exercice N, les ristournes du quatrième trimestre, d'un montant HT de 6 000 €, n'ont pas encore été constatées et les factures d'avoir ne seront envoyées qu'à la fin du mois de janvier N+1.
- Des marchandises ont été livrées le 15 décembre N ; la facture a été enregistrée. La livraison comporte un lot de marchandises non conformes qui ont été retournées, avec l'accord du fournisseur, pour une valeur HT de 3 000 €. L'avoir sera établi par le fournisseur au début de l'exercice suivant.
- Les salaires bruts depuis le 1er juin N se sont élevés à 1 456 000 €, dont 12 600 € relatifs à des salariés ayant quitté l'entreprise depuis le début de la période de référence. Les congés déjà pris sur ces droits acquis représentent 12 480 €. Le taux global de charges sociales à appliquer est de 45 %, celui des charges fiscales de 6 %.
- Un emprunt de 100 000 € a été souscrit auprès de la banque le 1er avril N. Le remboursement de l'emprunt et les intérêts, au taux de 6 %, sont payables par annuités constantes tous les 31 mars, sur une durée de 5 ans.
- L'entreprise a octroyé un prêt de 20 000 € à une autre entreprise le 1er juin N. Le paiement des intérêts (au taux de 4,5 %) aura lieu le 1er juin N+1.

*Enregistrez les écritures de régularisation fin N et de contre-passation début N+1.*

## 5 Mini-cas : FredSoub ★★★

**Compétence attendue** **Évaluer** et **comptabiliser** les différentes opérations d'inventaire

L'entreprise FredSoub vous communique les informations suivantes :

- Une vente de marchandises de 62 400 € TTC n'a pas été facturée au client Carron alors que la livraison a été effectuée le 22 décembre N.
- Le fournisseur Audrac a livré et facturé des fournitures de bureau pour 48 000 € HT début novembre N, enregistrées dans le compte 6064 ; fin décembre, on estime qu'il reste encore quatre mois avant le prochain réapprovisionnement.
- Le 1er octobre N, un prêt a été négocié avec la banque, débloqué immédiatement, d'un montant de 480 000 €. Le remboursement s'effectue par semestrialités constantes à terme échu de 60 000 € hors intérêts sur 4 ans, chaque versement étant majoré des intérêts de la période portant sur le capital restant dû ; le taux d'intérêt annuel est égal à 10,40 % pour la première période.
- L'entreprise FredSoub a accordé une avance de trésorerie à sa filiale Brupiot spécialisée dans le prêt à porter ; cette avance d'un montant de 150 000 € se renouvelle chaque année au gré de la filiale, moyennant un intérêt payable d'avance au taux de 13 %, le 1er septembre de chaque année ; ces conditions ont été appliquées le 1er septembre N.
- Une réparation de l'imprimante a été effectuée en décembre par l'entreprise Prim'tout ; le devis était de 17 400 € TTC ; la facture ne parviendra que début N+1.
- Un matériel de transport d'un montant de 200 000 € a été pris en crédit-bail sur une durée de trois ans ; le loyer trimestriel de 14 000 € HT est payable d'avance à compter du 15 septembre N ; l'échéance du 15 décembre N a été régulièrement payée et enregistrée.

L'exercice comptable de l'entreprise FredSoub coïncide avec l'année civile.

*Passez les écritures de régularisation nécessaires au 31/12/N.*

Évaluer les savoirs | Maîtriser les compétences | Préparer l'épreuve

## 6 Situation pratique : Atlant ★★★

30 min

**Compétence attendue** **Évaluer** et **comptabiliser** les différentes opérations d'inventaire

L'entreprise Atlant est une entreprise de vente d'accessoires pour bateaux de plaisance. Elle confie au cabinet Gephil Fiduciaire la comptabilisation de ses opérations d'inventaire au 31 décembre N. L'exercice comptable de l'entreprise Atlant coïncide avec l'année civile.

## Missions

À partir du dossier documentaire et en vous appuyant sur vos connaissances, répondez aux questions suivantes.

1. *Indiquez le principe comptable qui justifie l'ajustement des comptes de gestion dans le temps à la date d'inventaire et précisez son intérêt.*
2. *Les écritures de régularisation peuvent nécessiter des estimations de produits ou charges futures. Expliquez pourquoi on peut alors affirmer que ces enregistrements permettent d'améliorer la qualité de l'information communiquée par les chiffres comptables. Précisez pourquoi l'entreprise n'enregistre pas des provisions en lieu et place de charges à payer.*
3. *Enregistrez les écritures de régularisation au 31 décembre N.*
4. *Présentez un extrait du grand-livre fin N. Précisez l'impact des opérations de régularisation sur le résultat.*
5. *Enregistrez les écritures nécessaires en N+1 (hors travaux d'inventaire).*
6. *Présentez un extrait du grand-livre fin N+1, à la suite des opérations enregistrées en N+1. Précisez l'impact des opérations de N+1 sur le résultat.*

Document

**Informations relatives à l'ajustement des comptes de gestion**

- L'entreprise a comptabilisé le 1er octobre N la prime annuelle d'assurance pour un montant de 480 €.
- L'entreprise a contracté un emprunt le 1er mars N d'un montant de 10 000 €, remboursable par amortissement constant sur 5 ans. Le taux d'intérêt est de 4 % l'an. Le premier terme du remboursement interviendra le 28 février N+1.
- L'entreprise a livré le 28 décembre N des marchandises pour un montant de 7 200 € HT. La facture est éditée le 8 janvier N+1.
- L'entreprise a relevé sa consommation d'électricité pour le mois de décembre N à 430 € HT. Le fournisseur communique la facture d'électricité du mois de décembre le 4 janvier N+1.
- Compte tenu des opérations réalisées au cours de l'exercice N, l'entreprise décide d'accorder des ristournes à ses clients pour un montant évalué à 1 440 € HT. L'entreprise réalise les factures d'avoir relatives à ces ristournes le 9 janvier N+1.

SYNTHÈSE

# Ajustement et rattachement des charges et des produits au résultat de l'exercice

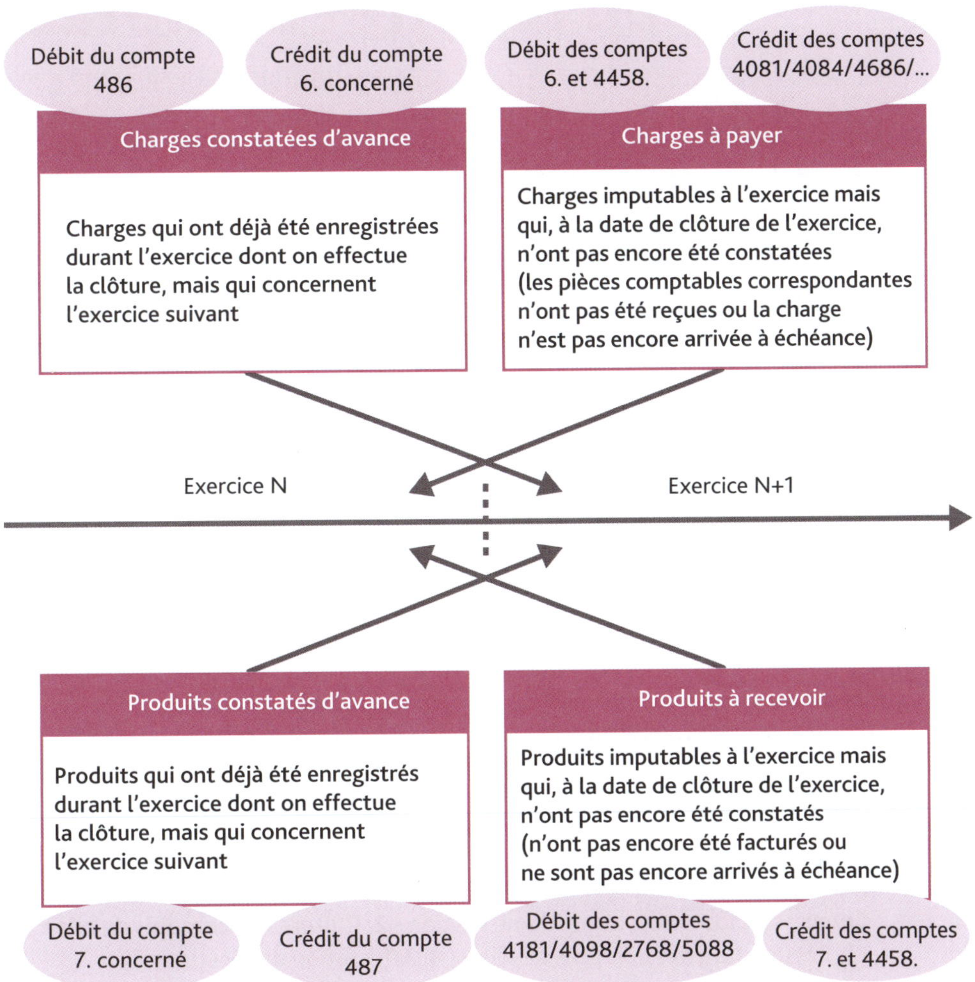

# CHAPITRE 20 Passage d'un exercice à l'autre et détermination du résultat comptable

## PROGRAMME

**Compétences attendues**

- **Expliquer** les mécanismes conduisant à solder les comptes de gestion et permettant la détermination du résultat
- **Calculer** et **qualifier** le résultat de l'exercice
- **Comptabiliser** les opérations de clôture des comptes de gestion
- **Expliquer** les mécanismes de clôture et de réouverture des comptes de bilan
- **Comptabiliser** les opérations de clôture et de réouverture des comptes de bilan

**Savoirs associés**

- Solde des comptes de charges
- Solde des comptes de produits
- Résultat de l'exercice : bénéfice ou perte
- Formalités de clôture des comptes de bilan
- Formalités de réouverture des comptes de bilan

### PRÉREQUIS

- Analyse comptable des opérations courantes (chapitres 6 à 12)
- Opérations d'inventaire (chapitres 13 à 19)

### LIEN AVEC LE DCG 2

§1.2. La société-contrat

### LIEN AVEC LE DCG 10

§3.1. Capitaux propres

## PLAN DU CHAPITRE

**Cours :** 1. Clôture des comptes de gestion • 2. Clôture des comptes de bilan • 3. Réouverture des comptes de bilan • 4. Affectation du résultat

**Des savoirs aux compétences :** Évaluer les savoirs • Maîtriser les compétences • Préparer l'épreuve

**Synthèse**

Quelles sont les étapes de clôture des comptes à la fin de l'exercice ? Comment rouvre-t-on les comptes au début de l'exercice suivant ? Comment est affecté le résultat ainsi constaté sur l'exercice précédent ?

### MOTS-CLÉS

**Affectation du résultat • Balance de clôture • Bénéfice • Clôture des comptes • Perte • Réouverture des comptes**

# 1 Clôture des comptes de gestion

Avant l'inventaire, la balance avant inventaire est établie. Elle donne les soldes des comptes de bilan et de gestion avant **écritures de régularisation**. Les écritures de régularisation découlant des travaux de fin d'exercice viennent modifier ces soldes. On établit alors une balance après inventaire et avant détermination du résultat.

Les écritures de regroupement permettent ensuite de déterminer le résultat de l'exercice. Les comptes de gestion soustractifs sont soldés. Si le compte est créditeur dans la balance après inventaire, on le débite avec en contrepartie le crédit du compte de charges concerné et inversement.

**Exemple**

- Si le compte 6097. Rabais, remises et ristournes obtenus sur achats de marchandises présente un solde créditeur dans la balance, pour le solder, on le débite et on crédite 607. Achat de marchandises. Si le compte 7097. Rabais, remises et ristournes accordés par l'entreprise affiche un solde débiteur dans la balance, afin de le solder, on le passe au crédit du journal et on débite le compte 707. Ventes de marchandise.
  Ceci permet notamment de définir le chiffre d'affaires net et les achats nets.

Puis, en vertu du principe d'indépendance des exercices (↪ chapitre 2), tous les comptes de gestion (classes 6 et 7) sont soldés une fois tous les douze mois pour calculer le résultat de l'exercice. Le résultat est alors inscrit au bilan de manière à faire apparaître la création de valeur qui a été produite sur l'exercice comptable (tab. 20.1 et tab. 20.2).

**Tableau 20.1. La détermination du résultat**

| | |
|---|---|
| **Solder tous les comptes des classes 6 et 7** | • Les comptes de charges (classe 6) sont crédités.<br>• Les comptes de produits (classe 7) sont débités. |
| **Déterminer le résultat de l'exercice** | • Si les produits sont supérieurs aux charges, le résultat est un **bénéfice** inscrit en compte 120. Résultat de l'exercice (bénéfice).<br>• Si les charges sont supérieures aux produits, le résultat est une **perte** inscrite en compte 129. Résultat de l'exercice (perte). |

**Tableau 20.2. Écritures comptables de clôture des comptes de gestion**

**En cas de bénéfice**

**Enregistrement en deux écritures**

| Débit | Crédit | Libellé | Débit | Crédit |
|---|---|---|---|---|
| | | *À la clôture* | | |
| 120 | | Résultat de l'exercice | X | |
| | 6. | Tous les comptes de charges de l'exercice | | X |
| | | *Pour solde des comptes de charges* | | |
| | | *À la clôture* | | |
| 7. | | Tous les comptes de produits de l'exercice | X | |
| | 120 | Résultat de l'exercice | | X |
| | | *Pour solde des comptes de produits* | | |

**Enregistrement en une écriture**

| Débit | Crédit | Libellé | Débit | Crédit |
|---|---|---|---|---|
| | | *À la clôture* | | |
| 7. | | Tous les comptes de produits de l'exercice | X | |
| | 120 | Résultat de l'exercice | | X |
| | 6. | Tous les comptes de charges de l'exercice | | X |
| | | *Pour solde des comptes de charges et produits* | | |

| | Enregistrement en deux écritures | Enregistrement en une écriture |
|---|---|---|
| **En cas de perte** | *À la clôture*<br>129 — Résultat de l'exercice — X<br>6. — Tous les comptes de charges de l'exercice — X<br>*Pour solde des comptes de charges*<br>*À la clôture*<br>7. — Tous les comptes de produits de l'exercice — X<br>129 — Résultat de l'exercice — X<br>*Pour solde des comptes de produits* | *À la clôture*<br>7. — Tous les comptes de produits de l'exercice — X<br>129 — Résultat de l'exercice — X<br>6. — Tous les comptes de charges de l'exercice — X<br>*Pour solde des comptes de charges et produits* |

## Exemple

- La balance après inventaire au 31 décembre N de l'entreprise Fixtop se présente comme suit :

| Numéro et nom des comptes | Solde au 31/12/N | |
|---|---|---|
| | **Débiteur** | **Créditeur** |
| 101. Capital social | | 20 000 |
| 164. Emprunt bancaire | | 12 100 |
| 215. Installations techniques | 13 000 | |
| 2815. Amortissement des installations techniques | | 2 600 |
| 371. Stocks de marchandises | 17 800 | |
| 401. Fournisseurs de marchandises | | 6 000 |
| 4081. Fournisseurs, factures non parvenues | | 1 400 |
| 411. Clients | 17 100 | |
| 444. État, impôt sur les bénéfices | | 2 000 |
| 491. Dépréciation des comptes clients | | 1 000 |
| 512. Banque | 9 000 | |
| 607. Achats de marchandises | 106 000 | |
| 616. Assurances | 1 600 | |
| 621. Personnel extérieur | 1 400 | |
| 626. Frais postaux | 300 | |
| 63. Impôts et taxes | 2 100 | |
| 64. Charges de personnel | 36 200 | |
| 66. Charges financières | 300 | |
| 681. Dotation aux amortissements et dépréciations | 1 300 | |
| 695. Impôt sur les bénéfices | 2 000 | |
| 707. Ventes de marchandises | | 162 000 |
| 740. Subventions d'exploitation | | 1 000 |
| **Total** | **208 100** | **208 100** |

La clôture des comptes de gestion de l'exercice comptable va permettre de déterminer le résultat de l'entreprise Fixtop sur cette période.

| | | | | |
|---|---|---|---|---|
| | | *31/12/N* | | |
| 12000 | | Résultat de l'exercice (bénéfice) | 151 200 | |
| | 60700 | Achats de marchandises | | 106 000 |
| | 61600 | Assurances | | 1 600 |
| | 62100 | Personnel extérieur | | 1 400 |
| | 62600 | Frais postaux | | 300 |
| | 63000 | Impôts et taxes | | 2 100 |
| | 64000 | Charges de personnel | | 36 200 |
| | 66000 | Charges financières | | 300 |
| | 68100 | Dotation aux amortissements et dépréciations | | 1 300 |
| | 69500 | Impôt sur les bénéfices | | 2 000 |
| | | *Pour solde des comptes de charges* | | |
| | | *31/12/N* | | |
| 70700 | | Ventes de marchandises | 162 000 | |
| 74000 | | Subventions d'exploitation | 1 000 | |
| | 12000 | Résultat de l'exercice (bénéfice) | | 163 000 |
| | | *Pour solde des comptes de produits* | | |

Le résultat de l'exercice est donc bénéficiaire et s'élève à 163 000 – 151 200 = 11 800 €.

## 2 Clôture des comptes de bilan

Après la phase de **clôture des comptes** de gestion, tous les comptes des classes 6 et 7 sont regroupés dans un seul compte (120 ou 129). Dans la **balance de clôture**, seuls vont apparaître les comptes de bilan (classes 1 à 5, dont le compte 120 ou 129).

Les procédures comptables nécessitent que les comptes soient clos à la fin de l'exercice, et pour cela, que les comptes de bilan soient soldés :

- les comptes de bilan (1 à 5) débiteurs sont crédités pour leur solde ;
- les comptes de bilan (1 à 5) créditeurs sont débités pour leur solde.

Trois méthodes sont possibles (tab. 20.3). La troisième méthode revient à ne pas solder les comptes de bilan.

**Tableau 20.3. Schéma de comptabilisation de clôture des comptes de bilan**

| | | | | | |
|---|---|---|---|---|---|
| **Première méthode** | | | *À la clôture* | | |
| | 1. à 5. | | Tous les comptes du bilan créditeurs | X | |
| | | 1. à 5. | Tous les comptes du bilan débiteurs | | X |
| | | | *Pour solde des comptes de bilan* | | |

| | |
|---|---|
| **Deuxième méthode** | *À la clôture*<br>1. à 5. — Tous les comptes du bilan créditeurs — X<br>89100 — Bilan de clôture — X<br>*Pour solde des comptes de bilan débités*<br>*À la clôture*<br>89100 — Bilan de clôture — X<br>1. à 5. — Tous les comptes du bilan débiteurs — X<br>*Pour solde des comptes de bilan crédités* |
| **Troisième méthode** | Totalisation du journal sans solder les comptes de bilan |

## Exemple (suite)

- La balance après clôture des comptes de gestion, au 31 décembre N, de l'entreprise Fixtop se présente comme suit :

| Numéro et nom des comptes | Solde au 31/12/N | |
|---|---|---|
| | Débiteur | Créditeur |
| 101. Capital social | | 20 000 |
| 120. Résultat de l'exercice (bénéfice) | | 11 800 |
| 164. Emprunt bancaire | | 12 100 |
| 215. Installations techniques | 13 000 | |
| 2815. Amortissement des installations techniques | | 2 600 |
| 371. Stocks de marchandises | 17 800 | |
| 401. Fournisseurs de marchandises | | 6 000 |
| 4081. Fournisseurs, factures non parvenues | | 1 400 |
| 411. Clients | 17 100 | |
| 444. État – Impôt sur les bénéfices | | 2 000 |
| 491. Dépréciation des comptes clients | | 1 000 |
| 512. Banque | 9 000 | |
| **Total** | **56 900** | **56 900** |

Les écritures de clôture des comptes de bilan sont les suivantes :

→ Première méthode :

| Débit | Crédit | Libellé | Débit | Crédit |
|---|---|---|---|---|
| | | *31/12/N* | | |
| 10100 | | Capital social | 20 000 | |
| 12000 | | Résultat de l'exercice (bénéfice) | 11 800 | |
| 16400 | | Emprunt bancaire | 12 100 | |
| 28150 | | Amortissement des installations techniques | 2 600 | |
| 40100 | | Fournisseurs de marchandises | 6 000 | |
| 40810 | | Fournisseurs, factures non parvenues | 1 400 | |
| 44400 | | État – Impôt sur les bénéfices | 2 000 | |
| 49100 | | Dépréciation des comptes clients | 1 000 | |
| | 21500 | Installations techniques | | 13 000 |
| | 37100 | Stocks de marchandises | | 17 800 |
| | 41100 | Clients | | 17 100 |
| | 51200 | Banque | | 9 000 |
| | | *Pour solde des comptes de bilan* | | |

→ Deuxième méthode :

| | | | |
|---|---|---|---|
| | *31/12/N* | | |
| 10100 | Capital social | 20 000 | |
| 12000 | Résultat de l'exercice (bénéfice) | 11 800 | |
| 16400 | Emprunt bancaire | 12 100 | |
| 28150 | Amortissement des installations techniques | 2 600 | |
| 40100 | Fournisseurs de marchandises | 6 000 | |
| 40810 | Fournisseurs, factures non parvenues | 1 400 | |
| 44400 | État – Impôt sur les bénéfices | 2 000 | |
| 49100 | Dépréciation des comptes clients | 1 000 | |
| 89100 | Bilan de clôture | | 56 900 |
| | *Pour solde des comptes de bilan débités* | | |
| | *31/12/N* | | |
| 89100 | Bilan de clôture | 56 900 | |
| 21500 | Installations techniques | | 13 000 |
| 37100 | Stocks de marchandises | | 17 800 |
| 41100 | Clients | | 17 100 |
| 51200 | Banque | | 9 000 |
| | *Pour solde des comptes de bilan crédités* | | |

→ Troisième méthode : absence d'écriture.

→ **MINI-CAS 2**

## 3 Réouverture des comptes de bilan

En vertu du principe d'intangibilité du bilan d'ouverture et de continuité de l'exercice, les comptes de bilan à la clôture de l'exercice sont repris à l'ouverture de l'exercice suivant (tab. 20.4). Ils sont alors rouverts par contre-passation. De même, les écritures de régularisation sont contre-passées (↳ chapitre 19).

**Tableau 20.4. Comptabilisation d'ouverture des comptes de bilan**

| | | | | | |
|---|---|---|---|---|---|
| **Première méthode** | | | *À l'ouverture* | | |
| | 1. à 5. | | Tous les comptes du bilan créditeurs | X | |
| | | 1. à 5. | Tous les comptes du bilan débiteurs | | X |
| | | | *Réouverture des comptes de bilan* | | |

| | |
|---|---|
| **Deuxième méthode** | *À l'ouverture*<br>1. à 5. — Tous les comptes du bilan créditeurs — X<br>890 — Bilan d'ouverture — X<br>*Réouverture des comptes de bilan débités*<br>*À l'ouverture*<br>890 — Bilan d'ouverture — X<br>1… à 5. — Tous les comptes du bilan débiteurs — X<br>*Réouverture des comptes de bilan crédités* |
| **Troisième méthode** | Reprise des comptes de bilan de clôture |

## Exemple (suite)

- L'entreprise Fixtop comptabilisera l'écriture suivante au 1er jour du nouvel exercice :
  - → Première méthode :

| Débit | Crédit | *01/01/N+1* | Débit | Crédit |
|---|---|---|---|---|
| 21500 | | Installations techniques | 13 000 | |
| 37100 | | Stocks de marchandises | 17 800 | |
| 41100 | | Clients | 17 100 | |
| 51200 | | Banque | 9 000 | |
| | 10100 | Capital social | | 20 000 |
| | 12000 | Résultat de l'exercice (bénéfice) | | 11 800 |
| | 16400 | Emprunt bancaire | | 12 100 |
| | 28150 | Amortissement des installations techniques | | 2 600 |
| | 40100 | Fournisseurs de marchandises | | 6 000 |
| | 40810 | Fournisseurs, factures non parvenues | | 1 400 |
| | 44400 | État – Impôt sur les bénéfices | | 2 000 |
| | 49100 | Dépréciation des comptes clients | | 1 000 |
| | | *Ouverture de la comptabilité N+1* | | |

  - → Deuxième méthode :

| Débit | Crédit | *01/01/N+1* | Débit | Crédit |
|---|---|---|---|---|
| 21500 | | Installations techniques | 13 000 | |
| 37100 | | Stocks de marchandises | 17 800 | |
| 41100 | | Clients | 17 100 | |
| 51200 | | Banque | 9 000 | |
| | 89000 | Bilan d'ouverture | | 56 900 |
| | | *Ouverture de la comptabilité N+1* | | |

| | | | | |
|---|---|---|---|---|
| | | 01/01/N+1 | | |
| 89000 | | Bilan d'ouverture | 56 900 | |
| | 10100 | Capital social | | 20 000 |
| | 12000 | Résultat de l'exercice (bénéfice) | | 11 800 |
| | 16400 | Emprunt bancaire | | 12 100 |
| | 28150 | Amortissement des installations techniques | | 2 600 |
| | 40100 | Fournisseurs de marchandises | | 6 000 |
| | 40810 | Fournisseurs, factures non parvenues | | 1 400 |
| | 44400 | État – Impôt sur les bénéfices | | 2 000 |
| | 49100 | Dépréciation des comptes clients | | 1 000 |
| | | *Ouverture de la comptabilité N+1* | | |

→ Troisième méthode : absence d'écriture.

**FOCUS** — **Pourquoi réaliser les écritures de contre-passation à l'ouverture ?**

À la clôture d'un exercice, les comptes de bilan et de résultat sont soldés. À l'ouverture de l'exercice suivant, les comptes de bilan sont contre-passés. L'extourne consiste à modifier un mouvement comptable en enregistrant une écriture du même montant, mais en sens inverse : les comptes initialement débités se retrouvent crédités et inversement. Les écritures comptables qui doivent faire l'objet d'une contre-passation sont celles qui concernent à la fois l'exercice clôturé et le nouvel exercice ouvert. C'est la reprise des soldes des comptes de bilan et des écritures d'inventaire (c'est-à-dire des écritures de régularisation comptabilisées à la clôture de l'exercice comptable).

La contre-passation représente l'une des conséquences des principes comptables et plus particulièrement du principe de séparation des exercices. Elle permet de faire état de la situation à la fin de l'exercice et de reprendre les soldes à nouveau pour l'exercice suivant (principe d'intangibilité du bilan).

À l'issue de l'ouverture de la comptabilité N+1, dans les comptes de bilan au niveau du grand-livre, seuls sont repris les soldes appelés « soldes à nouveau », et non les totaux des mouvements « débits » et « crédits » de l'exercice précédent.

Les comptes de gestion ont, pour leur part, été définitivement soldés par virement au compte 120 ou 129 et débutent donc le nouvel exercice avec un solde nul.

La **réouverture des comptes** consiste alors à reprendre les soldes à nouveau des comptes de bilan avec l'extourne des écritures de régularisation de fin de l'exercice précédent.

## Exemple (suite)

- La balance de l'entreprise Fixtop au 1er jour du nouvel exercice se présentera ainsi :

| N° et nom des comptes | Solde au 31/12/N | | Mouvements des comptes | | Solde au 01/01/N+1 | |
|---|---|---|---|---|---|---|
| | Débiteur | Créditeur | Au débit | Au crédit | Débiteur | Créditeur |
| 101. Capital social | | 20 000 | | | | 20 000 |
| 120. Résultat | | 11 800 | | | | 11 800 |

| N° et nom des comptes | Solde au 31/12/N | | Mouvements des comptes | | Solde au 01/01/N+1 | |
|---|---|---|---|---|---|---|
| | Débiteur | Créditeur | Au débit | Au crédit | Débiteur | Créditeur |
| 164. Emprunt | | 12 100 | | | | 12 100 |
| 215. Installations techniques | 13 000 | | | | 13 000 | |
| 2815. Amortissement | | 2 600 | | | | 2 600 |
| 371. Stocks | 17 800 | | | | 17 800 | |
| 401. Fournisseurs | | 6 000 | | | | 6 000 |
| 4081. Factures non parvenues | | 1 400 | | | | 1 400 |
| 411. Clients | 17 100 | | | | 17 100 | |
| 444. État | | 2 000 | | | | 2 000 |
| 491. Dépréciation clients | | 1 000 | | | | 1 000 |
| 512. Banque | 9 000 | | | | 9 000 | |
| **Total** | **56 900** | **56 900** | **0** | **0** | **56 900** | **56 900** |

En pratique, tous les logiciels comptables gèrent la clôture des comptes et leur réouverture. Le logiciel comptable utilisé doit ainsi mettre en œuvre une procédure de clôture destinée à figer la chronologie et à garantir l'intangibilité des enregistrements de l'exercice clos. Cela interdit de ce fait toute utilisation de « tableur » pour tenir la comptabilité légale.

## 4 Affectation du résultat

L'**affectation du résultat** définit le traitement donné aux bénéfices ou aux pertes générés au terme d'un exercice comptable. Il diffère selon que l'entreprise est une entreprise individuelle ou une société.

### A) En entreprise individuelle

Dans l'entreprise individuelle, le résultat vient augmenter (bénéfice) ou diminuer (perte) le capital individuel de l'entreprise.

L'exploitant peut souhaiter réaliser des prélèvements avant même la constatation du résultat de l'entreprise en fin d'exercice. Par ailleurs, l'exploitant peut être amené à réaliser des versements pour le compte de son entreprise au cours de l'exercice.

Afin de ne pas modifier le compte « 101. Capital individuel » à chaque transaction, les versements ou prélèvements effectués par l'exploitant sont comptabilisés, tout au long de l'exercice, dans le compte « 108. Compte de l'exploitant ». En fin d'exercice, le compte 108 est soldé et viré au compte 101. Il vient augmenter (dans le cas d'un bénéfice) ou diminuer (perte) le capital individuel de l'entreprise (tab. 20.5 et tab. 20.6).

### Tableau 20.5. Comptabilisation du résultat de l'entreprise individuelle

| | |
|---|---|
| **À la clôture de l'exercice** | Le résultat de l'exercice est inscrit dans le compte 120. Résultat de l'exercice (bénéfice) ou 129. Résultat de l'exercice (perte). |
| **À l'ouverture de l'exercice suivant** | Le résultat de l'exercice précédent est viré au compte 101. Capital individuel. |

### Tableau 20.6. Comptabilisation de l'affectation du résultat des entreprises individuelles

**En cas de perte : diminution du capital**

| | | | | |
|---|---|---|---|---|
| | | *À la clôture* | | |
| 101 | | Capital individuel | X | |
| | 129 | Résultat de l'exercice | | X |
| | 108 | Compte de l'exploitant | | X |
| | | *Affectation du résultat* | | |

**En cas de bénéfice : augmentation du capital**

| | | | | |
|---|---|---|---|---|
| | | *À la clôture* | | |
| 120 | | Résultat de l'exercice | X | |
| | 101 | Capital individuel | | X |
| | 108 | Compte de l'exploitant | | X |
| | | *Affectation du résultat* | | |

## Exemple

Mme Bodenan exploite une entreprise individuelle. À la clôture de l'exercice, le compte de l'exploitant présente un solde débiteur de 10 000 € en fin d'exercice.

→ Si l'entreprise enregistre une perte [résultat = (4 000 €)], l'affectation du résultat s'enregistre comme suit :

| | | | | |
|---|---|---|---|---|
| | | *À la clôture* | | |
| 10100 | | Capital individuel | 14 000 | |
| | 12900 | Résultat de l'exercice | | 4 000 |
| | 10800 | Compte de l'exploitant | | 10 000 |
| | | *Affectation du résultat* | | |

Le capital individuel de l'entreprise individuelle est diminué de 14 000 €.

→ Si l'entreprise enregistre un bénéfice (résultat = 16 000 €), l'affectation du résultat s'enregistre comme suit :

| | | | | |
|---|---|---|---|---|
| | | *À la clôture* | | |
| 12000 | | Résultat de l'exercice | 16 000 | |
| | 10100 | Capital individuel | | 6 000 |
| | 10800 | Compte de l'exploitant | | 10 000 |
| | | *Affectation du résultat* | | |

Du fait de la création de richesse durant l'exercice, le capital individuel a augmenté de 6 000 €.

L'affectation du résultat pour les sociétés suit des règles précises (UE2 et UE10).

## B) En société

Dans les sociétés, l'affectation du résultat est décidée en assemblée générale (AG) par les associés ou actionnaires. Celle-ci doit se tenir dans les six mois qui suivent la clôture de l'exercice, sur convocation du ou des dirigeant(s) (fig. 20.1).

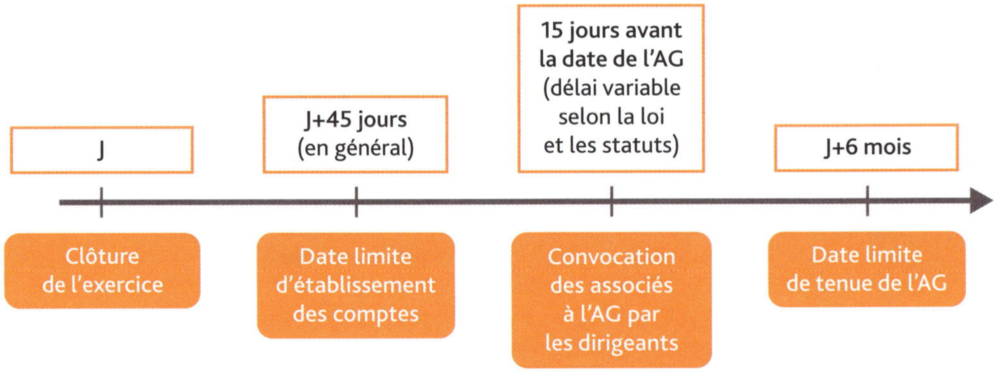


Figure 20.1. **Processus simplifié d'approbation des comptes en société**

### 1. L'affectation du résultat déficitaire

Le résultat déficitaire apparaît au débit du compte 129. Résultat de l'exercice, qui figure en élément soustractif au passif du bilan. Selon la décision de l'assemblée générale, la perte est transférée au débit du compte 119. Report à nouveau.

| | | | |
|---|---|---|---|
| 11900 | Report à nouveau (solde débiteur) | X | |
| 12900 | Résultat de l'exercice – Perte | | X |

À la fin de l'exercice, le déficit est affecté dans le report à nouveau (RAN). Le montant du report à nouveau sera alors déduit d'abord des fonds propres puis du bénéfice éventuel lors d'un exercice comptable ultérieur.

Si l'entreprise dispose de reports à nouveau créditeurs antérieurs, ces derniers absorbent le déficit de l'exercice. L'entreprise affiche un RAN net du déficit dans ses capitaux propres. Si l'entreprise ne dispose pas de reports à nouveau créditeurs antérieurs suffisants, le déficit n'est pas totalement couvert et l'entreprise présente un RAN net du déficit débiteur. Ce report, inscrit en élément soustractif au bilan, sera imputé sur le premier bénéfice ultérieur avant toute autre affectation.

**Exemple**

- La société Danin a réalisé, en N, une perte de 10 000 €. À la suite de l'assemblée générale, elle enregistre l'écriture d'affectation du résultat :

| | | | |
|---|---|---|---|
| 11900 | Report à nouveau (solde débiteur) | 10 000 | |
| 12900 | Résultat de l'exercice – Perte | | 10 000 |

- Si les fonds propres de la société Danin sont les suivants avant l'affectation du résultat :

| | |
|---|---|
| Capital | 100 000 |
| Réserves | 10 000 |
| Report à nouveau | 30 000 |
| Résultat | (10 000) |

Suite à l'affectation de la perte, les fonds propres s'affichent comme suit dans le bilan :

| | |
|---|---|
| Capital | 100 000 |
| Réserves | 10 000 |
| Report à nouveau | 20 000 |

- Si les fonds propres de la société Danin sont les suivants avant l'affectation du résultat :

| | |
|---|---|
| Capital | 100 000 |
| Réserves | 10 000 |
| Report à nouveau | 4 000 |
| Résultat | (10 000) |

Suite à l'affectation de la perte, les fonds propres s'affichent comme suit dans le bilan :

| | |
|---|---|
| Capital | 100 000 |
| Réserves | 10 000 |
| Report à nouveau | (6 000) |

## 2. L'affectation du résultat bénéficiaire

D'une manière générale, on peut dire que le résultat bénéficiaire est réparti en deux grandes masses : les réserves et la distribution de dividendes aux associés ou actionnaires (tab. 20.7).

**Tableau 20.7. Affectation du résultat bénéficiaire en société**

| | |
|---|---|
| **Mise en réserve** | • Permet de renforcer les capitaux propres et d'assurer l'équilibre financier de l'entreprise.<br>• Les comptes utilisés sont le compte 110. Report à nouveau et le compte 106. Réserves et ses subdivisions. |
| **Distribution de dividendes** | • Permet de satisfaire la rentabilité des capitaux placés par les associés ou actionnaires.<br>• Le résultat est affecté en tout ou partie au compte 457. Associés – Dividendes à payer. |

- Les réserves sont des montants inscrits dans les capitaux propres. Ils correspondent au cumul des résultats antérieurs qui n'ont été ni redistribués aux propriétaires de l'entreprise, ni intégrés dans son capital. Il existe plusieurs types de réserves :
  - réserve légale : réserve dont le but est d'inciter les sociétés à renforcer leur situation financière en les obligeant à affecter une partie de leurs bénéfices (5 %) jusqu'à un certain seuil (10 % du capital social) ;
  - réserves statutaires : réserve prévue par les statuts de la société ;
  - réserves réglementées : autres réserves obligatoires dans certains contextes (ex. : octroi de subvention d'investissement) ;
  - autres réserves : au contraire des réserves légales et statutaires, réserves alimentées librement par l'entreprise en accord avec ses actionnaires. Elles peuvent ultérieurement faire l'objet d'une distribution de dividendes.
- Le report à nouveau est un compte utilisé éventuellement pour solder les opérations d'affectation. Généralement, le dividende unitaire distribué aux actionnaires est arrondi,

Attention, le terme « réserves » pourrait faire penser que cet argent est bloqué. La mise en réserve signifie que le résultat n'est pas distribué, mais cela n'implique pas que la société mette de l'argent de côté. La réserve au passif exprime l'origine des ressources ; son utilisation se traduit dans l'actif (liquidités conservées au niveau des disponibilités, investissement au niveau des immobilisations) ou dans le passif (diminution de la dette grâce à un remboursement).

si bien qu'il peut rester un reliquat à l'issue des opérations d'affectation, qui est reporté à nouveau sur les exercices suivants. Ce compte peut aussi être utilisé pour reporter à d'autres exercices l'affectation du bénéfice de l'exercice clôturé pour tout ou partie.

- Les dividendes sont la partie des bénéfices nets d'une entreprise qui est distribuée aux investisseurs. Ils correspondent aux rémunérations des capitaux investis dans l'entreprise. En principe, deux fractions sont distinguées :
  - un premier dividende, aussi dit « intérêt statutaire », est calculé sur le montant libéré et non amorti des actions, au taux prévu par les statuts ;
  - un superdividende est attribué pour un montant égal à toutes les actions libérées ou non, amorties ou non.

Une action libérée est une action pour laquelle la totalité du capital associé a été versée par l'actionnaire à la société. Une action amortie est une action qui est remboursée à l'actionnaire.

En pratique, un dividende global est le plus souvent établi (sans distinction du premier dividende et du superdividende). L'affectation du résultat nécessite de définir le bénéfice distribuable puis de décider de son affectation (fig. 20.2).

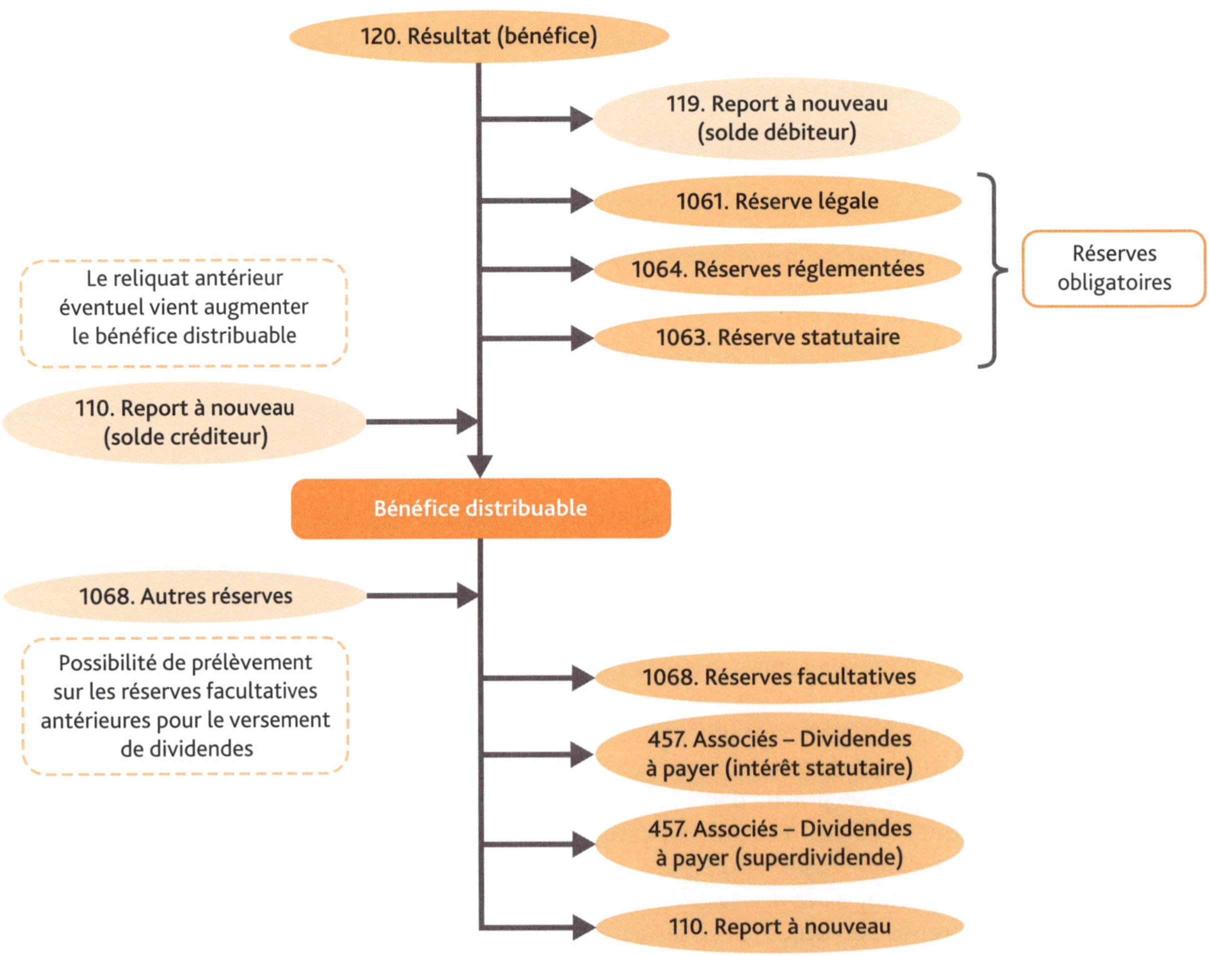


Figure 20.2. **Étapes de l'affectation du résultat comptable**

La comptabilisation de l'affectation du bénéfice consiste à débiter le bénéfice et éventuellement le report à nouveau par le crédit des réserves, report à nouveau et dividendes.

| | | | | | |
|---|---|---|---|---|---|
| 120 | | Résultat de l'exercice – bénéfice | Comptes à solder | X | |
| 110 | | Report à nouveau – solde créditeur (exercice N–1) | | X | |
| | Ou 119 | Ou : Report à nouveau débiteur (exercice N–1) | | | X |
| | 1061 | Réserve légale | | | X |
| | 1063 | Réserves statutaires | | | X |
| | 1068 | Autres réserves | | | X |
| | 11000 | Report à nouveau – solde créditeur (exercice N) | | | X |
| | 45700 | Actionnaires, dividendes à payer | | | X |
| | | *D'après résolution adoptée par l'assemblée générale* | | | |

Un tableau d'affectation du résultat doit être présenté en annexe des documents de synthèse (tab. 20.8). Il précise les origines et les affectations du résultat.

**Tableau 20.8. Tableau d'affectation du résultat comptable**

| | | |
|---|---|---|
| **Origines** | | |
| Report à nouveau antérieur (RAN) | | |
| Résultat de l'exercice | | |
| Prélèvement sur les réserves | | |
| **Affectations** | | |
| Affectation en réserves | | |
| • Réserve légale | | |
| • Réserves réglementées | | |
| • Autres réserves | | |
| Dividendes | | |
| Autres répartitions | | |
| Report à nouveau | | |
| **Totaux** | | |

## FOCUS Paiement des dividendes

Une fois qu'il a été décidé de verser des dividendes, la société doit les distribuer aux actionnaires dans les neuf mois qui suivent la clôture de l'exercice. Leur imposition dépend de la qualité de l'associé (personne physique ou morale). L'enregistrement des dividendes, sans prise en compte de l'imposition et des prélèvement sociaux, est le suivant :

| | | | | |
|---|---|---|---|---|
| 457 | | Actionnaires, dividendes à payer | X | |
| | 512 | Banque | | X |

## Exemple

- L'assemblée générale de l'entreprise Fixtop se réunit le 18 mai N+1 pour approuver les comptes de l'exercice N et affecter le résultat bénéficiaire de 11 800 €. L'affectation du bénéfice qui est votée est la suivante :
  - Réserve légale : 590 €
  - Réserve facultative : 2 210 €
  - Report à nouveau : 4 000 €
  - Dividendes : 5 000 €

  Le tableau d'affectation du résultat de l'exercice N est le suivant :

| | | |
|---|---|---|
| **Origines** | | |
| Report à nouveau antérieur (RAN) | | |
| Résultat de l'exercice | | 11 800 |
| Prélèvement sur les réserves | | |
| **Affectations** | | |
| Affectation en réserves | | |
| • Réserve légale | 590 | |
| • Réserves réglementées | | |
| • Autres réserves | 2 210 | |
| Dividendes | 5 000 | |
| Autres répartitions | | |
| Report à nouveau | 4 000 | |
| **Totaux** | **11 800** | **11 800** |

L'enregistrement comptable de l'affectation du résultat est le suivant :

| Débit | Crédit | Libellé | Débit | Crédit |
|---|---|---|---|---|
| | | *18/05/N+1* | | |
| 12000 | | Résultat de l'exercice | 11 800 | |
| | 10610 | Réserve légale | | 590 |
| | 10680 | Réserve facultative | | 2 210 |
| | 11000 | Report à nouveau | | 4 000 |
| | 45700 | Associés, dividendes à payer | | 5 000 |
| | | *Assemblée générale d'approbation des comptes* | | |

Les dividendes sont réglés le 1er juin (sans prise en compte prélèvements fiscaux et sociaux).

| Débit | Crédit | Libellé | Débit | Crédit |
|---|---|---|---|---|
| | | *01/06/N+1* | | |
| 45700 | | Actionnaires, dividendes à payer | 5 000 | |
| | 51200 | Banque | | 5 000 |
| | | *Paiement des dividendes* | | |

➜ MINI-CAS 3 • SITUATION PRATIQUE 4

# DES SAVOIRS AUX COMPÉTENCES

Évaluer les savoirs | Maîtriser les compétences | Préparer l'épreuve

## 1 QCM

*Pour chaque proposition, une ou plusieurs réponses sont possibles. Justifiez-les.*

1. La clôture des comptes consiste à :
   a. solder les comptes de gestion pour faire apparaître le résultat. ☐
   b. déterminer le résultat fiscal. ☐
   c. faire apparaître la création de valeur ajoutée. ☐
2. À quel(s) principe(s) la clôture des comptes répond-elle ?
   a. Le principe de continuité d'exploitation. ☐
   b. Le principe d'indépendance des exercices. ☐
   c. Le principe de prudence. ☐
3. Si les produits sont supérieurs aux charges, alors le résultat est :
   a. un bénéfice. ☐
   b. une perte. ☐
   c. inscrit en compte 129. ☐
4. La réouverture des comptes de bilan :
   a. répond au principe d'intangibilité du bilan d'ouverture. ☐
   b. se fait au premier jour de l'exercice suivant. ☐
   c. dépend de l'affectation du résultat. ☐
5. L'affectation du résultat en entreprise individuelle :
   a. ne donne lieu à aucune écriture. ☐
   b. se comptabilise en compte 101. ☐
   c. se décide en assemblée générale. ☐
6. L'affectation du résultat en société :
   a. est décidée par le dirigeant. ☐
   b. doit être votée dans les trois mois suivant la clôture des comptes. ☐
   c. doit être votée dans les six mois suivant la clôture des comptes. ☐
7. Un résultat de société :
   a. est toujours mis en réserve, s'il est bénéficiaire. ☐
   b. est toujours distribué aux associés, s'il est bénéficiaire. ☐
   c. est toujours affecté en compte 119, s'il est déficitaire. ☐
8. Le tableau d'affectation du résultat :
   a. fait partie de l'annexe. ☐
   b. comprend en « origine » : le report à nouveau antérieur, le résultat, les prélèvements sur les réserves. ☐
   c. comprend en « ressource » : l'affectation aux réserves, les dividendes, le RAN de l'exercice. ☐

## 2 Mini-cas : Colimence ★★★

**Compétences attendues**

- **Expliquer** les mécanismes conduisant à solder les comptes de gestion et permettant la détermination du résultat
- **Calculer** et **qualifier** le résultat de l'exercice
- **Comptabiliser** les opérations de clôture et de réouverture des comptes de bilan

La balance après inventaire et par solde des comptes au 31 décembre N de la SA Colimence se présente ainsi :

| N° de compte | Intitulé | Solde | |
|---|---|---|---|
| | | Débiteur | Créditeur |
| 10100 | Capital | | 48 300 |
| 10610 | Réserve légale | | 4 830 |
| 10630 | Réserve statutaire | | 4 500 |
| 10680 | Réserve facultative | | 4 610 |
| 15100 | Provision pour risque | | 4 700 |
| 16400 | Emprunt auprès des établissements de crédit | | 105 200 |
| 16880 | Intérêts courus | | 3 450 |
| 20700 | Fonds commercial | 22 100 | |
| 21100 | Terrains | 26 570 | |
| 21300 | Constructions | 70 300 | |
| 21540 | Matériel industriel | 96 370 | |
| 21820 | Matériel de transport | 23 100 | |
| 21830 | Matériel de bureau et matériel informatique | 9 720 | |
| 27300 | Titres immobilisés de l'activité de portefeuille | 9 200 | |
| 28130 | Amortissement des constructions | | 24 960 |
| 28154 | Amortissement du matériel industriel | | 68 850 |
| 28182 | Amortissement du matériel de transport | | 11 690 |
| 28183 | Amortissement du matériel de bureau et informatique | | 5 773 |
| 31100 | Stocks de matières premières | 19 950 | |
| 35500 | Stocks de produits finis | 68 210 | |
| 39510 | Dépréciation des stocks de produits finis | | 2 925 |

| N° de compte | Intitulé | Solde | |
|---|---|---|---|
| | | Débiteur | Créditeur |
| 40100 | Fournisseurs | | 46 085 |
| 40400 | Fournisseurs d'immobilisations | | 6 023 |
| 40800 | Fournisseurs – Factures non parvenues | | 2 693 |
| 41100 | Clients | 10 703 | |
| 43100 | Sécurité sociale | | 11 090 |
| 43700 | Autres organismes sociaux | | 3 266 |
| 44400 | État – Impôts sur les bénéfices | | 6 941 |
| 48600 | Charges constatées d'avance | 12 960 | |
| 48700 | Produits constatés d'avance | | 9 035 |
| 49100 | Dépréciation des comptes clients | | 7 010 |
| 50600 | Obligations | 9 610 | |
| 51200 | Banques | 33 760 | |
| 53000 | Caisse | 854 | |
| 59060 | Dépréciation des obligations | | 2 355 |
| 60100 | Achats de matières premières | 287 185 | |
| 60310 | Variation des stocks de matières premières | 2 815 | |
| 60600 | Achats non stockés de matières et fournitures | 18 510 | |
| 60900 | RRR obtenus sur achats | | 13 110 |
| 61200 | Redevance de crédit-bail | 6 363 | |
| 61500 | Entretien et réparations | 18 995 | |
| 61600 | Primes d'assurance | 5 270 | |
| 62110 | Personnel intérimaire | 2 403 | |
| 62260 | Honoraires | 4 490 | |
| 62300 | Publicité, publications, relations publiques | 11 256 | |
| 62410 | Transport sur achats | 16 157 | |
| 62600 | Frais postaux et de télécommunication | 4 667 | |
| 62700 | Services bancaires et assimilés | 2 070 | |
| 63100 | Impôts taxes et versements assimilés | 28 845 | |
| 64100 | Rémunération du personnel | 245 192 | |
| 64500 | Charges de sécurité sociale et de prévoyance | 94 531 | |
| 65400 | Pertes sur créances irrécouvrables | 2 477 | |
| 66100 | Charges d'intérêts | 6 960 | |
| 66600 | Perte de change | 1 939 | |
| 66700 | Charge nette sur cession de VMP | 2 570 | |
| 67500 | Valeur comptable des éléments d'actif cédés | 20 417 | |

| N° de compte | Intitulé | Solde | |
|---|---|---|---|
| | | Débiteur | Créditeur |
| 68110 | Dotations aux amortissements sur immobilisations corporelles et incorporelles | 9 628 | |
| 68150 | Dotations aux provisions d'exploitation | 4 701 | |
| 68170 | Dotations pour dépréciations des actifs circulants | 2 839 | |
| 68600 | Dotations aux amortissements, dépréciations et provisions – Charges financières | 1 440 | |
| 69500 | Impôt sur les bénéfices | 13 995 | |
| 70100 | Ventes de produits finis | | 784 777 |
| 70800 | Produits des activités annexes | | 4 701 |
| 70900 | RRR accordés par l'entreprise | 34 592 | |
| 71350 | Variation des stocks de produits finis | | 35 915 |
| 72200 | Production immobilisée | | 11 613 |
| 76200 | Produits des autres immobilisations financières | | 5 467 |
| 76700 | Produit net sur cession de VMP | | 2 413 |
| 77500 | Produit des cessions d'éléments d'actif | | 11 613 |
| 78170 | Reprise sur dépréciation des actifs circulants | | 6 962 |
| 78660 | Reprise sur dépréciations et provisions | | 2 857 |
| **Total** | | **1 263 714** | **1 263 714** |

1. *Présentez l'écriture de clôture des comptes pour l'exercice N.*
2. *Présentez l'écriture de reprise à nouveau au 1er janvier N+1.*

## 3 Mini-cas : Érika ★★★

**Compétence attendue** **Calculer** et **qualifier** le résultat de l'exercice : **affecter** le résultat d'une entreprise individuelle

L'entreprise individuelle Érika a réalisé un bénéfice de 17 561 € pour l'exercice comptable clos le 31 décembre N. Un extrait de son bilan donne les informations suivantes (en €) :

| | |
|---|---|
| 101. Capital | 38 600,00 |
| 108. Compte de l'exploitant | – 13 456,00 |
| 120. Résultat de l'exercice | 7 561,00 |

Le 24 janvier N+1, l'exploitant de l'entreprise décide de porter le bénéfice de l'exercice N au compte de l'exploitant, puis de virer le solde au capital individuel.

1. *Expliquez pourquoi le solde du compte 108 est débiteur au 31 décembre N.*
2. *Présentez l'écriture d'affectation du résultat.*
3. *Présentez la structure des capitaux propres après cette affectation.*

Évaluer les savoirs | Maîtriser les compétences | Préparer l'épreuve

## 4 Situation pratique : Marima SA ★★★

30 min

**Compétence attendue** **Calculer** et **qualifier** le résultat de l'exercice : **affecter** le résultat d'une société

L'extrait de bilan de la société Marima SA au 31 décembre N se présente ainsi :

| | |
|---|---|
| Capital social (4 000 actions de 20 € chacune) | 80 000,00 |
| Réserve légale | 5 310,00 |
| Réserve statutaire | 21 300,00 |
| Réserve facultative | 8 150,00 |
| Résultat de l'exercice | 24 620,00 |

L'article 7 des statuts portant sur la répartition du résultat indique que :

- la perte éventuelle est portée en report à nouveau débiteur ;
- la réserve légale est dotée selon les termes fixés par la loi ;
- la réserve statutaire est dotée chaque année pour 2 500 € ;
- un intérêt statutaire de 3,5 % est attribué à chaque actionnaire sur son apport ;
- une réserve facultative est éventuellement dotée en fonction des décisions de l'assemblée générale ;
- le solde est attribué aux associés au prorata de leurs apports.

Le 28 avril N, les actionnaires réunis en assemblée générale décident d'affecter 3 500 € en réserve facultative et d'attribuer 17 320 € de dividende (intérêt statutaire + superdividende). Le capital est entièrement libéré.

En N+1, Marima SA réalise une perte de 25 379 €. L'assemblée générale décide son affectation en report à nouveau.

### Missions

1. *Distinguez et définissez les différentes réserves (légale, statutaire, facultative).*
2. *Présentez le tableau de répartition du bénéfice de l'exercice N.*
3. *Enregistrez l'affectation du résultat de l'exercice N à la suite de l'assemblée générale.*
4. *Enregistrez, en N+1, l'affectation de la perte en report à nouveau.*

SYNTHÈSE

# Passage d'un exercice à l'autre et détermination du résultat comptable

## Fin de l'exercice N

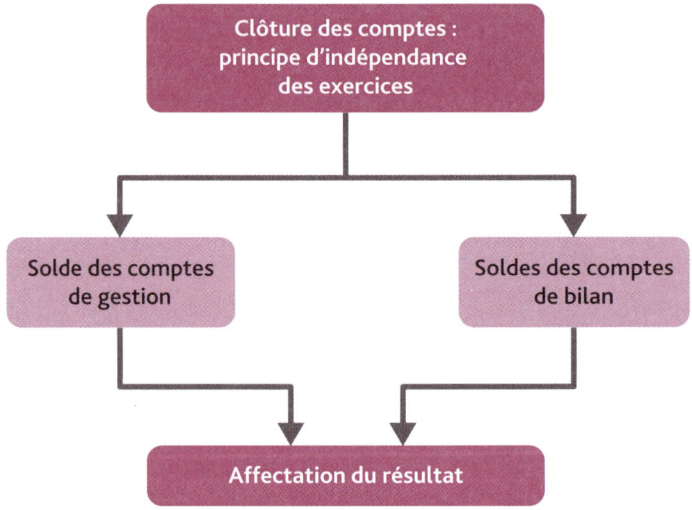


## Début de l'exercice N+1

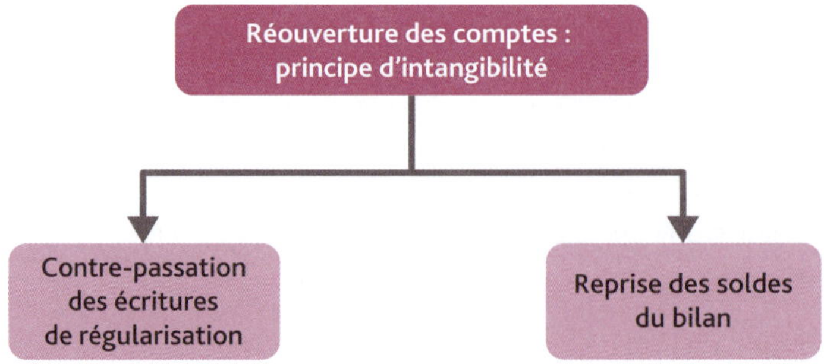

Vous avez été recruté(e) pour votre stage de DCG au sein du cabinet d'expertise comptable Fidu-Compta. Son dirigeant vous confie trois dossiers indépendants portant sur les travaux d'inventaire. Le taux de TVA applicable est de 20 %.

## 1 Opérations d'inventaire sur immobilisations dans la société Arpin

Un matériel industriel est acquis et mis en service par la société Arpin le 01/09/N–2 pour le prix de 75 000 € HT. La durée d'utilisation prévue est de 5 ans et le mode d'amortissement linéaire est appliqué. L'existence d'un marché d'occasion sur ce type de matériel a permis de fixer la valeur de revente au terme de cinq années d'utilisation à 1 500 €.

Courant N, les performances du matériel sont nettement inférieures à celles attendues. La production doit être revue à la baisse. Un test de dépréciation est effectué à la fin de l'année N et la valeur actuelle du bien est estimée à 24 000 €. Courant N+1, il est remédié au problème du matériel ; la valeur actuelle est estimée fin N+1 à 27 000 €. À la fin des années N+2 et N+3, l'estimation de la valeur actuelle ne nécessite pas d'ajustement de la dépréciation par rapport à l'année N+1. À la fin de la durée d'utilisation du matériel, la société Arpin parvient à céder la machine à une entreprise de recyclage au prix de 1 000 € HT.

L'exercice comptable coïncide avec l'année civile.

**Missions**

1. *Énoncez et expliquez le principe comptable qui justifie l'enregistrement de dépréciations.*
2. *Justifiez la présence du test de dépréciation effectué et indiquez en quoi il consiste.*
3. *Présentez le plan d'amortissement du matériel prévu à l'origine, puis le plan révisé après les tests de dépréciation.*
4. *Enregistrez les écritures comptables nécessaires au 31 décembre N+1.*
5. *Présentez un extrait du bilan et du tableau des dépréciations au 31 décembre N+1.*
6. *Enregistrez les écritures comptables nécessaires en N+3.*

## 2 Opérations de régularisation dans la société Poncet

La société Poncet confie au cabinet d'expertise comptable Fidu-Compta les opérations de régularisation énoncées dans le document 1, que son comptable ne maîtrise pas.

**Missions**

1. *Énoncez les objectifs des opérations d'inventaire.*
2. *Indiquez le principe comptable qui justifie l'ajustement des comptes de gestion dans le temps à la date d'inventaire et précisez-en l'intérêt.*
3. *Enregistrez les opérations au 31 décembre N énoncées dans le document 1 (seuls les règlements effectués durant l'exercice N ont été enregistrés).*

## 3 Opérations d'inventaire et clôture des comptes dans la société Fitamant

Le chef comptable de la société Fitamant a préparé quelques travaux d'inventaire, avant de tomber malade. Le dirigeant de cette société souhaite donc que le cabinet Fidu-Compta prenne en charge les opérations d'inventaire et la clôture des comptes au 31 décembre N. Le chef comptable a listé, pour vous, les informations relatives à l'inventaire dans les documents 2 et 3.

### Missions

1. *À partir des documents 1 et 2, enregistrez les opérations d'inventaire qui n'ont pas été comptabilisées.*
2. *Complétez la balance dans le document 4.*
3. *Expliquez la nécessité pour la société Fitamant d'assurer une transition de ses comptes entre les exercices.*
4. *Procédez à la clôture des comptes de gestion et déterminez le résultat au 31 décembre N.*
5. *Enregistrez les opérations de clôture des comptes de bilan, de contre-passation et de réouverture des comptes.*

## DOSSIER DOCUMENTAIRE

Document 1

**Informations relatives aux opérations de régularisation dans la société Poncet**

1. La société Poncet a comptabilisé le 1er octobre N la prime annuelle d'assurance pour un montant de 480 €.

2. La société Poncet a contracté un emprunt le 1er mars N d'un montant de 10 000 €, remboursable par amortissement constant sur 5 ans. Le taux d'intérêt est de 4 % l'an. Le premier terme du remboursement interviendra le 28 février N+1.

3. La société Poncet a livré le 28 décembre N des marchandises pour un montant de 7 200 € HT. La facture sera éditée en janvier N+1.

4. La société Poncet estime sa consommation d'électricité pour le mois de décembre N à 430 € HT. La facture correspondante n'est pas encore parvenue.

5. La société Poncet doit accorder des ristournes à ses clients pour un montant évalué à 1 440 € HT.

6. La société Poncet a des dettes envers ses fournisseurs anglais pour un montant de 3 000 £. Elles ont été enregistrées dans le compte 40102 pour 3 600 €. À la même date, la société Poncet détenait 5 000 £ de créances sur ses clients britanniques. Ces créances ont été enregistrées lors de la facturation pour 5 800 €. Le 31 décembre N, 1 £ = 1,30 €. Les dettes fournisseurs et les créances clients seront réglées au cours du premier trimestre N+1.

Document 2

## Informations concernant l'inventaire au 31 décembre N de la société Fitamant

• Les écritures concernant les amortissements des immobilisations au 31 décembre N ont été comptabilisées.

• Un client dont la créance s'élève à 1 400 € TTC est considéré comme douteux. Le chef comptable estime perdre 468 € de cette créance.

• Un salarié a intenté en N un procès pour licenciement abusif à la société Fitamant. Il lui réclame 4 000 €. L'avocat de la société pense qu'elle sera condamnée à payer seulement 400 € d'indemnités au salarié et 100 € au titre des frais de procédure.

• Inventaire des stocks :

– Stock final de matières premières : 1 731 €

– Stock final de produits finis : 3 240 €

– Face à une pénurie sur le marché de ces matières premières, la valeur de revente de ce stock est estimée à 1 800 €. Suite à un sinistre, le stock final de produits finis est lui estimé à 2 952 €.

• Les autres écritures de régularisation ont été correctement comptabilisées :

– Les charges constatées d'avance concernent les redevances de crédit-bail qui couvrent l'exercice N+1.

– Les produits constatés d'avance concernent des produits finis facturés mais non encore livrés en N.

– Les factures non parvenues portent sur les achats stockés de matières premières.

Document 3

## Balance provisoire de la société Fitamant au 31 décembre N

| N° compte | Intitulés | Soldes | |
|---|---|---|---|
| | | Débit | Crédit |
| 10100 | Capital | | 12 960,00 |
| 10600 | Réserves | | 4 126,00 |
| 15100 | Provisions pour risques | | 1 116,00 |
| 16400 | Emprunt auprès des établissements de crédit | | 6 840,00 |
| 21100 | Terrains | 3 240,00 | |
| 21300 | Constructions | 17 280,00 | |
| 21500 | Installations techniques, matériel et outillages industriels | 15 120,00 | |
| 28130 | Amortissement des constructions | | 5 184,00 |
| 28150 | Amortissement des installations techniques | | 9 072,00 |
| 31100 | Stocks de matières premières | 1 641,00 | |
| 35500 | Stocks de produits finis | 2 700,00 | |
| 40100 | Fournisseurs | | 4 284,00 |

...

| N° compte | Intitulés | Soldes | |
|---|---|---|---|
| | | Débit | Crédit |
| 40800 | Fournisseurs, factures non parvenues | | 98,00 |
| 41100 | Clients | 4 518,00 | |
| 44580 | État, TVA à régulariser | 16,00 | |
| 48600 | Charges constatées d'avance | 1 620,00 | |
| 48700 | Produits constatés d'avance | | 1 440,00 |
| 51200 | Banques | 399,00 | |
| 53000 | Caisse | 25,00 | |
| 60100 | Achats stockés de matières premières | 23 770,00 | |
| 60910 | RRR obtenus sur achats de matières premières | | 234,00 |
| 61200 | Redevance de crédit-bail | 9 360,00 | |
| 62200 | Rémunérations d'intermédiaires et honoraires | 2 340,00 | |
| 63300 | Impôts taxes et versements assimilés | 1 656,00 | |
| 64100 | Rémunérations du personnel | 10 917,00 | |
| 64500 | Charges de sécurité sociales et de prévoyance | 4 914,00 | |
| 66100 | Charges d'intérêts | 504,00 | |
| 68110 | Dotations aux amortissements des immobilisations | 2 376,00 | |
| 70100 | Ventes de produits finis | | 57 960,00 |
| 70900 | RRR accordés par l'entreprise | 1 170,00 | |
| 71350 | Variation de stocks de produits finis | | |
| 76000 | Produits financiers | | 36,00 |
| 78170 | Reprise sur dépréciation d'actifs circulants | | 216,00 |
| **Totaux** | | **103 566,00** | **103 566,00** |

Document 4

**Balance après inventaire au 31 décembre N (à compléter)**

| N° compte | Intitulés | Soldes | |
|---|---|---|---|
| | | Débit | Crédit |
| 10100 | Capital | | 12 960,00 |
| 10600 | Réserves | | 4 126,00 |
| 15100 | Provisions pour risques | | ............... |
| 16400 | Emprunt auprès des établissements de crédit | | 6 840,00 |
| 21100 | Terrains | 3 240,00 | |
| 21300 | Constructions | 17 280,00 | |

| N° compte | Intitulés | Soldes | |
|---|---|---|---|
| | | Débit | Crédit |
| 21500 | Installations techniques, matériel et outillages ind. | 15 120,00 | |
| 28130 | Amortissement des constructions | | 5 184,00 |
| 28150 | Amortissement des installations techniques | | 9 072,00 |
| 31100 | Stocks de matières premières | .............. | |
| 35500 | Stocks de produits finis | .............. | |
| 39550 | Dépréciation des stocks de produits finis | | ........... |
| 40100 | Fournisseurs | | 4 284,00 |
| 40800 | Fournisseurs, factures non parvenues | | 98,00 |
| 41100 | Clients | .............. | |
| 41600 | Clients douteux | .............. | |
| 44580 | État, TVA à régulariser | 16,00 | |
| 48600 | Charges constatées d'avance | 1 620,00 | |
| 48700 | Produits constatés d'avance | | 1 440,00 |
| 49100 | Dépréciation des comptes clients | | ........... |
| 51200 | Banques | 399,00 | |
| 53000 | Caisse | 25,00 | |
| 60100 | Achats stockés de matières premières | 23 770,00 | |
| 60310 | Variation de stocks de matières premières | | .............. |
| 60910 | RRR obtenus sur achats de matières premières | | 234,00 |
| 61200 | Redevance de crédit-bail | 9 360,00 | |
| 62200 | Rémunérations d'intermédiaires et honoraires | 2 340,00 | |
| 63300 | Impôts taxes et versements assimilés | 1 656,00 | |
| 64100 | Rémunérations du personnel | 10 917,00 | |
| 64500 | Charges de sécurité sociales et de prévoyance | 4 914,00 | |
| 66100 | Charges d'intérêts | 504,00 | |
| 68110 | Dotations aux amortissements des immobilisations | 2 376,00 | |
| 68150 | Dotations aux provisions d'exploitation | ........... | |
| 68170 | Dotations aux dépréciations | ........... | |
| 70100 | Ventes de produits finis | | 57 960,00 |
| 70900 | RRR accordés par l'entreprise | 1 170,00 | |
| 71350 | Variation de stocks de produits finis | | .............. |
| 76000 | Produits financiers | | 36,00 |
| 78170 | Reprise sur dépréciation d'actifs circulants | | 216,00 |
| **Totaux** | | .............. | .............. |

# CHAPITRE 21 Informatisation comptable

## PROGRAMME

| Compétences attendues | Savoirs associés |
|---|---|
| • **Identifier** et **analyser** les impacts actuels de la dématérialisation et de la numérisation sur l'organisation comptable et l'évolution des pratiques comptables<br>• **Expliquer** les obligations légales relatives à l'établissement, la conservation et la transmission des fichiers informatisés obligatoires | • Informatisation de la comptabilité et droit comptable<br>• Impact de la dématérialisation et de la numérisation sur l'organisation comptable et sur les contrôles à réaliser |

### PRÉREQUIS

Organisation comptable (chapitre 4)

### LIEN AVEC LE DCG 4

§8. Notions de contrôle fiscal

## PLAN DU CHAPITRE

**Cours :** 1. Principes de l'informatisation comptable • 2. Obligation en matière d'informatisation comptable • 3. Enjeux et impacts de l'informatisation comptable

**Des savoirs aux compétences :** Évaluer les savoirs • Maîtriser les compétences • Préparer l'épreuve

**Synthèse**

La comptabilité a été rapidement informatisée afin d'automatiser des travaux comptables répétitifs. Peut-on pour autant réduire l'informatisation de la comptabilité à l'automatisation des tâches ? Comment distinguer informatisation, dématérialisation, numérisation et digitalisation ? En quoi consiste l'informatisation comptable et quels sont les apports de l'intelligence artificielle pour la profession ? En quoi l'informatisation offre-t-elle une plus grande fiabilité des données ? Les services comptables sont-ils tenus d'informatiser leurs travaux et pièces comptables ? Quelles sont les conséquences de l'informatisation sur les métiers de la comptabilité ?

### MOTS-CLÉS

**Conservation des pièces comptables • Dématérialisation • Digitalisation • Fichier des écritures comptables • Informatisation • Informatisation comptable • Intelligence artificielle • Progiciel de gestion intégré • Système d'archivage électronique • Traitement comptable autonome • Traitement comptable intégré**

# 1 Principes de l'informatisation comptable

## A) Qu'est-ce que l'informatisation comptable ?

La **dématérialisation** des pièces comptables conduit à s'affranchir de l'utilisation des documents « papier » au profit des documents « informatiques ». Cette nouvelle gestion conduit le producteur et l'utilisateur de l'information à valoriser le contenu et l'exploitation des données comptables plutôt que son traitement.

La dématérialisation de la production comptable facilite le processus de gestion des flux de documents. Elle permet également le classement et facilite l'accès à la consultation et à la recherche de documents comptables au moment de la révision.

L'**informatisation** ne se réduit pas à la dématérialisation et s'opère concrètement à différents niveaux :

- La dématérialisation à la source en demandant aux clients d'un cabinet comptable de saisir « en ligne » les informations qu'ils reportaient auparavant sur un document papier.

**Exemple**

De nombreux logiciels comptables proposent des services de « portail collaboratif », permettant aux entreprises de saisir tout ou partie (uniquement les ventes, les achats, les notes de frais, etc.) de leur comptabilité directement sur leur dossier partagé par le cabinet comptable. Celui-ci y a accès en temps réel et peut vérifier, compléter et corriger les informations saisies.

- Les procédés de numérisation et de gestion électronique de documents (GED) qui arrivent par courrier à l'organisme (ex. : bordereaux ou chèques). Les pièces comptables papier sont transformées en pièces comptables numérisées.

**Exemple**

La plupart des éditeurs de logiciels proposent une reconnaissance optique des caractères (abrégée OCR en anglais), technologie permettant de convertir des documents papiers scannés en fichiers modifiables et interrogeables. Il suffit de scanner ou photographier un document papier puis de le déposer sur l'espace accessible en ligne pour pouvoir ensuite le comptabiliser (avec l'aide de la technologie OCR, qui va proposer les comptes à utiliser et un libellé d'écriture en fonction des caractères de la pièce qui auront été reconnus), le joindre comme pièce justificative à l'écriture comptable, le stocker, le rechercher ultérieurement, etc.

- L'échange dématérialisé avec d'autres administrations et organisations pour obtenir les informations nécessaires aux traitements des dossiers sans solliciter directement le demandeur (ex. : sollicitation de l'administration fiscale sur la situation fiscale d'un client d'un cabinet comptable).

**Exemple**

Pour la collecte des relevés bancaires, il est possible d'utiliser le protocole de communication EBICS (qui permet une liaison directe avec les serveurs bancaires), ou d'intégrer des relevés envoyés par le portail JeDeclare.com. Ceci évite une saisie manuelle, ligne à ligne, du relevé « papier » et permet, sous réserve d'un paramétrage préalable de qualité, de gagner en rapidité et en fiabilité au niveau de la tenue comptable.

- Les plateformes et « portails » d'offres de services interactifs proposant une large palette de services et permettant aussi bien de transmettre des informations que d'en recevoir : informations réglementaires, justificatif de situation ou de paiement des cotisations (pour répondre à un marché public), état du compte, etc.

Exemple

La procédure TDCF (transfert des données comptables et fiscales) permet aux entreprises de transmettre par voie électronique, directement ou par l'intermédiaire d'un tiers (comme un cabinet d'expertise-comptable), leur déclaration de résultat et la plupart de ses annexes aux services des impôts.

L'informatisation agit sur l'acquisition et la reconnaissance des données, le traitement comptable et l'accessibilité de l'information financière (tab. 21.1).

**Tableau 21.1. Principales opérations d'informatisation comptable**

| Opérations d'informatisation | Exemples |
|---|---|
| Acquisition des données comptables | • Numérisation des documents papiers<br>• Réception de fichiers électroniques<br>• Classement des documents numérisés |
| Reconnaissance | Extraction des données nécessaires au traitement comptable grâce à l'application sur les pièces comptables d'outils de reconnaissance de caractères ou de lecture automatique de documents |
| Traitement comptable | Validation des écritures comptables |
| Accessibilité | • Consultation de documents ou pièces comptables<br>• Recherche de documents, pièces, écritures comptables<br>• Accès à distance et à toute heure |

## FOCUS Numérisation, dématérialisation et informatisation

De nombreux termes et concepts sont liés à l'introduction de l'informatique et des nouvelles technologies de l'information et de la communication (NTIC).

• La numérisation des documents comptables signifie créer un fichier numérique à partir d'un document original au format papier, en passant celui-ci dans un scanner et en utilisant un logiciel de reconnaissance des caractères.

• La dématérialisation de la comptabilité consiste à produire un document directement au format numérique à partir d'un système d'information. La dématérialisation ne se réduit pas à la transformation de documents papiers en documents numériques (numérisation), mais à la production directe de documents et procédés en format numérique. La dématérialisation est une des opérations de l'informatisation.

• L'informatisation de la comptabilité correspond à l'application des méthodes et des moyens de l'informatique aux activités comptables. L'informatisation implique, en plus de la dématérialisation, de réorganiser en profondeur le processus de traitement d'un flux de documents : tâches à réaliser, intervenants, outils mis en œuvre, procédures, archivage, contrôle... L'informatisation peut être associée à la **digitalisation**.

## B) Modalités d'informatisation

L'informatisation de la fonction comptable peut prendre la forme d'un traitement autonome ou d'un traitement intégré à l'ensemble du système d'information de l'entité.

### 1. Traitement comptable autonome

Dans le cas d'un **traitement comptable autonome**, les traitements comptables sont opérés à l'aide de matériels et de logiciels dédiés, les tâches répétitives sont automatisées. L'intervention humaine se limite à la saisie, à l'imputation comptable, au contrôle des états et à leur exploitation (tab. 21.2).

**Tableau 21.2. Exemples de traitements comptables autonomes**

| Travaux | Intervention humaine | Traitement automatisé |
|---|---|---|
| Saisie des pièces comptables et imputation | X | |
| Contrôle de la saisie | X | |
| Validation de la saisie | X | |
| Mise à jour du livre-journal et du grand-livre | | X |
| Totalisation des débits et crédits | | X |
| Centralisation : report des brouillards de saisie dans les journaux et de la totalisation | | X |
| Établissement et édition des états comptables | X | X |
| Sauvegarde des données | X | |
| Clôture, changement d'exercice | X | |

La phase la plus importante est celle de la saisie. Elle s'accompagne de l'imputation comptable et donc du choix des comptes. Les écritures sont généralement précomptabilisées : il est défini sur la pièce justificative les comptes à mouvementer. Les écritures sont ensuite enregistrées au brouillard du journal concerné sur le logiciel. Les logiciels proposent en général des procédures de « saisie guidée » pour les opérations les plus répétitives (factures d'achats, de ventes, etc.). Les pièces comptables sont ainsi enregistrées dans les journaux auxiliaires avec une mise à jour automatique des grands livres. Les balances sont établies instantanément et sont consultables à la demande. Il en est de même en ce qui concerne les états financiers : leur établissement automatique est déclenché à la demande de l'utilisateur. Les logiciels proposent en général une aide pour établir les états de rapprochement bancaires et les principales déclarations fiscales.

L'ouverture de la comptabilité est précédée par une phase de paramétrage du logiciel : il s'agit entre autres d'indiquer les caractéristiques de l'entité, les options retenues (codes d'accès des utilisateurs, système de TVA, etc.), de définir le plan de comptes, de choisir les journaux auxiliaires.

Cette organisation se retrouve dans de nombreuses petites entités. Elle est le domaine par excellence d'un traitement par catégories de pièces comptables (factures clients, bulletins de paie, etc.).

**Exemple**

- Une entreprise de négoce va pouvoir lier un compte client à un compte de produits et à un taux de TVA ; ainsi, en saisissant dans ce compte client le montant TTC d'une facture émise, le logiciel proposera de façon automatique le compte 707000 pour le montant hors taxe (= montant TTC / 1,2), et le compte 445710 pour le montant de TVA (= montant HT × 20 %).

## 2. Traitement comptable intégré

L'informatisation croissante des autres fonctions de l'entité (gestion commerciale, achats, gestion du personnel, gestion des stocks, maintenance, etc.) s'est accompagnée d'une répétitivité dans la saisie d'un même événement de gestion. La recherche de gains de productivité a conduit à la constitution d'une base de données unique accessible à l'ensemble des utilisateurs. C'est le propre des **progiciels de gestion intégrés** (PGI), du terme anglo-saxon ERP (*enterprise resource planning*) (↪ chapitre 22). Leur finalité est la coordination des diverses activités de l'entité. Une logique client-serveur est instaurée entre la base de données (serveur) et les applications. Autrefois l'apanage des grandes entreprises, les PGI deviennent accessibles pour les PME. Ils sont souvent dédiés à un métier particulier (bâtiment, hôtellerie, industrie, etc.).

Ainsi, dans le **traitement comptable intégré**, une base d'événements de gestion est constituée par les systèmes opérationnels. Pour les opérations les plus courantes, la traduction en écritures comptables est simultanée. La comptabilité est mise à jour en temps réel, sans lien direct avec la pièce comptable. Le rôle des comptables est de plus en plus limité à l'analyse et au contrôle des états obtenus en sous-produits du traitement.

**Exemple**

- Des logiciels de facturation et de gestion des stocks chaînés au logiciel comptable peuvent permettre, à partir de l'établissement d'un devis client, de le transformer en facture, de mettre à jour le stock de la sortie de marchandise réalisée et de transférer l'écriture comptable correspondant à l'opération. Toutes ces opérations, si elles procurent un gain de temps certain, nécessitent toutefois un paramétrage en amont de qualité et une vigilance accrue lors de l'analyse des comptes afin de pallier tout manque ou erreur de paramétrage.

Dans la pratique, les solutions adoptées dans les entreprises se situent à des niveaux intermédiaires entre le traitement autonome et le traitement intégré.

**Exemple**

- La multiplicité des éditeurs de logiciel et leur spécialisation peuvent conduire une entreprise à utiliser un logiciel de paye d'un éditeur X et un logiciel comptable d'un éditeur Y. Dans ce cas, le logiciel de paye va générer l'écriture de paye à comptabiliser à partir des informations des bulletins, sous un fichier de format standard (du type .txt) ; le fichier ainsi généré peut être importé dans le logiciel comptable, moyennant une intervention humaine réduite.

→ MINI-CAS 3 • MINI-CAS 4

# 2 Obligations en matière d'informatisation comptable

La tenue d'une comptabilité au moyen de techniques informatisées implique l'accès à la documentation relative aux analyses, à la programmation et à l'exécution des traitements. Cela permet notamment d'effectuer des tests pour vérifier les conditions d'enregistrement et de conservation des écritures. Dans le cadre d'un traitement comptable autonome, la documentation concerne les dossiers de conception, de réalisation, de maintenance, d'utilisation et d'exploitation. Dans le cas d'un traitement comptable intégré, la documentation des travaux comptables est davantage développée. Cette documentation est essentielle car elle peut impacter la force probante de la comptabilité, c'est-à-dire le degré de valeur donné aux informations comptables.

L'administration fiscale impose une procédure de contrôle spécifique pour les comptabilités informatisées. Des durées de conservation et modalités spécifiques d'archivage s'appliquent aux comptabilités informatisées.

## A) Force probante de la comptabilité informatisée

La force probante de la comptabilité informatisée est maintenue à trois conditions :

- une donnée peut être enregistrée sur tout support offrant toute garantie en matière de preuve. Il peut s'agir d'un support magnétique, du moment qu'il est inaltérable. Il en est de même en ce qui concerne le livre-journal.
- l'inaltérabilité est garantie, en plus des contraintes techniques, par la procédure de validation, qui interdit toute modification ou suppression de l'enregistrement. La validation est une procédure qui consiste à figer l'écriture comptable, sans que l'on puisse revenir sur ses différentes composantes (↳ chapitre 22). Elle fait partie des fonctionnalités de tout logiciel comptable. Sa périodicité n'est pas définie mais l'obligation de centralisation mensuelle conduit à une validation de même périodicité. Tant qu'une écriture n'est pas validée, elle est saisie en « mode brouillard » et peut être modifiée.
- la procédure de clôture de l'exercice rend l'ensemble des enregistrements intangible. À la différence de la comptabilité manuelle, elle est assurée ici par une fonctionnalité du logiciel. La clôture interdit la réouverture des comptes durant l'exercice clôturé : il n'est plus possible de les modifier ou de les supprimer.

Pour l'administration fiscale, une comptabilité informatisée est irrégulière et donc non probante dans les cas suivants :

- présentation sous des formats non recevables des documents comptables et pièces justificatives dématérialisés ;
- défaut de validation des écritures comptables ;
- défaut de clôture des exercices comptables ;
- défaut de traçabilité ;
- absence de chronologie des enregistrements ;
- absence de permanence du chemin de révision ;
- insuffisance des données archivées.

## B) Fichiers des écritures comptables (FEC)

À l'occasion de ses contrôles, l'administration fiscale a fréquemment recours à la procédure spécifique de « contrôle fiscal des comptabilités informatisées » (CFCI). Plus particulièrement, lors des vérifications de comptabilité intervenant depuis le 1er janvier 2014, la remise à l'administration d'une copie des **fichiers des écritures comptables** (FEC) sous forme dématérialisée est obligatoire. Il s'agit d'un document informatique qui contient l'ensemble des enregistrements du système comptable d'une entreprise (tab. 21.3).

**Tableau 21.3. Contenu du fichier des écritures comptables (FEC)**

| | |
|---|---|
| • Code du journal de l'écriture comptable<br>• Libellé du journal de l'écriture comptable<br>• Numéro de l'écriture comptable<br>• Date de comptabilisation de l'écriture comptable<br>• Numéro de compte<br>• Libellé de compte<br>• Numéro de compte auxiliaire<br>• Libellé de compte auxiliaire<br>• Référence de la pièce justificative | • Date de la pièce justificative<br>• Libellé de l'écriture comptable<br>• Montant au débit<br>• Montant au crédit<br>Lettrage de l'écriture comptable<br>• Date de lettrage<br>• Date de validation de l'écriture comptable<br>• Montant en devise<br>• Identifiant de la devise |

Le FEC permet à l'administration fiscale de s'assurer de la correspondance des documents comptables avec les déclarations fiscales déposées et d'optimiser ses temps de contrôle et de présence en entreprise. Il est généralement établi à partir du logiciel de comptabilité.

Ce sont les normes définies par les services fiscaux qui permettent d'assurer la conformité technique du FEC, son utilisation en cas de contrôle et sa force probante. Ces mêmes normes permettent à toute entreprise de contrôler leur FEC, grâce à des logiciels dédiés, et de vérifier la qualité de leurs écritures comptables.

**Exemple**

- Le contrôle du FEC peut faire apparaître un saut ou un doublon de numéro dans la facturation des ventes ; cette erreur devra être justifiée en cas de contrôle de l'administration.

## C) Conservation et archivage des données dématérialisées

### 1. Durée de conservation

Le délai légal de **conservation des pièces comptables** (documents comptables et pièces justificatives) est de 10 ans. Le droit fiscal impose une durée plus longue pour les factures d'immobilisations amortissables, soit la durée d'amortissement pratiquée augmentée de 3 ans. La loi ne fait pas de différence entre les documents papier et numériques.

**Code de commerce, art. L 110-3**

- « À l'égard des commerçants, les actes de commerce peuvent se prouver par tous moyens à moins qu'il n'en soit autrement disposé par la loi. »

Ceci oblige néanmoins les sociétés ayant effectué leur digitalisation à trouver des moyens sécurisés pour stocker leurs fichiers digitaux.

**Code civil, art. 1366**

- L'écrit électronique a la même force probante que l'écrit sur support papier, sous réserve que puisse être dûment identifiée la personne dont il émane et qu'il soit établi et conservé dans des conditions de nature à en garantir l'intégrité.

La conservation des données dématérialisées implique donc un mode d'archivage permettant de restituer leur contenu et d'identifier leur auteur.

## 2. Système d'archivage électronique (SAE)

Le **système d'archivage électronique** (SAE) permet de conserver des documents numériques sur le long terme et de les préserver de toute modification. L'objectif du SAE est d'assurer la valeur probante des informations comptables archivées, en préservant :

- **La pérennité.** La préservation des documents pendant une durée définie et la mise en œuvre de moyens permettant d'assurer leur lisibilité dans le temps implique d'utiliser un format de fichier pérenne et de réaliser des conversions régulières de formats, ainsi que des migrations des supports de stockage.

**Exemple**

Le système d'archivage doit veiller à ne pas courir le risque d'utiliser un logiciel sans maintenance ni mise à jour qui ne permet pas, en cas de contrôle 2 ou 3 ans plus tard, de présenter une sauvegarde de comptabilité conforme aux règles alors en vigueur.

- **L'intégrité.** Pour assurer la non modification des documents depuis leur versement dans le SAE sont mis en place le calcul d'empreinte, l'horodatage et la journalisation de l'ensemble des opérations réalisées. Les journaux sont eux-mêmes archivés et conservés aussi longtemps que les documents.

**Exemple**

Le SAE attribue une empreinte au document lors de son stockage. Cela consiste en une suite de caractères déduite du document (fonction de hachage), qui identifie avec certitude le document. L'empreinte du document peut être présentée à un tiers horodateur, qui va émettre un jeton d'horodatage. Cela consiste à apposer une date de réception sur les documents électroniques reçus ou une date d'émission sur les documents envoyés. Un journal de preuve regroupant ces éléments est stocké dans le SAE.

- **La confidentialité.** Le cloisonnement des documents et la gestion des habilitations sont définis par des droits d'accès aux documents personnalisés en fonction de leur sensibilité (ex. : seul le service Ressources humaines accède aux dossiers du personnel, et l'accès aux dossiers des dirigeants est restreint à certains collaborateurs RH).

**Exemple**

Cela peut consister à gérer *via* mot de passe ou restriction de droits un accès contrôlé aux documents et dossiers comptables.

- **La disponibilité.** Les documents sont accessibles et exploitables par les utilisateurs du dispositif. L'indexation des documents et leur classement dans une arborescence structurée facilitent les recherches des utilisateurs, soit à partir de leur logiciel métier soit *via* une interface de gestion.

**Exemple**

En cas de problème ou de panne du système, les archives électroniques doivent être remobilisables dans un délai tolérable. Un stockage et une sauvegarde sur plusieurs systèmes peuvent être prévus.

- **La réversibilité.** Possibilité de récupérer l'ensemble des documents, données et journaux de preuve en cas de changement de dispositif.

**Exemple**

La durée de conservation des archives peut être plus longue que la durée de vie du SAE. Le SAE doit donner la possibilité de récupérer l'ensemble des documents et des éléments de preuve en utilisant des technologies d'écriture et de lecture qui permettent d'exploiter les contenus en lecture indépendamment de la technologie utilisée pour l'écriture.

→ APPLICATION 2 • MINI-CAS 4

# 3 Enjeux et impacts de l'informatisation comptable

## A Opportunités et menaces de l'informatisation comptable

Rapport « 2018 : l'expertise comptable 2.0 », étude réalisée par l'éditeur de logiciels Sage auprès de 3 000 experts dans le monde :

http://dunod.link/pnzyr62

Avec l'évolution permanente du marché de la profession comptable, la concurrence accrue et les évolutions technologiques (notamment l'**intelligence artificielle** – IA), l'informatisation apparaît comme une opportunité pour les métiers comptables. En effet, elle permet de répondre aux nouvelles attentes des clients et aux évolutions du marché de l'expertise comptable. De plus, la technologie peut faire évoluer les services réalisés par les professionnels de la comptabilité et offrir des avantages incomparables. Enfin, les entreprises et les consommateurs d'aujourd'hui sont particulièrement au fait de la technologie et de l'écologie, et comptent d'ailleurs retrouver cette même sensibilisation et cette même acceptation dans les prestations réalisées par les professionnels de la comptabilité.

Les professionnels de la comptabilité doivent alors se démarquer en élargissant la gamme de services et en proposant des conseils stratégiques. Les relations clients/experts-comptables doivent évoluer et se développer.

Enfin, les entrepreneurs et collaborateurs d'aujourd'hui sont majoritairement de la génération dite des *Millennials* (ou génération Y), c'est-à-dire des personnes nées entre 1980 et 2000, ayant grandi avec la technologie. Pour elles, la digitalisation des métiers est une évidence.

Pour autant, des freins peuvent rendre l'informatisation difficile. Les professionnels comptables ont la culture de l'écrit. De plus, l'informatisation conduit à moins valoriser les compétences premières des comptables (tenue des comptes). Enfin, de nombreux experts-comptables craignent que le développement de solutions DIY (« *do it yourself* », soit « faites-le vous-même ») offertes par l'informatisation comptable détourne les clients des cabinets. L'informatisation de la comptabilité conduit à rendre davantage le client acteur. En effet, auparavant, tous les clients de cabinet comptable apportaient l'ensemble de leurs pièces justificatives et attendaient en retour les états financiers. Aujourd'hui, le client peut choisir de réaliser une partie plus ou moins importante de la tenue comptable, et cela grâce à la digitalisation. Cette nouvelle offre pourrait alors réduire le rôle du comptable (tab. 21.4).

**Tableau 21.4 Opportunités et menaces du marché de l'expertise comptable face à l'informatisation**

| Opportunités | Menaces |
|---|---|
| • Développement de la digitalisation<br>• Essor des missions de conseils<br>• Délocalisation de saisie comptable<br>• Intérêt et contrainte écologique<br>• Nouvelle génération de collaborateurs et utilisateurs de l'information comptable (génération Y) | • Forte culture papier de la profession comptable<br>• Non prise en compte des enjeux de la dématérialisation<br>• Risque de moindre reconnaissance des compétences premières des professionnels de la comptabilité |

## B) Forces et faiblesses de l'informatisation comptable

L'**informatisation comptable** permet aux cabinets comptables de générer des gains de productivité et de réduire des coûts mais aussi d'assurer de nouveaux services favorisant leur compétitivité, leur différenciation et la fidélisation des clients.

L'informatisation comptable permet d'optimiser les travaux comptables : gain de temps sur la gestion, sur la saisie et sur l'archivage des pièces comptables. L'une des motivations majeures de la digitalisation des services comptables est d'optimiser le temps de travail et d'améliorer l'efficacité et la qualité du service. Il s'agit aussi d'attirer de nouveaux clients.

L'intérêt principal de la technologie est qu'elle permet aux experts-comptables d'accéder aux données et les aide à fournir des informations stratégiques et des conseils aux clients. Les experts-comptables sont alors en mesure d'aller à de simples rendez-vous d'arrêtés des comptes, une fois par an ou une fois par trimestre. La technologie incite les clients à devenir des « clients à vie » et permet aux experts-comptables de leur assurer une assistance 365 jours par an s'il le faut.

Les atouts de l'informatisation ne se limitent pas à simplifier les travaux comptables. Les études donnent à penser que l'ennui des tâches répétitives peut se traduire par un taux de rotation du personnel élevé, ce qui occasionne une baisse de la qualité des services rendus au client et des coûts supplémentaires pour un cabinet, en termes de recrutement et de formation notamment.

Cependant, l'informatisation implique une gestion du changement et un investissement important des services et cabinets comptables (tab. 21.5).

**CHIFFRES-CLÉS**

Les motivations majeures qui poussent à adopter de nouvelles technologies sont le temps et l'efficacité (**64 %**) et l'amélioration de la qualité du service (**44 %**) (SAGE, 2018).

**Tableau 21.5. Forces et faiblesses des métiers comptables informatisés**

| Forces | Faiblesses |
|---|---|
| • Réduction des coûts<br>• Gain de productivité<br>• Réactivité<br>• Amélioration du partage de l'information<br>• Accessibilité des pièces comptables<br>• Traçabilité des documents<br>• Automatisation du traitement comptable<br>• Travail collaboratif<br>• Confort de travail<br>• Démarche écologique (moins de papiers)<br>• Fidélisation des clients | • Investissement : financier, en temps, en mise en place<br>• Nécessité de formations<br>• Accompagnement au changement de méthode et relations professionnelles<br>• Nécessité de prérequis technique<br>• Changement des habitudes de travail des collaborateurs |

## C) Modifications des métiers comptables induites par l'informatisation comptable

L'informatisation des tâches comptables n'est pas neutre. Elle impacte plus particulièrement le traitement comptable, les modes de contrôles et les services à réaliser.

L'informatisation du travail comptable produit un impact à trois niveaux :
- elle se traduit par une dématérialisation des données et des traitements ;
- elle augmente considérablement la vitesse de traitement, avec une dissociation entre la saisie (manuelle ou automatique) et le traitement, toujours informatisé ;
- elle valorise les tâches d'analyse des états.

La notion de « comptabilité probante » reposait largement sur les propriétés de l'écrit (accessibilité, inaltérabilité, permanence, etc.). On assiste désormais à une dématérialisation des données et des traitements. La dématérialisation des données peut se traduire par une absence de trace matérielle justifiant l'opération ; c'est le cas lorsque la pièce comptable est dématérialisée ou lorsque l'écriture comptable est générée par un PGI. Dans le cas où la pièce comptable reste accessible, il devient parfois difficile de reconstituer le « chemin de révision », celui qui sépare la pièce comptable de l'état financier final.

L'informatisation de la comptabilité, tout en permettant de formidables gains de productivité, induit ainsi certains risques :
- Les systèmes informatiques sont de plus en plus complexes. Le risque d'erreur humaine dans leur conception et leur maintenance s'accroît ; les conséquences sont très lourdes puisque l'ordinateur applique systématiquement le même traitement à un grand nombre d'opérations.
- La séparation des tâches n'est pas toujours possible. Une même personne peut avoir accès aux données et aux programmes, d'où la nécessité d'organiser précisément l'usage des matériels et la mise en œuvre des traitements (utilisation de codes d'accès).
- Le mode de fonctionnement des logiciels reste souvent opaque pour l'utilisateur, de nombreux contrôles sont intégrés dans le traitement automatique et ne sont plus clairement décelables.

➜ MINI-CAS 4 • SITUATION PRATIQUE 5

# DES SAVOIRS AUX COMPÉTENCES

**Évaluer les savoirs** — Maîtriser les compétences — Préparer l'épreuve

## 1 QCM

*Pour chaque proposition, une ou plusieurs réponses sont possibles. Justifiez-les.*

1. L'informatisation de la comptabilité a été privilégiée car :
   a. elle permet la suppression des tâches répétitives. ☐
   b. elle préserve les tâches de report dans les différents états. ☐
   c. elle supprime les contrôles. ☐
2. Dans le cadre de traitements comptables informatisés autonomes, l'intervention humaine :
   a. est totalement supprimée. ☐
   b. se situe au niveau de l'imputation comptable. ☐
   c. se situe au niveau du contrôle. ☐
3. L'informatisation du travail comptable :
   a. se traduit par la matérialité des données. ☐
   b. diminue la vitesse des traitements. ☐
   c. valorise les tâches d'analyse des états. ☐
4. Les risques induits par la dématérialisation des traitements sont :
   a. des erreurs éventuelles dans leur conception et leur maintenance. ☐
   b. la séparation systématique des tâches. ☐
   c. l'opacité du fonctionnement des logiciels pour l'utilisateur. ☐
5. La documentation relative aux traitements informatisés :
   a. doit être gardée sous forme dématérialisée. ☐
   b. doit être gardée sous forme écrite et claire. ☐
   c. est relative aux analyses, à la programmation et à l'exécution des traitements. ☐
6. La force probante de la comptabilité est maintenue si :
   a. elle est enregistrée sur un support magnétique inaltérable. ☐
   b. l'inaltérabilité est garantie par une procédure de validation. ☐
   c. la procédure de clôture de l'exercice rend l'ensemble des enregistrements intangibles. ☐
7. Pour l'administration fiscale, une comptabilité informatisée est irrégulière si :
   a. les écritures comptables ont fait l'objet d'une procédure de validation. ☐
   b. les enregistrements sont réalisés de façon chronologique. ☐
   c. la traçabilité n'est pas assurée. ☐
8. Une pièce comptable est dématérialisée si :
   a. elle a été créée sous forme papier et a ensuite été scannée. ☐
   b. elle est d'emblée créé sous forme électronique. ☐
   c. elle concerne une comptabilité informatisée. ☐

## 2 Entreprise Poitreneaux ★★★

L'entreprise Poitreneaux, spécialisée dans le négoce de gros de composants électroniques, est organisée de la façon suivante :

| Direction générale | | | | | |
|---|---|---|---|---|---|
| Service des achats | Magasin | Service commercial | Service de trésorerie | Service du personnel | Service comptabilité |

Le service des achats a en charge les relations avec les fournisseurs de marchandises, de frais généraux et d'immobilisations. Il émet les bons de commande, les rapproche des bons de livraisons et valide les factures d'achats.

Le magasin s'occupe de la gestion du stock de marchandises. Le magasinier vérifie les bons de livraison par rapport aux livraisons physiques.

Le service commercial a en charge les relations avec les clients, il traite les commandes des clients, émet les bons de livraisons afin que le magasinier prépare ces commandes et édite les factures.

Le service de trésorerie est responsable des règlements aux fournisseurs et du paiement des salaires au personnel ainsi que des encaissements.

Le service du personnel gère les embauches, les départs du personnel, les problèmes de formation et de congés et la gestion de la paie dans l'entreprise.

La comptabilité est divisée en comptabilité client, fournisseur et comptabilité générale. Les comptables qui travaillent dans ces différents services enregistrent les opérations au jour le jour en fonction des pièces comptables que leur transmettent les autres services.

Le traitement comptable est organisé de façon autonome.

1. *Schématisez l'organisation du traitement comptable de l'entreprise.*

L'entreprise Poitreneaux a pour projet l'implantation d'un progiciel de gestion intégré.

2. *Schématisez la nouvelle organisation du traitement comptable de Poitreneaux.*

Associez à chaque service les travaux comptables à réaliser et définissez les journaux auxiliaires associés. Appuyez-vous sur l'organisation comptable (↪ chapitre 4).

## 3 Mini-cas : Expert Pro ★★★

**Compétence attendue**

**Expliquer** les obligations légales relatives à l'établissement, la conservation et la transmission des fichiers informatisés obligatoires

En tant que nouvelle recrue chez Expert Pro, cabinet d'expertise comptable fortement digitalisé, vous vous interrogez sur les obligations légales en matière de fichiers informatisés.

*Effectuez des recherches afin d'établir une note synthétique sur les obligations relatives à l'établissement, la conservation et la transmission des fichiers informatisés obligatoires. La note visera notamment à répondre aux questions suivantes :*

- Quelles sont les obligations spécifiques en matière d'établissement des fichiers informatisés ?
- Quels sont les éléments qui conditionnent la force probante de fichiers informatisés ?
- Quelles sont les obligations à respecter pour assurer le contrôle des fichiers informatisés ?
- Quelle est la durée de conservation des fichiers informatisés obligatoires ?
- Pourquoi des délais de conservation sont-ils imposés ?
- Comment bien conserver ces documents informatisés ?

## 4 Mini-cas : Expert Pro (suite) ★★★

**Compétence attendue**

**Identifier** et **analyser** les impacts actuels de la dématérialisation et de la numérisation sur l'organisation comptable et l'évolution des pratiques comptables

Linda Mathieu, directrice associée d'Expert Pro, vous demande de rédiger une note de synthèse sur les opportunités et menaces des solutions digitales pour le cabinet et la profession. Elle vous communique un article à cet effet.

1. *Identifiez les éléments expliquant l'intensification de la digitalisation.*
2. *Expliquez pourquoi l'expertise comptable est une des activités les plus susceptibles d'être informatisées.*
3. *Explicitez les atouts et menaces de l'informatisation comptable pour la profession comptable.*
4. *Déterminez les nouvelles compétences requises pour tout collaborateur d'un cabinet d'expertise comptable.*
5. *Analysez les nouvelles missions de ces mêmes collaborateurs.*

Document

## L'intelligence artificielle au cœur des compétences du cabinet

L'arrivée de l'Intelligence Artificielle (IA) dans les cabinets d'expertise comptable fait naître des interrogations quant à la place qu'elle va occuper, les emplois qu'elle peut détruire mais également sur les besoins en organisation et en compétences qui vont émerger de cette intrusion. S'appuyer sur les technologies et outils à base d'IA pour positionner l'humain au centre des décisions ouvre de nouvelles possibilités pour les professionnels !

### Intelligence artificielle : cap sur les compétences !

C'est désormais un fait entendu, l'émergence de l'intelligence artificielle au sein de la profession comptable bouleverse déjà et va encore plus bouleverser nos organisations et nos métiers.

Transformer les *business models* des cabinets d'expertise comptable ne repose pas seulement sur le digital, les technologies et la mise en œuvre d'outils numériques.

Le changement est par essence une problématique humaine, non seulement par le fait de la transformation des usages, mais également par la redéfinition des besoins clients. Plus que jamais l'adaptation des hommes et de l'organisation est au cœur du sujet.

C'est donc bien à un bouleversement complet des structures, des compétences, du management et des méthodes de travail auquel nous allons devoir rapidement faire face.

### Développer et transformer les compétences

Comprendre les besoins en compétences suppose d'évaluer rapidement les capacités d'adaptation du cabinet et sa faculté à intégrer de nouveaux processus de production. Avoir une vision assez précise de l'organisation et des métiers du futur devient une réelle nécessité et un atout pour orienter efficacement les équipes.

Si des variations sont possibles dans le temps, et selon les typologies de clientèles et de marchés, une série de caractéristiques propres sont identifiables, à la fois sur des compétences techniques (*hard skills*) mais également sur des compétences relationnelles nouvelles (*soft skills*).

Les *hard skills*, compétences techniques fondamentales, acquises tout au long du parcours de formation initiale, puis complétées par la pratique, continuent de représenter le socle indispensable à tout professionnel.

Ces dernières doivent être renforcées par les *soft skills*, auparavant reléguées au second plan, et qui apparaissent aujourd'hui au premier plan des investissements et des formations nécessaires. Les *soft skills* représentent toutes les compétences permettant au professionnel de s'adapter à son environnement et à ses changements fréquents. Elles permettent également de mieux prendre en compte les nouvelles attentes des clients.

•••

•••

Ainsi, grâce à l'acquisition et au développement de *soft skills*, les professionnels du chiffre pourront faire face aux différentes évolutions en s'appuyant non seulement sur leurs compétences techniques mais aussi et surtout sur des compétences transverses leur permettant de saisir les opportunités qui leur sont offertes, en faisant preuve de créativité pour répondre aux besoins de réactivité, de clarté et de simplification exprimés par les clients.

Deux grandes tendances se dessinent de plus en plus distinctement.

• La première tendance est relative aux modes de management et aux comportements professionnels. Les besoins induits par l'implémentation et l'utilisation de l'intelligence artificielle réclament des évolutions profondes dans les modes de management pour développer l'esprit technique, la délégation, l'autonomie, la collaboration, la flexibilité et la capacité à innover et à mettre en œuvre rapidement en application de nouvelles méthodes. En matière de management, cela exige une approche différente mais surtout des profils de managers nouveaux capables d'investir du temps dans le développement de leurs équipes, d'anticiper, de guider, de former. Ces profils existent déjà dans certains cabinets, mais ils sont encore loin d'être en nombre suffisant. Les structures de management des cabinets sont encore majoritairement issues de profils techniques et raisonnent trop souvent sur la base d'une expérience acquise dans leur domaine d'expertise au détriment de la transversalité nécessaire au développement des activités du cabinet et des collaborateurs.

• La seconde tendance tient en la capacité du cabinet à acquérir et intégrer des compétences nouvelles. L'agilité requise pour mener à bien la transformation du cabinet requiert des compétences qui vont bien au-delà des pures compétences techniques. L'acquisition de compétences nouvelles est donc un impératif. La capacité à travailler en équipe est alors fondamentale pour envisager les nouvelles formes d'organisation et les nouvelles interactions entre l'homme et les systèmes d'intelligence artificielle. Pour mener à bien sa transformation et redéployer ses activités le cabinet doit donc urgemment imaginer les « métiers » de demain, et développer les compétences requises pour ces activités, avec à la clef la création d'un « cabinet augmenté » par l'IA.

### L'exemple des activités de tenue comptable

La redéfinition des activités et des métiers de la tenue comptable est particulièrement éclairante des processus à l'œuvre.

Sur le plan statistique, la tenue comptable représente encore souvent de 60 à 75 % de l'activité des cabinets d'expertise comptable.

Bien que de plus en plus souvent automatisée, elle mobilise encore une forte proportion de collaborateurs au sein des cabinets et contribue toujours largement au modèle économique dominant des cabinets.

Dire que cette activité sera fortement perturbée dans les prochaines années n'étonnera plus personne. Les améliorations apportées aux plateformes de comptabilité en

•••

...
ligne, la mise en place programmée de la facture électronique, l'amélioration des échanges de données bancaires et l'avènement des *marketplaces* automatisées vont contribuer à la disparition de la majeure partie des transactions à saisir par l'humain.

**Devenir des collaborateurs**

Il est certain, à court et moyen terme, l'intelligence artificielle n'éliminera pas l'ensemble des collaborateurs. Voir des machines automatiser des tâches répétitives peut faire naître certaines craintes pour beaucoup de collaborateurs, pour autant l'apport des technologies à base d'IA peut s'avérer bénéfique en réduisant le risque d'erreur de traitement de l'information et en libérant du temps, notamment pour les missions de conseils ou de coaching à plus forte valeur ajoutée.

Schématiquement et sans certitude, il est possible d'imaginer l'évolution des collaborateurs du cabinet d'expertise comptable sur de nouveaux métiers ou de nouvelles fonctions et d'en dresser quelques caractéristiques de portraits-robots.

**Le *data* contrôleur**

Spécialiste en acquisition de données, il aura pour fonction de s'assurer principalement de la fluidité dans la gestion des flux externes d'acquisition des informations comptables. Ce sera à lui de vérifier quotidiennement que les informations entre les différentes plateformes de facturation, de banque, de gestion sont correctement intégrées dans les outils comptables. Il devra intervenir pour corriger les anomalies dans les paramétrages des multiples interfaces qu'utiliseront les clients et dénouer les problèmes d'acquisition qui lui seront remontés en temps réel par les applications et les utilisateurs.

Pour réussir dans son futur métier de *data* contrôleur, le collaborateur comptable actuel a un besoin urgent de compétence en technologies, qui ne doivent pas être cantonnées aux seuls responsables informatiques du cabinet. Ces nouveaux profils de postes sont porteurs d'une culture professionnelle nouvelle pour créer une rupture dans les modes de production traditionnels et susciter des solutions et processus technologiques innovants.

Mettre en adéquation les collaborateurs actuels avec ces nouveaux profils métiers signifie investir massivement et dès maintenant dans la compréhension des outils numériques disponibles : signature électronique, facture électronique, système d'archivage, coffre-fort numérique, gestion de *data lakes* (lacs de données), connaissance des principes de *blockchain*... : en résumé, développer ses compétences en matière digitale en allant au-delà des simples outils de production actuel.

Du côté des *soft skills* indispensables à ce profil, il convient de favoriser et renforcer les notions d'esprit critique. Cette compétence est fondamentale à l'heure de l'intelligence artificielle. Elle permet d'être vigilant sur les bases de données utilisées, et ainsi éviter les biais dans les interprétations réalisées par les outils d'IA, mais aussi de conserver un libre arbitre au moment de la généralisation
...

...

des algorithmes. Il s'agit d'un effort de curiosité nécessaire qui sera forcément récompensé !

**Le coach-client**

Le métier de « coach-client » doit faire naître un nouveau type de responsable de dossier. Le premier besoin en compétence concerne d'abord la relation client. Le digital ne fait pas disparaître le « responsable de dossier ». Au contraire, avec le digital, il doit incarner encore plus le cabinet et l'ensemble de l'offre de services proposé. Le « coach-client » est un des facteurs essentiels à partir duquel les cabinets pourront maintenir et développer la relation client notamment pour le conseil. Les outils, données et intelligence artificielle disponibles pourront équiper le « coach-client » et « augmenter » ses capacités et sa pertinence.

Un important investissement en formation et en développement est nécessaire pour élever le niveau et l'approche des actuels responsables de dossiers. Les compétences techniques ne sont déjà plus suffisantes pour satisfaire les besoins, attirer et conserver l'attention des clients.

Le « coach-client » doit maîtriser les secteurs d'activité de ses clients, comprendre leurs *business models* et les enjeux concurrentiels. Il doit pour cela disposer de compétences élargies en matière de vie des entreprises. Il doit dépasser ses compétences techniques actuelles en fiscalité et comptabilité. Le responsable de dossier devient un « coach », un accompagnateur de l'expérience de l'entrepreneur. Pour les clients particuliers et les chefs d'entreprise, il peut aussi être un coach financier et patrimonial. Enfin avec le digital, le « coach-client » a aussi pour mission d'accompagner le client vers les solutions numériques proposées par le cabinet dans une approche qui n'est plus face à face, mais bel et bien du côte-à-côte. Il est le véritable lien au quotidien entre les clients et le cabinet. Ses compétences relationnelles et ses capacités d'empathie représentent sa réelle valeur ajoutée.

**Le spécialiste « Mission ciblée »**

C'est à lui d'intervenir lorsque le « coach-client » a détecté et identifié avec son client une problématique ou un besoin spécifique. Ultra-compétent dans son domaine, ce spécialiste doit être capable d'apporter la meilleure réponse au questionnement du moment. Il dispose nécessairement de compétences très pointues dans son domaine et s'appuie sur la puissance des outils d'analyse de données et de modélisation des connaissances pour répondre efficacement à la situation. Disposant de qualité pédagogique indispensable, il est capable de simplifier la complexité et ainsi de faciliter la prise de décision. Les capacités de collaboration et d'empathie lui permettent un contact client de haut niveau et favorisent un conseil à valeur augmentée.

Imaginer ces nouveaux métiers reste un exercice hautement spéculatif et risqué, il n'en demeure pas moins un exercice nécessaire pour tout dirigeant de cabinet. Si pour certains, demain, « savoir est obsolète », nous estimons que certaines compétences auront encore plus d'importance.

...

...
Grâce à l'intelligence artificielle, l'humain prend une place véritablement centrale. Mettre en place efficacement ces différents profils de collaborateurs offre de nouvelles perspectives et demande un effort de conduite et de gestion du changement habile de la part des dirigeants de cabinets. Si l'expert-comptable possède ce discernement, alors il n'a pas à craindre l'intelligence artificielle.

Stéphane Raynaud, *Revue française de comptabilité (RFC)*, n° 525, novembre 2018



## 5 Situation pratique : Partenaires et Partenaires ★★★

30 min

**Compétence attendue** **Identifier** et **analyser** les impacts actuels de la dématérialisation et de la numérisation sur l'organisation comptable et l'évolution des pratiques comptables

Le cabinet d'expertise comptable Partenaires et Partenaires souhaite étudier l'évolution de son activité au cours des trois dernières années et l'impact de la digitalisation.

### Missions

1. *À l'aide des documents 1 et 2, déterminez l'impact de la digitalisation sur le poids et l'évolution des missions de tenue comptable.*
2. *À l'aide des documents 2 et 3, analysez le poids et l'évolution des différentes missions réalisées par ce cabinet d'expertise-comptable.*
3. *À l'aide du document 4, présentez le rôle de l'expert-comptable dans un contexte de digitalisation.*

Document 1

**Contenu des missions de tenue comptable**

| | Opérations réalisées par le cabinet comptable | Opérations réalisées par le client |
|---|---|---|
| Mission de tenue | Tenue comptable, révision des comptes, établissement des comptes annuels, toutes déclarations fiscales | Transmission des documents |
| Mission de révision | Révision des comptes, établissement des comptes annuels, déclarations fiscales de fin d'année | Tenue comptable, déclarations fiscales courantes |

•••

| | Opérations réalisées par le cabinet comptable | Opérations réalisées par le client |
|---|---|---|
| Mission de compilation | Établissement des comptes annuels (sans audit ni examen) | Tenue comptable, révision des comptes, toutes déclarations fiscales |

Document 2

**Missions de tenue comptable**

| | Honoraire moyen | Nombre de missions N–2 | Nombre de missions N–1 | Nombre de missions N |
|---|---|---|---|---|
| Mission de tenue | 3 600 | 310 | 270 | 220 |
| Mission de révision | 2 800 | 250 | 290 | 320 |
| Mission de compilation | 1 700 | 50 | 40 | 30 |

Document 3

**Missions complémentaires**

| | Honoraire moyen | Nombre de missions N–2 | Nombre de missions N–1 | Nombre de missions N |
|---|---|---|---|---|
| Mission conseil | 2 200 | 30 | 50 | 80 |
| Mission juridique | 1 100 | 120 | 140 | 160 |
| Mission sociale | 2 100 | 150 | 170 | 210 |
| Mission patrimoniale | 3 000 | 20 | 40 | 70 |

Document 4

**L'assistant comptable intelligent**

Une technologie d'intelligence artificielle s'infiltre dans le monde de l'entreprise : les assistants intelligents. L'éditeur de logiciel Sage est à l'origine du premier assistant comptable intelligent au monde. Baptisé « Pegg », cet assistant d'un nouveau genre basé sur l'intelligence artificielle a été conçu spécifiquement pour rendre les tâches administratives invisibles. Pegg peut tenir une comptabilité en temps réel, suivre les paiements entrants et équilibrer automatiquement les comptes. Plus les utilisateurs interagissent avec Pegg, plus il gagnera en intelligence. Ce qui est le plus impressionnant avec Pegg, c'est la manière dont il introduit la « comptabilité invisible ». Il fait abstraction de la terminologie et des concepts comptables utilisés depuis des siècles. L'utilisateur n'a pas besoin d'être au courant de la comptabilité en partie double, par exemple. Leurs exigences comptables se résument à quelques questions très basiques : « Combien d'argent ai-je ? », par exemple, ou « Combien me doit-on ? » Il n'est pas difficile d'imaginer que de tels assistants intelligents feront un jour leur apparition dans tous les cabinets comptables et feront office de première ligne de contact pour les clients. En effet, certaines grandes entreprises, y compris des cabinets comptables, expérimentent déjà l'utilisation d'assistants intelligents de cette façon.

« 2018 : l'expertise comptable 2.0 », *Sage*, 2018

SYNTHÈSE

# Informatisation comptable

## Obligations en matière d'informatisation comptable

**Documentation des travaux comptables**

**Garantie du support (pérennité)**

**Procédures**

Validation

Clôture

**Fichiers des écritures comptables**

**Archivage**

## Opérations d'informatisation comptable

**Acquisition des données comptables**

**Reconnaissance des données**

**Traitement comptable**

**Accessibilité des données et traitements (RGPD)**

## Impacts de l'informatisation comptable

### Impacts positifs

- Augmentation de la productivité
- Amélioration et développement de nouveaux services
- Évolution des missions et des conditions de travail

### Impacts négatifs

- Investissement
- Gestion du changement
- Compétences spécifiques et mise à niveau requises

# CHAPITRE 22 Outils numériques de l'information financière

## PROGRAMME

| Compétences attendues | Savoirs associés |
|---|---|
| • **Exposer** la réglementation en matière d'établissement, de dématérialisation et de conservation des factures et autres pièces comptables<br>• **Utiliser** un logiciel comptable ou un module comptable d'un progiciel de gestion intégré<br>• **Proposer** des modalités adaptées de sauvegarde et de confidentialité des données comptables, dans une situation donnée | • Fichiers informatisés obligatoires (fichier des écritures comptables, déclaration sociale nominative…)<br>• Fonctions de base des logiciels comptables ou modules comptables d'un progiciel de gestion intégré<br>• Modalités pratiques de validation puis de clôture des écritures comptables et de passage d'un exercice à l'autre<br>• Sauvegarde et confidentialité des données comptables |

### PRÉREQUIS

Organisation comptable (chapitre 4)

### LIENS AVEC LE DCG 8

- §2.2. Les progiciels au service des processus
- §3. Sécurité et fiabilité des systèmes d'information

## PLAN DU CHAPITRE

**Cours :** 1. Fichiers informatisés • 2. Logiciel comptable et progiciel de gestion intégré (PGI) • 3. Sauvegarde et confidentialité des données

**Des savoirs aux compétences :** Évaluer les savoirs • Maîtriser les compétences • Préparer l'épreuve

**Synthèse**

Quelles sont les pièces comptables dématérialisées ? En quoi consistent les télé-procédures ? Comment se déroulent la télédéclaration et le télérèglement auprès de l'administration fiscale et des organismes sociaux ? Quelles sont les fonctionnalités d'un logiciel comptable et d'un PGI et qu'impliquent-elles dans la pratique ?
Qu'est-ce qu'un logiciel de caisse ? Comment assurer la sécurité et la confidentialité d'une comptabilité informatisée ?

### MOTS-CLÉS

**Bulletin de paie électronique • Clôture comptable • *Cloud* • Déclaration sociale nominative • Échange de données informatisé • Échange de formulaire informatisé • Facture dématérialisée • Logiciel comptable • Logiciel de caisse • Mode brouillard • Pièce comptable dématérialisée • Progiciel de gestion intégré • RGPD • Signature électronique • Validation des écritures**

# 1 Fichiers informatisés

## A) Dématérialisation des pièces comptables

**Définition**

Une **pièce comptable dématérialisée** est une pièce originairement créée sous une forme électronique. Elle constitue, sous cette forme, un original.

*A contrario*, lorsqu'un document est créé sous une forme papier puis transformé en fichier informatique au moyen d'un scanner, c'est bien le document papier qui demeure l'original : la version numérique n'est pas reconnue comme pièce comptable dématérialisée.

Nous nous limiterons aux trois types de pièces comptables principalement concernées aujourd'hui : la facture, le bulletin de paie et les informations bancaires.

### 1. Facture dématérialisée

Dans le cadre des marchés publics, toutes les entreprises ont, depuis le 1er janvier 2020, l'obligation d'émettre des factures sous format électronique.

La **facture dématérialisée** (ou facture électronique) est créée par le fournisseur sous une forme électronique et parvient au client sous forme d'image ou de données. Compte tenu du caractère probant de la facture, tous les procédés techniques sont autorisés, sous réserve de mettre en place des contrôles adéquats. Les deux techniques généralement utilisées sont l'échange de données informatisé (EDI) et la facture électronique signée.

**Définition**

L'**échange de données informatisé** (EDI) est un échange de données structurées entre ordinateurs ou entre applications, selon des messages préétablis et normalisés *via* un mode de communication électronique (d'après Édifrance).

Sa mise en œuvre suppose qu'une convention EDI soit passée entre le fournisseur et le client. Cette convention organise la création de l'original par le fournisseur, son contrôle, sa transmission, sa réception par le client, son archivage ainsi que la restitution des données archivées. Les partenaires peuvent aussi recourir à un prestataire de services externe.

**Exemple**

- Toute déclaration de TVA faite par un cabinet pour le compte de son client peut l'être en format EDI directement depuis le logiciel de production comptable. Un expert-comptable peut être mandaté par son client pour émettre pour son compte, et sur la base des informations qu'il lui aura transmises, sa facturation client sous format EDI.

**Définition**

La **signature électronique** ou numérique est un mécanisme garantissant l'intégrité d'un document et assurant l'authentification de l'auteur du document.

La signature électronique correspond à une suite de caractères. En pratique, l'essentiel des procédures de signature numérique s'appuie sur les clés asymétriques.

Lors de l'émission d'une facture électronique signée, le fournisseur crée la facture à partir de ses applications de gestion, y joint sa signature électronique, l'archive puis la transmet au client par courrier électronique. Le client vérifie l'identité de l'émetteur à l'aide de la signature électronique.

Une clé asymétrique est un système de cryptage qui utilise une clé différente pour crypter et décrypter le document. La clé désigne un nombre ou un groupe de nombres utilisé pour chiffrer ou déchiffrer des informations qui doivent rester secrètes, à l'aide d'un algorithme. La clé permet à l'algorithme de transformer les informations pour les rendre illisibles, procédé qui s'appelle le chiffrement, jusqu'à ce qu'elles soient déchiffrées. Ce cryptage se réalise *via* le SI en place.

## 2. Bulletin de paie électronique

La mise en place de **bulletin de paie électronique** ou numérique induit que la fiche de paie n'est plus remise au salarié sous forme papier mais par voie dématérialisée. Le salarié en dispose sous forme de fichier ou éventuellement *via* un portail en ligne. Il peut le consulter sous forme numérique et l'imprimer s'il le souhaite. Le bulletin de paie électronique est autorisé depuis la loi du 12 mai 2009. Depuis le 1er janvier 2017, l'entreprise n'a plus à solliciter l'accord du salarié pour mettre en place la télétransmission du bulletin de paie ; néanmoins, le salarié a toujours le droit de s'y opposer. Le salarié pourra consulter tous ses bulletins de paie émis au format électronique *via* un coffre-fort intégré au compte personnel d'activité (CPA). L'employeur ou le prestataire agissant pour son compte devra garantir leur accessibilité.

L'enjeu pour la profession comptable est d'accompagner les entreprises dans la mise en place des bulletins de paie électronique. Les cabinets comptables doivent être en mesure de produire ces bulletins, en garantissant leur intégrité au moyen de scellement électronique, mais aussi de déposer automatiquement les documents dans les espaces des salariés et les systèmes d'archivage des employeurs.

## 3. Informations bancaires

La télétransmission est de plus en plus utilisée dans les relations entre les banques et leurs clients. Elle a succédé au simple transfert de documents écrits ou de supports magnétiques en assurant plus de confidentialité et de sécurité. Selon les banques, la télétransmission concerne les extraits de comptes, les ordres de virements, les lettres de change relevé, les ordres de Bourse, etc. Elle est régie par les normes interbancaires définies par le Comité français d'organisation et de normalisation bancaire (CFONB) et diffusées par l'Association française des banques (AFB). Dans le cadre du protocole le plus utilisé actuellement, l'envoi des fichiers se fait dans les deux sens par le recours à des solutions techniques fondées sur le réseau internet (notamment deux solutions reconnues par le CFONB : EBICS et SWIFT net).

**Exemple**

- Le cabinet comptable peut disposer des fichiers de mouvements bancaires tenus par la banque d'un client si un accord a été confirmé par ce dernier pour la transmission de ces données.

# B) Dématérialisation de l'information financière

La dématérialisation s'applique aux données de base (pièces comptables) et aux traitements. Elle concerne aussi l'information financière à l'usage des tiers. Elle porte soit sur les sous-produits de la comptabilité (déclarations fiscales et sociales), soit sur les états financiers.

## 1. Déclarations fiscales et sociales

L'administration fiscale, à la recherche de gains de productivité, encourage depuis quelques années la télétransmission des déclarations fiscales ainsi que le télérèglement. Ce mouvement s'inscrit aussi dans le cadre de la modernisation de l'État. Les téléprocédures permettent aux professionnels de déclarer et de payer les principaux impôts en ligne, en utilisant internet ou la transmission de fichiers. Le recours aux télédéclarations et au télépaiement est dorénavant obligatoire pour déclarer et payer la plupart des impôts professionnels.

Pour tout savoir sur les déclarations fiscales dématérialisées :

http://dunod.link/2pk320r

Depuis le 1er octobre 2014, toutes les entreprises soumises à un régime réel d'imposition, sans condition de chiffre d'affaires, ont l'obligation de télédéclarer et de télépayer leur TVA. L'administration fiscale met au service des entreprises un service spécialisé, Télé-TVA. Deux modes de transmission distincts sont proposés : l'échange de données informatisé (EDI) ou l'**échange de formulaires informatisé** (EFI) (tab. 22.1). Dans chaque situation, les envois sont sécurisés par l'usage d'un certificat numérique.

Pour tout savoir sur les obligations de téléprocédures :

http://dunod.link/hj01shy

En EDI, le comptable ou un prestataire mandaté par l'entreprise (ex. : organisme de gestion agréé, association de gestion comptable) peut transmettre à l'administration fiscale les données déclaratives (déclarations de résultats) et de paiement des impôts professionnels. Les fichiers sont transmis directement à partir du système informatique du déclarant, sans nouvelle saisie.

En EFI, les déclarations et les paiements peuvent être effectués directement en ligne à partir de l'espace abonné des professionnels. Il faut recourir au réseau internet (déclaration sur des écrans interactifs et ajout des données relatives au télépaiement).

**Tableau 22.1. EFI et EDI : tableau comparatif**

| | EFI (par Internet) | EDI (par envoi de fichiers) |
|---|---|---|
| **Conditions d'adhésion** | • Vérifier que l'on dispose de l'équipement informatique adapté<br>• Acquérir un certificat numérique et l'installer<br>• Remplir en ligne le dossier de souscription, l'imprimer et le remettre à la recette des impôts | • Vérifier que l'on dispose d'un logiciel bénéficiant d'une attestation de conformité aux messages EDIFACT (norme retenue par la Direction générale des impôts)<br>• Devenir partenaire EDI de l'administration fiscale ou mandater un partenaire EDI<br>• Remplir le dossier de souscription et le remettre à la recette des impôts |
| **Saisie de la déclaration de TVA** | Saisie sur un formulaire en ligne bénéficiant de contrôles et d'une aide en ligne | Déclaration établie à l'aide d'un logiciel traduisant les données au format de transmission EDIFACT |
| **Télérèglement de la TVA** | Saisie des informations relatives au règlement à la suite de la déclaration | Informations nécessaires au paiement intégrées au fichier déclaratif |

La déclaration annuelle des résultats et des annexes est aussi adressée à l'administration fiscale par télétransmission. Depuis le 1er octobre 2014, le procédé est obligatoire pour toutes les entreprises soumises à un régime réel d'imposition sans condition de chiffre d'affaires. C'est la procédure EDI-TDFC qui est utilisée : transfert des données fiscales et comptables (TDFC) dans le cadre de l'échange des données informatisé (EDI).

Les annexes qui accompagnent la déclaration proprement dite sont essentiellement des états comptables : bilan, compte de résultat, tableaux des immobilisations, des amortissements, des dépréciations et provisions, état des échéances des créances et des dettes, etc. Il faut disposer d'un logiciel de gestion agréé TDFC par l'administration fiscale puis effectuer une formalité administrative préalable : la déclaration de transmission pour les entreprises soumises obligatoirement à la procédure, ou la convention DGI pour les entreprises volontaires. Les déclarations peuvent ensuite être télétransmises directement ou par l'intermédiaire d'un partenaire EDI.

Courant 2017, l'ensemble des déclarations sociales a été progressivement remplacé par une déclaration unique : la **déclaration sociale nominative** (DSN). Il s'agit d'une transmission unique, mensuelle et dématérialisée des données issues de la paie, à partir du logiciel de paie utilisé par l'entreprise. La DSN est donc un sous-produit du logiciel de paie. Les événements liés à la gestion du personnel sont également déclarés à l'administration par ce biais (notamment les arrêts et les reprises de travail et les fins de contrat de travail). La DSN permet de transmettre en une seule fois les informations intéressant l'Urssaf, les caisses de retraite, les mutuelles et, plus généralement, tous les organismes concernés par la rémunération (fig. 22.1).

Figure 22.1 **Déclaration sociale nominative (DSN)**

Pour plus d'informations sur la DSN :

http://dunod.link/nya3ay6

La DSN doit être souscrite au cours du mois suivant la période d'emploi rémunérée :
- au plus tard le 5 de ce mois pour les employeurs d'au moins 50 salariés ;
- au plus tard le 15 de ce mois pour les autres.

## 2. Les états financiers

De nombreux outils techniques existent pour télétransmettre des états financiers (bilan, compte de résultat, annexe) à tout utilisateur. Les besoins de transmission de ces informations sont diverses : relations avec les banquiers, reporting au sein d'un groupe, dépôt des comptes au greffe du tribunal de commerce, relations entre l'expert-comptable et son client, relations entre une société et son commissaire aux comptes, etc.

**Exemple**

Un expert-comptable envoie le bilan de son client à la Banque de France pour cotation s'il y est autorisé par mandat (transmission informatique et non papier), concomitamment à l'envoi (EDI) de ces mêmes comptes à la Direction générale des Finances publiques.

→ MINI-CAS 3

# 2 Logiciel comptable et progiciel de gestion intégré (PGI)

## A) Logiciel comptable

### 1. Fonctionnalités des logiciels comptables

L'utilisation d'un **logiciel comptable** permet de faciliter la tenue comptable mais apporte également d'autres services : suivi des comptes clients, établissement de tableaux de bords personnalisés, vérification du niveau de trésorerie, rapprochement bancaire, etc. (tab. 22.2).

**Tableau 22.2. Fonctionnalités de base d'un logiciel comptable**

| | Valeur ajoutée |
|---|---|
| **Création de modèles d'enregistrements comptables** | • Cette fonction consiste à établir des modèles de saisies comptables en fonction des activités et mouvements récurrents dans l'entreprise. Cela permet de réduire les données à informer pour l'enregistrement des pièces comptables.<br>• Cette fonction permet de simplifier le travail de saisie, d'améliorer la fiabilité de l'enregistrement et de réaliser un gain de temps. |
| **Gestion des journaux comptables** | • Cette fonction permet de créer et de tenir à jour des journaux auxiliaires. Cela peut faciliter par exemple l'examen de certains comptes clients ou fournisseurs.<br>• Le lettrage des comptes auxiliaires offre la faculté de suivre les encours et relances. Il est aussi possible d'obtenir les comptes généraux pour une vision synthétique de la situation. |
| **Édition d'états comptables** | • Un bon logiciel doit permettre d'éditer divers états comptables (ex. : bilan, compte de résultat provisoire, grands livres auxiliaires, balances auxiliaires).<br>• Ces documents sont un outil efficace pour évaluer la performance et la situation financière de l'entreprise. |
| **Génération des livres comptables** | Cette fonction permet d'établir divers livres comptables nécessaires pour le pilotage de certains facteurs économiques et financiers ou pour apporter des éléments de contrôle ou de preuve.<br>Ex. : le registre des achats récapitule les achats de l'année en indiquant les fournisseurs et acheteurs, les dates des opérations, le mode de règlement et les références des pièces justificatives. |
| **Génération des déclarations** | • Les déclarations fiscales étant liées aux données comptables, l'intérêt d'un logiciel comptable est la génération des déclarations fiscales conformes aux normes en vigueur et l'alimentation quasi automatique de la déclaration.<br>• Certains logiciels permettent aussi de gérer l'intégralité du processus déclaratif. |
| **Intégration des données bancaires** | L'intégration des données bancaires facilite la saisie des données comptables. Il suffit alors de saisir les informations correspondantes à chaque mouvement bancaire. |
| **Sauvegarde des données comptables** | Le logiciel permet de réaliser cette fonctionnalité, essentielle pour les données comptables. |
| **Établissement de tableaux de bord et gestion analytique** | • Afin de piloter au mieux l'entreprise, le logiciel peut offrir une vision analytique des performances de l'entreprise en déterminant par exemple le chiffre d'affaires, la marge ou le résultat par activité.<br>• Il est possible de définir les indicateurs-clés afin de développer un outil de pilotage recensant le niveau et les variations de ces indicateurs (ex. : niveau de trésorerie, en-cours, chiffre d'affaires, achats, etc.). |

## Exemple

- Impression écran de la page d'accueil du logiciel Quadratus présentant les différentes fonctions du logiciel :

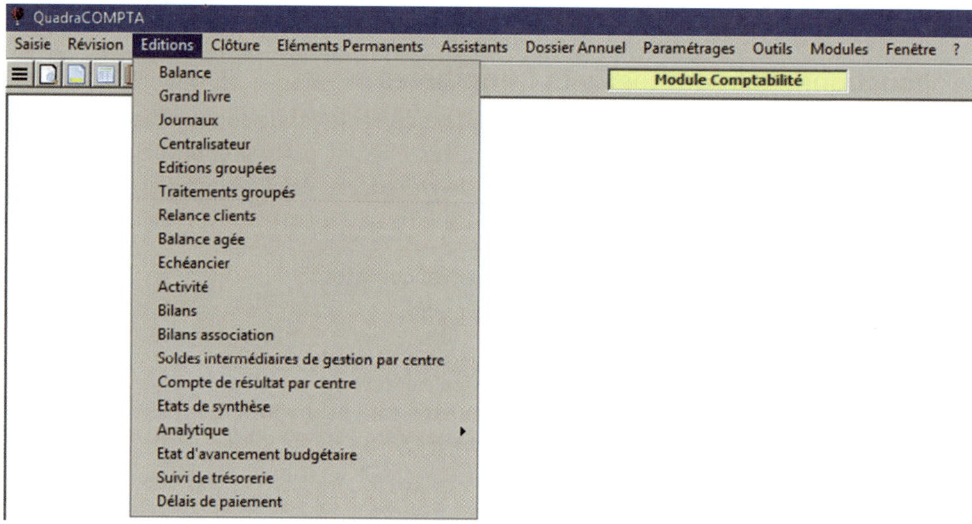


## 2. Modalités pratiques de validation, de clôture et d'ouverture

La majorité des logiciels comptables autorise la saisie des écritures en mode « brouillard ».

**Définition**

Le **mode brouillard** correspond à la saisie en mode temporaire des écritures comptables.

Ce mode temporaire autorise la modification partielle ou complète, voire la suppression des écritures comptables. L'intérêt majeur du mode brouillard est d'exonérer l'utilisateur de la complexité du processus de correction d'erreur. Ce dernier nécessite en effet la comptabilisation d'une écriture de contre-passation, et complexifie en conséquence la lecture du grand-livre comptable.

La validation des écritures est une étape intermédiaire et indispensable à la procédure de clôture comptable.

**Définition**

La **validation des écritures** consiste à rendre définitives les écritures comptables. Elle interdit par la suite toute modification ou suppression des enregistrements comptables validés.

Cette validation confère un caractère légal aux écritures sur une période déterminée, laquelle peut être différente de l'exercice comptable (ex. : le mois). La validation des écritures rend impossible l'altération des données comptables (modification ou suppression). Cette procédure de validation concerne les écritures, mais également les différents états comptables légaux : journaux, grand-livre, etc. Tant que les écritures ne sont pas validées, c'est-à-dire impossibles à modifier pour l'avenir, elles sont considérées comme non passées par l'administration fiscale. Une écriture non validée est une écriture non saisie ; l'entreprise en perd la déductibilité. Dans certains cas, le cabinet aura peut-être intérêt à valider les écritures avant la date limite d'envoi de la liasse, ou à envoyer une liasse fiscale provisoire avant de modifier les écritures et d'envoyer la liasse fiscale définitive. L'objectif est d'éviter la remise en cause de ces écritures en cas de validation tardive.

## Exemple

- Avec le logiciel comptable de l'éditeur EBP, pour valider un journal, il faut cocher le code journal et le mois à valider puis sélectionner dans la liste des tâches l'action « Valider les écritures » et la confirmer dans une boîte de dialogue (fig. 22.2).

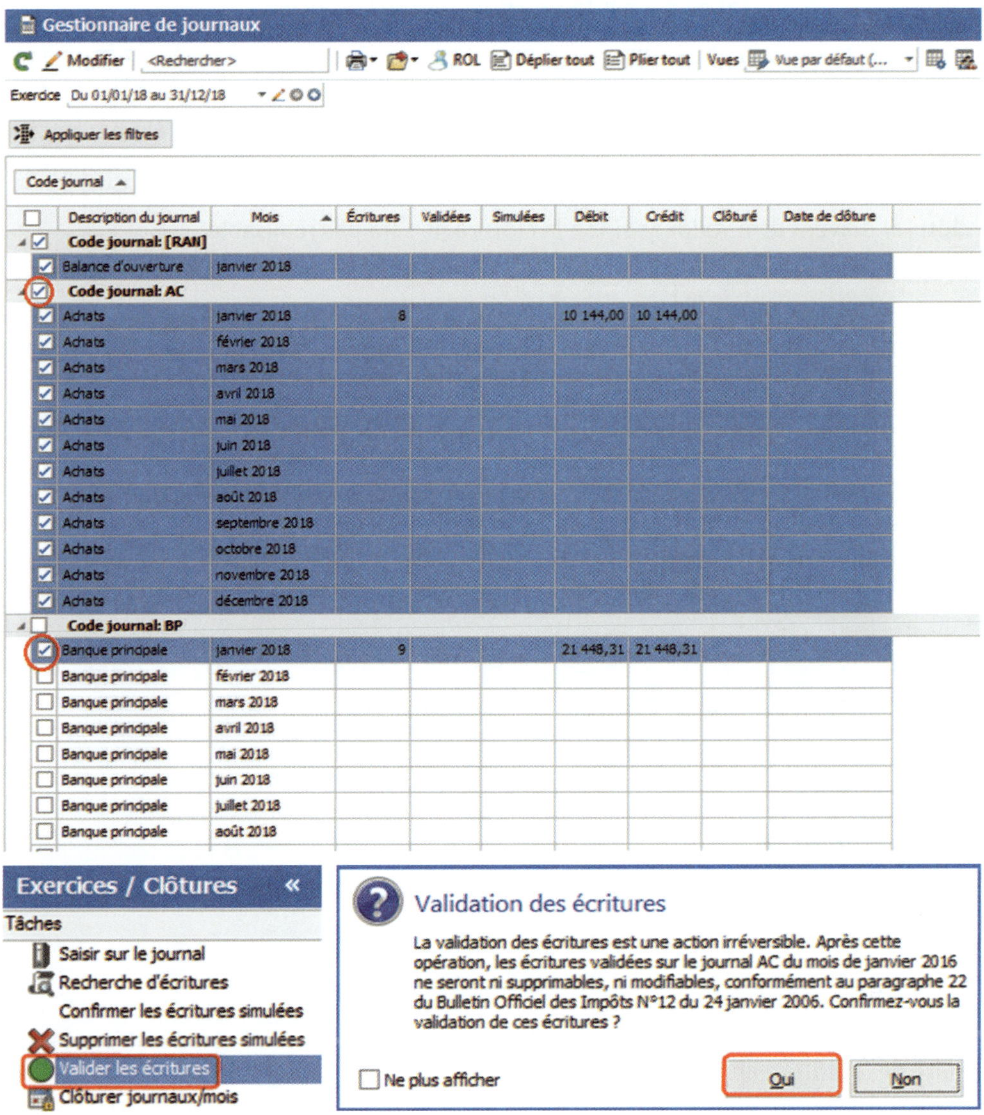


Figure 22.2. **Validation des écritures comptables (gestionnaire du journal comptable)**

**Définition**

La **clôture comptable** désigne la procédure d'arrêt définitif de l'exercice comptable.

Cette opération s'effectue à l'issue des opérations dites d'inventaire (notamment comptabilisation des amortissements et provisions) (fig. 22.3).

**Figure 22.3. De la création des écritures à la clôture de l'exercice**

Cette étape est importante car elle permet de produire les éditions légales obligatoires, à savoir journaux, centralisateur, grand-livre, balance générale et auxiliaire. La clôture annuelle est une opération irréversible qui vise à rendre intangible les éléments comptables de l'exercice sélectionné. Toute nouvelle saisie, modification ou suppression d'écriture, tout lettrage et délettrage seront interdits. Toutes les écritures de l'exercice à clôturer doivent être validées sinon la clôture ne sera pas réalisable.

## Exemple

- Avec le logiciel comptable de l'éditeur EBP, pour effectuer une clôture annuelle, il faut choisir le menu de navigation Exercices / Clôtures puis sélectionner l'action Clôture annuelle (fig. 22.4).

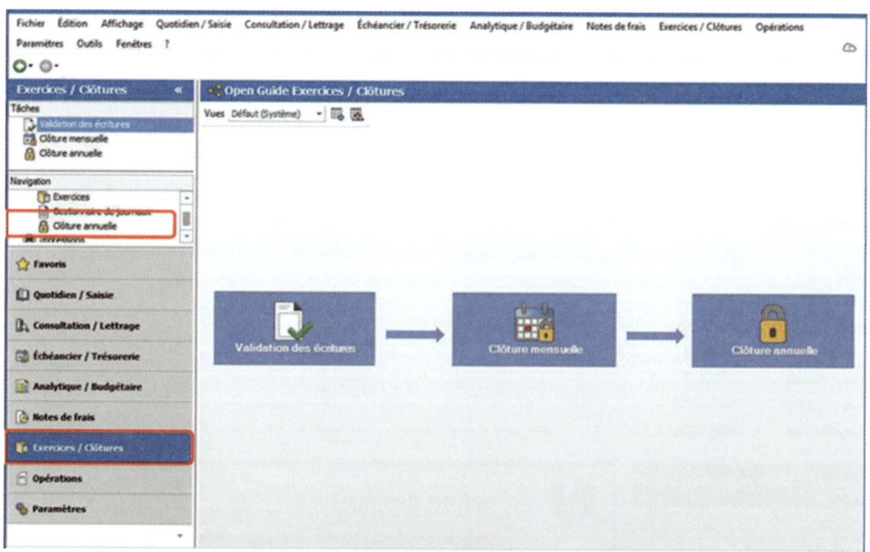


**Figure 22.4 Impression écran – Clôture annuelle**

Une sauvegarde ainsi qu'un archivage du dossier sont nécessaires et lancés dans la continuité de la clôture annuelle. Les soldes à nouveau sont alors générés sur le nouvel exercice car ils devront obligatoirement être mis à jour pour l'ouverture de l'exercice suivant.

## B) Progiciel de gestion intégré

Un **progiciel de gestion intégré** (PGI) ou « *enterprise resource planning* » (ERP) est un logiciel de gestion de toute l'activité d'une organisation : gestion des ressources humaines, des stocks, relation client, gestion comptable et financière, approvisionnements, etc. Un PGI est composé d'ensembles de modules correspondant à une activité et regroupe les fonctionnalités associées (tab. 22.3).

**Tableau 22.3. Modules d'un PGI**

| | Utilisation |
|---|---|
| **Module devis et facturation** | Permet la saisie des factures d'achats et d'assister l'entreprise pour l'établissement des devis et factures de ventes (factures personnalisées, rappel des retards de paiement, simulation de l'impact de modifications de prix ou remises, etc.) |
| **Module de gestion de la relation client** | Accompagne l'entreprise dans la prospection, le suivi des prospects, l'optimisation de la qualité de la relation client, la fidélisation et la maximisation du chiffre d'affaires ou de la marge par client, etc. |
| **Module comptabilité** | Regroupe les fonctions d'un logiciel comptable |
| **Module de gestion documentaire** | Assure la centralisation des informations et documents administratifs |
| **Module de gestion des stocks** | Permet de suivre les mouvements des stocks et l'entreposage en s'appuyant sur les informations comptables relatives au stock |
| **Module de production** | Permet la gestion des demandes en fonction des stocks et des commandes et définit les plannings de production |
| **Module approvisionnement** | Vise à gérer les approvisionnements des bons de commande à la production |
| **Module RH** | Regroupe les fonctionnalités relatives à la gestion des ressources humaines : gestion des plannings, suivi des heures de présence, étude des temps de travail et de la productivité, etc. |
| **Module gestion de projet** | Facilite la gestion des projets notamment par la planification et la gestion des tâches ainsi que le suivi des réalisations |
| **Module achat** | Permet d'importer un catalogue de produits ou de prestations de fournisseurs et de gérer électroniquement les demandes, commandes, factures et bons de livraison |
| **Module gestion des contacts** | Assure la mise en place d'agendas partagés, la synchronisation des messageries et contacts, etc. |
| **Module marketing** | Permet de mettre en place des campagnes marketing : ciblage et segmentation de clientèle, établissement d'un mailing personnalisé, etc. |
| **Module service client** | Vise au suivi de la satisfaction des clients et de l'image de marque de l'entreprise, par la gestion notamment des réclamations, suivi des tickets, gestion des contrats et incidents, règlement des litiges, mise en place d'un portail client, etc. |

Le PGI peut proposer tout ou partie de ces modules. La liste n'est pas exhaustive et les modules sont généralement personnalisables. Environnement de travail unique, le PGI facilite le processus de travail et diminue les coûts d'exploitation.

Le PGI permet d'alimenter le système d'information (SI) comptable qui est lui-même exploité pour gérer d'autres activités grâce à l'intégration des modules. Néanmoins, si un module est moins abouti techniquement ou moins adapté à l'activité de l'entreprise, celle-ci est alors contrainte d'utiliser un module externe dont la compatibilité avec son PGI n'est pas toujours acquise ou simple à mettre en œuvre. L'utilisation d'un PGI est une solution satisfaisante s'il répond à tous les besoins. Rares sont les PGI qui donnent pleinement satisfaction (ex. : à la fois en GRH et en gestion des stocks ou de la production).

## C) Logiciel de caisse

**Définition**

Un **logiciel de caisse** ou « point de vente » est un logiciel de gestion qui permet de gérer les encaissements et décaissements au comptoir.

Si le logiciel de caisse est couplé à un terminal de caisse (tiroir de caisse, terminal de paiement du type CB, etc.), les encaissements et d écaissements sont suivis par des bandes de caisse enregistreuses. La bande mentionne la date de la vente, la désignation du bien vendu ou du service rendu, le prix et la TVA.

Afin de lutter contre la dissimulation des recettes et la fraude à la TVA, depuis le 1er janvier 2018, tous les commerçants et professionnels assujettis à la TVA qui enregistrent les règlements de leurs clients au moyen d'un logiciel de comptabilité ou de gestion ou d'un système de caisse doivent utiliser un système ou un logiciel de caisse sécurisé. Le logiciel de caisse doit alors satisfaire aux conditions d'inaltérabilité, de sécurisation, de conservation et d'archivage des données (tab. 22.4). Ces conditions doivent être attestées par un certificat délivré par un organisme accrédité ou par une attestation individuelle de l'éditeur ou du fournisseur du système de caisse utilisé.

**Tableau 22.4. Conditions de conformité d'un logiciel de caisse**

| | Définition |
|---|---|
| **Inaltérabilité** | Rendre inaltérables les données d'origine relatives aux règlements |
| **Sécurisation** | Sécuriser les données d'origine et de modification et celles permettant la production des pièces justificatives émises |
| **Conservation** | Conserver toutes les données enregistrées ligne par ligne ainsi que, pour les systèmes de caisse, les données cumulatives et récapitulatives calculées par le système |
| **Archivage** | Archiver les données enregistrées selon une périodicité choisie |

→ MINI-CAS 4 • SITUATION PRATIQUE 6

# 3 Sauvegarde et confidentialité des données

La sécurité des systèmes d'information est une préoccupation ancienne. Ses objectifs généraux sont connus : intégrité des données, confidentialité des accès, disponibilité du système, authentification des personnes accédant aux ressources. Mais le recours aux réseaux et à la télétransmission augmente les risques d'intrusion inopportune, tout comme la multiplication des possibilités d'accès dans le cadre d'un système intégré.

Le système d'information comptable peut être sujet à la cybercriminalité, c'est-à-dire à une « infraction pénale susceptible de se commettre sur ou au moyen d'un système informatique généralement connecté à un réseau ». Ces infractions se caractérisent par des atteintes aux systèmes de traitement automatisé de données, par des traitements non autorisés de données personnelles (comme la cession illicite des informations personnelles), par des infractions aux cartes bancaires, par des cryptages non autorisés ou non déclarés, par des interceptions de mouvements de trésorerie, etc.

Des modalités spécifiques de sauvegarde et de confidentialité des données s'appliquent alors pour les comptabilités informatisées.

## A) Sécurité informatique

La sécurité passe d'abord par une sauvegarde fréquente des données. Les technologies de sauvegarde ont pour objectif de dupliquer l'information en permanence afin de pouvoir la reconstituer à tout moment en cas d'incident. Les logiciels sont équipés de procédures de sauvegarde dont les caractéristiques techniques peuvent varier (ex. : sauvegarde complète ou incrémentale). Néanmoins, cela peut ne pas être suffisant. De plus, les procédures et compétences en matière de sécurité ne sont pas toujours maîtrisées par les entreprises.

Pour assurer la sécurité des informations, les entreprises cherchent à rationaliser la sécurité de leur informatique en améliorant leurs connaissances de leurs propres systèmes d'information, en formant leur personnel et en définissant des protocoles de sécurité plus stricts. Mais cela peut s'avérer difficile pour certaines structures (organisations sans experts chargés de la sécurité). L'externalisation du système d'information représente alors une opportunité de bénéficier d'un niveau de sécurité difficilement gérable en interne. Ainsi, le *cloud computing* (appelé plus simplement *cloud* par la suite) ou coffre-fort numérique devient une solution à cette problématique de sécurité.

**Définition**

Le ***cloud*** ou coffre-fort numérique est un modèle d'accès omniprésent et à la demande à un réseau partagé et à un ensemble de ressources informatiques configurables (ex. : des réseaux, des serveurs, du stockage, des applications, des services) qui peuvent être provisionnées et libérées avec un minimum d'administration.

Le *cloud* permet d'archiver des documents sur des serveurs distants et accessibles par internet. Les documents sont stockés dans un espace sécurisé et confidentiel et sont accessibles à tout moment. Le cloud est composé de cinq caractéristiques essentielles (tab. 22.5), de trois modèles de services (tab. 22.6) et de quatre modèles de déploiement (tab. 22.7).

**Tableau 22.5. Caractéristiques d'un *cloud***

| | |
|---|---|
| **Service à la demande** | Choix des fonctionnalités |
| **Accès aux ressources par le réseau** | Accès *via* internet |
| **Mise en commun des ressources** | Partage de l'utilisation du *cloud* |
| **Flexibilité des ressources** | Possibilité de modifier les fonctionnalités |
| **Service mesuré** | Fonctionnalités cadrées (ex. : capacité de stockage définie) |

**Tableau 22.6. Modèles de services d'un *cloud***

| | |
|---|---|
| **SaaS (*Software as a Service*)** | • Utilisation d'un logiciel.<br>• Le logiciel n'est pas installé sur l'ordinateur, mais il est exploité à distance. Il est présent sur des serveurs dans des *datacenters*. |
| **IaaS (*Infrastructure as a Service*)** | • Utilisation d'une infrastructure.<br>• L'ensemble du matériel nécessaire pour installer l'infrastructure n'est pas acheté par l'entreprise. Elle loue ce matériel avec les serveurs nécessaires ; ces serveurs sont souvent de dernières générations et très rapidement disponibles. |
| **PaaS (*Plateform as Service*)** | • Utilisation d'une plateforme.<br>• L'entreprise loue une plateforme, c'est-à-dire une machine avec un système, le tout prêt à l'emploi. |

**Tableau 22.7. Modèles de déploiement d'un *cloud***

| | |
|---|---|
| ***Cloud* privé** | Utilisation du *cloud* par une seule organisation |
| ***Cloud* communautaire** | Utilisation partagée du *cloud* par plusieurs organisations |
| ***Cloud* public** | Utilisation du *cloud* par tout le monde |
| ***Cloud* hybride** | *Cloud* mixte : entre privé et public |

Depuis le 1er janvier 2019, le fournisseur d'un service de coffre-fort numérique est tenu à une obligation d'information claire, loyale et transparente sur les modalités de fonctionnement et d'utilisation du service, préalable à la conclusion d'un contrat. L'identification de l'utilisateur lors de l'accès au *cloud* doit être assurée par un moyen d'identification électronique adapté. La garantie de l'exclusivité d'accès aux données requiert au minimum :

- un mécanisme de contrôle d'accès limitant l'ouverture du coffre-fort numérique aux seules personnes autorisées par l'utilisateur ;
- des mesures de sécurité destinées à garantir la confidentialité des documents et données stockés ;
- le cryptage par le service du *cloud* de l'ensemble des données stockées.

## B) Confidentialité des données

Dans le cadre de leurs missions, les professionnels de la comptabilité collectent et exploitent des informations se rapportant à des personnes physiques identifiées ou identifiables. Ce sont des données personnelles, c'est-à-dire toute information identifiant une personne physique (nom, prénom, image, vidéo, etc.) ou indirectement (numéro de téléphone, numéro de compte bancaire, empreinte) (tab. 22.8).

**Tableau 22.8. Typologie des données personnelles**

| Données personnelles classiques | Données personnelles sensibles |
|---|---|
| Nom, prénom, sexe, initiales, n° d'ordre, date et lieu de naissance, adresse IP ou adresse MAC, situation familiale, situation militaire | Numéro de sécurité sociale, origine, appartenances syndicales, informations relatives aux infractions, aux données concernant la santé, aux données biométriques dans l'optique d'identifier une personne de manière unique |

L'entreprise est responsable du respect de la protection des données personnelles. En application depuis le 25 mai 2018, le règlement général sur la protection des données (RGPD) impose de nouvelles mesures pour assurer cette confidentialité (tab. 22.9) et augmente le montant des sanctions encourues. En particulier, l'entreprise doit :
- imposer une charte informatique et un engagement de confidentialité à ses salariés ;
- appliquer des clauses spécifiques dans les contrats de maintenance ;
- prendre des précautions pour garantir la protection des données personnelles par les sous-traitants.

**Tableau 22.9. Principales mesures du RGPD**

| | Contenu |
|---|---|
| **Charte informatique** | • Règles de protection des données et sanctions encourues en cas de non-respect<br>• Définition des modalités d'intervention des équipes chargées de la gestion des ressources informatiques dans l'entreprise<br>• Exposé des moyens d'authentification utilisés par l'entreprise<br>• Présentation des modalités d'utilisation des moyens informatiques et de télécommunications mis à disposition<br>• Précision des conditions d'utilisation des dispositifs personnels<br>• Définition des conditions d'administration du système d'information, et le cas échéant, de systèmes automatiques de filtrage, systèmes automatiques de traçabilité et de gestion du poste de travail |

| | Contenu |
|---|---|
| **Engagement de confidentialité des salariés** | • Astreinte du salarié de signaler au service informatique interne toute violation ou tentative de violation suspectée de son compte informatique et de manière générale tout dysfonctionnement<br>• Vigilance du salarié à verrouiller son ordinateur en absence de son poste de travail<br>• Respect de certaines procédures (ex. : demander l'accord d'un supérieur hiérarchique) afin d'encadrer certaines opérations (ex. : copie de données sur un support amovible) |
| **Clause de sécurité dans les contrats de maintenance** | • Établissement pour chaque opération de maintenance d'un descriptif précisant les dates, la nature des opérations et les noms des intervenants<br>• Assurance que le prestataire prend toutes les dispositions permettant d'identifier la provenance de chaque intervention extérieure<br>• Mise en place des registres mentionnant les dates et nature détaillée des interventions de télémaintenance ainsi que les noms de leurs auteurs |
| **Clause spécifique pour les sous-traitants** | • Communication des mesures de sécurité et des garanties mises en place par le sous-traitant<br>• Établissement des moyens (audit de sécurité, visite des installations) permettant d'assurer l'effectivité des garanties proposées par le sous-traitant<br>• Assurance que le contrat de sous-traitance prévoit la confidentialité des données personnelles confiées, des contraintes minimales en matière d'authentification des utilisateurs, des conditions de restitution et/ou de destruction des données en fin du contrat et des règles de gestion et de notification des incidents |

→ **APPLICATION 2 • MINI-CAS 5**

# DES SAVOIRS AUX COMPÉTENCES

Évaluer les savoirs | Maîtriser les compétences | Préparer l'épreuve

## 1 QCM

*Pour chaque proposition, une ou plusieurs réponses sont possibles. Justifiez-les.*

1. Un progiciel de gestion intégré implique :
   a. l'utilisation d'une base de données unique dans l'entité. ☐
   b. une logique client/serveur entre la base de données et les applications. ☐
   c. le report manuel des écritures comptables dans la balance. ☐

2. Une pièce comptable est dématérialisée si :
   a. elle a été créée sous forme papier et a ensuite été scannée. ☐
   b. elle est d'emblée créée sous forme électronique. ☐
   c. elle concerne une comptabilité informatisée. ☐

3. Une facture dématérialisée :
   a. est créée par le fournisseur sous forme électronique. ☐
   b. est transformée par le client sous forme électronique. ☐
   c. parvient au client sous forme d'image ou de donnée. ☐

4. Les conditions d'utilisation de la facture électronique :
   a. sont libres. ☐
   b. sont encadrées par la loi. ☐
   c. ont été prévues par une directive européenne. ☐

5. Les procédés de dématérialisation autorisés sont :
   a. l'échange de données informatisé. ☐
   b. la facture électronique signée. ☐
   c. la numérisation des documents. ☐

6. La télédéclaration et le télérèglement de la TVA :
   a. sont facultatifs pour toutes les entreprises. ☐
   b. sont obligatoires pour toutes les entreprises. ☐
   c. sont obligatoires pour les entreprises relevant de la DGE. ☐

7. Les états financiers, bilan, compte de résultat et annexe :
   a. ne peuvent pas être télétransmis. ☐
   b. sont télétransmis uniquement à l'administration fiscale. ☐
   c. peuvent être télétransmis à de nombreux tiers. ☐

8. Les données dématérialisées :
   a. n'ont pas à être archivées. ☐
   b. sont conservées sur leur support informatique. ☐
   c. impliquent un mode d'archivage permettant de restituer leur contenu et d'identifier leur auteur. ☐

## 2 Cybersécurité ★★★

La Compagnie nationale des commissaires aux comptes (CNCC) et le Conseil supérieur de l'Ordre des experts-comptables (CSOEC) ont publié conjointement un document portant sur la prévention des risques de cybercriminalité. Le *Guide de la cybersécurité pour les experts-comptables* établit « 10 commandements recommandés ».

1. *Précisez en quoi consistent la cybercriminalité et la cybersécurité et pourquoi la cybersécurité doit être prise en compte par les professionnels de la comptabilité.*
2. *Complétez l'annexe en proposant des bonnes pratiques associées aux mesures de prévention des risques de cybercriminalité.*

Document

**Les dix commandements en matière de cybercriminalité (CNCC et CSOEC)**

| Mesures en matière de cybercriminalité | Bonnes pratiques |
|---|---|
| 1. La confidentialité tu garantiras. | |
| 2. Un contrat de cyberassurance tu souscriras. | |
| 3. Une perte ou un vol tu anticiperas. | |
| 4. De boucliers tu te muniras. | |
| 5. Aux cyberattaques tu réagiras. | |
| 6. Le RGPD tu respecteras. | |
| 7. Des clés USB tu te méfieras. | |
| 8. De bonnes pratiques managériales tu adopteras. | |
| 9. Les usages tu réglementeras. | |
| 10. Les collaborateurs tu sensibiliseras. | |

Évaluer les savoirs — **Maîtriser les compétences** — Préparer l'épreuve

## 3 Mini-cas : Ring A Bell ★★★

**Compétence attendue** **Exposer** la réglementation en matière d'établissement, de dématérialisation et de conservation des factures et autres pièces comptables

La société Ring A Bell doit émettre des factures électroniques ; elle s'interroge notamment sur les obligations qui lui incombent. Elle vous demande de constituer un dossier documentaire et de rédiger une note de synthèse.

1. *Identifiez les entreprises soumises à l'obligation d'émettre des factures dématérialisées.*
2. *Expliquez comment assurer l'authentification de la facture électronique.*
3. *Listez les obligations en matière de conservation des factures dématérialisées.*
4. *Parmi les diverses motivations signalées dans l'article, énumérez celles qui concernent particulièrement la comptabilité en lien avec la traçabilité comptable, la validation mutuelle et la gestion collaborative.*

Document

**Projet de dématérialisation des factures : pourquoi ? Comment ?**

Les motivations des entreprises pour mettre en œuvre un projet de dématérialisation des factures peuvent être :
- d'améliorer les processus ;
- d'optimiser le coût de traitement de la facture ;
- de partager l'information ;
- d'éliminer le papier des process ;
- d'optimiser la qualité de l'information, notamment la traçabilité comptable.

**Améliorer les processus**

Les processus qui pourront être optimisés par une opération de dématérialisation répondent à des attentes réciproques des clients et des fournisseurs :
- maîtrise des délais de paiement ;
- visibilité du processus en interne et en externe ;
- partage de l'information ;
- automatisation des traitements ;
- validation ;
- réduction des appels et des relances ;
- meilleure prévision de trésorerie.

**Optimiser le coût de traitement de la facture**

Le « coût standard » par facture reçue s'établit, selon une étude d'Arthur D. Little (Deskom), à 13,80 €. Il se décompose comme suit :
- réception : 0,90 €
- saisie/codification : 1,40 €
- validation : 5,40 €
- paiement : 2,80 €
- archivage : 1,50 €
- gestion des litiges : 1,80 €.

Le « coût standard » par facture émise, qui se situe dans la fourchette de 8 € à 9,50 €, se compose des éléments suivants :
- préparation, facturation et comptabilisation : 0,30 €
- rapprochement paiements : de 0,50 € à 2 €
- archivage : 0,80 €
- gestion des relances : 0,80 €

•••

...
– gestion des litiges : 2,40 €
– coûts de trésorerie : 2 €.
Les plus gros postes de coût interviennent ainsi dans les étapes postérieures :
– à la saisie ou à la codification des factures reçues ;
– à la préparation/comptabilisation des factures émises.

**Améliorer la qualité et la sécurité de la facture**

La qualité des données de la facture regroupe :
– la fiabilité des données ;
– la validation mutuelle de la facture ;
– la traçabilité comptable.
La sécurité peut être améliorée à chaque étape du cycle de vie de la facture :
– création ;
– transport et traitement ;
– conservation et archivage sécurisé ;
– traçabilité.

**Optimiser le partage de l'information**

Un des objectifs de l'entreprise peut être d'obtenir un meilleur partage de l'information. La facture est le support d'une information qui circule :
– en interne, entre les différents services. La dématérialisation :
• permet une gestion collaborative du traitement des factures,
• permet de se libérer de l'obligation de proximité physique des acteurs,
• peut favoriser l'opportunité d'un redéploiement des ressources ;
– en externe, avec les partenaires (au-delà des clients et des fournisseurs, les factors, les banques, les experts-comptables, les commissaires aux comptes, la DGI...).

« Projet de dématérialisation des factures : pourquoi ? Comment ? »,
*Revue Fiduciaire Comptable*, n° 319

## 4 Mini-cas : Lanatura ★★★

**Compétence attendue** — **Utiliser** un logiciel comptable ou un module comptable d'un progiciel de gestion intégré

Expert-comptable en charge du dossier de la PME Lanatura, vous êtes sollicité(e) par son directeur, Michael Lemoigne, sur l'opportunité d'implémenter un PGI qui, à terme, pourrait prendre en charge une partie de la comptabilité de l'entreprise. Vous répondez à ses questions en vous appuyant sur l'article.

1. *Identifiez les avantages potentiels liés à l'implantation d'un progiciel de gestion intégré dans une organisation.*
2. *Explicitez les critiques adressées à cet outil.*

Document

### Progiciels de gestion intégrés : le temps du bilan ?

Auréolés de toutes les vertus par les consultants, les PGI étaient censés résoudre les principaux problèmes d'information de l'entreprise grâce à :

- une plus grande intégration des données (une base de données unique partagée par tous les modules fonctionnels) ;
- une plus grande flexibilité du système d'information (approche modulaire de type « Lego ») ;
- une adaptation aux processus métiers (fluidification des flux de données entre modules grâce au *workflow*) ;
- une maîtrise informatique recouvrée (la fin des développements spécifiques en dérapage permanent).

Le bilan après plus de dix ans d'expérience n'est pas forcément réjouissant. À titre d'initialisation d'un inventaire, qu'il conviendrait de compléter, nous rappelons que :

- la plupart des clients de PGI annoncent l'installation d'un seul, voire deux modules ;
- les modules promis n'ayant pas toujours été au rendez-vous, de nombreux développements spécifiques ou l'acquisition de modules d'autres éditeurs furent nécessaires ;
- les résultats issus des PGI s'avèrent fréquemment aberrants (saisie forcée, contrôle de résultat impraticable…) ;
- les délais de mise en œuvre sont fréquemment explosés. Les inévitables développements spécifiques sont passés sous silence, la charge de travail dévolue aux tests est ignorée, le temps des utilisateurs minimisé, et les montants vertigineux des interventions des consultants-paramétreurs attribués à l'indiscipline du client ;
- le niveau de compétence des informaticiens et des comptables doit être significativement revu à la hausse, tant il est impossible d'agir sur ces outils sans une connaissance de l'ensemble de ce système intégré, aux composants si imbriqués ;
- l'accompagnement des utilisateurs semble particulièrement déficient, y compris lorsqu'il est réalisé par des consultants qui s'avèrent trop souvent compétents sur un seul module, et chargés de formation sans y avoir été préparés.

Ajoutons que la très sérieuse Harvard Business School avait, après une étude mondiale, conclut que de tels chantiers relevaient du « capital-risque », et que de son côté le cabinet Metagroup, dans une étude menée en 1999, concluait à un retour sur investissement après cinq ans en négatif d'un million et demi de dollars en moyenne par entreprise (pour un investissement initial moyen par entreprise approchant les dix millions de dollars). Au-delà de la maîtrise de ces chantiers, Pierre-Jean Benghozi, Directeur de Recherche au CNRS, mettait en doute, dès 1998, le postulat des PGI qu'il jugeait erroné : « *Les PGI s'appuient sur l'idée de prévision (ERP), alors que le monde économique est de plus en plus imprévisible* ».

Aujourd'hui, devant la baisse de leur marché, les éditeurs de PGI cherchent un second souffle. La deuxième vague qui s'annonce va voir ces éditeurs exploiter les dépendances qu'ils ont su créer chez leurs clients, les montées de version payantes et autres astuces étant déjà utilisées. Place à l'extrême PGI ! La plupart des clients ne disposant que d'un

…

Un *workflow* est flux automatisé d'informations contenant des systèmes d'alerte et d'attribution des tâches.

petit nombre de modules, il est question de leur vendre le plus de modules complémentaires possibles. En outre, le progiciel de gestion intégré va laisser la place au « progiciel intégrateur » qui veut intégrer les modules des concurrents, mais aussi les applications spécifiques du client, pour régner sans partage sur le système d'information du client. Si la menace pour le client est grande, celle sur la « biodiversité » de l'industrie informatique l'est peut-être plus encore. En comparaison, les problèmes rencontrés avec Microsoft risquent de ressembler… à une mise en bouche.

Ces éditeurs ciblent de nouveaux types de clientèle : après l'administration (en cours de propagation), les PME... [...]

Ces projets ont ceci de différent par rapport à leurs prédécesseurs, qu'une fois installés… ils sont indéboulonnables. La dépendance envers l'outil est telle qu'aucune organisation ne peut se permettre de revenir en arrière, même lorsque les performances techniques promises ne sont pas au rendez-vous, que l'appropriation par les utilisateurs est un échec, ou encore que les coûts d'exploitation sont trop élevés. Les offres de « post-implémentation » actuellement commercialisées par des cabinets de conseil et des SSII ne constituent-elles pas la parfaite démonstration de cette fuite en avant ? Les offres ne proposent en effet rien d'autre que de faire fonctionner « de force » ces progiciels qui déçoivent, y compris en simplifiant les règles de paramétrage trop complexes définies à grands frais par des consultants pour le compte du client. [...]

C. Deshayes, http://www.journaldunet.com

## 5 Mini-cas : *Cloud* et moi ★★★

**Compétence attendue** — **Proposer** des modalités adaptées de sauvegarde et de confidentialité des données comptables, dans une situation donnée

Caroline Lallemand est gérante de la SARL Immobâti. Elle a décidé de stocker toutes les données de la société (base clients, analyse des ventes, données financières et comptables…) sur le *cloud* et souscrit un abonnement à cette fin.

À partir de l'article, conseillez Caroline Lallemand.

1. *Identifiez les avantages du* cloud *en matière de sécurité des données comptables.*
2. *Identifiez les risques que peut néanmoins générer l'externalisation du stockage des données et les mesures à respecter par les fournisseurs de* cloud.

Document

**Le *cloud* : nouveaux enjeux, nouveaux usages**

Apparu voici moins de 10 ans, le *cloud computing* remplit aujourd'hui ses promesses techniques. Et invite désormais à aller beaucoup plus loin dans l'exploitation de ses possibilités. Le *cloud* : déjà une deuxième saison pour la série à succès !

Après les années *mainframe* (un serveur interne, des terminaux) et les années micro-informatique (à chacun ses périphériques et ses données), le *cloud* est venu à point nommé pour tirer parti des ressources presque illimitées des réseaux Internet – permettant d'exploiter la puissance de calcul et de stockage de serveurs distants depuis à peu près n'importe quel poste de travail fixe ou mobile. En hébergeant les applications et les données, le *cloud* libère les cabinets et leurs responsables informatiques du poids des mises à jour logicielles, de la maintenance des serveurs, de la conservation des données, entre autres. Selon le baromètre de la transformation numérique des cabinets, plus de 9 experts-comptables sur 10 voient le numérique comme un moyen d'améliorer leur productivité. Et 83 % d'entre eux considèrent que le numérique améliore la relation client ! L'Ordre a d'ailleurs placé la digitalisation de la profession d'expert-comptable en tête de ses priorités.

Retours des professionnels de la comptabilité :

Claire Charansonney, expert-comptable à Soisy-sur-Seine et dirigeante de Acaudit-expert.fr, avait l'habitude de demander conseil à son mari informaticien : « *avant, tous les trois ans, il fallait changer le matériel informatique, remettre les logiciels à niveau, vérifier la solidité des systèmes de sécurité et la compatibilité du tout. Cela engendrait un coût important pour le cabinet et ne facilitait pas la réactivité.* ». Claire n'a pas hésité longuement avant de suivre la voie du *cloud* avec le logiciel Quadra Expert On Demand. Alliés à la dématérialisation des pièces et des procédures, les logiciels SaaS et les services *cloud* sont porteurs d'économies sur la production comptable, et d'amélioration de la valeur ajoutée des cabinets. Autre avantage : la facilité à conserver un lien permanent avec ses clients, même les plus petits. Pensive, l'expert-comptable ajoute : « *le principal problème à l'époque, c'était le débit du réseau Internet* ! »

Sylvain Moussé, CTO de Cegid, a commenté ce premier âge du *cloud* lors du congrès Connections, organisé par l'éditeur le 3 juillet [2018]. « *Le* cloud *est un espace d'innovation. Cette innovation a d'abord eu lieu dans des couches invisibles de l'utilisateur. Pendant cette saison 1, nous avons pallié les problèmes liés à son usage : la disponibilité des applicatifs et des données, la rapidité des mises à jour, l'hébergement et la sécurisation des données, etc.* »

Les plateformes collaboratives et le *cloud* ont trouvé très vite leur clientèle auprès des experts-comptables, avec de bonnes raisons, comme en témoigne Alexandre Laisné, responsable de mission et référent informatique chez RGA-SACOR : « *quand Cegid a proposé une solution* cloud *avec connexion pour les clients, nous nous sommes demandés comment nous décharger de la saisie. Nous avons proposé à nos clients de former quelqu'un de chez eux à la compta et à la saisie d'écritures. Ça leur a plu, et de notre côté nous pouvions absorber davantage de missions. On travaille plus vite, ce qui nous permet de prendre un peu de recul, de faire des analyses, de donner des conseils en gestion – plus souvent et plus simplement que lors de la rencontre annuelle traditionnelle.* »

On l'aura compris, la première raison d'un passage au cloud est bien l'amélioration de la productivité du cabinet. Avec en corollaire la question : comment passer plus utilement ce temps gagné ? Le passage au *cloud* s'avère donc bien souvent comme un mouvement d'abord défensif : défense des marges, défense commerciale, défense d'une profession.

Le *cloud* est aussi porteur de nouvelles opportunités pour vendre du conseil et de l'accompagnement, et bien plus encore. Son succès va tenir dans l'exploitation de ces services – notamment ceux qui ne sont possibles QUE dans le *cloud*. Dès aujourd'hui, les cabinets peuvent proposer à leurs clients de disposer des tableaux de bord dont

...

ils ont besoin, accessibles 24 heures/24 et 7 jours sur 7, y compris depuis leur smartphone : il s'agit d'un service additionnel automatisé mis à disposition en marque blanche par l'éditeur. Mais selon Sylvain Moussé, le champ des possibles est bien plus large : « *l'usage de l'intelligence artificielle est un immense champ d'innovations. Et l'observation du comportement des utilisateurs n'a de sens que sur le* cloud, *pour travailler avec des grands nombres en mouvement.* » Analyse statistique sur de gros volumes de données et écoute des signaux faibles : l'analyse prédictive est par exemple aujourd'hui capable de prédire les démissions des collaborateurs ou des clients !

Pour Thierry Karsenti, directeur général de Check Point, la première caractéristique du *cloud* est qu'il fait sortir les données et les applicatifs de l'univers physique de l'entreprise. Les enjeux n'en sont que plus élevés en matière de sécurité. « *Le* cloud *change tout,* continue Thierry. *Les experts sécurité deviennent des architectes sécurité.* » Les besoins en la matière sont couteux en ressources, tant matérielles qu'expertes. Il n'y a pas ici de compromis possible entre performances et sécurité ; mais cette sécurité doit être agile, intelligente. Par exemple, assurer un niveau de sécurité adapté pour un job, ou pour une donnée. La question de la localisation des data des clients n'est pas neutre, dans le contexte du RGPD et d'utilisation abusive outre-Atlantique. En outre, *« pour tous ces usages, la responsabilité des participants dans le respect des données personnelles est clé et une charte d'éthique indispensable »*, souligne Sylvain Moussé.

Propos recueillis lors du congrès Cegid Connexions 2018
www.cegid.com, 26 septembre 2018

Évaluer les savoirs | Maîtriser les compétences | Préparer l'épreuve

## 6 Situation pratique : CIEL Compta ★★★

30 min

**Compétence attendue** **Utiliser** un logiciel comptable ou un module comptable d'un progiciel de gestion intégré

À partir du document présentant le mode opératoire du logiciel CIEL Compta, il vous est demandé d'examiner l'utilisation d'un logiciel comptable.

### Missions

1. *Précisez si l'utilisation d'un logiciel comptable est obligatoire.*
2. *Schématisez les étapes de la tenue comptable. Déterminez les fonctions assurées par le logiciel comptable.*
3. *Expliquez en quoi consiste l'enregistrement en mode brouillard.*
4. *Précisez pour quelles raisons il faut valider les écritures comptables.*
5. *Distinguez la validation des écritures et la clôture annuelle.*

Document

Présentation du logiciel CIEL Compta (www.ciel.com, *Manuel de découverte*)

# Le brouillard

Le brouillard vous permet d'enregistrer des écritures que vous pourrez par la suite modifier, supprimer ou valider. Il est en effet très courant de modifier des écritures en cours d'exercice.
La souplesse du brouillard de saisie vous permettra d'obtenir un dossier comptable irréprochable en fin d'exercice.

Lorsque des écritures sont enregistrées dans le brouillard, votre logiciel vérifie :

- l'existence du code journal et de tous les comptes utilisés dans le Plan de comptes,
- la validité de la date d'écriture (comprise dans la période de saisie) et des dates d'échéances,
- la validité des codes budgétaires,
- l'équilibre des écritures, etc.

Si le logiciel détecte une erreur, il l'indiquera. Il sera nécessaire de corriger le mouvement dans le brouillard.
Lors de la validation, le logiciel affectera un numéro de mouvement.

## Enregistrez des écritures dans le brouillard

Pour enregistrer des écritures dans le brouillard, dans la partie inférieure de la grille de saisie, sélectionnez l'option **Brouillard** puis cliquez sur le bouton [Enregistrer].

### Validez le brouillard

*Menu* TRAITEMENTS - *commande* VALIDATION BROUILLARD

Ce traitement consiste à enregistrer définitivement en comptabilité les mouvements comptables du brouillard de saisie ou du brouillard de simulation.
Une fois les mouvements validés, vous ne pouvez plus les modifier.

Si des erreurs d'imputation apparaissent ensuite, vous devrez saisir une O.D. ou encore effectuer une contrepassation.
Consultez le **Manuel de référence**, Menu *Traitements*, *Contrepassation*.

Vous allez choisir les mouvements devant être validés en définissant des critères de sélection.

Par défaut, les dates de l'exercice N sont proposées comme intervalle de dates. Tous les mouvements dont la date est comprise dans cet intervalle seront sélectionnés. Vous pouvez modifier ces dates.

1. Si vous cochez la case **Journal**, seuls les mouvements imputés au journal dont vous indiquez le code seront sélectionnés pour la validation.
2. Cochez la case **Mouvements du** pour demander la validation des mouvements dont le numéro est compris dans l'intervalle que vous définissez dans les zones qui suivent.
3. Pour tenir compte des mouvements enregistrés dans le brouillard de simulation, cochez la case **Inclure les écritures en simulation**.
4. Pour connaître le nombre d'écritures qui vont être validées, cliquez sur le bouton [Analyser].
5. Une fois tous les critères définis, validez le traitement en cliquant sur [OK].
6. Compte tenu de l'irréversibilité du traitement, une sauvegarde vous est proposée. Cliquez sur le bouton de votre choix.

Une fois le traitement terminé, un message vous indique le nombre de mouvements ayant été validés.

7. Fermez la fenêtre de message en cliquant sur [OK].

Dans la liste des écritures, les écritures validées sont affichées en rouge et la mention **Validation** apparaît dans la colonne **Statut**.

•••

## Consultez la liste des écritures

*Menu* COMPTABILITÉ - *commande* LISTE DES ÉCRITURES

Cette commande vous permet de consulter la liste de vos écritures enregistrées en brouillard, en simulation ou validées.

Pour modifier une écriture en brouillard ou en simulation, double-cliquez sur le mouvement concerné : la grille de saisie correspondante s'affiche et vous pouvez modifier l'écriture.

Si vous modifiez une écriture ayant fait l'objet d'une déclaration de TVA, un message d'alerte vous informe sur le loi anti-fraude. Cliquez sur [Oui] ou [Non] pour confirmer ou annuler la modification de cette écriture.

Consultez le **Manuel de référence**, Menu *Comptabilité*, *Liste des écritures*.

# Clôturez et rouvrez un exercice

*Menu* TRAITEMENTS - *commandes* FIN D'EXERCICE - TOP CLÔTURE.

L'assistant Top Clôture vous permet de réaliser la clôture puis la réouverture d'un exercice en toute sécurité.

1. Lisez attentivement l'étape **Informations** puis vérifiez le journal de clôture et les comptes de résultat de l'exercice (bénéfice et perte). Si vous souhaitez modifier ces éléments, activez le menu DOSSIER - commandes PARAMÈTRES - COMPTABILITÉ.
2. Cliquez sur le bouton [Suivant>].
3. Dans l'étape **Mode assisté**, cliquez sur les icônes correspondant aux traitements à effectuer avant de lancer la clôture, puis cliquez sur le bouton [Suivant>].

La validation du brouillard et des écritures est obligatoire pour pouvoir lancer la clôture.

Vous trouverez le détail des traitements avant clôture dans l'**aide intégrée,** rubrique *Assistant Top Clôture*, lien **Traitements**.

L'étape **Sauvegarde DGFiP** vous permet de sauvegarder directement toutes les données et pièces comptables légales et obligatoires.

4. Votre logiciel sauvegarde automatiquement tous les éléments de comptabilité qui seront accessibles par la suite via le menu TRAITEMENTS - commande VÉRIFICATION COMPTABLE **DGFiP** - CONSULTATION SAUVEGARDE DGFIP. Par mesure de sécurité, faites une sauvegarde sur un support externe (clé USB, CD-Rom, disque dur externe...). Pour cela, cliquez sur l'icône afin de définir l'emplacement de la sauvegarde.
5. Cliquez sur le bouton [Suivant>].
6. Dans l'étape **Lancer le traitement**, cliquez sur le bouton [OK].
7. Un message vous propose d'effectuer une sauvegarde de vos données. Cliquez sur le bouton [Faire une copie de mon dossier et lancer le traitement].
8. A la fin du traitement, un message vous informe que la clôture s'est correctement réalisée. Cliquez sur le bouton [OK].
9. Lisez attentivement l'étape **Informations** puis vérifiez le journal de réouverture et le compte de report à nouveau.
10. Cliquez sur le bouton [Suivant>].
11. Pour reporter le détail des écritures non lettrées et des écritures non pointées dans l'A-nouveau, sélectionnez les options **Oui**. Si vous cochez **Non**, vous obtenez uniquement un solde pour ces comptes.
12. Cliquez sur le bouton [Suivant>].
13. Dans l'étape **Options**, définissez vos choix concernant les budgets.
14. Dans l'étape **Report en détail dans l'écriture d'A-nouveau**, indiquez si vous souhaitez ou non reprendre en détail les écritures non pointées dans l'A-nouveau.
15. Cliquez sur le bouton [Terminer] pour lancer la réouverture.
16. A la fin du traitement, un message vous informe que la réouverture s'est correctement réalisée. Cliquez sur le bouton [OK].

SYNTHÈSE

## Outils numériques de l'information financière

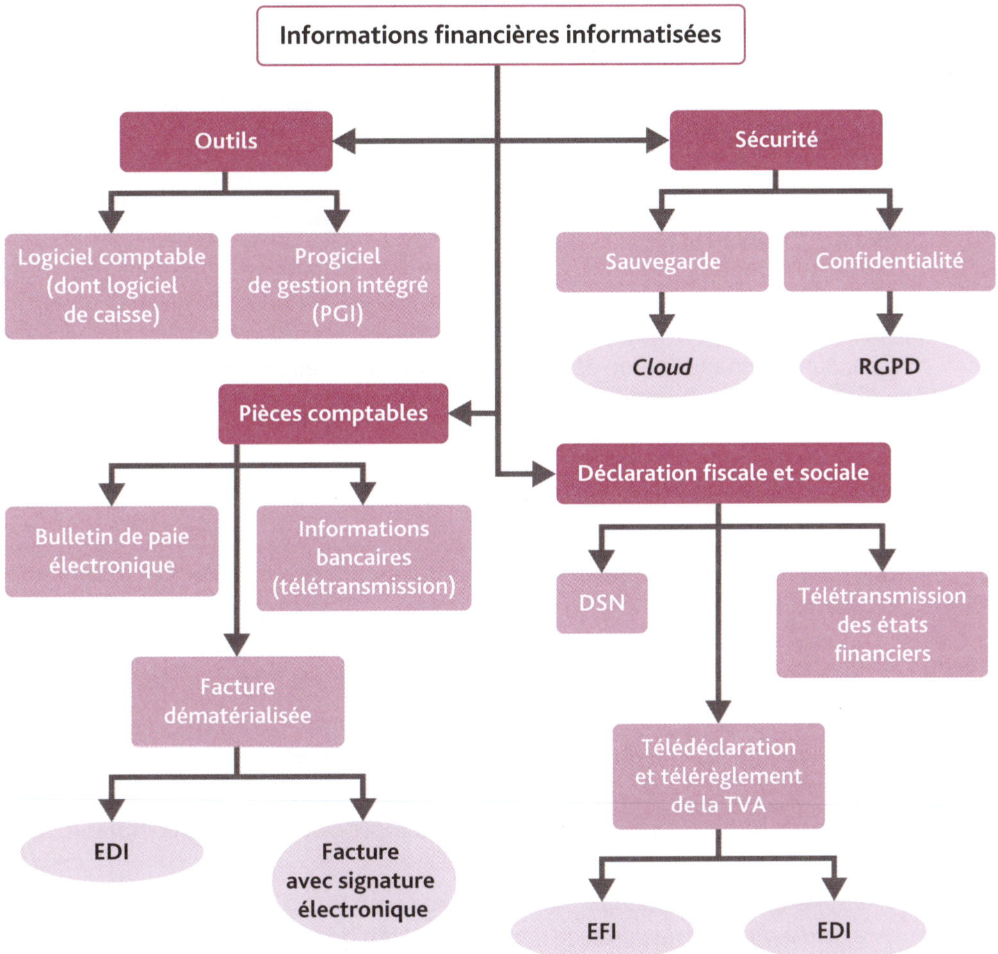

Adriane Parkoo, étudiante en classe préparatoire du DCG, est accueillie en stage pendant deux mois par le cabinet d'expertise-comptable Agora pour les missions comptables suivantes :

- tenue de la comptabilité jusqu'aux bilans ;
- établissement des liasses fiscales ;
- déclarations fiscales (TVA, IS, taxe professionnelle, taxe d'apprentissage, etc.).

Adriane s'inquiète car c'est la première fois qu'elle réalise un stage et elle s'interroge sur les modalités pratiques des missions à réaliser.

## 1 Organisation et métiers de la comptabilité

Lors de la première journée de stage, Adriane Parkoo est en compagnie de son tuteur professionnel. L'objectif de cette journée est de découvrir le cabinet comptable et les missions à réaliser. Vous disposez, dans le dossier documentaire, des échanges entre l'étudiante Adriane Parkoo et son tuteur professionnel, l'expert-comptable Nicolas Vaillet.

### Missions

1. *Distinguez informatisation et numérisation.*
2. *Expliquez en quoi consiste l'informatisation de l'activité des cabinets d'expertise comptable.*
3. *Précisez si l'intelligence artificielle peut s'appliquer aux métiers de la comptabilité et de quelle manière.*
4. *Analysez les raisons pour lesquelles la digitalisation peut être perçue comme une menace ou comme une opportunité, ainsi que ses conséquences concrètes pour les cabinets d'expertise comptable.*
5. *Expliquez de quelle manière les métiers comptables se transforment du fait de la digitalisation.*
6. *Précisez si le cabinet comptable Agora adopte un traitement comptable autonome ou intégré.*
7. *Rappelez sous quelles conditions la force probante d'une comptabilité informatisée est assurée. Précisez la durée de conservation des documents électroniques.*
8. *Dans le cadre de la tenue comptable, analysez l'obligation liée à l'informatisation pour les entreprises à compter du 1er janvier 2020.*

## 2 Établissement des liasses fiscales

Le client ENR Bâtiment, géré par la stagiaire Adriane Parkoo, demande une situation intermédiaire en mi-année. L'assistante comptable, Céline Laborie, a commencéw à pré-comptabiliser les pièces comptables et a réalisé les saisies correspondantes en mode brouillard dans le logiciel comptable. Adriane Parkoo est intéressée par ce dossier, elle s'est renseignée sur le client. Elle apprend que le gérant est célibataire et qu'il a le même âge qu'elle. Adriane Parkoo envisage de téléphoner au client sous prétexte du suivi de son dossier comptable. Elle souhaite alors finaliser ce dossier. Ayant pris du retard, elle sauvegarde le dossier du client sur une clé USB personnel pour achever les pré-comptabilisations à son domicile sur son ordinateur personnel.

**Missions**

1. *Listez les fonctions qu'un logiciel comptable peut proposer pour faciliter la saisie comptable.*
2. *Expliquez en quoi consiste l'enregistrement en mode brouillard.*
3. *Énumérez les opérations qu'Adriane Parkoo doit réaliser pour établir les situations intermédiaires.*
4. *Rappelez en quoi consiste le RGPD et précisez-en les mesures qu'Adriane Parkoo ne semble pas avoir respectées.*
5. *Expliquez pourquoi l'utilisation d'outils informatiques personnels n'est pas préconisée et déterminez les risques encourus.*
6. *Identifiez le mode de sauvegarde préservant la sécurité des données financières qui aurait pu être utilisé par Adriane Parkoo.*

## 3 Déclaration fiscale et sociale

En charge des déclarations fiscales et sociales, la stagiaire Adriane Parkoo a réalisé des recherches sur le site www.service-public-pro.fr. À l'aide de la fiche pratique « Quelles déclarations fiscales professionnelles doivent être dématérialisées ? », répondez aux questions suivantes.

Pour tout savoir sur les déclarations fiscales dématérialisées : http://dunod.link/2pk320r

**Missions**

1. *Définissez les termes suivants : téléprocédure, télédéclaration, télérèglement, télétransmission.*
2. *Rappelez les deux modes de télétransmission des déclarations fiscales et expliquez en quoi ils consistent. Comparez-les.*
3. *Le client ENR Bâtiment n'a pas d'espace professionnel et ne souhaite pas en disposer. Dans l'hypothèse où Adriane Parkoo serait sollicitée pour gérer, pour le compte du client, les télédéclarations et paiements, précisez la procédure qu'elle devrait mettre en place.*
4. *Indiquez la manière dont Adriane Parkoo doit procéder sur le site impots.gouv.fr.*

## DOSSIER DOCUMENTAIRE

Document

### Compte-rendu des échanges entre le stagiaire et l'expert-comptable sur la tenue et l'organisation comptables

**Nicolas Vaillet :** Nous voici dans nos bureaux. Céline Laborie, assistante comptable au cabinet, s'occupe du dossier client ENR Bâtiment. Nous allons examiner ce dossier. Le client vient de déposer les pièces comptables relatives à son entreprise du trimestre. Dès réception des factures, nous les numérisons. Je vous propose de faire le scan de ces documents, s'il vous plaît

**Adriane Parkoo :** Très bien. Nous avons vu en cours que les métiers comptables sont des activités fortement impactées par l'informatisation. Nous sommes donc dans le cœur du sujet, même si j'imaginais que la digitalisation ne se réduisait pas à la numérisation. Pas de *machine learning* ?

**NV :** Nous n'allons pas jusque-là, mais en effet, notre cabinet se digitalise. Cela ne se restreint pas pour autant à la numérisation. Nos process et nos missions changent.

**AP :** Vous me faîtes peur. Je n'aurais peut-être pas dû choisir le métier d'expert-comptable. Comme pour les avocats et les notaires avec les *legaltech*, je crains que le métier d'expert-comptable ne disparaisse.

**NV :** Le métier d'expert-comptable ne disparaît pas mais il se transforme. La digitalisation n'est pas une menace mais une opportunité. Il convient cependant de ne pas en avoir peur et d'accepter le changement.

**AP :** *Digitale native*, cela me parait évident ! Je souhaiterais savoir si vous avez opté pour un traitement comptable autonome ou intégré et pourquoi ?

**NV :** Notre activité se concentre aujourd'hui essentiellement sur la tenue comptable. Nous avons donc choisi d'optimiser les travaux de tenue comptable en utilisant des outils informatiques. Nous automatisons les tâches répétitives. Les collaborateurs se concentrent sur la saisie, l'imputation comptable, le contrôle des états et à leur exploitation. Nous n'avons pas mis en place de logiciel coordonnant les différentes activités de l'entreprise.

**AP :** Il y a donc très peu de papiers dans vos bureaux : l'essentiel des pièces et documents comptable sont en format électronique. Quelle est la force probante de ces éléments informatisés ?

**NV :** Relisez vos cours et ayez le réflexe de consultez les textes de lois ! Une veille du contexte légal et réglementaire est nécessaire.

CHAPITRE 23

# Bilan, compte de résultat et annexe

## PROGRAMME

### Compétences attendues

- **Établir** et **lire** les documents de synthèse conformément aux dispositions du PCG
- **Élaborer** les principaux tableaux de l'annexe (immobilisations, amortissements, dépréciations et provisions)
- **Justifier** l'utilisation des documents de synthèse dans le cadre de la communication financière et/ou de l'obtention d'un financement

### Savoirs associés

- Documents de synthèse : bilan, compte de résultat, annexe
- Rôle des documents de synthèse
- Systèmes de présentation comptable des documents de synthèse

## PRÉREQUIS

• Analyse comptable des opérations courantes (chapitres 6 à 12)
• Travaux d'inventaire (chapitres 13 à 20)

## LIEN AVEC LE DCG 6

§1.2. L'analyse de l'activité

## PLAN DU CHAPITRE

**Cours :** 1. Documents de synthèse • 2. Bilan • 3. Compte de résultat • 4. Annexe comptable

**Des savoirs aux compétences :** Évaluer les savoirs • Maîtriser les compétences • Préparer l'épreuve

**Synthèse**

À quoi correspondent les documents de synthèse ? Pourquoi établir des documents de synthèse ? Quels sont les principes généraux d'établissement des documents de synthèse ? Quels sont les différents systèmes de présentation des documents de synthèse ? Quels sont les principaux tableaux de l'annexe ? En quoi consiste la communication financière ? Dans quelle mesure les documents de synthèse participent à la communication financière ?

## MOTS-CLÉS

**Annexe • Bilan • Communication financière • Compte de résultat • Système de base • Système développé • Système simplifié**

# 1 Documents de synthèse

## A) Présentation des documents de synthèse

Le code du commerce précise que toute personne physique et morale ayant la qualité de commerçant doit établir des documents de synthèse à la clôture de l'exercice au vu des enregistrements comptables et de l'inventaire.

**Définition**

Les documents de synthèse (ou états financiers, ou comptes annuels) comprennent le **bilan**, le **compte de résultat** et l'**annexe** qui forment un tout indissociable.

Après avoir comptabilisé les opérations courantes et réalisé les opérations d'inventaire nécessaires à la clôture, l'entreprise doit établir les documents de synthèse annuels à partir de la balance après inventaire.

- Le bilan fournit une information sur la situation patrimoniale de l'entreprise.
- Le compte de résultat renseigne sur son enrichissement ou son appauvrissement durant l'exercice.
- Ils sont complétés par l'annexe, qui fournit toutes les informations significatives nécessaires à la compréhension et à la clarté du compte de résultat et du bilan.

## B) Rôle des documents de synthèse

La communication financière pour les petites entreprises se focalise essentiellement sur la publication des documents de synthèse, afin de rendre compte de leur situation patrimoniale et de la création de richesse aux organismes sociaux et fiscaux, mais aussi aux organismes financiers et autres partenaires (ex. : fournisseurs).

Pour les entreprises de plus grande taille qui désirent se faire connaître du public, soit pour être financées, soit pour bénéficier d'une communication plus globale, la communication financière va au-delà de la divulgation d'informations financières. L'entreprise adopte dans ce cas une stratégie de communication.

**Définition**

La **communication financière** désigne l'organisation de la diffusion des informations financières tournées vers les utilisateurs de l'information financière.

L'information comptable, dont les documents de synthèse, a pour objectif de fournir des informations utiles aux utilisateurs internes (dirigeants, responsables de filiales, etc.) et aux utilisateurs externes (actionnaires, créanciers, etc.) (tab. 23.1).

**Tableau 23.1. Rôle de l'information comptable pour les utilisateurs**

| Utilisateurs | Besoins d'informations comptables |
|---|---|
| Banquiers | • Capacité de remboursement<br>• Capacité à supporter les charges d'intérêts<br>• Poids de l'endettement<br>• Niveau et variation de trésorerie… |
| Investisseurs | • Étude du niveau, de la formation, de la variation du résultat<br>• Examen des moyens employés<br>• Analyse de la rentabilité… |
| Fournisseurs | • Capacité à payer ses dettes<br>• Examen de la situation de trésorerie… |
| Clients | • Étude de la pérennité de l'entreprise<br>• Étude de l'activité… |
| Dirigeants | • Coût d'achat des matières premières<br>• Vente réalisée<br>• Stockage<br>• Charges de personnel<br>• Matériel à disposition… |

Le bilan, le compte de résultat et les tableaux de l'annexe fournissent des informations diverses sur la situation et la performance de l'entreprise, de façon annuelle (tab. 23.2).

**Tableau 23.2. Informations communiquées par les documents de synthèse**

| Documents de synthèse | Informations |
|---|---|
| Bilan | • Situation patrimoniale<br>• Investissements réalisés, valeur nette des investissements<br>• Stockage, déstockage<br>• Montant dû par les clients<br>• Trésorerie disponible<br>• Capital engagé<br>• Endettement… |
| Compte de résultat | • Création ou destruction de richesse<br>• Apports des activités d'exploitation, des activités financières et exceptionnelles sur la variation de richesse de l'entreprise |
| Tableau des immobilisations | • Investissements réalisés par l'entreprise<br>• Cession des investissements |
| Tableau des amortissements | • Cumul des amortissements réalisés<br>• Amortissements constatés au cours de l'exercice<br>• Les investissements sont-ils en fin de vie ? |

| Documents de synthèse | Informations |
|---|---|
| Tableau des dépréciations | • Cumul des dépréciations réalisées<br>• Dépréciations et reprises constatées au cours de l'exercice |
| Tableau des provisions | • Risques et charges futurs probables<br>• Cumul des provisions réalisées<br>• Dotations et reprises constatées au cours de l'exercice |

## C) Système de présentation

Les comptes annuels doivent être conformes à l'un des trois systèmes suivants :

- Le **système simplifié** ou système abrégé. Il s'applique aux entreprises de taille modeste pour lesquelles les besoins d'informations sont réduits. Le bilan et le compte de résultat se limitent aux rubriques principales.
- Le **système de base**. Il s'applique aux entreprises qui dépassent les seuils fixés pour la présentation possible en système abrégé. Il prévoit un contenu des documents de synthèse indispensable à la gestion de ces entreprises.
- Le **système développé**. Choisi par les entreprises de taille importante, il conduit à communiquer un bilan et un compte de résultat très détaillés et propose une analyse des données de base. Le système développé est optionnel.

Le respect de deux des trois seuils ci-dessous (total du bilan, CAHT et effectif moyen) suffit à intégrer l'une des quatre catégories d'entreprise.

L'application du mode de présentation des documents annuels et les obligations de communication sont liées à la taille de l'entreprise. Le Code de commerce, intégrant les modifications induites par la loi Pacte du 22 mai 2019, propose une classification des entreprises, selon leur taille, à laquelle correspondent des présentations distinctes des documents de synthèse (tab. 23.3).

**Tableau 23.3. Présentation des documents de synthèse selon le type d'entreprise**

| Classification | | | | |
|---|---|---|---|---|
| **Une entreprise est définie comme… si au moins deux des trois critères suivants sont respectés** | **… micro-entreprise** | **… petite entreprise** | **… entreprise moyenne** | **… grande entreprise** |
| Total du bilan (€) | ≤ 350 000 | ≤ 6 000 000 | ≤ 20 000 000 | > 20 000 000 |
| CAHT (€) | ≤ 700 000 | ≤ 12 000 000 | ≤ 40 000 000 | > 40 000 000 |
| Nombre moyen de salariés sur l'exercice | ≤ 10 | ≤ 50 | ≤ 250 | > 250 |
| **Présentation des documents de synthèse** | | | | |
| Options de présentation | Bilan et compte de résultat simplifiés | Bilan et compte de résultat simplifiés | • Bilan et annexe de base<br>• Compte de résultat simplifié | • Bilan et compte de résultat simplifiés<br>• Annexe de base ou abrégée |
| Dispense possible | Annexe | – | – | – |
| Possibilité de communication allégée | Confidentialité des comptes annuels | Confidentialité du compte de résultat | Bilan et annexe simplifiés | – |

➜ MINI-CAS 4 • MINI-CAS 5

# 2 Bilan

## A) Qu'est-ce qu'un bilan ?

**Définition**

Le **bilan** décrit séparément les éléments actifs et passifs de l'entité. Il fournit une information sur la situation patrimoniale de l'entreprise.

Le bilan s'établit à partir des soldes des comptes des classes 1 à 5 recensés dans la balance après inventaire. De manière synthétique, le bilan se caractérise par trois rubriques à l'actif et quatre rubriques au passif. De plus, le bilan distingue dans l'actif : la valeur brute, les amortissements et dépréciations cumulés, ainsi que la valeur nette comptable (Valeur nette comptable = Valeur brute – Amortissements et dépréciations). Afin de permettre une comparaison de la situation patrimoniale dans le temps, le bilan de l'exercice rappelle, dans une colonne supplémentaire, les données de l'exercice précédent (tab. 23.4).

**Tableau 23.4. Bilan schématique**

| ACTIF | Exercice N | | | Exercice N–1 | PASSIF | Exercice N | Exercice N–1 |
|---|---|---|---|---|---|---|---|
| | Brut | Amortissements et dépréciations | Net | Net | | Net | Net |
| Actif immobilisé | | | | | Capitaux propres | | |
| Actif circulant | | | | | Provisions | | |
| | | | | | Dettes | | |
| Régularisations(1) | | | | | Régularisations(1) | | |
| **Total** | | | | | **Total** | | |

(1) Comptes de régularisation : charges constatées d'avance, produits à recevoir…

## B) Présentation du bilan

Le bilan peut être présenté avant ou après répartition du résultat (↪ chapitre 20). Il peut être présenté en liste ou en tableau. Enfin, les postes sont plus ou moins détaillés selon le système adopté.

### 1. Bilans avant et après répartition du résultat

Le bilan avant affectation du résultat intègre dans les fonds propres le résultat généré par l'entreprise (qui est déterminé au travers du compte de résultat). Par la suite, l'entreprise choisit de répartir ce résultat entre les dividendes, les réserves et le report à nouveau (↪ chapitre 20). L'entreprise peut ainsi présenter le bilan après affectation du résultat. Le total du bilan avant et après répartition du résultat est identique, seule change la composition du passif au niveau des fonds propres et des dettes (dettes envers les associés pour versement des dividendes) (fig. 23.1).

* Éléments susceptibles d'être influencés par la répartition du résultat.

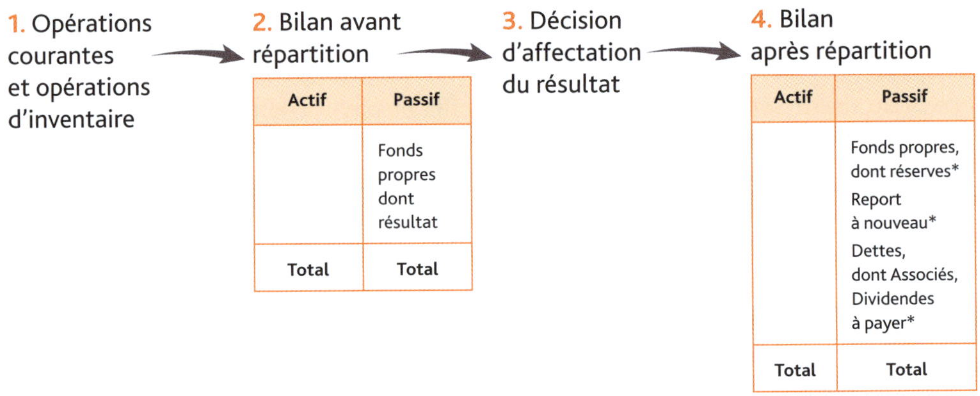


Figure 23.1. **Bilans avant et après répartition du résultat**

## 2. Bilans en liste et en compte

Le bilan peut être présenté en liste ou en compte (ou en tableau). Ces deux présentations n'ont pas d'impact sur la présentation de l'actif, mais au niveau du passif :

- si le bilan est en compte (similaire au tableau 23.5), le passif distingue les capitaux propres, les provisions, les dettes et les comptes de régularisation. Au pied du bilan apparaissent des informations complémentaires telles que les dettes à plus d'un an et les dettes à moins d'un an et les concours bancaires courants et les soldes créditeurs des banques ;
- si le bilan est en liste (tab. 23.5), les capitaux propres apparaissent en bas du passif par différence entre le total de l'actif et le passif externe. De plus, la distinction des dettes selon l'échéance est également adoptée.

Tableau 23.5. **Bilan en liste**

| | Exercice N | | | N–1 |
|---|---|---|---|---|
| | Brut | A. et D. | Net | Net |
| • Actif immobilisé<br>• Actif circulant | | | | |
| **Actif total** | | | | |
| Dettes à moins d'un an<br>• Excédent de l'actif circulant sur dettes à moins d'un an<br>• Excédent de l'actif sur dettes à moins d'un an | | | | |
| | | | Exercice N | Exercice N–1 |
| Dettes à plus d'un an | | | | |
| Provisions | | | | |
| Capitaux propres | | | | |

### 3. Bilan dans le système abrégé, le système de base et le système développé

Le modèle du bilan dans le système simplifié est un document très synthétique défini avant répartition. La réglementation comptable propose un modèle de bilan dans le système de base en liste et en compte (ou en tableau) et avant et après répartition. Le bilan dans le système développé est proche de celui proposé dans le système de base. La seule différence est que, dans cette présentation, les créances et les dettes ne sont pas classées selon leur destination mais selon leur nature : exploitation, financier, divers.

**NOTRE CONSEIL**

Référez-vous au plan comptable général et examinez attentivement les différentes présentations du bilan.

→ MINI-CAS 2 • MINI-CAS 3

# 3 Compte de résultat

## A) Définition du compte de résultat

**Définition**

Le **compte de résultat** récapitule les charges et les produits de l'exercice. Il informe sur la formation ou la destruction de richesse potentielle.

La notion de « compte de résultat » désigne deux choses :
– le compte 120 « Résultat net de l'exercice » ;
– le document de synthèse qui présente, sous la forme d'un tableau synthétique, la formation du résultat.
Nous nous intéressons ici au document de synthèse.

Le compte de résultat est également établi à partir de la balance après inventaire, en reprenant les comptes de charges et les comptes de produits. Les charges et les produits sont classés par nature. On distingue :

- les opérations d'exploitation, qui correspondent à l'activité normale de l'entreprise ;
- les opérations financières, qui considèrent l'activité courante relative aux revenus et aux coûts financiers ;
- les opérations exceptionnelles, qui comprennent les opérations ne correspondant pas à la gestion courante de l'entreprise et ayant une incidence ponctuelle ou un montant exceptionnel.

À ces éléments s'ajoutent : la participation des salariés et les impôts sur les bénéfices. Afin d'assurer une comparabilité des données dans le temps, le compte de résultat intègre une colonne présentant pour chaque rubrique les montants correspondants pour l'exercice précédent (tab. 23.6).

**Tableau 23.6. Compte de résultat schématique**

| CHARGES | Exercice N | Exercice N–1 | PRODUITS | Exercice N | Exercice N–1 |
|---|---|---|---|---|---|
| Charges d'exploitation | | | Produits d'exploitation | | |
| Charges financières | | | Produits financiers | | |
| Charges exceptionnelles | | | Produits exceptionnels | | |
| Participation des salariés | | | | | |
| Impôts sur les bénéfices | | | | | |
| Solde créditeur : bénéfice | | | Solde débiteur : perte | | |
| **Total** | | | **Total** | | |

## B) Présentation du compte de résultat

### 1. Comptes de résultat en liste et en compte

Dans la présentation en compte (ou en tableau), les charges et les produits sont présentés distinctement, ils sont classés selon leur nature (présentation similaire au tableau 23.5). Dans la présentation en liste (tab. 23.7), les charges et les produits de même nature sont regroupés de manière à présenter dans le compte de résultat des résultats intermédiaires. Cette présentation permet une première ébauche d'analyse de la formation du résultat total. Le résultat total est la somme de ces résultats partiels.

**Tableau 23.7. Compte de résultat en liste**

| | Exercice N | Exercice N–1 |
|---|---|---|
| Produits d'exploitation<br>– Charges d'exploitation | | |
| = Résultat d'exploitation | | |
| Produits financiers<br>– Charges financières | | |
| = Résultat financier | | |
| Produits exceptionnels<br>– Charges exceptionnelles | | |
| = Résultat exceptionnel | | |
| – Participation des salariés<br>– Impôts sur les bénéfices | | |
| = Résultat de l'exercice | | |

Les résultats intermédiaires correspondent aux trois catégories de charges ou de produits. Un résultat intermédiaire supplémentaire peut être présenté : c'est le résultat courant qui correspond à la somme du résultat d'exploitation et du résultat financier. La participation des salariés et les impôts sur les bénéfices, puisque correspondant à un prélèvement effectué sur le résultat global, ne sont pas intégrés dans les résultats intermédiaires. La présentation en liste est la présentation retenue par l'administration fiscale.

### 2. Compte de résultat dans le système abrégé, le système de base et le système développé

Le système simplifié propose un modèle de présentation du compte de résultat très synthétique. Les charges et les produits financiers sont intégrés dans les charges et produits d'exploitation. Dans le système de base, les charges et les produits sont présentés distinctement selon leur nature. Enfin, le compte de résultat dans le système développé reprend le modèle du compte de résultat dans le système de base mais prévoit des regroupements significatifs de poste ainsi que le détail d'autres postes, notamment par :

- la mise en évidence du coût d'achat et des consommations de l'exercice en provenance de tiers ;
- les subdivisions des postes services extérieurs, dotations aux amortissements, provisions et dépréciations et des charges et produits exceptionnels sur opérations en capital.

Le coût d'achat correspond à la somme des achats des marchandises ou des matières et approvisionnements de l'exercice (y compris les frais accessoires d'achat) et les variations de stocks des marchandises vendues ou des matières et approvisionnements de l'exercice.

Le calcul du coût d'achat ventile les frais accessoires d'achats entre les marchandises et les matières et approvisionnements. Cette difficulté devrait être cependant surmontée si ces frais, lors de leur apparition, sont bien intégrés dans la valeur d'entrée de l'élément concerné.

Le détail des postes permet de mieux analyser les résultats.

**NOTRE CONSEIL**

Référez-vous au PCG et examinez attentivement les différentes présentations du compte de résultat.

**Exemple**

▸ L'information sur le personnel extérieur rapprochée de l'information sur les charges de personnel permet de mieux appréhender le coût total de la main-d'œuvre pour l'entreprise. ◂

→ MINI-CAS 2 • MINI-CAS 3

# 4 Annexe comptable

## A) Contenu de l'annexe

**Définition**

Selon la réglementation comptable, « l'**annexe** complète et commente les informations données par le bilan et le compte de résultat ».

L'annexe, appelée également « notes annexes » ou simplement « notes », présente des informations en plus des autres documents de synthèse, afin de mieux les comprendre et de donner une image fidèle de l'entreprise. Les informations à fournir peuvent donc être abondantes. L'annexe peut avoir pour travers de fournir trop d'informations sans mettre en évidence les éléments pertinents.

Les informations fournies dans l'annexe doivent être :

- **Complémentaires.** L'annexe fournit des éléments complétant et commentant les informations données par le bilan et le compte de résultat. D'une part, elle met en évidence tout fait pouvant avoir une influence significative sur le jugement des utilisateurs des informations comptables. D'autre part, elle indique toutes les explications nécessaires à une meilleure compréhension du bilan et du compte de résultat. Cependant, une inscription dans l'annexe ne peut pas se substituer à une inscription dans le bilan ou dans le compte de résultat.

La tendance actuelle est de fournir des bilans et des documents de synthèse très synthétiques et d'incorporer de nombreuses références à l'annexe. Ainsi, un utilisateur peu avisé ou peu prudent peut penser à la lecture du bilan ou du compte de résultat que l'information n'existe pas ou que l'entreprise n'a pas eu à enregistrer cette information, alors que ce n'est pas le cas, l'entreprise ayant en fait choisi de communiquer cette information par le biais de l'annexe.

**Exemple**

L'annexe peut expliquer pourquoi l'entreprise affiche un montant des immobilisations supérieur à l'année précédente. Est-ce dû à un changement de méthodes comptables, à une revalorisation ou à l'acquisition de nouvelles immobilisations ? L'annexe fournit des informations sur ces différents éléments.

- **Non palliatives.** Les informations mentionnées dans l'annexe ne peuvent être un palliatif des informations non communiquées dans le bilan et dans le compte de résultat. Même si le bilan, le compte de résultat et l'annexe forment un tout indissociable, il faut que l'utilisateur des documents comptables trouve les informations qu'il est susceptible de chercher dans les documents dédiés. Sinon, les comptes peuvent induire en erreur les utilisateurs.
- **Non redondantes.** Selon le plan comptable général, « les informations requises déjà portées au bilan ou au compte de résultat n'ont pas à être reprises dans l'annexe ».
- **Significatives.** Afin de donner une image fidèle de la situation et de la performance de l'entreprise, l'annexe ne doit fournir que des informations d'une « importance significative » par rapport au bilan et au compte de résultat. Une information est considérée comme significative dès lors que son absence est susceptible de remettre en cause la régularité, la sincérité des états financiers et donc l'image fidèle des comptes. Le caractère significatif de l'information se définit selon les caractéristiques et le contexte de l'entreprise.

**Exemple**

Le rapport annuel du groupe Devoteam de l'exercice N–1 précise dans la note 10 – Événement significatif postérieur au 31 décembre N–1 :

« Le 23 février N, Devoteam a finalisé l'achat de la société Danet. Cette acquisition, stratégique pour Devoteam (400 personnes, 45 milliards d'euros de chiffre d'affaires), permet de prendre une position significative en Allemagne, 1er marché d'Europe, où le groupe n'était pas encore présent, et de renforcer ses offres dans le secteur des télécoms. Le coût d'acquisition (hors frais d'acquisition) s'élève à 18 millions d'euros et a été payé intégralement en numéraire. Cette acquisition sera consolidée dans les comptes du groupe à compter du 1er mars N. »

L'annexe comprend donc les mentions obligatoires et les informations que l'entreprise considère d'une « importance significative ». Aucun formalisme n'est imposé pour la présentation de l'annexe ; compte tenu de l'appréciation du caractère significatif des informations à communiquer, il semble difficile d'établir une liste des informations à fournir.

**Exemple**

Il s'avère nécessaire qu'une entreprise dans un secteur innovant fournisse des informations sur les frais de recherche et développement alors que ce type d'information semble moins pertinent lorsque ces dépenses sont inexistantes ou réduites.

En pratique, l'annexe est structurée selon la réglementation comptable française (tab. 23.8).

**Tableau 23.8. Structure de l'annexe comptable**

| | |
|---|---|
| **1. Faits caractéristiques, principes comptables, méthodes d'évaluation, comparabilité des comptes** | • Faits caractéristiques<br>• Référentiel, principes et méthodes d'évaluation (options, dérogations, exceptions)<br>• Comparabilité des comptes (changement de méthodes ou de modalités significatives) |
| **2. Notes relatives aux postes du bilan** | • État de l'actif immobilisé<br>• État des amortissements et dépréciations<br>• État des stocks et en-cours<br>• État des échéances des créances et des dettes<br>• État des valeurs mobilières de placement<br>• Capitaux propres<br>• Provisions |
| **3. Notes relatives aux postes du compte de résultat** | • Chiffre d'affaires<br>• Charges et produits courants<br>• Charges et produits exceptionnels<br>• Résultat et impôts sur les bénéfices |
| **4. Autres informations** | • Événements postérieurs à la clôture<br>• Transactions avec des parties liées*<br>• Engagements et autres opérations non inscrites au bilan*<br>• Aspects environnementaux<br>• Sociétés consolidantes, filiales, participations et entreprises liées<br>• Effectifs<br>• Dirigeants |

* Le règlement 2010-02 de l'ANC a instauré de fournir des informations complémentaires, dans l'annexe, relatives aux :
– transactions avec les parties liées c'est-à-dire des transactions qui présentent une importance significative et qui n'ont pas été conclues aux conditions normales du marché avec les parties liées, soit des entités telles que définies par l'IAS 24 (contrôle, influence notable…) ;
– opérations hors bilan, soit les engagements, les contrats d'achat ferme, les arrangements de partage des risques et avantages, les opérations d'externalisation, les contrats de location, les opérations de désendettement de fait…

La liberté dans la réalisation du document peut permettre à l'entreprise d'approcher de façon plus pertinente sa réalité qui est singulière. Cependant, d'un autre côté, ce manquement de formalisme nuit à la comparabilité des états financiers et laisse place à davantage de choix comptable et d'appréciation libre de la part des entreprises. En France, l'annexe est souvent limitée à quelques tableaux et quelques généralités.

Mais l'entreprise peut choisir de fournir davantage d'informations que celles exigées dans le cadre du système de base. Si l'entreprise choisit d'adopter ce système de base, elle doit cependant au minimum fournir les informations obligatoires.

L'annexe dans le système développé intègre notamment, en complément, le tableau des soldes intermédiaires de gestion (SIG), la détermination de la capacité d'autofinancement et le tableau de financement.

## B) Principaux tableaux de l'annexe

### 1. Tableau des immobilisations

Le tableau des immobilisations permet de présenter les variations du montant des immobilisations induites par des choix d'investissement ou de désinvestissement (tab. 23.9 et tab. 23.10).

Les rubriques sont à développer si nécessaire selon la nomenclature des postes du bilan. Lorsqu'il existe des frais d'établissement, ils font l'objet d'une ligne séparée. Les entités subdivisent les colonnes autant que de besoin. La valeur brute à la clôture de l'exercice (colonne D) est la somme algébrique des colonnes précédentes (A + B – C = D).

**Tableau 23.9. Tableau des immobilisations : système abrégé**

| Immobilisations | Valeur brute à l'ouverture de l'exercice | Augmentations | Diminutions | Valeur brute à la clôture de l'exercice |
|---|---|---|---|---|
| Fonds commercial | | | | |
| Autres immobilisations incorporelles | | | | |
| **Total immobilisations incorporelles I** | | | | |
| Terrains | | | | |
| Constructions | | | | |
| Installations techniques, matériels et outillages industriels | | | | |
| Installations générales, agencements divers | | | | |
| Matériel de transport | | | | |
| Autres immobilisations corporelles | | | | |
| **Total immobilisations corporelles II** | | | | |
| Immobilisations financières III | | | | |
| **Total général (I + II + III)** | | | | |

**Tableau 23.10. Tableau des immobilisations : système de base**

| Rubriques / Situations et mouvements | A Valeur brute à l'ouverture de l'exercice | B Augmentations | C Diminutions | D Valeur brute à la clôture de l'exercice |
|---|---|---|---|---|
| Immobilisations incorporelles | | | | |
| Immobilisations corporelles | | | | |
| Immobilisations financières | | | | |
| **Total** | | | | |

Ce cadre général peut être aménagé (tab. 23.11).

**Tableau 23.11. Aménagements du tableau des immobilisations en système de base**

| Augmentations de l'exercice | Ventilation des augmentations (colonne B) | | | | |
|---|---|---|---|---|---|
| | Virements | | Entrées | | |
| | De poste à poste | Provenant de l'actif circulant | Acquisitions | Apports | Créations |

| Diminutions de l'exercice | Ventilation des diminutions (colonne C) | | | | |
|---|---|---|---|---|---|
| | Virements | | Sorties | | |
| | De poste à poste | Provenant de l'actif circulant | Cessions | Scissions | Mises hors service |

## 2. Tableau des amortissements

Le tableau des amortissements permet de comprendre les variations des amortissements, sous-jacentes à la politique d'investissement et de désinvestissement et à la politique d'amortissement (tab. 23.12 et tab. 23.13).

**Tableau 23.12. Tableau des amortissements : système abrégé**

| Amortissements | Durée (1) | Montant cumulé à l'ouverture de l'exercice | Augmentations | Diminutions | Montant cumulé à la clôture de l'exercice |
|---|---|---|---|---|---|
| Fonds commercial<br>Autres immobilisations incorporelles | | | | | |
| **Total immobilisations incorporelles I** | | | | | |
| Terrains<br>Constructions<br>Installations techniques, matériels et outillages industriels<br>Installations générales, agencements divers<br>Matériel de transport<br>Autres immobilisations corporelles | | | | | |

| Amortissements | Durée (1) | Montant cumulé à l'ouverture de l'exercice | Augmentations | Diminutions | Montant cumulé à la clôture de l'exercice |
|---|---|---|---|---|---|
| **Total immobilisations corporelles II** | | | | | |
| **Total général (I + II)** | | | | | |

(1) Durée exprimée en nombre d'années. Indiquer, le cas échéant, la fourchette des durées retenues.

**Tableau 23.13. Tableau des amortissements : système de base**

| Situations et mouvements / Rubriques | A Amortissements cumulés au début de l'exercice | B Augmentations : dotations de l'exercice | C Diminutions d'amortissements de l'exercice | D Amortissements à la fin de l'exercice |
|---|---|---|---|---|
| Immobilisations incorporelles<br>Immobilisations corporelles | | | | |
| Immobilisations financières | | | | |
| **Total** | | | | |

Les rubriques sont à développer si nécessaire selon la nomenclature des postes du bilan. Lorsqu'il existe des frais d'établissement, ils font l'objet d'une ligne séparée. Les entités subdivisent les colonnes autant que de besoin. Les amortissements cumulés à la fin de l'exercice (colonne D) sont égaux à la somme algébrique des colonnes précédentes (A + B – C = D).

Ce cadre général peut être aménagé (tab. 23.14).

**Tableau 23.14. Aménagements du tableau d'amortissement en système de base**

| **Dotations de l'exercice** | **Ventilation des dotations (colonne B)** | | |
|---|---|---|---|
| | Compléments liés à une réévaluation | Sur éléments amortis selon le mode linéaire | Sur éléments amortis selon un autre mode |

| **Diminutions de l'exercice** | **Ventilation des reprises (colonne C)** | | |
|---|---|---|---|
| | Éléments transférés à l'actif circulant | Éléments cédés | Éléments mis hors service |

## 3. Tableau des dépréciations

Le tableau des dépréciations présente les augmentations et diminutions des dépréciations (tab. 23.15 et tab. 23.16).

**Tableau 23.15. Tableau des dépréciations : système abrégé**

| Dépréciations | Montant cumulé à l'ouverture de l'exercice | Augmentations | Diminutions | Montant cumulé à la clôture de l'exercice |
|---|---|---|---|---|
| Immobilisation incorporelles<br>Immobilisations corporelles<br>Immobilisations financières<br>Stocks et en-cours<br>Clients et comptes rattachés<br>Autres actifs | | | | |
| **Total général** | | | | |

**Tableau 23.16. Tableau des dépréciations : système de base**

| Situations et mouvements / Rubriques | A Dépréciations au début de l'exercice | B Augmentations : dotations de l'exercice | C Diminutions : reprises de l'exercice | D Dépréciations à la fin de l'exercice |
|---|---|---|---|---|
| Immobilisations incorporelles<br>Immobilisations corporelles<br>Immobilisations financières<br>Stocks<br>Créances | | | | |
| **Total** | | | | |

## 4. Tableau des provisions

Le tableau des provisions présente les augmentations et diminutions des provisions (tab. 23.17 et tab. 23.18).

Les rubriques sont à développer si nécessaire. Les entités subdivisent les colonnes autant que de besoin. Le montant des dépréciations à la fin de l'exercice (colonne D) est égal à la somme algébrique des colonnes précédentes (A + B – C = D).

**Tableau 23.17. Tableau des provisions : système abrégé**

| Provisions | Montant cumulé à l'ouverture de l'exercice | Augmentations | Diminutions | Montant cumulé à la clôture de l'exercice |
|---|---|---|---|---|
| Amortissements dérogatoires | | | | |
| Autres provisions réglementées | | | | |
| Provisions pour risques [1] | | | | |
| Autres provisions [1] | | | | |

[1] Ces rubriques doivent être développées dans la mesure où elles sont d'une importance particulièrement significative (le cas échéant mettre en évidence, entre autres, les provisions pour retraites et obligations similaires, les provisions pour gros entretiens et grandes révisions, les provisions pour litiges, etc.).

**Tableau 23.18. Tableau des provisions : système de base**

| Situations et mouvements / Rubriques | A Provisions au début de l'exercice | B Augmentations : dotations de l'exercice | C Diminutions : reprises de l'exercice | D Provisions à la fin de l'exercice |
|---|---|---|---|---|
| Provisions réglementées<br>Provisions pour risque<br>Provisions pour charges | | | | |
| **Total** | | | | |

Les rubriques sont à développer si nécessaire selon la nomenclature des postes du bilan. Lorsqu'il existe des frais d'établissement, ils font l'objet d'une ligne séparée. Les entités subdivisent les colonnes autant que de besoin. Le montant des provisions à la fin de l'exercice (colonne D) est égal à la somme algébrique des colonnes précédentes (A + B – C = D).

Ce cadre général peut être aménagé (tab. 23.19).

**Tableau 23.19. Aménagements du tableau des provisions en système de base**

| Dotations de l'exercice | Ventilation des dotations | | |
|---|---|---|---|
| | Exploitation | Financier | Exceptionnel |

| Diminutions de l'exercice | Ventilation des reprises | | |
|---|---|---|---|
| | Exploitation | Financier | Exceptionnel |

→ **MINI-CAS 4 • SITUATION PRATIQUE 6**

# DES SAVOIRS AUX COMPÉTENCES

Évaluer les savoirs | Maîtriser les compétences | Préparer l'épreuve

## 1 Quiz

*Vérifiez l'exactitude des propositions ci-après et justifiez-les.*

| | Vrai | Faux |
|---|---|---|
| 1. Les documents de synthèse présentent la situation patrimoniale et les performances de l'entreprise depuis sa création. | ☐ | ☐ |
| 2. Quelle que soit l'entreprise, les documents de synthèse sont tous présentés de la même façon. | ☐ | ☐ |
| 3. La présentation des documents de synthèse selon le système simplifié est une option laissée à la discrétion des entreprises. | ☐ | ☐ |
| 4. La présentation des documents de synthèse selon le système développé est une option laissée à la discrétion des entreprises. | ☐ | ☐ |
| 5. Le bilan peut être présenté en compte ou en liste. | ☐ | ☐ |
| 6. Le compte de résultat peut être présenté en compte ou en liste. | ☐ | ☐ |
| 7. Le tableau des amortissements permet de déterminer le total des amortissements et des dotations aux amortissements des immobilisations à la fin de l'exercice. | ☐ | ☐ |
| 8. Le tableau des amortissements permet de déterminer les modes et durées d'amortissements appliqués par l'entreprise. | ☐ | ☐ |
| 9. Le tableau des immobilisations informe sur la valeur d'entrée des immobilisations pour celles présentes à la clôture de l'exercice. | ☐ | ☐ |
| 10. Le tableau des immobilisations informe sur la valeur d'entrée des immobilisations sorties du patrimoine. | ☐ | ☐ |
| 11. Le tableau des immobilisations informe sur le prix de cession des immobilisations sorties du patrimoine. | ☐ | ☐ |
| 12. L'annexe comptable apporte des informations qui auraient dû être communiquées dans le bilan ou dans le compte de résultat. | ☐ | ☐ |

## 2 Mini-cas : Janin ★★★

**Compétence attendue** **Établir** et **lire** les documents de synthèse conformément aux dispositions du PCG

La société Janin est une petite entité avec un effectif de 8 salariés dont l'activité est de commercialiser des biens d'antiquaires. La société Janin a enregistré dans ses livres ses opérations courantes et les opérations d'inventaire. Elle souhaiterait connaître à la fin de l'exercice N sa situation patrimoniale ainsi que la richesse créée durant l'exercice. Si l'entreprise bénéficie d'option de présentation, elle choisira une présentation simplifiée. Vous disposez de la balance après inventaire au 31 décembre N (montants en euros) :

| N° de compte | Libellés | Soldes |
|---|---|---|
| 101 | Capital individuel | 217 890,00 |
| 160 | Emprunts et dettes assimilées | 80 000,00 |
| 210 | Immobilisations corporelles | 423 750,00 |
| 280 | Amortissements des immobilisations corporelles | 204 000,00 |
| 370 | Stock de marchandises | 37 625,00 |
| 400 | Fournisseurs et comptes rattachés | 68 615,00 |
| 410 | Clients et comptes rattachés | 41 534,00 |
| 4455 | État, TVA à décaisser | 14 551,00 |
| 510 | Banques | 36 878,00 |
| 530 | Caisse | 1 937,50 |
| 600 | Achats | 234 080,00 |
| 603 | Variation de stocks | 12 480,00 |
| 610 | Services extérieurs | 84 854,00 |
| 620 | Autres services extérieurs | 27 237,00 |
| 630 | Impôts, taxes et versements assimilés | 15 987,50 |
| 641 | Rémunérations du personnel | 72 055,50 |
| 645 | Charges de sécurité sociale | 36 025,00 |
| 660 | Charges financières | 8 740,50 |

| N° de compte | Libellés | Soldes |
|---|---|---|
| 670 | Charges exceptionnelles | 3 400,00 |
| 681 | Dotations exploitation | 35 700,00 |
| 707 | Ventes de marchandises | 484 970,00 |
| 760 | Produits financiers | 1 512,00 |
| 770 | Produits exceptionnels | 737,00 |

1. *Déterminez le système que l'entreprise doit adopter pour présenter ses comptes annuels.*
2. *Présentez le bilan.*
3. *Présentez le compte de résultat.*

## 3 Mini-cas : Carrière – bilan et compte de résultat ★★★

**Compétence attendue** **Établir** et **lire** les documents de synthèse conformément aux dispositions du PCG

De par sa taille et son régime d'imposition, la société Carrière doit présenter ses comptes en système de base. Elle peut opter pour le système développé. Elle vous demande de juger de l'intérêt de cette option. La balance après inventaire au 31 décembre N vous est fournie.

1. *Présentez le bilan en compte dans le système de base.*
2. *Présentez le compte de résultat en liste et en compte dans le système de base.*
3. *Présentez le bilan en compte dans le système développé.*
4. *Présentez le compte de résultat en compte dans le système développé.*
5. *Comparez les présentations des informations. Soulignez les avantages et les inconvénients de ces méthodes.*

Document

**Balance après inventaire au 31/12/N (montants en euros)**

| Numéro | Compte | Solde débiteur | Solde créditeur |
|---|---|---|---|
| 101 | Capital individuel | | 1 000 000 |
| 108 | Compte de l'exploitant | 24 000 | |
| 1431 | Provisions pour hausse des prix | | 14 000 |
| 145 | Amortissements dérogatoires | | 10 400 |
| 151 | Provisions pour risques | | 10 000 |
| 158 | Autres provisions pour charges | | 15 000 |

| Numéro | Compte | Solde débiteur | Solde créditeur |
|---|---|---|---|
| 164 | Emprunts auprès des établissements de crédit | | 284 000 |
| 1662 | Fonds de participation | | 31 000 |
| 1681 | Autres emprunts | | 500 000 |
| 1688 | Intérêts courus | | 30 000 |
| 201 | Frais d'établissement | 20 000 | |
| 203 | Frais de recherche et de développement | 40 000 | |
| 205 | Concessions et droits similaires, brevets, licences, marques, procédés, logiciels, droits et valeurs similaires | 30 000 | |
| 207 | Fonds commercial | 140 000 | |
| 211 | Terrains | 200 000 | |
| 213 | Constructions | 700 000 | |
| 215 | Installations techniques, matériel et outillage industriels | 240 000 | |
| 218 | Autres immobilisations corporelles | 170 000 | |
| 231 | Immobilisations incorporelles en cours | 40 000 | |
| 238 | Avances et acomptes versés sur commandes d'immobilisations corporelles | 4 000 | |
| 261 | Titres de participation | 400 000 | |
| 274 | Prêts | 10 000 | |
| 275 | Dépôts et cautionnements versés | 200 | |
| 2768 | Intérêts courus | 400 | |
| 2801 | Amortissements des frais d'établissement | | 4 000 |
| 2803 | Amortissements des frais de recherche et de développement | | 30 000 |
| 2805 | Amortissements des concessions et droits similaires, brevets, licences, droits et valeurs similaires | | 10 000 |
| 2813 | Amortissements des constructions | | 100 000 |
| 2815 | Amortissements des installations techniques, matériel et outillage industriels | | 140 000 |
| 2818 | Amortissements des autres immobilisations corporelles | | 20 000 |
| 2961 | Dépréciation des titres de participation | | 20 000 |
| 31 | Matières premières | 120 000 | |
| 32 | Autres approvisionnements | 80 000 | |
| 33 | En-cours de production de biens | 8 000 | |
| 35 | Stocks de produits | 40 000 | |
| 37 | Stocks de marchandises | 60 000 | |
| 391 | Dépréciation des matières premières | | 10 000 |

| Numéro | Compte | Solde débiteur | Solde créditeur |
|---|---|---|---|
| 401 | Fournisseurs | | 160 000 |
| 403 | Fournisseurs – Effets à payer | | 150 000 |
| 404 | Fournisseurs d'immobilisations | | 6 800 |
| 4081 | Fournisseurs – Factures non parvenues | | 10 000 |
| 4091 | Fournisseurs – Avances et acomptes versés sur commandes | 2 000 | |
| 4096 | Fournisseurs – Créances pour emballages et matériel à rendre | 1 640 | |
| 4098 | Rabais, remise, ristourne à obtenir | 60 | |
| 411 | Clients | 317 000 | |
| 413 | Clients – Effets à recevoir | 56 000 | |
| 4181 | Clients – Factures à établir | 4 000 | |
| 4191 | Clients – Avances et acomptes reçus sur commandes | | 3 240 |
| 4196 | Clients – Dettes pour emballages et matériel consignés | | 200 |
| 4198 | Rabais, remise, ristourne à accorder | | 100 |
| 421 | Personnel – Rémunérations dues | | 4 000 |
| 425 | Personnel – Avances et acomptes | 300 | |
| 427 | Personnel – Oppositions | | 200 |
| 4282 | Dettes provisionnées pour congés à payer | | 19 000 |
| 4284 | Dettes provisionnées pour participation des salariés aux résultats | | 6 000 |
| 431 | Sécurité sociale | | 32 400 |
| 438 | Organismes sociaux – Charges à payer | | 14 800 |
| 4455 | État – TVA à décaisser | | 22 000 |
| 4486 | État – Charges à payer | | 3 600 |
| 462 | Créances sur cessions d'immobilisations | 1 000 | |
| 464 | Dettes sur acquisitions de valeurs mobilières de placement | | 1 200 |
| 486 | Charges constatées d'avance | 18 200 | |
| 487 | Produits constatés d'avance | | 60 |
| 491 | Dépréciation des comptes de clients | | 8 000 |
| 50 | Valeurs mobilières de placement | 12 000 | |
| 511 | Valeurs à l'encaissement | 400 | |
| 5121 | Banque – Crédit Agricole | 16 000 | |
| 5122 | Banque – BNP | | 25 000 |
| 514 | Banque Postale | 1 200 | |
| 519 | Concours bancaires courants | | 24 000 |

| Numéro | Compte | Solde débiteur | Solde créditeur |
|---|---|---|---|
| 53 | Caisse | 400 | |
| 590 | Dépréciation des valeurs mobilières de placement | | 1 000 |
| 601 | Achats stockés – Matières premières | 800 000 | |
| 602 | Achats stockés – Autres approvisionnements | 70 000 | |
| 6031 | Variation des stocks de matières premières | 100 000 | |
| 6032 | Variation des stocks des autres approvisionnements | | 20 000 |
| 6037 | Variation des stocks de marchandises | | 7 000 |
| 605 | Achat de matériel, équipement et travaux | 160 000 | |
| 606 | Achats non stockés de matières et fournitures | 40 000 | |
| 607 | Achats de marchandises | 804 000 | |
| 608 | Frais accessoires d'achat (1) | 60 000 | |
| 6091 | RRR obtenus sur achats de matières premières | | 10 000 |
| 6097 | RRR obtenus sur achats de marchandises | | 4 000 |
| 612 | Redevances de crédit-bail | 64 000 | |
| 613 | Locations | 116 000 | |
| 615 | Entretien et réparations | 120 000 | |
| 616 | Primes d'assurance | 45 000 | |
| 621 | Personnel extérieur à l'entreprise | 40 000 | |
| 623 | Publicité, publications, relations publiques | 140 000 | |
| 624 | Transports de biens et transports collectifs du personnel | 110 000 | |
| 626 | Frais postaux et frais de télécommunications | 40 000 | |
| 627 | Services bancaires et assimilés | 10 060 | |
| 63 | Impôts, taxes et versements assimilés | 180 000 | |
| 641 | Rémunérations du personnel | 740 000 | |
| 645 | Charges de sécurité sociale et de prévoyance | 360 000 | |
| 654 | Pertes sur créances irrécouvrables | 640 | |
| 661 | Charges d'intérêts | 148 000 | |
| 665 | Escomptes accordés | 2 000 | |
| 667 | Charges nettes sur cessions de valeurs mobilières de placement | 340 | |
| 671 | Charges exceptionnelles sur opérations de gestion | 240 | |
| 675 | Valeurs comptables des éléments d'actif cédés | 1 680 | |
| 6811 | Dotations aux amortissements des immobilisations (2) | 52 000 | |
| 6815 | Dotations aux provisions (charges d'exploitation) (3) | 4 000 | |
| 6817 | Dotations pour dépréciation des actifs circulants (4) | 9 200 | |

| Numéro | Compte | Solde débiteur | Solde créditeur |
|---|---|---|---|
| 686 | Dotations aux amortissements et dépréciations – charges financières [5] | 800 | |
| 687 | Dotations aux amortissements et dépréciations – charges exceptionnelles [6] | 3 800 | |
| 691 | Participation aux résultats | 6 000 | |
| 701 | Ventes de produits finis | | 2 800 000 |
| 706 | Prestations de services | | 60 000 |
| 707 | Ventes de marchandises | | 1 202 000 |
| 708 | Produits des activités annexes | | 106 600 |
| 7091 | RRR accordés par l'entreprise sur ventes de produits finis | 8 000 | |
| 7097 | RRR accordés par l'entreprise sur ventes de marchandises | 2 000 | |
| 7133 | Variation des encours de production de biens | 2 000 | |
| 7135 | Variation des stocks de produits | | 10 000 |
| 72 | Production immobilisée | | 5 000 |
| 74 | Subventions d'exploitation | | 2 000 |
| 75 | Autres produits de gestion courante | | 1 200 |
| 761 | Produits de participations | | 30 000 |
| 762 | Produits des autres immobilisations financières | | 60 |
| 764 | Revenus des valeurs mobilières de placement | | 1 340 |
| 765 | Escomptes obtenus | | 160 |
| 767 | Produits nets sur cessions des valeurs mobilières de placement | | 80 |
| 775 | Produits des cessions d'éléments d'actif | | 6 500 |
| 781 | Reprises sur amortissements et dépréciations (produits d'exploitation) [7] | | 1 600 |
| 786 | Reprises sur dépréciations (produits financiers) [8] | | 20 |
| 787 | Reprises sur dépréciations (produits exceptionnels) [9] | | 2 000 |
| 791 | Transferts de charges d'exploitation | | 7 000 |
| **Totaux** | | **6 996 560** | **6 996 560** |

(1) dont frais accessoires concernant les achats : de matières premières : 32 000 ; de marchandises : 28 000.
(2) dont dotations aux amortissements des immobilisations : incorporelles : 0 ; corporelles : 52 000 ; financières : 0.
(3) dont dotations aux provisions : pour risques : 1 000 ; pour charges : 3 000.
(4) dont dotations pour dépréciation : des stocks : 5 100 ; des créances : 4 100.
(5) dont dotations aux amortissements et dépréciations : dépréciations immobilisation financière : 800.
(6) correspond à la dépréciation des titres d'une filiale (décès du dirigeant).
(7) concernent les créances douteuses (dépréciations).
(8) concernent les immobilisations financières.
(9) concernent les immobilisations incorporelles.

## 4 Mini-cas : Carrière (suite) – annexe ★★★

Compétence attendue **Élaborer** les principaux tableaux de l'annexe (immobilisations, amortissements, dépréciations et provisions)

La société Carrière souhaite compléter son bilan et son compte de résultat par la constitution d'une annexe. La société vous précise que :

- le montant des immobilisations incorporelles est identique à la clôture et à l'ouverture de l'exercice ;
- la société a acquis le 1er juillet N une machine industrielle d'une valeur de 150 000 € et cédé un matériel de transport d'une valeur nette comptable réelle de 1 000 € (valeur d'origine : 20 000 €) ;
- la société a acquis un brevet d'une valeur de 12 000 € ;
- les immobilisations financières n'ont pas connu de variations.

À l'aide de la balance de la société Carrière présentée dans le mini-cas 3 :

1. *Présentez les principaux tableaux de l'annexe.*
2. *Précisez en quoi les informations fournies par ces tableaux complètent le bilan et le compte de résultat.*
3. *L'entreprise Carrière souhaitant obtenir un financement, identifiez les données issues des documents de synthèse qu'elle pourrait mettre en avant.*

## 5 Mini-cas : Comex ★★★

Compétence attendue **Justifier** l'utilisation des documents de synthèse dans le cadre de la communication financière et/ou de l'obtention d'un financement

La SSII Comex sollicite votre cabinet en matière de communication financière.

1. *Déterminez en quoi l'annexe des documents de synthèse rejoint les qualités énoncées dans l'article.*
2. *Étudiez les conflits que peut engendrer la mise au point des annexes.*

Document

**La publication d'informations financières**

Les demandeurs d'informations comptables se tournent d'abord vers les informations normées et obligatoires. Celles-ci comportent cependant des limites : rigidité des règles, limites induites par certains principes (nominalisme par exemple), et une doctrine parfois orientée par les groupes de pression (notamment aux États-Unis). Pour dépasser le modèle comptable légal, les acteurs seraient alors à la recherche de compléments utiles. Pour faire connaître des informations privées qui ne transparaissent pas au travers du modèle comptable obligatoire, les dirigeants sont tentés de diffuser volontairement l'information qu'ils détiennent. Ainsi, selon

...

...

Hayes et Lundholm (1996), l'information comptable standard est insuffisante pour apprécier les perspectives de la firme et la désagrégation des données (par segments) est utile. Mai et Tchemcni (1993) postulent que les prévisions de résultats doivent servir à réduire l'asymétrie informationnelle. Dans ce sens, la politique de communication volontaire permet de changer la perception de la firme par les actionnaires (Lev, 1992). Elle permettrait la revalorisation des titres, la réduction du coût du capital. Elle favoriserait la croissance et améliorerait les relations avec les partenaires commerciaux. Elle doit être crédible, précise et rapide, rappellent King, Pownall et Waymire (1990).

Mais cette vision de l'utilité *a priori* des informations volontaires reste une vision normative : elle ne préjuge pas des motivations des dirigeants, conscients de l'utilisation qui peut être faite de leurs communications. Elle suppose que le coût de telles diffusions suffit à garantir leur crédibilité.

La nature favorable des informations publiées est le premier moteur invoqué pour justifier les publications volontaires. Cette hypothèse est avancée par Verrechia (1983), qui démontre qu'en présence de coûts seules les informations favorables sont diffusées. Cette approche repose directement sur les hypothèses de la théorie des signaux (Ross, 1978 ; Milgrom, 1981).

Penman (1980) montre que les firmes aux mauvaises perspectives évitent de communiquer alors que celles aux bonnes perspectives publient plus d'éléments. Lev et Penman (1990) nuancent ces résultats en montrant que, si les firmes à bonnes nouvelles diffusent plus, celles qui ne communiquent pas ne connaissent pas forcément de mauvaises situations. Ainsi l'existence de bonnes nouvelles serait une condition nécessaire mais non suffisante. Brown et Kim (1993) constatent que, pour les petites sociétés, la présence d'informations volontaires autres que le résultat est un signal de bonnes nouvelles. Elles pallient le manque d'attention des analystes qui sont souvent plus attentifs aux grandes sociétés. Miller (2002) souligne aussi que la propension à diffuser de l'information (concernant le court comme le long terme) augmente avec l'amélioration des résultats. Cette politique continue également après le tassement des performances, mais avec une réticence à diffuser sur le long terme. Prodhan et Harris (1989) élargissent les constats aux firmes avec de bonnes nouvelles ou des nouvelles moyennes, qui cherchent à ne pas être confondues avec les mauvaises sociétés, dans le cas où elles ne communiqueraient pas. Ruland, Tung, George (1990), ainsi que Erankel, McNichols, Wilson (1995) rapportent que les publications de prévisions (plutôt favorables) précèdent des opérations de financement. Dans le cadre des tentatives de prise de contrôle, Brennan (2000) souligne que la propension à diffuser des informations augmente lorsqu'elles sont bonnes mais aussi quand l'opération est contestée. Chaque société communique sur ses performances, en dénigrant celles de l'autre.

Pourtant, les mécanismes ne sont pas aussi simples. Nombre de sociétés communiquent de mauvaises nouvelles (notamment en devançant leur publication). Ainsi, au-delà d'une première analyse naïve des motifs de publication, les travaux ont identifié un comportement plus complexe où le facteur « image et réputation » intervient. Comme les prévisions sont faites à l'initiative des dirigeants (publications

...

...

volontaires), elles engagent implicitement leur responsabilité et leur crédibilité. Aussi, pour ne pas être taxés de myopie et d'incompétence, ils diffusent les mauvaises nouvelles par anticipation (Skinner, 1994). Plus largement, ils publient des mauvaises nouvelles tout simplement pour montrer leur intégrité de dirigeants, donc leur fiabilité (Frankel, McNichols et Wilson, 1995). Dans ce sens, les dirigeants essaient également d'assurer la convergence entre leurs prévisions (volontaires) et les résultats publiables en utilisant les *accruals* (Kasznik, 1999). Bradbury (1992) remarque que les communications intérimaires deviennent plus qualitatives quand les nouvelles sont défavorables. La présence d'informations *pro forma* s'observe chez les firmes dont les résultats sont revus à la baisse (Lougee et Marquardt, 2002).

Le souci de satisfaire les attentes des investisseurs n'est pas la seule motivation de la politique de communication : elle est largement mâtinée d'opportunisme. Mais, par-delà les aspirations des dirigeants, la propension à diffuser semble dépendre également de facteurs stimulant ou inhibant les velléités de communication.

Frédéric Pourtier, « La publication d'informations financières volontaires : synthèse et discussions », *Comptabilité contrôle audit*, vol. 10, n° 1, p. 79, 24 p., Paris, juin 2004

Évaluer les savoirs | Maîtriser les compétences | **Préparer l'épreuve**

## 6 Situation pratique : Hurel ★★★

30 min

**Compétence attendue** **Justifier** l'utilisation des documents de synthèse dans le cadre de la communication financière et/ou de l'obtention d'un financement

La société Hurel vous présente les tableaux de ses annexes (voir le dossier documentaire).

### Missions

En vous appuyant sur les annexes comptables de la société Hurel :

1. *Identifiez les moyens productifs mobilisés par l'entreprise pour son activité. Précisez si ces éléments peuvent être appréciés à la lecture du bilan.*
2. *Déterminez si la société Hurel est en phase de croissance interne ou si, au contraire, elle désinvestit.*
3. *Déterminez si la société Hurel est en phase de croissance externe ou si, au contraire, elle désinvestit.*
4. *Expliquez pourquoi la société Hurel enregistre une forte disparité entre le niveau de résultat et le niveau de trésorerie.*
5. *Identifiez les éléments que pourrait apprécier un organisme de financement dans les annexes de la société Hurel.*

Document

## Tableaux des annexes de la société Hurel

### Tableau des immobilisations

| | Valeur brute à l'ouverture de l'exercice | Augmentations | Diminutions | Valeur brute à la clôture de l'exercice |
|---|---|---|---|---|
| Immobilisations incorporelles | 20 000 | 5 000 | 1 000 | 24 000 |
| Immobilisations corporelles | 120 000 | 45 000 | 2 000 | 163 000 |
| Immobilisations financières | 50 000 | 42 000 | 5 000 | 87 000 |
| **Total** | **190 000** | **92 000** | **8 000** | **274 000** |

### Tableau des amortissements

| | Amortissements cumulés au début de l'exercice | Augmentations : dotations de l'exercice | Diminutions d'amortissements de l'exercice | Amortissements cumulés à la fin de l'exercice |
|---|---|---|---|---|
| Immobilisations incorporelles | 0 | 0 | 0 | 0 |
| Immobilisations corporelles | 25 000 | 12 000 | 2 000 | 35 000 |
| Immobilisations financières | 0 | 0 | 0 | 0 |
| **Total** | **25 000** | **12 000** | **2 000** | **35 000** |

### Tableau des dépréciations

| | Dépréciations au début de l'exercice | Augmentations dotations de l'exercice | Diminutions reprises de l'exercice | Dépréciations à la fin de l'exercice |
|---|---|---|---|---|
| Immobilisations incorporelles | 2 000 | 2 000 | 0 | 4 000 |
| Immobilisations corporelles | 4 000 | 1 000 | 0 | 5 000 |
| Immobilisations financières | 21 000 | 1 000 | 20 000 | 0 |
| Stocks | 12 000 | 0 | 10 000 | 2 000 |
| Créances | 85 000 | 2 000 | 42 000 | 45 000 |
| **Total** | **124 000** | **6 000** | **72 000** | **56 000** |

### Tableau des provisions

| | Provisions au début de l'exercice | Augmentations : dotations de l'exercice | Diminutions : reprises de l'exercice | | Provisions à la fin de l'exercice |
|---|---|---|---|---|---|
| | | | Justifiées | Non justifiées | |
| Provisions réglementées | 15 000 | 0 | 10 000 | | 5 000 |
| Provisions pour risques | 20 000 | 2 000 | 12 000 | | 10 000 |
| Provisions pour charges | 8 000 | 0 | 6 000 | | 2 000 |
| **Total** | **43 000** | **2 000** | **28 000** | | **17 000** |

# SYNTHÈSE

## Bilan, compte de résultat et annexe

### Articulation des opérations

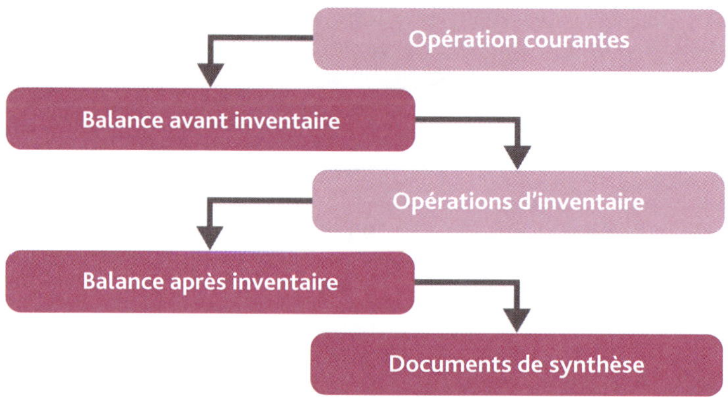


### Balance

| Balance de l'entreprise x au … | | | | | | |
|---|---|---|---|---|---|---|
| Nom des comptes | Solde au … | | Mouvements des comptes | | Solde au … | |
| | Débiteur | Créditeur | Débiteur | Créditeur | Débiteur | Créditeur |
| Comptes des classes 1 à 7 | | | | | | |
| **Total** | | | | | | |

### Documents de synthèse

| | Bilan | | Compte de résultat | | Annexe |
|---|---|---|---|---|---|
| Définition | Document de synthèse sur le patrimoine de l'entreprise | | Document de synthèse sur la création ou destruction de richesse de l'entreprise | | Complète et commente les informations données par le bilan et le compte de résultat |
| Contenu | **Actif** | **Passif** | **Charges** | **Produits** | Faits caractéristiques, principes comptables, méthodes d'évaluation, comparabilité des comptes, notes relatives au bilan, notes relatives au compte de résultat, autres informations |
| | Classes 1 à 5 | Classes 1 à 5 | Classe 6 | Classe 7 | |
| | **Total actif** | **Total passif** | **Total charges** | **Total produits** | |

→Trois systèmes de présentation : simplifié, de base, développé

L'entreprise Rippert vous a recruté(e) pour renforcer sa communication financière à la fois auprès de ses fournisseurs et de ses investisseurs.

L'entreprise Rippert est un grossiste spécialisé dans le commerce de boissons auprès d'une clientèle composée de détaillants et de bars restaurants. L'entreprise Ripppert accorde généralement un délai de paiement à ses gros clients ; les autres paient au comptant. Parallèlement, elle a obtenu un délai de paiement auprès de certains de ses fournisseurs ; d'autres ont exigé un paiement immédiat.

Pour exercer son activité commerciale, différents moyens matériels ont été acquis par Rippert (un local et des rayonnages afin de stocker les marchandises, des camionnettes pour livrer ses clients, etc.). Du personnel a également été embauché pour recevoir les commandes des clients et préparer les livraisons. L'entreprise Rippert s'est financée par les apports des trois associés-fondateurs. Elle n'est plus endettée à la fin N. Elle ne souhaite pas faire appel à l'épargne publique.

Les états financiers de l'entreprise Rippert vous sont communiqués dans le dossier documentaire.

En tant que collaborateur du cabinet d'expertise comptable Vanucci, vous êtes sollicité(e) par l'entreprise Rippert afin de l'accompagner dans l'élaboration de ses documents de synthèse.

## 1 Communication financière

Pour communiquer au mieux, l'entreprise Rippert vous interroge sur les supports de communication financière à mettre en place et leur signification. L'un de vos stagiaires, Léo, a recherché, en s'appuyant sur le *Mémento comptable des éditions Francis Lefebvre*, les documents susceptibles d'être édités en fin d'exercice. Le tableau de synthèse de cette recherche vous est communiqué dans le dossier documentaire (document 1). Léo a complété son étude en examinant plus précisément les éléments relatifs aux fournisseurs qui peuvent être contenus dans les documents financiers (document 2).

### Missions

1. *Indiquez les documents que l'entreprise Rippert doit établir. Choisissez le support adéquat pour communiquer auprès des fournisseurs et investisseurs de l'entreprise.*
2. *Déterminez si l'entreprise Rippert est tenue ou non de communiquer les informations spécifiques aux fournisseurs (document 2) et précisez-en l'intérêt.*
3. *Présentez et justifiez les informations comptables des comptes annuels intéressant tout particulièrement les fournisseurs.*

## 2 Analyse du bilan et du compte de résultat

Une réunion avec de potentiels investisseurs de l'entreprise Rippert vous amène par ailleurs à aborder plusieurs points techniques à partir des comptes annuels du dossier documentaire.

## Missions

### A. Patrimoine et situation nette de l'entreprise

1. *Indiquez les composantes du patrimoine de l'entreprise Rippert au 31/12/N et déterminez la « situation nette » de l'entreprise au 31/12/N.*
2. *Analysez l'évolution de la situation nette de l'entreprise au cours de l'exercice N.*

### B. Résultat

1. *Déterminez le résultat de l'exercice N et la manière dont il peut être obtenu.*
2. *Menez, à partir du compte de résultat, une analyse par types de marchés (détaillants, bars-restaurants) ou par types de boissons commercialisées.*
3. *Proposez un indicateur de rentabilité des capitaux investis dans l'entreprise et précisez-en l'intérêt.*
4. *Reconstituez le résultat de l'entreprise Rippert réalisé au cours de l'exercice N–1.*
5. *Analysez « l'affectation du résultat » de l'exercice N–1.*

### C. Endettement

1. *Déterminez l'endettement de l'entreprise au 31/12/N et commentez-en les composantes.*
2. *Appréciez le degré d'endettement de l'entreprise.*

### D. Trésorerie

*Déterminez le montant de la trésorerie dont dispose l'entreprise au 31/12/N, ainsi que sa capacité à faire face à ses dettes d'exploitation.*

### E. Valeur ajoutée

1. *Calculez, à partir du compte de résultat de l'entreprise Rippert, le montant de la valeur ajoutée réalisée par cette entreprise pour l'année N. Commentez l'intérêt de cet indicateur pour l'entreprise.*
2. *Identifiez les bénéficiaires du partage de la valeur ajoutée réalisée en N par cette entreprise.*

### F. Capacité d'autofinancement

1. *Calculez la capacité d'autofinancement de l'entreprise, soit le surplus de trésorerie généré par l'activité, pour l'exercice N.*
2. *Analysez les usages possibles de ce surplus de trésorerie.*

L'entreprise Rippert souhaite présenter de manière globale sa situation et ses performances.

### G. Synthèse

*À l'aide des réponses aux précédentes missions, proposez les documents de synthèse adaptés à la situation de l'entreprise Rippert.*

## 3 Construction de l'annexe

Pour accroître le contenu de sa communication financière, l'entreprise Rippert souhaite compléter son bilan et son compte de résultat par une annexe.

Il vous est précisé qu'une seule immobilisation est dépréciée dans le bilan au 31/12/N : il s'agit du matériel de transport, lequel est déprécié depuis l'exercice N pour un montant de 2 000 €. Aucune dépréciation n'avait été enregistrée au 31/12/N–1.

### Missions

1. *Élaborez le tableau des immobilisations, le tableau des amortissements et le tableau des dépréciations pour l'exercice N.*
2. *Précisez quel autre tableau peut être inclus dans une annexe afin de mieux informer les fournisseurs de Rippert.*
3. *Expliquez l'impact qu'auraient eu sur ces tableaux les opérations suivantes (non prises en compte dans les documents de synthèse présentés) :*

- Cession au cours de l'exercice N de 30 000 € de matériel de transport.
- Souscription d'un prêt de 15 000 € durant l'exercice N comptabilisé dans le compte 274, avec 400 € d'intérêts courus sur prêts au 31/12/N.
- Constatation d'une dépréciation nécessaire sur stock de marchandises de 200 € au 31/12/N, en faisant l'hypothèse qu'une dépréciation de 300 € sur ces stocks avait été enregistrée au 31/12/N–1.

## DOSSIER DOCUMENTAIRE

Document 1

**Supports de communication financière, *Mémento comptable*, Francis Lefebvre (extraits), 2020**

| | |
|---|---|
| Comptes annuels | • Les comptes annuels comprennent le bilan, le compte de résultat et une annexe : ils forment un tout indissociable (C. com., art. L. 123-12, al. 3). Le PCG (art. 112-1) précise que ces éléments sont établis à la clôture de l'exercice au vu des enregistrements comptables et de l'inventaire.<br>• Le Code de commerce (art. L. 123-13) et le PCG (art. 112-2 à 112-4) définissent ces documents de la manière suivante :<br>a. Le bilan décrit séparément, à la clôture de l'exercice, les éléments actifs et passifs de l'entreprise, et fait apparaître, de façon distincte, les capitaux propres.<br>Le PCG (art. 112-2) précise que le bilan fait également apparaître de façon distincte, le cas échéant, les autres fonds propres, [...] ;<br>b. Le compte de résultat récapitule les produits et les charges de l'exercice, sans qu'il soit tenu compte de leur date d'encaissement ou de paiement. Il fait apparaître, par différence après déduction des amortissements, des dépréciations et des provisions, le bénéfice ou la perte de l'exercice ;<br>c. L'annexe comporte toutes les informations d'importance significative destinées à compléter et à commenter celles données par le bilan et par le compte de résultat. Une inscription dans l'annexe ne peut pas se substituer à une inscription dans le bilan et le compte de résultat. |
| Rapport de gestion | • Bien que son contenu soit prévu par la loi, le rapport de gestion, en tant que tel, ne bénéficie pas de définition légale. Selon la note d'information NI.I CNCC « Les rapports sur les comptes annuels et sur les comptes consolidés » (décembre 2018, § 8.11), le rapport de gestion est un document par lequel les dirigeants ou les organes chargés de la direction de l'entité rendent compte à l'organe délibérant de leur gestion au cours de l'exercice écoulé et communiquent toutes informations significatives sur l'entité et sur ses perspectives d'évolution. Il est établi par les mêmes organes que ceux qui arrêtent les comptes annuels.<br>• Un tel rapport a vocation à accompagner les comptes annuels. |
| Rapport annuel | • Certaines sociétés, notamment celles dont les titres sont admis aux négociations sur un marché réglementé, établissent un rapport annuel, diffusé à l'occasion de leur assemblée générale annuelle. Conçu comme un document de présentation de l'entité, le rapport annuel comprend habituellement des informations générales sur le groupe, une analyse de son activité et une partie consacrée aux comptes annuels et consolidés dans laquelle sont intégrés les éléments du rapport de gestion. Ces derniers peuvent parfois être répartis dans le rapport annuel sans être regroupés au sein d'une section distincte.<br>• Cette publication ne constitue pas une obligation légale et son contenu n'est pas réglementé. |

| | |
|---|---|
| Document d'enregistrement universel | • Depuis le 21 juillet 2019, le document d'enregistrement universel (« *Universal registration document* » URD), issu du règlement européen Prospectus n° 3 2017/1129/UE, remplace le document de référence français dont il s'inspire. De la même manière que pour le document de référence, son établissement est facultatif et a pour objectif de décrire l'organisation, les activités, la situation financière, les résultats, les perspectives, le gouvernement et la structure de l'actionnariat de l'entreprise (règlement n° 2017/1129/UE du 14 juin 2017, art. 9).<br>• La possibilité d'établir un document d'enregistrement universel est ouverte aux sociétés dont les titres financiers sont admis aux négociations sur un marché réglementé (Euronext Paris), ainsi qu'aux sociétés cotées sur Euronext Growth (règlement n° 2017/1129/UE, art. 9). |
| Prospectus | Les sociétés qui envisagent de procéder à une offre au public de titres financiers ou à une admission de leurs titres sur un marché réglementé sont soumises à la délivrance d'une information préalable sur leur organisation, leur situation financière et l'évolution de leur activité, ainsi que sur les caractéristiques de l'opération, par l'intermédiaire de la publication d'un prospectus, soumis à l'approbation de l'AMF, permettant aux investisseurs de se prononcer sur l'opportunité de l'opération projetée. |
| Liasse fiscale | • Chaque société [...] doit souscrire dans le délai habituel sa déclaration annuelle de résultat n° 2065 auprès du service des impôts dont elle relève.<br>• Elle est accompagnée de tous les documents habituels et notamment des tableaux comptables et fiscaux qui composent la liasse fiscale (imprimés n° 2058 A à 2059 I [...].). |

Document 2

### Informations spécifiques aux fournisseurs, *Mémento comptable*, Francis Lefebvre (extraits), 2020

| | |
|---|---|
| Information sur les dettes fournisseurs et les créances clients dans le rapport de gestion | Les sociétés dont les comptes sont certifiés par un commissaire aux comptes doivent publier, dans leur rapport de gestion, le nombre et le montant total des factures reçues de leurs fournisseurs non réglées à la date de clôture, ainsi que le nombre et le montant total des factures qu'elles ont émises et que leurs clients n'ont pas réglées (C. com., art. L. 441-14 et D. 441-4 [...]). |
| État des échéances des créances et des dettes à la clôture de l'exercice | Le PCG (art. 833-9 pour les créances et 833-13/1 pour les dettes) prescrit, si l'information est significative, de fournir en annexe le classement des créances et dettes selon la durée restant à courir jusqu'à leur échéance en distinguant :<br>– d'une part, les créances à un an au plus et à plus d'un an ;<br>– d'autre part, les dettes à un an au plus, à plus d'un an et cinq ans au plus et à plus de cinq ans. |

Document 3

Comptes annuels de l'entreprise Rippert

## Compte de résultat au 31/12/N

| | | | |
|---|---|---|---|
| **Charges d'exploitation** | | **Produits d'exploitation** | |
| *Achats de marchandises* | 120 000 | Ventes de marchandises | 206 000 |
| *Variations de stocks de marchandises* | + 1 000 | | |
| *Coût d'achat des marchandises vendues* | *121 000* | **Produits financiers** | **0** |
| Services extérieurs | **40 000** | | |
| Charges de personnel | **20 500** | **Produits exceptionnels** | **0** |
| Dotations aux amortissements et aux dépréciations | **12 500** | | |
| **Charges financières** | | | |
| Charges d'intérêts | **1 500** | | |
| **Charges exceptionnelles** | **0** | | |
| **Impôts sur les bénéfices** | **3 500** | | |
| **Total des charges** | **199 000** | **Total des produits** | **206 000** |
| Résultat net (bénéfice) | 7 000 | Résultat net (perte) | – |
| **Total général** | **206 000** | **Total général** | **206 000** |

## Bilan au 31/12/N

| ACTIF | Brut | Amortissements et dépréciations | Net | PASSIF | |
|---|---|---|---|---|---|
| **Actif immobilisé** | | | | **Capitaux propres** | |
| Fonds commercial | 10 000 | 0 | 10 000 | Capital | 70 000 |
| Bâtiments | 50 000 | 5 000 | 45 000 | Réserves | 4 000 |
| Matériel de transport | 50 000 | 14 000 | 36 000 | Résultat | 7 000 |
| Mobilier | 20 000 | 4 000 | 16 000 | **Total 1** | **81 000** |
| **Total 1** | **130 000** | **23 000** | **107 000** | **Dettes** | |
| **Actif circulant** | | | | Emprunts | 31 000 |
| Stocks de marchandises | 7 000 | | 7 000 | Dettes fournisseurs | 8 000 |
| Créances clients | 4 500 | | 4 500 | Dettes fiscales et sociales | 4 500 |
| Disponibilités (Banque, Caisse) | 6 000 | | 6 000 | **Total 2** | **43 500** |
| **Total 2** | **17 500** | **0** | **17 500** | | |
| **Total général** | **147 500** | **23 000** | **124 500** | **Total général** | **124 500** |

•••

### Bilan au 31/12/N–1 (avant affectation du résultat)

| ACTIF | Brut | Amortissements et dépréciations | Net | PASSIF | |
|---|---|---|---|---|---|
| **Actif immobilisé** | | | | **Capitaux propres** | |
| Fonds commercial | 10 000 | 0 | 10 000 | Capital | 70 000 |
| Bâtiments | 50 000 | 2 500 | 47 500 | Réserves | 0 |
| Matériel de transport | 30 000 | 6 000 | 24 000 | Résultat | 5 000 |
| Mobilier | 20 000 | 2 000 | 18 000 | **Total 1** | **75 000** |
| **Total 1** | **110 000** | **10 500** | **99 500** | **Dettes** | |
| **Actif circulant** | | | | Emprunts | 0 |
| Stocks de marchandises | 8 000 | | 8 000 | Dettes fournisseurs | 30 000 |
| Créances clients | 6 000 | | 6 000 | Dettes fiscales et sociales | 10 000 |
| Disponibilités (Banque, Caisse) | 5 000 | | 5 000 | Dettes diverses (dividendes) | 3 500 |
| **Total 2** | **19 000** | **0** | **19 000** | **Total 2** | **43 500** |
| **Total général** | **129 000** | **10 500** | **118 500** | **Total général** | **118 500** |

### Bilan au 31/12/N–1 (après affectation du résultat)

| ACTIF | Brut | Amortissements et dépréciations | Net | PASSIF | |
|---|---|---|---|---|---|
| **Actif immobilisé** | | | | **Capitaux propres** | |
| Fonds commercial | 10 000 | 0 | 10 000 | Capital | 70 000 |
| Bâtiments | 50 000 | 2 500 | 47 500 | Réserves | 4 000 |
| Matériel de transport | 30 000 | 6 000 | 24 000 | Résultat | 0 |
| Mobilier | 20 000 | 2 000 | 18 000 | **Total 1** | **74 000** |
| **Total 1** | **110 000** | **10 500** | **99 500** | **Dettes** | |
| **Actif circulant** | | | | Emprunts | 30 000 |
| Stocks de marchandises | 8 000 | | 8 000 | Dettes fournisseurs | 10 000 |
| Créances clients | 6 000 | | 6 000 | Dettes fiscales et sociales | 3 500 |
| Disponibilités (Banque, Caisse) | 5 000 | | 5 000 | Dettes diverses (dividendes) | 1 000 |
| **Total 2** | **19 000** | **0** | **19 000** | **Total 2** | **44 500** |
| **Total général** | **129 000** | **10 500** | **118 500** | **Total général** | **118 500** |

# SUJET TYPE D'EXAMEN 1

## DURÉE

3 heures — Coefficient 1

## DOCUMENT AUTORISÉ

Liste des comptes du PCG, à l'exclusion de toute autre information.

## MATÉRIEL AUTORISÉ

Aucun. En conséquence, tout usage d'une calculatrice est interdit et constituerait une fraude (le sujet est adapté à cette interdiction)

## AVERTISSEMENTS

- Il vous est demandé d'apporter un soin particulier à la présentation de votre copie.
- Si le candidat est amené à effectuer un choix entre plusieurs traitements comptables, il devra préciser et justifier la solution retenue.
- Toute information calculée devra être justifiée.
- Les écritures comptables devront comporter la date, les numéros, les noms des comptes et un libellé.

## PLAN DU SUJET

Le sujet se compose de 4 dossiers indépendants.

1. Cadre comptable et environnement numérique (5,5 points)
2. Opérations courantes de l'entreprise Linard (6 points)
3. Opérations d'inventaire de la société Canne (4 points)
4. Investissements, financements et cessions d'actifs de la société Rénovantique (4,5 points)

Le sujet comporte 19 documents et 3 annexes.

**Dossier 1**

1. Offre d'emploi

**Dossier 2**

2. Bon de commande émis auprès de la SA Thomas
3. Extrait du plan de comptes et taux de TVA de l'entreprise Linard
4. Factures reçues pendant le mois d'avril N

**Dossier 3**

5. Fiches de stocks : fauteuils en rotin
6. État des créances douteuses au 31/12/N–1
7. État des règlements réalisés au cours de l'exercice N
8. État des nouvelles créances douteuses de l'exercice N
9. Informations sur la situation des clients en difficulté

**Dossier 4**

(10) Informations sur les acquisitions et cessions de Rénovantique en N
(11) Facture d'acquisition du matériel ZX 45
(12) Facture d'acquisition du tour à bois TB 25
(13) Facture d'aménagement de l'atelier
(14) Facture de formation
(15) Offre de prêt émise par la Banque des Alpes
(16) Offre de crédit-bail émise par la Banque des Alpes
(17) Prévisionnel d'utilisation du tour à bois TB 25
(18) Courrier adressé par ASSUR à Rénovantique
(19) Extrait de la balance au 31/12/N avant inventaire

**Annexes (à remettre avec la copie)**

(A) Facture d'avoir vierge de la SA Châtelain
(B) Journal des achats de la librairie Châtelain
(C) Extrait de l'annexe (documents de synthèse)

# CABINET COMPTABLE PIERRE MAIRE

## 1 Cadre comptable et environnement numérique

**Base documentaire : document 1**

Le cabinet d'expertise comptable Pierre Maire souhaite recruter un collaborateur(trice) comptable. Il sollicite une agence de recrutement. Intéressé(e) par l'offre présentée dans le document 1, vous souhaitez vous préparer à l'entretien d'embauche. L'agence vous soumet trois conseils :

- Conseil n° 1 : Les réglementations en vigueur tu connaîtras !
- Conseil n° 2 : Expliciter tes savoir-être et les lier au métier de collaborateur, tu sauras !
- Conseil n° 3 : Communiquer ta vision de l'expertise comptable et de ses enjeux, tu pourras !

Afin d'obtenir le poste, vous devez :

- rassurer le recruteur concernant votre connaissance des sources du droit comptable ;
- démontrer votre connaissance des missions d'un collaborateur comptable et des enjeux et évolutions du métier.

### Missions

1. *Identifiez des sources du droit comptable à mobiliser pour s'informer sur les évolutions du cadre comptable.*
2. *Indiquez les principales missions du poste de collaborateur(trice) comptable.*
3. *Précisez les évolutions des métiers comptables à venir compte tenu de la digitalisation de l'économie.*

Le cabinet d'expertise comptable Pierre Maire choisit de vous embaucher. Durant votre période d'essai, l'expert-comptable vous confie plusieurs dossiers, notamment ceux de M. Linard et des sociétés Canne et Rénovantique. Les numéros de TVA intracommunautaire sont systématiquement mentionnés sur les factures échangées avec les fournisseurs et clients. L'exercice comptable des trois entreprises étudiées coïncide avec l'année civile. Les activités des trois entreprises sont soumises soit à la TVA au taux normal de 20 %, soit au taux réduit de 5 % (au lieu de 5,5 %, par simplification).

## 2 Opérations courantes de l'entreprise Linard

**Base documentaire : documents 2 à 4**

L'entreprise Linard est une entreprise individuelle de librairie-papeterie, créée le 6 juillet N–7. Le chef d'entreprise, M. Linard, s'occupe de la partie commerciale de cette activité. Mme Linard prend en charge la partie administrative. Un salarié est employé à mi-temps l'après-midi. Le chiffre d'affaires de l'exercice N est de 850 000 €. Le chiffre d'affaires est en forte croissance car M. Linard a développé plusieurs secteurs connexes à la vente de journaux : papiers d'écriture, livres scolaires, autres livres, disques, articles divers.

Les fournisseurs de l'entreprise Linard facturent actuellement le transport des marchandises « franco de port ». Ils souhaiteraient modifier leurs conditions commerciales en facturant les frais de transport « non franco de port ». Par ailleurs, M. Linard se plaint du mauvais état des marchandises livrées par le fournisseur Châtelain. Il a décidé de retourner trois dictionnaires *Le petit Robert des noms communs* issus de sa commande n° 478UL. La société Châtelain a alors accordé à M. Linard 10 % de remise sur le solde de sa commande n° 478UL.

L'organisation des livres comptables et le suivi des opérations du client Linard sont réalisés selon le système centralisateur. L'ensemble des factures du client et de ses partenaires sont dématérialisées. Le fournisseur Châtelain, qui communiquait jusqu'à présent des factures électroniques signées, souhaite utiliser l'EDI. Enfin, M. Linard est peu informé sur les outils et enjeux de sauvegarde et sécurité des données. Il vous demande de l'informer et de le conseiller sur la solution *cloud* proposée par le cabinet Pierre Maire à ses clients.

L'objet de votre mission est d'accompagner le client Linard pour :

- établir une facture d'avoir faisant suite à une réclamation ;
- sauvegarder et transmettre les documents comptables ;
- enregistrer des factures au journal des achats ;
- enregistrer les opérations réalisées avec ses fournisseurs au journal général.

Vous disposez des documents suivants :

- bon de commande émis auprès de la SA Thomas (document 2) ;
- extrait du plan de comptes et taux de TVA de l'entreprise Linard (document 3) ;
- factures reçues pendant le mois d'avril N (document 4) ;
- facture d'avoir vierge de la SA Châtelain (annexe A à compléter et à remettre avec la copie) ;
- journal des achats de la librairie Linard (annexe B à compléter et à remettre avec la copie).

## Missions

1. *Déterminer les différences dans l'enregistrement des frais de transport selon les conditions commerciales relatives au frais de port appliquées par les fournisseurs.*
2. *Après le retour de marchandises et l'application d'une réduction supplémentaire accordée par la société Châtelain, expliquer pourquoi la société doit émettre une facture d'avoir plutôt que de corriger la facture initiale.*
3. *Établir la facture d'avoir expédiée par la société Châtelain à la librairie Linard (compléter, à cette fin, l'annexe A).*
4. *Préciser les conséquences, pour votre client M. Linard, du passage à l'EDI par le fournisseur Châtelain.*
5. *Expliquer en quoi le* cloud *est un outil de sauvegarde et de sécurité des données comptables.*
6. *Enregistrer, au journal d'achat du mois d'avril de la librairie Linard (annexe B à compléter et à joindre à la copie), les documents à comptabiliser.*
7. *Comptabiliser, au journal général de la librairie Linard et en date du 30/04/N, l'écriture centralisant le journal des achats.*

## 3 Opérations d'inventaire de la société Canne

**Base documentaire : documents 5 à 9**

Créée en 1955, la société Canne a pour activité principale la production de meubles en rotin. La politique d'approvisionnement de la société Canne s'appuie depuis plusieurs années sur un nombre limité de fournisseurs asiatiques. Les stocks de matières premières sont valorisés au coût d'acquisition. La société Canne dispose d'un important stock de meubles en rotin, afin de répondre rapidement à la demande de ses clients. Son stock de produits finis est évalué au coût de production. La société Canne vient de reconsidérer la logistique de ses stocks ; elle s'interroge sur un changement de l'évaluation des stocks à l'inventaire. Pour une optimisation fiscale, la société Canne souhaite appliquer la méthode de valorisation des stocks qui permet de minimiser son résultat.

La société Canne vend ses meubles à des distributeurs. Cependant, en raison de l'accroissement de la vente directe en ligne, nombre de clients distributeurs de la société Canne se trouvent en difficulté. Ces entreprises sont en procédure de redressement judiciaire ou de sauvegarde. Des administrateurs judiciaires sont désignés par le tribunal afin de contrôler, voire de gérer, ces sociétés en difficulté. Le précédent collaborateur a annoté les informations des administrateurs sur les clients en difficulté. La société Canne vous sollicite pour évaluer l'impact de la prise en compte de ces informations.

L'organisation des livres comptables et le suivi des opérations du client Canne sont réalisés selon le système centralisateur. Pour la mise à jour des comptes de stocks de l'entreprise Canne, vous utilisez la méthode de l'inventaire intermittent, préconisée par le plan comptable général.

L'objet de votre mission est d'accompagner le client Canne pour :

– l'évaluation de la sortie des stocks ;

– la comptabilisation de l'inventaire des stocks ;
– le suivi des créances clients ;
– la comptabilisation des pertes de valeur des clients.

Vous disposez, dans le dossier documentaire, des éléments suivants :
– fiches de stocks : fauteuils en rotin (document 5) ;
– état des créances douteuses au 31 décembre N–1 (document 6) ;
– état des règlements réalisés au cours de l'exercice N (document 7) ;
– état des nouvelles créances douteuses de l'exercice N (document 8) ;
– informations sur la situation des clients en difficulté (document 9).

**Missions**

1. *Préciser dans quelle mesure il est possible de choisir la méthode de valorisation des sorties de stock de fauteuils en rotin de la société Canne.*
2. *Définir la méthode de valorisation de sortie des stocks de fauteuils en rotin permettant de minimiser le résultat de l'exercice N de la société Canne.*
3. *Enregistrer les écritures d'inventaire des stocks si la société Canne opte pour la méthode PEPS.*
4. *Préciser votre rôle d'appréciation en tant que collaborateur comptable concernant les difficultés des clients.*
5. *Déterminer l'impact de la prise en compte des difficultés des clients de la société Canne sur son résultat et sur la valeur de ses créances.*
6. *Comptabiliser les écritures constatant les difficultés des clients de la société Canne au 31/12/N.*

## 4 Investissements, financements et cessions d'actifs de la société Rénovantique

**Base documentaire : documents 10 à 19**
Créée en 1930, la société Rénovantique est une société anonyme, sise à La Ferté Saint-Aubin (Loiret). L'activité de la société Rénovantique consiste en la rénovation de charpentes d'églises, d'édifices publics et classés, de portes cochères anciennes et d'escaliers d'époque. Pour mener à bien son activité, la société doit disposer de matériels performants. Elle a réalisé, au cours de l'exercice N, des opérations d'acquisition et de cession. La société hésite entre financer ses acquisitions par emprunt ou souscrire un crédit-bail.

L'objet de votre mission est donc d'accompagner le client Rénovantique pour mener à bien ces choix et pour considérer l'impact de ces choix sur les documents de synthèse de sa société. Une attention particulière est à porter sur :
– l'acquisition de matériels ;
– l'utilisation de son matériel ;
– la mise au rebut ou la cession d'actifs.

L'organisation des livres comptables et le suivi des opérations du client Rénovantique sont réalisés selon le système centralisateur. Aucune écriture liée aux acquisitions, cessions, sinistres et travaux d'inventaire liés à ces actifs n'a encore été enregistrée en N. La société Rénovantique n'opte pas pour l'immobilisation des frais externes de formation nécessaires à la mise en service des immobilisations.

Vous disposez, dans le dossier documentaire, des éléments suivants :

- informations sur les acquisitions et cessions de Rénovantique en N (document 10) ;
- facture d'acquisition du matériel ZX 45 (document 11) ;
- facture d'acquisition du tour à bois TB 25 (document 12) ;
- facture d'aménagement de l'atelier (document 13) ;
- facture de formation (document 14) ;
- offre de prêt émise par la Banque des Alpes (document 15) ;
- offre de crédit-bail émise par la Banque des Alpes (document 16) ;
- prévisionnel d'utilisation du tour à bois TB 25 (document 17) ;
- courrier adressé par ASSUR à la société Rénovantique (document 18) ;
- extrait de la balance au 31/12/N avant inventaire (document 19) ;
- extrait de l'annexe des documents de synthèse (annexe C).

## Missions

1. *Indiquer la nature de la subvention dont dispose la société Rénovantique pour le matériel ZX 45.*
2. *Enregistrer l'acquisition du matériel ZX 45, ainsi que de la notification et la perception de la subvention.*
3. *Conseiller Rénovantique sur le choix du financement pour l'acquisition du tour à bois TB 25.*
4. *Comptabiliser les écritures d'acquisition et les frais connexes du tour à bois TB 25.*
5. *Évaluer et comptabiliser les amortissements à réaliser au 31 décembre N pour les nouvelles acquisitions d'actifs.*
6. *Comptabiliser les écritures liées aux sorties d'actif au 31 décembre N.*
7. *Calculer le résultat de cession. Préciser à quel endroit ce résultat apparaît dans le document de synthèse de la société Rénovantique.*
8. *Identifier les impacts sur les tableaux de l'annexe des enregistrements des acquisitions, amortissements et sorties d'actifs de la société Rénovantique (compléter, à cette fin, l'annexe C).*

## DOSSIER DOCUMENTAIRE

Document 1

### Offre d'emploi

Collaborateur comptable H/F – Cabinet Pierre Maire – Paris 19e

- Détails du poste
- Type de contrat : Temps plein – CDI
- Formation : DCG
- Description du poste :

Le cabinet Pierre Maire fort d'une trentaine de collaborateurs encadrés par 3 associés dispose d'un large panel de clients : TPE, PME, Associations dans différents secteurs. Vous prendrez en charge et en toute autonomie un portefeuille d'une trentaine de dossiers clients.

- Démarrage : Premier trimestre
- Rémunération : 30 000 €/an

*D'après une offre publiée sur www.indeed.fr*

Document 2

### Bon de commande émis auprès de la SA Thomas

M. Linard réapprovisionne son rayon disques vinyles à la fin de chaque mois, le bon de commande passé par M. Linard vous est communiqué ci-après. La commande est livrée en début de mois suivant et accompagnée de la facture.

SA THOMAS

**BON DE COMMANDE**

Commande n° 158

Date de la commande : 29/04/N Nom du client : LINARD

Mode de paiement : 60 jours fin de mois Numéro client : 41785

Livraison : sous huitaine

| Références | Désignation | Quantités | Code TVA | Prix unitaire HT |
|---|---|---|---|---|
| 031445L | Robert Schumann Les 4 symphonies | 2 | N | 20 |
| 041526M | Ninho, Destin | 4 | N | 15 |
| 041522L | Niska, M. Sal | 6 | N | 15 |
| 064521N | Bob Marley, Legend | 5 | N | 20 |
| 065892B | L'Avare (2 disques) | 1 | N | 30 |
| 065892C | L'Avare livre d'accompagnement | 1 | R | 20 |
| 045211V | Mozart 24 heures avec Mozart (20 disques) | 1 | N | 200 |

Les livres vendus par la Librairie Linard sont soumis au taux réduit. Le reste des articles est soumis au taux normal. Code TVA : N : taux normal ; R : taux réduit

Document 3

## Extrait du plan de comptes et taux de TVA de l'entreprise Linard

| Numéro de compte | Libellé du compte |
|---|---|
| 401001 | Fournisseur Châtelain |
| 401002 | Fournisseur Thomas |
| 445661 | État TVA déductible taux normal |
| 445662 | État TVA déductible taux réduit |
| 607001 | Achats papeteries |
| 607002 | Achats livres scolaires et assimilés |
| 607003 | Achats autres livres |
| 607004 | Achats disques |
| 607005 | Achats articles divers |

Document 4

## Factures reçues pendant le mois d'avril N

**CHÂTELAIN SA**
***L'ivre à lire***

**15 rue des Chênes**
**93 200 Saint-Denis**

Facture n° 1458
Nom du client : LINARD
Numéro du client : 4156987
Numéro de commande : 478UL

Date : 06/04/N
Mode d'expédition : Franco de port
Mode de paiement : 60 jours fin de mois
Numéro du bon de livraison : 285

| Code | Désignation | Quantité | Montant unitaire HT | Code TVA | Montant HT |
|---|---|---|---|---|---|
| PO4523 | Ramettes papier blanc 80 g | 5 | 4 | N | 20,00 |
| JI4562 | Enveloppes par lots de 50 | 10 | 3 | N | 30,00 |
| NIJ8954 | Chemises rouges | 50 | 0,5 | N | 25,00 |
| KI4231 | Pochettes 5 images Panini | 200 | 1 | N | 200,00 |
| UI4963 | Dictionnaires « Le petit Robert des noms communs » | 5 | 30 | R | 150,00 |
| UI4964 | Dictionnaires « Le petit Robert des noms propres » | 5 | 40 | R | 200,00 |

| TVA au taux réduit | | | TVA au taux normal | | | Total HT | 625 |
|---|---|---|---|---|---|---|---|
| Taux | Base | Montant | Taux | Base | Montant | | |
| 5 % | 350 | 17,50 | 20 % | 275 | 55,00 | Total TVA | 72,50 |
| | | | | | | Total TTC | 697,50 |

Châtelain SA – SA au Capital de 100 000 €
Tel : 01 48 48 48 48 – Mail : Châtelain@ovh.fr
RCS Saint-Denis C 999 99 99 – Siret 99 99 99 99 – APE 9999 – TVA intra. : FR 43 690 999 444

Un escompte de 2 % est accordé sur le total de la facture avant les taxes si le paiement a lieu dans les 10 jours qui suivent la date de facturation. Conformément à l'article 121-11 de la loi n° 2012-387 du 22 mars 2012, tout retard de paiement sera sanctionné par une indemnité forfaitaire de frais de recouvrement fixée par décret. Toute contestation sur le contenu d'une facture doit nous parvenir dans les 15 jours de la date de la facture.

•••

| | |
|---|---|
| **CHÂTELAIN SA**<br>***L'ivre à lire*** | **15 rue des Chênes**<br>**93 200 Saint-Denis** |
| Facture n° 1869<br>Nom du client : LINARD<br>Numéro du client : 4156987<br>Numéro de commande : 789JK | Date : 18/04/N<br>Mode d'expédition : Franco de port<br>Mode de paiement : sous huitaine<br>Numéro du bon de livraison : 289 |

| Code | Désignation | Quantité | Montant unitaire HT | Code TVA | Montant HT (€) |
|---|---|---|---|---|---|
| HJ458 | Promotion du mois<br>Lot de 10 ramettes papier blanc 80 g | 50 | 20 | N | 1 000,00 |
| | Remise de 5 % | | | | 50,00 |
| | Escompte de 2 % | | | | 19,00 |

| TVA au taux réduit | | | TVA au taux normal | | | Total HT | 931,00 |
|---|---|---|---|---|---|---|---|
| Taux | Base | Montant | Taux | Base | Montant | | |
| | | | 20 % | 931 | 186,20 | Total TVA | 186,20 |
| | | | | | | Total TTC | 1 117,20 |

Châtelain SA – SA au Capital de 100 000 €

Tel : 01 48 48 48 48 – Mail : Châtelain@ovh.fr

RCS Saint-Denis C 999 99 99 – Siret 99 99 99 99 – APE 9999 – TVA intra. : FR 43 690 999 444

Un escompte de 2 % est accordé sur le total de la facture avant les taxes si le paiement a lieu dans les 10 jours qui suivent la date de facturation. Conformément à l'article 121-11 de la loi n° 2012-387 du 22 mars 2012, tout retard de paiement sera sanctionné par une indemnité forfaitaire de frais de recouvrement fixée par décret. Toute contestation sur le contenu d'une facture doit nous parvenir dans les 15 jours de la date de la facture.

Document 5

**Fiches de stocks : fauteuils en rotin**

• Méthode : CUMP

| | Entrées | | | Sorties | | | Stock | | |
|---|---|---|---|---|---|---|---|---|---|
| | Quantité | Coût unitaire | Montant | Quantité | Coût unitaire | Montant | Quantité | Coût unitaire | Montant |
| 01/12 | | | | | | | 1 000 | 800 | 800 000 |
| 05/12 | 500 | 759 | 379 500 | | | | 1 500 | 786,33 | 1 179 500 |
| 10/12 | | | | 600 | 786,33 | 471 800 | 900 | 786,33 | 707 700 |
| 15/12 | | | | 700 | 786,33 | 550 433 | 200 | 786,33 | 157 266,67 |
| 20/12 | 900 | 780 | 702 000 | | | | 1 100 | 781,15 | 859 266,67 |

• Méthode : PEPS

| | Entrées | | | Sorties | | | Stock | | |
|---|---|---|---|---|---|---|---|---|---|
| | Quantité | Coût unitaire | Montant | Quantité | Coût unitaire | Montant | Quantité | Coût unitaire | Montant |
| 01/12 | | | | | | | 1 000 | 800 | 800 000 |
| 05/12 | 500 | 759 | 379 500 | | | | 1 000<br>500 | 800<br>759 | 800 000<br>379 500 |
| 10/12 | | | | 600 | 800 | 480 000 | 400<br>500 | 800<br>759 | 320 000<br>379 500 |
| 15/12 | | | | 400<br>300 | 800<br>759 | 320 000<br>227 700 | 200 | 759 | 151 800 |
| 20/12 | 900 | 780 | 702 000 | | | | 200<br>900 | 759<br>780 | 151 800<br>702 000 |

Document 6

### État des créances douteuses au 31/12/N–1

| Clients | Créances | | Dépréciations | Administrateurs |
|---|---|---|---|---|
| | HT | TVA | | |
| M. Lagrifa | 25 000 € | 5 000 € | 6 250 € | M. Chabon |
| M. Pinto | 48 000 € | 9 600 € | 4 800 € | M. Louf |
| M. Perrier | 8 950 € | 1 790 € | 4 475 € | M. Recouvre |
| M. Liane | 37 000 € | 7 400 € | 27 750 € | M. Saint |
| M. Charrier | 18 000 € | 3 600 € | 7 200 € | M. Desseau |

Document 7

### État des règlements réalisés au cours de l'exercice N

| Clients | Montant (€) | Date |
|---|---|---|
| M. Lagrifa | 7 200 | 15/01/N |
| M. Perrier | 10 740 | 09/05/N |
| M. Charrier | 9 480 | 11/10/N |

Document 8

### État des nouvelles créances douteuses de l'exercice N

| Clients | Créances | | Administrateurs |
|---|---|---|---|
| | HT | TVA | |
| M. LARUE | 35 000 € | 7 000 € | M. DUPONT |
| M. MULLER | 80 000 € | 16 000 € | M. DURAND |
| M. FOURNET | 6 000 € | 1 200 € | M. DUVAL |

Document 9

## Informations sur la situation des clients en difficulté

Me Chabon
Perpignan

Société Canne
Paris

Réf. : liquidation Lagrifa

Perpignan, le 20 sept. N

Monsieur,
Je vous informe que la société Lagrifa a été contrainte de céder la totalité de son stock de marchandises pour une valeur représentant 25 % du prix du marché.
Je vous prie d'agréer, Monsieur, l'assurance de mes sentiments distingués.

Perte probable de 40 % de la créance initiale

Me Chabon

---

Me Dupont
Paris

Société Canne
Paris

Réf. : liquidation Larue

Paris, le 2 octobre N

Monsieur,
J'ai l'honneur de porter à votre connaissance que le tribunal de commerce de Paris m'a désigné en qualité d'administrateur de la société Larue.
Je vous prie d'agréer, Monsieur, l'assurance de mes sentiments distingués.

Perte probable de 15 % de la créance initiale

Me Dupont

---

Me Durand
Versailles

Société Canne
Paris

Réf. : liquidation Muller

Versailles, le 21 octobre N

Monsieur,
J'ai l'honneur de porter à votre connaissance que le tribunal de commerce de Paris m'a désigné en qualité d'administrateur de la société Muller.
Je vous prie d'agréer, Monsieur, l'assurance de mes sentiments distingués.

Récupération probable nulle

Me Durand

Me Desseau
Meaux

Société Canne
Paris

Réf. : liquidation Charrier

Meaux, le 25 nov. N

Monsieur,
En ma qualité d'administrateur de la société Charrier, je vous informe que le tribunal de commerce de Meaux a été contraint de transformer le règlement judiciaire de la société Charrier en liquidation de biens. Après paiement des créanciers privilégiés, l'actif de la société Charrier se monte à zéro.
Je vous prie d'agréer, Monsieur, l'assurance de mes sentiments distingués.

Me Desseau

---

Me Louf
Montpellier

Société Canne
Paris

Réf. : liquidation Pinto

Montpellier, le 12 nov. N

Monsieur,
En ma qualité d'administrateur de la société Pinto, je vous informe que cette société a obtenu un prêt de 1 000 000 € auprès des banques, afin de relancer son activité.
Je vous prie d'agréer, Monsieur, l'assurance de mes sentiments distingués.

Récupération possible de 95 % de la créance initiale

Me Louf

---

Me Saint
Paris

Société Canne
Paris

Réf. : liquidation Liane

Paris, le 15 décembre N

Monsieur,
En réponse à votre lettre du 10 octobre, je vous confirme que le tribunal de commerce de Paris a été contraint de transformer le règlement judiciaire de la société Liane en liquidation de biens, en raison de l'impossibilité de trouver une solution acceptable pour le plan de redressement de l'entreprise.
Je vous prie d'agréer, Monsieur, l'assurance de mes sentiments distingués.

Récupération probable nulle

Me Saint

...

Me Duval
Nantes

Société Canne
Paris

Réf. : liquidation Fournet

Nantes, le 20 janvier N+1

Monsieur,
Nous vous adressons sous ce pli un chèque de 4 800 € pour solde de tout compte sur la société Fournet.
Vous souhaitant bonne réception, nous vous prions d'agréer, Monsieur, l'assurance de nos sentiments distingués.

Me Duval

Document 10

### Informations sur les acquisitions et cessions de Rénovantique en N

La société Rénovantique a fait l'acquisition, le 10 janvier N d'un matériel ZX 45 permettant de réduire de 60 % le niveau acoustique des installations techniques existant sur le site de Saint-Aubin. Ce matériel a été subventionné à hauteur de 50 % de son montant HT (notification de la subvention le 15/03/N). La société Rénovantique a réglé par chèque cette acquisition suite à la réception de la subvention le 30/04/N. Ce matériel, mis en service le 01/07/N est amorti en linéaire sur une durée de 5 ans. À la fin de la durée d'utilisation, ce type de matériel est généralement revendu pour 10 % de sa valeur d'origine, après travaux de remise en état (200 € HT).

La société a également fait l'acquisition et mis en service un tour à bois, modèle TB 25, le 1er janvier N. L'installation de ce tour nécessite certains aménagements techniques de l'atelier et une journée de formation pour les salariés utilisant ce nouveau tour. La société décide d'amortir cette machine selon les heures d'utilisation du tour. À la fin de la durée d'utilisation, la valeur résiduelle du tour est considérée nulle.

Avant ces acquisitions, la société ne disposait pour matériel industriel que d'une machine-outil (référence MO84) qu'elle a choisi de céder le 1er juillet N. Ce matériel était amorti linéairement sur 10 ans (pas de valeur résiduelle estimée). Lors d'un accident survenu le 1er octobre N, le véhicule utilitaire a été rendu inutilisable. La société d'assurance ASSUR s'engage à verser une indemnité de dédommagement. La société Rénovantique estimait une durée d'utilisation de 5 ans de son véhicule (pas de valeur résiduelle estimée). La société n'a pas d'autres véhicules. Aucune autre sortie d'actif n'a eu lieu au cours de l'exercice.

Document 11

## Facture d'acquisition du matériel ZX 45

**FACTURE n° 45689**

| | | |
|---|---|---|
| Société MECA | | Pantin, le 10 janvier N |
| | | Rénovantique |
| | | La Ferté Saint-Aubin |
| Matériel ZX 45 | HT | 12 000 € |
| | TVA | 2 400 € |
| | TTC | 14 400 € |
| Règlement 60 jours | | |

Document 12

## Facture d'acquisition du tour à bois TB 25

**FACTURE n° 21875**

| | | |
|---|---|---|
| Société TOURBOIS | | Orléans, le 25 janvier N |
| | | Rénovantique |
| | | La Ferté Saint-Aubin |
| Tour à bois TB 25 | HT | 20 000 € |
| | Escompte 2 % | 400 € |
| | TVA | 3 920 € |
| | TTC | 23 520 € |
| Règlement sous huitaine | | |

Document 13

## Facture d'aménagement de l'atelier

**FACTURE n° 45689RE789**

| | | |
|---|---|---|
| Société DUBOIS | | Saint-Aubin, le 3 février N |
| Entreprise de maçonnerie générale | | Rénovantique |
| | | La Ferté Saint-Aubin |
| Aménagement de l'atelier en vue de l'installation d'un tour à bois TB 25 | | |
| | HT | 10 000 € |
| | TVA | 2 000 € |
| | TTC | 12 000 € |
| Règlement sous huitaine | | |

Document 14

## Facture de formation

**FACTURE n° 78930**

| | | |
|---|---|---|
| Société IAE | | Aubervilliers, le 10 février N |
| | | Rénovantique |
| | | La Ferté Saint-Aubin |
| Formation 1 jour | HT | 6 000 € |
| | TVA | 1 200 € |
| | TTC | 7 200 € |
| Règlement 30 jours | | |

Document 15

## Offre de prêt émise par la Banque des Alpes

Rénovantique

000012345689 / Sonia Marcial

**Extrait d'une offre de prêt valant contrat**

En application des articles L. 312-1 et suivants du Code de la consommation, La Banque des Alpes émet une offre de prêt selon les caractéristiques suivantes :

- Objet du financement : Tour à bois
- Prêt BA sollicité : 35 000 €
- Durée en mois : 60
- Amortissement du crédit : annuités constantes
- Taux d'intérêt : 2 %
- Assurance : 10 € /mois

Aide au calcul : 2 % / [1 – (1 + 2 %)$^{-60}$] = 3 %.

Document 16

## Offre de crédit-bail émise par la Banque des Alpes

Rénovantique

0000999999 / Hugues Custudio

**Extrait d'une offre de location-financement**

- Objet du financement : Tour à bois
- Loyer : 1 200 €
- Paiement mensuel en fin de mois
- Durée en mois : 60
- Dépôt de garantie : 500 € en début de contrat
- Option d'achat : 1 200 €
- Services compris dans le contrat : assurance, maintenance et prêt de matériel en cas de panne, remplacement du matériel en cours de contrat en cas d'obsolescence

Document 17

## Prévisionnel d'utilisation du tour à bois TB 25

| Exercice | Heures d'utilisation |
|---|---|
| N | 1 000 |
| N+1 | 1 200 |
| N+2 | 1 300 |
| N+3 | 750 |
| N+4 | 750 |

Document 18

## Courrier adressé par ASSUR à Rénovantique

Orléans, le 30 décembre N,

Monsieur,

Pour faire suite au sinistre du véhicule utilitaire n° 54891NF, intervenu le 1er octobre N, nous vous informons de l'envoi courant janvier N+1 de l'indemnité de dédommagement.

Cette indemnité est d'un montant de 2 000 €.

Veuillez agréer, Monsieur, l'expression de nos sentiments distingués.

Document 19

## Extrait de la balance au 31/12/N avant inventaire

| | | Solde débiteur (€) | Solde créditeur (€) |
|---|---|---|---|
| 21540 | Matériel industriel | 30 000 | |
| 21820 | Matériel de transport | 20 000 | |
| 28154 | Amortissement du matériel industriel | | 12 500 |
| 28182 | Amortissement du matériel de transport | | 10 000 |
| 29154 | Dépréciation du matériel industriel | | 2 500 |
| 77500 | Produits des cessions d'éléments d'actif | | 10 000 |

Annexe A

## Annexe à compléter et à remettre avec la copie
## Facture d'avoir vierge de la SA Châtelain

| | |
|---|---|
| **CHÂTELAIN SA**<br>***L'ivre à lire*** | 15 rue des Chênes<br>93200 Saint-Denis |

Facture d'avoir n° 1969
Nom du client : Linard
Numéro du client : 4156987
Numéro de commande :

Date : 23/04/N
Mode d'expédition :
Mode de paiement : imputable sur les paiements à 69 jours fin de mois
Numéro du bon de livraison :

| Code | Désignation | Quantité | Montant unitaire HT | Code TVA | Montant HT (€) |
|---|---|---|---|---|---|
| | | | | | |

| TVA au taux réduit | | | TVA au taux normal | | | Total HT | |
|---|---|---|---|---|---|---|---|
| **Taux** | **Base** | **Montant** | **Taux** | **Base** | **Montant** | | |
| | | | | | | Total TVA | |
| | | | | | | Total TTC | |

Châtelain SA – SA au Capital de 100 000 €
Tel : 01 48 48 48 48 – Mail : Châtelain@ovh.fr
RCS Saint-Denis C 999 99 99 – Siret 99 99 99 99 – APE 9999 – TVA intra. : FR 43 690 999 444
Un escompte de 2 % est accordé sur le total de la facture avant les taxes si le paiement a lieu dans les 10 jours qui suivent la date de facturation. Conformément à l'article 121-11 de la loi n° 2012-387 du 22 mars 2012, tout retard de paiement sera sanctionné par une indemnité forfaitaire de frais de recouvrement fixée par décret. Toute contestation sur le contenu d'une facture doit nous parvenir dans les 15 jours de la date de la facture.

Annexe B

## Annexe à compléter et à remettre avec la copie
## Journal des achats de la librairie Châtelain

| Journal des achats | | | | | | | | | | | | |
|---|---|---|---|---|---|---|---|---|---|---|---|---|
| Folio n° 45 – Mois d'avril | | | | | | | | | | | | |
| | | Comptes à débiter | | | | | | | Comptes à créditer | | | |
| Dates | Libellés | | | | | | | | | | | |
| | | | | | | | | | | | | |
| | | | | | | | | | | | | |
| | | | | | | | | | | | | |
| | | | | | | | | | | | | |
| | | | | | | | | | | | | |
| | | | | | | | | | | | | |
| | | | | | | | | | | | | |

Annexe C

## Annexe à compléter et à remettre avec la copie
## Extrait de l'annexe (documents de synthèse)

- Tableau des immobilisations

| Situations et mouvements / Rubriques | A | B | C | D |
|---|---|---|---|---|
| | Valeur brute à l'ouverture de l'exercice | Augmentations | Diminutions | Valeur brute à la clôture de l'exercice |
| Immobilisations incorporelles | | | | |
| Immobilisations corporelles | | | | |
| Immobilisations financières | | | | |
| Total | | | | |

•••

• Tableau des amortissements

| Situations et mouvements / Rubriques | A<br>Amortissements cumulés au début de l'exercice | B<br>Augmentations : dotations de l'exercice | C<br>Diminutions : amortissements de l'exercice | D<br>Amortissements à la fin de l'exercice |
|---|---|---|---|---|
| Immobilisations incorporelles | | | | |
| Immobilisations corporelles | | | | |
| Immobilisations financières | | | | |
| Total | | | | |

• Tableau des dépréciations

| Situations et mouvements / Rubriques | A<br>Dépréciations en début d'exercice | B<br>Augmentations : dotations de l'exercice | C<br>Diminutions : reprises de l'exercice | D<br>Dépréciations en fin d'exercice |
|---|---|---|---|---|
| Immobilisations incorporelles | | | | |
| Immobilisations corporelles | | | | |
| Immobilisations financières | | | | |
| Stocks | | | | |
| Créances | | | | |
| Total | | | | |

Rendez-vous MÉTHODE

**Optimiser votre temps et la présentation de votre copie le jour de l'épreuve**

Afin de ne pas perdre de temps sur des points subalternes et de mettre toutes les chances de votre côté, nous vous proposons dix « commandements » à appliquer le jour J :

- Les dossiers étant indépendants, l'ordre de résolution du cas n'a pas d'importance. Traitez chaque dossier sur une copie séparée de façon à faciliter la tâche du correcteur et à identifier immédiatement les dossiers que vous aurez mis de côté pour les compléter à la fin de l'épreuve.
- La gestion du temps étant l'une des difficultés majeures de l'épreuve, commencez par les parties du programme les mieux maîtrisées, sachant que vous devez consacrer un temps proportionnel aux points attribués par dossier.
- Prenez le temps d'intégrer les éléments de contexte des dossiers de clients à traiter et de flécher documents et questions.
- Astreignez-vous à une grande rigueur quant au vocabulaire utilisé dans les questions de réflexion. Proscrivez les réponses longues, tortueuses et approximatives. Faites référence au dossier documentaire (numéro du document).
- Les questions sont peu guidées. La démarche d'analyse d'un problème comptable est valorisée en conséquence. Explicitez votre raisonnement et soyez rigoureux dans le traitement et la restitution du problème comptable traité.
- Justifiez vos calculs, une partie des points étant réservée au détail des calculs.
- Soignez votre copie (traits tirés à la règle, écritures comptables détaillées avec date, numéros, écriture libellée des comptes, séparateur de milliers pour les montants, etc.).
- Faites attention aux éventuelles étourderies (ex. : écritures comptables non équilibrées ou incomplètes).
- Essayez de réserver cinq minutes à la relecture de votre travail, au classement des copies dans l'ordre et à leur renumérotation.
- N'oubliez pas de vous munir de la liste intégrale des comptes du PCG (version autorisée aux examens et concours) le jour de l'examen.

Le corrigé proposé ci-après est plus détaillé que ce qui est demandé à l'examen. Sont ajoutés des compléments, des points de méthodologie et des commentaires.

## 1 Cadre comptable et environnement numérique

1. *Identifier des sources du droit comptable à mobiliser pour s'informer sur les évolutions du cadre comptable.*

L'Autorité des normes comptables (ANC), organisme de normalisation comptable français, publie des prescriptions sous la forme de règlements et donne un avis sur les lois ainsi que sur les règlements comptables. De même, l'Ordre des experts-comptables (OEC), qui représente la profession auprès des pouvoirs publics, émet des avis portant sur les principes comptables, les missions de l'expert-comptable et les règles de comportement professionnel. Les avis relatifs aux principes comptables conduisent à préciser les règles figurant dans les normes comptables ainsi que les usages. Ces éléments sont notamment consultables le site de l'OEC (www.experts-comptables.fr) ou dans les articles de la *Revue française de comptabilité* (RFC).

La Compagnie nationale des commissaires aux comptes (CNCC) émet des avis qui précisent les difficultés d'application des normes comptables.

Enfin, certains éditeurs proposent des banques de données permettant de synthétiser textes, doctrine, jurisprudence, codes comme le *Mémento* ou *Navis Comptable* des Éditions Francis Lefebvre. En complément, il peut être intéressant de consulter des études publiées par les organismes d'études et autres instituts économiques, comme l'Observatoire des métiers de la comptabilité, du commissariat aux comptes et de l'audit (Omeca) ou Xerfi Canal.

2. *Indiquer les principales missions du poste de collaborateur(trice) comptable.*

Les missions essentielles d'un collaborateur comptable consistent à réaliser des opérations très hétérogènes, à commencer par la relation client, l'organisation des dossiers et, son cœur de métier : les travaux comptables. Le collaborateur comptable doit notamment :

- gérer et enregistrer la comptabilité générale au quotidien – suivi, *reporting*, etc. ;
- contrôler les comptes, notamment les comptes fournisseurs, clients, banques, etc. ;
- établir les comptes annuels, les bilans et les déclarations comptables et fiscales (TVA, liasse fiscale…) ;
- mener des analyses prévisionnelles ;
- mobiliser ses connaissances pour conseiller son client en matière de financement, de gestion de patrimoine, etc.

3. *Préciser les évolutions des métiers comptables à venir compte tenu de la digitalisation de l'économie.*

La digitalisation de la comptabilité correspond à l'application des méthodes et des moyens de l'informatique aux activités comptables. L'informatisation implique, en plus de la dématérialisation, de réorganiser en profondeur le processus de traitement d'un flux de documents : tâches à réaliser, intervenants, outils mis en œuvre, procédures, archivage, contrôle…

La digitalisation a alors pour impact de réduire la part des missions de saisie, comptabilisation, archivage et déclaration et, à l'inverse, de valoriser les tâches d'analyse et de conseil.

## 2 Opérations courantes de l'entreprise Linard

Pour ce type de question, pensez dans un premier temps à bien définir les concepts mobilisés, àsavoir ici les frais accessoires et plus spécifiquement les frais de transport « franco de port » et « non franco de port ».

1. *Déterminer les différences dans l'enregistrement des frais de transport selon les conditions commerciales relatives aux frais de port appliquées par les fournisseurs.*

Les conditions « franco de port » et « non franco de port » constituent les conditions commerciales de facturation des frais de port. Pour une vente « franco », les frais sont un élément du prix de vente, ils sont inclus dans les comptes d'achats. Si le vendeur décide d'appliquer une condition « non franco de port », les frais peuvent apparaître de façon distincte sur la facture et sont à enregistrer dans un compte spécifique (compte 624 « Transports »).

2. *Après le retour de marchandises et l'application d'une réduction supplémentaire accordée par la société Châtelain, expliquer pourquoi cette société doit émettre une facture d'avoir plutôt que de corriger la facture initiale.*

Selon le principe comptable de non-compensation, l'entreprise Linard doit opérer une évaluation séparée pour chaque opération comptable, même lorsque celles-ci sont étroitement liées, afin de refléter une image fidèle et sincère de l'activité. Chaque opération est comptabilisée séparément et indépendamment des autres et de leur contexte. L'entreprise doit donc bien conserver l'enregistrement de la facture initiale afin de garder une trace de l'achat initial. L'enregistrement de la diminution de la facture initiale, à l'aide de la comptabilisation de la facture d'avoir, permet également de constater distinctement la remise accordée par le fournisseur.

3. *Établir la facture d'avoir expédiée par la société Châtelain à la librairie Linard (compléter, à cette fin, l'annexe A).*

<table>
<tr><td colspan="4">CHÂTELAIN SA<br>L'ivre à lire</td><td colspan="5">15 rue des Chênes<br>93 200 SAINT-DENIS</td></tr>
<tr><td colspan="4">Facture d'avoir n° 1969<br>Nom du client : LINARD<br>Numéro du client : 4156987<br>Numéro de commande : 478UL</td><td colspan="5">Date : 23/04/N<br>Mode d'expédition :<br>Mode de paiement : imputable sur les paiements à 60 jours fin de mois<br>Numéro du bon de livraison :</td></tr>
<tr><th>Code</th><th colspan="3">Désignation</th><th>Quantité</th><th colspan="2">Montant unitaire HT</th><th>Code TVA</th><th>Montant HT (€)</th></tr>
<tr><td>UI4963</td><td colspan="3">Reprise de 3 dictionnaires « Le petit Robert des noms communs »<br>Remise exceptionnelle de 10 %<br>(625 – 90) × 10 %<br>Détail de la remise sur marchandises soumises<br>Au taux réduit<br>(2 × 30 + 200) × 10 % = 26<br>Au taux normal<br>(20 + 30 + 25 + 200) × 10 % = 27,50</td><td>3</td><td colspan="2">30</td><td>R</td><td>90<br><br>53,50</td></tr>
<tr><th colspan="3">TVA au taux réduit</th><th colspan="4">TVA au taux normal</th><th>Total HT</th><th>143,50</th></tr>
<tr><th>Taux</th><th>Base</th><th>Montant</th><th>Taux</th><th>Base</th><th colspan="2">Montant</th><td></td><td></td></tr>
<tr><td>5 %</td><td>26</td><td>1,30</td><td>20 %</td><td>27,50</td><td colspan="2">5,50</td><td>Total TVA</td><td>6,80</td></tr>
<tr><td></td><td></td><td></td><td></td><td></td><td colspan="2"></td><td>Total TTC</td><td>150,30</td></tr>
<tr><td colspan="9">Châtelain SA – SA au Capital de 100 000 €<br>Tél. : 01 48 48 48 48 – Mail : Châtelain@ovh.fr<br>RCS Saint-Denis C 999 99 99 – Siret 99 99 99 99 – APE 9999 – TVA intra. : FR 43 690 999 444<br>Un escompte de 2 % est accordé sur le total de la facture avant les taxes si le paiement a lieu dans les 10 jours qui suivent la date de facturation. Conformément à l'article 121-11 de la loi n° 2012-387 du 22 mars 2012, tout retard de paiement sera sanctionné par une indemnité forfaitaire de frais de recouvrement fixée par décret. Toute contestation sur le contenu d'une facture doit nous parvenir dans les 15 jours de la date de la facture.</td></tr>
</table>

4. *Préciser les conséquences pour votre client, M. Linard, du passage à l'EDI par le fournisseur Châtelain.*

La facture dématérialisée (ou facture électronique) est créée par le fournisseur sous une forme électronique et parvient au client sous forme d'image ou de données. Les deux techniques généralement utilisées pour les factures dématérialisées sont l'échange de données informatisé (EDI) et la facture électronique signée. L'EDI est l'échange de données structurées entre ordinateurs ou entre applications selon des messages préétablis et normalisés *via* un mode de communication électronique. Si le fournisseur de l'entreprise Linard souhaite la mise en œuvre de l'EDI, il faut que Linard passe une convention EDI avec le fournisseur. Cette convention organise la création de l'original par le fournisseur, son contrôle, sa transmission, sa réception par l'entreprise Linard, son archivage ainsi que la restitution des données archivées. Le fournisseur et l'entreprise Linard peuvent aussi recourir à un prestataire de services externe.

5. *Expliquer en quoi le cloud est un outil de sauvegarde et sécurité des données comptables.*

Pour assurer la sauvegarde et la sécurité des informations, l'entreprise Linard peut s'assurer que son propre système d'information respecte les protocoles de sécurité stricts. Néanmoins, cette vérification peut s'avérer difficile, notamment par manque de temps ou de connaissances. L'externalisation du système d'information représente alors une opportunité de bénéficier d'un système de sauvegarde et d'un niveau de sécurité difficilement gérable en interne. Le *cloud* constitue une solution car il permet d'archiver des documents sur des serveurs distants et accessibles en ligne. Les documents sont stockés dans un espace sécurisé et confidentiel ; ils sont accessibles à tout moment.

Les bons de commande ne sont pas des pièces comptables à enregistrer. L'entreprise Linard dispose d'un plan des comptes, il convient de le respecter pour réaliser les enregistrements. De plus, l'entreprise ayant adopté un système centralisateur, il convient dans un premier temps d'enregistrer les opérations dans les journaux auxiliaires, puis dans le journal général. Ne pas oublier d'enregistrer la facture d'avoir établie dans les questions précédentes.

6. *Enregistrer, au journal d'achat du mois d'avril de la librairie Linard (annexe B à compléter et à remettre avec la copie), les documents à comptabiliser.*

| JOURNAL DES ACHATS | | | | | | | | | | | | |
|---|---|---|---|---|---|---|---|---|---|---|---|---|
| Folio n° 45 | | | | | | | | | | | | |
| Mois d'avril | | | | | | | | | | | | |
| | | Comptes à débiter | | | | | | | Comptes à créditer | | | |
| Dates | Libellés | 607001 | 607002 | 607003 | 607004 | 607005 | 445661 | 445662 | 401001 | 401002 | 765000 | 609700 |
| 6 | Facture Châtelain n° 1458 | 75,00 | 350,00 | | | 200,00 | 55,00 | 17,50 | 697,50 | | | |
| 18 | Facture Châtelain n° 1869 | 950,00 | | | | | 186,20 | | 1117,20 | | 19,00 | |
| 23 | Facture d'avoir Châtelain n° 1969 | | – 90,00 | | | | – 5,50 | – 1,30 | – 150,30 | | | 53,50 |
| | TOTAUX | 1 025 | 260 | 0 | 0 | 200 | 235,70 | 16,20 | 1 664,40 | 0 | 19,00 | 53,50 |

**Remarques**

- Le plan des comptes de l'entreprise Linard distingue plusieurs comptes d'achat et de TVA pour suivre la TVA (déclaration) et faciliter l'analyse de l'activité de l'entreprise. Ainsi, pour la facture Châtelain n° 1458, par exemple :
  - le compte 607001 regroupe les achats de papeterie : ramettes de papier (20 €), enveloppes (30 €) et chemises (25 €) ;
  - le compte 607002 regroupe les livres : dictionnaires (200 et 150 €) ;
  - le compte 6007005 regroupe les achats de divers articles : pochettes d'autocollants (200 €) ;
  - le compte 445661 regroupe les achats effectués au taux normal de TVA : papeterie et divers ;
  - le compte 445662 regroupe les achats effectués au taux réduit de TVA : dictionnaires.

Le montant de la TVA est précisé en pied de facture.

- Dans le journal des achats, on inscrit :
  - en positif, les montants lorsque l'entreprise effectue des achats (factures de doit) ;
  - en négatif, les montants lorsque les achats sont réduits pour l'entreprise (factures d'avoir).

7. *Comptabiliser, au journal général de la librairie Linard, l'écriture centralisant le journal des achats en date du 30/04/N.*

| | | | | |
|---|---|---|---|---|
| | | 30/04/N | | |
| 607001 | | Achats papeteries | 1 025,00 | |
| 607002 | | Achats livres scolaires et assimilés | 260,00 | |
| 607005 | | Achats articles divers | 200,00 | |
| 445661 | | État, TVA déductible taux normal | 235,70 | |
| 445662 | | État, TVA déductible taux réduit | 16,20 | |
| | 401001 | Fournisseurs Châtelain | | 1 664,40 |
| | 609700 | RRR obtenus sur achats | | 19,00 |
| | 765000 | Escomptes obtenus | | 53,50 |
| | | *Voir Journal des achats d'avril folio n°45* | | |

## 3 Opérations d'inventaire de la société Canne

1. *Préciser dans quelle mesure il est possible de choisir la méthode de valorisation des sorties de stocks de fauteuils en rotin de la société Canne.*

Les coûts d'entrée des stocks n'étant généralement pas stables dans le temps (évolution du coût d'acquisition ou de production dans le temps), la façon de valoriser les sorties des stocks impacte l'évaluation des stocks à l'inventaire. Le plan comptable général autorise deux méthodes :

- le coût unitaire moyen pondéré (CUMP) ;
- le premier entré-premier sorti (PEPS).

Une fois la méthode choisie, la société Canne ne peut en changer qu'exceptionnellement, afin de respecter le principe de permanence des méthodes. Elle doit justifier tout changement de méthode dans l'annexe comptable. Un changement de logistique peut justifier un changement de méthode comptable. À l'inverse, un souhait d'optimisation comptable ne peut pas justifier un changement de méthode comptable.

2. *Définir la méthode de valorisation de sortie des stocks de fauteuils en rotin permettant de minimiser le résultat de l'exercice N de la société Canne.*

Pour répondre à cette question, il convient de déterminer la variation des stocks, selon les différentes méthodes, afin de calculer le résultat dans ces différents cas.

À l'aide des fiches de stocks, nous pouvons définir la valeur du stock final et déterminer ainsi l'impact de la variation des stocks sur le résultat :

| | Méthode CUMP | Méthode PEPS |
|---|---|---|
| Stock initial | 800 000,00 | 800 000 |
| Stock final | 859 266,67 | 151 800 + 702 000 = 853 800 |
| Variation de stocks<br>Stock final – Stock initial | 59 266,67 | 53 800 |

Si la société Canne choisit de valoriser ses stocks au CUMP, son résultat sera plus élevé que si elle applique la méthode PEPS (produit supplémentaire = 59 266,67 – 53 800, soit 5 466,67 €). À l'inverse, si la société opte pour la méthode PEPS, elle optimise sa charge fiscale calculée à partir du résultat car dans ce cas le résultat est plus faible.

3. *Enregistrer les écritures d'inventaire des stocks si la société Canne opte pour la méthode PEPS.*

| | | | Débit | Crédit |
|---|---|---|---|---|
| | | 31/12/N | | |
| 71355 | | Variation des stocks de produits | 800 000 | |
| | 35500 | Stocks de produits finis | | 800 000 |
| | | *Annulation du stock initial* | | |
| | | 31/12/N | | |
| 35500 | | Stocks de produits finis | 853 800 | |
| | 71355 | Variation des stocks de produits | | 853 800 |
| | | *Constatation du stock final* | | |

4. *Préciser votre rôle d'appréciation en tant que collaborateur comptable concernant les difficultés des clients.*

Pour établir si une créance client doit être dépréciée, le comptable doit examiner si des indices de perte de valeur impliquent une probable perte de valeur de la créance. Dans le cas de la société Canne, puisque des administrateurs ont été désignés, la société est en difficulté. Le comptable joue ensuite un rôle d'interprétation et d'estimation. À partir des informations communiquées par l'administrateur, il doit déterminer si la perte est probable et définitive et estimer le montant de la perte (annotation sur les documents fournis par les administrateurs). Ces estimations sont établies à l'aide des informations sur le client et dans le respect du principe de prudence, afin de donner une image fidèle de la réalité de l'entreprise.

5. *Déterminer l'impact de la prise en compte des difficultés des clients de la société Canne sur son résultat et sur la valeur de ses créances.*

**État des créances et dépréciations au 31 décembre N**

| Clients | Montant de la créance TTC | Montant de la créance HT (9) | Dépréciations au 31/12/N–1 | Dépréciations nécessaires | Dotations | Reprises | Perte sur créances irrécouvrables (HT) |
|---|---|---|---|---|---|---|---|
| Lagrifa | 22 800 (1) | 19 000 | 6 250 | 10 000 (10) | 3 750 | | |
| Pinto | 57 600 (2) | 48 000 | 4 800 | 2 400 (11) | | 2 400 | |
| Perrier | 0 (3) | 0 | 4 475 | 0 | | 4 475 | |
| Liane | 44 400 (4) | 37 000 | 27 750 | 37 000 (12) | 9 250 | | |
| Charrier | 12 120 (5) | 10 100 | 7 200 | 0 | | 7 200 | 10 100 (15) |
| Larue | 42 000 (6) | 35 000 | 0 | 5 250 (13) | 5 250 | | |
| Muller | 96 000 (7) | 80 000 | 0 | 80 000 (14) | 80 000 | | |
| Fournet | 7 200 (8) | 6 000 | 0 | 0 | | | – (16) |
| TOTAL | 282 120 | 250 100 | 50 475 | 134 650 | 98 250 | 14 075 | 10 100 |

(1) 25 000 + 5 000 – 7 200
(2) 48 000 + 9 600
(3) 8 950 + 1 790 – 10 740
(4) 37 000 + 7 400
(5) 18 000 + 3 600 – 9 480
(6) 35 000 + 7 000
(7) 80 000+ 16 000
(8) 6 000 + 1 200
(9) A/1,2
(10) 40 % × 25 000
(11) 5 % × 48 000
(12) 100 % × 37 000
(13) 15 % × 35 000
(14) 100 % × 80 000
(15) 100 % × 10 100
(16) Aucun enregistrement à la clôture car l'information sur le client Fournet est disponible en N+1

Le résultat de l'exercice de la société Canne est impacté des pertes réelles (pertes sur créances irrécouvrables), mais aussi par des pertes probables supplémentaires constatées au cours de l'exercice (dotations pour dépréciation des créances clients) corrigées des annulations des pertes probables constatées au cours des exercices précédents et qui ne sont plus justifiées (reprise sur dépréciations des créances clients), avec l'impact suivant sur le résultat : – 10 100 – 98 250 + 14 075, soit – 94 275 €.
Les créances à la clôture de l'exercice, après prise en compte des difficultés des clients, sont diminuées des pertes sur créances irrécouvrables en TTC et des dotations pour dépréciations des créances et augmentées des reprises pour dépréciation des créances

**NOTRE CONSEIL**

Pour une présentation claire, construisez un tableau dédié aux calculs préalables et rédigez une réponse synthétique une fois les calculs effectués. La réponse à cette question invite donc à définir, au préalable, le périmètre du problème à traiter.

pour les créances encore existantes, soit l'impact sur les créances : – 10 100 × 1,2 – 98 250 + (14 075 – 7 200), soit – 103 495 €.

Ne sont pas prises en compte les pertes définies après la clôture (client Fournet).

*N.B : Pour répondre à cette question, il convient, pour chaque créance, de déterminer si la société constate une perte et si cette perte est probable ou certaine. Si la perte est certaine, elle impacte négativement le résultat (charge exceptionnelle : perte sur créance irrécouvrable). Si la perte est probable, il est nécessaire de constater une dépréciation ou d'ajuster à la hausse (dotation) ou à la baisse (reprise) une dépréciation existante.*

2. *Comptabiliser les écritures constatant les difficultés des clients de la société Canne au 31/12/N.*

Il convient d'enregistrer les nouvelles créances douteuses ou litigieuses, les variations des dépréciations (dotations ou reprises) et les pertes sur créances irrécouvrables.

| | | | | |
|---|---|---|---|---|
| | | 31/12/N | | |
| 41600 | | Clients douteux ou litigieux | 145 200 | |
| | 41100 | Clients | | 145 200 |
| | | *Suivant état des clients (42 000 + 96 000 + 7 200)* | | |
| | | 31/12/N | | |
| 68174 | | Dotations pour dépréciation des créances | 98 250 | |
| | 49110 | Dépréciation des créances | | 98 250 |
| | | *Suivant état des clients* | | |
| | | 31/12/N | | |
| 49110 | | Dépréciation des créances | 14 075 | |
| | 78174 | Reprise pour dépréciation des créances | | 14 075 |
| | | *Suivant état des clients* | | |
| | | 31/12/N | | |
| 65400 | | Pertes sur créances irrécouvrables | 10 100 | |
| 44566 | | État, TVA à décaisser | 2 020 | |
| | 41600 | Clients douteux ou litigieux | | 12 120 |
| | | *Régularisation client Charrier* | | |

## 4 Investissements, financements et cessions d'actifs de la société Rénovantique

1. *Indiquer la nature de la subvention dont dispose la société Rénovantique pour le matériel ZX 45.*

La subvention est accordée pour l'acquisition d'un matériel ; il s'agit donc d'une subvention d'investissement. Aide généralement gratuite, la subvention d'investissement est considérée comme des fonds propres. Il faut néanmoins veiller à respecter les conditions d'obtention et d'utilisation de cette subvention. À défaut, l'entreprise encourt le risque de devoir restituer la somme.

2. *Enregistrer l'acquisition du matériel ZX, ainsi que la notification et la perception de la subvention.*

- Enregistrement de l'acquisition du matériel ZX 45

| | | | |
|---|---|---|---|
| | 10/01/N | | |
| 21540 | Matériel industriel | 12 000 | |
| 44562 | État, TVA déductible sur immobilisations | 2 400 | |
| 401001 | Fournisseurs Méca | | 14 400 |
| | *Facture 45689* | | |

- Enregistrement de la notification et de la perception de la subvention

| | | | |
|---|---|---|---|
| | 15/03/N | | |
| 44100 | État – Subventions à recevoir | 6 000 | |
| 13100 | Subventions d'équipement | | 6 000 |
| | *Réception de la décision d'octroi (50 % x 12 000)* | | |
| | 30/04/N | | |
| 51200 | Banque | 6 000 | |
| 44100 | État – Subventions à recevoir | | 6 000 |
| | *Perception de la subvention, avis de crédit n°* | | |

3. *Conseiller Rénovantique sur le choix du financement à réaliser pour l'acquisition du tour à bois TB 25.*

La société Rénovantique doit choisir entre un financement par emprunt et un financement par crédit-bail. Ces deux modes de financement présentent à la fois des avantages et des inconvénients.

| | Avantages | Inconvénients |
|---|---|---|
| **Emprunt** | • Financement envisageable pour toutes entreprises<br>• Possibilité de bénéficier de « l'effet de levier », c'est-à-dire d'un accroissement de la rentabilité des capitaux propres dès lors que le taux d'intérêt est inférieur à la rentabilité économique de l'investissement<br>• Financement souple (ajustement aux besoins de financement) | • Délais et difficultés d'obtention<br>• Garanties fréquemment exigées<br>• Endettement susceptible d'inquiéter les tiers |

| | Avantages | Inconvénients |
|---|---|---|
| Crédit-bail | • Fournit un financement avec la mise à disposition du bien dès son utilisation<br>• Permet d'utiliser un bien coûteux sans altérer son niveau d'endettement (car le bien n'est pas enregistré dans le bilan)<br>• Possibilité de prévoir la fourniture de prestations connexes (ex. : maintenance du bien sur la durée du contrat et les assurances éventuelles) | • Coût en général supérieur au financement par emprunt bancaire |

Pour éclairer la société Rénovantique sur le choix de financement, il faudrait notamment apprécier :

- le besoin de services complémentaires offerts par le crédit-bail ;
- la structure financière de la société (est-elle en mesure de supporter un endettement supplémentaire ?) ;
- l'impact sur la situation de trésorerie ;
- le coût des différentes sources de financement.

Nous proposons d'apporter à la société Rénovantique des éléments d'aide à la décision en comparant les décaissements liés à l'emprunt bancaire et au crédit-bail :

- Emprunt, mensualité constante. Le coût des financements est ici appréhendé sans considérer l'impact fiscal :

  $$\text{Montant de l'emprunt} \times \frac{\text{Taux d'intérêt}}{1-(1+\text{Taux d'intérêt})^{-\text{Durée de l'emprunt}}}$$

  soit 35 000 × 2/(1 – (1 + 2 %)$^{-60}$) = 35 000 × 3 % = 1 050 €. Il convient d'ajouter, à cette mensualité constante, l'assurance : 1 050 + 10, soit 1 060 €.
- Crédit-bail, loyer mensuel de 1 200 €.

Les dépenses relatives au crédit-bail sont augmentées du dépôt de garantie au début du contrat. À la fin du contrat, le dépôt est récupéré mais l'entreprise peut choisir de lever l'option d'achat. Dans ce cas, elle doit acquitter le prix de la levée de l'option.

En cas de financement par crédit-bail, les décaissements mensuels sont plus élevés. La société Rénovantique doit alors déterminer si les avantages offerts par le crédit-bail justifient ces dépenses supplémentaires.

4. *Comptabiliser les écritures d'acquisition et les frais connexes du tour à bois TB 25.*

Les charges d'aménagements techniques de l'atelier nécessaires à l'installation du tour sont des coûts directement attribuables au coût d'acquisition du tour engagés pour mettre le tour en place et en état de fonctionner. Ils sont donc à intégrer dans le coût d'acquisition. À l'inverse, la journée de formation mise en place pour les salariés utilisant ce nouveau tour ne doit pas être considérée dans le coût d'acquisition du tour car la société Rénovantique n'opte pas pour l'immobilisation de ces frais :

- évaluation de la valeur d'entrée du tour dans l'actif de la société Rénovantique ;
- coût d'acquisition : 20 000 – 400 + 10 000, soit 29 600 €.

Les factures doivent être enregistrées distinctement :

- Enregistrement de l'acquisition et des frais connexes du tour à bois TB 25

| | | | | |
|---|---|---|---|---|
| | | 25/01/N | | |
| 21540 | | Matériel industriel | 19 600 | |
| 44562 | | État, TVA déductible sur immobilisations | 3 920 | |
| | 404001 | Fournisseurs Tourbois | | 23 520 |
| | | *Facture n° 21875* | | |
| | | 03/02/N | | |
| 21540 | | Matériel industriel | 10 000 | |
| 44562 | | État, TVA déductible sur immobilisations | 2 000 | |
| | 404002 | Fournisseurs Dubois | | 12 000 |
| | | *Facture n° 45689RE789* | | |
| | | 10/02/N | | |
| 61000 | | Autres charges externes | 6 000 | |
| 44566 | | État, TVA déductible sur autres biens et services | 1 200 | |
| | 401002 | Fournisseurs IAE | | 7 200 |
| | | *Facture n° 78930* | | |

5. *Évaluer et comptabiliser les amortissements au 31/12/N pour les nouvelles acquisitions d'actifs.*

- Amortissement du matériel ZX 45 :
  - valeur d'origine : 12 000 € ;
  - valeur résiduelle : 10 % × 12 000 – 200 = 1 000 € ;
  - base amortissable = 12 000 – 1 000 = 11 000 € ;
  - date de mise en service : 1er juillet N ;
  - durée d'utilisation : 5 ans ;
  - mode amortissement linéaire ;
  - dotation aux amortissements = 11 000 × 1/5 × 6/12 = 1 100 €.
- Amortissement du tour à bois modèle TB 25 :
  - valeur d'origine : 29 600 € ;
  - valeur résiduelle : 0 € ;
  - unité d'œuvre pour estimer l'utilisation du tour : heures d'utilisation ;

La constatation de la cession de la machine-outil, actif amorti et déprécié consiste à enregistrer le produit de cession, l'amortissement de la machine-outil sur l'exercice, la reprise de la dépréciation de la machine-outil et la sortie de la machine-outil du patrimoine.

– dotation aux amortissements = 29 600 × 1 000 / (1 000 + 1 200 + 1 300 + 750 + 750), soit 5 920 €.

| | | 31/12/N | | |
|---|---|---|---|---|
| 68112 | | Dotations aux amortissements sur immobilisations corporelles | 7 020 | |
| | 28154 | Amortissements du matériel industriel | | 7 020 |
| | | *Suivant tableaux d'amortissement (1 100 + 5 920)* | | |

6. *Comptabiliser les écritures liées aux sorties d'actif au 31 décembre N.*

→ Cession de la machine-outil (référence MO84)

- Constatation du produit de cession

| | | 01/07/N | | |
|---|---|---|---|---|
| 46200 | | Créances sur cessions d'immobilisations | 9 600 | |
| | 77500 | Produits des cessions d'éléments d'actif | | 8 000 |
| | 44571 | TVA collectée | | 1 600 |
| | | *Cession de la machine-outil référence MO84 (10 000 – 2 000)* | | |

- Constatation de l'amortissement de l'actif sorti

| | | 31/12/N | | |
|---|---|---|---|---|
| 68112 | | Dotations aux amortissements des immobilisations corporelles. | 1 500 | |
| | 28154 | Amortissements du matériel industriel | | 1 500 |
| | | *Dotation aux amortissements complémentaire de la machine-outil cédée : 30 000 × 1/10 × 6/12 : 1 500 €* | | |

- Constatation de la reprise des dépréciations de l'actif sorti

| | | 31/12/N | | |
|---|---|---|---|---|
| 29154 | | Dépréciations du matériel industriel | 2 500 | |
| | 78112 | Reprise sur dépréciations des immobilisations corporelles. | | 2 500 |
| | | *Reprises des dépréciations de la machine-outil référence MO84* | | |

- Constatation de la sortie du patrimoine (solde du compte d'immobilisation)

| | | 31/12/N | | |
|---|---|---|---|---|
| 67500 | | Valeur comptable des éléments d'actif cédés | 16 000 | |
| 28154 | | Amortissements des immobilisations (12 500 + 1 500) | 14 000 | |
| | 2154 | Matériel industriel | | 30 000 |
| | | *Sortie de la machine-outil du patrimoine* | | |

La constatation de la cession ou de la mise au rebut du véhicule, actif amorti et non déprécié, consiste à enregistrer le produit de cession, l'amortissement du véhicule sur l'exercice et l'amortissement exceptionnel sur la durée de vie restante et la sortie du véhicule.

→ Mise au rebut du véhicule utilitaire

- Enregistrement de la destruction involontaire avec indemnité

| | | 31/12/N | | |
|---|---|---|---|---|
| 46700 | | Autres comptes débiteurs ou créditeurs | 2 000 | |
| | 77500 | Produits des cessions d'éléments d'actif | | 2 000 |
| | | *Indemnités Assur* | | |

- Constatation de l'amortissement de l'actif entre le début d'exercice et la mise au rebut

| | | 31/12/N | | |
|---|---|---|---|---|
| 6811 | | Dotations aux amortissements des immobilisations corporelles | 3 000 | |
| | 28182 | Amortissements du matériel de transport | | 3 000 |
| | | *Dotation complémentaire sur mis au rebut (20 000/5 × 9/12)* | | |

- Constatation de l'amortissement exceptionnel jusqu'à la fin de la durée d'utilisation

| | | 31/12/N | | |
|---|---|---|---|---|
| 6871 | | Dotations aux amortissements exceptionnelles des immobilisations corporelles | 7 000 | |
| | 28182 | Amortissements du matériel de transport | | 7 000 |
| | | *Dotation exceptionnelle du matériel mis au rebut (20 000 – 10 000 – 3 000)* | | |

- Constatation de la sortie du patrimoine (solde du compte d'immobilisation)

| | | 31/12/N | | |
|---|---|---|---|---|
| 28182 | | Amortissements des matériels industriels | 20 000 | |
| | 2182 | Matériel de transport | | 20 000 |
| | | *Sortie de l'immobilisation du patrimoine* | | |

Le résultat de cession des sorties d'immobilisations corporelles est déterminé en calculant la différence entre les produits de cession des éléments d'actif et la valeur comptable des éléments d'actif cédés.

7. *Calculer le résultat de cession. Préciser à quel endroit ce résultat apparaît dans le document de synthèse de la société Rénovantique.*

Résultat de cession : 8 000 + 2 000 – 16 000 = – 6 000 €

Les sorties d'actif des immobilisations sont des opérations à caractère exceptionnel. Le résultat de cession n'est pas inscrit directement mais sont enregistrés dans le compte de résultat :

- la valeur comptable des éléments d'actifs cédés, en charges exceptionnelles ;
- le produit de cession, en produits exceptionnels.

| | | | |
|---|---|---|---|
| Charges d'exploitation | | Produits d'exploitation | |
| Charges financières | | Produits financiers | |
| Charges exceptionnelles | | Produits exceptionnels | |
| • sur opérations de gestion | | • sur opérations de gestion | |
| • **sur opérations en capital** | | • **sur opérations en capital** | |

Constatation de la valeur comptable des immobilisations cédées : mobilisation du compte 675 : 16 000 €

Constatation du produit de cession des immobilisations cédées : mobilisation du compte 775 : 10 000 €

8. *Identifier les impacts sur les tableaux de l'annexe des enregistrements des acquisitions, amortissements et sorties d'actifs de la société Rénovantique (compléter, à cette fin, l'annexe C).*

Le tableau des immobilisations permet de constater les entrées et sorties d'immobilisation. Ces mouvements sont enregistrés selon la valeur brute des immobilisations.

**Tableau des immobilisations**

| Situations et mouvements / Rubriques | A<br>Valeur brute à l'ouverture de l'exercice | B<br>Augmentations | C<br>Diminutions | D<br>Valeur brute à la clôture de l'exercice |
|---|---|---|---|---|
| Immobilisations incorporelles | | | | |
| Immobilisations corporelles | 50 000[1] | 41 600[2] | 50 000[1] | 41 600 |
| Immobilisations financières | | | | |
| Total | | | | |

(1) 30 000 + 20 000

(2) 12 000 + 29 600

Le tableau des amortissements permet de constater les augmentations de l'amortissement si l'entreprise constate des dotations aux amortissements et des diminutions de l'amortissement pour les actifs sortis du patrimoine.

**Tableau des amortissements**

| Situations et mouvements / Rubriques | A<br>Amortissements cumulés au début de l'exercice | B<br>Augmentations : dotations de l'exercice | C<br>Diminutions : amortissements de l'exercice | D<br>Amortissements à la fin de l'exercice |
|---|---|---|---|---|
| Immobilisations incorporelles | | | | |
| Immobilisations corporelles | 22 500 (1) | 18 520 (2) | 34 000 (3) | 7 020 |
| Immobilisations financières | | | | |
| Total | | | | |

(1) 12 500 + 10 000 (2) 1 100 + 5 920 + 1 500 + 4 000 + 6 000 (3) 14 000 + 20 000

Le tableau des dépréciations permet de constater les augmentations de dépréciation si l'entreprise constate des pertes de valeur supplémentaires de ces actifs et des reprises pour dépréciation si des pertes de valeur ne sont plus justifiées (sortie d'actif ou diminution des pertes probables).

**Tableau des dépréciations**

| Situations et mouvements / Rubriques | A<br>Dépréciations en début d'exercice | B<br>Augmentations : dotations de l'exercice | C<br>Diminutions : reprises de l'exercice | D<br>Dépréciations en fin d'exercice |
|---|---|---|---|---|
| Immobilisations incorporelles | | | | |
| Immobilisations corporelles | 2 500 | | 2 500 | 0 |
| Immobilisations financières | | | | |
| Stocks | | | | |
| Créances | | | | |
| Total | | | | |

# SUJET TYPE D'EXAMEN 2

## DURÉE

3 heures

Coefficient 1

## DOCUMENT AUTORISÉ

Liste des comptes du PCG, à l'exclusion de toute autre information.

## MATÉRIEL AUTORISÉ

Aucun. En conséquence, tout usage d'une calculatrice est interdit et constituerait une fraude (le sujet est adapté à cette interdiction)

## AVERTISSEMENTS

- Il vous est demandé d'apporter un soin particulier à la présentation de votre copie.
- Si le candidat est amené à effectuer un choix entre plusieurs traitements comptables, il devra préciser et justifier la solution retenue.
- Toute information calculée devra être justifiée.
- Les écritures comptables devront comporter la date, les numéros, les noms des comptes et un libellé.

## PLAN DU SUJET

Le sujet se présente sous la forme de 4 dossiers indépendants.

1. Droit comptable et environnement numérique (4 points)
2. Opérations courantes (5 points)
3. Opérations courantes de trésorerie (5 points)
4. Investissement et opérations d'inventaire (6 points)

Le sujet comporte 5 documents et 3 annexes.

**Dossier 1**

1. Actualités comptables – Règles françaises

**Dossier 2**

2. Opérations du mois de janvier N de la société Rems
3. Extrait de l'article 946-60 du Recueil des normes comptables françaises

**Dossier 3**

4. Informations nécessaires au rapprochement bancaire d'octobre N

**Dossier 4**

5. Immobilisations et opérations d'inventaire de décembre N

**Annexes (à remettre avec la copie)**

- A. État de rapprochement bancaire au 31 octobre N
- B. Tableau d'amortissement
- C. Tableau des créances

# CABINET CAMCAM ET ASSOCIÉS ET SOCIÉTÉ REMS

Le cabinet d'expertise comptable Camcam et associés souhaite vous recruter. Durant votre période d'essai, l'expert-comptable, Stéphane Camcam, vous confie l'étude de quatre dossiers, dont trois dossiers concernent l'entreprise Rems.

L'exercice comptable de cette entreprise coïncide avec l'année civile. Le taux de TVA est de 20 % pour l'ensemble des opérations.

## 1 Droit comptable et environnement numerique

**Base documentaire : document 1**

Le cabinet Camcam envisage de différencier sa clientèle et de réaliser des missions auprès d'exploitants agricoles. Stéphane Camcam, son dirigeant, vous invite à vous informer des dernières actualités comptables relatives à ce secteur. Il vous fait part d'une communication des éditions Francis Lefebvre relative aux règlements n° 2019-01 et 2020-03 de l'ANC, que les sociétés seront tenues d'appliquer pour les exercices ouverts à compter du 1er janvier 2021.

### Mission

Stéphane Camcam vous demande d'étudier les nouveaux règlements de l'ANC et de rédiger une note à son attention. Pour ce faire, vous répondrez aux questions suivantes :

1.1. *Indiquez la signification du sigle ANC et rappelez les principales missions de cet organisme.*

1.2. *À la lumière du document 1, indiquez dans quelle mesure le plan comptable général est considéré comme évolutif.*

1.3. *Précisez si vous devez appliquer le plan comptable général à tous les dossiers clients du cabinet Camcam.*

## 2 Opérations courantes

**Base documentaire : document 2 et 3**

L'entreprise Rems est spécialisée dans l'assemblage et le négoce en matériels informatiques. Son activité se situe sur le territoire national mais ses fournisseurs sont d'origines diverses. En matière de TVA, la société a opté pour le paiement de la taxe d'après les débits.

### Mission

Stéphane Camcam vous demande de comptabiliser les opérations nécessaires de l'entreprise Rems. Pour ce faire, vous répondrez aux questions suivantes :

2.1. *Différenciez, parmi les opérations décrites dans le document 2, les pièces justificatives donnant lieu à un enregistrement comptable, des autres documents commerciaux.*

2.2. *Présentez l'option en matière de TVA prise par l'entreprise Rems. Précisez les avantages et inconvénients de cette option.*

2.3. *À l'aide du document 3, déterminez les différents comptes de charges dans lesquels il est possible d'inscrire les frais de port mentionnés sur les factures d'achat de l'entreprise Rems.*

2.4. *Indiquez la solution adoptée par l'entreprise Rems en matière de comptabilisation des frais relatifs au transport sur achats. Précisez-en les avantages, les inconvénients et les incidences pour vos travaux comptables.*

2.5. *Comptabilisez, dans le journal de l'entreprise Rems, les opérations relatives au mois de janvier N.*

## 3 Opérations courantes de trésorerie

**Base documentaire : document 4 et annexe A**

Le responsable administratif et financier de l'entreprise Rems, Germain Loyal, vous contacte car il s'interroge de la différence entre le solde du relevé bancaire de l'entreprise et le solde du compte banques dans la comptabilité de l'entreprise.

### Mission

Stéphane Camcam vous propose d'effectuer l'état de rapprochement du mois d'octobre N de l'entreprise Rems qui détient son compte courant au LCL (compte 512 – Banque LCL). Pour ce faire, vous répondrez aux questions suivantes :

3.1. *Rappelez l'intérêt d'un état de rapprochement bancaire.*

3.2. *En vous appuyant sur le document 4, présentez l'état de rapprochement bancaire au 31 octobre N (annexe A à remettre complétée avec la copie).*

3.3. *Comptabilisez, dans le journal de l'entreprise Rems, les écritures relatives à cet état de rapprochement au 31 octobre N.*

## 4 Opérations d'inventaire

**Base documentaire : document 5 et annexes B et C**

Le responsable administratif et financier de l'entreprise Rems, Germai Loyal, vous contacte, à nouveau, pour vous communiquer diverses informations. Ce dernier est une personne soucieuse de comprendre l'environnement juridique et économique dans lequel évolue son entreprise. Au cours de la conversation, la question des amortissements et des dépréciations d'éléments d'actif a été évoquée.

### Mission

Stéphane Camcam vous propose de réaliser les enregistrements nécessaires liés aux opérations de décembre N de l'entreprise Rems. Pour ce faire, vous répondrez aux questions suivantes :

4.1. *Rappelez les éléments entrant dans le coût d'acquisition d'une immobilisation.*

4.2. *Enregistrez dans le journal de l'entreprise Rems les opérations du 4 au 23 décembre N.*

4.3. *Caractérisez les notions d'amortissement et de dépréciation d'éléments d'actif en précisant, pour chacune des deux notions, les modalités de constatation et l'intérêt de ce constat.*

4.4. *Définissez les trois principes suivants et indiquez s'ils justifient l'enregistrement d'un amortissement : principe de prudence, principe de séparation des exercices et principe de rattachement des charges aux produits.*

4.5. *Présentez, pour les deux premiers exercices, les tableaux d'amortissement de la machine-outil (en N et N+1) et de l'outillage industriel (en N–1 et N) (annexe B à remettre complétée avec la copie).*

4.6. *Présentez un extrait du bilan actif de clôture fin N relatif aux deux immobilisations.*

4.7. *Enregistrez les écritures d'amortissement de la machine-outil et de l'outillage industriel ainsi que les écritures de régularisation de la cession de l'outillage industriel.*

4.8. *Enregistrez les écritures d'inventaire relatives aux créances douteuses après avoir complété le tableau des créances au 31 décembre N (annexe C à remettre complétée avec la copie).*

## DOSSIER DOCUMENTAIRE

**Document 1**

Actualités comptables – Règles françaises

**Opérations relatives à l'activité agricole : l'ANC publie de nouveaux règlements**

Actuellement, les règles comptables relatives aux exploitations agricoles sont du ressort du PCG agricole. Ce texte n'ayant pas été modifié depuis 1986, certaines de ses dispositions nécessitaient d'être revues.

Le règlement n° 2019-01 constitue donc la première phase de ce chantier dont l'objectif est d'adapter, d'ici 2021, les définitions et les modèles d'états financiers du PCG aux exploitations agricoles.

Ce nouveau règlement introduit dans le PCG (règlement ANC 2014-03) de nouvelles règles comptables relatives au traitement comptable des biens vivants immobilisés, ainsi qu'à l'évaluation des stocks et des avances aux cultures. Il est applicable aux exercices ouverts à compter du 1er janvier 2021 avec une anticipation possible à compter de la date de publication du règlement au *Journal officiel*.

Le PCG agricole est abrogé, l'objectif du plan stratégique de l'ANC « Ambition 2019 » étant de faire du PCG le règlement comptable de référence (règlement n° 2020-03).

Éditions Francis Lefebvre, *La Quotidienne*

Document 2

## Opérations du mois de janvier N de la société Rems

• Le 3 janvier : émission du devis n° 01-02 portant sur la vente de 8 moniteurs. Montant brut unitaire HT : 70 €. Remise de 5 %.

• Le 4 janvier : ventes à la SARL Klinik de 8 moniteurs (200 € HT chacun) et de 5 imprimantes (100 € HT l'unité). Une remise de 5 % est accordée, les frais de transport sont forfaitaires et s'élèvent à 505 € HT. L'opération est portée sur le compte du client. Facture n° 01-005.

• Le 5 janvier : l'entreprise Rems reçoit de son fournisseur taïwanais Taï-Export une facture pour un lot de cartes mères destinées à être revendues en l'état. Le total est facturé 4 000 USD (1 SD = 0,8 EUR) Le règlement aura lieu le mois prochain. Facture n° AT/0732/20.

• Le 10 janvier : ventes à la société Passat, d'un ordinateur : 400 € HT tout équipé par l'entreprise Rems. L'installation et la mise en route ont duré une heure, elles ont été facturées 100 € HT. Le paiement a été immédiat par chèque sous escompte de 2 %. Facture n° 01-122.

• Le 12 janvier : M. Gunther est venu prendre possession des matériels qu'il avait commandés (scanner et imprimantes). Il a payé 1 000,00 € par chèque en complément de son acompte de 200 € du 22 décembre N–1. Facture n° 01-155

• Le 15 janvier : le transitaire en douanes Transworld livre à l'entreprise Rems les cartes mères relatives à l'opération du 5 janvier. La facture n° DCG 0005623 du transporteur fait état des éléments suivants :

– somme acquittée aux douanes TVA : 400,00 € ;

– frais de commissionnaire en douanes : 55 € HT ;

– frais de transport : 745 € HT.

Le règlement est immédiat et effectué par chèque.

L'entreprise Rems enregistre les frais accessoires sur achats en compte de charges par nature.

• Le 16 janvier : achat de 10 moniteurs 17 pouces (200 € HT l'unité) auprès de l'usine Batot installée en France. L'entreprise Rems obtient une remise de 10 % ainsi qu'un escompte de 5 % pour paiement comptant par chèque. Facture n° AX22-412.

• Le 19 janvier : deux moniteurs livrés le 4 janvier à la SARL Klinik sont endommagés. Le client les conserve à condition de bénéficier d'un rabais supplémentaire de 10 % sur ces appareils. L'entreprise Rems accepte cette condition el adresse le jour même l'avoir n° AV 01-077.

• Le 26 janvier : l'entreprise Rems reçoit de son fournisseur allemand Travemunde des cartes tuner TV, destinées à la revente. Signature par l'entreprise Rems du bon de livraison établi par le fournisseur Travemunde. Réception de la facture, n° DRX932, sur laquelle figurent, en regard du montant global de 4 300 €, les numéros de TVA intracommunautaire.

Document 3

### Extrait de l'article 946-60 du Recueil des normes comptables (RNC) françaises

Les entités ont la faculté de comptabiliser directement les frais accessoires d'achat payés à des tiers, par exemple les transports, les commissions et les assurances à l'un des comptes d'achats 601 à 607 et non aux comptes de charges par nature, lorsque ces charges peuvent être affectées de façon certaine à telle ou telle catégorie de marchandises ou d'approvisionnements.

Pour permettre aux entités de fournir plus facilement le détail des frais accessoires incorporés aux achats de l'exercice, le compte 608 peut être utilisé pour regrouper ces frais par catégorie tout en maintenant dans des subdivisions de ce compte leur classement par nature.

Document 4

### Informations nécessaires au rapprochement bancaire d'octobre N

Le responsable administratif et financier de l'entreprise Rems vous indique que le compte 512 – Banque LCL présente un solde débiteur de 410 € au 31 octobre N.

L'examen du relevé bancaire fait apparaître les informations suivantes :

- Au 31 octobre N, le compte présente un solde créditeur de 1 100 €.
- le 30 août N : l'entreprise Rems a adressé un chèque (n° 130) de 100 € au fournisseur Perron pour règlement d'une dette. Ce chèque n'a toujours pas été encaissé ce jour.
- le 23 octobre N : le client Morvan a viré à l'entreprise Rems 1 000 € sans l'en aviser.
- le 25 octobre N : la banque a prélevé des frais bancaires de 120 € TTC.
- le 28 octobre N : une lettre de change magnétique a été prélevée au profit du fournisseur Terrat : 300 €. Aucun enregistrement n'a eu lieu concernant ce mouvement.
- le 29 octobre N : un prélèvement de 240 € TTC au bénéfice d'Orange a été effectué. La facture d'Orange n'était pas parvenue à l'entreprise Rems au 31 octobre N.
- le 30 octobre N : des dividendes ont été virés au compte pour 250 €, ils concernent des actions EDF détenues par l'entreprise dans un but spéculatif.

Document 5

### Immobilisations et opérations d'inventaire de décembre N

**Opérations comptables réalisées en décembre N**

- Le 4 décembre : versement d'une avance pour la commande d'un véhicule de tourisme : 3 000 €.
- Le 13 décembre : acquisition à crédit d'une machine-outil.

Montant HT : 14 000 €

Rabais de 5 %.

Escompte de règlement 2 %.

En outre, des frais de transport de 120 € HT et d'installation de 146 € HT ont été facturés pour la mise à disposition de ce bien. Sa mise en service sera effective le 15 décembre N.

...

•••

Les prévisions de production étant jugées fiables, le bien est amorti au rythme des unités produites.

| Années | Unités produites |
|---|---|
| N | 100 |
| N+1 | 2 000 |
| N+2 | 2 000 |
| N+3 | 2 500 |
| N+4 | 2 500 |
| N+5 | 900 |
| Total | 10 000 |

• Le 15 décembre : cession à crédit d'un outillage industriel pour 3 500 € HT.

Ce bien a été acquis le 15 février N–1 pour 16 000 € HT et mis en service le jour même. Ses caractéristiques étaient les suivantes :

– le mode d'amortissement est linéaire sur une durée d'utilisation de 5 ans ;

– à la fin de l'utilisation prévue de ce bien, sa valeur résiduelle est estimée à 1 000 €.

• Le 23 décembre : réception du véhicule de tourisme commandé le 4 décembre. Le prix total s'élève à 18 100 € TTC. Ce véhicule sera mis en service au cours de l'exercice N+1. Le paiement s'effectue par chèque.

**Informations disponibles à la fin de l'exercice N**

La situation des clients douteux au 31 décembre N se présente ainsi :

| Noms | Montants TTC des créances au 31/12/N | Montants HT des créances au 31/12/N | Dépréciations constituées au 31/12/N–1 | Prévisions au 31/12/N |
|---|---|---|---|---|
| César | 9 780,00 | 8 150 | 1 075,00 | Dépréciation estimée : 50 % |
| Gaston | 7 044,00 | 5 870 | 870,00 | Perte définitive |
| Nestor | 1 872,00 | 1 560 | 612,00 | Dépréciation estimée : 20 % |

Annexe A

État de rapprochement bancaire au 31 octobre N
(à remettre complété avec la copie)

| Compte 512 – Banque LCL tenu par l'entreprise | | Libellés | Relevé bancaire tenu par la banque | |
|---|---|---|---|---|
| Débit | Crédit | | Débit | Crédit |
| | | | | |
| | | | | |
| | | | | |
| | | | | |
| | | | | |

Annexe B

Tableau d'amortissement (à remettre complété avec la copie)

**Modèle de tableau d'amortissement de la machine-outil**

Coût d'acquisition :
Valeur résiduelle :
Base amortissable :
Durée d'amortissement :
Mode d'amortissement :

| Années | Valeur d'origine | Base amortissable | Annuité de l'exercice | Annuités cumulées | VNC en fin d'exercice |
|---|---|---|---|---|---|
| N | | | | | |
| N+1 | | | | | |

**Modèle de tableau d'amortissement de l'outillage industriel**

Coût d'acquisition :
Valeur résiduelle :
Base amortissable :
Durée d'amortissement :
Mode d'amortissement :

| Années | Valeur d'origine | Base amortissable | Annuité de l'exercice | Annuités cumulées | VNC en fin d'exercice |
|---|---|---|---|---|---|
| N–1 | | | | | |
| N | | | | | |

Annexe C

Tableau des créances (à remettre complété avec la copie)

**Modèle de tableau des créances au 31/12/N**

| Noms | Créances TTC | Créances HT | Dépréc. N-1 | Dépréc. N | Dépréciations | | Créances irrécouvrables HT |
|---|---|---|---|---|---|---|---|
| | | | | | Dotations | Reprises | |
| | | | | | | | |
| | | | | Total | | | |

Rendez-vous
MÉTHODE

### Prioriser le traitement des dossiers selon l'aisance et gérer son temps

Les dossiers étant indépendants, l'ordre de résolution n'a pas d'importance.

- Traitez chaque dossier sur une copie séparée de façon à faciliter la tâche du correcteur et à pouvoir plus facilement revenir sur des dossiers non finalisés. La gestion du temps étant une difficulté de cette épreuve, ne perdez pas de temps et commencez par les parties du programme les mieux maîtrisées, sachant qu'il convient de consacrer un temps proportionnel aux points attribués par dossier.
- Prenez du temps pour bien intégrer le contexte du dossier clients traité et identifiez bien les annexes utiles à considérer pour répondre aux questions.
- Répondez aux questions de réflexion aussi rigoureusement que possible (choix du vocabulaire approprié, structuration solide) et évitez les réponses trop longues. Les questions ne sont pas toujours guidées. La démarche d'analyse d'un problème comptable est valorisée. Explicitez bien votre démarche et soyez rigoureux(se) dans le traitement et restitution du problème comptable traité.
- Justifiez vos calculs car une partie des points est attribuée pour le détail d'un calcul.
- Soignez votre copie (traits tirés à la règle, écritures comptables détaillées avec date, numéros et écriture des comptes, libellé de l'écriture, séparateur de milliers pour les nombres, etc.).
- Faites attention aux éventuelles étourderies (ex. : écritures comptables non équilibrées ou incomplètes).
- Consacrez 5 minutes à la relecture de votre travail, classez les copies dans l'ordre et numérotez-les.
- N'oubliez pas votre liste intégrale des comptes du PCG le jour de l'examen.

Pour des conseils complémentaires, reportez-vous au corrigé du sujet type d'examen 1.

*Le corrigé proposé est plus détaillé que ce qui est demandé à l'examen. Sont ajoutés des compléments, des points de méthodologie et des explications.*

## 1 Droit comptable et environnement numérique

1.1. *Indiquez la signification du sigle ANC et rappelez les principales missions de cet organisme.*

L'ANC est l'Autorité des normes comptables, créée par l'ordonnance du 22 janvier 2009. Elle simplifie le dispositif antérieur dans lequel deux instances différentes, le Conseil national de la comptabilité (CNC) et le Comité de la réglementation comptable (CRC), intervenaient dans le processus d'adoption de la réglementation comptable nationale. Le CNC donnait un avis sur les projets de règlements comptables adoptés ensuite par le CRC. L'Autorité des Normes Comptables est un organisme fusionnant les missions du CNC et du CRC.

L'ANC est donc le principal organisme de normalisation français.

Ne négligez pas ce type de question. En vous appuyant sur le document, vous trouverez des éléments de réponse. Attention cependant à ne pas paraphraser simplement le document.

Aux termes de l'article premier de l'ordonnance du 22 janvier 2009, l'Autorité des normes comptables (ANC) exerce les missions suivantes :

- Elle établit sous forme de règlements les prescriptions comptables générales et sectorielles que doivent respecter les personnes physiques ou morales soumises à l'obligation légale d'établir des documents comptables conformes aux normes de la comptabilité privée.
- Elle donne un avis sur toute disposition législative ou réglementaire contenant des mesures de nature comptable applicables aux personnes visées au 1o, élaborée par les autorités nationales.
- Elle émet, de sa propre initiative ou à la demande du ministre chargé de l'économie, des avis et prises de position dans le cadre de la procédure d'élaboration des normes comptables internationales.
- Elle veille à la coordination et à la synthèse des travaux théoriques et méthodologiques conduits en matière comptable ; elle propose toute mesure dans ces domaines, notamment sous forme d'études et de recommandations.

**NOTRE CONSEIL**

Veillez à décortiquer et à expliquer les termes du sujet, notamment l'adjectif « évolutif ».

1.2. *À la lumière du document 1, indiquez dans quelle mesure le plan comptable général est considéré comme évolutif.*

Le PCG est rédigé par l'ANC et homologué par arrêté ministériel. Le plan comptable général est évolutif, c'est-à-dire qu'il est mis à jour régulièrement suivant les évolutions de la loi. Par exemple, la prise en compte des dispositions spécifiques des exploitations agricoles a conduit à une modification de la loi et du plan comptable.

1.3. *Précisez si vous devez appliquer le plan comptable général à tous les dossiers clients du cabinet Camcam.*

Le plan comptable est appelé « plan comptable général (PCG) » puisqu'il a vocation à s'appliquer à toutes les entreprises. Même si certains secteurs d'activité (associations, banques…) suivent des plans comptables spécifiques, l'ANC vise à les intégrer au PCG.

Néanmoins, le cabinet Camcam peut adapter le plan comptable, en fonction des besoins de ses clients, afin de détailler ou d'individualiser certains comptes. Pour ce faire, il est généralement adjoint à la racine du compte principal un suffixe qui permet d'identifier le compte à détailler. Par exemple, pour permettre le détail du chiffre d'affaires, le compte général 707 (ventes de marchandises) peut être subdivisé en comptes 707A, 707B. Même si le plan peut être adapté, la structure appliquée est celle qui est définie par le PCG.

## 2 Opérations courantes

**NOTRE CONSEIL**

Ne tenez pas compte de l'émission du devis du 3 janvier et du bon de livraison du 26 janvier N.

2.1. *Différenciez, parmi les opérations décrites dans le document 2, les pièces justificatives donnant lieu à un enregistrement comptable, des autres documents commerciaux.*

Les pièces justificatives donnant lieu à un enregistrement comptable sont les :

- les factures initiales ;
- les avis de débit ;
- les avis de crédit ;

– les factures d'avoir.

Les autres documents commerciaux ne conduisant à aucun enregistrement comptable sont :

– les devis ;
– les bons de livraison ;
– les bons de commande ;
– les factures pro forma.

2.2. *Présentez l'option en matière de TVA prise par l'entreprise Rems. Précisez les avantages et inconvénients de cette option.*

La comptabilisation de la TVA nécessite de distinguer le fait générateur et l'exigibilité. Le fait générateur est le fait par lequel sont réalisées les conditions légales pour l'exigibilité de la TVA. L'exigibilité est le fait par lequel sont réalisées les conditions légales pour le paiement effectif de la TVA. L'entreprise Rems réalise des prestations de services. Pour ce type d'activité, l'entreprise peut choisir d'appliquer le régime normal : « TVA sur les encaissements » ou un régime optionnel « TVA sur les débits ». L'entreprise Rems a opté pour la TVA sur les débits qui induit que :

– le fait générateur corresponde à l'achèvement de la prestation ;
– l'exigibilité corresponde à la facturation, ou à la date d'encaissement en cas d'acompte.

Ce régime présente l'avantage de simplifier la comptabilisation et la déclaration : les TVA déclarées correspondent parfaitement aux factures émises et reçues pendant la période. En revanche, ce régime nécessite une avance de trésorerie de la part du fournisseur : la TVA est enregistrée comme collectée (et donc reversée à l'État) avant d'avoir été réglée par le client, si l'achèvement de la prestation et sa facturation ont lieu avant le règlement du client.

2.3. *À l'aide du document 3, déterminez les différents comptes de charges dans lesquels il est possible d'inscrire les frais de port mentionnés sur les factures d'achat de l'entreprise Rems.*

Même si des éléments de cours vous ont échappés, vous pouvez facilement répondre à cette question à l'aide du document proposé dans le sujet. Ne négligez pas ce type de question.

Comme mentionné dans le document 3, les frais de port (qui constituent des frais accessoires d'achat) peuvent être enregistrés au travers de trois comptes de charges :

– le compte « 607. Achats de marchandises » (intégration au prix d'achat) ;
– le compte « 6241. Transports sur achats » (compte de charges par nature) ;
– le compte « 6087. Frais accessoires sur achats de marchandises ».

2.4. *Présentez l'option en matière de TVA prise par l'entreprise Rems. Précisez les avantages et inconvénients de cette option.*

Comme indiqué dans le document 2, l'entreprise Rems enregistre les frais accessoires sur achats en compte de charges par nature. Les comptes suivants sont susceptibles alors d'être utilisés :

– 6163. Assurance transport
– 6221. Commissions et courtages sur achats

- 6224. Rémunérations des transitaires Honoraires
- 6241. Transports sur achats

Les questions 2.1 à 2.4 permettent de bien discerner les points comptables spécifiques à prendre en considération dans la comptabilisation des opérations courantes de l'entreprise Rems.

Contrairement à d'autres méthodes, l'enregistrement des achats en compte de charges par nature ne nécessite pas d'information particulière en annexe. En revanche, ce mode de comptabilisation ne permet pas de déterminer les frais de port attachés à un type d'achat. Or, l'entreprise peut avoir besoin de cette information.

2.5. *Comptabilisez, dans le journal de l'entreprise Rems, les opérations relatives au mois de janvier N.*

- Le 3 janvier N : absence d'enregistrement.
- Le 4 janvier N : cette facture de vente comporte une réduction à caractère commercial (remise). Le compte de produits sera crédité pour le net commercial, la réduction figurant sur la facture d'origine. Les frais de port sont forfaitaires, il s'agit d'une vente « conditions départ » ; ils seront portés au compte 7085 « Produits des activités annexes ».

| | | |
|---|---|---|
| Facture n° 01-005 | | |
| Moniteurs : | 8 × 200 = | 1 600,00 |
| Imprimantes | 5 × 100 = | 500,00 |
| Total | | 2 100,00 |
| Remise 5 % | 5 % × 2 100 = | 105,00 |
| Net commercial | | 1 995,00 |
| Frais de port | | 505,00 |
| Montant net HT | | 2 500,00 |
| TVA 20 % | | 500,00 |
| **Montant TTC à payer** | | **3 000,00** |

Le compte 701 – Ventes de produits finis aurait pu être admis car la société Rems assemble des ordinateurs. Aussi, si l'on considère que les ordinateurs sont achetés et vendus en l'état, c'est le compte 707 qui s'impose. En revanche, si ce sont des produits montés par Rems, ce sont des produits finis. Il est également envisageable d'imputer le montant du port facturé au compte de produits (707 ou 701).

La facture n° 01-005 donne lieu à l'écriture suivante :

| | | | | |
|---|---|---|---|---|
| | | 4.01.N | | |
| 41100 | | Clients | 3 000,00 | |
| | 70700 | Ventes de marchandises | | 1 995,00 |
| | 70850 | Port et frais accessoires facturés | | 505,00 |
| | 44571 | État, TVA collectée | | 500,00 |
| | | *Facture n° 01-005 - Client Klinik* | | |

- Le 5 janvier N :

| | |
|---|---|
| Facture n° AT/0732/20 | |
| Cartes mères | 4 000,00 USD |

La facture est libellée en dollars, son montant doit être converti en euros en appliquant le cours du dollar au jour de la transaction (c'est-à-dire de la facture) :

1 USD = 0,8 EUR

4 000 USD = 0,8 × 4 000 = 3 200,00 EUR

La facture n° AT/0732/20 donne lieu à l'écriture suivante :

| | | | |
|---|---|---|---|
| | 5.01.N | | |
| 60700 | Achats de marchandises | 3 200,00 | |
| 40100 | Fournisseurs | | 3 200,00 |

**NOTRE CONSEIL**

S'agissant d'un achat de marchandises (le texte précise en effet que les cartes mères sont destinées à être revendues en l'état), l'écriture aurait également pu être enregistrée à la date du 15 janvier (date de livraison par le transitaire).

S'agissant d'une importation, la TVA ne figure pas sur la facture ; elle sera acquittée lors du passage en douane.

- Le 10 janvier N

| | | |
|---|---|---|
| Facture n° 01-122 | | |
| Ordinateur : | | 400,00 |
| Installation – mise en route : | | 100,00 |
| Net commercial | | 500,00 |
| Escompte : | 2 % × 500 | 10,00 |
| Net financier | | 490,00 |
| TVA 20 % | | 98,00 |
| **Montant TTC à payer** | | **588,00** |

La facture concerne à la fois la vente d'un ordinateur sûrement monté par l'entreprise Rems donc à enregistrer en 701 – Ventes de produits finis ; elle porte également sur une prestation d'installation, mais l'entreprise a opté pour le paiement de la TVA sur les débits, la TVA est donc intégralement déductible à la livraison (facture).

De plus, en raison du paiement immédiat, le client a droit à une réduction à caractère financier, qui doit être débitée au compte 665 – escompte accordé, qu'elle figure sur la facture initiale ou sur une facture d'avoir.

La facture n° 01-122 donne lieu à l'écriture suivante :

| | | | |
|---|---|---|---|
| | 10 janvier N | | |
| 41100 | Clients | 588,00 | |
| 66500 | Escomptes accordés | 10,00 | |
| 70100 | Ventes de produits finis | | 400,00 |
| 70600 | Prestations de services | | 100,00 |
| 44571 | État, TVA collectée | | 98,00 |
| | *Facture n° 01-122 – Client Passat* | | |

Il est également possible d'imputer la prestation de services directement au compte 701.

Écriture relative au règlement :

| | | | | |
|---|---|---|---|---|
| | | 10 janvier N | | |
| 51200 | | Banques | 588,00 | |
| | 41100 | Clients | | 588,00 |
| | | *Chèque n°… – Client Passat* | | |

- Le 12 janvier N. Il s'agit du montant du complément de règlement qui est donné. La facture s'élève donc à un montant de 200 + 1 000, soit 1 200 € TTC, ce qui correspond à un montant HT de 1 200/1,2 = 1 000 €.

Un acompte avait au préalable été versé. Il concerne un acompte sur commande d'un bien, il est effectué pour un montant hors taxes, la TVA ne devenant exigible qu'à la livraison du bien. Au moment de son paiement par le client, l'acompte avait été crédité au compte 4191 – Clients, avances et acomptes reçus sur commandes, ce compte doit à présent être soldé pour le montant de l'acompte.

| | |
|---|---|
| Facture n° 01-155 | |
| Ordinateur : | 1 000,00 |
| TVA 20 % | 200,00 |
| Montant TTC | 1 200,00 |
| – Acompte | 200,00 |
| Net restant à payer | 1 000,00 |

La facture n° 01-155 donne lieu à l'écriture suivante :

| | | | | |
|---|---|---|---|---|
| | | 12 janvier N | | |
| 41910 | | Clients, avances et acomptes reçus / commandes | 200,00 | |
| | | Clients | | |
| 41100 | | | 1 000,00 | |
| | 70700 | Ventes de marchandises | | 1 000,00 |
| | 44571 | État, TVA collectée | | 200,00 |
| | | *Facture n° 01-155 – Client Gunther* | | |

Écriture relative au règlement :

| | | | | |
|---|---|---|---|---|
| | | 12 janvier N | | |
| 51200 | | Banques | 1 000,00 | |
| | 41100 | Clients | | 1 000,00 |
| | | *Chèque n°… – Gunther* | | |

- Le 15 janvier N. La TVA et les opérations de dédouanement sur les importations sont prises en charges par un transitaire.

| | |
|---|---|
| Facture n° DCG 0005623 | |
| Frais de commissionnaire en douane | 55,00 |
| Frais de transport | 745,00 |
| Net commercial | 800,00 |
| TVA 20 % | 160,00 |
| TVA versée en douane | 400,00 |
| **Montant TTC à payer** | **1 360,00** |

La facture n° DCG 0005623 donne lieu à l'écriture suivante :

| | | | |
|---|---|---|---|
| | 15 janvier N | | |
| 62200 | Rémunération d'intermédiaires, honoraires | 55,00 | |
| 62410 | Transport sur achats de biens | 745,00 | |
| 44566 | État, TVA déductible / ABS | 560,00 | |
| 40100 | Fournisseurs | | 1 360,000 |
| | *Facture n° DCG 0005623 – Transworld* | | |

La TVA sur la prestation du transitaire s'ajoute à celle sur la marchandise importée. Les frais sont enregistrés dans des comptes de charges par nature.

- Écriture relative au règlement

| | | | |
|---|---|---|---|
| | 15 janvier N | | |
| 40100 | Fournisseurs | 1 360,00 | |
| 51200 | Banques | | 1 360,00 |
| | *Chèque n°… – Transworld* | | |

- Le 16 janvier N. Les moniteurs ne subissent pas de transformation, il s'agit donc d'un achat de marchandises. Cette facture comporte à la fois une réduction à caractère commercial et une réduction à caractère financier. La réduction financière apparaît dans l'écriture relative à la facture mais pas la réduction commerciale.

| | | |
|---|---|---|
| Facture n° AX22-412 | | |
| Moniteurs | 10 × 200 | 2 000,00 |
| Remise | 10 % × 2 000 | – 200,00 |
| Net commercial | | 1 800,00 |
| Escompte | 5 % × 1 800 | – 90,00 |
| Net financier | | 1 710,00 |
| TVA 20 % | | 342,00 |
| **Montant TTC à payer** | | **2 052,00** |

La facture n° AX22-412 donne lieu à l'écriture suivante :

| | | | | |
|---|---|---|---|---|
| | | 16 janvier N | | |
| 60700 | | Achats de marchandises | 1 800,00 | |
| 44566 | | État, TVA déductible /ABS | 342,00 | |
| | 40100 | Fournisseurs | | 2 052,00 |
| | 76500 | Escomptes obtenus | | 90,00 |
| | | *Facture n° AX22-412 – Fournisseur Batot* | | |

Écriture relative au règlement :

| | | | | |
|---|---|---|---|---|
| | | 16 janvier N | | |
| 40100 | | Fournisseurs | 2 052,00 | |
| | 51200 | Banques | | 2 052,00 |
| | | *Chèque n°… – Batot* | | |

**NOTRE CONSEIL**

Les moniteurs ayant déjà bénéficié d'une remise de 5 %, vous devez calculer la remise supplémentaire de 10 % sur le montant net de cette remise préalable.

- Le 19 janvier N :

| | |
|---|---|
| Avoir n° AV01-077 | |
| Rabais (5 % à l'origine et 10 % supplémentaires) /2 moniteurs endommagés | |
| 2 × 200 × 95% × 10% = | 38,00 |
| TVA 20 % | 7,60 |
| Montant à déduire TTC | 45,60 |

Un rabais est une réduction à caractère commercial réalisé en raison d'un défaut de qualité notamment. Figurant sur un avoir et non sur la facture initiale, elle intervient après la livraison et doit donc être analysée dans un compte particulier créé à cet effet dans la comptabilité de l'entreprise Rems : 7097 – Rabais, remises et ristournes accordées par l'entreprise.

L'avoir n° AV01-077 donne lieu à l'écriture suivante :

| | | | | |
|---|---|---|---|---|
| | | 19 janvier N | | |
| 70970 | | RRR accordés sur ventes de marchandises | 38,00 | |
| 44571 | | État, TVA collectée | 7,60 | |
| | 41100 | Clients | | 45,60 |
| | | *Avoir n° AV0-077 – Client Klinikinfo* | | |

- Le 26 janvier N. Aucun enregistrement n'est nécessaire pour le bon de livraison.

| | |
|---|---|
| Facture n° DRX932 | |
| Cartes tuner TV | 4 300,00 |

TVA 4 300 × 20 % = 860,00

La facture n° DRX932 donne lieu à l'écriture suivante :

| | | | | |
|---|---|---|---|---|
| | | 26.01.N | | |
| 60700 | | Achats de marchandises | 4 300,00 | |
| | 40120 | Fournisseur UE | | 4 300,00 |
| | | *Facture n° DRX932 – Travemunde* | | |
| 44566 | | État, TVA déductible sur ABS | 860,00 | |
| | 445662 | TVA due intracommunautaire | | 860,00 |
| | | *Régularisation de TVA/Facture Travemunde* | | |

Les acquisitions intracommunautaires sont soumises à la TVA dans le pays d'arrivée ; lorsque l'acquéreur a fourni son numéro d'identification intracommunautaire, il collecte et déduit la TVA. Le chiffre 2 est systématiquement ajouté à la fin des comptes concernés par les transactions intracommunautaires.

## 3 Opérations courantes de trésorerie

3.1. *Rappelez l'intérêt d'un état de rapprochement bancaire.*

Le rapprochement bancaire permet de vérifier le solde du compte « Banques » à partir des opérations comptabilisées dans l'entreprise et de celles enregistrées par la banque. Les comptes « Banques » tenu par l'entreprise et « Client » tenu par la banque étant des comptes réciproques, les sommes débitées dans un compte correspondent aux sommes créditées dans l'autre et vice versa. Les soldes doivent correspondre mais leur sens est inversé. Il s'agit donc d'une validation « externe » du compte « Banques ».

La banque peut faire des erreurs mais, en général, les divergences entre le relevé bancaire et le compte tenu par l'entreprise révèlent les erreurs d'imputation de l'entreprise ou des décalages temporaires, tels que :

- des opérations enregistrées par la banque et non encore comptabilisées par l'entreprise faute de pièce comptable : virements reçus, agios, etc. ;
- des opérations comptabilisées par l'entreprise mais non encore constatées par la banque : remises de chèques, chèques non présentés en banque par un fournisseur, etc.

D'autres divergences peuvent à l'inverse résulter d'erreurs d'enregistrement comptable et la comparaison avec le relevé bancaire permet de les mettre en évidence : non-comptabilisation d'une opération, double comptabilisation, erreur d'imputation ou inexactitude des montants saisis.

Le rapprochement bancaire est donc un outil de contrôle interne, il contribue à la régularité des comptes et à l'image fidèle.

3.2. *En vous appuyant sur le document 4, présentez l'état de rapprochement bancaire au 31 octobre N (annexe A à remettre complétée avec la copie).*

**NOTRE CONSEIL**

Vous devez impérativement compléter l'annexe A et la joindre à votre copie. Au préalable, vous en décrypterez le fonctionnement : en partant des soldes, vous les réconcilierez après avoir analysé les informations du document 3. Repérez ces données, dès la première lecture du dossier documentaire, selon qu'elles concernent le relevé ou le compte 512 – Banques.

| Compte 512 – Banque LCL tenu par l'entreprise | | Libellés | Relevé bancaire tenu par la banque | |
|---|---|---|---|---|
| Débit | Crédit | | Débit | Crédit |
| 410,00 (SD) | | Soldes finals au 30/09 avant rapprochement | | 1 100,00 |
| 1 000,00 | | Virement client Morvan | | |
| | 120,00 | Frais bancaires | | |
| | | Chèque n° 130 | 100,00 | |
| | 300,00 | Prélèvement LC magnétique Terrat | | |
| | 240,00 | Prélèvement Orange | | |
| 250,00 | | Dividendes actions EDF | | |
| | 1 000,00 (SD) | Soldes finales au 31/10 après rapprochement | 1 000 (SC) | |

3.3. *Comptabilisez, dans le journal de l'entreprise Rems, les écritures relatives à cet état de rapprochement au 31 octobre N.*

Les seules écritures à comptabiliser sont celles qui n'ont pas été prises en compte par l'entreprise Rems :

- 23 octobre N : virement du client Morvan. Il convient de solder la créance correspondante (compte 411 – Clients).
- 25 octobre N : frais bancaires. Ils sont donnés pour leur montant TTC, il convient donc de mettre en évidence la TVA correspondante :
- Compte 627 – Frais bancaires 120/1,20 = 100
- Compte 44566 – TVA déductible /ABS 100 × 20 % = 20
- 28 octobre N : prélèvement concernant une LCR magnétique au profit du fournisseur Terrat. Aucun enregistrement comptable spécifique n'ayant été comptabilisé concernant la lettre de change magnétique, il convient de solder la dette fournisseur correspondante.
- 29 octobre N : prélèvement au bénéfice d'Orange. Il convient d'enregistrer la charge et la TVA correspondantes :
- Compte 626 – Frais de télécommunication 240/1,2 = 200
- Compte 44566 – TVA déductible /ABS 200 × 20 % = 40

- 30 octobre N : dividendes EDF. Ils sont à enregistrer dans un compte de produits financiers. Il s'agit de titres acquis dans un but spéculatif, on peut supposer qu'ils avaient été enregistrés dans un compte 503 – Valeurs mobilières de placement – actions. Le compte de produits correspondant est 764 – Revenus VMP.

| | | | | |
|---|---|---|---|---|
| | | 31.10.N | | |
| 51200 | | Banques | 1 250,00 | |
| | 41100 | Client Morvan | | 1 000,00 |
| | 76400 | Revenus des VMP | | 250,00 |
| | | *D'après état de rapprochement bancaire au 31 octobre N* | | |
| | | 31.10.N | | |
| 62700 | | Frais bancaires | 100,00 | |
| 40100 | | Fournisseur Terrat | 300,00 | |
| 62600 | | Frais de télécommunication | 200,00 | |
| 44566 | | État, TVA déductible /ABS (20 + 40) | 60,00 | |
| | 51200 | Banques | | 660,00 |
| | | *D'après état de rapprochement bancaire au 31 octobre N* | | |

Concernant le prélèvement Orange du 29 octobre N, si on considère que la charge a été comptabilisée par ailleurs, il conviendra de débiter le compte 401 – Fournisseur Orange et non les comptes 626 et 44566. Pour vérifier si la facture a bien été enregistrée, en pratique, le grand livre serait consulté et le compte 626 analysé.

## 4 Opérations d'inventaire

4.1. *Rappelez les éléments entrant dans le coût d'acquisition d'une immobilisation.*

Le coût d'acquisition comprend :

- Le prix d'achat, y compris les droits de douane et taxes non récupérables, après déduction des réductions.
- Tous les coûts directement attribuables engagés pour mettre l'immobilisation en place et en état de fonctionner (frais de livraison, d'installation, de mise en service...).
- Les frais de formation nécessaires à la mise en service d'une immobilisation, les droits de mutation, honoraires ou commissions et frais d'actes liés à l'acquisition sont rattachés, sur option, au coût d'acquisition de l'immobilisation (frais enregistrés en charge ou en immobilisation sur option).

4.2. *Enregistrez dans le journal de l'entreprise Rems les opérations du 4 au 23 décembre N.*

- Le 4 décembre N : versement d'une avance de 3 000 € pour la commande d'un véhicule de tourisme.

L'écriture à comptabiliser est la suivante :

| | | | | |
|---|---|---|---|---|
| | | 4.12.N | | |
| 23800 | | Avances et acomptes /cde d'immo. corporelles | 3 000,00 | |
| | 51200 | Banques | | 3 000,00 |
| | | *Chèque n°... Commande véhicule tourisme* | | |

Un compte spécifique est impérativement utilisé pour les commandes d'immobilisations corporelles : 238 Avances et acomptes versés sur commandes d'immobilisations corporelles. S'agissant d'une livraison de bien, la TVA n'est pas exigible sur l'acompte.

- Le 13 décembre N : acquisition à crédit d'une machine-outil

**NOTRE CONSEIL**

Justifiez le montant de 13 300 €, coût d'acquisition de l'immobilisation, car l'omission des frais accessoires et de l'escompte aboutit au même montant (14 000 × 95 % = 13 300 €).

La question 4.1 vous aide pour rappeler les éléments à comptabiliser à l'acquisition d'une immobilisation. Le coût d'acquisition s'entend net de rabais, remises et d'escompte. Il comprend les frais de transport et les frais d'installation.

Le coût d'acquisition de la machine-outil s'élève donc à :

| | |
|---|---|
| Machine-outil | 14 000,00 |
| – Rabais 5 % | – 700,00 |
| – Escompte 2 % | – 266,00 |
| + Frais de transport | + 120,00 |
| + Frais d'installation | + 146,00 |
| = Coût d'acquisition | 13 300,00 |
| TVA à 20 % | + 2 660,00 |
| Dette fournisseur | 15 960,00 |

L'écriture à comptabiliser est la suivante :

| | | | | |
|---|---|---|---|---|
| | | 13.12.N | | |
| 21540 | | Matériel industriel | 13 300,00 | |
| 44562 | | TVA déductible sur immobilisations | 2 660,00 | |
| | 404000 | Fournisseurs d'immobilisations | | 15 960,00 |
| | | *Facture n° …* | | |

- 15 décembre N : cession à crédit d'un outillage industriel

Cession de l'outillage industriel :

| | |
|---|---|
| Prix de cession | 3 600,00 |
| TVA 20 % | + 720,00 |
| Créance | 4 320,00 |

**NOTRE CONSEIL**

N'enregistrez que l'écriture de cession. Les autres régularisations (sortie de l'immobilisation du patrimoine et constatation de l'amortissement jusqu'à la date de cession) seront opérées dans les opérations suivantes.

Les cessions d'immobilisations autres que les immeubles achevés depuis plus de 5 ans sont soumises à la TVA.

S'agissant d'une cession d'immobilisation à crédit, la créance est débitée au compte 462 – Créance sur cession d'immobilisation.

L'écriture à comptabiliser est la suivante :

| | | | | |
|---|---|---|---|---|
| | | 15.12.N | | |
| 46200 | | Créance sur cession d'immobilisation | 4 320,00 | |
| | 77500 | Produit de cession des éléments d'actif | | 3 600,00 |
| | 44571 | État, TVA collectée | | 720,00 |
| | | *Facture n°… – Cession d'un outillage* | | |

• Le 23 décembre N : réception du véhicule de tourisme commandé le 4 décembre N.

Le prix du véhicule de tourisme est mentionné pour son montant TTC, ce qui est normal puis que la TVA sur l'acquisition d'un véhicule de tourisme n'est pas déductible.

Il convient également de déduire du montant l'acompte versé le 4 décembre :

| | |
|---|---|
| Prix d'acquisition TTC | 18 100,00 |
| – Acompte | – 3 000,00 |
| = Net à payer | 16 100,00 |

L'écriture à comptabiliser est la suivante :

| | | | | |
|---|---|---|---|---|
| | | 23.12.N | | |
| 21820 | | Matériel de transport | 18 100,00 | |
| | 23800 | Avances et acomptes /commande d'immobilisations corporelles | | 3 000,00 |
| | 40400 | Fournisseurs d'immobilisations | | 16 100,00 |
| | | *Facture n°… – Véhicule de tourisme* | | |

Écriture relative au règlement :

| | | | | |
|---|---|---|---|---|
| | | 23.12.N | | |
| 40400 | | Fournisseurs d'immobilisations | 16 100,00 | |
| | 51200 | Banques | | 16 100,00 |
| | | *Chèque n°… – Règlement véhicule tourisme* | | |

4.3. *Caractérisez les notions d'amortissement et de dépréciation d'éléments d'actif en précisant, pour chacune des deux notions, les modalités de constatation et l'intérêt de ce constat.*

L'amortissement d'un actif est la répartition systématique de son montant amortissable en fonction de son utilisation. Le plan d'amortissement est la traduction de la répartition de la valeur amortissable d'un actif selon le rythme de consommation des avantages économiques attendus en fonction de son utilisation probable. Le mode d'amortissement est la traduction du rythme de consommation des avantages économiques attendus de l'actif par l'entité. Même en cas d'absence ou d'insuffisance de bénéfice, il convient de procéder aux amortissements nécessaires. L'entreprise qui omet sciemment de constater des amortissements s'expose à des sanctions pénales frappant le délit de présentation des comptes annuels ne donnant pas une image fidèle de l'entreprise.

La dépréciation d'un actif est la constatation que sa valeur actuelle est devenue inférieure à sa valeur nette comptable. Cette perte de valeur provient d'éléments survenus au cours de l'exercice, elle est accidentelle et n'a pas nécessairement un caractère définitif ; elle peut disparaître si des circonstances favorables interviennent.

Les amortissements sont planifiés dans le plan d'amortissement de l'immobilisation dès son entrée dans le patrimoine de l'entité. Ils sont constatés à la date d'inventaire par l'écriture suivante :

| | | Date de clôture | | |
|---|---|---|---|---|
| 6811 | | Dotations aux amortissements sur immobilisations corporelles et incorporelles | X | |
| | 28 | Amortissements | | X |
| | | *Amortissement des immobilisations* | | |

Le compte 681 « Dotations aux amortissements », enregistre la fraction de la valeur des avantages économiques consommés. Le solde du compte 28 « Amortissements » traduit la part de la valeur de l'immobilisation déjà comptabilisée en charge et imputée aux résultats de l'exercice et des exercices précédents.

La dépréciation est mesurée à chaque inventaire par la différence entre la valeur nette comptable et la valeur actuelle résultant d'un test de dépréciation. La dépréciation peut concerner des biens amortissables ou des biens non amortissables.

Concernant le test de dépréciation, lorsqu'il existe un indice de perte de valeur (valeur de marché, taux d'intérêt et de rendement, obsolescence...), la valeur nette comptable est comparée à la valeur actuelle. Si cette dernière est inférieure, la valeur nette comptable est ramenée à la valeur actuelle par une dotation aux dépréciations,

Cette dépréciation modifie la base amortissable de l'actif déprécié et lors des exercices suivants, les dépréciations sont évaluées en appliquant le même procédé. Les dépréciations pourront donc être complétées ou reprises.

Ces deux notions contribuent à la recherche et à l'établissement de l'image fidèle du patrimoine de l'entité :

- L'amortissement permet d'apprécier la part des avantages économiques consommés par l'entité au cours des exercices.
- La dépréciation permet de constater un amoindrissement non définitif de la valeur de l'actif et, en application du principe de prudence, de ne pas comptabiliser un patrimoine surestimé tel que l'indiquent d'autres informations connues à la clôture de l'exercice.

4.4. *Définissez les trois principes suivants et indiquez s'ils justifient l'enregistrement d'un amortissement : principe de prudence, principe de séparation des exercices et principe de rattachement des charges aux produits.*

Le tableau suivant expose les définitions des principes comptables envisagées et précise si ces derniers expliquent l'obligation d'amortissement.

| Principes | Définitions | Application aux amortissements |
|---|---|---|
| Principe de prudence | « La comptabilité est établie sur la base d'appréciations prudentes, pour éviter le risque de transfert, sur des périodes à venir, d'incertitudes présentes susceptibles de grever le patrimoine et le résultat de l'entité. » | • Ce sont les incertitudes présentes qui requièrent des appréciations prudentes nécessitant d'affecter au plus tôt le résultat de l'entité. Peut-on parler d'incertitudes présentes en matière d'amortissement ?<br>• Les amortissements permettent de constater une perte de valeur, et non de couvrir une incertitude ou un risque de transfert. ils permettent de fournir une appréciation prudente et raisonnable du patrimoine. |
| Principe de séparation des exercices | • « Les comptes de régularisation sont utilisés pour répartir les charges et les produits qui le concernent effectivement et ceux-là seulement. » (Code de commerce, article 123-12)<br>• « Le compte de résultat récapitule les produits et les charges de l'exercice, sans qu'il soit tenu compte de leur date d'encaissement ou de paiement. » | • Selon ce principe, il convient de définir un résultat traduisant les performances de l'exercice et de déterminer la valeur du patrimoine à la fin de l'exercice.<br>• La constatation d'amortissements permet de répartir le coût des immobilisations sur les différents exercices au cours desquels est exploitée cette immobilisation et de refléter la valeur nette comptable des actifs. |
| Principe de rattachement des charges aux produits | Principe de *matching* dans la réglementation internationale : « Les charges sont comptabilisées au compte de résultat sur la base d'une association directe entre les coûts encourus et l'obtention d'éléments spécifiques de produits. Ce processus, communément dénommé rattachement des charges aux produits (*matching*) implique la comptabilisation simultanée ou combinée de produits et de charges qui résultent directement ou conjointement des mêmes transactions ou autres événements… » | Selon le PCG, « le plan d'amortissement est la traduction de la répartition de la valeur amortissable d'un actif selon le rythme de consommation des avantages économiques attendus en fonction de son utilisation probable », ce qui revient à constater les charges attachées aux produits générés par l'immobilisation. |

4.5. *Présentez, pour les deux premiers exercices, les tableaux d'amortissement de la machine-outil (en N et N+1) et de l'outillage industriel (en N–1 et N) (annexe B à remettre complétée avec la copie).*

**NOTRE CONSEIL**

Le coût d'acquisition de la machine-outil a été défini précédemment ; il vous suffit donc de le reporter dans le tableau d'amortissement.

- Plan d'amortissement de la machine-outil

Dotations annuelles = Valeur d'acquisition × Nombre d'unités produites au cours de l'exercice/Nombre d'unités produites au cours des 6 années d'utilisation

- Première annuité d'amortissement comptable N : 13 300 × 100/10 000 = 133 €.

- Deuxième annuité d'amortissement comptable N+1 : 13 300 × 2 000 /10 000 = 2 600€.

Pour cette machine, l'amortissement comptable dépend de données physiques, soit le nombre d'unités produites. La dotation constatée chaque année est donc évaluée au prorata des unités produites au cours de l'année rapportées au total des unités produites grâce à la machine-outil à la fin de la période d'utilisation.

Coût d'acquisition : 13 300 €
Valeur résiduelle : 0 €
Base amortissable : 13 300 €
Durée d'amortissement : 6 ans
Mode d'amortissement : selon le nombre d'unités produites

| Années | Valeur d'origine | Base amortissable | Annuité de l'exercice | Annuités cumulées | VNC en fin d'exercice |
|---|---|---|---|---|---|
| N | 13 300 | 13 300 | 133 | 133 | 13 167 |
| N+1 | 13 300 | 13 300 | 2 600 | 2 733 | 10 567 |

- Plan d'amortissement de l'outillage industriel

L'outillage industriel a été acquis le 15 février N–1 pour 16 000 €, il est amortissable en linéaire sur 5 ans et sa valeur résiduelle est de 1 000 €. La base amortissable de ce bien est donc de : 16 000 – 1 000, soit 15 000 €. L'outillage industriel est amortissable en mode linéaire, le taux du linéaire sur 5 ans est de 100/5 = 20 %. Le point de départ de l'amortissement est le début de la consommation des avantages économiques qui lui sont rattachés, à savoir, le 15 février N–1.

– Première annuité d'amortissement comptable N–1 : 15 000 × 20% × 315/360, soit 2 625 €.

L'annuité de l'exercice N est établie jusqu'à la date de cession, soit le 15 décembre N.

Valeur comptable à la fin de l'exercice N–1 : 16 000 – 2 625, soit 13 375 €.

– Deuxième annuité d'amortissement comptable N : 15 000 × 20 % × 345/360, soit 2 875 €.

Amortissement cumulé à la fin de l'exercice N : 2 625 + 2 875 = 5 500

Valeur comptable à la fin de l'exercice N : 16 000 – 5 500 = 10 500

Le plan d'amortissement aurait ainsi la configuration suivante :

Coût d'acquisition : 16 000 €
Valeur résiduelle : 1 000 €
Base amortissable : 15 000 €
Durée d'amortissement : 5 ans
Mode d'amortissement : linéaire

| Années | Valeur d'origine | Base amortissable | Annuité de l'exercice | Annuités cumulées | VNC en fin d'exercice |
|---|---|---|---|---|---|
| N–1 | 16 000 | 15 000 | 2 625 | 2 625 | 13 375 |
| N | 16 000 | 15 000 | 2 875 | 5 500 | 10 500 |

4.6. *Présentez un extrait du bilan actif de clôture fin N relatif aux deux immobilisations.*

| Bilan – ACTIF Exercice N | Valeur brute | Amortissements et dépréciations | Net |
|---|---|---|---|
| Actif immobilisé<br>Machine-outil | 13 300 | 133 | 13 167 |

L'outillage industriel étant cédé, il n'apparait pas dans le bilan de clôture.

4.7. *Enregistrez les écritures d'amortissement de la machine-outil et de l'outillage industriel ainsi que les écritures de régularisation de la cession de l'outillage industriel.*

- Écritures d'amortissement relatives à la machine-outil

| | | | | |
|---|---|---|---|---|
| | | 31.12.N | | |
| 68112 | | Dotations aux amortissements immobilisations corporelles | 133,00 | |
| | 28154 | Amortissement du matériel industriel | | 133,00 |
| | | *Selon tableau d'amortissement de la machine-outil* | | |

- Écritures d'amortissement et de régularisation relatives à l'outillage industriel

On utilise les informations du plan d'amortissement qui tient compte de la cession au 15 décembre N.

La valeur comptable est égale à :

| | |
|---|---|
| Prix d'acquisition de l'immobilisation : | 16 000,00 |
| – Amortissements cumulés à la date de cession : | – 5 500,00 |
| = Valeur comptable : | 10 500,00 |

Les écritures suivantes sont à comptabiliser :

| | | | | |
|---|---|---|---|---|
| | | 31.12.N | | |
| 68112 | | Dotations aux amortissements immobilisations corporelles | 2 875,00 | |
| | 28155 | Amortissement de l'outillage industriel | | 2 875,00 |
| | | *Selon tableau d'amortissement outillage industriel* | | |
| | | d° | | |
| 28155 | | Amortissement de l'outillage industriel | 5 500,00 | |
| 67500 | | Valeur comptable des éléments d'actif cédés | 10 500,00 | |
| | 21550 | Outillage industriel | | 16 000,00 |
| | | *Sortie d'actif de l'outillage industriel* | | |

Les écritures de cessions consistent à constater, en sus du produit de cession (constaté préalablement de solder le compte outillage industriel (donc de le créditer) et de solder le compte amortissement de l'outillage industriel (donc de le débiter). La contrepartie est à constater au compte 675 – Valeur comptable des éléments d'actif cédés.

4.8. *Enregistrez les écritures d'inventaire relatives aux créances douteuses après avoir complété le tableau des créances au 31 décembre N (annexe C à remettre complétée avec la copie).*

Il est demandé de compléter le tableau de l'annexe B, en justifiant les valeurs calculées.

**NOTRE CONSEIL**

À la clôture de l'exercice comptable, vous devez examiner la valeur des créances : (document 5). Si un doute existe sur le règlement d'une créance, il convient de constater une dépréciation que l'on considère comme réversible. Si la perte de valeur devient irréversible, il faudra constater une perte. La dépréciation est opérée sur le montant HT de la créance et la perte évaluée également en montant HT. En effet, la TVA est récupérée auprès de l'administration fiscale, lorsque la créance est perdue.

- Client César

Créance TTC = 9 780,00   Créance HT = 8 150,00

Dépréciation au 31/12/N estimée à 50 %, soit : 8150 × 50 % = 4 075,00

Dépréciation constatée au 31/12/N–1 : 1 075,00

Dotation complémentaire au 31/12/N (4 075 – 1 075) : 3 000,00

- Client Gaston

Créance TTC = 7 044,00   Créance HT = 5 870,00

La créance est définitivement irrécouvrable, il faut constater une perte de : 5 870,00

Dépréciation constatée au 31/12/N–1 : 870,00

Il faut reprendre cette dépréciation.

La perte est comptabilisée pour le montant HT de la créance, soit 5 870,00 €.

La TVA collectée est récupérée pour 7 044,00 – 5 870,00 = 1 174,00 €.

- Client Nestor

Créance TTC = 1 872,00 Créance HT = 1 560,00

Dépréciation au 31/12/N estimée à 20 % soit : 1 560,00 × 20 % = 312,00

Dépréciation constatée au 31/12/N–1 : 612,00

Reprise à opérer au 31/12/N : 612 – 312 300,00

**Tableau des créances au 31/12/N**

| Noms | Créances TTC | Créances HT | Dépréciations N–1 | Dépréciations N | Dépréciations | | Créances Irrécouvrables HT |
|---|---|---|---|---|---|---|---|
| | | | | | Dotations | Reprises | |
| César | 9 780,00 | 8 150,00 | 1 075,00 | 4 075,00 | 3 000,00 | | |
| Gaston | 7 044,00 | 5 870,00 | 870,00 | 0,00 | | 870,00 | 5 870,00 |
| Nestor | 1 872,00 | 1 560,00 | 612,00 | 312,00 | | 300,00 | |
| | | | | Total | 3 000,00 | 1 170,00 | |

- Écritures correspondantes au 31/12/N

| | | | | |
|---|---|---|---|---|
| | | 31.12.N | | |
| 68174 | | Dotations aux dépréciations des créances | 3 000,00 | |
| | 49100 | Dépréciation des comptes clients | | 3 000,00 |
| | | *Client César d'après tableau* | | |
| | | d° | | |
| 65400 | | Pertes sur créances irrécouvrables | 5 870,00 | |
| 44571 | | État, TVA collectée | 1 174,00 | |
| | 41600 | Clients douteux | | 7 044,00 |
| | | *Client Gaston d'après tableau* | | |
| | | d° | | |
| 49100 | | Dépréciation des comptes clients | 1 170,00 | |
| | 78174 | Reprise sur dépréciation des créances | | 1 170,00 |
| | | *Clients Gaston + Nestor d'après tableau (870 + 300)* | | |

**NOTRE CONSEIL**

Ne comptabilisez pas, dans une même écriture, le montant compensé des dotations ou des reprises.

# QCM et quiz

CORRIGÉ

*Les justifications des quiz et QCM du manuel sont publiées dans un ouvrage séparé de corrigés détaillés.*

Chapitre 1. **1.** a, b, c, d, e. **2.** a, b, c, d. **3.** a, b, c, d, e, f, g. **4.** a, c. **5.** c, d.

Chapitre 2. **1.** a, b, c. **2.** a, c. **3.** b. **4.** c. **5.** c. **6.** a, b. **7.** b.

Chapitre 3. **1.** a, b, c. **2.** a, d. **3.** a, b, c. **4.** a, b. **5.** a. **6.** b.

Chapitre 4. **1.** F. **2.** F. **3.** V. **4.** V. **5.** V. **6.** V. **7.** V. **8.** V. **9.** F. **10.** V.

Chapitre 5. **1.** F. **2.** V. **3.** V. **4.** F. **5.** F. **6.** F. **7.** V. **8.** V. **9.** F. **10.** V.

Chapitre 6. **1.** a, b, d. **2.** a, d. **3.** b, c, d. **4.** b. **5.** b, d. **6.** c. **7.** b.

Chapitre 7. **1.** b, c. **2.** b, d. **3.** b. **4.** a. **5.** a, d. **6.** b.

Chapitre 8. **1.** V. **2.** F. **3.** V. **4.** V. **5.** V. **6.** V. **7.** F. **8.** V. **9.** F.

Chapitre 9. **1.** V. **2.** F. **3.** V. **4.** F. **5.** V. **6.** F. **7.** F. **8.** F. **9.** F. **10.** F.

Chapitre 10. **1.** b, d. **2.** a, b, d. **3.** a, c. **4.** b, d. **5.** b. **6.** b.

Chapitre 11. **1.** V. **2.** F. **3.** V. **4.** V. **5.** F. **6.** V. **7.** V. **8.** V. **9.** F. **10.** V.

Chapitre 12. **1.** a, c. **2.** c, d. **3.** d. **4.** a. **5.** b, d. **6.** b, d. **7.** a, d.

Chapitre 13. **1.** a, b, c. **2.** a, c. **3.** c. **4.** a. **5.** a, c. **6.** a, b. **7.** a, b, d.

Chapitre 14. **1.** a. **2.** a, b, c. **3.** a, c. **4.** a, b. **5.** a, c. **6.** b, c. **7.** a, b.

Chapitre 15. **1.** a, b, c, d. **2.** a, b. **3.** a, b. **4.** b. **5.** b.

Chapitre 16. **1.** b, c. **2.** b. **3.** a, b, c. **4.** c, d. **5.** a.

Chapitre 17. **1.** a, b, c. **2.** c. **3.** b. **4.** a. **5.** b. **6.** a, b, c. **7.** a, b. **8.** b, c.

Chapitre 18. **1.** b. **2.** c. **3.** a, b, c. **4.** a, b, c. **5.** b.

Chapitre 19. **1.** F. **2.** F. **3.** F. **4.** F. **5.** F.

Chapitre 20. **1.** a. **2.** b. **3.** a. **4.** a, b. **5.** b. **6.** c. **7.** c. **8.** a, b, c.

Chapitre 21. **1.** a. **2.** b, c. **3.** c. **4.** a, c. **5.** b, c. **6.** a, b, c. **7.** c. **8.** b.

Chapitre 22. **1.** a. **2.** b. **3.** a, c. **4.** b, c. **5.** a, b. **6.** b. **7.** c. **8.** b, c.

Chapitre 23. **1.** F. **2.** F. **3.** F. **4.** V. **5.** V. **6.** V. **7.** V. **8.** F. **9.** V. **10.** V. **11.** F. **12.** F.

# INDEX

# TABLE DES MATIÈRES

## Partie 3 Analyse comptable des opérations courantes

## Partie 4 Travaux d'inventaire

## Partie 6 Documents de synthèse

82403 - (I) - SOP 80° - NOC - MGS
Dépôt légal : mai 2021
Imprimé en Espagne par Grafo